Das

Transport-Wesen

des

Preußischen Staates

oder

die General-Transport-Instruktion vom 16. Sept. 1816

nebst ihren Ergänzungen und Erläuterungen

sowie

in ihren Beziehungen zum Auslande.

Nach amtlichen Quellen mit Kommentar

herausgegeben

von

C. Doehl,

Königl. Polizei-Beamter.

Berlin.

Verlag von I. Guttentag.

1864.

Vorwort.

Die Grundbestimmungen des Transport-Wesens, die Transport-Instruktion v. 16. September 1816, nebst deren Erläuterungs-Reskripten vom 23. Juli 1817 und vom 3. Oktober 1818, sind durch später ergangene Verordnungen theils modifizirt und ergänzt, theils haben die veränderten Verkehrs- und sonstigen Verhältnisse Abänderungen erforderlich gemacht, endlich sind einzelne Punkte derselben, welche einer abweichenden Auffassung fähig und daher streitig geworden waren, im Laufe der Zeit durch vielfache authentische Interpretationen erläutert worden.

In der Praxis ist durch diese Umstände die Anwendung der Transport-Vorschriften mit bedeutenden Schwierigkeiten verknüpft, indem es in vielen Fällen erst eines eingehenden längeren Studiums bedarf, um zu ermitteln, ob und welche Bestimmungen in dem gerade vorliegenden Fall zur Anwendung kommen müssen, und festzustellen, ob diese oder jene derselben noch gegenwärtig zu voller Kraft bestehen. Den mit Ausführung des Transportes betrauten Behörden und Beamten hierbei an die Hand zu gehen, und den letzteren manches mühsame und zeitraubende Nachsuchen in den verschiedenen Gesetzesquellen zu ersparen, ist der Zweck dieser Schrift. Sie bildet einen Kommentar zur Instruction v. 16. September 1816, und enthält im ersten Theil, nach Ordnung derselben die ergänzenden und erläuternden Vorschriften, sowie auch manche der wichtigsten provinziellen Verordnungen und Spezial-Bestimmungen einzelner Regierungen.

Der zweite Theil gewährt eine systematisch geordnete Uebersicht der Bestimmungen über den Transport von Ausländern, wie diese aus den mit dem Auslande abgeschlossenen Konventionen wegen Uebernahme Ausgewiesener und Auslieferung von Verbrechern und Deserteurs hervorgehen.

Für die Uebersichtlichkeit und bequeme Handhabung des Werkes ist sowohl durch die typische Einrichtung, als durch ein genaues Inhalts-Verzeichniß und chronologisches Register Sorge getragen.

Möge die in der Behandlung eines so umfangreichen Materials liegende, gewiß nicht zu verkennende Schwierigkeit der Bearbeitung dem Werke eine rücksichtsvolle Beurtheilung bereiten!

Berlin, im Juni 1864.

Abkürzungen.

A. G.-O.	Allgemeine Gerichts-Ordnung.
A. L. R.	Allgemeines Landrecht.
A.-Bl.	Amts-Blatt.
Ann.	v. Kamptz, Annalen der inneren Preußischen Staatsverwaltung.
Anm.	Anmerkung.
Cirk.	Cirkular.
Cr.-Ordng.	Allgemeine Criminal-Ordnung.
Dep.	Departement.
G.-S.	Gesetz-Sammlung.
Graeff.	Graeff's Sammlung von Verordnungen.
Jahrb.	v. Kamptz, Jahrbücher der Preußischen Gesetzgebung.
A. K.-O.	Allerhöchste Kabinets-Ordre.
M.-Bl.	Ministerial-Blatt der inneren Verwaltung.
J.-M.-Bl.	Justiz-Ministerial-Blatt.
M. d. A. A.	Ministerium der Auswärtigen Angelegenheiten.
M. d. Fin.	Finanz-Ministerium.
M. d. J. u. d. Pol.	Ministerium des Innern und der Polizei.
M. d. Just.	Ministerium der Justiz.
M. d. G. U. u. M.-Ang.	Ministerium der Geistlichen, Unterrichts- und Medizinal-Angelegenheiten.
N. C. C. M.	Novum corpus constitutionum Marchicorum.
O.-L.-G.	Ober-Landes-Gericht.
O.-Pr.	Ober-Präsidium.
Publ.	Publicandum.
Reg.	Regierung.
Reg.-Bez.	Regierungs-Bezirk.
Regl.	Reglement.
Regul.	Regulativ.
Verf.	Verfügung.

Inhalts-Verzeichniß.

Erster Theil.

2. Gefährliche Landstreicher, Verdächtige oder sonstige Arrestanten werden von der Gensdarmerie, wenn dies aber wegen der Schwäche oder anderweitigen Beschäftigung nicht zulässig ist, ebenfalls von den Gemeinden unter militärischer Bedeckung transportirt, und hängen im ersteren Fall die den Gensdarmen beizugebenden Civilbegleiter und deren Anzahl von den Umständen ab.

II. Leichte Verbrecher und minder gefährliche Landstreicher und andere Individuen sind, wie bisher, von den Gemeinden zu transportiren.

§. 11. Die Stärke der Begleitung ist, sowie die Anzahl der Transporteurs nach Maßgabe der Zahl, Gefährlichkeit und übrigen Beschaffenheit der Transportanden, der Jahreszeit, der Wege und anderen Verhältnisse von der absendenden Behörde, doch allemal dergestalt zu bestimmen, daß sie völlig hinreicht, um den Transport mit Sicherheit zur nächsten Station (§. 4) zu bringen.

Bei Civil-Transporten zu Fuß müssen mindestens

zwei Begleiter auf einen Transportaten
vier " " zwei "
fünf " " drei "
sieben " " vier "

und so weiter, in fortschreitenden Verhältnissen, gegeben werden; bei schwächlichen Männern und bei Weibern und Kindern ist eine geringere Zahl zulässig. Die Zahl der Begleiter bei anderen- als Fußtransporten und bei Militär-Transporten richtet sich nach den Verhältnissen.

Der Transportführer muß nicht allein für die Erhaltung der bestimmten Anzahl während des Transportes sorgen, mithin, wenn einer der Begleiter an der Fortsetzung desselben unterwegs verhindert werden sollte, an dessen Stelle am nächsten Orte einen anderen requiriren, sondern er ist auch schuldig, während des Transportes an jedem Ort eine Verstärkung der Mannschaft zu requiriren, an welchem ihm gestattet sein würde, einen Wagen anzuschaffen. (§. 9 Nr. II.)

Zu Transporteurs müssen nur treue, zuverlässige, unerschrockene und gewandte Männer genommen, mithin

1. Weiber,
2. Männer über 60 Jahre,
3. junge Leute unter 18 Jahren,
4. schwache und unbeholfene Menschen und
5. Menschen von zweideutigem üblem Rufe

durchaus davon ausgeschlossen werden, und dies ist auch bei etwaigen Stellvertretern zu beobachten.

Es wird den Regierungen überlassen, auf den Transportstationen eine angemessene Anzahl solcher qualifizirter Personen auszumitteln und gegen Entbindung von anderen persönlichen Gemeindediensten oder andere angemessene Vergütigung ein für allemal zum Transport zu bestimmen.

Die absendende und resp. Stationsbehörde bestellt aus den Transporteurs einen zum Führer des Transportes, dessen Anordnungen die übrigen Folge zu leisten haben und welchem die Transportkosten und Transport-Dokumente (§. 19 bis 21) anzuvertrauen sind. Ob und wie die einzelnen Transportaten den einzelnen Transporteurs zur besonderen Bewachung anzuvertrauen sind, hängt von der besonderen Bestimmung der Behörde ab. In dazu geeigneten Fällen kann die absendende Behörde überdem den Transport unter die Leitung eines Polizei- oder anderen Beamten stellen oder dem Transport einen Begleiter zu Pferd mitgeben.

Die Begleiter müssen nach der Gefährlichkeit und Anzahl der Transportaten und den übrigen Verhältnissen mit Waffen, oder wenigstens mit tüchtigen Knüppeln, sowie mit Schließgeräthschaften oder Stricken versehen sein, um davon nöthigenfalls Gebrauch zu machen; es müssen wenigstens so viele Transporteurs mit Waffen versehen sein, als Individuen transportirt werden.

Seite

§. 14. Die absendende Behörde hat bei einem unvermögenden Transportaten, und, wenn die annehmende oder eine andere Behörde die Transportkosten ihr nicht zugestellt hat, die Verbindlichkeit, sie entweder für den ganzen Transport, oder bis zur nächsten Transport-Station vorzuschießen. 159—169

Es hängt hierbei von ihrer Wahl ab, ob sie

I. die Transportkosten für den ganzen Transport auslegen und von der Behörde des Bestimmungsortes wahrnehmen,

oder ob sie

II. diese Kosten nur bis zur nächsten Transport-Station (§. 4) vorschießen will.

Im ad I. ersteren Falle, der sich bei kurzen Transporten innerhalb Landes empfiehlt, muß der Betrag der Transportkosten dem Transportführer zur genauen Berechnung mitgegeben werden, und ist, dringende, unerwartete Fälle abgerechnet, kein Zwischenort zu Auslagen verbunden.

Im ad II. zweiten Falle muß die absendende Behörde aber die bis zur nächstfolgenden Transport-Etappe (§. 4) erforderlichen Kosten vorschießen, auf dem Transportzettel einzeln aufführen und solchergestalt bei der nächstfolgenden Transport-Station liquidiren, diese aber bei der Ablieferung der Transportaten die liquidirten und unterwegs etwa erwachsenen ferneren Kosten der abliefernden Behörde sofort durch die zurückgehenden Transportanten erstatten, demnächst aber mit dem fortgehenden Transporte diese Kosten und die denselben hinzuzufügenden Kosten des Transportes von ihr bis zur nächstfolgenden Station vorschießen und von dieser auf eben diese Art wieder erheben. Dies Verfahren wird auf dem ganzen Transporte bis zum Bestimmungsorte beobachtet, von dessen Obrigkeit die auf dem ganzen Transporte erwachsenen und solchergestalt von der letzten Stationsbehörde vorgeschossenen Kosten der letztgedachten Behörde erstattet werden.

Wenn die Kosten dem Regierungs-Fonds zur Last fallen (§. 13), so liquidirt die letzte Stationsbehörde diese Kosten bei der absendenden Behörde, und diese, unter Beifügung des Transportzettels, unmittelbar, oder durch die Kreisbehörde, bei der ihr vorgesetzten Regierung.

Jede Stations-, oder an deren Stelle tretende, andere Behörde (§. 7), sowie die annehmende Behörde, muß diese Kostenerstattung und Auslage sofort und unweigerlich beschaffen, und die dagegen habenden Erinnerungen bei der Behörde besonders anbringen.

Die Erstattung der vorgeschossenen Kosten von der folgenden oder der Bestimmungs-Behörde erfolgt aber nur dann, wenn der Transportat wirklich überliefert ist, fällt mithin weg, wenn derselbe auf dem Transport entsprungen sein sollte.

a. Cirk.-Reskr. v. 23. Juli 1817. §. VII. zu §§. 13 und 14.
b. Cirk.-Reskr. v. 13. Oktober 1818. §. V.
c. Cirk.-Reskr. d. Min. d. Poliz. v. 21. Oktober 1817.
d. Reskr. d. Poliz.-Minist. v. 22. Juli 1818.
e. Reskr. d. Min. d. Inn. u. d. Poliz. v. 2. Mai 1823.
f. Reskr. d. Min. d. Inn. v. 3. September 1846.
g. Cirk.-Reskr. d. Min. d. Inn. v. 14. November 1852.
h. Bestimmungen einzelner Regierungen.
   α. Publikand. d. Reg. zu Münster v. 30. August 1819.
   β. Publikand. d. Reg. zu Merseburg v. 28. August 1821.

Seite

3) das Schreiben der absendenden Behörde an die des Bestimmungs-Ortes mit den etwa mitzugebenden Akten; insofern letztere dem Transport überhaupt anzuvertrauen und nicht lieber auf der Post abzusenden sind;

4) die dem Transportanden abgenommenen Gelder, Effekten und Papiere.

h. Sicherheits-Maßregeln. 217. 218

§. 22. Vor dem Abgange des Transportes sind die in Ansehung der sicheren Führung desselben nöthigen Maßregeln zu nehmen und anzuordnen.

Gefährliche, starke, widerspenstige Verbrecher und Vagabunden müssen in der Regel gebunden oder gefesselt transportirt werden. Die Transportführer müssen sich hierbei genau an die Bestimmungen der absendenden oder Stations-Behörde halten, und sind nur berechtigt, hiervon abzugehen,

1) wenn der Transportat unterwegs die Flucht versucht, oder sonst sich widerspenstig bezeigen sollte;

2) die einbrechende Dunkelheit die Besorgniß der Flucht verstärken möchte;

3) einer der Begleiter behindert sein sollte, den Transport fortzusetzen und nicht gleich ersetzt werden kann;

4) überhaupt unerwartete Ereignisse, z. B. Bruch des Wagens u. s. w. dies zur Sicherung des Transportes nothwendig machen.

Jeder Transportat ist, ehe er an den Transporteur abgeliefert wird, in dessen Gegenwart auf das Genaueste zu visitiren, alle Instrumente, welche die Flucht erleichtern, sowie alle Dokumente, welche ihm darauf nützlich sein könnten, sind ihm, nebst baarem Gelde, abzunehmen und dem Führer mitzugeben. Mördern, Räubern und Dieben oder anderen groben Verbrechern und gefährlichen Landstreichern, welche entweder schon früher auf dem Transporte entsprungen sind, oder besondere Gefahr der Entweichung begründen, kann, nach Ermessen der absendenden Behörde mit Berücksichtigung der Gesundheit, das Haupthaar ganz, oder auf eine besonders in die Augen fallende Art, abgeschoren werden.

Die absendende Behörde hat soviel als möglich die des Bestimmungs-Ortes und der nächsten Stationsörter vom Abgange des Transportes noch vorher zu benachrichtigen.

i. Führung des Transportes. 218. 219

§. 23. Der Transport ist ununterbrochen und ohne Rücksicht auf Sonn- und Festtage fortzusetzen und möglichst so einzurichten, daß die Stationsörter noch vor Einbruch der Dunkelheit erreicht werden.

Sollten unerwartete Umstände dies hindern, so bleibt dem Führer überlassen, entweder an einem Zwischenort zu übernachten, oder den Transport durch Verstärkung der Begleitung (§. 11) oder Fesselung (§. 22) zu sichern, oder einen Wagen zu nehmen (§. 10); im ersteren Falle muß jedoch der Transportat an die Ortsobrigkeit abgeliefert und in Ansehung der Bewachung nach Vorschrift des §. 27 verfahren werden.

a. Reskr. d. Min. d. Inn. u. d. Poliz. v. 1. August 1831.

b. Allgem. Verf. d. Justiz-Minist. u. d. Min. d. Geistl., Unt.- u. Mediz.-Ang. v. 14. Oktober 1856.

Reskr. d. Min. d. Krieges, d. Justiz u. d. Inn. v. 25. Juni 1846.

k. Betragen der Begleiter auf dem Transporte. 219. 220

§. 24. Die Transporteurs müssen auf dem Transporte überhaupt nach dieser und der ihnen gegebenen näheren Instruktion und den Weisungen des

Seite

Transportführers sich genau richten, und insonderheit auf die Transportanten und deren Benehmen ununterbrochen die strengste Aufmerksamkeit haben, und letztere besonders in Wäldern oder anderen gefährlichen Gegenden verdoppeln und dann, sowie in allen Verhältnissen, welche die Flucht erleichtern könnten, die bekannten Sicherheitsmaßregeln anwenden.

Die Transporteurs müssen mit den Transportaten nicht über ihre Verbrechen und die Beschaffenheit der Gegend worin sie sind, sprechen, ihnen nicht gestatten, hierüber untereinander und überhaupt mit unbekannten Menschen auf der Landstraße sich zu unterhalten: Transportaten, welche mit einander bekannt sind, müssen auf dem Transport möglichst von einander getrennt werden, die Begleiter dürfen von den Transportanden nicht das Geringste kaufen oder eintauschen, oder zum Geschenk annehmen, was zu Wagen transportirt wird, darf ohne dringende Veranlassung nicht herabsteigen und muß dann besonders bewacht und nach Bewandniß der Umstände gefesselt oder an einem Strick geführt werden; den Transporteurs ist strenge verboten, auf dem Transporte zu schlafen; ohne Erlaubniß des Führers darf kein Begleiter sich vom Transport entfernen; der Transport darf außer in Fällen der Noth, nur zu den gewöhnlichen Mahlzeiten in Wirthshäuser einkehren und dann muß nach Verhältnissen der Transportat auf das Strengste bewacht und auf angemessene Art geschlossen oder gebunden werden.

Wenn einer der Transportaten die Flucht versucht oder entspringt, so ist Gewalt zu gebrauchen um ihn daran zu verhindern oder wiederzuergreifen; er ist alsdann zu binden oder zu fesseln, auch nöthigenfalls am nächsten Ort ein Wagen zum weiteren Transport zu nehmen. Wenn einer entsprungen ist, so muß die Aufsicht auf die übrigen verschärft und sie allenfalls gebunden und alle Vorkehrungen genommen werden, um die Flüchtlinge wieder zu erhalten, entweder durch sofortiges Nachsetzen oder durch Requisition der nächsten Obrigkeiten, Gensdarmen und Gemeinden, wobei die §. 20. gedachten Signalements zu gebrauchen und Jedermann den Transporteurs Hülfe und Beistand zu leisten hat. Der Transportführer muß jede Entweichung der nächsten und jeder nachfolgenden Obrigkeit auf der Transportstraße und jedem Gensdarmen und Schulzen anzeigen, damit auch diese wegen der Verfolgung durch Steckbriefe und Nachjagd ihre Pflicht erfüllen können.

l. Behandlung der Transportaten. 220—225.

§. 25. Die Transportaten müssen zwar mit der zu ihrer sicheren Fortschaffung erforderlichen Strenge, allein ohne unnöthige Härte behandelt werden.

Wegen der Rücksicht auf ihre Gesundheit ist bereits oben das Nähere bestimmt; auf dem Transport ist ihnen die erforderliche Ruhe zu gewähren, dabei aber auf ihre gehörige Sicherung zu sehen; in Wäldern, hohlen Wegen und anderen, der Flucht günstigen Gegenden, darf ihnen jedoch in der Regel nicht gestattet werden, sich auszuruhen.

In Beziehung auf die Verpflegung verbleibt es bei den darüber vorhandenen oder nach Zeiten, Stand und anderen Verhältnissen zu erlassenden Bestimmungen; die Transportaten müssen jedoch auf allen Fall wenigstens diejenige Verpflegung erhalten, welche Gefangene von ihrem Verhältniß erhalten.

Die Gefängnisse in den Stationsörtern sind nach Vorschrift des wegen der Polizeigefängnisse unterm 12. August 1815. erlassenen Cirkulars des Polizei-Ministerii in gutem Stand zu erhalten und zu verwalten.

Die Transporteurs müssen aller Mißhandlungen der Transportaten und

Seite

außer dem Falle der Widersetzlichkeit und des Versuchs der Flucht, aller thätlichen Behandlung derselben sich enthalten, und auch in diesen Fällen sich keine Excesse erlauben; die Transportaten sind dagegen wegen begangener Widersetzlichkeiten, Ungehorsams u. s. w. der nächsten Stationsbehörde anzuzeigen und von derselben zu bestrafen.

Die Transporteurs müssen die Transportaten auch vor Mißhandlungen des Pöbels sichern und schützen.

a. Cirk. des Königl. Polizei.-Minist. v. 12. August 1815.
b. Cirk. v. 23. Juli 1817.
c. Cirk. Reskr. d. Min. d. Inn. u. d. Poliz. v. 31. Juli 1822.
d. Reskr. d. Min. d. Inn. u. d. Poliz. v. 8. September 1835
e. Reskr. d. Min. d. Inn. u. d. Poliz. v. 8. Juni 1821.

§. 26. Der Transportat ist am Stationsorte, oder, wenn derselbe nicht zu erreichen ist, an dem an seine Stelle tretenden Orte (§. 7.) nicht an Unterbediente, sondern an die Polizeibehörde abzuliefern, bei welcher der Transport-Führer sich zu melden und die weiteren Bestimmungen zu gewärtigen hat. Der Transportat muß bis dahin entweder vorläufig an die Wache, oder zum Arrest abgeliefert, oder von der Transportmannschaft, nöthigenfalls unter Beihülfe der Gensdarmerie, des Militärs oder der Polizei-Offizianten genau bewacht werden.

Der Transportat ist auf jeder Station vor der Ablieferung genau zu visitiren und der Transportzettel zu revidiren, und, wenn er mangelhaft ist, zu ergänzen, wobei die, auf dem Transport etwa vorgefallenen Veränderungen, sowie die Zeit der Ankunft und die Gründe der etwaigen Verzögerung derselben auf dem Transportzettel zu vermerken sind.

Wenn ein Transportat entsprungen ist, so muß darüber bei der nächsten Stationsbehörde eine Untersuchung angestellt und die Acten demnächst der Behörde, deren Transportanten der Transportat entwichen ist, zum weiteren Verfahren (§. 20.) übersandt werden.

Die zum Transport gehörigen Gelder, Papiere und andern Effecten werden der Stationsbehörde abgeliefert.

Dieselbe erstattet in Gemäßheit der Bestimmungen des §. 14. die bis dahin aufgelaufenen Transportkosten und liquidirt sie auf die obgedachte Art der nach ihr folgenden Behörde.

Sie giebt endlich dem Transportführer über die Ablieferung der Transportaten, Gelder und Effekten einen Empfangschein und bemerkt auf demselben die Stunde der Ankunft und Abfertigung.

§. 27. Die Stationsbehörde muß für die sichere und angemessene Bewachung des Transportaten Sorge tragen; sie geschieht in Gemäßheit des Direktorial-Reskriptes vom 12. März 1805 in den Nachtquartieren, der Regel nach in den Civilgefängnissen, in Garnison-Städten erforderlichen Falls unter Konkurrenz des Militärs, in unbequartierten Orten aber auf die dort übliche Art der Bewachung der Gefangenen. Gefährliche Verbrecher sind aber in Kriminal-Gefängnissen aufzubewahren.

a. Cirk.-Reskr. d. Gen.-Direkt. v. 12. März 1805. §. 2.
b. Reskr. d. Poliz.-Min. v. 10. April 1817.
c. Cirk. v. 23. Juli 1817. §. XIII. zu §. 27.

§. 28. Jede Stationsbehörde muß den Transportaten ehebaldigst weiter befördern, und dabei das bisher angeführte Verfahren, soweit es sich nicht auf die erste Behörde beschränkt, von Station zu Station befolgt werden.

In Ansehung der Zeit der weiteren Absendung ist zwar auf die Gesundheit des Transportanden, die Menge derselben und andere Verhältnisse zu sehen, möglichste Beschleunigung derselben muß indeß die Regel sein.

§. 29. Der Transportat wird mit den Geldern, Papieren und Effekten am Bestimmungsorte an diejenige Behörde abgeliefert, welche zu seiner Annahme verbunden ist, oder an diejenige, welche sie zur Empfangnahme des Transportaten an der Grenze oder sonst, entgegengeschickt haben sollte.

Ueber die richtige Ablieferung des Transportaten wird auf dem Transportzettel quittirt und in Ansehung der Erstattung der Transportkosten in Gemäßheit des §. 14 verfahren.

§ 30. Die Transporte müssen allenthalben von Jedermann, besonders aber von den Obrigkeiten und Schulzen, mit gehöriger Achtung aufgenommen, die Requisitionen des Transportführers mit Willigkeit und Schnelligkeit erfüllt, und überhaupt den Transporten allenthalben Hülfe und Beistand schleunigst geleistet werden.

Die Transport=Begleiter müssen dagegen sich bescheiden betragen, zu keinen gegründeten Beschwerden Veranlassung geben, widrigenfalls aber ernstlich bestraft werden.

§. 31. Die Regierungen haben zu veranlassen, daß die Transporteurs mit genauen Vorschriften über das auf Transporten zu beobachtende Verfahren versehen und damit bekannt gemacht werden.

§. 32. Diese und die im §. 31 gedachten und übrigen Instruktionen müssen mit der größten Pünktlichkeit auf das Strengste befolgt werden; die geringste Vernachlässigung der darin enthaltenen Vorschriften ist mit angemessener Strafe zu beahnden und bei grober Nachlässigkeit, Begünstigung und Kollusionsfällen kriminalrechtlich zu verfahren.

Neben den hiernach administrativisch oder kriminalrechtlich zu erkennenden Strafen verlieren diejenigen Transporteurs, welche einen Transportaten auf dem Transport haben entspringen lassen, wenn ihnen auch nur der allergeringste Grad von Fahrlässigkeit zur Last fällt, die etwa Statt habenden Transport=Gebühren und müssen die auf die Wiedererhaltung des entsprungenen Sträflings verwandten Kosten, Prämien u. s. w. tragen, auch, dem Befinden nach, ihrer Obrigkeit die von derselben verlegten, aber ihr nicht wiederzuerstattenden Transportkosten (§. 14) ersetzen; überdem sind nachlässige Transporteurs von

Zweiter Theil.

Das Transportwesen des Preußischen Staates in seinen Beziehungen zum Auslande.

Chronologisches Register.

Erster Theil.

Transport-Instruktion

vom 16. September 1816.

Einleitung.

Sowohl für die allgemeine Sicherheits-Polizei als für die Kriminal-Justiz ist der sorgfältige und sichere Transport der Verbrecher und Vagabunden ein Gegenstand der höchsten Wichtigkeit, insofern als bei einer mangelhaften Einrichtung des Transportwesens gerade die gewandtesten und gefährlichsten Subjekte leicht Gelegenheit zum Entweichen finden, und die Transporte daher kaum mehr als eine Art polizeiliches Sieb bilden, durch welches Verbrecher und Landstreicher durchlaufen, und die gefährlichen von den minder schlimmen gesichtet werden, so daß erstere auf denselben sich näher kennen lernen, um gemeinschaftlich zu entspringen und in erneuten Banden Person und Eigenthum der Staatsbürger zu gefährden.

Dessenungeachtet wurde in den meisten Ländern lange Zeit hindurch diesem hochwichtigen Gegenstande keine genügende Aufmerksamkeit und Sorgfalt gewidmet, und dessen Einfluß auf die allgemeine Ordnung und Sicherheit selbst von einsichtigen Fachmännern so wenig beachtet, daß es fast Regel war, die Vagabunden durch Greise und Schwächlinge transportiren zu lassen, ja daß selbst Frauen und Kinder mit dem Transport schwerer Verbrecher betraut wurden.

Im engsten Zusammenhang mit dieser höchst mangelhaften Einrichtung des Transportwesens im Inlande stand das Verfahren bei den Landesverweisungen. Gewöhnlich beschränkte man sich hierbei darauf, die Vagabunden und Verbrecher, oft heimlich, ohne irgend die Behörde des Auslandes hiervon zu benachrichtigen, über die Landesgrenze zu führen, ihnen anzudeuten, daß sie in Zukunft das Land nicht wieder zu betreten hätten, und sie dann ohne alle Aufsicht sich selbst und ihrem Schicksal zu überlassen; ob sie wirklich in ihre Heimath sich begaben, oder ob sie nicht vielmehr noch am nämlichen Tage einige Schritte vom Orte jenes polizeilichen Abschiedes in das verweisende Land wieder zurück kehrten, ob sie endlich in letzterem oder sonst wo ihre verbrecherische Laufbahn, — oft in Verbindung mit anderen, in hiesigen Strafanstalten ihnen bekannt gewordenen, gleichfalls aus dem Lande gebrachten Verbrechern, mit denen sie verabredetermaßen sich wieder gefunden, — dies lag ganz aus dem Kreise der Fürsorge der Polizei früherer Zeit.

Und doch waren gerade in den beim Transportwesen herrschenden Unordnungen und Mängeln die Gründe davon zu suchen, daß in allen Ländern gleichsam ein Stamm von Landstreichern und Verbrechern sich erhielt, und eine Pflanzschule für die neu hinzutretenden Subjekte bildete. —

Die Gründe dieser Mangelhaftigkeit des Transportwesens waren im Allgemeinen folgende:

1) Die Transporte, obwohl sie ihrer Natur und ihrem Wesen nach lediglich Maßregel der Sicherheits-Polizei sind [1]), waren zu lange Gegenstand und in den Händen der Justiz, welche dabei mehr aus ihrem eigenen, als aus polizeilichem Standpunkte verfuhr, überhaupt auch weniger, als die Polizei, die zur Sicherung der Erreichung des Zweckes nöthigen Maßregeln zur Disposition hat.

2) Die Ausführung der Transporte durch die Orts-Kommunal-Behörden in Staaten, wo letztere von den Polizei-Behörden getrennt sind.

Das Unpassende dieser Ressort-Bestimmung liegt wohl auf der Hand. Nur die den Zweck sowie den Gegenstand der Kommunal-Leistungen leitende Behörde allein kann wissen und bestimmen, welche Maßregeln hierbei als zweckmäßig anzusehen sind; zweckwidriger aber wird die Leistung keiner Behörde sein als gerade derjenigen, durch welche die Mittel, zur Erreichung des Zweckes an und für sich administrirt werden, weil für diese stets die Rücksicht auf die zu stellenden Mittel, die auf die vollständige Ausführung des Zweckes selbst in den Hintergrund drängen wird, der letztere also aus Fürsorge und Schonung für die Mittel übersehen und verfehlt wird.

Die Kommunal-Behörde muß dadurch ihre Funktion erfüllt und beendet haben, daß sie der Polizei-Behörde die Mittel zu deren Zwecken in die Hand giebt; die Benutzung und Leitung

---

1) von Berg, Polizeirecht, Bd. IV. Abth. II. S. 459.

derselben zu diesen Zwecken kann aber bei einer praktischen und zweckmäßigen Geschäfts-Organisation nur lediglich und allein Sache der Polizei-Behörde sein. — Diese muß die Bestimmungen, nach welchen die Transporte vermittelst der Kommunal-Leistungen ausgeführt werden sollen, erlassen; sie muß die Transporte leiten und der polizeiliche Führer der Transportanden sein. Die Fürsorge für die Mittel schließt keineswegs die Fürsorge für den Zweck und die Leitung der ersteren nothwendiger Weise in sich; Zweck giebt allerdings Recht auf Mittel, nicht aber umgekehrt die Mittel das Recht auf den Zweck.

Die Trennung des Transportwesens von der Sicherheits-Polizei, von der es ein integrirender und unzertrennlicher Theil ist, war daher in manchen Ländern ein wesentliches Hinderniß der Ordnung im Transportwesen und einer erfolgreichen Ausübung desselben.

Aus dem vorher Gesagten entwickelte sich und folgte ein anderer Uebelstand, nämlich:

3) Die Untauglichkeit und Unzulänglichkeit der Individuen, welche zur Ausführung der Transporte verwendet wurden. —

Diese Transporte gehörten allgemein zu den Gerichts- und Kommunal-Diensten, und wurden daher, wie manche andere, wie z. B. die Nachtwache, nur zu oft von solchen Gemeinde-Mitgliedern geleistet, welche zu keinen, für ihre individuellen Verhältnisse mehr lukrativen Arbeiten tauglich waren, auf allgemeine Kosten erhalten wurden, und welche auf diese Weise wenigstens einigermaßen eine Gegenleistung für den ihnen aus Gemeinde-Mitteln gewährten Unterhalt prästiren sollten; — wie denn überhaupt der öffentliche Dienst in der Praxis selten gut versorgt ist, wenn er durch Kommunal-Dienste beschafft werden soll.

4) Die zu häufig eintretenden Abwechselungen und Veränderungen der Transporteurs.

5) Die Ungewißheit über den eigentlichen Bestimmungsort der Transportanden. Gewöhnlich täuschten letztere in Betreff desselben die Behörde, um den Transport zu verlängern, und hierdurch die Gelegenheit zum Entspringen möglichst zu vervielfältigen und herbeizuführen.

6) Die Nachlässigkeit in der Bewachung der Transportaten, und endlich

7) die Unordnungen und Unregelmäßigkeiten, welche in Ansehung der Transportkosten und ihrer Erstattung stattfanden.

So war das ganze Transportwesen, seiner großen Wichtigkeit und Bedeutung ungeachtet, lange bei Seite gesetzt und vernachlässigt geblieben. Fast in allen Ländern hatte die Polizei-Verwaltung eine Richtung, von welcher sich in dieser Beziehung praktische und erschöpfende Maßregeln nicht erwarten ließen. Daher kommt es denn auch, daß man in den älteren Gesetzen aller Länder über diesen Gegenstand überall keine Vorschriften findet; man beschränkte sich darauf, ein Verzeichniß derjenigen Individuen zu geben, welche auf den Transport gegeben werden sollten; über die zweckmäßige Einrichtung des letzteren aber wurde das tiefste Stillschweigen beobachtet.

Erst, als nach Beendigung des französischen Revolutions-Krieges die Unsicherheit in den vorliegenden Provinzen Deutschlands den höchsten Grad erreicht hatte, und deshalb das Bedürfniß einer angemessenen Sicherheits-Polizei lebhafter als je hervortrat und gefühlt wurde, fing man in mehreren Ländern an, auch auf eine angemessenere und zweckentsprechendere Einrichtung des Transportwesens zu denken.

Der Wetzlar'sche General-Polizei-Konvent der Oberrheinischen und anderer benachbarter Reichsstände von 1801 [1]), sowie der Schwäbische Kreis-Konvent von 1801 und 1802 [2]) machten darüber einige Vorschläge, die jedoch kein erschöpfendes Resultat lieferten.

Schon etwas wirksamer, obwohl nur für einige Gegenden Sachsens, war das im Jahre 1808 zwischen den Herzoglich Sächsischen und den Fürstlich Schwarzburg-Sondershausen und Rudolstädt'schen sowie Reuß'schen Häusern getroffene Uebereinkommen [3]).

Mit günstigerem Erfolg ward dieser Gegenstand nach Beendigung des letzten Krieges gegen Frankreich wieder aufgenommen [4]).

---

1) Haeberlin, Staats-Archiv, Heft XXI. S. 45.

2) von Berg, Polizei-Recht, Bd. IV. Abth. II. S. 675 und Bd. V. S. 32.

3) Instruktion für die Schwarburg-Rudolstädtischen Lande wegen Aufgreifung und Transportirung der Bettler und Landstreicher vom 2. Sept. 1808; desgleichen Schwarzburg-Sondershausen'sche Verordnung das Transportwesen betreffend vom 12. Nov. 1814.

4) Nachdem in Preußen durch die Cirkular-Verordnung vom 10. Okt. 1814 die bei Landesverweisungen und den bei denselben statthabenden Transporten vorhandenen Mißbräuche aufgehoben worden waren, wurden die Grundsätze dieser Verordnung durch besondere Verordnungen in Hannover, Cassel, Weimar, Schwerin, Braunschweig, Schleswig-Holstein, Oldenburg, Nassau, Dessau, Bernburg, Sondershausen, Waldeck und Detmold angenommen.

Von den aus dieser Zeit datirenden Anordnungen deutscher Länder sind namentlich zu erwähnen:

1. die Konvention vom 7. März 1816 zwischen den Königreichen Baiern und Würtemberg, sowie dem Großherzogthum Baden wegen wechselseitiger Uebernahme der Vaganten und anderer Ausgewiesener.
2. Das Königl. Sächsische Generale vom 3. Aug. 1808, das Schubwesen betreffend.
3. Das Regulativ vom 17. Mai 1809 wegen der zu errichtenden Polizei-Miliz im Markgrafenthum Niederlausitz, nebst Zusätzen vom 30. Juli 1810.
4. Die Instruktion für die Polizei-Jäger in der Niederlausitz vom Jahre 1809.

In dem Preußischen Staate war schon Manches hierfür geschehn. Nach der Kurmärkischen Visitations-Instruktion vom 9. Januar 1725 §§. 5 und 11 (C. C. M. Tom. II. Abth. III. Nr. L.) und nach dem Edikt vom 16. April 1738 (C. C. M. Cont. I. Nr. XVIII. pag. 145), sollte der Transport der Vagabunden gewöhnlich von Ort zu Ort erfolgen. Die verschiedenen Landarmen-Reglements [1]), sowie die Schlesische

---

5. Das Königl. Sächsische Generale vom 12 Dec. 1809, die Errichtung der Gensdarmerie betreffend.
6. Die Königl. Hannover'sche Verordnung vom 24. Nov 1814 betr. die Transportation der Vagabonden und Landstreicher über die Landesgrenze
7. Die Kurhessische Verordnung vom 3. Febr. 1815, den Transport der Landesverwiesenen betreffend.
8. Die Herzogl. Weimar'sche Instruktion vom 17. Dec. 1814 wegen Fortschaffung der Vagabonden ꝛc.
9. Die Herzogl. Mecklenburg-Schwerin'sche Verordnung vom 14. Nov. 1814, das Transportwesen betreffend.
10. Die Herzogl. Sachsen-Gothaische Verordnung vom 25. Juli 1809 wegen Fortschaffung ausländischer Verbrecher, Bettler und Landstreicher.
11. Die Herzogl. Braunschweig'sche Verordnung vom 19. Dec. 1814, den Transport der Verbrecher und Landstreicher betreffend.
12. Das Herzogl. Mecklenburg-Schwerin'sche Publikandum vom 28. Jan. 1815, die mit der Krone Dänemark wegen des Transports der Verbrecher abgeschlossene Konvention betreffend.
13. Das Herzogl. Oldenburg'sche Cirkular vom 10. Dec. 1814, das Transportwesen betreffend.
14. Das Herzogl. Anhalt-Bernburg'sche Publikandum vom 25. Nov. 1814 wegen Verweisung und Transportirung der Verbrecher und Landstreicher aus dem Lande.
15. Die Instruktion vom 2. Sept. 1808 für sämmtliche Unterbehörden der Fürstl. Schwarzburg-Rudolstädt'schen Lande wegen Arretirung und Transportirung der Bettler und Landstreicher.
16. Die Fürstl. Schwarzburg-Sondershausen'sche Verordnung vom 12. Oct. 1808 über die Aufgreifung und Transportirung ausländischer Bettler und Landstreicher.
17. Die Schwarzburg-Sondershausen'sche Verordnung vom 12. Nov. 1814, das Transportwesen betreffend.
18. Die Verordnung, wie es in den Fürstl. Reuß-Plauen'schen Landen der jüngeren Linie mit Transportirung der aufgegriffenen Vaganten, durch den sogenannten Schub in ihre Heimath, gehalten werden soll, d. d. Gera, den 9. Mai 1809; und endlich
19. die Fürstl. Waldeck'sche Verordnung vom 19. Jan. 1815, das Transportwesen betreffend.

[1]) A. Provinz Preußen:
1. Reglement der Landarmen- und Besserungs-Anstalt zu Tapiau für Ostpreußen, Ermeland, Litthauen und die Kreise Marienwerder und Riesenburg vom 31. Okt. 1793. (N. C. C. Tom IX. Nr. 83 de 1793 S. 1721. Rabe Bd. 2, S. 490.)
2. Landarmen-Reglement für die Provinz Westpreußen mit Bezug auf die zu Graudenz errichtete Korrektions-Anstalt vom 13. Dec. 1807. (Heyde, Repert. Bd. 2, S. 109.)

B. Provinz Brandenburg:
1. Landarmen- und Invaliden-Reglement für die Kurmark vom 16. Juni 1791. (N. C. C. Tom. IX. Nr. 43 de 1791 S. 124. Rabe Bd. 2, S. 109.)
2. Landarmen-Reglement für die Neumark und deren in Landarmensachen associirten Kreise vom 12. Mai 1800. (N. C. C. Tom. X. S. 2911, Nr. 28 de 1800. Rabe, Bd. 6 S. 102.)
3. Landarmen- und Invaliden-Reglement für die Ukermark vom 19. Dec. 1803 (N. C. C. Tom. IX. S. 3101, Nr. 2 des Nachtrags de 1805. Rabe Bd. 7, S. 538.)

Schub-Ordnung von 1729 §. 6 schrieben ordentliche Transport-Stationen und Routen vor, führten überhaupt, wenn auch nur im Bereich ihrer Provinz, ein konformeres und gleichmäßigeres Verfahren herbei. Das Cirkular vom 14. Mai 1799, betreffend den Transport der Vagabonden aus einer Provinz in die andere, (N. C. C. M. Tom. X. pag. 2395 Nr. 21) verordnete eine genauere Ermittelung des Bestimmungsortes. Ferner ordneten die Kabinets-Ordre vom 3. Decbr. 1804, (mitgetheilt durch Cirkular des Justiz-Ministerii vom 6. ejusd. mens., N. C. C. M. Tom. XI. pag. 2787 Nr. 62 de 1804, Rabe Bd. 8 S. 225) und das Cirkular-Reskript vom 24. Februar 1805 (N. C. C. Tom. XI. pag. 2895 Nr. 13 de 1805, Rabe Bd. 8 S. 249) die Militär-Transporte bei gefährlichen Verbrechern, als Mördern, Brandstiftern, Räubern, gefährlichen Dieben und Betrügern an, und setzten zugleich die Kosten dafür nebst der Verbindlichkeit zu deren Tragung fest. Die Instruktion vom 27. März 1797 (N. C. C. Tom. X. pag. 995 Nr. 23 de 1797, Rabe Bd. 4 S. 65) bestimmte die Maßregeln beim Transport der aus den Festungen und Zuchthäusern Entlassenen. Uebrigens hatte schon das Allg. Landrecht Th. II. Tit 7 §. 37 Nr. 8 den Transport der Verbrecher und Vagabunden ausdrücklich für eine Gemeinde-Last erklärt. Noch eingehendere und speziellere Vorschriften waren in einzelnen Provinzial-Verordnungen gegeben, wie das Publikandum der Königl. Ostpreußischen Regierung zu Königsberg das Verfahren bei Transporten betreffend, vom 15. Juli 1813 [1]), das Publikandum der

---

C. Provinz Pommern:

1. Landarmen-Reglement für Vor- und Hinter-Pommern vom 6. April 1799. (N. C. C. Tom. X. S. 2265, Nr. 13 de 1799. Rabe Bd. 5, S. 401.)
2. Regulativ vom 26. März 1831, betr. die Einrichtung der Landarmen-Verwaltung in Alt-Pommern (Ann. XV. S. 129—163. Jahrb. Bd. 37. S. 70; Gräff Bd. 6 S. 168.)

D. Provinz Schlesien:

1. Reglement für das Armen- und Arbeitshaus zu Kreutzburg und welchergestalt es mit den wahren Armen und der Reception der muthwilligen Bettler gehalten werden soll vom 4. Febr. 1779. (Heyde, Repert. Bd. IV. S. 255)
2. Reglement für die beiden Korrektionshäuser in Schlesien vom 31. Aug. 1800. (Heyde, Repert. Bd. IV. S. 277.)

E. Für Sachsen:

Verordnung vom 9. Aug. 1804, betr. die Errichtung einer Zwangsarbeits-Anstalt für das Herzogthum Magdeburg, die Grafschaft Mansfeld und das Fürstenthum Halberstadt. (N. C. C. Tom. XI. S. 2645, Nr. 41 de 1804. Rabe Bd. 8, S. 129.)

F. Für Westphalen:

Verordnung vom 15. Dec. 1820, betr. das Landarmen- und Arbeitshaus zu Benninghausen (Ann. V. 116—174).

[1]) Es würde zu weit führen, alle über das Transport-Verfahren erlassenen Provinzial-Gesetze und Verordnungen hier anzuführen, doch lassen wir ihrer Vollkommenheit wegen einzelne hier folgen:

a. Publikandum der Königl. Ostpreuß. Reg. v. 15. Juli 1813.

Die Transporte der Kriegsgefangenen, Rekruten, Vagabonden und Verbrecher sind

Königl. Neumärkischen Regierung, das Verfahren bei Landes-Verwei-

bisher mit großer Nachlässigkeit behandelt, da die Transportstraßen und Stationen willkürlich, ohne Rücksicht auf die gute Unterbringung und Aufsicht genommen, und die Begleitung häufig Greisen, Krüppeln und Knaben anvertraut worden, welche der Entweichung keine Hindernisse entgegen setzen konnten.

Es ist daher besonders unter den gegenwärtigen Umständen nothwendig, diesen Gegenstand ordnungsmäßiger zu organisiren, und darüber bestimmte, genau zu beobachtende Vorschriften festzusetzen. Es werden daher bestimmte Transportstraßen festgesetzt, auf welchen alle diese Transporte zu realisiren sind, die Nachweisung darüber wird in der Anlage beigefügt.

Die Behörden, welche auf jeder Station und in jedem Nachtquartiere das Unterkommen, die Bewachung, die Begleitung und den weiteren Transport zu besorgen haben, sind darin benannt, und haben die dazu nöthigen Einleitungen nach Anleitung des landräthlichen Offizii auf der Stelle zu treffen. Wo die Kriegs-Kommissäre und Beamte solches besorgen, sind diese für die genaue Befolgung aller Vorschriften persönlich verantwortlich. Wo aber die Magisträte die Arrangements zu treffen haben, muß von denselben eins der Magistratsmitglieder dazu bestimmt werden, welches diese Geschäfte übernimmt und für die zweckmäßige prompte Ausführung verantwortlich bleibt.

Vorzüglich gehört dahin die Ausmittelung für das zweckmäßige, gute und sichere Unterkommen der Vagabonden und Verbrecher, und die Anordnung wegen deren Bewachung.

Bei der Ankunft eines Transportes wird der Transportzettel von dem, welcher diese Angelegenheit besorgt, in Empfang genommen, und mit dem Zustande des Transportes genau verglichen. Auf dem Transportzettel müssen sodann die etwa fehlenden Personen, oder die nicht hinlänglich gewesene Begleitung und andere Unregelmäßigkeiten bemerkt werden. In dem zu ertheilenden Ablieferungsscheine werden diese Bemerkungen gemacht.

Es wird hierüber ein besonderes Journal geführt, in welchem die Zahl und Art der per Transport Ueberbrachten, die Zeit ihrer Ankunft, der Abgang nach Tag und Stunde, sowie die Zahl der Begleiter bemerkt wird, die namentlich verzeichnet und für Sicherheit und Ordnung des Transportes verantwortlich gemacht werden müssen.

Die Transporteurs werden jedesmal von einem derselben, der dazu vom Stationsaufseher bestimmt wird, und sich besonders dazu eignet, angeführt. Bei starken Transporten müssen einige berittene, oder doch mit Piken, Säbeln oder sonst mit Waffen versehene, rüstige und umsichtige Personen, die sich nicht von verschmitzten Vagabonden rc. täuschen lassen, sondern ihre Obliegenheiten strenge zu erfüllen wissen, mitgegeben werden.

Die Zahl der zur Begleitung verpflichteten Bürger und Einsassen wird in dem Stationsorte und in den Ortschaften vom Umfange einer Meile nach den bestehenden Vorschriften genau aufgezeichnet, und von denselben die nöthige Anzahl stets nach der Reihe beordert. Die zu Anführern und der Aufsicht qualifizirten gedachten Personen werden dabei besonders notirt, und ebenfalls der Reihe nach zugezogen.

Auf einen zu Transportirenden wird ein Begleiter,
auf zwei werden drei unbewaffnete oder zwei bewaffnete Begleiter,
auf drei werden drei Begleiter, und
auf vier ebenfalls drei Begleiter gerechnet,

wenn die zu Transportirenden aus besonders gefährlichen und unsicheren Vagabonden bestehen.

Bei anderen gewöhnlichen, nicht so gefährlichen Transporten können aber
auf vier Mann ein Begleiter,
auf fünf bis acht Mann zwei Begleiter,
auf neun bis zwölf Mann drei Begleiter

gerechnet werden. Doch muß die Begleitung jederzeit verstärkt werden, wenn irgend eine Gefahr oder Besorgniß eintritt.

Wagen erhalten nur wirkliche Kranke und Hinfällige.

Ist der Transport so bedeutend, daß derselbe einer besonderen Aufmerksamkeit bedarf, so muß auch ein Offiziant, namentlich ein Polizei-Kommissarius, Stadt- oder Amtsschreiber oder Aktuarius, oder auch ein tüchtiger Amtswachtmeister, Stadtwachtmeister und sonst qualifizirter Unterbedienter mitgehen, und Ruhe und Ordnung erhalten.

Die reitende Begleitung muß an der Spitze und am Schlusse des Zuges vertheilt

sungen betreffend, vom 20. December 1814, das Publikandum der

werden, die Ordnung in demselben muß stets erhalten und alles Austreten aus dem Gliede mit Gewalt verhütet werden. Sehr unsichere, widerspenstige und gefährliche Menschen müssen gebunden werden.

Jeder Transport erhält einen Transportzettel, worin die Zahl der zu Transportirenden und der Begleiter, Ort und Stunde des Abganges genau notirt werden. Dieser Zettel muß sogleich am Ablieferungsort von dem Anführer dem Stations-Commissario präsentirt werden, die Transportirten werden sogleich durchgezählt, und auf den Transportzettel wird bemerkt, ob alle vorhanden oder welche von ihnen gefehlt. Jede absendende Behörde muß darauf halten, daß ihr gleich nach der Rückkehr der Begleiter der Empfangschein präsentirt werde, und wegen der Nichtabgelieferten sogleich Recherchen anstellen. Ein Gleiches geschieht zu deren Wiederhabhaftwerdung von der abnehmenden Behörde.

Das Landräthliche Offizium wird die Stationen und Straßen, welche als Nebenstraßen zu den Haupt-Transportstraßen im Kreise führen sollen, und nöthig sind, bestimmen, und daselbst überall dieselben Einrichtungen treffen.

Die Kreis-Brigadiers der Gensdarmerie werden die Befolgung dieser Instruktion und besonders die erste Einrichtung kontrolliren, auch, wenn es nothwendig sein sollte, Anträge auf Beschaffung der nöthigen Waffen machen.

Besonders liegt es dem landräthlichen Offizio ob, die erste Organisation zu treffen, und sich von der Fähigkeit der mit der Leitung des Transportwesens auf den Hauptstationen betrauten Personen zu überzeugen, welche, wenn es nicht Kriegs-Kommissäre und Beamte sind, noch von Landespolizeiwegen förmlich bestätigt und für vorkommende Fälle legitimirt werden müssen.

An uns sind nur Berichte nothwendig,

a) wenn Behörden dieser Instruktion nicht Folge leisten oder sich nicht einigen können,

b) wenn Transporte verunglücken und die Entwichenen zu verfolgen sind, deren Signalement dann beizuschaffen ist.

In diesem Falle muß der Aufseher der Transportstation sogleich dem landräthlichen Offizio und der nächsten Justizperson davon Anzeige machen, und dasselbe requiriren, die Strafbarkeit der an der Entweichung von Kriegsgefangenen, Rekruten, Vagabonden oder Verbrechern Schuldigen gleich zum Bestande Rechtens ausmitteln lassen, und wegen der Verfolgung die nöthigen Anstalten treffen,

c) wenn sonst etwa besondere Vorschläge zu machen sind, wie sich das Transportwesen an einem Ort etwa verbessern oder erleichtern lasse.

Königsberg, den 15. Juli 1813.

Königl. Ostpreuß. Regierung.

Nachweisung der verschiedenen Transport-Straßen, behufs der Begleitung der Rekruten, Vagabunden ꝛc. durch das Ostpreußische Departement.

	Der Transport geht: vom Nachtquartier	bis zum Nachtquartier	Meilen	Mittel-Stationen, wo die Entfernung von einem bis zum anderen zu groß ist	Meilen	die weiteren Transport-Anstalten arrangirt in
	I. Transport-Straße.					
1.	Elbing . . .	Frauenburg .	3	. . . .	—	Frauenb. das Kriegs-Komm.
2.	Frauenburg .	Heiligenbeil .	4	Braunsberg .	1½	Braunsberg der Magistrat. Heiligenbeil d. Kriegs-Komm.
3.	Heiligenbeil .	Brandenburg	3	. . . .	—	do.
4.	Brandenburg	Königsberg .	3	. . . .	—	das Polizei-Präsidium.
	II. Transport-Straße.					
1.	Marienwerder	Riesenburg .	2¼	. . . .	—	Westpreußisches Departement.
2.	Riesenburg .	Saalfeld . .	4	. . . .	—	das Kriegs-Kommissariat.
3.	Saalfeld . .	Mohrungen .	3	. . . .	—	do.

Königl. Liegnitz'schen Regierung, wegen des beim Transport der Land=

Der Transport geht: vom Nachtquartier	bis zum Nachtquartier	Meilen	Mittel=Stationen, wo die Entfernung von einem bis zum anderen zu groß ist	Meilen	die weiteren Transport=Anstalten arrangirt in
			II. Transport=Straße.		
4. Mohrungen .	Wormdill . .	4	Liebstadt. . .	1½	Liebstadt der Magistrat. Heiligenbeil d. Kriegs=Komm.
5. Wormdill . .	Landsberg . .	4	. . . .	—	do.
6. Landsberg . .	Kreutzburg. .	3	. . . .	—	do.
7. Kreutzburg. .	Königsberg .	3	. . . .	—	das Polizei=Präsidium.
			III. Transport=Straße.		
1. Willenberg .	Ortelsburg .	3	. . . .	—	Ortelsburg das Kriegs=Komm.
2. Ortelsburg .	Bischofsburg	5	Mensguth . .	1½	Mensguth der Erbpachter. Bischofsburg der Magistrat.
3. Bischofsburg	Seeburg. . .	3	. . . .	—	do.
4. Seeburg. . .	Heilsberg . .	3	. . . .	—	das Kriegs=Kommissariat.
5. Heilsberg . .	Landsberg . .	3	. . . .	—	do.
6. Landsberg . .	Kreutzburg .	3	. . . .	—	do.
7. Kreutzburg. .	Königsberg .	3	. . . .	—	das Polizei=Präsidium.
			IV. Transport=Straße.		
1. Rastenburg .	Schippenbeil	4	. . . .	—	das Kriegs=Kommissariat.
2. Schippenbeil	Domnau. . .	4	. . . .	—	der landräthliche Assistent.
3. Domnau . .	Königsberg .	5	Uderwangen .	2½	Uderwangen der Beamte. Königsb. das Polizei=Präsid.
			V. Transport=Straße.		
1. Insterburg. .	Norkitten . .	3	. . . .	—	Litthauisches Departement.
2. Norkitten . .	Tapiau . . .	3	. . . .	—	das Kriegs=Kommissariat.
3. Tapiau . . .	Königsberg .	5	Waldau . . .	2¼	Waldau der Beamte. Königsb. das Polizei=Präsid.
			VI. Transport=Straße.		
1. Tilsit	Schillupischk.	3	. . . .	—	Litthauisches Departement.
2. Schillupischk.	Mehlauken .	4	. . . .	—	das Kriegs=Kommissariat.
3. Mehlauken. .	Labiau. . . .	4	Laukischken. .	3	Laukischken der Beamte. Labiau das Kriegs=Komm.
4. Labiau. . . .	Caymen . . .	3	. . . .	—	das Kriegs=Kommissariat.
5. Caymen . . .	Königsberg .	3	. . . .	—	das Polizei=Präsidium.

b. Publikandum der Neumärk. Regierung v. 20. Dec. 1814.

Das bisherige Verfahren bei Landesverweisungen, nach welchem der zu Verweisende öfters ohne Benachrichtigung der Behörden des Auslandes über die Landesgrenze gebracht, und ohne alle Aufsicht sich selbst und seinem Schicksal überlassen wurde, hat, wie die Erfahrung lehrt, in der Regel nicht nur den Zweck unerreicht gelassen, sondern oft noch weit üblere Folgen nach sich gezogen, indem der Verwiesene entweder in die Königl. Staaten zurückkehrte, oder im Auslande seine verbrecherische Laufbahn fortsetzte, mit anderen, in den hiesigen Strafanstalten ihm bekannt gewordenen und ebenfalls aus dem Lande gebrachten Verbrechern sich verabredetermaßen wiederfand, und so den Grund zu Räuber= und Diebesbanden legte.

Um diesem Nachtheil vorzubeugen, wird hiermit verordnet:

I. Rücksichtlich derer, welche aus hiesigem Lande verwiesen worden.

streicher zu beobachtenden Verfahrens vom 10. Januar 1812, das Publi-

---

1. Der Transport geschieht durch die Polizeibehörde des Ortes, wo der zu Verweisende detinirt ist. Die Gerichtsbehörde liefert ihn an jene ab, so daß sie die Grenze bestimmt, über welche derselbe gebracht werden soll; oder die Bestimmung hierüber erfolgt von der Polizeibehörde nach genommener Rücksprache mit dem Gericht.
2. Das Gericht wird von dem zu Transportirenden ein genaues Signalement aufnehmen, und dieses mit einer vidimirten Abschrift des Straferkenntnisses und den etwaigen Effekten, nebst einer Designation derselben der Polizeibehörde bei der Ablieferung des Sträflings zufertigen.
3. Die Polizeibehörde prüft das Signalement und fertigt dem zu Transportirenden einen Paß aus, welcher, außer den gewöhnlichen, schon durch das Paß-Reglement vom 20. März 1813 und die dazu gehörige Instruktion vorgeschriebenen Formalitäten auch noch die Veranlassung der Verweisung, den Ort, wohin der Verwiesene gebracht werden soll, und die Weisung, bei der vom Gericht ihm angedrohten Strafe die Königl. Staaten nicht wieder zu betreten, enthalten muß.
4. Sie benachrichtigt sofort, wenn sie nicht selbst Grenzbehörde ist, die Behörde des diesseitigen Grenzortes, zu welcher Zeit und auf welchem Wege der Transportandus ihr zur Verweisung überliefert werden wird. Diese wird sowohl in diesem Falle, als auch, wenn sie die unmittelbar absendende Behörde ist, vorläufig der betreffenden auswärtigen Grenz-Polizeibehörde die verfügte Verweisung bekannt machen. Dasselbe geschieht, wenn Transportandus das angrenzende Land blos durchpassiren muß, um an seinen Bestimmungsort zu gelangen.
5. Der Transport geschieht entweder durch Gensdarmen oder durch besondere Transporteurs. Im letzten Fall wird die Polizeibehörde die Transporteurs mit der größten Genauigkeit prüfen, ob sie zu diesem Geschäft physisch und moralisch tauglich sind. Die Zahl derselben hängt theils von der Beschaffenheit der Transportanden, theils von der Beschaffenheit des Weges ab, ob dieser z. B. durch öde waldige Gegenden führt, oder ob dies eine freie und frequente Landstraße ist. Ebenso hängt es von Umständen ab, ob event. welche besondere Versicherungsmittel, der Fluchtergreifung vorzubeugen, etwa noch anzuwenden sind.
6. Außer dem Paß wird noch ein besonderer Transportzettel angefertigt, in so fern der Transport nicht unmittelbar von der Grenzbehörde ausgeht. Derselbe enthält blos den Namen des Transportanden, den Ort, von wo aus der Transport begann, Tag und Stunde des Abganges, Zahl und Namen der Transporteurs, ob auch dieselben Effekten mit sich führen.
7. Dieser Transportzettel wird von der Polizeibehörde jedes Ortes, wo die Transporteurs wechseln, genau revidirt, und wenn er richtig befunden wird, unterschrieben und hinzugefügt, zu welcher Zeit und wohin und durch welche neue Transporteurs der Transport weiter fortgesetzt worden ist. Und so wird fortgefahren bis zur diesseitigen Grenzbehörde, welche den Transportzettel mit dem Attest der jenseitigen Grenz-Polizeibehörde über die richtige Ablieferung an die Polizeibehörde, von welcher der Transport ausging, zurücksendet. Das letzte Attest sendet diese Behörde dann dem Gericht, welches den Verbrecher abgeliefert hat.
8. Das abliefernde Gericht ist verbunden, für die nothwendige Bekleidung des Transportanden zu sorgen, und die Polizeibehörde wird entweder einen von der nothwendigen Kleidung entblößten und in diesem Zustand der Gefahr des Erkrankens auf dem Transport ausgesetzten Transportanden gar nicht annehmen, oder nach genommener Rücksprache mit dem Gericht für die nothdürftige Bekleidung desselben selbst sorgen.
9. Ebensowenig darf ein solcher Verbrecher im Krankheitszustande transportirt werden. Giebt er sich für krank aus, so muß der Arzt seinen Zustand untersuchen, und nach dessen Gutachten verfahren werden.

Das abliefernde Gericht muß ihn bis zu seiner Wiederherstellung zurücknehmen. Erkrankt er aber unterwegs, so wird die betreffende Orts-Polizeibehörde für seine Kur und Pflege sorgen, die Liquidation der Kosten aber der Polizeibehörde, die ihn absendete, zur Bewirkung der Erstattung bei dem kompetenten Gericht übersenden.

10. Den Transporteurs wird eine deutliche und vollständige Instruktion über das, was sie während des Transports und am Ablieferungsort zu thun haben, ertheilt. Dem zuverlässigsten derselben wird der Paß, der Transportzettel nebst den etwaigen Effekten zur Aufbewahrung übergeben, auch eine Verhandlung hierüber aufgenommen, der Inhalt des Passes aber im Paßjournal eingetragen.
11. Die zurückkehrenden Transporteurs legitimiren sich durch ein Attest der Polizeibehörde über die erfolgte richtige Ablieferung der Transportanden, welches Attest zu den dahin gehörigen Akten gebracht wird.
12. Bei der auf polizeiliche Verfügung erfolgten Landesverweisung wird nach eben denselben Vorschriften verfahren.

II. Rücksichtlich der von ausländischen Behörden in die diesseitigen Staaten gebrachten Individuen.

Das Königl. Polizei-Ministerium hat den Regierungen der benachbarten Staaten die vorstehenden Bestimmungen mit dem Ersuchen um Erlassung entsprechender Anweisung ihrer Unterbehörden mitgetheilt. (Schreiben v. 10. Oct. 1814 resp. 28. Febr. 1815.)

Die Grenzbehörden werden daher angewiesen:

1. wenn ihnen von einer Behörde der benachbarten Staaten ein Landesverwiesener zugeschickt wird, ihn im Empfang zu nehmen, den Transporteurs die ihnen mitgegebenen Dokumente und Effekten abzunehmen, und ihnen über die geschehene Ablieferung ein Attest auszustellen.
2. Ist der Abgelieferte nach Inhalt seines Passes ein Preußischer Unterthan, so wird er zu Protokoll genommen:
   a) über sein forum originis et domicilii mit der Androhung, daß, wenn er der Unwahrheit überführt würde, er sofort zur Detention in die Straf- und Zwangarbeitsanstalt abgeliefert werden solle;
   b) über seinen früheren Lebenswandel, sein Gewerbe, das was ihn veranlaßte, sein Vaterland zu verlassen, und welches Verbrechen oder Vergehen ihm die Landesverweisung zugezogen habe, auch wovon er sich in den hiesigen Staaten zu ernähren gedenke.

   Findet die Behörde in diesen Aussagen keinen Grund, an ihrer Richtigkeit zu zweifeln, und ist durch sie der Gerichtsstand desselben vollständig ausgemittelt, so wird er mittelst Transport dahin abgeschickt, der dasigen Orts-Polizeibehörde aber zugleich von seiner Ankunft durch ein besonderes Anschreiben, dem die aufgenommenen Verhandlungen beigefügt werden müssen, Nachricht gegeben.
3. Läßt sich aber in der protokollarischen Vernehmung kein in den Gesetzen begründeter Gerichtsstand des Abgelieferten ermitteln, so werden, in so fern es nur erwiesen, daß er ursprünglich ein hiesiger Unterthan ist, die ad 2 aufgenommenen Verhandlungen an die Königl. Regierung mittelst Bericht gesandt, welche dann entweder verfügen, ob es ihm zu überlassen sei, sich einen Ort zu seinem künftigen Aufenthalt selbst zu wählen, oder welche seinen Aufenthaltsort selbst bestimmen wird. Bis zum Eingang dieser Verfügung wird der Abgelieferte unter polizeiliche Beobachtung genommen, die nach Beschaffenheit der Person und der Veranlassung zur Landesverweisung mehr oder weniger streng sein muß.
4. Die Ortsbehörde, an welche der Transportirte zuletzt abgeliefert wird, muß ihn in spezielle Aufsicht nehmen, wenn der Grund seiner Landesverweisung ein Verbrechen gegen die öffentliche Sicherheit war. Sie muß dafür sorgen, daß er auf eine der öffentlichen Sicherheit nicht Gefahr drohende Art sich Unterhalt erwirbt, unter Androhung der Ablieferung in die Straf- und Zwangsarbeitsanstalt, wenn er dem Betteln oder Vagabondiren sich hingiebt.
5. Wird der als Landesverwiesener Abgelieferte nur durch die Preuß. Staaten nach einem anderen auswärtigen Staate transportirt, so finden dieselben Vorschriften statt, welche bei dem Transport der aus hiesigen Landen Verwiesenen bis zum Grenzort beobachtet werden müssen.

In Betreff der Kosten, welche der Transport der vom Auslande in die hiesigen Staaten gebrachten Landesverwiesenen verursacht, müssen übrigens diejenigen Grundsätze eintreten, welche überhaupt bei allen resp. gerichtlichen und polizeilichen Verfügungen statt haben und nach denen diese Kosten bei unvermögenden Transportanden aus den gerichtlichen oder polizeilichen Fonds entnommen werden müssen, je nachdem der Transport auf Verfügung einer gerichtlichen oder einer polizeilichen Behörde erfolgt.

Königsberg i. d. Neumark, den 20. Dec. 1814.

Königl. Preuß. Regierungs-Polizei-Deputation der Neumark.

c. Publikandum der Liegnitz'schen Regierung v. 10. Jan. 1812.

Die häufigen Erfahrungen, daß Verbrecher und Landstreicher auf dem Transport entkommen, beweisen hinreichend, daß die hierüber bestehenden General-Vorschriften vom 9. Febr. und 27. Dec. 1804, 12. Febr. und 9. April 1805 und 23. Dec. 1810 nicht gehörig beobachtet werden. Voll Vertrauen auf den Berufseifer der Polizeibehörden und auf den Gemeingeist der Einwohner des Departements, daß sie ihres eigenen Vortheils wegen nach Kräften dahin mitwirken werden, daß dem Entweichen des liederlichen und für die öffentliche Sicherheit gefährlichen Gesindels nach Möglichkeit vorgebeugt werde, erneuern und ergänzen wir diese Vorschriften durch nachstehende Erklärungen:

1. Jede Polizeibehörde ist verpflichtet, dem Transportzettel, womit ein Verbrecher oder Vagabonde in ein Arbeits-, Korrektionshaus oder sonstige öffentliche Anstalt, oder auch nach seiner Heimath abgesandt wird!, ein genaues und vollständiges Signalement des zu Transportirenden beizufügen, damit derselbe, wenn er, aller Vorsicht ungeachtet, auf dem Transport entspringt, sofort mit Steckbriefen verfolgt, und dessen Wiederergreifung dadurch erleichtert werden könne.

2. Zur Begleitung müssen nur erwachsene, handfeste und zuverlässige Männer in verhältnißmäßiger Zahl mitgegeben werden, auch diesen die Wichtigkeit des ihnen übertragenen Geschäftes, sowie die Verpflichtung eingeschärft werden, unter keiner Bedingung einen Nebenweg einzuschlagen, sondern jederzeit, auch wenn der Weg nicht durch Waldungen geht, in der großen Fahrstraße zu bleiben, und auch eine Bescheinigung der richtigen Ablieferung von der Behörde, an welche solche erfolgt, zu bringen.

   Zu diesem Zwecke sind:

   a) wenigstens so viel Begleiter zu stellen, als erwachsene Männer zu transportiren, und

   b) auf zwei weibliche Personen, die zu transportiren sind, ist ein Begleiter zu geben.

   Jeder Transporteur, besonders auf dem Lande, muß in Ermangelung einer anderen Waffe mit einem guten Stocke versehen sein, um den zu Begleitenden nöthigenfalls damit in Ruhe und Ordnung zu halten.

   Räthlich dürfte es sein, an jedem Orte kraftvolle und entschlossene Männer ein für allemal zu Transporteurs auszuwählen, selbige also allein zu diesem Geschäft zu bestimmen, und diese dagegen bei Nachtwachen und andern persönlichen Kommunalleistungen übertragen zu lassen. Von der Gewandheit derselben in Vollziehung dieses Geschäftes dürfte man um so zuverlässiger dessen vorschriftsmäßige Ausrichtung erwarten.

3. Jeder Verbrecher ist geschlossen zu transportiren: Vagabonden sind aber nur dann mit Ketten zu belegen, wenn dringende Umstände solches anrathen oder nothwendig machen. Für diesen Zweck müssen alle, vorzüglich die an den Hauptstraßen belegenen, der Transportpflicht ganz besonders unterworfenen Ortschaften mit guten, zu verschließenden, Fesseln versehen sein.

   Da, wo die zum Transport erforderlichen Fesseln nicht hinreichen, und in Fällen, wo der Verbrecher nicht von dem Absendungsort mit wohl vernieteten oder verschlossenen Fesseln versehen worden, sind andere Sicherheitsmaßregeln zu treffen. Die absendende Polizeibehörde hat sich von deren Zulänglichkeit zuverlässig zu unterrichten.

4. Die bisher stattgefundene mißbräuchliche Gewohnheit, wonach Vagabonden-Transporte insonderheit immer nur nach dem nächsten Dorfe geschehen, wie entfernt dasselbe auch von der Landstraße gelegen sein mochte, auf der die Transportroute zu dirigiren war, wird hiermit ausdrücklich untersagt. Durch dieses fehlerhafte Verfahren wurden zeither dergleichen Transporte oft mehrere Tage, und, wenn der Bestimmungsort weit entfernt war, Wochen lang verlängert, folglich der Transport-Kosten-Betrag und die Begleitungs-Beschwerde der Kommunen ohne Noth erschwert.

preußischen Regierung zu Marienwerder vom 15. Februar 1816, das öffentliche Geleit betreffend.

Jeder Transport muß also forthin von dem Orte der Absendung bis zum Orte der Bestimmung, auf der nächsten geraden Tour, und immer von einem auf dieser Tour belegenen Orte bis zum anderen, ohne Rücksicht auf die in der Nachbarschaft derselben liegenden Ortschaften geschehen.

5. Sind die Begleiter verpflichtet, die zu Transportirenden in den Städten, welche passirt werden, wo nicht besondere Polizei-Direktoren sind, an den Bürgermeister, und auf dem platten Lande an den Schulzen oder dessen Stellvertreter abzuliefern. Auf keinen Fall darf die Ablieferung, wie häufig bemerkt worden, an andere Personen erfolgen.

   Die Begleiter sind nur alsdann erst von der Verantwortlichkeit für die ihrer Aufsicht übergebenen Personen frei, wenn ihnen diese durch den Polizei-Direktor, Bürgermeister, Schulzen oder dessen Stellvertreter abgenommen worden sind, und wenn sie sich darüber mit einer Bescheinigung haben versehen lassen.

   Letztere ist jedesmal der Ortspolizeibehörde einzuhändigen, die den Auftrag zum Transporte gegeben hat.

   Diese ist schuldig, dergleichen Scheine für die künftige Nachfrage so lange sorgfältig aufzubewahren, bis der Zeitpunkt abgelaufen, innerhalb welchem der zu Transportirende an seinem Bestimmungsort angekommen sein muß.

6. Sollte die Ausstellung des Ablieferungsscheines von dem Schulzen oder der Ortspolizeibehörde verweigert werden, so muß die Ortschaft, welche den Verbrecher oder Landstreicher transportirt hat, solches dem betreffenden Landrath zur weiteren Veranlassung anzeigen.

7. Entspringt, der beachteten Vorsichts-Maßnehmungen ungeachtet, ein Verhafteter seinem Begleiter, so muß dieser hiervon eiligst, bei harter Ahndung, der Ortsobrigkeit Anzeige machen, damit zur Ergreifung des Entsprungenen ohne Zeitverlust Vorkehrungen getroffen werden können, und diese hat denn auch sofort alles, was zweckdienlich, anzuordnen, um des Entflohenen wieder habhaft zu werden.

8. Müssen der nächst vorstehenden Ortschaft die ausgelegten Transportkosten sofort erstattet und die Fesseln, wenn sie Eigenthum der Ortschaft sind, zurückgegeben werden.

9. Wird der Vorschuß, wider Verhoffen, dem Begleiter nicht erstattet, so hat der Transporteur hiervon dem Kreislandrath oder dem nächsten Distriktkommissar sogleich Anzeige zu machen, welcher dessen Beitreibung schleunigst verordnen wird.

10 Während der Nachtzeit muß überall für eine ganz zuverlässige, sichere Bewachung solcher Transportirten gesorgt werden.

Uebertretungen vorstehender Vorschriften werden Wir nach der Strenge der Gesetze ahnden. Die Herren Landräthe, Distrikts-Polizei-Kommissare, Polizei-Direktoren und Dorfschulzen werden sich daher danach auf das Genaueste achten, und dafür sorgen, daß solche überall zur Anwendung kommen, da die öffentliche Sicherheit dabei so ungemein interessirt, das Entspringen der Verbrecher wegen ihrer Wiederaufsuchung Beschwerden veranlaßt, auch das Publikum beunruhigt.

Uebrigens behalten alle, über das Transportwesen der Verbrecher und Vagabonden ergangene Verordnungen, in so fern sie nicht durch obige Vorschriften näher erklärt werden, ihre volle Kraft.

Liegnitz, den 10. Jan. 1812.

Polizei-Deputation der Königl. Regierung.

d. Publikandum der Litthauischen Regierung v. 19. Nov. 1811.

Das Uebel, daß Verbrecher und Vagabonden auf dem Transport entspringen, wohl gar wissentlich frei gelassen werden, hat noch immer nicht aufgehört, wenngleich gegen dasselbe so viele Verfügungen und zuletzt noch unterm 30. Nov. 1809 erlassen worden sind.

Der Inhalt der letzteren, an sämmtliche Landräthe der Provinz unterm 30. Nov. 1809 in dieser Hinsicht erlassenen Verfügung, wird sämmtlichen Polizeibehörden der Provinz zur genauesten Achtung und Befolgung hiermit bekannt gemacht.

Es ist in derselben festgesetzt worden:

1. Daß zur Begleitung der zu transportirenden Personen nur sichere und erwachsene

In allgemeiner Art und Weise hatte schon die Cirkular=Verfügung

---

Personen und zwar in derjenigen Anzahl gegeben werden sollen, die nach dem Unterschied der einzelnen Fälle und der Gefährlichkeit des zu Transportirenden nothwendig sind. In dieser Hinsicht bestimmt schon die Deklaration des Land=armen=Reglements, daß

a) so viele Begleiter gestellt werden müssen, als erwachsene Männer zu transportiren sind,

b) auf zwei weibliche Personen, die zu transportiren sind, ein Führer gegeben werden muß.

2. Daß ferner die zu Transportirenden nicht aufgehalten, sondern sofort auf der für sie bestimmten Tour geradeaus, nicht auf Umwegen und über seitwärts gelegene Dorfschaften weiter transportirt werden;

3. daß die Begleiter die zu Transportirenden an die Schulzen oder deren Stellvertreter, und nicht etwa, wie es häufig bemerkt worden ist, an Bauern, oder wohl gar Frauenzimmer abliefern sollen. Die Begleiter sind nur alsdann erst von ihrer Verbindlichkeit in Hinsicht der Bewachung der ihrer Aufsicht übergebenen Personen befreit, wenn diese ihnen durch den Schulzen oder dessen Stellvertreter förmlich abgenommen worden sind, und wenn sie sich darüber mit einem Rezepisse haben versehen lassen, welches letztere jedesmal der Polizeibehörde eingehändigt werden muß, der die Transportirenden untergeordnet sind, und von der sie den Auftrag zum Transportiren erhalten haben;

4. daß, während der Nachtzeit, wenn der weitere Transport nicht zuläßig ist, für die gehörige Bewachung solcher Transportanden gesorgt werde. In jedem einzelnen dieser und den bestehenden Vorschriften zuwiderlaufenden Falle werden wir, wenn es uns bekannt wird, mit aller gesetzlichen Strenge sowohl gegen denjenigen, der vorsätzlich einen ihm zum Transport übergebenen auf freien Fuß gestellt hat, als auch gegen denjenigen, der Jemand aus Fahrläßigkeit hat entspringen lassen, sowie ferner gegen diejenigen Polizeibehörden und deren Unterbediente, die deshalb nicht ganz genau ihre Verbindlichkeiten erfüllt, die ihnen Untergebenen nicht gehörig instruirt und die Transportirenden nicht mit der erforderlichen Anweisung versehen haben, verfahren lassen.

Der Hauptgrund des Uebelstandes, daß auf den Transporten so viele entkommen, liegt darin, daß die Landräthe und deren Assistenten nicht die ihnen untergeordneten Königl. Domainen=Beamten, adliche Dominien und städtische Polizeibehörden, genau kontrolliren und dazu anhalten, daß sie hierunter ihre Verpflichtungen erfüllen; die Königl. Domainenbeamten und adlichen Dominien aber wieder nicht in Absicht der ihnen untergeordneten Schulzen und diese nicht, sowie auch die städtischen Polizeibehörden, in Absicht der Auswahl der Wächter und Begleiter der zu Transportirenden ihre Schuldigkeit thun. Wenn die Schulzen und Magisträte in den Städten ganz sicheren Leuten die Begleitung und Bewachung der zu Transportirenden in der gesetzlichen Zahl anvertrauen, und noch dazu sie noch mit Vorhalt der üblen Folgen ermahnen und warnen, Niemand entkommen zu lassen, und die Transportanden an die Schulzen auf dem Lande und die Magisträte in den Städten abzuliefern, so werden die Begleiter und Wächter in der Voraussetzung, daß Schulzen und Magisträte in dem gehörigen Ansehen stehn, gewiß das Ihrige thun. Ebenso unbedenklich ist es, daß die Schulzen wieder ihrerseits ihre Pflichten erfüllen werden, wenn sie darunter nicht allein von den Domainenbeamten und adlichen Dominien belehrt, sondern auch mit Würde und Nachdruck ermahnt und gehörig deshalb verwarnt werden. Und wenn die Landräthe und ihre Assistenten bei ihren Kreisbereisungen auf diesen Gegenstand gehörig rücksichtigen und sich überzeugen, ob die Königl. Domainenbeamten und adlichen Dominien, sowie auch die Magisträte ihre Pflicht hierunter erfüllt haben, da, wo es nicht geschehen ist, das Versäumte nachholen, und jene selbst mit Nachdruck zur Beobachtung ihrer Pflichten anweisen und anhalten, so werden die in dieser Hinsicht bisher eingelaufenen Klagen verschwinden und es wird dann dem Uebel bald abgeholfen sein.

Die Landräthe und ihre Assistenten werden hierdurch persönlich für das Entkommen eines jeden Verbrechers und Vagabonden während des Transportes verantwortlich gemacht, weil es gar nicht zu bezweifeln ist, daß diese nicht entkommen werden, wenn sie ihre Pflichten ganz genau erfüllen.

Gumbinnen, den 14. Mai 1811.

Polizei=Deputation der Königl. Litthauischen Regierung.

des Polizei-Ministerii vom 1. Oktober 1814 [1]) die bei Landes-Verweisungen und dabei stattfindenden Transporten obwaltenden Mißbräuche beseitigt, nachdem zuvor das Justiz-Ministerium durch die Cir-

e. Publicandum der Regierung zu Marienwerder vom 15. Februar 1816.

Mehrere vor Kurzem vorgekommene Fälle bestätigen, daß bei Besorgung des öffentlichen Geleites verdächtiger Personen und gefährlicher Verbrecher nicht mit der gehörigen Umsicht und Pflichtmäßigkeit verfahren wird, daß den Begleitern ihr Verhalten auf dem Transport, ihre dabei unerläßlichen Pflichten nicht genug eingeschärft, und selbst von einzelnen Behörden die Transportvorschriften unrichtig gedeutet werden. Wir finden uns daher veranlaßt, den mit der Polizei-Verwaltung beauftragten Behörden in den Städten und auf dem Lande Nachstehendes zur genauesten Beachtung und pflichtgemäßen Anwendung in Erinnerung zu bringen:

1. Unter keinen Umständen darf den Transportbegleitern das Ansprechen in den Krügen unterwegs gestattet, vielmehr muß ihnen solches bei jedesmaliger Abfertigung auf das Nachdrücklichste untersagt und die Uebertretungen dieses Verbotes, wenn auch kein Nachtheil dadurch entstanden, sofern die absendende Behörde davon Kenntniß erhält, nach Befinden der Umstände polizeilich bestraft werden.
2. Ist es nicht zu billigen, daß die Gensdarmen, die zu dergleichen Transporten kommandirt werden, oder andere Begleiter sich unterwegs Fuhren geben lassen, und darf daher in Zukunft nicht geschehen, es sei denn, daß der zu Transportirende sichtbar krank und unfähig zum weiteren Marsch, oder bei weiteren Touren und sehr schlechtem Wetter die Station sonst nicht zu erreichen wäre.
3. Die Worte der deshalb erlassenen Verfügung:

   „der Transport geht von Stadt zu Stadt, und von Amt zu Amt,"

   sind nicht so zu erklären, daß nur immer die Transporte der Städte an die nächste Stadt und der Aemter an das nächste Amt zu senden, sondern es muß im Allgemeinen der Transport nur einer jeden dieser Behörden an die nächste, auf der geraden Transportstraße belegene, ordentlich organisirte, Behörde, Amt oder Magistrat, gerichtet, und nie über 4 Postmeilen weit ausgedehnt werden. Wenn die Behörden in letzterer Beziehung zweifelhaft und nicht schon Verhandlungen darüber im Gange sind, so lassen dieselben deshalb bei dem vorgesetzten Landrathsamt anfragen, welches, wenn die Entscheidung sich von selbst ergiebt, dieselben danach zu belehren, bei obwaltenden Zweifeln aber zur weiteren Verfügung an uns zu berichten hat.
4. Im Allgemeinen ist es nicht nöthig, daß ein geschlossener Arrestant mehrere als einen bewaffneten, jedoch nüchternen und für ihn verantwortlichen Begleiter erhält.

Marienwerder, den 15. Februar 1816.

Königl. Westpreußische Regierung.

1) Das bei Landesverweisungen bis jetzt beobachtete Verfahren, nach welchem der zu Verweisende ohne alle Benachrichtigung der Behörde des Auslandes oft heimlich über die Landesgrenze gebracht und ohne alle Aufsicht sich selbst und seinem Schicksal überlassen wurde, hat, wie die Erfahrung lehrt, in der Regel nicht nur den Zweck unerreicht gelassen, sondern oft noch weit üblere Folgen nach sich gezogen, indem der Verwiesene entweder in die Königl. Staaten zurückkehrte, oder, im Auslande seine verbrecherische Laufbahn fortsetzend, mit anderen, in den hiesigen Strafanstalten ihm bekannt gewordenen, ebenfalls aus dem Lande gebrachten Verbrechern sich verabredetermaßen wiederfand, und so den Grund zu Räuber- und Diebesbanden legte.

Ich fand mich daher veranlaßt, dem Herrn Justizminister die Abstellung dieser Mißbräuche und insbesondere vorzuschlagen, daß künftig alle Landesverweisungen, unter Beobachtung eines zweckmäßigen, jenen Nachtheilen vorbeugenden Verfahrens, durch die Polizeibehörden vollstreckt werden möchten.

Da derselbe den Vorschlag angenommen, so veranlasse auch ich die (tit.) alle Polizei- und andere betreffende Behörden, namentlich die der Strafanstalten in dessen Departement hiernach zu instruiren, und dabei folgende Bestimmungen zu Grunde zu legen:

1. Jeder Transport eines des Landes Verwiesenen erfolgt von nun an durch die Orts-Polizeibehörde, an welche derselbe daher zu diesem Zwecke vom Gericht abgeliefert wird.
2. Die Grenze, über welche derselbe zu bringen, wird der Polizeibehörde vom Ge-

kular=Verordnung vom 1. desselben Monats [1]) die Ablieferung der über die Grenze zu bringenden Verbrecher an die Polizei=Behörden ange=

richt bei der Ablieferung bekannt gemacht, widrigenfalls aber von der ersteren, nach vorgängiger Rücksprache mit letzterem, bestimmt.

3. Wenn der Transportandus in dem unmittelbar angrenzenden Auslande geboren oder wohnhaft ist, oder sonst seinen Gerichtsstand hat, und in dasselbe zurückgebracht werden muß, so hat die Polizeibehörde ihn an die nächste Stadt= oder Amts=Polizeibehörde dieses Auslandes abzuliefern, und derselben das Weitere zu überlassen. Eben dieses findet statt, wenn der Verbrecher nicht in dem unmittelbar angrenzenden Auslande bleibt, sondern dasselbe nur durchreisen muß, um zu seiner Bestimmung zu gelangen.
4. Die absendende Polizeibehörde muß außerdem die des Bestimmungsortes des Transportanden von der bevorstehenden oder schon erfolgten Absendung benachrichtigen, und
5. dem Verwiesenen ein Paß mitgegeben werden, welcher, außer den gewöhnlichen Erfordernissen und einer möglichst vollständigen Personenbeschreibung, die Veranlassung der Verweisung, den Ort, wohin der Verwiesene sich begeben will, oder soll, und die Weisung enthält, bei der von dem Gericht ihm angedrohten Strafe die Königl. Staaten nicht wieder zu betreten.

   Es versteht sich von selbst, daß jede mit der Polizei=Verwaltung beauftragte Ortsbehörde dergleichen zu ertheilen befugt ist.
6. Der Transport innerhalb des Landes erfolgt auf die bei Verbrechern und Herumtreibern übliche Art bis zur Polizeibehörde des Grenzortes, welche alsdann die Ablieferung an die nächste Polizeibehörde des Auslandes, wie oben bestimmt ist, und unter Mitsendung des Passes der absendenden diesseitigen Behörde, besorgt.
7. Den diesseitigen Regierungen und Polizeibehörden ist überlassen, wegen vorgängiger Benachrichtigung mit den Behörden des Auslandes Verabredungen zu treffen.
8. Die absendende diesseitige Behörde giebt dem Gerichte, welches den Verbrecher ablieferte, die Bescheinigung des wirklich erfolgten Transportes über die Grenze.
9. Dagegen werden dieser Polizeibehörde die durch den Transport verursachten Kosten von dem gedachten Gerichte erstattet, welchem die Liquidation derselben zuzustellen ist.
10. Die bei dem Transporte vorfallenden Fahrlässigkeiten sind besonders streng zu ahnden.
11. Das oben vorgeschriebene Verfahren tritt auch bei denjenigen ein, welche in Folge polizeilicher Maßregeln oder Verfügungen über die Grenze gebracht werden, in soweit es auf sie anwendbar ist, sowie es auch
12. in Ansehung der von ausländischen Behörden in die diesseitigen Staaten zurückgebrachten Individuen, in so fern sie in denselben ihren Gerichtsstand haben, Anwendung findet.

Indem ich die Königl. Regierung schließlich benachrichtige, daß ich die vorstehenden Bestimmungen auch den Regierungen der benachbarten Staaten mit dem Ersuchen um Erlassung entsprechender Anweisung an ihre Unterbehörden mitgetheilt habe, überlasse ich denselben, mit den Behörden des angrenzenden Auslandes selbst Verabredungen zu treffen, durch welche die Ausführung dieses Verfahrens gefördert werden kann, und erwarte Abschrift der an die diesseitigen Unterbehörden zu erlassenden behufigen Instruktion.

Berlin, den 10. Oct. 1814.

Der Polizei=Minister.

[1]) Die erkannten Landesverweisungen sind bisher auf eine Art vollstreckt worden, daß der Zweck derselben größtentheils verloren ging, und die über die Grenze gebrachten Personen zur Rückkehr oft gezwungen gewesen. Um diesen Nachtheilen möglichst vorzubeugen, hat das Polizei=Ministerium beschlossen, die zu Transportirenden mit angemessenen Pässen versehen zu lassen, und der Chef der Justiz ist mit gedachtem Ministerium dahin übereingekommen, den Transport über die Grenze jedesmal durch die Ortspolizeibehörde gegen Erstattung der Kosten von Seiten des Gerichtes, besorgen zu lassen. Demgemäß muß ein solcher über die Grenze zu transportirender Mensch der Polizeibehörde zu diesem Zweck überliefert werden, nachdem demselben von dem Gericht die nöthige Warnung wegen der Folgen einer etwaigen Rückkehr ertheilt worden ist. Die Polizeibehörde ist dabei zu ersuchen, über den wirklich erfolgten Transport über die Grenze eine Bescheinigung zu den Untersuchungs=Akten zu ertheilen. Hiernach hat sich das (tit.) zu achten

ordnet hatte. Auf erfolgte Mittheilung [1]) von Seiten des Polizei-Ministeriums waren diese Grundsätze in den benachbarten Staaten von Hannover, Hessen, Weimar, Mecklenburg, Braunschweig, Schleswig-Holstein, Oldenburg, Nassau, Anhalt-Dessau und Bernburg, Schwarzburg-Sondershausen, Waldeck und Lippe-Detmold angenommen worden, und durch besondere Verordnungen [2]) publizirt. Die Nothwendigkeit, den Transportzetteln das vollständige Signalement einzurücken, war durch das Cirkular vom 21. December 1815 in Erinnerung gebracht worden; das Cirkular vom 30. August 1816 setzte fest:

1) Daß die Verhältnisse der aufgegriffenen und fortzuschaffenden Vagabunden möglichst genau und zuverlässig zu ermitteln, und darüber eine Verhandlung aufzunehmen.
2) Daß der Vagabunde mit Beifügung der gedachten Verhandlung auf dem nächsten Wege nach seinem Vaterlande oder dem zu seiner Aufnahme verpflichteten Orte abzusenden, und, den bestehenden Vorschriften gemäß, den betreffenden Grenz- oder anderen Behörden zur weiteren Beförderung überliefert werden soll.
3) Daß hierbei niemals die genaue Aufnahme der Personsbeschreibung des fortzuschaffenden Vagabunden zu unterlassen; und
4) daß ein Verzeichniß aller im Laufe eines Monats aus einem Regierungs-Bezirk mit der Weisung, diesen oder die Königlichen Staaten nicht wieder zu betreten, fortgeschafften Vagabunden mit kurzer Beifügung ihrer Personalbeschreibung, nach Ablauf eines jeden Monats durch das Amtsblatt bekannt gemacht, und zu diesem Behuf die betreffenden Unterbehörden anzuweisen, nicht nur

---

und die dem Collegio untergeordneten Gerichte durch die Amtsblätter ebenfalls dazu anzuweisen.

Berlin, den 1. Oct. 1814.

Der Justiz-Minister.

1) In der Voraussetzung, daß Ew. ꝛc. die Abstellung der bisher bei den Landesverweisungen Statt gefundenen, höchst nachtheiligen und zum Theil empörenden Mißbräuche gewiß ebenso sehr wünschen als ich, habe ich heute an die Königl. Militär-Gouvernements zu Halberstadt und Münster und sämmtliche Regierungen, Behufs der Einführung eines zweckmäßigen Verfahrens, die abschriftlich beigefügte Instruktion ergehen lassen. Indem ich mir die Ehre gebe, solche ganz ergebenst Ew. ꝛc. mitzutheilen, glaube ich mir schmeicheln zu dürfen, daß Ew. ꝛc. über diese, allen sich begrenzenden Staaten gleich nützliche Einrichtung mit mir einverstanden sein werden, und in dieser Hoffnung ersuche ich Dieselben ganz ergebenst, durch gef. entsprechende Anweisung der Unterbehörden zur Erreichung des für die dortigen sowie die diesseitigen Staaten gleich heilsamen Zweckes beitragen zu wollen, wobei ich zu bemerken nicht unterlassen darf, daß in den Königl. Staaten die Landesverweisung, als Strafgattung, längst abgeschafft ist, auch nicht gegen Eingeborene oder solche, die dafür zu achten, in Anwendung kommt, sondern allein gegen Ausländer, welche die ihnen zuerkannten Strafen abgebüßt haben, mithin nicht mehr als Verbrecher zu betrachten sind, und nur deshalb fortgeschafft werden müssen, weil die diesseitige Regierung sie zu ernähren keine Verpflichtung hat.

Berlin, den 10. Oct. 1814. Der Polizei-Minister.

2) Vergleich Note 2 zu Seite 4.

die Nachweisungen und Personenbeschreibungen jener Individuen den Regierungen monatlich einzusenden, sondern auch ein vorzügliches Augenmerk auf alle solchergestalt durch die Amtsblätter bekannt gemachten Personen zu haben, und eben diese Pflicht auch den Schulzen, Krügern und Gastwirthen aufzuerlegen.

Nachdem solchergestalt die Bestimmungen über das Transportwesen schon eine ziemlich allgemein gültige und bestimmte Form angenommen hatten, führte endlich die

General-Transport-Instruktion vom 16. September 1816 für sämmtliche Provinzen und Theile des Staates ein übereinstimmendes und zweckmäßiges Transport-Verfahren ein, welches für alle von den Polizei-Behörden angeordnete und geleitete Transporte der Verbrecher, verdächtigen Personen, Landstreicher oder sonstigen Arrestaten, insofern sie nicht zum Militärstande gehören und deshalb auf Anordnung der Militär-Behörde transportirt werden, ohne Unterschied, ob der Transport im Inlande, oder ins Ausland, aus dem Auslande in oder durch das Inland, stattfindet, als Regel gilt.

Diese Instruktion, nebst den dazu ergangenen Erläuterungs- und Ergänzungs-Reskripten vom 23. Juli 1817 und 3. Oktober 1818 bildet noch gegenwärtig die Grundlage des gesammten Civil-Transportwesens in den Preußischen Staaten.

In Hinsicht der Transporte und Durchtransporte von Ausländern ist noch eine wesentliche Ergänzung der darin enthaltenen Vorschriften durch die mit den Deutschen Bundes-Staaten wegen Uebernahme der Vagabunden und Ausgewiesenen abgeschlossenen Vereinbarungen herbeigeführt worden, namentlich durch die am 15. Juli 1851 zu Gotha abgeschlossene Konvention nebst deren, in den Konferenz-Schluß-Protokollen d. d. Gotha den 15. Juli 1851 und Eisenach den 25. Juli 1854 zusammengefaßten ergänzenden und erläuternden Nachtrags-Bestimmungen.

Eine fernere Ergänzung dieser Bestimmungen ist endlich noch in verschiedenen, zwischen Preußen und dem Auslande abgeschlossenen Kartell-Konventionen sowie den Vereinbarungen über die Auslieferung der Deserteurs und Verbrecher, enthalten [1]).

---

1) Literatur:

a) Ueber das Verfahren bei Transporten und Landesverweisungen der Verbrecher und Landstreicher nebst Codex diplomaticus von XXVI. Transportgesetzen von v. Kamptz (v. Kamptz Jahrb. Bd. VIII. S. 61 ff.).

b) Die Verfassung und Verwaltung des Preußischen Staates von v. Rönne und Simon. Theil VI. Bd. 1.

c) W. G. v. d. Heyde: Repertorium der Preußischen Polizei-Gesetze und Verordnungen.

d) Sammlung von Verordnungen über das Verfahren der Preußischen Behörden bei Transporten von Verbrechern und Landstreichern. (v. Türk.) Erfurt 1823.

General-Instruction

des

Königl. Ministerii der Polizei vom 16. September 1816

für

den Transport der Verbrecher und Vagabunden

vom Civilstande.

Die Unzulänglichkeit der über den Transport der Verbrecher und Landstreicher vom Civilstande vorhandenen gesetzlichen Vorschriften und die Verschiedenheit des dabei beobachteten Verfahrens hat bisher manche, der öffentlichen Sicherheit höchst nachtheilige Unordnungen veranlaßt, und, zu deren Vorbeugung nachstehende Zusammenstellung der darüber bestehenden Bestimmungen und nähere Instruktion nothwendig gemacht.[1])

Kap. I. Gegenstand dieser Instruktion.

§. 1. Die gegenwärtige Instruktion gilt für alle von Polizeibehörden jeder Art angeordnete oder geleitete Transporte der Verbrecher, verdächtigen Personen und Landstreicher oder sonstiger Arrestanten, insofern sie nicht zum Militärstande gehören und daher auf Anordnung einer Militärbehörde transportirt werden, ohne Unterschied, ob sie von einem einheimischen Ort zum anderen oder aus dem Lande in's Aus-

---

1) Diese General-Instruktion ist sämmtlichen Regierungen durch nachstehendes Cirkular-Reskript des Königl. Ministerii des Innern und der Polizei vom 16. Sept. 1816 (v. Kamptz Ann. Bd. XI. S. 510) mitgetheilt worden:

Die bisher bei Transporten von Verbrechern und Landstreichern oft vorgefallenen, zum Theil höchst gefährlichen Unregelmäßigkeiten und die Verschiedenheit des Verfahrens, sowohl bei der Fortschaffung selbst, als in Ansehung der Transportkosten, haben das Polizei-Ministerium bestimmt, mit Benutzung der von mehreren Königl. Regierungen in einzelnen Fällen abgegebenen Gutachten, eine General-Instruktion für das Verfahren bei den Transporten entwerfen zu lassen. Dieselbe wird der Königl. Reg. in der Beilage mitgetheilt, um sie baldmöglichst zu publiziren und zur Anwendung zu bringen, wobei derselben überlassen bleibt, in Gemäßheit des §. 34 die nach Maßgabe der Provinzial-Eigenthümlichkeiten oder sonst nothwendigen näheren Anordnungen über diesen für die öffentliche Sicherheit so wichtigen Gegenstand zu machen.

land oder aus dem Auslande in oder durch das Inland transportirt werden, insoweit die Unanwendbarkeit einzelner Bestimmungen nicht aus der Eigenthümlichkeit dieser einzelnen Transporte folgt, wie z. B. beim Transport von einem zum benachbarten Ort auf die Transportstation nicht gesehen werden kann. (§. 6.) Sie verbindet alle Diejenigen, welche mit dem Transport der obgedachten Individuen beauftragt und beschäftigt sind;[1]) die durch beim Transport durch Gensdarmerie oder durch anderes Militär eintretenden Abweichungen ergeben sich von selbst, und werden, dem Befinden nach, noch besonders öffentlich bekannt gemacht oder sonst bestimmt werden.

Erläuterungen der Transport-Instruktion.

Cirk.-Reskr. d. Poliz.-Minist. v. 23. Juli 1817. (v. Kamptz Ann. Bd. I. H. 3. S. 152.)

Wenngleich die General-Transport-Instruktion vom 16. September 1816 und die in deren Gemäßheit und zu deren Ausführung von den Königl. Regierungen erlassenen Verfügungen im Transportwesen die, damit früher stattgehabten Mißbräuche abgestellt, und an deren Stelle Ordnung und Festigkeit des Verfahrens eingeführt, mithin schon jetzt ihren Zweck ziemlich vollständig erreicht haben; so sind doch zur näheren Erläuterung der General-Transport-Instruktion die nachstehenden Bestimmungen für nothwendig erachtet worden:

§. I. zu §. 1. Da hin und wieder darüber, ob durch die General-Instruktion vom 16. September 1816 das, in einigen Provinzen der Monarchie ehedem üblich gewesene Schubverfahren in Ansehung der Verbrecher und Vagabunden aufgehoben worden, Zweifel entstanden ist, so wird hierdurch ausdrücklich bestimmt, daß dies Schubverfahren allerdings aufgehoben ist, und beim Transport von Vagabunden und Verbrechern nur das unterm 16. September v. J. angeordnete Verfahren statt hat [2]).

Zu §. 1. Transport der vom Aufgreifungsort nach dem Sitze der Ortsobrigkeit zu schaffenden Individuen.

Reskr. d. Min. d. Inn. v. 9. Novemb. 1857. (M.-Bl. 1857. S. 203).

Dem (Tit.) wird auf die Vorstellung vom 28. September d. J. eröffnet, daß der Königl. Regierung zu N. darin beigetreten werden muß, daß in Betreff der vom Aufgreifungsorte bis nach dem Sitze der Ortsobrigkeit zu schaffenden Individuen die Festsetzung des §. 37 Tit. 7 Th. II. des Allgem.

---

[1]) Das Reskript der Königl. Reg. zu Arnsberg vom 27. Februar 1818 (v. Kamptz Ann. Bd. II. S. 109) bemerkt im §. II.:

Alle zum Transport sich eignenden Individuen sind zunächst an den Landrath des Kreises abzuliefern. Außer ihm und den von ihm Beauftragten ist keine Polizeibehörde befugt einen Transport, wenn nicht eben jene Ablieferung dadurch bewirkt werden soll, anzuwenden.

[2]) Dasselbe bestimmt das Reskr. der Königl. Reg. zu Arnsberg vom 27. Febr. 1818 im §. I.

Landrechts [1]) noch jetzt zur Anwendung zu bringen ist, und der §. 1 der General-Transport-Instruktion vom 23. Juli 1817 hierunter Nichts geändert hat. Einerseits beziehen sich die Bestimmungen dieser Instruktion und die später erlassenen erläuternden Vorschriften nur auf die von den Polizei-Behörden einzuleitenden Transporte, während es sich hier nur um die von den ländlichen Kommunal-Behörden anzuordnende Herbeischaffung der vorläufig festgenommenen Personen vom Aufgreifungsort nach dem Sitz der Polizeiobrigkeit handelt, damit letztere entweder den polizeilichen Transport einleite, oder über die Person des Festgenommenen anderweite Bestimmung treffe, andererseits ergiebt sich die Unanwendbarkeit sämmtlicher Bestimmungen der General-Transport-Instruktion auf die hier in Rede stehenden Transporte von selbst, wenn man erwägt, daß die ländlichen Polizeibezirke, einschließlich der zu ihnen gehörenden einzelnen Ortschaften, nicht von großer Ausdehnung sind und es sich daher nur um Transporte von geringer Ausdehnung handelt, durch welche, der Regel nach, nicht einmal die Transportstraßen, geschweige denn die Transportstationen berührt werden, so

---

[1]) §. 37 Tit. 7 Th. II. des Allg. Landrechts lautet:

Zu den Gemeinarbeiten und anderen nachbarlichen Pflichten, zu welchen ein jedes Mitglied der Gemeinde Dienste und Beiträge zu leisten hat, werden der Regel nach gerechnet:

rc. 8) der Transport und die Begleitung der nach Landes-Polizei-Gesetzen von einem zum anderen Ort zu bringenden Verbrecher und Landstreicher.

Hierzu bestimmt die Cirk.-Verf. der Minist. der Justiz, des Innern und der Finanzen vom 17. Febr. 1857. (M.-Bl. 1857 S. 92):

Nachdem durch das Gesetz vom 14. April v. J. betr. die ländlichen Ortsobrigkeiten in den sechs östlichen Provinzen, bezüglich der ländlichen Polizei-Verwaltung der ältere Rechtszustand definitiv aufrecht erhalten resp. wiederhergestellt worden ist, müssen damit auch die in diesem älteren Rechtszustande begründeten Normen hinsichtlich der Verbindlichkeit zur Uebernahme der in Rede stehenden, bis zur Ueberweisung eines Inhafteten an die Gerichtsbehörde in den ländlichen Palizeibezirken erwachsenden, uneinziehbaren Haft- und Transportkosten fernerhin zur Geltung kommen, einschließlich der desfallsigen provinzialgesetzlichen Bestimmungen, wie namentlich der §. 12 und 13 der Instruktion vom 1. April 1772 wegen Ausrottung der Vagabunden, Bettler und anderen liederlichen Gesindels in Schlesien und der Grafschaft Glatz. Zugleich ist aber auch folgeweise die Vorschrift des §. 37 Nr. 8 Tit. 7 Th. II. des Allg. Landrechts zur Anwendung zu bringen, wonach auf dem platten Lande der Transport und die Begleitung der Verbrecher oder Landstreicher zu den Gemeindelasten gehört. Denn einerseits sind im Eingange der beiden Gesetze vom 14. April v. J. resp. betreffend die ländlichen Ortsobrigkeiten und die Landgemeinde-Verfassungen in den sechs östlichen Provinzen, die in dem Allg. Landrecht Th II. Tit. 7 über die ländliche Polizei-Verfassung und Gemeinde-Verfassungen in den ländlichen Ortschaften der betreffenden Landestheile enthaltenen Vorschriften ausdrücklich aufrecht erhalten, andererseits erscheint die Anwendbarkeit der Bestimmung im §. 3 zu 4 des Ges. v. 2 März 1850, betreffend die Ablösung der Reallasten rc., wonach die unter verschiedenen Benennungen vorkommenden Beiträge und Leistungen zur Uebertragung der Lasten der gutsherrlichen Polizeiverwaltung aufgehoben sind, für die in Rede stehenden Haft- und Transportkosten, — abgesehen davon, daß die Aufhebung der gutsherrlichen Polizeiverwaltung als eine Voraussetzung bei dieser Vorschrift nicht eingetreten ist — durch die weitere Bestimmung im §. 96 desselben Gesetzes, daß in Beziehung auf die Kommunal-Verhältnisse keine Veränderungen eintreten, mit Rücksicht darauf ausgeschlossen, daß nach der Stellung und dem Wortlaute des §. 37 Tit. 7 Th. II. des Allg. Landrechts die dort unter Nr. 8 erwähnte Verbindlichkeit zu den ländlichen Kommunal-Lasten gehört.

daß hier die in §. 1 und §. 6 l. c. nachgelassenen Abweichungen von den allgemeinen Vorschriften recht eigentlich Platz greifen.

Zus. 2. Verfahren mit Zwangspässen an Stelle des Transportes.

a. Cirk.-Reskr. v. 23. Juli 1817.

§. II. zu §. 1. Es ist bemerkt worden, daß hin und wieder die Behörden die Vagabunden-Transporte unnöthigerweise vervielfachen, und auf dieselben Individuen geben, die für die öffentliche Sicherheit nicht gefährlich, ja nicht einmal verdächtig sind, sondern welchen nur leichte polizeiliche Vergehen, z. B. einmaliges Betteln, oder nur unerhebliche, keinen Verdacht begründende Mängel im Passe und in dessen Visirung zur Last fallen. Es bedarf, um dergleichen Individuen in ihre Heimath zurückzuschaffen, nicht immer des Transportes, sondern es kann oft dieser Zweck durch Ertheilung eines Passes erreicht werden, in welchem dem Inhaber eine ganz spezielle Reiseroute vorgeschrieben und die Polizei-Behörden sowie die Gensdarmerie ersucht werden, ihn, wenn er sich außerhalb derselben betreten lassen sollte, in Gemäßheit des §. 38 der Gen.-Paß-Instruktion vom 12. d. Mts. [1]) anzuhalten und als verdächtig zu behandeln.

---

[1]) Individuen, welche nach dem Gesetz nicht ohne Paß aus dem Auslande in die Königl. Staaten kommen dürfen, sollen, wenn sie mit einem vorschriftsmäßigen Paß nicht versehen sind, über die Landesgrenze nicht gelassen, sondern zurückgewiesen, und wenn sie dieselbe bereits überschritten haben, angehalten und an die nächste Kreis- oder Orts-Polizeibehörde zur weiteren Untersuchung abgeliefert, oder, wenn sie von einer Polizeibehörde selbst angehalten worden, von derselben zur Untersuchung und zum weiteren Verfahren gezogen werden.

Das weitere Verfahren wird im Allgemeinen durch das Resultat der Untersuchung folgendermaßen bestimmt:

I. Wenn der Reisende durch andere glaubhafte Urkunden, Zeugniß unverdächtiger Inländer oder sonst auf glaubhafte Art sich und seine Führung als unbescholten und für die öffentliche Sicherheit nicht bedenklich und sich über den rechtlichen Zweck seiner Reise hinreichend ausgewiesen hat, so kann ihm die Fortsetzung seiner Reise gänzlich oder vorläufig gestattet werden. Zu diesem Ende muß die Polizeibehörde nach Maßgabe des Grades der beigebrachten Legitimation und unter Mitberücksichtigung des Wunsches des Reisenden,

1) entweder ihm auf einem Paß-Blanquet (§. 13), wenn sie damit versehen ist, den Eingangspaß ertheilen, widrigenfalls aber denselben bei der nächsten, zur Ertheilung eines Eingangspasses berechtigten Behörde erwirken, und nach Umständen bis zu dessen Eingang den Reisenden unter einer den Verhältnissen angemessenen Observation behalten, oder

2) demselben bis zur nächsten, mit der Befugniß, den Eingangspaß zu ertheilen versehenen Behörde, einen Interims-Paß geben. Letzterer ist in der gewöhnlichen Form der nothwendigen inländischen Pässe auszufertigen, muß aber allemal mit einer speziellen Reiseroute und nach Befinden die Clausel der Visirung in den Nachtquartieren und nöthigenfalls selbst in allen auf der Tour belegenen Städten oder Hauptorten und der Verbindlichkeit, deshalb bei der dortigen Polizei-Verwaltung sich zu melden, enthalten; gleichergestalt muß die Dauer der Gültigkeit mit Berücksichtigung sowohl der Entfernung als der Verhältnisse des Reisenden, darin bestimmt sein. Der Inhaber eines solchen Passes muß diese und andere darin enthaltene Aufgaben genau erfüllen, und insonderheit die ihm vorgeschriebene Reiseroute und Zeit nicht überschreiten. Den Polizeibeamten, sowie der Königl. Gensdarmerie liegt es ob, auf die mit solchen Interimspässen versehenen Per-

Die Polizei-Behörden haben daher hierauf genau zu achten, und in den Fällen, in welchen nach den Verhältnissen des Menschen, der Nähe seiner Heimath, des Grundes seiner Zurückschickung in dieselbe oder nach anderen Umständen, die Rücksendung mittelst Passes oder bloßer Weisung genügt und ebenso sicher ist, einen Transport nicht anzuordnen. Polizei-Behörden, welche offenbar unnöthige und überflüssige Transporte anordnen, sind für die dadurch entstandenen Kosten verantwortlich.

b. Cirk.-Reskr. d. Min. d. Inn. v. 3. Oktober 1818.

(v. Kamptz Ann. Bd. III. S. 1088.)

§. IV. Da bemerkt ist, daß die Polizei-Behörden oft Individuen auf den Transport geben, deren Reisen durch die in der allgemeinen Paß-Instruktion vom 12. Juli 1817, §. 6 [1]), vorgeschriebenen mit einer speziellen Reise-

---

sonen besonders aufmerksam zu sein, sie sowohl bei Ueberschreitung der ihnen vorgezeichneten Route, als bei Unterlassung der zur Visirung ihnen aufgegebenen Meldungen zur Verantwortung zu ziehen, und nach deren Resultat weiter zu verfahren, mithin sie als verdächtig zu behandeln und an die nächste Kreis- oder städtische Polizeibehörde zur weiteren Bestimmung transportiren zu lassen.

Dem mit einem Interimspasse versehenen Reisenden sind die zu seiner Legitimation und zu seinem Fortkommen nöthigen Papiere von der ihm den Interimspaß ertheilenden Behörde abzunehmen und mit dem über die Legitimation aufgenommenen Protokoll mit der Post, durch einen Boten oder auf amtlichen Wege an die Behörde, welche den Eingangspaß ertheilt, einzusenden, oder zu diesem Zweck dem Reisenden selbst, aber nur in durchaus unbedenklichen Fällen mitzugeben, und muß dies letztere der gedachten Behörde allemal baldigst angezeigt werden.

II. Wenn aus der Untersuchung gegen den Reisenden ein Verdacht hervorgegangen ist, der entweder eine genauere polizeiliche oder Kriminal-Untersuchung begründet, so ist derselbe an die geeignete Polizei- oder Justizbehörde abzugeben.

III. Wenn aber weder der unter I. gedachte Nachweis beigebracht ist, noch der unter II. angeführte Verdacht eintritt, mithin der Reisende zwar nicht legitimirt, aber eines bestimmten Vergehens oder Verbrechens nicht verdächtig ist, so ist er mittelst Transportes über die Grenze zurückzubringen und dabei zu bedeuten, daß er bei nochmaliger Ueberschreitung der Landesgrenze als Vagabunde behandelt, und daher in Gemäßheit der Gesetze mit zweijähriger Zuchthausstrafe werde belegt werden; der Name und das Signalement desselben ist zugleich in der früher angeordneten Art durch das Amtsblatt öffentlich bekannt zu machen. (Gen.-Paß-Instruktion vom 12. Juli 1817. §. 38.)

[1]) In der Regel muß auch die Reiseroute im Paß angegeben werden, und genügt dabei die Anführung der zwischen dem Ort der Ausfertigung des Passes und dem der Bestimmung liegenden vorzüglicheren Orte.

Die Reiseroute ist nach dem Verlangen des Reisenden anzugeben, in so fern kein besonderer Verdacht eine nähere Erörterung und Abänderung derselben nothwendig machen sollte.

Die Abänderung einer Reise-Route kann zwar nur von einer Polizeibehörde, allein bei unverdächtigen Reisenden blos auf deren Antrag und ohne weitere Schwierigkeit gemacht, und muß auf dem Passe vermerkt werden.

Bei sich ergebendem Verdachte nicht geführter völliger Legitimation ist der Paß mit einer spezielleren, nöthigenfalls selbst die auf der Tour liegenden Dörfer angebenden Reiseroute, und zugleich mit der Auflage, den Paß in jedem Nachtquartier visiren zu lassen, zu versehen.

Bei einer solchen speziellen Reiseroute ist nicht so sehr das Verlangen des Reisenden, als vielmehr das, durch die Verhältnisse des Verdachts gegründete polizeiliche Bedürfniß zu berücksichtigen; ist die zu bestimmende Route der Paßbehörde nicht genau bekannt, so kann sie dieselbe, so weit sie solche kennt, vorschreiben, und die Polizeibehörde

route versehenen Pässe, die erforderliche Richtung gegeben werden kann; so sind die Unter-Behörden anzuweisen, anstatt der Anordnung des Transports, dergl. beschränkte Pässe in allen den Fällen zu ertheilen, in welchen persönliche, Orts- und andere Verhältnisse gestatten, einem Individuum durch obgedachte Pässe mit eben der Sicherheit die Richtung nach dem Orte, wohin er sich begeben soll, zu geben [1]).

c. Ausstellung von Reise-Routen an Stelle beschränkter Pässe.

Cirk.-Reskr. d. Minist. d. Inn. u. d. Polizei v. 18. Aug. 1824. (v. Kamptz Ann. Bd. VIII. S. 884.)

Die Erfahrung hat gelehrt, daß in den Fällen, wo nach §. IV. der Cirk.-Verf. v. 3. Oktober 1818 wegen des Verfahrens bei Transporten persönliche, örtliche oder ähnliche Verhältnisse gestatten, ein Individuum, statt mittelst Transportes, mit einem beschränkten Passe, auf genau vorgezeichnetem Wege, ohne Aufenthalt, nach einem bestimmten Orte zu senden, der Zweck dieses Verfahrens oft verfehlt worden ist, weil die in der Regel zu diesen Pässen gebrauchten Formulare den Inhaber nicht auffällig genug von anderen, freiwillig Reisenden unterscheiden. Da die schon bisher von einigen Polizei-Behörden in diesen Fällen gebrauchten Formulare sogenannter Reiserouten, in

---

des darauf gedachten letzten Ortes ersuchen, sie weiter zu bezeichnen. Die speziellere Reiseroute ist entweder im Passe selbst, oder unter demselben zu bemerken, im letzteren Falle noch besonders mit dem Siegel und der Unterschrift der Paßbehörde zu versehen; sie muß nebst den darin enthaltenen Auflagen von dem Paßinhaber genau befolgt werden, indem eine jede Abweichung von derselben den Paß insoweit ungültig und den Paßinhaber nur noch verdächtiger macht, und der Nothwendigkeit aussetzt, von der Gensdarmerie oder den Polizeibeamten angehalten und an die nächste landräthliche oder städtische Polizeibehörde gebracht, von dieser aber zur Untersuchung gezogen, und entweder bestraft, oder auf die Reiseroute zurückgebracht zu werden. (§. 38 vide zu a.)

Sollten jedoch unvorhergesehene erhebliche gegründete Umstände eine Abweichung von der Reiseroute oder eine Veränderung derselben nothwendig machen, so darf sie nicht anders als mit Genehmigung einer einheimischen Polizeibehörde erfolgen, diese aber nur nach vorgängiger genauer Untersuchung und nöthigenfalls genommener Rücksprache mit der Paßausstellenden Behörde ertheilt werden, welche Rücksprache in dem Falle allemal nothwendig ist, wenn die letztgedachte Behörde ausdrücklich bemerkt hat, daß der Paßinhaber ohne ihre Einwilligung von der Reiseroute nicht abweichen solle, oder die speziellere Reiseroute von einer höheren Staats- oder Provinzial-Behörde vorgeschrieben ist.

Jede Reiseroute muß soviel als möglich in grader Richtung vorgeschrieben werden; bei unverdächtigen Reisenden kommt es indessen lediglich auf ihr Verlangen an. Die Vorschrift einer Reiseroute kann in allen Fällen, wo der Paß eines Signalements nicht bedarf (§. 4), auf Verlangen des Paßnehmers unterlassen werden.

(Gen.-Paß-Instruktion v. 12. Juli 1817. §. 6.)

Dieses vollständigen Signalements bedarf es jedoch nicht in den Pässen für die der Paßbehörde als vollständig legitimirt und ganz unverdächtig bekannten Personen, besonders aus höheren Ständen, in so fern sie nicht selbst dasselbe verlangen, oder die Gesetze des Landes, wohin sie reisen, oder andere besondere Verhältnisse es nöthig machen.

(Gen.-Paß-Instruktion v. 12. Juli 1817, §. 4) cfr. auch Reskr. des Min. d. Innern u. d. Polizei v. 1. Juli 1826 (Ann. Bd. X S. 789) und Cirk.-Reskr. dess. Min. v. 14. Juni 1832 (Ann. Bd. XVI S. 457).

[1]) In Betreff des Gebrauchs der Zwangspässe bei Ausländern vergl. das Cirk.-Reskr. des Minist. des Innern v. 9. Sept. 1858 (M.-Bl. 1859) zu §. 19.

näherer Nachweisung der Beilage [1]) den gedachten Fehler vermeiden, auch sich bereits durch die Erfahrung bewährt haben, so erhält die Königl. Regierung den Auftrag, dergleichen Zwangspässe auch in ihrem Bezirke einzuführen und die ihr untergeordneten Polizei-Behörden anzuweisen, dieselben nicht allein in den obgedachten Fällen anzuwenden, sondern auch als Pässe zu achten, deren Inhaber der besonderen polizeilichen Aufmerksamkeit empfohlen sind und darauf zu halten, daß die letzteren den ihnen gegebenen Vorschriften pünktlich nachkommen, die Zwangspässe aber unter keinen Umständen ohne vorherige Anfrage bei der Königl. Regierung gegen gewöhnliche Pässe umzutauschen. Die Anschaffung des Bedarfs an Formularen zu diesen Zwangspässen hat die Königl. Regierung aus den für polizeiliche Zwecke bestimmten Fonds ihrer Hauptkasse zu bestreiten.

d. Verfahren bei Ertheilung von Zwangspässen.

Reskr. d. Min. d. Inn. v. 18. Decbr. 1833. (v. Kamptz Ann. Bd. XVII., S. 740.)

Ew. Excellenz erwiedere ich auf das Schreiben vom 1. d. Mts., wie ich Nichts dagegen zu erinnern finde, daß denjenigen Personen, welche mit Zwangs-

---

[1]) Formular einer Reise-Route.

Reise-Route. Nr.

I. Bestimmungsort:

II. Dauer der Gültigkeit

III. Signalement
1. Name
2. Stand
3. Geburtsort
4. Wohnort
5. Religion
6. Alter
7. Größe Fuß Zoll
8. Haare
9. Stirn
10. Augenbrauen
11. Mund
12. Nase
13. Augen
14. Zähne
15. Bart
16. Kinn
17. Gesicht
18. Gesichtsfarbe
19. Statur
20. Besondere Kennzeichen.

IV. Unterschrift de
Inhaber

Vorzeiger dieses,

gebürtig aus
wohnhaft zu
welche

erhält mit

die Weisung, sich auf gradestem Wege und ohne Aufenthalt, von hier über

nach
zu begeben.

Inhaber darf von der ih vorschriebenen Route nicht abweichen, und hat gegenwärtigen Vorweis an oben benannten Orten, sowie überall, wo übernachtet, zur Visirung vorzulegen.

Uebertretungen dieser Vorschriften ziehen nicht nur die Verhaftung de Inhaber und nach Befinden die Transportirung de selben nach dem Bestimmungsorte nach sich, sondern werden auch außerdem mit 24stündiger bis 14tägiger Strafarbeit oder Gefängniß oder mit einer Geldbuße von 15 Sgr. bis 5 Thlr. polizeilich geahndet. Der etwaige Transport wird jedoch, den höheren Bestimmungen nach, nur nach vorgängiger Benehmung Seitens der Polizeibehörde, welche die Verhaftung vorgenommen hat, mit der Behörde des im Passe bezeichneten Bestimmungsortes erfolgen dürfen.

Gegeben den ten

pässen versehen werden, vor deren Aushändigung bekannt gemacht wird, daß sie von der vorgeschriebenen Route nicht abweichen dürfen, und daß sie zu der bestimmten Zeit in ihrem Heimathsorte eintreffen müßten, widrigenfalls ihre Transportirung an den Ort ihrer Bestimmung erfolgen müßte. Auch ist es ganz in der Ordnung, wenn die den Zwangspaß ausstellende Behörde, wenn sie sich zuvor von der Richtigkeit des Heimathsortes die gehörige Gewißheit verschafft hat, der Polizei-Behörde des letzteren von dem Nöthigen Nachricht giebt.

Dagegen aber erheben sich manche Bedenken, wenn die Heimathsbehörde, sobald das betreffende Individuum nicht zur bestimmten Zeit eintrifft, Steckbriefe erläßt, denn

1) können, wie das in Ann. Bd. XII. S. 154 abgedruckte Minist.-Reskr. vom 12. Februar 1828 [1]) näher ergiebt, Steckbriefe nur gegen Personen erlassen werden, welche wegen eines erheblichen Verbrechens zur Untersuchung gezogen werden sollen. Dies trifft aber in der Regel Vagabunden und Bettler nicht, und es würden daher nur sonstige erhebliche Gründe ausnahmsweise Veranlassung zum Erlaß von Steckbriefen geben können.

2) Kann der Fall eintreten, daß dergleichen Personen auf der Reise krank werden und unterwegs liegen bleiben müssen, oder auf der Route Arbeit finden, welche anzunehmen ihnen nach dem in v. Kamptz Ann. Jahrg. 1826 S. 408 abgedruckten Reskript vom 21. April 1826 [2]) unbenommen bleibt, und so abgehalten werden können, zur bestimmten Zeit in ihrem Heimathsorte einzutreffen, wo es dann eine Härte gegen dergleichen Personen sein würde, wenn sie sofort mit Steckbriefen verfolgt, und, was die Folge davon ist, auf den Transport gesetzt würden, abgesehen davon, daß dadurch den Polizei-Behörden oft nicht unbedeutende Kosten erwachsen.

3) Schreiben die Erläuterungen zur General-Transport-Instruktion vom 23. Juli 1817 §. II. zu §. 1 vor, daß Personen, die für die öffentliche Sicherheit nicht gefährlich sind, welche Gefahr in der Regel bei Bettlern nicht eintritt, durch Transport nicht weiter befördert werden sollen, was aber beim Erlaß der Steckbriefe die Folge sein würde.

Wenn die Polizei-Behörden beim Visiren der Zwangspässe die gehörige Aufmerksamkeit anwenden und Individuen, welche von der Tour abweichen, durch Ertheilung des Visa's auf den vorgeschriebenen Weg diri-

---

[1]) Das unterzeichnete Ministerium muß Ihnen auf den Bericht vom 5. d. M. wegen des dort verhafteten N. aus N. bemerklich machen, daß Steckbriefe nur gegen Personen erlassen werden dürfen, die wegen eines erheblichen Verbrechens zur Untersuchung gezogen werden sollen Diese Maßregel auf Leute anzuwenden, welche blos unter polizeilicher Aufsicht stehen, würde nicht allein für diese Personen einen in den Gesetzen nicht gebilligten Nachtheil herbeiführen, sondern auch die Behörden in sehr weitläufige, oft kostspielige Verhandlungen verwickeln und nur selten wirklichen Nutzen stiften.

(Reskr. d. Min. d. Innern u. d. Polizei v. 12. Febr. 1828.)

[2]) Siehe unter g.

giren, und bei Handwerksburschen meine Verfügung vom 24. April d. J. [1]) im Auge behalten, so wird das zwecklose Umhertreiben von Personen beseitigt und dahin gewirkt werden, daß auch ohne Erlaß von Steckbriefen dergleichen mit Zwangspässen versehene Individuen genöthigt werden, sich nach ihrem Heimathsort zu begeben, und es werden zugleich Kosten vermieden, welche bei weiten Entfernungen für die Ortsgemeinden sehr drückend werden können.

Wenn nun die Heimathsbehörde außerdem in geeigneten Fällen, anstatt Steckbriefe zu erlassen, durch öffentliche Bekanntmachungen anzeigt, daß das betreffende, mit einem Zwangspaß versehene Individuum nicht eingetroffen sei, und dadurch die Polizei-Behörden auf ein solches Individuum aufmerksam macht, so wird der beabsichtigte Zweck jedenfalls erreicht werden, auch bleibt dann immer noch übrig, insofern die Behörde des Heimathsortes sich damit einverstanden erklärt, den Transport einzuleiten.

Ew. 2c. überlasse ich, hiernach die von Ihnen erlassene Verfügung zu deklariren und bemerke nur noch, daß ich gegen die von der Regierung zu N. den Polizei-Behörden, welche der Vorschrift entgegen handeln, angedrohte Strafe von 1 bis 5 Thalern, insofern solche als Ordnungsstrafe anzusehen ist, nichts zu erinnern finde.

e. Ausstellung von Zwangspässen und Bestrafung der Inhaber wegen Nichtbefolgung der darin enthaltenen Anordnungen.

Cirk.-Reskr. d. Min. d. Inn. u. d. Polizei v. 23. Mai 1840. (Min.-Bl. 1840. S. 165.)

Die Königl. Regierung zu Merseburg hat auf die Uebelstände aufmerksam gemacht, welche daraus hervorgehen, daß, ihrer Wahrnehmung zufolge, Inhaber von Zwangspässen der ihnen ertheilten Weisung häufig nicht nachkommen, sondern mit diesen Legitimationsdocumenten versehen, unter Gefährdung der öffentlichen Sicherheit aufs Neue umherschweifen.

Nachdem ich die zur Abhülfe dieses Uebelstandes von dem gedachten Collegio gemachten Vorschläge geprüft und, insoweit solche zuläßig befunden, genehmigt habe, ist von der Regierung diejenige Verordnung durch das Amtsblatt unterm 13. v. Mts. erlassen worden, welche die Königl. Regierung im Stück 17 des Merseburger Amtsblatts (S. 111 No. 178) finden wird [2]) und

---

1) Enthaltend das Regulativ in Betreff des Wanderns der Gewerksgehülfen vom 24. April 1833.

2) Die Gen.-Paß-Instruktion v. 12. Juli 1817 (Amtsbl. S. 501. — Ann. 1831 S. 436—500) schreibt im §. 6 vor, daß wenn Inhaber von Pässen mit beschränkter Reiseroute (sogenannten Zwangspässen) von der ihnen vorgeschriebenen Route abweichen, sie nach den obwaltenden Umständen zur Untersuchung und Bestrafung gezogen werden können.

Da von den Polizeibehörden unseres Verwaltungsbezirkes bei Ausführung dieser Vorschrift bisher nicht nach bestimmten und gleichmäßigen Grundsätzen verfahren worden ist, so finden wir uns veranlaßt, nach eingeholter Genehmigung Sr. Excellenz des Herrn Ministers des Innern und der Polizei hierüber nachstehende Bestimmung zu erlassen:

1) Jeder Inhaber eines Zwangspasses, welcher sich auf einer anderen, als der ihm vorgeschriebenen Reiseroute betreffen läßt, ist sofort anzuhalten und, falls er sich hierüber nicht genügend zu rechtfertigen vermag, von der Polizeibehörde des Ortes, wo er betroffen wird, in Strafe zu nehmen. Diese Strafe, welche je nach

nach welcher ich die Königl. Regierung unter abschriftlicher Mittheilung des danach ergänzten Zwangsformulars (siehe zu c.) anweise, Selbst zu verfahren und Seitens der Ihr untergeordneten Polizei-Behörden verfahren zu lassen.

f. Rekursverfahren gegen die wegen Abweichung von der Reiseroute festgesetzte Strafe.

Reskr. d. Min. d. Inn. v. 16. Nov. 1840. (M.-Bl. 1841 S. 22.)

Der Königl. Regierung wird auf den Bericht vom 18. Juni d. J. eröffnet, daß die Bestimmung der Bekanntmachung der Königl. Regierung zu Merseburg vom 13. April d. J., (siehe e.)

---

den Umständen resp. mit Rücksicht auf frühere Kontraventionen derselben Art höher oder niedriger zu bemessen ist, aber das im §. 62 Tit. 17 Th. II. des Allg. Landrechts*) vorgeschriebene Maß von 14 Tagen Gefängniß oder Strafarbeit oder von 5 Thlr. niemals überschreiten darf, wird, unter Beachtung der Vorschrift des §. 85 Tit. 20 a. a. O. (wonach gegen unbemittelte Personen der niederen Volksklasse niemals auf Geldstrafen, sondern jederzeit auf Strafarbeit oder Gefängnißstrafe erkannt werden soll) sofort durch ein Resolut festgesetzt, gegen welches dem Kontravenienten der Rekurs an uns offen steht

2) Erklärt der Kontravenient sogleich bei Publikation des Resoluts sich bei demselben beruhigen zu wollen, so ist solches ohne Weiteres gegen ihn in Vollzug zu setzen. Im entgegengesetzten Falle und wenn nicht besondere Gründe seine Detention am Orte der Betretung nöthig machen, gebührt die Fortsetzung der Untersuchung der Polizeibehörde des Ortes, welcher im Zwangspaß als Bestimmung angegeben ist, welcher daher event. die aufgenommenen Verhandlungen zu diesem Zweck unmittelbar nach der Publikation des Resoluts zu übersenden sind.

3) Durch dieses Strafverfahren wird in den übrigen Bestimmungen der §§. 6, 38 bis 42 und 43 der Gen.-Paß-Instruktion Nichts geändert. Es ist also der Zwangspaß-Inhaber nach verbüßter Strafe, oder — wenn er sich dem Strafresolut nicht unterworfen hat, nach Publikation desselben auf die Reiseroute zurückzubringen oder nach Befinden sein Transport einzuleiten.

4) Zugleich wird auf dem Passe neben dem Visa eine kurze Notiz über die dem Inhaber zuerkannte Strafe eingetragen und dabei bemerkt, ob dieselbe bereits vollstreckt oder ob das Resolut noch nicht rechtskräftig geworden ist.

5) Das unter 1—4 vorgeschriebene Verfahren tritt auch dann ein, wenn der Inhaber eines Zwangspasses — der Vorschrift des §. 6 a. a O. entgegen — es unterläßt, den Paß auf einem der auf der Reiseroute belegenen Nachtquartiere zur Visirung vorzulegen.

6) In dem Zwangspasse selbst ist der an den Inhaber gerichteten Aufforderung:

von der ihm vorgeschriebenen Tour nicht abzuweichen, auch den Paß in jedem Nachtquartier zur Visirung vorzulegen,

die ausdrückliche Bedeutung hinzuzufügen, daß die Uebertretung dieser Vorschrift mit 24stündiger bis 14tägiger Strafarbeit oder Gefängniß oder mit Geldbuße von 15 Sgr. bis 5 Thlr. polizeilich werde geahndet werden.

Die von hier aus zu beziehenden Zwangspaß-Formulare werden künftig hiernach vervollständigt werden.

7) Den Polizeibehörden steht zwar nach §. 6 a. a. O. das Recht zu, bei speziell vorgeschriebenen Reiserouten, wenn unvorhergesehene und erheblich begründete Fälle eine Abweichung von der Route oder eine Veränderung derselben nothwendig machen, dies zu veranlassen. Jedoch hat diejenige Polizeibehörde, welche die Abweichung gestattet, solches und die Gründe, weshalb es geschehen, jedesmal auf dem Passe neben dem Visa zu vermerken.

Merseburg, den 13. April 1840.

Königl. Preuß. Reg. Abth. des Innern.

---

*) Durch das Strafgesetzbuch vom 14. April 1851 aufgehoben: Art. VIII des Einführungs-Gesetzes und §.

> wonach in solchen Fällen, wo der Paß-Inhaber gegen die wegen Abweichens von der Reiseroute festgesetzte Strafe Rekurs einlegt, die Vollstreckung der bestätigten Strafe in der Regel am Bestimmungsorte erfolgen soll,

den Zweck hat, zu verhindern, daß der Kontravenient unterwegs aufgehalten und ohne einen wesentlichen Vortheil zu erreichen, bis zum Eingange der Entscheidung zweiter Instanz detinirt werde.

Die Möglichkeit, daß in einzelnen Fällen diese Strafvollstreckung bis zur Ankunft am Bestimmungsort nicht ausgesetzt werden kann, ist daher kein Grund, die obgedachte Bestimmung aufzuheben, zumal sie den ausdrücklichen Vorbehalt enthält:

> wenn nicht besondere Gründe die fernere Detention am Ort der Betretung nothwendig machen.

Das Bedenken, daß in sehr vielen Fällen der Bestimmungsort als der Endpunkt der Reise nicht anzusehen sei, hält das unterzeichnete Ministerium nicht für begründet und insbesondere den Umstand für unerheblich, daß der Bestimmungsort sehr oft nicht der Heimathsort sei. Daß der Transport auch bei solchen Individuen, die mehrmals dergleichen Kontraventionen begangen haben, nicht eingeleitet werden könne, ist gleichfalls nicht als richtig anzuerkennen. Solche Individuen werden vielmehr, als Ausnahme von der Regel, am Betretungsorte bis zur Rechtskraft des Resoluts detinirt und dann bestraft, oder mittelst Transportes nach dem Bestimmungsorte geschafft werden müssen.

Das unterzeichnete Ministerium kann sich daher nicht veranlaßt finden, die obige Bestimmung aufzuheben und festzusetzen, daß der Kontravenient die Entscheidung auf den eingelegten Rekurs allemal unterwegs abzuwarten habe, und die Strafvollstreckung der Behörde des Bestimmungsortes niemals zu überlassen sei.

g. Gestattung des Aufenthalts der mit Zwangspaß reisenden Individuen.

Reskr. d. Min. d. Inn. u. d. Polizei v. 21. April 1826. (v. Kamptz Ann. Bd. X. S. 408.)

Die von der Königl. Regierung in ihrem Bericht vom 8. d. Mts. [1])

---

[1]) Durch die Königl. Reg. zu Frankfurt a. O. ist zu unserer Kenntniß gekommen, daß eine Polizeibehörde unseres Reg.-Bez. einem mit einem Zwangspaß versehenen Individuo 14 Tage lang den Aufenthalt gestattet hat, weil es dort Arbeit gefunden. — Es ist daher bei uns die Frage entstanden:

> in wie fern einer Polizeibehörde auf der Reiseroute, welche ein Zwangspaß angiebt, gestattet sei, den Inhaber des Zwangspasses, wenn er Arbeit findet, eine Zeit lang bei sich aufnehmen zu dürfen, oder ob sie dies verweigern, und ihn veranlassen müsse, seine Reise auf der gegebenen Route unverzüglich fortzusetzen.

Die Zwangspässe vertreten die Stelle der früheren beschränkten Reisepässe und sollen nach §. II. der Erläuterungen vom 23. Juli 1817 zur Gen.-Transport-Instruktion denjenigen ausgestellt werden, welche sich nur leichte polizeiliche Vergehungen haben zu Schulden kommen lassen.

Hiernach scheint es uns zu hart, dergleichen Personen, wenn sie unterweges Gelegenheit haben, sich auf ehrliche Art ihren Unterhalt zu verdienen, diesen Verdienst auf den

entwickelte Ansicht von der Befugniß der Polizei-Behörden einem mit Zwangspaß reisenden Individuum, wenn es Arbeit findet, unter Beobachtung der erwähnten Vorsichtsmaßregeln den Aufenthalt zu gestatten, ist ganz der Sache angemessen.

h. Vollziehung der Zwangspässe und Reiserouten durch die Ortspolizei-Behörden.

Reskr. d. Min. d. Inn. u. d. Polizei v. 6. Nov. 1824. (v. Kamptz Ann. Bd. VIII. S. 1128.)

Ich eröffne hierdurch der Königl. Regierung, daß ich die in Ihrem, die Zwangspässe betreffenden Bericht vom 20. v. Mts. vorgetragene Ansicht, daß in Ansehung der Vollziehung dieser Pässe nicht wie bei gewöhnlichen Reisepässen zu verfahren sei, sondern Erstere ohne Unterschied, ob sie für das In- oder Ausland ertheilt werden, von den Ortspolizei-Behörden vollzogen werden können, theile und genehmige.

i. Feststellung des Bestimmungs-Ortes.

Reskr. d. Min. d. Inn. u. d. Polizei v. 24. Mai 1836. (v. Kamptz Ann. Bd. XX. S. 395 [1]).

Es ist, wie der Königl. Regierung auf den Bericht vom 8. d. Mts. bemerklich gemacht wird, nirgends angeordnet, daß auch bei Ausstellung eines Zwangspasses oder einer Zwangsroute nothwendig eine Kommunikation mit der Behörde des Bestimmungsortes vorausgehen soll [2]); auch ist mir nicht bekannt, daß eine solche Maßregel in einem anderen Regierungs-Departement für nöthig erachtet sei. Daß dieselbe aber in dem Bereiche der Königl. Regierung (Posen) auf Ihre Anordnung Anwendung findet, ersehe ich erst jetzt aus dem gedachten Bericht. Es kann nun zwar auch bei Ertheilung derartiger Zwangspässe unter Umständen ganz zweckmäßig sein, die in Rede stehende Kommunikation vorher eintreten zu lassen, und demnächst in dem

---

Grund eines Zwangspasses abzuschneiden, und halten wir dafür, daß, wenn nicht besondere Gründe dafür vorhanden sind, den Polizeibehörden auf der Reiseroute die Befugniß nicht entnommen werden könne, dem Inhaber des Zwangspasses den Aufenthalt zu gestatten. Da in dem Zwangspasse der Grund, warum ein solcher ausgestellt ist, bemerkt steht, so kann es den Polizeibehörden nicht schwer fallen, zu beurtheilen, ob dem Inhaber die Erlaubniß zum Aufenthalt zu geben oder zu verweigern sei.

Stellt nun überdies die Polizeibehörde das betreffende Individuum unter polizeiliche Aufsicht, und bemerkt beim Abgange desselben unter dem Paß, warum ihm der Aufenthalt am Ort gestattet worden, so kann nach unserer Ansicht für die Sicherheitsbehörde kein Nachtheil erwachsen, wenn besonders noch außerdem die Polizeibehörde, welche den Aufenthalt zugiebt, der Polizeibehörde des Ortes, wohin das betreffende Individuum gewiesen ist, von dem gestatteten Aufenthalte Nachricht giebt.

Merseburg, den 8. April 1826.

Königl. Reg. Abth. des Innern.

[1]) Dasselbe bestimmt das Reskr. des Min. des Innern und der Polizei v. 9. März 1837 an die Reg. zu Erfurt und Frankfurt (v. Kamptz Ann. Bd. XXI. S. 479).

[2]) Dies bestimmt auch das (an die Königl. Reg. zu Erfurt und Frankfurt erlassene) Reskr. des Min. d. Innern u. d. Polizei v. 9. März 1837 (v. Kamptz Ann. Bd. XXI. S. 479).

Passe, daß dies geschehen, unter Beifügung einer Abschrift der Antwort der Heimathsbehörde, zu bemerken; allein in der Regel geht der Ausstellung des Zwangspasses nur die Vernehmung des betreffenden Reisenden voraus, und die Ertheilung erfolgt, wenn dessen Angaben auch nur wahrscheinlich sind.

a. Reskr. d. Min. d. Inn. u. d. Polizei v. 8. April 1837. (v. Kamptz Ann. Bd. XXI. S. 192.)

Ich nehme Anstand, auf den Antrag der Königl. Regierung (Breslau) in dem Bericht v. 22. v. Mts., die Annahme der aus dem Auslande in die diesseitigen Staaten mittelst Zwangspasses gewiesenen Personen betreffend, einzugehen. Denn daß, wie bei Einleitung eines Transportes, auch der Ausstellung eines Zwangspasses jederzeit eine Kommunikation mit der Behörde des Bestimmungsortes vorangehen solle, ist bisher weder angeordnet worden, noch würde sich eine solche Anordnung als zweckmäßig ergeben. Wollte man dieselbe bloß hinsichtlich der aus dem Auslande in die diesseitigen Staaten gewiesenen Individuen treffen, so steht zu erwarten, daß eine gleiche Maßregel von den auswärtigen Regierungen auch in Bezug auf diejenigen Reisenden angeordnet werden würde, welche diesseits, als den Königl. Staaten nicht angehörig, mit Zwangspässen in ihre Heimath verwiesen werden [1]).

In Fällen, wie der von der Königl. Regierung angezeigte, wird es ebenso wenig Bedenken als Schwierigkeiten haben, diejenigen Individuen, welche in der Voraussetzung, daß sie dem diesseitigen Unterthanen-Verbande angehören, aus dem Auslande hierher gewiesen werden, aber keine heimathlichen Rechte hier anzusprechen haben, dahin, woher sie gekommen sind, vermittelst besonderen Passus oder eines ihrem Passe einzuverleibenden diesfälligen Vermerkes zurückzuweisen, indem nicht anzunehmen ist, daß eine auswärtige Behörde, wenn der diesseitige Staat einen ihm in der Voraussetzung diesseitiger Angehörigkeit ohne Weiteres zugewiesenen Fremden anzunehmen sich nicht bereit erklärt hat, die Zurücknahme desselben verweigern sollte.

k. Erstattung resp. Nichterstattung des an Individuen mit beschränkter Reiseroute verabreichten Zehrgeldes.

Reskr. d. Min. d. Inn. u. d. Polizei v. 2. Juli 1836. (v. Kamptz Ann. Bd. XX. S. 730.)

Wenn, wie der Polizeibehörde zu Treptow a. R. auf den Bericht v. 21. v. Mts. erwidert wird, das Königl. Polizei-Präsidium hierselbst die Erstattung des Zehrgeldes von 1 Thaler verweigert, welches dieselbe dem mittelst beschränkter Reiseroute von dort nach Berlin zurückgewiesenen Handarbeiter N. verabreicht hat, so kann das unterz. Ministerium diese Weigerung nur als motivirt erachten, weil ein derartiges Viaticum zu den polizeilichen Kosten zu rechnen, deren Erstattung in den Gesetzen nicht angeordnet ist [2]).

---

[1]) Durch die Konvention von Gotha v. 15. Juli 1851 und die Schluß-Protokolle d. d. Gotha d. 15. Juli 1851 und Eisenach d. 25. Juli 1854 abgeändert. (vide Th. II.)

[2]) cfr. auch Reskr. d. Min. d. Innern u. d. Polizei v. 21. Nov. 1837 (v. Kamptz Ann. XXI S. 1042).

β. Reskr. d. Min. d. Inn. v. 31. Jan. 1845. (Min.-Bl. 1845 S. 69.)

Aus den in dem Bericht der Königl. Regierung v. 29. Octbr. v. J. entwickelten Gründen ist das Min. d. Inn. damit einverstanden, daß die Reiseunterstützungen, welche unvermögenden, mittelst Zwangspasses in ihre Heimath gewiesenen Personen gewährt werden müssen, als Kosten der Armenpflege, wozu sie gehören, angesehen, und ebenso, wie die Kosten des Transportes und der Verpflegung auf demselben, von dem Armenverbande, welcher den Inhaber des Zwangspasses aufzunehmen hat, wieder eingezogen werden.

Sowie es sich übrigens von selbst versteht, daß in dem Zwangspaß der Betrag der verabreichten Unterstützungen angegeben werden muß, so wird auch dafür zu sorgen sein, daß bei größerer Entfernung des Bestimmungsortes dem Zwangsreisenden in dem Absendungsorte nicht der ganze Betrag der für die Reise erforderlichen Unterstützung auf einmal gezahlt, der Reisende vielmehr, was ebenfalls in dem Zwangspasse zu bemerken ist, wegen seiner angemessenen Unterstützung an die Behörden einiger von ihm zu berührender Orte verwiesen werde, welche solche nach den Umständen zu bemessen und mit Vorbehalt der Erstattung zu leisten haben.

γ. Reskr. d. Min. d. Inn. v. 29. Decbr. 1845. (Min.-Bl. 1846 S. 12.)

Der Königl. Regierung wird auf den Bericht v. 16. v. Mts. eröffnet, daß das von derselben allegirte, auf den Bericht der Königl. Regierung zu Potsdam v. 29. Octbr. v. J. erlassene Reskript v. 31. Januar d. J. [1]), die Erstattung der Zehrgelder für die mittelst Zwangspasses nach ihrem früheren Wohnorte zurückgewiesenen Individuen betreffend, auch Ihrerseits zur Anwendung zu bringen ist.

Eine Verpflichtung des Inhabers der Polizei-Gerichtsbarkeit zur Tragung dieser Kosten kann nicht angenommen werden, da, wenn derselbe auch für die Kosten der in seinem Jurisdictionsbezirk geführten polizeilichen Untersuchung und der während derselben stattgefundenen Verpflegung des betreffenden Individuums verhaftet ist, ihm doch nicht obliegt, die nach der Entlassung desselben außerhalb des Jurisdictionsbezirkes und auf der Reise in die Heimath entstandenen Kosten zu tragen, welche mit der polizeilichen Untersuchung in keinem Zusammenhang stehen. Sowie nun jede Kommune hinsichtlich der ihr mittelst Transportes zuzuführenden unvermögenden Ortsangehörigen die Kosten des Transportes, einschließlich der Verpflegung, zu erstatten hat, so kann sie auch von Tragung der Zehrgelder für die mittelst Zwangspasses in die Heimath zu dirigirenden unvermögenden Individuen um so weniger entbunden werden, als die Zwangspässe unter minder erschwerenden Umständen die Stelle des kostspieligeren Transportes vertreten sollen.

δ. Erlaß d. Min. d. Inn. v. 5. Febr. 1854. (Min.-Bl. 1854 S. 27.)

Ew. ꝛc. remittire ich anbei die mittelst gefälligen Berichtes v. 30. November pr. wieder vorgelegte Eingabe der N. vom 6. Octbr. pr. nebst An-

---

1) Unter β.

lagen, in welcher dieselbe gegen die ihr von Ew. zc. auferlegte Verpflichtung zur Erstattung von Reiseunterstützungen reklamirt, welche heimathlosen, mittelst Zwangspasses an einen bestimmten Ort dirigirten arbeitsfähigen Personen gewährt worden sind, indem ich zugleich Folgendes ergebenst bemerke:

Durch mehrfache Reskripte ist diesseits der Grundsatz ausgesprochen worden:

daß den Armen-Verbänden der Ersatz von Reisekosten-Unterstützungen, welche an arbeitsfähige Angehörige auswärts gezahlt worden, nicht obliege, weil arbeitsfähige Personen nicht als arm anzusehen sind, bei ihnen mithin die Nothwendigkeit einer Unterstützung aus öffentlichen Mitteln der Armenpflege nicht angenommen werden kann.

Eine Ausnahme von dieser Regel tritt nun allerdings dann ein, wenn das Individuum in der Freiheit, sich seinen Unterhalt selbst zu erwerben, beschränkt ist. Dieser Fall ist, gleichwie bei solchen Individuen, welche sich auf dem Transport befinden, auch bei denen vorhanden, welche auf Grund des Cirkular-Reskriptes v. 18. August 1824 [1]) mit einem in geeigneten Fällen die Stelle des Transportes vertretenden, zur Ersparung der Transportkosten angefertigten, Zwangspaße versehen sind, welcher die Weisung enthält, sich ohne Aufenthalt auf dem vorgezeichneten Wege nach einem bestimmten Ort zu begeben.

Das vorgeschriebene Formular ist aber nicht bloß auf Fälle dieser Art, in welchen es als ein Zwangspaß im eigentlichen Sinne anzusehen ist, beschränkt, sondern soll nach dem gedachten Cirkular-Reskript auch zu dem Zwecke benutzt werden, um den Inhaber der besonderen polizeilichen Aufmerksamkeit zu empfehlen. Ist die Reiseroute zu diesem letzteren Zwecke ertheilt worden, so ist der Inhaber durch dieselbe an sich noch nicht behindert, sich auf seinem Wege um Arbeit zu bemühen, und die sich ihm darbietende Gelegenheit zu benutzen. Es ist vielmehr schon durch das Reskript vom 21. April 1826 [2]) für zulässig erachtet worden, einem mit einer solchen Reiseroute reisenden Individuum, wenn es unterwegs Arbeit findet, den Aufenthalt zu gestatten.

Bei der ausgedehnten Anwendung, welche den Reiserouten in Beziehung auf Personen, die der Arbeitsscheu und der Neigung zum müßigen Umherschweifen verdächtig sind, gegeben wird, ist es sogar im Interesse der Armen- und Sicherheits-Polizei dringend geboten, die Inhaber solcher Pässe an der Benutzung einer sich ihnen darbietenden Arbeitsgelegenheit nicht zu verhindern, sondern sich vielmehr zu deren Aufsuchung und Benutzung, wo sie sich auch darbieten möge, allen Ernstes zu veranlassen.

Hieraus folgt, daß der Anspruch auf Erstattung der einem arbeitsfähigen Individuum verabreichten Unterstützung nicht dadurch allein, daß dasselbe eine Reiseroute geführt hat, sondern zugleich auch durch den Nachweis zu begründen ist, daß der Inhaber nach dem Inhalte der Reiseroute oder den sonst obwaltenden Umständen zur unverzüglichen Fortsetzung seiner Reise gehalten

---

[1]) cfr. vorstehend unter c.
[2]) cfr. vorstehend unter g.

und dadurch in der Aufsuchung und Benutzung einer Gelegenheit zum Erwerbe verhindert gewesen sei. Nur auf Fälle dieser letzteren Art ist das Reskript v. 31. Jan. 1845 [1]) zu beziehen, welches sich für den Ersatz der Reise-Unterstützungen ausspricht, die den Inhabern von Zwangspässen gewährt werden mußten.

Ew. ꝛc. ersuche ich ergebenst, nach vorstehenden Grundsätzen die Beschwerde der N. zu erledigen. Diese Beschwerde ist nicht begründet, in sofern sie dagegen gerichtet ist, daß Ew. ꝛc. die Anordnung wegen Erstattung von Reise-Unterstützungen an Personen, welche mittelst Zwangspasses in ihre Heimath gewiesen sind, auch auf heimathlose Personen bezogen haben, welche mittelst eines solchen Passes an einen anderen Ort dirigirt werden. Denn ob eine arbeitsfähige Person einem bestimmten Orte angehört, oder heimathlos ist, kann bei Beurtheilung der Frage, ob ein Bedürfniß vorhanden ist, sie auf der Reise zu unterstützen, nicht von Einfluß sein. Die Beschwerde erscheint aber in sofern nicht unbegründet, als Ew. ꝛc. eine Ersatzpflicht in Beziehung auf alle mit einer beschränkten Reiseroute versehene Individuen, und namentlich in Beziehung auf solche annehmen, welche zur Reise nach einem von ihnen selbst gewählten Orte mit Reiseroute versehen sind.

Der Ansicht, daß Personen, welche erklärt haben, nach einem bestimmten Orte, um daselbst Arbeit suchen zu wollen, sich zu begeben, und welche zu dieser Reise mit einer Reiseroute versehen sind, auf dem Wege dahin eine Erwerbsgelegenheit zu benutzen nicht befugt seien, und daher als Arme zu unterstützen, glaube ich aus den obigen Gründen nicht beitreten zu können.

ε. Bescheid des Minist. des Innern v. 8. Sept. 1854. (Min.-Bl. 1854 S. 170.)

Die Königl. Regierung hat in ihrem Bericht v. 18. Mai cr. zur Vermeidung eines verschiedenartigen Verfahrens, eine grundsätzliche Feststellung der Frage beantragt:

> ob die Armen-Verbände zur Erstattung von Reise-Unterstützungen verpflichtet seien, welche arbeitsfähigen Angehörigen derselben außerhalb des Heimathsortes verabreicht worden sind.

Das Ministerium des Innern hat diese Frage in mehreren an einzelne Regierungen erlassenen Verfügungen im Allgemeinen verneint, und läßt der Königl. Regierung Abschrift der unterm 5. Februar cr. an die Königl. Regierung zu Königsberg [2]), sowie der unterm 5. Juli cr. an die Königl. Regierung zu

---

[1]) cfr. unter β.

[2]) Der Königl. Reg. wird auf Ihre Anfrage in dem Ber. v. 26. Oct. pr. eröffnet, daß der darin in Bezug genommene Grundsatz der Königl. Reg. zu Potsdam:

> daß den Armen-Verbänden der Ersatz von Reise-Unterstützungen, welche an arbeitsfähige Angehörige auswärts gezahlt worden, nicht obliege,

als richtig anzuerkennen ist. Das Min. erklärt sich damit einverstanden, daß nach diesem Grundsatze auch Ihrerseits verfahren werde.

In der Anwendung desselben kann übrigens der Grundsatz allein, daß dem betr. Individuum eine beschränkte Reiseroute ertheilt, eine Ausnahme nicht begründen.

Daß der Inhaber einer solchen Reiseroute, welchem die Mittel zu seinem Unterhalt fehlen, durch dieses Legitimationspapier in der Regel nicht verhindert werde, seinen Unter-

Coblenz [1]) desfalls erlassenen Verfügung, von denen letztere die an arbeitsfähige Inhaber beschränkter Reiserouten gezahlten Reise-Unterstützungen betrifft, mit dem Bemerken hierneben zugehen, daß nach den darin vorgezeichneten Grundsätzen auch Ihrerseits zu verfahren ist [2]).

---

halt auch auf der Reise durch Arbeit zu verdienen, ist bereits in dem Reskr. vom 21. April 1826 und dem Erlaß vom 18. Dec. 1833 (cfr. sub. lit. g und d) ausgesprochen.

Nur dann, wenn die Ertheilung der Reiseroute die Stelle des Transportes vertritt, und der Inhaber durch diese Reiseroute, welche alsdann als ein Zwangspaß im eigentlichen Sinne anzusehen ist, verpflichtet wird, sich ohne Aufenthalt an einen bestimmten Ort zu begeben, kann jene Regel nicht zur Anwendung kommen.

Was den hiernächst zur Sprache gebrachten Fall betrifft, daß ein völlig arbeitsfähiges Individuum, welches sich im Uebrigen den erforderlichen Unterhalt erwirbt, des Obdachs entbehrt, so wird zwar auch hier jener Grundsatz Anwendung finden können. Eine für **alle** Fälle durchgreifende Norm kann jedoch nicht vorgeschrieben werden. Es werden vielmehr die Umstände des konkreten Falles in Betracht zu ziehen und es wird insbesondere auch darauf Rücksicht zu nehmen sein, ob es sich lediglich um die Unterbringung eines erwerbsfähigen Individuums handelt, oder ob das Bedürfniß dieser Unterbringung auch in Bezug auf erwerbsunfähige Angehörige desselben hervortritt. —

Berlin, den 5. Februar 1854.

Ministerium des Innern.

1) Das Ministerium des Innern kann die in dem Bericht vom 20. Mai c. aufgestellte Ansicht, daß der arbeitsfähige Färbergeselle N. aus N. um deswillen, weil er, wegen Paßfälschung bestraft, mit einer zur Rückkehr in die Heimath lautenden Reiseroute versehen war, während der Dauer dieser Reise, — nämlich von Coblenz nach Greifswald — aus öffentlichen Armenmitteln zu erhalten gewesen sei, nicht als vollkommen begründet erachten.

Im Allgemeinen ist kein Grund vorhanden, weshalb arbeitsfähigen Inhabern solcher Reiserouten nicht, wenn sie ohne Mittel sind, überlassen werden sollte, ihren Unterhalt auf der Reise durch Arbeit zu verdienen.

Die entgegengesetzte Annahme würde zu einer nicht gerechtfertigten Vermehrung der Armenlast führen, arbeitsscheuen Individuen die Ertheilung solcher Reiserouten oft wünschenswerth machen, und dem Hange zum müßigen Umherschweifen Vorschub leisten.

Nur da, wo der Zwangspaß die Stelle des Transportes vertritt, jeder Aufenthalt mithin unzulässig ist, erscheint die Unterstützung gerechtfertigt. Ob dieser Fall hier vorgelegen hat, ist aus dem obigen Berichte nicht ersichtlich, muß vielmehr nach demselben bezweifelt werden, weshalb denn auch das Ministerium Anstand nimmt, auf den Antrag einzugehen, die Erstattung der dem N. in Coblenz und Wetzlar verabreichten Reise-Unterstützungen durch den betreffenden Armen-Verband herbeizuführen. Die (tit.) wird dieserhalb auf den Inhalt des diesseitigen Erlasses an den Herrn Ober-Präsidenten, Staats-Minister Flottwell vom 5. Febr. c. (Min.-Bl. S. 27) hingewiesen.

Berlin, den 5. Juli 1854.

Ministerium des Innern.

2) Vergl. auch: **Bescheid des Min. des Innern v. 5. Mai** 1855 (Min.-Bl. 1855 S. 117).

Ich muß, wie ich der Königl. Reg. auf den Bericht v. 12. Januar c. eröffne, bei dem Grundsatze stehen bleiben, welcher in dem von ihr bezogenen Min.-Reskr. v. 5. Febr. und 8. Sept. pr. (Min.-Bl. S. 170), sowie in mehreren Verfügungen dahin ausgesprochen worden ist, daß völlig arbeitsfähige, in der Wahl ihres Aufenthalts nicht beschränkte Personen, mithin auch Reisende und wandernde Handwerksburschen dieser Kategorie als Arme im gesetzlichen Sinne nicht anzusehen sind, und daß daher dem heimathlichen Armenverbande nicht die Verpflichtung obliegt, die solchen Personen, auf das Vorgeben, mittellos zu sein und auch keine Gelegenheit zur Arbeit zu haben, gewährten Reise-Unterstützungen zu erstatten.

Die Aufrechthaltung dieses Grundsatzes ist nicht nur zur Vermeidung vielfacher lästiger Schreibereien wünschenswerth, sondern auch im Interesse der öffentlichen Sicherheit

c. Bescheid des Minist. des Innern v. 9. Juli 1859. (Min.-Bl. 1859 S. 212.)

Durch die Ausführung der Königl. Regierung in ihrem Berichte vom 29. Mai d. J. kann ich mich nicht veranlaßt finden, von der in der Angelegenheit, betreffend die von dem Magistrate zu N. verweigerte Erstattung einer dem N. in N. gezahlten Reise-Unterstützung, unterm 9. März d. J. diesseits erlassenen Verfügung abzugehen.

Es ist bei Beurtheilung der mehrfach vorgekommenen Beschwerden über Verweigerung des Ersatzes gezahlter Reise-Unterstützungen stets der Grundsatz festgehalten worden, daß die heimathlichen Gemeinden nicht angehalten werden können, Armen-Unterstützungen zu erstatten, die an arbeitsfähige Reisende gezahlt worden sind, in Bezug auf welche kein Grund vorlag, sie von der Selbstbeschaffung des Unterhalts auf der Reise durch Arbeit zu entbinden. Daß solchen Personen Zwangspässe, welche die Stelle des Transportes vertreten, ertheilt worden sind, kann hierin Nichts ändern. Zwar ist es richtig, daß die Polizei-Behörden der auf der Tour belegenen Ortschaften in der Regel nicht zu ihrer Beurtheilung zu ziehen haben, ob zur Ausstellung eines solchen Zwangspasses ausreichender Grund vorlag oder nicht, und daß die Bewilligung von Reise-Unterstützungen an den Inhaber solcher Zwangspässe in der Regel nicht zu vermeiden ist. Die Behörde des Heimathsortes kann aber durch das Verfahren der paßertheilenden Behörde nicht verpflichtet werden, weshalb in Fällen der vorliegenden Art diejenige Polizei-Behörde, welche Reise-Unterstützungen gezahlt hat, deren Erstattung mit Grund verweigert wird, nur an die paßertheilende Behörde gewiesen werden kann.

Ich kann es daher nur billigen, daß die Königl. Regierung zur Vorbeugung einer überflüssigen Vervielfältigung der die Stelle des Transports vertretenden Zwangspässe die Polizei-Behörden ihres Bezirkes mit geeigneter Anweisung versehen hat.

---

und Ordnung erforderlich, indem durch die auf solches Vorgeben erfolgte Zahlung von Unterstützungen dem müßigen Umherschweifen offenbar Vorschub geleistet werden würde.

Es ist im Allgemeinen anzunehmen, daß es einem arbeitsfähigen Manne, zumal wenn derselbe nur für sich selbst zu sorgen hat, bei gutem Willen wohl gelingen werde, sich den nothdürftigen Unterhalt durch Arbeit selbst zu verdienen.

Es mag bestritten werden, daß diese Regel in einzelnen Fällen, wo das Unterstützungsbedürfniß klar zu Tage liegt, Ausnahmen erleide. Allein es ist Sache der Behörde, welche den Ersatz einer von ihr gezahlten Unterstützung fordert, dies Bedürfniß nachzuweisen. Jedenfalls hat über einen solchen Anspruch, wenn er bestritten wird, die betreffende Provinzial-Regierung zu befinden, indem nach §. 34 des Armenpflege-Gesetzes vom 31. Dec. 1842 über Streitigkeiten zwischen verschiedenen Armenverbänden die Landes-Polizei-Behörde zu entscheiden hat.

Aus diesen Gründen kann ich mich zu einer Abänderung der hierneben zurückerfolgenden Erklärung der Regierung zu N., welche die Erstattung der dem Schlossergesellen N. von dem Magistrat zu T. gewährten Reise-Unterstützung abgelehnt hat, um so weniger veranlaßt finden, als auch in diesem Spezialfalle kein genügender Nachweis geführt ist, daß es dem N. bei gutem Willen unmöglich gewesen sein würde, den ihm bewilligten Unterstützungsbetrag von 2 Sgr. durch seine Arbeitskraft, wenn auch nicht in Ausübung seiner Profession, zu erwerben.

Berlin, den 5. Mai 1855.

Ministerium des Innern.

Was übrigens den vorliegenden Spezialfall anbelangt, so muß auch jetzt noch das Bedenken der Königl. Regierung zu N. gegen das Verfahren des Magistrats zu N. als begründet erachtet werden. Daß ein Individuum wegen Landstreichens bestraft worden, kann an sich noch nicht rechtfertigen, dasselbe nach verbüßter Strafe in die Heimath transportiren zu lassen, oder es mit einer die Stelle des Transportes vertretenden Reiseroute dahin zu dirigiren. Abgesehen von der Freiheitsbeschränkung wird auch der Zweck einer solchen mit Kosten verknüpften Maßregel nicht erreicht, da das Individuum, in der Heimath angelangt, dort nicht consinirt werden kann, ihm vielmehr auf Verlangen in der Regel eine neue Reiselegitimation wird ertheilt werden müssen, indem ihm die Mittel nicht entzogen werden dürfen, sich Gelegenheit zum Erwerbe aufzusuchen. In solchen Fällen sollen vielmehr nur solche Reiserouten angewendet werden, welche den Inhaber der polizeilichen Aufmerksamkeit empfehlen, ohne ihn in seinen Bemühungen um Erlangung eines Broderwerbs zu hindern.

η. Reskr. des Minist. des Innern, der Justiz und der Finanzen v. 18. August 1863. (I. 6434 Fin.-Min., I. 3627 Just.-Min., II. 5698 Min. d. Inn.)

Auf den Bericht v. 29. Decbr. pr. sind wir mit der Königl. Regierung darin einverstanden, daß solche Individuen, welche zur Vermeidung von Transportkosten mittelst Zwangspasses in ihre Heimath dirigirt werden, als Arme im gesetzlichen Sinne nicht um deshalb betrachtet werden können, weil sie durch die ihnen auferlegte polizeiliche Beschränkung vorübergehend verhindert sind, von ihrer Arbeitskraft Gebrauch zu machen und ihren Lebensunterhalt sich unterwegs zu erwerben. Mit Rücksicht hierauf und da die Zwangspässe lediglich die Stelle des Transportes vertreten, mithin durch deren Ertheilung, welche nur eine Kostenersparniß bezweckt, nicht die Verpflichtung, für den Unterhalt der betreffenden Personen zu sorgen, verändert werden kann, treten wir der Königl. Regierung auch darin bei, daß die letzteren zu gewährenden Reise-Unterstützungen nicht ohne Weiteres als eine Last der Armenpflege zu behandeln, sondern auf diejenigen Fonds zu übernehmen sind, welche die Kosten des Transports — wenn ein solcher wirklich veranlaßt wäre — zu tragen haben würden.

Eine Ausnahme hiervon und die Belastung der Armen-Verbände erscheint indessen begründet, wenn es sich, abgesehen von Untersuchungsfällen, um Zwangspaßreisen wirklich armer, d. h. solcher Personen handelt, denen selbst das physische Vermögen fehlt, sich den nöthigen Unterhalt durch Arbeit zu verschaffen, indem die Bestreitung des Unterhalts derselben den Armenverbänden auch ohne Rücksicht auf den Transport obliegen würde, und die diesfällige Verpflichtung nicht durch den Transport oder durch die denselben vertretende Reise mittelst Zwangspaß, aufgehoben werden kann.

l. Transport der Landstreicher, Bettler und Arbeitsscheuen nach den Landarmen-Anstalten der Kurmark.

a. **Verf. d. Königl. Reg. zu Potsdam v. 3. Mai 1858.**

Behufs Verminderung der dem Landarmen-Verbande der Kurmark durch den Transport der Landstreicher, Bettler und Arbeitsscheuen nach den Landarmen-Anstalten entstehenden bedeutenden Kosten ist durch unsere Cirk.-Verf. v. 11. Febr. v. J. (I. 840. Jan.) genehmigt worden, daß diese Individuen nach den gedachten Anstalten event. auch mittelst beschränkter Reiseroute dirigirt werden dürfen. Diese Maßregel hat seither jedoch nicht denjenigen günstigen Erfolg gehabt, der davon erwartet wurde, da auch bisher die Reiseroute in Stelle des Transportes zu selten in Anwendung gekommen ist. Um nun dem beabsichtigten Zwecke näher zu kommen, bestimmen wir hierdurch mit Genehmigung des Herrn Ministers des Innern Folgendes:

1) Von jetzt ab sind durch die Polizei-Behörden nicht wie bisher mittelst eines Transporteurs, sondern mittelst beschränkter Reiseroute an die Inspektionen der betreffenden Anstalten zu weisen,

   a) alle wegen Bettelns, Landstreichens und Arbeitsscheu gerichtlich zur Strafe und von der Landarmen-Direktion resp. zu Korrektionsnachhaft verurtheilten Individuen, welche einen Angehörigkeitsort in den zum Landarmen-Verbande der Kurmark gehörigen Ortschaften, oder in den Städten Berlin, Potsdam und Frankfurt haben, jedoch mit der Maßgabe, daß auch bei diesen Personen der Transport dann eintritt, wenn besondere Gründe die absendende Behörde zu der Besorgniß veranlassen, daß der Einzuliefernde einer ihm ertheilten Reiseroute nicht Folge leisten würde,

   b) alle diejenigen solcher Verurtheilten aus anderen Gebietstheilen, sowie zur Strafe und Korrektion verurtheilten Heimathlosen, bei denen ihren Verhältnissen und ihrer Persönlichkeit nach auf eine Befolgung der ihnen vorgeschriebenen Reisetour zu rechnen ist.

2) Nur solche Individuen, welche für die öffentliche Sicherheit gefährlich sind, wie bereits bestrafte Verbrecher, namentlich Diebe, oder welche bereits entsprungen oder verfolgt sind, sie mögen zu den im §. 1 unter a oder b aufgeführten gehören, sollen den Landarmen-Anstalten mittelst Transporteurs zugewiesen werden; der Grund dieser Maßnahme ist in den Transportzetteln zu vermerken.

3) Den Polizei-Behörden bleibt sowohl in den Fällen des §. 1 als in denen des §. 2 die pflichtmäßige Erwägung darüber, ob die Ausstellung eines Zwangspasses oder die Einleitung des Transportes Anwendung finden müsse, überlassen; es wird jedoch zur Vermeidung von Mißverständnissen noch ausdrücklich bemerkt, daß wenn die Requisitionen der Gerichte auch in der Regel auf die Einlieferung mittelst Transportes lauten, dadurch die Einweisung mittelst Zwangspaß nach den in diesem Regulativ aufgestellten Grundsätzen nicht beschränkt ist.

4) In der Reiseroute sind genau diejenigen Ortschaften anzugeben, in denen der Verurtheilte Nachtquartier nehmen soll; bei der Auswahl derselben muß mit Rücksicht auf die Bestimmungen über die Transport-Stationen verfahren werden.

5) Auf der Reiseroute ist zu vermerken und dem Verurtheilten laut vor-

zulesen, daß jede Abweichung von der ihm vorgeschriebenen Reisetour seinen Transport nach der Anstalt herbeiführen und eine Seitens der Landarmen-Direktion festzusetzende verlängerte Nachhaft unter den gesetzlich zulässigen Verschärfungen zur Folge haben würde.

6) Von der Reiseroute ist bei deren Ertheilung sofort eine Abschrift per Couvert an die Inspektion der betreffenden Anstalt abzusenden.

7) Die Polizei-Behörde desjenigen Orts, in dem der Vagabonde übernachtet, hat die Reiseroute zu visiren und von dem Inhalt derselben zu dem bei 9) angegebenen Zwecke Kenntniß zu nehmen.

8) Sobald der Vagabonde von der ihm vorgeschriebenen Reisetour abweicht, wird derselbe von derjenigen Ortsbehörde, welche diese Abweichung zuerst wahrnimmt, in der Richtung nach der in der Reiseroute benannten Landarmen-Anstalt auf den Transport gegeben.

9) Die Kosten der Verpflegung werden in den Nachtquartieren von den Polizei-Behörden mit 2½ Sgr. für den folgenden Tag vorgeschossen und vierteljährlich bei den betreffenden Landarmen-Anstalten liquidirt.

10) Die Formulare zu den erforderlichen Reiserouten werden auf Kosten des Landarmen-Verbandes beschafft, und den sämmtlichen städtischen Polizei-Behörden des Verbandes zugestellt werden.

Sie haben hiernach in Zukunft zu verfahren und die sämmtlichen Ortspolizei-Behörden Ihres Kreises mit entsprechender Anweisung zu versehen.

β. Reskr. des Königl. Kammergerichts zu Berlin v. 11. Januar 1860.

Die ständische Landarmen-Direktion der Kurmark hat mit Bezug auf die von der Königl. Regierung zu Potsdam mit Genehmigung des Ministerii des Innern unterm 3. Mai 1858 erlassene Verordnung, nach welcher Landstreicher, Bettler und Arbeitsscheue Behufs Vollstreckung der wider dieselben gerichtlich erkannten Gefängnißstrafen in der Regel mittelst beschränkter Reiseroute nach der Landarmen-Anstalt befördert werden sollen, und mit Rücksicht auf die bei diesem Verfahren hinsichtlich der Berechnung der Strafzeit entstandenen Bedenken, sowie über die von den Inspektionen der Landarmen-Anstalten den Gerichten zu erstattenden Benachrichtigungen eine allgemeine Anordnung und Anweisung für wünschenswerth erachtet, welche wir den Gerichten unseres Departements hiermit zur Nachachtung ertheilen.

Das Reglement über die Landarmenpflege und die Behandlung der Landstreicher, Bettler und Arbeitsscheuen in der Kurmark vom 14. Januar 1848 (Gesetz-Samml. 1848 S. 37), welches noch Gesetzeskraft hat und durch die neuere Gesetzgebung nur in Betreff der Kompetenz und des Strafverfahrens gegen Landstreicher u. s. w. modifizirt worden ist, bestimmt in den §§. 35 seq., daß die Vollstreckung aller gegen Landstreicher und Arbeitsscheue, welche in dem Bezirke des Landarmen-Verbandes aufgegriffen werden, sowie gegen die daselbst außerhalb ihres Wohnortes aufgegriffenen Bettler von den Gerichten erkannten Strafen in den Landarmen-Häusern des Verbandes erfolgen soll.

Nach dieser, durch das Königl. Staats-Ministerium als fortbestehend ausdrücklich anerkannten, Bestimmung sind auch die Gefängnißstrafen in den Landarmenhäusern vollstreckt worden und ferner zu vollstrecken.

Da die Verbüßung einer Freiheitsstrafe vor der Aufnahme in die gesetzlich dazu bestimmte Strafanstalt nicht stattfindet, mithin eine Strafe, welche nicht in der gerichtlichen Gefängniß-Anstalt, sondern nach den bestehenden Gesetzen in dem Landarmenhause zur Vollstreckung gebracht wird, erst mit der Aufnahme in die Landarmen-Anstalt beginnt, so ist die Dauer der gegen Landstreicher, Bettler und Arbeitsscheue rechtskräftig erkannten Gefängnißstrafe jedesmal von dem Tage der Ablieferung oder des Eintreffens des Verurtheilten in der Anstalt an zu rechnen. Die auf demselben Grundsatz beruhende Vorschrift des §. 560 der Kriminal-Ordnung enthält nur eine Anwendung der allgemeinen Regel auf eine bestimmte Strafart, und diese wird auch in der allgemeinen Verfügung vom 27. Mai 1840 (Justiz-Min.-Bl. 1840 S. 190) und dem Beschlusse des Königl. Ober-Tribunals vom 27. Juni 1859 (Justiz-Min.-Blatt 1859 S. 303) anerkannt. Dem verurtheilten Landstreicher, Bettler und Arbeitsscheuen können daher weder die Tage, welche, wenn er verhaftet ist, zur Ueberlieferung an die Polizei-Behörde und Vorbereitung seiner Beförderung nach der Landarmen-Anstalt erforderlich waren, noch die Transporttage oder die Marschtage, falls er mit einer beschränkten Reiseroute versehen worden, auf die zu verbüßende Gefängnißstrafe in Anrechnung gebracht werden. Die Gefängnißstrafe beginnt mit der Aufnahme in das Landarmenhaus und muß nach Maßgabe der gerichtlichen Requisition und des Erkenntnisses von der Inspektion der Strafanstalt vollstreckt werden, so daß ein Bedenken über die Dauer und Berechnung der Strafzeit nicht weiter vorkommen kann.

In Betreff der von der Inspektion den Gerichten zu machenden Mittheilungen bedarf es keines Notificatorii über die Antretung der Gefängnißstrafe in der Anstalt, dagegen ist eine Benachrichtigung über die Strafvollstreckung erforderlich, und ebenso auch in dem Falle nothwendig, wenn der mittelst beschränkter Reiseroute nach der Landarmen-Anstalt hingewiesene Verurtheilte dort nicht eingetroffen ist.

γ. Schreiben des Königl. Kreisgerichts zu Berlin v. 17. Februar 1860.

Das Königl. Kammergericht hat in dem abschriftlich beigefügten Reskript v. 11. Januar cr. (unter β.) den Grundsatz aufgestellt, daß in Gemäßheit der §§. 35 seq. des Landarmen-Reglements für die Kurmark v. 14. Januar 1848 die gegen Landstreicher, Bettler und Arbeitsscheuen erkannten Freiheitsstrafen lediglich in den Landarmen-Häusern zu verbüßen sind, mithin die Dauer der Strafzeit jedesmal erst von dem Augenblick ihres Eintreffens in der Anstalt an zu berechnen ist.

Da hiernach eine jede Verzögerung bei der Abführung der wegen der erwähnten Vergehen verurtheilten Individuen nothwendig eine Verlängerung ihrer Haft zur Folge hat, so haben wir beschlossen, fortan dieselben jedesmal noch an dem Tage, an welchem das ergangene Erkenntniß vollstreckbar geworden ist, dem Königl. Polizei-Präsidio zur weiteren Veranlassung vorführen zu lassen.

Ew. Wohlgeboren beehren wir uns hiervon mit dem ganz ergebenen Ersuchen Kenntniß zu geben, gefälligst im Interesse der Sache bei dem Königl. Polizei-Präsidio dahin wirken zu wollen, daß die von uns vorgeführten Personen schleunigst nach dem Landarmenhause befördert werden, auch, wenn dies nicht mehr am Tage der Vorführung geschehen kann, vorläufig in die Stadtvogtei-Gefängnisse aufgenommen werden.

An die Königl. Polizei-Anwaltschaft
hier.

δ. Schreiben der Ständischen Landarmen-Direktion der Kurmark an das Königl. Polizei-Präsidium zu Berlin v. 19. Decbr. 1858. (Nr. 8839.)

Die dem diesseitigen Landarmen-Verbande obliegende exceptionelle Last zur Vollstreckung der von den Gerichten gegen Bettler und Landstreicher erkannten Strafen ist demselben bisher, aller Remonstrationen ungeachtet, noch nicht abgenommen und es ist, um die Ueberfüllung der Landarmen-Häuser des Verbandes zu vermeiden, die Vollstreckung jener Strafen auf Kosten desselben bis zu 14 Tagen in den Gerichts-Gefängnissen erfolgt.

Nach einem Erlaß des Herrn Justiz-Ministers Exc. vom 30. v. Mts. sind jedoch die Kosten für die Strafhaft vom 1. Januar 1859 ab auf resp. 5½ und 6 Sgr. erhöht, und vermögen wir nicht, dem so schwer belasteten Landarmen-Verbande jene so hohen Strafvollstreckungskosten aufzulegen, und haben demnach den Beschluß fassen müssen, vom 1. Januar 1859 ab, die Strafvollstreckung, soweit sie dem Landarmen-Verbande noch obliegt, und so lange sie ihm noch obliegen wird, in den Landarmen-Anstalten selbst zu bewirken.

Die betreffenden Königl. Obergerichte sind demnach von uns ersucht worden, die Königl. Kreisgerichte danach mit Anweisung zu versehen und richten wir hiermit unser Ersuchen an die betreffenden, die Einweisung der zu bestrafenden Bettler und Landstreicher in die Anstalten bewirkenden Polizei-Behörden ganz ergebenst dahin:

> diese Einweisung zur Ersparung der Transportkosten mittelst Reiseroute durchweg bewirken zu lassen, was bei einer Bestrafung bis zu 14 Tagen einem Bedenken wohl nur in ganz vereinzelten Fällen wird unterliegen können,

wobei wir auf unser Schreiben vom 4. Mai cr., die Einweisungen per Reiseroute betreffend, Bezug nehmen.

ε. Schreiben der Ständischen Landarmen-Direktion der Kurmark v. 14. Januar 1862. (Nr. 9589.)

Die ꝛc. ersuchen wir hierdurch ergebenst, bei Einweisung von Landstreichern und Bettlern ꝛc. in die Landarmen-Anstalten mit speziellerer Berücksichtigung der individuellen Verhältnisse, wie bisher, die Wahl zwischen Reiseroute und Transport zu treffen und letzteren namentlich in den Fällen anzuwenden, wo der Abzusendende schon einmal der Reiseroute nicht gefolgt ist, und wo zwei Individuen zusammen aufgegriffen sind. Im letzteren Falle ist wenigstens das verdächtigste von beiden zu transportiren.

Kap. II. **Transport der Verbrecher.**

§. 2. Es verbleibt bei der durch die Cirkular-Verfügung der Justiz und der Polizei vom 1. October 1814 [1]) gemachten Anordnung, daß die Justiz-Behörden die, auf ihre Verfügung über die Grenze zu transportirenden Verbrecher jedesmal an die Polizei-Behörde zur Vollstreckung des Transportes abliefern [2]). Die Polizei-Behörden müssen aber auch bei anderen Verbrechern die Transport-Requisitionen der Justiz-Behörden in der hier vorgeschriebenen Art erfüllen.

Zusatz 1. Landes-Verweisung.

Der Transport von ausländischen Verbrechern über die Landesgrenze (Landesverweisung) tritt allgemein gegenwärtig nicht mehr ein, d. h. nicht mehr auf Anordnung der Justiz-Behörden, indem §. 29 des Straf-Gesetzbuches vom 14. April 1851 durch das Gesetz vom 14. April 1856 aufgehoben worden ist; so daß Landesverweisungen von Landstreichern, Bettlern und Arbeitsscheuen nunmehr nur noch auf Anordnung der Landes-Polizei-Behörden stattfinden; bei Verbrechern wird nach wie vor die Landesverweisung durch Erkenntniß ausgesprochen, und fallen die Kosten derselben den Kriminal-Fonds zur Last. (siehe Theil II.)

Kap. III. **Transport-Straßen.**

§. 3. Die Königlichen Regierungen haben, jede in ihrem Departement, resp. unter Rücksprache mit den benachbarten Regierungen, zum Transport der Verbrecher und Vagabonden baldmöglichst eigene Etappenstraßen resp. anzuordnen, oder, wo sie bereits vorhanden, solche zu revidiren [3]).

Diese Transportstraßen sind, soviel als möglich, mit den Militärstraßen zu vereinigen, und über Orte zu leiten, in welchen Gensdarmerie-Pikets oder Garnisonen sich befinden, und die zu Transportstationen übrigens sich eignen.

---

1) Siehe unter Einleitung, Anmerk. 1 zu Seite 17.

2) Das Reskr. des Min. des Innern v. 29. Juni 1829 an die Reg. zu Marienwerder (v. Kamptz Ann. Bd. XIII S 352) bemerkt indeß:

> Es kann den Gerichten nicht die Befugniß eingeräumt werden, mit der Uebergabe von Arrestaten an die Polizeibehörden ohne Weiteres und ohne vorher mit denselben sich einverstanden zu haben, vorzugehen.

3) Vergl. Einleitung, Anmerk. 1 lit. A zu Seite 8, das Publicandum der Ostpreußischen Regierung vom 15. Juli 1813, die Transportstationen für das Ostpreußische Departement enthaltend.

Kap. IV. Transport-Stationen.

§. 4. Auf den Transportstraßen sind in angemessenen Entfernungen von 3 bis 4 Meilen [1]) Transport-Stationen zu bestimmen und einzurichten und dazu möglichst Städte und Aemter, oder große Dörfer, soviel thunlich Orte, in welchen Garnisonen oder Gensdarmerie-Stationen sind, zu wählen.

Die Königlichen Regierungen werden verfügen, daß zu jeder Zeit auf den Transport-Stationen hinlängliche Vorkehr zur sicheren Bewachung, Aufbewahrung und Fortschaffung der Transportaten, mithin sowohl die nöthige Militär- oder Civil-Bewachung, als angemessene Gefängnisse und, in Gemäßheit des Direktorial-Reskripts vom 12. März 1805 (Jahrb. H. XIV. Abschn. III. Nr. III.) [2]) hinreichende Schließgeräthschaften vorhanden sind. [3]).

---

[1]) Reskr. des Min. des Innern und der Polizei v. 8. Juni 1821 an die Königl. Reg. zu Merseburg.

Die von der Königl. Reg. in Gemäßheit Ihres Berichts vom 22. v. Mts. wegen des Transportes der in die Strafanstalten zu schaffenden Verbrecher getroffene Anordnung, darin bestehend, daß Verbrecher aus den Gefängnissen am ersten Tage des Transportes nach den Strafanstalten nie weiter als höchstens 3 mäßige Meilen oder 6 Stunden, wo die Lokalität es aber gestattet, in kürzerer Entfernung geführt, und erst allmälig auf einen stärkeren Marsch vorbereitet werden, ist ganz angemessen befunden worden, und es bleibt nur noch darauf zu rücksichtigen, daß die Uebernachtung, wenn solche nicht an den gewöhnlichen Stationsorten erfolgt, wegen der bei Ermangelung eines Gefängnisses erforderlichen Bewachung, nicht zur Belastung der Kommune, wo sie nunmehr hintrifft, noch zur Unsicherheit führe, oder einen unverhältnißmäßigen Aufwand verursache ꝛc.

[2]) Cirkulare des General-Direktorii v. 12. März 1805.

ꝛc. Und damit wegen Mangels der Schließgeräthschaften, welche von Garnison zu Garnison dem Transporte mitgegeben werden, keine Verlegenheit entstehe, so sollet Ihr untersuchen lassen, ob die Garnisonen überall mit hinlänglichen Schließgeräthschaften versehen sind, und nöthigenfalls dafür sorgen, daß die fehlenden angeschafft werden. Die diesfallsigen Kosten sind bei dem Euch vorgesetzten Provinzial-Departement auf einen sich dazu passenden Fonds nachzusuchen.

[3]) Reskr. des Min. des Innern und der Polizei v. 19. Mai 1821 an die Königl. Reg. zu Frankfurt und Potsdam.

Um den Gensdarmen, welchen durch die Anschaffung der Pferde und durch die stattgefundenen Versetzungen bereits mancherlei Ausgaben erwachsen sind, eine Erleichterung zu verschaffen, ist beschlossen worden, ihnen den Kostenbetrag für die neu eingeführten Transportketten und Schlösser aus den polizeilichen Fonds zu erstatten.

Die Königl. Regierung wird daher angewiesen, sich dieserhalb mit dem Kommandeur der Gensdarmerie in Kommunikation zu setzen, und den Geldbetrag demnächst auf Ihren polizeilichen Dispositions-Fonds zur Erstattung anzuweisen, wogegen die Ketten und Schlösser Inventarienstücke des Instituts bleiben.

Reskr. der Königl. Reg. zu Arnsberg v. 27. Febr. 1818 (v. Kamptz Ann. I. S. 196).

§. V. Die landräthlichen Behörden haben gleich nach Empfang dieses dahin zu sehen, daß auf allen Transport-Stationen ein sicherer gefänglicher Gewahrsam eingerichtet, auch für die Anschaffung der erforderlichen Schließgeräthschaften gesorgt werde, und nöthigenfalls sofort Anträge darüber zu machen.

Schreiben der Königl. Reg. zu Frankfurt a. d. O. an das Königl. Polizei-Präsidium zu Berlin v. 19. Dec. 1816.

Die Transport-Straßen im Reg.-Bez. Frankfurt betr.

A. Hauptstraße von Hoyerswerda bis Woldenberg resp. Neuwedel.

Kap. V. Oeffentliche Bekanntmachung derselben.

§. 5. Sowohl die Transportstraßen, als die Transport-Stationen sind in jedem Regierungs-Departement öffentlich und zugleich den benachbarten Regierungen bekannt zu machen [1]).

Transport-Stationen.
Hoyerswerda, Spremberg, Kottbus, Lieberose, Beeskow, Müllrose, Frankfurt, Küstrin, Vietze, Landsberg a. W., Bernstein, Arnswalde, Neuwedel.
Nebenstraßen und Transport-Stationen.
a. Frankfurt, Drossen, Zielenzig.
b. Küstrin, Seelow, Müncheberg.
c. Küstrin, Bärwalde, Königsberg.
d. Küstrin, Neudamm, Soldin, Berlinchen, Bernstein, Arnswalde, Neuwedel.
e. Hoyerswerda, Spremberg, Forst, Sommerfeld.
B. Hauptstraße von Luckau nach Züllichau.
Transport-Stationen.
Luckau, Lübben, Lieberose, Guben, Krossen, Leutersdorff und Züllichau.
Nebenstraßen und Transport-Stationen.
a. Luckau, Kalau, Dobrilugk und resp. Kalau, Kottbus.
b. Guben, Sommerfeld, Sorau.

[1]) Instruktion der Königl. Reg. zu Potsdam v. 28. Febr. 1817 (Amtsbl. 1817 S. 125).

rc. 1) Was die Transporte nach den im Departement befindlichen Landarmenhäusern anbelangt, so hat die Erfahrung gezeigt, daß die bisherigen Transportrouten seit den häufiger gewordenen Fußtransporten nicht mehr ganz passend sind; die Herren Landräthe haben daher:

a. nachdem sie zuvor über die Richtung der neu anzulegenden Transportstraßen da, wo es nöthig sein sollte, mit einander Rücksprache zu nehmen, neue Transportstraßen und Stationen für die zu Fuß nach den Landarmenhäusern zu bringenden Bettler und Vagabonden einzurichten und die Stationen in Entfernungen von 3 bis 4 Meilen, möglichst in die Städte, zu legen. Ist die bisherige Transportstraße zweckmäßig, so ist sie beizubehalten und nur die Stationsörter sind in diesem Falle zu bestimmen.

b. Ein Gleiches muß in Ansehung der Transporte zu Wagen stattfinden; gehören die Stationsörter nicht zu denjenigen, die zum Landarmen-Vorspann verpflichtet sind, so müssen ihnen die zunächst gelegenen Dörfer zugewiesen werden rc.

2) Für diejenigen polizeilich angeordneten Transporte, welche aus einer Provinz in die andere oder nach dem Auslande gehen, werden folgende Transportstraßen und Stationsörter bestimmt.

A. Von und über Berlin gehende:

a. Berlin, Alt Landsberg nach Müncheberg, und von da über Küstrin oder Frankfurt nach Schlesien, Preußen oder Posen.

b. Berlin, Bernau, Neustadt-Eberswalde, Angermünde, Schwedt nach Bahn, auch über Garz nach Stettin.

c. Berlin, Oranienburg, Zehdenick, Templin, Prenzlau nach Pasewalk in Pommern, auch von Zehdenick nach Fürstenberg in Meklenburg.

d. Berlin, Bötzow, Fehrbellin, Rheinsberg, Wittstock nach Meklenburg, auch von Fehrbellin über Kyritz, Perleberg, Lenzen nach Hamburg und Meklenburg.

e. Berlin, Potsdam, Brandenburg nach dem Magdeburg'schen Departement.

f. Berlin, Potsdam, Beelitz, Treuenbrietzen nach dem Merseburg'schen Regierungs-Departement und den Anhaltischen Landen.

g. Berlin, Mittenwalde, Baruth, Dahme nach dem Merseburg'schen Departement oder Luckau.

h. Berlin, Königs-Wusterhausen, Storkow, Beeskow, oder von Königs-Wusterhausen über Buchholz nach Lübben.

Kap. VI. Richtung der Transporte.

§. 6. Jeder Transport geschieht nur auf der angeordneten Transportstraße; sie muß genau gehalten und Nebenwege nicht eingeschlagen werden.

Die Transporte von den an der Transportstraße nicht liegenden Orten müssen, unter Beobachtung der übrigen Vorschriften dieser Instruktion, auf die nächste Transport-Station gerichtet werden, falls der Bestimmungsort nicht näher, wie diese, ist, in welchem Fall sie, unter Beobachtung der übrigen Bestimmungen der gegenwärtigen Instruktion unmittelbar auf derselben erfolgen [1]).

Cirkular-Reskr. v. 23. Juli 1817.

§. III. zu §. 6. Es ist ferner Zweifel darüber entstanden, ob bei dem Transport eines ausländischen Vagabonden der nächste und geradeste Transportweg nach der Entfernung des Arretirungsortes von der nächsten Grenze des Landes, wohin der Vagabonde gebracht werden soll, oder nach der Entfernung des Arretirungsortes von dem eigentlichen Geburtsorte des Transportanden zu berechnen sei, und wird daher zur Vorbeugung fernerer Zweifel hiermit bestimmt, daß dabei nicht so sehr auf den eigentlichen Geburtsort des Transportanden, als vielmehr auf die Nähe der Grenze des Landes, welchem

---

B. Nicht über Berlin gehende:

a. Von Stettin über Löknitz, Prenzlau, Templin, Zehdenick, Lindow, Fehrbellin, Nauen, Brandenburg nach dem Magdeburg'schen Regierungs-Departement und umgekehrt nach Pommern.

b. Lenzen, Perleberg, Kyritz, Neu-Ruppin, Lindow, Zehdenick, Templin, Prenzlau nach Pommern; ferner
von Zehdenick, Joachimsthal, Angermünde, Schwedt nach Pommern und Preußen.

c. In eben der Art von Kyritz nach Havelberg und von dort nach der Altmark.

d. Wittstock, Rheinsberg, Fehrbellin, Nauen, Potsdam, Beelitz, Treuenbrietzen nach dem Merseburg'schen Regierungs-Departement und umgekehrt nach Meklenburg.

e. Prenzlau, Templin, Zehdenick, Oranienburg, Spandau, Potsdam, Beelitz, Treuenbrietzen nach dem Merseburg'schen Regierungs-Departement und umgekehrt nach Meklenburg und Pommern.

Die genannten Orte sind zugleich Transportstationen. Auch sind die sub B. angegebenen Straßen, welche nicht über Berlin führen, so viel als möglich besonders bei gleichzeitigem Andrange vieler Transporte, zu benutzen, um die Stadt Berlin nicht unnöthig mit Transporten zu überladen. Die Königl. Regierung zu Frankfurt hat die Städte Müncheberg, Beeskow, Luckau und Lübben, die Königl. Regierung zu Stettin die Städte Bahn, Garz und Pasewalk zu Stationsörtern an der Grenze unseres Departements bestimmt.

In Fällen, wo zu dergleichen Transporten Wagen nöthig sind, müssen diese von den in polizeilichen Angelegenheiten nach §. 37 Tit. 7. Th. II. des Allg. Landrechts zum Kommunalvorspann verpflichteten Gemeinden unentgeltlich gestellt werden.

1) Vergl. das Reskr. d. Min. d. Innern v. 9. Nov. 1857 (Zusatz 2 zu §. 1, und Reskr. d. Min. d. Innern und der Polizei v. 1. Aug. 1821:

ꝛc. 4) Einheimische Militär-Arrestanten sind blos an die nächste Militärbehörde abzuliefern, und auf dem kürzesten Wege dahin zu transportiren.

derselbe angehört und wohin er gebracht werden soll, Rücksicht zu nehmen, mithin der Transportande an die, dem Arretirungsorte zunächst belegene Polizei-Behörde des Auslandes, welchem er angehört, abzuliefern und derselben der weitere Transport nach seinem Geburtsorte zu überlassen ist [1]).

Kap. VII. Wechsel der Transporte.

§. 7. Jeder Transport geht von einer Transport-Station zur andern (§. 4) und wird nur auf derselben die Begleitung gewechselt; in Ansehung der militärischen Bedeckung entscheidet jedoch die ihr gegebene Anweisung.

Den Polizei-Behörden bleibt indessen unbenommen, nach Maßgabe der Verhältnisse ein für allemal oder in einzelnen Fällen anzuordnen, daß die Transport-Begleitung nicht von Station zu Station, sondern von Ort zu Ort [2]) wechseln soll; der Transportführer muß jedoch soviel als möglich nur an Stationsörtern gewechselt werden.

Ausnahmen vom Wechseln des Transportes an einem Etappen-Orte finden statt, wenn

1) der Transportat an einem, zwischen den Stationen liegenden Orte abgeliefert werden soll, oder
2) Unglücksfälle die Fortsetzung des Transportes bis zur nächsten Station nicht gestatten, als in welchem Falle die Obrigkeit des Ortes, an welchem die Behinderung sich äußert, in die Stelle und Verbindlichkeit der Obrigkeit des nicht erreichten Stationsortes tritt, und, gleich derselben, für die sichere Bewachung und Fortschaffung des Transportaten, bis zum obgedachten Stationsorte sorgen, und die Transportkosten resp. erstatten und vorschießen (§. 14) muß.

a) Cirk.-Reskr. v. 3 Oktober 1818.

§. III. Die Königl. Regierung wird veranlaßt, darauf Bedacht zu nehmen, daß, wie auch schon im §. 7 der General-Transport-Instruktion vom 16. September 1816 bemerkt ist, da, wo Lokal-Verhältnisse es gestatten, die Transportbegleitungen mehr, wie bisher hin und wieder geschehen ist, von Ort zu Ort wechseln, weil dadurch den Gemeinden die Last des Transportes erleichtert und die Gleichheit mehr beobachtet wird.

b) Reskript des Poliz. Minist. v. 27. Januar 1819. (v. Kamptz Ann. III, S. 189.)

II. Ist es, soviel den §. III. (der Cirk.-Verf. v. 3. Oktbr. 1818) betrifft,

---

[1]) Dies bestimmt auch das Reskr d. Königl. Reg. zu Arnsberg v. 27. Febr. 1818, §. VI.

[2]) Reskr. der Königl. Reg. zu Arnsberg v. 27. Febr. 1818, §. VII: Die Transport-Begleitung wird im ganzen Regierungs-Departement — es möchten denn die in der Instruktion bemerkten Ausnahmefälle eintreten — nicht von Ort zu Ort, sondern von Station zu Station wechseln.

durchaus nicht die Absicht, das vormalige Schubverfahren wieder einzuführen [1]), und jene Bestimmung wurde nur durch die Bemerkung einiger Regierungen veranlaßt:

daß nach den besonderen Verhältnissen in ihren Bezirken der Wechsel der Transportanden an jedem Orte ohne Nachtheil der öffentlichen Sicherheit zulässig sei.

Nur in dieser Hinsicht hat das Polizei-Ministerium nachgegeben, jedoch mit der ausdrücklichen Beschränkung,

daß der Transportführer nur an den Stationsörtern gewechselt werde.

Hiernach wird der Königl. Regierung (Oppeln) das Weitere lediglich überlassen [2]), zumal es klar vorliegt, daß die öffentliche Sicherheit durch die strenge Befolgung der General-Transport-Instruktion vom 16. Septbr. 1816 nur gewinnen kann ꝛc.

Kap. VIII. Anzahl der Transportaten.

§. 8. Die Anzahl der auf den nämlichen Transport zugleich zu gebenden Individuen hängt von dem, alle eintretenden Verhältnisse genau berücksichtigenden Ermessen der absendenden Behörde ab.

Sie hat auch darauf zu sehen, daß gefährliche Transportaten, die gemeinschaftliche Verbrechen begangen haben, oder herumgestreift und mit einander genau bekannt sind, entweder auf besonderen Transporten, oder auf dem nämlichen Transporte mit erhöhter Vorsicht transportirt werden.

Wenn nicht besondere Verhältnisse eine Ausnahme begründen, so müssen an jedem Orte die Transportaten in der Ordnung, wie sie angekommen sind, weiter befördert werden.

Zusatz 1. Männliche und weibliche Sträflinge dürfen nicht zusammen gefesselt transportirt werden.

Reskr. des Min. des Inn. und der Polizei v. 31. Juli 1822.

Nachdem bemerkt worden, daß hin und wieder männliche und weibliche Sträflinge auf Transporten ohne Unterschied des Geschlechtes zusammen gefesselt werden, so wird in Gemäßheit eines Allerhöchsten Befehles Sr. Ma-

---

1) Vergl. auch §. 1 des Erläuterungs-Reskriptes vom 23. Juli 1817 zu §. 1 der Instruktion.

2) Publikandum der Königl. Reg. zu Potsdam v. 19. Dec. 1822.

ꝛc. Mit der Feststellung jenes neuen Gebührensatzes hat das Königl. Ministerium des Innern und der Polizei zugleich genehmigt, daß der im hiesigen Reg.-Bezirk eingerichtete Stationswechsel ohne Modifikation beibehalten werde.

Die Gestellung und Wechselung der Transporteurs darf also ferner nur stationsweise geschehen; jeder Transport muß täglich ohne Unterbrechung von einer Station zur andern gelangen, und die in der General-Transport-Instruktion §. 7, sowie in der Verordnung vom 3. Oct. 1818 §. III. (Amtsbl. 1818, S. 293) verstattete Wahl, „daß die Transport-Begleitung zur Erleichterung der Stationsörter hin und wieder von Ort zu Ort wechseln könne," ist, mit Ausnahme der im angezogenen §. 7 unter Nr. 1 und 2 bezeichneten Fälle, außer Kraft gesetzt. ꝛc.

jestät des Königs dieses in jeder Hinsicht unpassende und anstößige Verfahren hiermit für die Zukunft untersagt, und bestimmt, daß bei dergleichen Transporten die männlichen Transportaten von den weiblichen abgesondert werden.

Kap. IX. Transport-Arten.

§. 9. Die Transporte erfolgen auf folgende Arten:

I. Auf der ordentlichen Post.

Dies ist nur ausnahmsweise bei besonderer Bewandniß der Umstände zulässig und erfordert einen eigenen Begleiter; die näheren Vorschriften müssen in einzelnen Fällen nach Maßgabe derselben bestimmt werden.

Zusatz 1. Verbot des Post-Transportes.

a. Reskr. des Polizei-Minist. v. 2. April 1818 an das Polizei-Präsidium zu Cöln. (v. Kamptz Ann. Bd. II. S. 404.)

Aus dem in Abschrift beigelegten Schreiben vom 18. v. Mts. werden Sie den, auf Veranlassung des geschehenen Transportes einer der Theilnahme an einem Diebstahl verdächtigen Person, durch die ordinäre Post von Cöln hierher gemachten Antrag des Herrn General-Postmeisters v. Seegebarth mit Mehrerem ersehen. Da der Post-Transport nur für Personen zulässig ist, welche unter anständiger Observation nach einem anderen Orte gebracht werden, keineswegs aber in Rücksicht derjenigen Individuen angewendet, werden darf, welche wegen eines Verbrechens oder dessen verdächtig, transportirt werden müssen, so kann ich der Ansicht des Herrn General-Postmeisters nur beitreten, und fordere Sie daher auf, künftig nach dem angeführten Grundsatze zu verfahren. Der Mangel an Fonds kann eine Abweichung von demselben um so weniger begründen, als der allgemeine polizeiliche Dispositionsfonds bei der dortigen Regierung die Kosten des gewöhnlichen Transportes jener Person, auf Ihren desfallsigen Antrag, vorgeschossen haben würde.

b. Cirkulare des Königl. General-Postamtes an sämmtliche Postämter v. 26. Decbr. 1818.

Wenngleich es schon in der Natur der Sache liegt, daß Personen, welche wegen eines Verbrechens oder als desselben verdächtig von einem Ort zum anderen gebracht werden müssen, durch die Königlichen Posten nicht befördert werden dürfen; so findet sich das General-Postamt doch veranlaßt, den sämmtlichen resp. Post- und Postwärter-Aemtern hierdurch aufzugeben, unter keinen Umständen dergleichen Personen zu den ordinären Posten anzunehmen, vielmehr jedes desfallsige Verlangen der Civil- und Militär-Behörden gänzlich zurückzuweisen.

Die Postwärter-Aemter sind durch die ihnen vorgesetzten Postämter von dieser Bestimmung in Kenntniß zu setzen.

c. Cirkulare des Königl. Polizei-Ministerii vom 2. Januar 1819. (v. Kamptz Ann. Bd. II. S. 1093.)

Wiewohl es weder mit der Natur der Königl. Posten noch mit der denselben gebührenden Achtung vereinbar ist, Individuen, welche wegen eines

Verbrechens, oder desselben verdächtig, fortgeschafft werden müssen, mit der ordinären fahrenden Post zu transportiren, so sind doch hin und wieder Beschwerden darüber eingelaufen, daß sich die Polizei-Behörden zur Ersparung der Kosten dergleichen Zumuthungen an die Königlichen Postämter erlauben.

Bei der gänzlichen Unstatthaftigkeit eines solchen Verfahrens sehe ich mich durch den Antrag des Herrn General-Postmeisters v. Seegebarth, Excellenz, veranlaßt, die Königliche Regierung darauf aufmerksam zu machen, um hiernach Ihre Unterbehörden anzuweisen und künftigen Weiterungen vorzubeugen.

II. Auf einem oder mehreren Wagen.

Der Wagen-Transport ist nur zuläßig:

1) Bei besonders gefährlichen Verbrechern, welche allemal auf Wagen zu transportiren und nach Befinden an denselben anzuschließen oder anzubinden sind.

2) Bei Transportaten, welche nach ärztlichem Gutachten, wegen Krankheit oder Schwächlichkeit ohne Nachtheil der Gesundheit nicht zu Fuß transportirt werden können [1]).

a. Cirk.-Reskr. v 23. Juli 1817.

§. IV. zu §. 9 Nr. II. Die Polizei-Behörden verfahren bei Bewilligung des Wagentransportes nicht immer mit der erforderlichen Vorsicht in Ausmittelung der Nothwendigkeit desselben.

---

[1]) Reskr. des Königl. Min. des Innern und der Polizei v. 1. August 1821 (Reg. zu Merseburg).

Die Königl. Reg. wird daher beauftragt, die Einrichtung zu treffen: daß Fuhren nur dann bewilligt werden, wenn das physische Unvermögen des Transportaten zur Fußreise durch ein ärztliches Attest erwiesen ist.

β. Publikandum der Königl. Reg. zu Liegnitz v. 3. Juli 1817 (v. Kamptz Ann. I. S. 169).

Es ist bemerkt worden, daß mehrere Polizeibehörden des Departements zu geneigt sind, bei Transporten von Verbrechern und Vagabonden Fuhren zu bewilligen, wodurch die den Kommunen oder öffentlichen Kassen zur Last fallenden Transportkosten zu deren Nachtheil sehr hoch auflaufen. Sie geben die Fuhren oftmals bei einem eingetretenen Kränklichkeits-Zustande von so geringem Belange, daß derselbe bei ärztlicher oder chirurgischer Behandlung in wenig Tagen gehoben, dann aber der Transport zu Fuße unbedenklich angetreten oder fortgesetzt werden könnte.

Hier würden also, wenn man mit der Transportirung Anstand genommen hätte, gegen den geringen Mehrbetrag von einigen Groschen an Verpflegungskosten, die täglich mehrere Thaler betragenden Kosten der Fuhren erspart worden sein. Es fehlen aber auch oft bei den Transportzetteln der durch Fuhre weiter beförderten Transportaten die ärztlichen Atteste, daß der Transportand ohne Nachtheil für seine Gesundheit nicht anders als zu Wagen habe weiter gebracht werden können. Wir machen die mit dem Transportwesen beauftragten Behörden auf diese für das allgemeine Wohl drückenden Uebelstände hiermit aufmerksam, und weisen sie zugleich an, dieselben durch sorgfältige Prüfung der Nothwendigkeit des Fuhrentransports zu beseitigen, auf keinen Fall aber die Bewilligung der Fuhren anders als auf ärztliche oder chirurgische Nothwendigkeits-Beglaubigung zu bewilligen, und dem Transportzettel den diesfallsigen Nachweis allezeit beizufügen, auch daß solches geschehen, im Transportzettel zu bemerken.

Transportbehörden, welche diese Verordnung nachlässig befolgen, haben es sich beizumessen, wenn sämmtliche Fuhrkosten, als ohne dringende Noth veranlaßt, von ihnen wieder eingezogen werden.

Sie werden daher wiederholentlich erinnert, hierbei in Gemäßheit der Vorschrift der Gen.-Instruktion vom 16. September 1816 §. 9 Nr. II. genau zu verfahren; insonderheit ist es unzulässig, wegen einer, den Transportanden vor dem Transporte oder auf demselben überfallenden geringen, oder durch ärztliche Behandlung bald zu hebenden, Unpäßlichkeit, den Wagentransport anzuordnen, es muß vielmehr solchenfalls, wenn nicht Gefahr im Verzuge des Transportes vorhanden ist, bis zur Herstellung des vor oder auf dem Transporte Erkrankten, dem Transporte Anstand gegeben werden; auch sind die Polizei-Behörden für die durch Vernachlässigung dieser Vorschrift verursachten Kosten verantwortlich [1]).

b. Reskr. des Min. des Inn. v. 8. Juni 1821 an die Königl. Regier. zu Merseburg. (v. Kamptz Ann. Bd. V. S. 403.)

rc. In Betreff des zweiten zur Sprache gebrachten Gegenstandes, wegen der zu nehmenden Maßregeln, um dem Ermüden und Erkranken der Transportaten möglichst vorzubeugen, muß es theils bedenklich scheinen, die in Antrag gebrachte allgemeine Verfügung zu erlassen, da die Transporte dieser Art nicht von den andern getrennt und besonders behandelt werden können; theils ist aber eine dringende Veranlassung dazu um so weniger vorhanden, als bereits in der unterm 23. Juli 1817 ergangenen Erläuterung der Transport-Instruktion §. IV. (ad §. 9 Nr. II.) dahin Vorschrift ertheilt worden:

> daß in der Regel, und wenn nicht Gefahr bei dem Verzuge des Transportes zu erwarten, bis zur Herstellung des vor oder auf dem Transport Erkrankten, dem Transporte Anstand gegeben werden soll;

auch dabei die Polizei-Behörden für die durch Vernachlässigung dieser Anordnungen verursachten Kosten verantwortlich gemacht worden sind; so daß es nur auf deren Ausführung ankommt, und sie darüber von der Königl. Regierung näher anzuweisen sind.

c. Reskript vom 3. Oktober 1818.

§. IV. Soviel den Wagentransport betrifft, so muß nicht allein die Behörde, welche denselben bewilligt, dessen Nothwendigkeit, sondern auch jede nachfolgende Behörde die Fortdauer dieser Nothwendigkeit auf dem Transportzettel bescheinigen [2]).

---

1) Vergl. unter §. 16.

2) Publikandum der Königl. Reg. zu Marienwerder v. 28. Dec. 1822.

rc. 4. Endlich werden sämmtliche Stationen noch von Neuem darauf aufmerksam gemacht, daß die Gestellung von Civilbegleitern und die Hergabe einer Fuhre zu den Transporten, beides Ausnahmen von der Regel sind, und daher in den Fällen, wo sie nothwendig werden, die nöthigen Zeugnisse darüber, daß und wodurch diese Abweichung vom Gewöhnlichen unvermeidlich gemacht ist, jedesmal dem Transportzettel beigefügt werden müssen.

Für den Unterlassungsfall wird der vorliegenden Station hierdurch ausdrücklich untersagt, die Kosten des Civilbegleiters oder der Fuhre zu vergüten.

Vergl. auch die Bekanntmachung des Königl. Ober-Präsidii zu Münster v. 5. Sept. 1833 (v. Kamptz Ann. XVII. S. 763).

Die Polizei-Behörden müssen ferner bei Bewilligung des Wagentransportes nur auf den Transportaten und dessen Verhältnisse, nicht aber, wie hin und wieder geschehen, auf die Bequemlichkeit der Begleitenden Rücksicht nehmen, indem den letzteren nur dann ein Platz auf dem Wagen gebührt, wenn die Sicherheit oder Beförderung des Transportes es erfordert.

Uebrigens wird hierbei in Erinnerung gebracht, daß in Gemäßheit des Cirkulars des Königl. Ministerium des Innern und der Polizei vom 26. September 1816 [1]) die Vergütigung für den hierzu erforderlichen Kommunal-Vorspann 6 Ggr. für jedes Pferd auf die Meile beträgt [2]).

d. Reskript des Königl. Minist. des Innern (an die Königl. Regierung zu Coblenz) vom 9. April 1822. (v. Kamptz Ann. Bd. VI. S. 407.)

Der Königl. Regierung wird auf Ihren Bericht vom 19. v. Mts., wegen Ausstellung der ärztlichen Zeugnisse bei Transporten von Gefangenen, hierdurch zu erkennen gegeben, daß es hinlänglich ist, zur Rechtfertigung von Transportkosten-Liquidationen in den Fällen, wenn an dem Etappen-Orte kein Medizinal-Beamter sich befindet, blos ein Zeugniß der Orts-Behörde darüber, daß der Transportat Krankheits halber unfähig gewesen, zu Fuß fortgeschafft zu werden, beizubringen; jedoch muß die Einrichtung getroffen werden, daß Zeugnisse dieser Art in dem je nächsten Kreisorte, wodurch der Transport führt, dem Kreisphysikus oder Kreischirurgus zur Untersuchung und Bestätigung vorgelegt werden, indem deren Gültigkeit nur von einem Kreisorte bis zum andern angenommen werden kann. [3])

---

1) Cirkular des Min. des Innern und der Polizei v. 26. Sept. 1816 (Ann. I. S. 201).

Da die in Ansehung des Vorspanns bestehenden verschiedenartigen Verbindlichkeiten, namentlich bei Fortschaffung von Verbrechern und Vagabunden, nicht allenthalben sorgfältig genug unterschieden werden: so sind die unterzeichneten Ministerien veranlaßt der Königl Regierung Folgendes zur Beachtung zu eröffnen:

Von demjenigen Vorspann, welcher früher, vermöge allgemeiner Landespflicht gestellt werden mußte, und dessen durch das Edict v. 28. Okt. 1810 (vide zu §. 12) erfolgte Aufhebung sämmtlichen Königl. Regierungen von Seiten des Ministerii des Innern unterm 12. Juli d. J. für die Fälle von Verbrecher-Transporten in Erinnerung gebracht worden, ist der Vorspann wohl zu unterscheiden, welcher den Gemeinden als Kommunallast nach der Bestimmung des Allg. Landrechts Th. II Tit. 7 §. 37 Nr. 8 obliegt, und keineswegs aufgehoben ist, folglich ebensowenig verweigert werden darf als die Fortbringung der in die Land-Armenhäuser einzuliefernden Bettler und Landstreicher überhaupt.

Für diesen noch fortbestehenden Kommunal-Vorspann muß jedoch ebenso, wie bei dem zum Theil noch beibehaltenen Militär-Vorspann, aus den dazu bestimmten Fonds eine Vergütigung von 6 Ggr. für jedes Pferd auf die Meile jedenfalls und auch bei Abführung von Bettlern und Vagabunden in die Land-Armenhäuser selbst dann erfolgen, wenn einzelne Reglements eine geringere Vergütigung festgesetzt haben.

2) Edikt vom 28. Okt. 1810 (G.-S. 1810, S. 77 Nr. 7).

§. 5. Vom 1. Jan. 1811 ab wird aus Unseren Kassen für den bleibenden Vorspann auf die Meile 6 Ggr. für jedes gestellte Pferd bezahlt. ꝛc.

3) Verordnung der Königl. Reg. zu Potsdam v. 18 Sept. 1824. (Amtsb. 1824 S. 237.)

Da beim Wagentransport erkrankter Gefangener nur die besoldeten Physiker und Chirurgen zur unentgeltlichen Ausstellung der erforderlichen Atteste verpflichtet sind, unbesoldete Aerzte aber Gebühren fordern können, so verordnen wir auf den Grund einer Ministerial-Bestimmung v. 9. April 1822 (v. Kamptz Ann. Bd. VI. S. 403), daß

e. Verf. des Königl. Minist. des Inn. v. 12. Decbr. 1840. (Min.-Bl. 1840 S. 455.)

Wenn übrigens die Königl. Regierung in Ihrer ersten Verfügung an den Magistrat zu N. den Grundsatz ausgesprochen hat,

> daß den Kommunen freistehe, transportfähige Kranke, ohne vorherige Kommunikation mit der Behörde des Bestimmungsortes durch Fuhren weiter schaffen zu lassen,

so kann das Ministerium solchen nicht billigen.

Schon daraus, daß nach diesem Grundsatze die Kommunen, denen solche Kranke zugesandt werden, zwar nicht zu deren Weiterbeförderung, wohl aber, wenn sie deren Weiterbeförderung auf ihre Kosten zu bewirken Anstand nehmen, zur Beibehaltung und Verpflegung der Kranken verpflichtet sein sollen, ergiebt sich die Unzulässigkeit des Grundsatzes.

3) Wenn schwache Greise oder mehrere kleine Kinder transportirt werden;
4) wenn Personen höheren Standes transportirt werden, wobei überdem auch in Ansehung der Gattung des Wagens auf den Stand Rücksicht zu nehmen ist;
5) wenn wegen besonders schlechter Witterung oder unterwegs eingetretener Unglücksfälle die Station ohne Wagen nicht würde erreicht werden können, und Verhältnisse das §. 7 Nr. 2 gedachte Auskunftsmittel nicht gestatten;
6) wenn der Fußtransport wegen Widersetzlichkeit der Transportaten mit Sicherheit nicht fortgesetzt werden kann, und Verstärkung der Begleiter (§. 11.) nicht hinreichende Sicherheit gewährt;
7) wenn der Transportat unterwegs so erkrankt, daß er ohne Nachtheil seiner Gesundheit zu Fuß nicht weiter gebracht werden kann [1]); und
8) wenn die Verhältnisse überhaupt einen schleunigen Transport erfordern.

In den Fällen zu 1, 2, 3, 4 und 8 muß die absendende Behörde den Wagentransport gleich anordnen; in den Fällen 5, 6 und 7 aber der Transportführer unterwegs die Fuhre annehmen, und ihm hierbei

---

künftig bei polizeilichen und Landarmen-Transporten im hiesigen Regierungs-Bezirk, auf den Transportzetteln, zur Rechtfertigung von Fuhrkosten, an solchen Stationsorten, wo kein besoldeter Medizinalbeamter anwesend ist, nur ein Zeugniß der Ortspolizeibehörde darüber, daß der Transportat Krankheits halber unfähig gewesen, zu Fuß fortgeschafft zu werden, beizubringen ist.

Zeugnisse dieser Art sind jedoch auf der nächsten Transportstation, wo sich ein Medizinalbeamter befindet, diesem zur Untersuchung und Bestätigung vorzulegen, dessen Gutachten ebenfalls auf dem Transportzettel anzugeben ist.

Cfr. auch Regierungs-Verordnung v. 29. Dec. 1835 (A.-Bl. 1836 S. 7) und vom 4. August 1836 (A.-Bl. 1836 S. 208) zu §. 16.

1) Vergl. hierüber die Anmerkungen zu 2.

von jeder Obrigkeit, besonders aber von den Schulzen schleunigste Hülfe geleistet [1]), in dem einen, wie in dem anderen Fall aber auf die möglichst wohlfeile Anschaffung der Fuhre Bedacht genommen werden.

III. Zu Pferde.

Dieser Reit-Transport ist nur ausnahmsweise in seltenen, dazu geeigneten Fällen nicht anders, als mit besonderer Sorgfalt zulässig.

IV. Zu Fuß.

Der Fuß-Transport ist bei bloßen Vagabonden und minder gefährlichen Verbrechern Regel, und findet allemal Statt, wenn keine der vorgedachten Transport-Arten zulässig ist.

In Folge der vervollkommneten Verkehrsmittel treten zu den vorbemerkten Transport-Arten noch hinzu:

V. Zusatz 2. Auf Dampfschiffen.

Erlaß des Minist. des Innern v. 24. Juli 1857. (Min.-Bl. 1857 S. 152.)

Ew. rc. remittire ich anbei den unterm 13. Mai c. eingereichten Bericht der Königl. Reg. vom 4. ejusd. mit dem ergebensten Bemerken, daß ich den Vorschlag der Regierung, auch bei marschfähigen Transportaten den Transport in denjenigen Fällen vermittelst des Dampfschiffes ausführen zu lassen, in welchen diese Art der Beförderung mit geringeren Kosten verbunden ist, als ein Fuß-Transport, für zweckmäßig erachte.

Ich bin daher damit einverstanden, daß Ew. rc. der Regierung die von ihr beantragte Ermächtigung ertheilen.

VI. Zusatz 3. Auf Eisenbahnen.

a. In der Provinz Brandenburg [2]).

Anweisung des Königl Ober-Präsidii der Provinz Brandenburg v. 12. Decbr. 1859. (A.-Bl. 1859 St. 50.)

Auf Anordnung des Hrn. Min. des Innern soll innerhalb der Provinz Brandenburg die Beförderung von Verbrechern und Landstreichern nach den

---

[1]) Anweisung der Königl. Reg. zu Arnsberg v. 27. Febr. 1818 (v. Kamptz Ann. Bd. II. S. 108.)

§. XII. rc. Sollte nach der Meinung des Vorstandes die requirirte Verstärkung oder der Wagen-Transport unnöthig sein, so muß zwar auch in diesem Falle von ihm der Requisition des Transportführers auf dessen Verantwortung genügt werden, er hat jedoch alsdann seinen Widerspruch nebst den diesen begründenden Umständen auf dem Transportzettel zu bemerken, und zugleich der ihm vorgesetzten landräthlichen Behörde davon Anzeige zu machen, welche letztere, nach Befinden, den Transport-Führer zur Kosten-Erstattung anhalten wird.

[2]) *a.* Reskr. des Min. d. Innern v. 20. Jan. 1856 (I, 11, 554. ungedruckt).

Dem Königl. Polizei-Präsidio erwiedere ich auf den Bericht vom 28. Okt. pr. (I. 7822) wie ich mich nur damit einverstanden erklären kann, daß dasselbe bei Veranstaltung von Transporten nach Orten und Gegenden, welche mit Berlin durch Eisenbahnen verbunden sind, diese zur Ausführung der Transporte benutzt rc.

Strafanstalten zu Moabit, Spandau, Brandenburg, Luckau und Sagan, sowie nach den Landarmenhäusern zu Landsberg a. W. und Wittstock, soweit solches mit den örtlichen Verhältnissen vereinbar, und den dienstlichen Rücksichten entsprechend erscheint, künftig unter Benutzung der Eisenbahnen erfolgen.

Zu diesem Zwecke sind mit den Verwaltungen

1) der Königl. Niederschlesischen Eisenbahn,
2) der Königl. Ostbahn,
3) der Königl. Oberschlesischen Eisenbahn,
4) der Berlin-Potsdam-Magdeburger,
5) der Berlin-Anhalter,
6) der Berlin-Stettiner und
7) der Berlin-Hamburger Eisenbahn

Verträge dahin geschlossen worden, daß diese Transporte nach allen Richtungen hin zweimal in jedem Monat, und zwar in der Regel am 1. und 15. des Monats, und, wenn diese Tage auf Sonn- oder Festtage fallen, am Tage vorher mit den hierzu bestimmten Zügen in besonderen verschlossenen Wagen oder in verschlossenen gesonderten Abtheilungen von Eisenbahn-Wagen bewirkt werden.

In Gemäßheit dieser Verabredungen sind für jeden Kreis einer oder mehrere Eisenbahnhöfe zur Aufnahme der Gefangenen-Transporte bestimmt.

Es sind dies, außer den 5 Bahnhöfen in Berlin, die

1) zu Fürstenwalde, Frankfurt, Guben, Sorau und Fürstenberg,
2) zu Kreutz, Friedeberg, Landsberg a. W., Cüstrin,

Eine generelle Festsetzung hierüber zu treffen, erscheint jedoch zur Zeit noch nicht angemessen. —

β. Schreiben des Königl. Kreisgerichts I. (Kriminal-) Abtheilung an das Königl. Polizei-Präsidium zu Berlin v. 6. Jan. 1860.
(ungedruckt Nr. 516. I.)

Nach der im 50. Stück des vorjährigen Amtsblattes publicirten Bekanntmachung des Königl. Ober-Präsidiums der Provinz Brandenburg vom 12. Dec. pr. soll die Beförderung von Verbrechern und Landstreichern nach den darin benannten Strafanstalten und Landarmenhäusern, soweit es mit den örtlichen Verhältnissen vereinbar und den dienstlichen Rücksichten entsprechend erscheint, unter Benutzung der betr. Eisenbahnen erfolgen. Dabei versteht es sich jedoch von selbst, daß bei Beurtheilung der Frage, ob die Umstände eine solche Art des Transportes wünschenswerth machen, den die Strafvollstreckung leitenden Gerichten eine entscheidende Stimme zusteht, weshalb denn auch das Königl. Kammergericht uns durch eine allgemeine Verfügung vom 21. Dec. pr. angewiesen hat, diese Frage in vorkommenden Fällen in Erwägung zu ziehen.

Wenn wir nun auf der einen Seite den Transport mittelst der Eisenbahn für durchaus zweckmäßig halten, und ihn daher der Regel nach angewendet zu sehen wünschen, so kann er doch mit Rücksicht darauf, daß er monatlich nur zweimal erfolgen soll, die Vollstreckung der Zuchthausstrafen aber erst mit dem Augenblick beginnt, wo der Verurtheilte in das Zuchthaus abgeliefert wird, nicht überall in Anwendung kommen.

Um deshalb für jeden Fall die Bestimmung darüber, in welcher Art der Transport auszuführen, zu vermeiden, erlauben wir uns das Königl. Polizei-Präsidium ein für allemal ergebenst zu ersuchen, gefälligst, wenn Hochdasselbe von uns um Abführung eines Verbrechers nach einer Strafanstalt ersucht wird, seine Beförderung mittelst der Eisenbahn nur insofern eintreten zu lassen, als unsere Requisition in den letzten Tagen vor dem zum Abgange eines Transportes bestimmten Zeitpunkte eingeht, also eine Verzögerung in der Strafvollstreckung dadurch nicht herbeigeführt wird.

3) zu Arnswalde,
4) zu Potsdam und Brandenburg,
5) zu Passow, Angermünde und Neustadt-Eberswalde,
6) zu Jüterbogk, Luckenwalde und Trebbin,
7) zu Nauen, Friesack, Neustadt a. D., Zernitz, Wilsnack und Wittenberge.

Die Tageszeit zur Abfahrt der die Verbrecher befördernden Züge wird den Behörden, soweit sie nicht davon bereits Kenntniß erhalten haben, von den einzelnen Eisenbahn-Verwaltungen noch besonders mitgetheilt werden.

Nach Beendigung der vorbereitenden Verhandlungen wird nunmehr über das Transportwesen auf den Eisenbahnen Folgendes hierdurch angeordnet:

§. 1. Vom 1. Januar werden die auf den Eisenbahnen zu befördernden Verbrecher u. s. w. für jeden Kreis in der Kreisstadt oder in demjenigen Orte, an welchem das Königl. Kreisgericht seinen Sitz hat, gesammelt und ist deren Absendung von dort (wenn bei weiterer Entfernung vom Eisenbahnhofe eine oder mehrere Uebernachtungen nothwendig werden, vom letzten Transport-Haltepunkte) so einzurichten, daß der Transport an dem oben erwähnten Tage **mindestens** eine halbe Stunde vor Abfahrt des Zuges auf dem Bahnhofe eintrifft.

Der Transport nach dem Eisenbahnhofe erfolgt nach den durch die General-Transport-Instruktion vom 16. Sept. 1816 ertheilten und den dieselbe ergänzenden und erläuternden Bestimmungen.

§. 2. Da die Zahl der Transporteure bei Eisenbahn-Transporten in der Regel geringer sein wird (§. 8) als dies in der General-Transport-Instruktion für Fuß-Transporte vorgeschrieben ist, so bestimmt die absendende Behörde bei Abfertigung des Transportes, welche von den Transporteuren den Transport auf der Eisenbahn begleiten, und welche dagegen nach Uebergang des Transportes auf die Eisenbahn wieder umkehren sollen. Die zur Rückkehr bestimmten Transporteure dürfen jedoch den Transport nicht eher verlassen, als bis letzterer im Eisenbahnwagen untergebracht ist und der Zug sich in Bewegung gesetzt hat.

§. 3. Der Transporteur, welcher bestimmt ist, den Transport **auf** der Eisenbahn bis zum Bestimmungsorte zu begleiten oder, bei mehreren Transporteuren dieser Art, derjenige, welcher mit der Führung des Transportes betraut ist (§. 8), erhält außer dem schon jetzt in Gebrauch befindlichen und bis zur Ablieferung des Transportes in seinen Händen bleibenden Transportzettel noch einen besonderen, von der absendenden Behörde ausgestellten und an die Eisenbahn-Verwaltung lautenden Requisitionsschein, auf Grund dessen die Beförderung des Transportes auf der Eisenbahn erfolgt.

Der Requisitionsschein muß jederzeit die Anzahl und die Namen der Transporteure und Transportaten, den Bestimmungsort des Transportes sowie die Bahnhöfe, innerhalb deren derselbe auf der Eisenbahn zu befördern ist, enthalten und dient der Eisenbahn-Verwaltung als Ausweis über die stattgehabte Beförderung und als Grundlage zu der demnächst aufzustellenden Berechnung des Fahrgeldes. (§. 11.)

Wenn der Transport mehrere Eisenbahnen benutzt (§. 7), so wird für jede einzelne Bahn ein besonderer Requisitionsschein ausgestellt.

§. 4. Sobald ein auf der Eisenbahn weiter zu befördernder Transport auf dem Bahnhofe ankommt, hat sich der Führer des Transports beim Bahnhofs-Inspektor zu melden, welcher dem Transporte, soweit es die Räumlichkeit gestattet, ein vom allgemeinen Wartezimmer getrenntes einstweiliges Unterkommen anweist und näher bestimmt, wann der Transport in den Eisenbahnwagen einsteigen soll.

Vor dem Einsteigen in den Zug hat der Transportführer sich und seine Mit-Transporteure dem Oberschaffner persönlich vorzustellen und demselben den §. 3 erwähnten Requisitionsschein auszuhändigen.

§. 5. Während der Fahrt, auch auf den einzelnen Bahnhöfen, darf der den Transport enthaltende Wagen weder von einem Transporteur, noch weniger von einem Transportaten eigenmächtig geöffnet werden.

Wird die Oeffnung des Wagens nothwendig, so ist einer der den Zug begleitenden Schaffner von einem der Transporteure darum zu ersuchen.

Alles unnöthige Aussteigen ist zu vermeiden, insbesondere den Transportaten nur in den dringendsten Fällen unter sorgfältiger Bewachung und, wo möglich, nur an solchen Anhaltepunkten zu gestatten, wo für den Transporttag besondere polizeiliche Aufsicht (§. 7) angeordnet ist.

§. 6. Um beim Transport von Verbrechern und Landstreichern auf der Eisenbahn mittelst einer geringen Anzahl von Transporteuren (§. 8) auch stets den nöthigen Grad von Sicherheit zu erhalten, ist auf die Auswahl besonders gewandter und zuverlässiger Transporteure genaue Aufmerksamkeit zu richten, und, wo geeignete Personen vorhanden sind, mit denselben möglichst wenig zu wechseln.

Die Eisenbahnbeamten haben die Pflicht, die auf der Eisenbahn beförderten Gefangenen in der Weise zu beaufsichtigen, wie sie die Reisenden überhaupt zu beobachten haben; eine weiter gehende Aufsicht liegt ihnen nicht ob. Doch sind sie im Allgemeinen angewiesen, den Transporteuren so viel als möglich mit Rath und That an die Hand zu gehen.

§. 7. Auf solchen Eisenbahnhöfen, auf welchen die Gefangenen-Transporte von einer Eisenbahn auf die andere übergehen, oder die Eisenbahnen verlassen, um zu Fuß sich weiter zu begeben, sind an den Tagen und in den Stunden, in welchen Gefangenen-Transporte eintreffen, besondere polizeiliche Vorkehrungen durch Aufstellung von Gensdarmen oder sonstigen geeigneten Polizeibeamten zu treffen, welche das Aussteigen der Gefangenen mit zu überwachen, dieselben auch, so weit als thunlich, zu begleiten haben.

Für diejenigen Transporte, welche von den gedachten Bahnhöfen aus sich zu Fuß weiter begeben, sind noch eine Anzahl neuer, geeigneter Transporteure in Bereitschaft zu halten.

Dergleichen Bahnhöfe, für welche besondere polizeiliche Vorkehrungen getroffen werden müssen, sind, außer den fünf Bahnhöfen in Berlin,

für den Reg.-Bezirk Potsdam:

die Bahnhöfe zu Spandau, Nauen und Brandenburg,

für den Reg.-Bezirk Frankfurt:
die Bahnhöfe zu Frankfurt, Sorau, Küstrin und Landsberg a. W.

Ob überdies noch für andere Bahnhöfe, namentlich für solche, wo ein besonders starker Zugang von Gefangenen zu erwarten steht oder wo ein besonders lebhafter Fremdenverkehr stattfindet, ähnliche polizeiliche Vorkehrungen anzuordnen seien, bleibt dem Ermessen der Regierung oder des Landraths überlassen.

In Berlin wird den ankommenden Transporten zu ihrer Begleitung nach der Moabiter Strafanstalt oder von einem Bahnhof zum anderen, soweit nicht bei einer größeren Anzahl von Gefangenen die Verbindungs-Bahn benutzt wird, eine Verstärkung der Transporteure durch das Kommando der Schutzmannschaft gestellt. Es ist zu diesem Behufe, insofern Berlin berührt werden muß, rechtzeitig dem Kommando der Schutzmannschaft, unter Mittheilung der Stärke des Transportes, sowie des Tages und der Stunde der Ankunft in Berlin, Seitens der absendenden Behörde Anzeige zu machen, und dasselbe um Gestellung von Schutzmännern nach dem Bahnhof zu ersuchen.

Bei größeren Transporten, namentlich, wenn die Zahl der Transportaten zwanzig übersteigen sollte, geschieht die Beförderung in Berlin von einem Bahnhofe zum anderen, mittelst der Verbindungs-Bahn auf Grund der in §. 3 gedachten Requisitionsscheine unter Beachtung der in §. 4 getroffenen Bestimmungen.

Die in Berlin eintreffenden, für die Spandauer Strafanstalt bestimmten Gefangenen, deren Weiterbeförderung auf der Bahn nicht sofort erfolgen kann, finden ihr einstweiliges Unterkommen in der Moabiter Strafanstalt.

§. 8. Wegen der Zahl der Transporteure, welche die Gefangenen von der Kreisstadt (§. 1) bis nach den Eisenbahnhöfen zu begleiten haben, bleiben die Bestimmungen des §. 11 der General-Transport-Instruktion maßgebend. Für die Transporte auf der Eisenbahn kann die Zahl der Transporteure verringert werden, und zwar dergestalt, daß auf einen Transportaten ein Transporteur, auf 2 bis 4 Transportaten 2 Transporteure, auf 5 bis 6 Transportaten 3 Transporteure 2c. gerechnet werden. Die Zahl der Transporteure muß also mindestens der halben Zahl der Transportaten gleich sein. Hierbei wird vorausgesetzt, daß die Transporteure bewaffnet, gefährliche, starke und widerspenstige Gefangene aber, nach §. 22 der General-Transport-Instruktion, gefesselt oder gebunden sind.

Die den Transport absendende Behörde, welche nach §. 2 im Voraus bestimmt, welche von den, dem Fuß-Transport mitgegebenen Transporteuren auch den Eisenbahn-Transport begleiten sollen, bestellt einer der letzteren zum Führer des Transportes, welchem die übrigen Transporteure Folge zu leisten haben, und dem die auf den Transport bezüglichen Schriftstücke (§. 3) anzuvertrauen sind.

§. 9. Wenn durch das Zusammentreffen mehrerer nach einer und derselben Strafanstalt bestimmten Transporte auf einem Eisenbahnhofe das Verhältniß der Zahl der Transporteure zu der Anzahl der Transportaten größer wird, als in §. 8 bestimmt worden, so können nach Verhältniß nachträglich noch einer oder mehrere Transporteure zurückgelassen, nöthigenfalls auch mehrere Transporte in einen einzigen zusammengezogen werden. Dies darf jedoch nur auf solchen Bahnhöfen geschehen, auf denen Gensdarmen oder sonstige Polizeibeamte (§. 7) zur besonderen Ueberwachung der Transporte aufgestellt sind. Die Bestimmung darüber, ob und welche Transporteure umkehren sollen, steht nur denjenigen der vorbezeichneten Polizeibeamten zu, welche von ihrer Behörde ausdrücklich hierzu ermächtigt worden sind.

Auch dürfen solche Transporteure, welche zu den bereits im Eisenbahnzuge befindlichen Transporten gehören, niemals, sondern nur solche zurückgelassen werden, welche die auf den Eisenbahnhöfen neu hinzutretenden Transporte begleiten.

Der Polizeibeamte bestimmt zugleich, welcher von den Transporteuren des vereinigten Transportes als Transportführer angesehen werden soll, löscht in den Requisitionsscheinen (§. 3) die Namen der zurückgelassenen Transporteure und bemerkt auf diesen Scheinen unter Beifügung seiner Unterschrift, daß diese Durchstreichung und die damit zusammenhängende Aenderung in den Zahlen durch ihn erfolgt sei.

§. 10. Die Kosten für Transporte von den Kreisstädten (§. 1) nach den Bahnhöfen und von den Bahnhöfen, auf denen die Transporte die Eisenbahnen verlassen, um nach der Strafanstalt zu Fuß weiter zu gehen, werden auch ferner nach der General-Transport-Instruktion und den dieselbe erläuternden und ergänzenden Bestimmungen berechnet und erstattet. Insbesondere erhalten die Transporteure während des Fußmarsches auch ferner die bisherigen Vergütigungen von 5 Sgr. für die Meile.

Für den Transport auf den Eisenbahnen finden jedoch folgende Vorschriften Anwendung:

1. Das Eisenbahn-Fahrgeld wird sowohl für Transportaten als für Transporteure aus denjenigen Fonds geleistet, welchen die Bestreitung der Transportkosten überhaupt zur Last fällt. Ebendiese Fonds tragen auch die Kosten der Rückkehr der Transporteure auf der Eisenbahn, so daß die Transporteure auf dem Wege nach und von der Strafanstalt freie Eisenbahnfahrt erhalten.
2. Außerdem erhält jeder Transporteur ein Tagegeld von zwanzig (20) Silbergroschen, welches aus denselben Fonds zu bestreiten ist.
3. Die Verpflegungskosten für die Gefangenen, ebenfalls zu den Transportkosten gehörig, werden für die Tage, an welchen sich dieselben auf der Eisenbahn befinden, mit zwei und einem halben (2½) Silbergroschen für den Tag berechnet.

§. 11. Das Eisenbahn-Fahrgeld für Gefangenen-Transporte, einschließlich der Rückfahrtskosten der Transporteure, wird nicht, wie für andere Reisende, vorausbezahlt, sondern von Seiten der Eisenbahn-Verwaltung nachträglich von derjenigen Strafanstalt erstattet verlangt, für welche der Transport bestimmt war. Die Anstaltskasse leistet, wenn gegen die Rechnung keine Bedenken obwalten, Erstattung, sofern der Strafanstalt die Pflicht zur Kostentragung obliegt, sonst aber nur einstweilen vorschußweise Zahlung, und bringt im letzteren Falle die geleisteten Vorschüsse demjenigen Fonds monatlich oder vierteljährlich zur Erstattung in Aufrechnung, welcher zur Tragung der verauslagten Kosten verpflichtet ist.

Zur Begründung der Kostenforderung der Eisenbahn-Verwaltungen dienen die §. 3 erwähnten Requisitionsscheine, aus welchen die Zahl der auf der Eisenbahn beförderten Transporteure und Gefangenen, sowie die Länge der durchfahrenen Strecke ersichtlich ist, und welche durch namentliche Aufführung der Beförderten der zahlenden Anstaltskasse die Feststellung des richtigen Einganges des Transportes erleichtern.

§. 12. Wegen des Verfahrens bei Zahlung der Gebühren der Transporteure und der denselben hierauf etwa zu leistenden Vorschüsse, ingleichen der Verpflegungsgelder für die Transportaten bewendet es bei den bestehenden Vorschriften.

b. In der Provinz Posen.

Instruktion des Königl. Ober-Präsidii für die Provinz Posen vom 21. September 1861. (Min.-Bl. 1862 S. 194).

Auf Anordnung des Herrn Ministers des Innern soll innerhalb der Provinz Posen die Beförderung von Verbrechern und Landstreichern nach den Strafanstalten zu Rawicz, Fordon, Poln. Crone und Graudenz sowie nach der Korrektionsanstalt zu Kosten, soweit solches mit den örtlichen Verhältnissen und den dienstlichen Rücksichten vereinbar erscheint, künftig unter Benutzung der Eisenbahn erfolgen. Ebenso sollen die eingerichteten Transportzüge auch zur Beförderung aller von Gerichtsbehörden zu veranlassenden oder aus polizeilichen Rücksichten zu veranstaltenden Transporte benutzt werden.

Zu diesem Zwecke sind mit den Verwaltungen der Königl. Ostbahn und der Königl. Oberschlesischen Eisenbahn Verträge dahin geschlossen worden, daß die Transporte nach allen Richtungen hin zwei Mal in jedem Monat, und zwar in der Regel am 1. und 15. jeden Monats und, wenn diese Tage auf Sonn- oder Festtage fallen, am Tage vorher mit den hierzu bestimmten Zügen in besonderen Coupé's oder Wagen bewirkt werden.

Die zur Aufnahme der Gefangenen-Transporte bestimmten Bahnhöfe sind: Bromberg, Nakel, Bialaslawe, Schneidemühl, Schönlanke, Kreutz, Wronke, Samter, Posen, Moschin, Kosten, Fraustadt, Lissa und Rawicz.

Die Tageszeit zur Abfahrt der die Gefangenen befördernden Züge wird den Behörden, soweit sie nicht davon besonders Kenntniß erhalten haben, von den einzelnen Eisenbahn-Verwaltungen auf Erfordern noch besonders mitgetheilt werden.

Hiernach wird über das Transportwesen auf den Eisenbahnen Folgendes angeordnet:

§. 1. Vom 1. April 1862 ab werden die auf den Eisenbahnen zu befördernden Verbrecher 2c. für jeden Kreis in der Kreisstadt oder in demjenigen Orte, an welchem das Königl. Kreisgericht seinen Sitz hat, gesammelt, und ist deren Absendung von dort (wenn bei weiterer Entfernung vom Eisenbahnhofe eine oder mehrere Uebernachtungen nothwendig werden, vom letzten Transport-Haltepunkte) so einzurichten, daß der Transport an den oben erwähnten Tagen mindestens eine halbe Stunde vor Abfahrt des Zuges auf dem Eisenbahnhofe eintrifft.

Der Transport nach dem Eisenbahnhofe erfolgt nach der durch die General-Transport-Instruktion vom 16. Sept. 1816 ertheilten und den dieselbe ergänzenden und erläuternden Bestimmungen.

§. 2. Da die Zahl der Transporteure bei Eisenbahn-Transporten in der Regel geringer sein wird (§. 8), als dies in der General-Transport-Instruktion für Fußtransporte vorgeschrieben ist, so bestimmt die absendende Behörde bei Abfertigung des Transportes, welche von den Transporteuren den Transport auf der Eisenbahn begleiten und welche dagegen nach Uebergang des Transportes auf die Eisenbahn wieder umkehren sollen. Die zur Rückkehr bestimmten Transporteure dürfen jedoch den Transport nicht eher verlassen, als bis letzterer im Eisenbahnwagen untergebracht ist und der Zug sich in Bewegung gesetzt hat.

§. 3. Der Transporteur, welcher bestimmt ist, den Transport auf der Eisenbahn zu begleiten, oder bei mehreren Transporteuren dieser Art, derjenige, welcher mit der Führung des Transportes betraut ist (§. 8), erhält außer dem schon jetzt in Gebrauch befindlichen und bis zur Ablieferung des Transportes in seinen Händen bleibenden Transportzettel noch einen besonderen, von der absendenden Behörde ausgestellten und an die Eisenbahn-Verwaltung lautenden Requisitionsschein, auf Grund dessen die Beförderung des Transportes auf der Eisenbahn erfolgt.

Der Requisitionsschein muß jederzeit Namen und Anzahl der Transporteure und Transportaten, den Bestimmungsort des Transportes, sowie die Bahnhöfe, innerhalb deren derselbe auf der Eisenbahn zu befördern ist, enthalten, und dient der Eisenbahn-Verwaltung als Ausweis über die stattgehabte Beförderung und als Grundlage der demnächst aufzustellenden Berechnung des Fahrgeldes (§. 11).

Wenn der Transport mehrere Eisenbahnen benutzt (§. 7), so wird für jede Bahn ein besonderer Requisitionsschein ausgestellt.

§. 4. Sobald ein auf der Eisenbahn weiter zu befördernder Transport auf dem Bahnhofe ankommt, hat sich der Führer des Transportes beim Bahnhofs-Inspektor zu melden, welcher dem Transporte, soweit es die Räumlichkeit gestattet, ein vom allgemeinen Wartezimmer getrenntes einstweiliges Unterkommen anweist, und näher bestimmt, wann der Transport in den Eisenbahnwagen einsteigen soll. Vor dem Einsteigen in den Zug hat der Transportführer sich und seine Mittransporteure dem Oberschaffner persönlich vorzustellen und demselben den §. 3 erwähnten Requisitionsschein auszuhändigen.

§. 5. Während der Fahrt, auch auf den einzelnen Bahnhöfen, darf der den Transport enthaltende Wagen weder von einem Transporteur, noch weniger von einem Transportaten eigenmächtig geöffnet werden. Wird die Oeffnung des Wagens nothwendig, so ist einer der den Zug begleitenden Schaffner von einem der Transporteure darum zu ersuchen.

Alles unnöthige Aussteigen ist zu vermeiden, insbesondere den Transportaten dasselbe nur in den dringendsten Fällen unter sorgfältiger Bewachung und, wo möglich nur an solchen Anhaltepunkten zu gestatten, wo für den Transport besondere polizeiliche Aufsicht (§. 7.) angeordnet ist.

§. 6. Um beim Transport von Verbrechern und Landstreichern auf den Eisenbahnen mittelst einer geringeren Anzahl von Transporteuren (§. 8.) auch stets den nöthigen Grad von Sicherheit zu erhalten, ist auf die Auswahl besonders zuverlässiger und gewandter Transporteure genaue Aufmerksamkeit zu richten und, wo geeignete Personen vorhanden sind, mit denselben möglichst wenig zu wechseln.

Die Eisenbahn-Beamten haben die Pflicht, die auf der Eisenbahn beförderten Gefangenen in der Weise zu beaufsichtigen, wie sie die Reisenden überhaupt zu beachten haben. Eine weiter gehende Aufsicht liegt ihnen nicht ob; doch sind sie im Allgemeinen angewiesen, den Transporteuren mit Rath und That an die Hand zu gehen.

§. 7. Auf solchen Bahnhöfen, auf welchen die Gefangenen-Transporte von einer Eisenbahn auf die andere übergehen oder die Eisenbahn verlassen, um zu Fuß sich weiter zu begeben, sind an den Tagen und Stunden, in welchen Gefangenen-Transporte eintreffen, besondere polizeiliche Vorkehrungen durch Aufstellung von Gensdarmen oder sonstigen Polizei-Beamten zu treffen, welche das Aussteigen der Gefangenen mit zu überwachen, dieselben auch, soweit als thunlich, zu begleiten haben.

Für diejenigen Transporte, welche von den gedachten Bahnhöfen aus sich zu Fuß weiter begeben, müssen noch eine Anzahl neuer, geeigneter Transporteure in Bereitschaft gehalten werden.

Dergleichen Bahnhöfe, für welche solche besondere polizeiliche Vorkehrungen getroffen werden müssen, sind, vorbehaltlich anderer als nothwendig sich ergebender Bestimmungen, die Bahnhöfe zu Warlubien, Bromberg, Nakel, Kreuz, Posen und Lissa.

§. 8. Wegen der Zahl der Transporteure, welche die Gefangenen von der Kreisstadt (§. 1.) bis nach den Eisenbahnhöfen zu begleiten haben, bleiben die Bestimmungen des §. 11. der General-Transport-Instruktion maßgebend. Für die Transporte auf der Eisenbahn kann die Zahl der Transporteure verringert werden, und zwar dergestalt, daß auf einen Transportaten ein Transporteur, auf 2 bis 4 Transportaten 2 Transporteure, auf 5 bis 8 3, auf 9 bis 12 Transportaten 4 Transporteure u. s. w. gerechnet werden. Die Transporteure müssen bewaffnet, die Transportaten aber nach §. 22 der General-Transport-Instruktion vom 16. September 1816 gefesselt oder gebunden sein.

Die den Transport absendende Behörde, welche nach §. 2. im Voraus bestimmt, welche von den, dem Transport mitgegebenen Transporteuren auch den Eisenbahn-Transport begleiten sollen, bestellt einen der letzteren zum Führer des Transportes, welchem die übrigen Transporteure Folge zu leisten haben, und dem die auf den Transport bezüglichen Schriftstücke (§. 3.) anzuvertrauen sind.

§. 9. Wenn durch das Zusammentreffen mehrerer, nach ein und derselben Strafanstalt bestimmten Transporte auf einem Eisenbahnhofe das Verhältniß der Zahl der Transporteure zur Zahl der Transportaten größer wird, als es im §. 8. bestimmt worden, so können nach Verhältniß nachträglich noch einer oder mehrere Transporteure zurückgelassen, nöthigenfalls auch mehrere Transporte in einen einzigen zusammengezogen werden. Dies darf jedoch nur auf solchen Bahnhöfen geschehen, auf denen Gensdarmen oder sonstige Polizei-Beamte (§. 7.) zur besonderen Ueberwachung der Transporte aufgestellt sind. Die Bestimmung darüber, ob und welche Transporteure umkehren sollen, steht nur denjenigen der vorbezeichneten Polizei-Beamten zu, welche von ihren Behörden ausdrücklich hierzu ermächtigt sind.

Auch dürfen niemals solche Transporteure, welche zu den bereits im Eisenbahnzuge befindlichen Transporten gehören, sondern nur solche zurückgelassen werden, welche die auf den Eisenbahnhöfen neu hinzutretenden Transporte begleiten.

Der Polizei-Beamte bestimmt zugleich, welcher von den Transporteuren des vereinigten Transportes als Transportführer angesehen werden soll, löscht in den Requisitionsscheinen (§. 3.) die Namen der zurückgelassenen Transporteure und bemerkt auf diesen Scheinen unter Beifügung der Unterschrift, daß diese Durchstreichung und die damit zusammenhängende Aenderung in den Zahlen durch ihn erfolgt sei.

§. 10. Die vorstehend angeordnete Bemessung der Zahl der Transporteure nach der Gesammtzahl der Transportaten findet bloß auf diejenigen zusammentreffenden Transporte, welche nach einem und demselben Bestimmungsort befördert werden sollen, Anwendung, indem nur diese sich in einen Transport zusammenziehen und in Bezug auf die Zahl der Transporteure gemeinsam behandeln lassen, während bei dem Zusammentreffen mehrerer Transport-Gruppen, welche nach verschiedenen Bestimmungsorten dirigirt, jedoch theilweise auf einzelnen Bahnstrecken gemeinschaftlich befördert werden, die Zahl der Transporteure für jede Gruppe besonders zu bemessen und lediglich nach Verhältniß der Zahl der Transportaten der betreffenden Gruppe zu bestimmen bleibt. Im Uebrigen findet jedoch auch unter verschiedenen Transport-Gruppen eine Verbindung in der Art statt, daß die Transporteure der verschiedenen Gruppen sich untereinander nach Kräften zu unterstützen und wechselseitig — z. B. bei zeitweisem Austritt eines Transporteurs an einem Stationsorte, — zu vertreten haben. Zur besseren Erreichung dieses Zweckes und eines einheitlichen Zusammenwirkens hat unter den Transporteuren eine Person als Führer der sämmtlichen Transportgruppen zu fungiren und ist dem Führer in seinen Anordnungen von den übrigen Transporteuren Folge zu leisten. Als Führer gilt zunächst derjenige Transporteur, welcher von der absendenden Behörde in dem Transportzettel (§. 3. und 8.) für den ihm ursprünglich anvertrauten Transport als Führer ausdrücklich bezeichnet ist, und welcher mit seiner Transportgruppe zuerst die Eisenbahn-Reise angetreten hat. Derselbe verbleibt in dieser Funktion bei dem Hinzutreten neuer Transport-Gruppen und ist von den Begleitern der letzteren ohne Weiteres als Führer der sämmtlichen hinzutretenden

Gruppen anzuerkennen. Ist auf einem Zuge ein Transport noch nicht in Bewegung, und treffen in diesem Fall mehrere Transport-Gruppen auf einer Eisenbahnstation gleichzeitig zusammen, so wird für die zusammentreffenden Transporte der Führer aus denjenigen Transporteuren, welche für die einzelnen Transport-Gruppen als deren Führer von den absendenden Behörden in den Transportzetteln benannt sind, durch den an dem Stationsorte aufgestellten Gensdarmen oder den sonstigen Polizei-Beamten ausgewählt. Der solchergestallt einmal in Funktion getretene Führer behält diese Eigenschaft so lange, als er mit der ihm ursprünglich anvertrauten Transport-Gruppe auf dem betreffenden Zuge verweilt. Nach seinem Abgange, und wenn dann noch einzelne Transport-Gruppen weiter befördert werden, wird für diese von dem aufgestellten Kontroll-Beamten ein neuer Führer bestellt.

§. 11. Die Kosten für Transporte von den Kreisstädten (§. 1.) nach den Bahnhöfen und von den Bahnhöfen, auf denen die Transporte die Eisenbahn verlassen, um nach der Strafanstalt zu Fuß weiter zu gehen, werden auch ferner nach der General-Transport-Instruktion und den dieselbe ergänzenden und erläuternden Bestimmungen berechnet und erstattet. Insbesondere erhalten die Transporteure während des Fußmarsches auch ferner die bisherige Vergütigung von fünf (5) Silbergroschen für die Meile. Für die Transporte auf Eisenbahnen finden jedoch folgende Bestimmungen resp. Vergütigungen statt:

a) Das Eisenbahn-Fahrgeld für die Reise nach der betreffenden Straf- oder Korrektions-Anstalt wird sowohl für die Transportaten als für die Transporteure aus denjenigen Fonds geleistet, welchen die Bestreitung der Transportkosten überhaupt zur Last fällt, so daß die Transporteure auf dem Wege nach der Anstalt freie Eisenbahnfahrt erhalten;

b) die Vergütigung für die Transporteure wird zwar auch während der Eisenbahnfahrt nach Meilen berechnet, jedoch denselben für die ersten 10 Meilen nur 4 Sgr., für die 11. und folgenden nur 3 Sgr. für die Meile gewährt. Unter Meilen sind hier Eisenbahn-Meilen verstanden, so daß der etwaige Umweg der Eisenbahn im Vergleich zu dem Landwege den Transporteuren mit zu Gute kommt.

c) Die Rückreise hat der Transporteur wie bei dem Landtransporte auf eigene Kosten zu machen und findet insbesondere hier eine freie Fahrt auf der Eisenbahn nicht statt.

d) Die Verpflegungs-Kosten für die Gefangenen werden für die Tage, an welchen sich dieselben auf Eisenbahnen befinden, mit 2 Sgr. pro Tag berechnet.

§. 12. Das Eisenbahn-Fahrgeld für Gefangenen-Transporte wird nicht, wie für andere Reisende, vorausbezahlt, sondern Seitens der Eisenbahn-Verwaltung nachträglich von derjenigen Strafanstalt erstattet verlangt, für welche der Transport bestimmt war.

Die Anstalts-Kasse leistet, wenn gegen die Rechnung keine Bedenken obwalten, Erstattung, sofern der Strafanstalt die Pflicht zur Kostentragung obliegt, sonst aber nur einstweilen vorschußweise Zahlung und bringt im letzteren

Falle die geleisteten Vorschüsse monatlich oder vierteljährlich demjenigen Fonds zur Erstattung in Aufrechnung, welcher zur Tragung der verauslagten Kosten verpflichtet ist.

Zur Begründung der Kostenforderung der Eisenbahnen dienen die im §. 3 erwähnten Requisitionsscheine, aus welchen die Zahl der auf der Eisenbahn beförderten Transporteure und Gefangenen, sowie die Länge der durchfahrenen Strecken ersichtlich ist, und welche durch namentliche Aufführung der Beförderten der zahlenden Anstalts-Kasse die Feststellung des richtigen Eingangs des Transportes erleichtern.

§. 13. Wegen des Verfahrens bei Zahlung der Gebühren der Transporteure und der denselben hierauf etwa zu leistenden Vorschüsse, ingleichen der Verpflegungs-Gelder für die Transportaten bewendet es bei den bestehenden Vorschriften.

c. Provinz Schlesien.

Instruktion des Königl. Ober-Präsidii der Provinz Schlesien vom 29. September 1861. (Min.-Bl. 1862 S. 12.)

Es ist für angemessen befunden worden, die Transporte von Verbrechern und Vagabonden nach den Straf- und Korrektions-Anstalten zu Ratibor, Brieg, Schweidnitz, Jauer, Sagan und Görlitz künftig, soweit solches mit den örtlichen Verhältnissen vereinbarlich erscheint, unter Benutzung der Eisenbahnen zu befördern. Zu diesem Zwecke sind mit den Eisenbahn-Verwaltungen Verträge dahin abgeschlossen worden, daß diese Transporte nach allen Richtungen hin **einmal** in jeder Woche, und zwar in der Regel des **Freitags** (oder, wenn auf diesen Tag ein Festtag fällt, am zunächst vorhergehenden Donnerstag oder Mittwoch), in besonders hierzu eingerichteten Wagen oder Coupé's erfolgen, und sind in Gemäßheit dieser Verabredungen für jeden betheiligten Kreis eine oder mehrere Eisenbahn-Stationen zur Aufnahme der Gefangenen-Transporte, sowie die Tageszeit zur Abfahrt der betreffenden Züge bestimmt worden, wie solches aus dem besonders zusammengestellten Transport-Tableau zu entnehmen ist. Nachdem diese vorbereitenden Verhandlungen nunmehr beendigt sind, wird über das Transportwesen auf den Eisenbahnen zur Nachachtung der betheiligten Behörden Folgendes hierdurch angeordnet:

§. 1. Die auf den Eisenbahnen zu befördernden Verbrecher- und Vagabonden-Transporte werden für jeden Kreis in der Kreisstadt gesammelt, und ist deren Absendung von dort, (wenn bei weiterer Entfernung der Kreisstadt von der betreffenden Eisenbahn-Station eine oder mehrere Uebernachtungen nothwendig werden, von der letzten Transportstation) stets so einzurichten, daß der Transport mindestens eine halbe Stunde vor der Abfahrt des betreffenden Zuges auf der Eisenbahn-Station eintrifft.

Der Transport aus der Kreisstadt nach der Eisenbahn-Station erfolgt nach den durch die General-Transport-Instruktion vom 16. September 1816 ertheilten und den dieselbe ergänzenden und erläuternden Vorschriften.

§§. 2—7. wie in der Instruktion vom 12. December 1859 [1]).

§. 7 rc. Dergleichen Stationen, für welche besondere polizeiliche Vorkehrungen getroffen werden müssen, sind:

Für den Regierungs-Bezirk Breslau: der Oberschlesische und Freiburger Bahnhof zu Breslau, die Bahnhöfe zu Brieg, Königszell und Schweidnitz;

für den Regierungs-Bezirk Oppeln: die Bahnhöfe zu Kandrzie (Kosel) und Ratibor;

für den Regierungs-Bezirk Liegnitz: die Bahnhöfe zu Liegnitz, Kohlfurth, Görlitz, Hansdorf und Sagan.

Ob überdies auch für solche Bahnhöfe, an denen ein besonders starker Zugang von Gefangenen zu erwarten steht, z. B. Oppeln, Bunzlau rc. ähnliche polizeiliche Vorkehrungen anzuordnen seien, bleibt dem Ermessen jeder Regierung resp. landräthlichen Behörde überlassen.

§§. 8—12 wie §§. 9—13 der Instruktion vom 21. September 1861 [2]).

Kap. X. Militär- und Civil-Transport.

§. 10. Der Transport ist, nachdem er von der Gensdarmerie und anderem Militär, oder von den Gemeinden geführt wird, Militär- oder Civil- und Kommunal-Transport [3]).

I. Der Militär-Transport ist in folgenden Fällen erforderlich:

1) Mörder, Brandstifter, Räuber, gefährliche Diebe, Betrüger, oder ähnliche, die öffentliche Sicherheit beunruhigende, gefährliche Verbrecher sind in Gemäßheit der Allerh. Kabinets-Ordre vom 3. December 1804 (Jahrb. H. XIV., Abschn. III., Nr. III.) [4]) und der auf deren Grund erlassenen Direktorial-

---

1) Für die Provinz Brandenburg, vorstehend sub a.

2) Für die Provinz Posen, vorstehend sub b. Analog diesen Instructionen sind andere für die übrigen Provinzen erlassen worden.

3) Das Reskript der Königl. Reg. zu Arnsberg vom 27. Febr. 1818 (v. Kamptz Ann. II. S. 111) bemerkt in § IX. zu diesem Paragraphen: Die Transporte der Verbrecher und Vagabunden in diesem Reg.-Depart. bleiben in der Regel, wie bisher, den Gensdarmen überlassen; reicht die Anzahl der letzteren nicht hin, und ist von den absendenden Behörden auf diesen Fall nicht ausdrücklich Militär-Bedeckung vorgeschrieben, so sind die Gemeinden zum Transport, sowie überall zur Bewachung der Verhafteten an den Orten, wo dieselben übernachten, verpflichtet.

4) Allerh. Kab.-Ordre v. 3. Dec. 1804 (v. Kamptz Jahrb. H. XIV. Absch. III. Nr. III.)

Bei der Untersuchung, welche auf Anzeige des Grafen Colonna in Obeschlesien, „daß sich in seiner Nachbarschaft viele Straßenräuber umhertreiben," zur Ausmittelung dieses Gesindels verfügt worden ist, hat sich ergeben, daß bei Transportirung der Verbrecher durch die Civilbehörden oft der Fall eintritt, daß die größten Missethäter entweichen.

Se. Königl. Majestät von Preußen finden daher nöthig, künftighin zu verordnen, daß, wenn ein Mörder, Brandstifter, gefährlicher Dieb, Räuber, Betrüger oder ähnliche Verbrecher, so die öffentliche Sicherheit in Gefahr setzen, transportirt werden müssen, auf den Fall, daß sie von dem platten Lande oder einer unbequartirten Stadt abgeführt werden, solche von den Bürgern oder Bauern nur bis an die nächste Garnison gebracht,

Reskripte vom 18. desselben Monats (Edikt-Sammlung von 1804 Nr. 63) [1]) und vom 15. Januar 1805 (Jahrb. H. XIV., Abschn. III., Nr. III.) [2]) nicht anders als militärisch, mithin nach den Vorschriften des §. 81. des Gensdarmerie-Edikts vom 30. Juli 1812 [3]), von der Gensdarmerie, oder, wenn diese

---

und dann durch das Militär weiter und bis an den Ort ihrer Bestimmung transportirt werden sollen. Die Kosten solcher Militär-Transporte müssen aber in allen denjenigen Fällen, wo der Transport bisher der Civilbehörde obgelegen hat, von dieser getragen werden.

Allerhöchstdieselben geben dem Ober-Kriegs-Kollegio hierdurch auf, diesem gemäß das Erforderliche an die Regimenter und Bataillone zu erlassen.

1) Cirkular des Gen.-Direkt. v. 18. Dec. 1804 (Ed.-Samml. 1804 Nr. 63).

Da sich vielfältig ergeben hat, daß bei Transportirung der Verbrecher durch die Civilbehörden die größten Missethäter entwichen sind, so haben Wir mittelst einer an Unser Ober-Kriegs-Kollegium unterm 3. d. erlassenenen Kab.-Ordre zu verordnen für nöthig gefunden:

> daß künftig, wenn ein Mörder, Räuber, Brandstifter, gefährliche Diebe, Betrüger und ähnliche Verbrecher, so die öffentliche Sicherheit in Gefahr setzen, transportirt werden müssen, auf den Fall, daß sie vom platten Lande oder aus einer unbequartirten Stadt abgeführt werden, solche von den Bürgern oder Bauern nur bis an die nächste Garnison gebracht, und dann durch das Militär weiter und bis an den Ort ihrer Bestimmung transportirt werden sollen, die Kosten solcher Militär-Transporte aber in allen denjenigen Fällen, wo der Transport bisher der Civilbehörde obgelegen hat, von dieser getragen werden müssen.

Gleichwie nun hiernach Seitens des Ober-Kriegs-Kollegiums an sämmtliche General-Inspekteurs und Gouvernements das Nöthige wegen Anweisung der Regimenter und Bataillons ergangen ist, so werdet Ihr hiermit angewiesen, ebenfalls das Erforderliche an die Land- und Steuer-Räthe zu verfügen.

2) Cirkular-Reskr. des Gen.-Direkt. v. 15. Jan. 1805 (Jahrb. Bd. VII. S. 324).

Im Verfolg der an Euch unterm 18. v. Mts. und Jahres ergangenen Cirkulars, wegen der unmittelbar angeordneten Transportirung gefährlicher Verbrecher durch das Militär, wird Euch hierdurch bekannt gemacht, daß die Kommandanten der resp. Garnisonen, an welche Verbrecher zum Weiter-Transport abgeliefert werden, um selbige so lange, bis über diese Angelegenheit ein allgemeines Regulativ festgestellt wird, nicht in Verlegenheit gerathen zu lassen, vor der Hand bis auf weitere Ordre nicht verbunden sind, Verbrecher zum Transport anzunehmen, wenn ihnen nicht von der Civilbehörde zugleich die Transportkosten entrichtet, auch für Verpflegung der Verbrecher gesorgt worden.

Ihr habt nun hiernach sämmtliche Unterbehörden genau zu instruiren, und wird, wie es in der Folge sowohl wegen der Transport- als Verpflegungskosten zu halten, durch ein besonderes Regulativ noch näher bestimmt werden. Bis dahin aber bleibt jede Gerichtsobrigkeit, welche Verbrecher zum Militär-Transport an die ihr zunächst gelegene Garnison abliefert, schuldig, sowohl die Transportkosten dem Kommandanten der Garnison gegen dessen Quittung zu entrichten, als auch für die Verpflegung der Verbrecher während des Transportes zu sorgen.

3) Das Gensdarmerie-Edikt vom 30. Juli 1812 ist aufgehoben durch die Verordnung über die anderweitige Organisation der Gensdarmerie vom 30. Dec. 1820 (G.-S. 1821, S. 10, Nr. 636). Diese bestimmt:

§. 12. Die Gensdarmerie ist im Allgemeinen bestimmt, die Polizeibehörden in Erhaltung der öffentlichen Ruhe, Sicherheit und Ordnung im Inneren des Staates und in Handhabung der deshalb bestehenden Gesetze und Anordnungen zu unterstützen; ihr liegt daher als ordentliche Dienstleistung, mithin ohne besondere Requisition und Anweisung ob:

II. insonderheit:

5) Verbrecher und Vagabunden in Gemäßheit der deshalb bestehenden Vorschriften zu transportiren und deren Transport zu decken.

nicht in genugsamer Zahl vorhanden sein sollte, von dem dazu requirirten Militär zu transportiren [1]).

Die absendende Behörde oder die der Stationsörter hat deshalb die nöthigen Requisitionen zu erlassen; wenn solche Verbrecher von einer unbequartirten Stadt oder vom platten Lande abgeführt werden, und keine Gensdarmerie zu haben ist, so sind sie unter starker Begleitung von Bürgern und Bauern bis zur nächsten Station und von dort durch Gensdarmen oder Militär weiter zu bringen.

Die Anzahl der dem Militär oder der Gensdarmerie beizugebenden Civilbegleiter ist nach den jedesmaligen Verhältnissen zu bestimmen, und bei Transporten durch Militär nach dem Direktorial-Reskript vom 12. März 1805 [2]) der Civil-Begleitung die Bezahlung der Transportkosten lediglich zu überlassen.

---

1) Cirkulare des Königl. Kriegs-Ministerii an sämmtliche General-Kommandos v. 18. Oct. 1816.

Durch eine Allerhöchste Kab.-Ordre v. 3. Dec. 1804 ist verordnet worden, daß alle zu transportirenden Verbrecher von den Bürgern oder Bauern nur bis zur nächsten Garnison zu escortiren, von da aber durch das Militär weiter bis zum Orte ihrer Bestimmung zu führen sind; in solchen Fällen jedoch, wo die Transportirung den Civil-Personen allein obliegt, und eigentlich bis zum Orte der Bestimmung des Verbrechers von ihnen bewerkstelligt werden sollte, wie sich bei allen Verbrechern aus dem Civilstande versteht dem den ferneren Transport verrichtenden Militär die in jener Kabinets-Ordre zugleich bestimmte Vergütigung aus dem Civil-Fonds zu Theil werden sollte.

Die in der Folge errichtete Gensdarmerie hat zwar ihrem Zweck nach die erwähnte Verpflichtung des Militärs gänzlich aufheben sollen, und es sind daher jene früheren Vorschriften seitdem nicht mehr zur Anwendung gekommen; da indessen das Königl. Polizei-Ministerium wiederholentlich dargethan hat, daß die Gensdarmerie, in Rücksicht der ihr gegebenen vielseitigen Bestimmung, nicht überall zur Transportirung von Verbrechern und anderen, der öffentlichen Sicherheit gefährlichen Individuen aus dem Civilstande ausreicht, und daß den Civil-Escorten sehr häufig gefährliche Verbrecher zum größten Nachtheil der öffentlichen Sicherheit entspringen; so hat das gedachte Ministerium darauf angetragen, in solchen Fällen, wo die Gensdarmerie nicht zureicht, das Militär wieder aushülflich zu den Transporten von Verbrechern aus dem Civilstande zuzuziehen, und in so weit jene älteren Festsetzungen wieder in Wirksamkeit treten zu lassen.

Zur Beförderung des Gemeinwohles hat das Kriegs-Ministerium sich mit dieser Maßregel einverstanden erklären müssen, und es sind in Ansehung der Transportgebühren die Bestimmungen der Allerh. Kab.-Ordre vom 3. Dec. 1804 angenommen, nach welchen für den bei starken Transporten kommandirten Offizier täglich ein Thaler Diäten und zu dessen Fortkommen ein unentgeltlich zu stellendes Reitpferd, für jeden Gemeinen aber 4 Ggr. tägliche Zulage auf dem Hin- und Rückwege bewilligt sind, und die Gestellung und Zahlung durch die Civilbehörde bewirkt wird.

Auch wird ebenso, wie vormals, die Bewachung in den Nachtquartieren nicht durch das Militär allein, sondern durch die Mitwirkung der Bürgerschaften und Dorfgemeinden geschehen.

Demgemäß sind nun bereits die Königl. Regierungen von dem Ministerium der Polizei angewiesen worden, und ein (tit.) wird hiermit ergebenst ersucht, in eben der Art in dessen Bereich die Truppen instruiren zu wollen.

2) Direktorial-Reskr. vom 12. März 1805 (v. Kamptz Jahrb. Bd. VII. S. 326).

Nachdem nunmehr das Nähere wegen der beim Transport schwerer Verbrecher durch das Militär zu nehmenden Maßregeln mit den betreffenden Behörden concertirt worden, so wird im Verfolg des Cirkulars vom 15. Januar d. J. als ein genau zu beobachtendes Regulativ bestimmt:

In Ansehung der, dem Militär für die, den Civil-Behörden bisher obgelegenen Transporte von ihnen zu leistenden Vergütigung, nämlich

a) von einem Thaler Diäten und dem, zum Fortkommen unentgeltlich zu stellenden Reitpferde für den, bei starken Transporten kommandirten Offizier, und
b) von vier guten Groschen täglicher Zulage für den Gemeinen auf dem Hin- und Rückmarsch verbleibt es bei der Königl. Kabinets-Ordre vom 3. December 1804 und den Direktorial-Reskripten vom 15. Januar und 12. März 1805.

Zusatz 1. Unterschied zwischen Militär-Transport und Transport von Militär-Personen.

a) Bekanntmachung des Königl. Kriegs-Ministerii v. 10. Mai 1856. (Min.-Bl. 1856 S. 159.)

Das Kriegsministerium findet sich veranlaßt, die Truppen darauf aufmerksam zu machen, daß hinsichtlich des Transportes der Militär-Arrestanten, z. B. Deserteure, Leute, welche zur Straf-Abtheilung oder zum Zuchthause, oder zur Festungs-Baugefangenschaft abgeführt werden, oder welche bei der Arbeiter-Abtheilung unter Transportbegleitung eingestellt werden, folgende Grundsätze bestehen und zu beachten sind:

1) Die Gemeinden sind nur verpflichtet die in ihrem Bezirke angehaltenen Deserteure und Militär-Arrestanten an die nächste Militärbehörde abzuliefern, in der Rheinprovinz gegen Erstattung der Gebühren für die Civilbegleiter, in den übrigen Provinzen unentgeltlich. [1])

---

1) daß, da diese Transporte eine neue Last für das Militär sind, und die Kabinets-Ordre vom 3. Dec. v. J. verordnet hat, daß die Kosten solcher Transporte in allen Fällen, wo solche bisher den Civilbehörden obgelegen haben, von diesen getragen werden müssen, den Unteroffiziers und Gemeinen auf dem Hin- und Rückmarsch eine Zulage von 4 Groschen für den Mann täglich, und in Fällen, wo bei starken Transporten ein Offizier kommandirt werden muß, diesem 1 Thlr. für den Tag bezahlt und ein Reitpferd zu seinem Fortkommen unentgeltlich gestellt ꝛc.

2) Wenn den Transporten der Verbrecher ein Civilbegleiter mitgegeben wird, diesem die Verpflegung derselben und die Bezahlung der Transportkosten lediglich überlassen; in Fällen aber, wo kein Civilbegleiter mitgeht, sämmtliche Verpflegungskosten der Verbrecher und auch die Transportkosten für die ganze Tour dem ersten Commando, welches sie übernimmt, vorschußweise eingehändigt, über die Verwendung dieser Gelder ein förmlicher Transportzettel angelegt, und dieser, nebst dem etwa verbliebenen Bestande, sobald der Transport seinen Bestimmungsort erreicht hat, von dort aus der absendenden Behörde übermacht werden soll.

Es versteht sich von selbst, daß die Kosten der Militär-Transporte von den Gerichts-Obrigkeiten getragen werden müssen, welche zum Transport verpflichtet sind, und solche bisher haben besorgen lassen; und daß, wenn die Absendung von den Inquisitoriaten nach den Strafanstalten geschieht, der Transport auf Kosten desjenigen verrichtet wird, welcher zur Tragung der Untersuchungskosten verbunden ist ꝛc.

[1]) Cfr. Cirk.-Erlaß des Königl. Minist. des Innern vom 3. Mai 1853 (M.-Bl. 1853, S. 132.)

Der Transport von Personen, welche durch Militär-Gerichte zu Zuchthausstrafe verurtheilt sind, nach den betreffenden Anstalten ist den Militärbehörden allein zu überlassen.

2) Der Militärbehörde liegt ob, Militär-Arrestanten bis nach demjenigen Ort militärisch transportiren zu lassen, von wo sie militärisch weiter transportirt werden können, also von einem Garnisonort zum anderen. Landwehrstämme, welche allein in einer Stadt garnisoniren, sind jedoch zum Weitertransport eines von einer anderen Militärbehörde übernommenen Arrestaten nicht heranzuziehen. Es ist demnach

3) nicht zuläſſig, die Militär-Arrestaten von Militärs bis zur nächsten Transport-Station zu escortiren, und sie dort der Civilbehörde zum Weitertransport bis zur nächsten Garnison durch Civil-Transporteure zu übergeben.

b) Bescheid des Min. des Innern v. 5. April 1841. (Min.-Bl. 1841 S. 98.)

Auf die Rekursbeschwerde des Magistrats vom 18. v. Mts. wegen der demselben auferlegten Erstattung von 27½ Sgr. Fuhr- und Transportkosten, welche derselbe für den Militär-Sträfling N. nach den bestehenden Vorschriften zu viel erhoben hat, muß es bei dem dieserhalb dem Magistrat unterm 9. v. Mts. von der Königl. Regierung zu Liegnitz ertheilten Bescheide lediglich verbleiben.

Indem das Ministerium auf die darin angeführten gesetzlichen und anderen geltenden Bestimmungen verweist, macht dasselbe dem Magistrat noch besonders bemerklich, daß nach der nicht allein in ganz Schlesien, sondern auch in den übrigen Provinzen des Staates, mit Ausnahme einiger neu erworbener Landestheile (Rhein-Provinz) bestehenden Observanz und Praxis allerdings der Transport der Militär-Arrestaten bis zur nächsten Garnison oder Gensdarmerie-Station von den Kommunen ohne Vergütigung zu bewirken ist, wie der Magistrat unter anderen aus dem Minist.-Reskript vom 20. Nov. 1824 und dessen Beilage (v. Kamptz Ann. VII. S. 1134) ersehen wird und daß die erfolgte Requisition ebensowenig als die Unmöglichkeit, eine Fuhre für den vorschriftsmäßigen Satz zu erhalten und die etwaige Erinnerung der Stadtverordneten in den bestehenden Verpflichtungen etwas ändern kann.

Es fehlt daher an einem Grunde, dem an sich unstatthaften Antrage auf Erstattung des fraglichen Betrages aus Polizeifonds ausnahmsweise Folge zu geben.

Zusatz 2. Verfahren beim Transport von im Inlande ergriffenen Deserteurs deutscher Bundesstaaten.

Cirkular-Erlaß des Min. des Innern und des Kriegs-Minist. vom 24. Juli 1858. (Min.-Bl. 1858 S. 151.)

Es ist die Frage zur Entscheidung gestellt worden, ob der Transport derjenigen Deserteurs, welche einem anderen deutschen Bundesstaat angehören, und nach der allgemeinen Kartell-Konvention vom 12. März 1831 (Ges.-S. 1831 S. 41) auszuliefern sind, sofern solche im Inlande verhaftet werden, von den Militär- oder den Civilbehörden zu bewerkstelligen sei.

Nach den von den Königl. Regierungen auf Veranlassung des Ministeriums des Innern erstatteten Berichten hat sich bei den fraglichen Transporten in den resp. Verwaltungsbezirken eine übereinstimmende Praxis nicht gebildet, indem in einigen die Militärbehörden, in anderen die Civilbehörden der Veranstaltung des Transportes der Deserteurs sich unterzogen haben.

Da es erforderlich erscheint, das bei derartigen Transporten für die Folge zu beobachtende Verfahren definitiv festzustellen, so sind die Minist. des Innern und des Krieges nach Erörterung des Sachverhältnisses dahin übereingekommen, daß die in §. 12 II. 7 der Verordnung über die anderweite Organisation der Gensdarmerie vom 30. Dec. 1820 (G.-S. 1821 S. 10) hinsichtlich des Transportes der inländischen Deserteurs getroffenen Bestimmungen auch auf die im Inlande ergriffenen Deserteurs deutscher Bundesstaaten anzuwenden seien.

Diese Deserteure sind hiernach, wo sie betroffen werden, aufzugreifen und an die nächste Garnison abzuliefern, von wo ab sie mittelst militärischen Transportes weiter befördert werden.

Indem wir das Königl. General-Kommando und das Königl. Ober-Präsidium hiervon zur weiteren gefälligen Veranlassung in Kenntniß setzen, bemerken wir gleichzeitig ergebenst, daß die in Rede stehenden fremden Deserteurs ganz wie einheimische, auf dem Marsch befindliche Mannschaften, also mit 5 Sgr. pro Kopf und Tag, zu verpflegen sind, daß außer den Unterhaltungskosten und der Fang-Prämie, insofern diese noch beansprucht werden kann, sonstige Kosten nach Art. X. der Kartell-Konvention vom 12. März 1831 nicht zur Erstattung gelangen, und daß deshalb der Transport auf den Eisenbahnen auf diejenigen Fälle zu beschränken ist, in denen die betreffende Bundesregierung den Transport auf diesem Wege ausdrücklich verlangt. [1])

2) Gefährliche Landstreicher, Verdächtige oder sonstige Arrestanten werden von der Gensdarmerie, wenn dies aber wegen deren Schwäche oder anderweitiger Beschäftigung nicht zulässig ist, von den Gemeinden ebenfalls unter militärischer Bedeckung transportirt, und hängen im ersteren Falle die, der Gensdarmerie beizugebenden Civilbegleiter und deren Anzahl von den Umständen ab.

Zusatz 3. Gensdarmerie-Transporte.

a. Allerh. Verordnung über die anderweite Organisation der Gensdarmerie v. 30. December 1820. (Ges.-Samml. 1821 S. 10.)

Die Gensdarmerie ist im Allgemeinen bestimmt, die Polizeibehörden in Erhaltung der öffentlichen Ruhe, Sicherheit und Ordnung zu unterstützen; ihr liegt daher ob, als ordentliche Dienstleistung, mithin ohne besondere Requisition und Anweisung

ꝛc. 5) Verbrecher und Vagabonden in Gemäßheit der deshalb bestehenden Vorschriften zu transportiren und deren Transport zu decken.

---

[1]) Im Uebrigen cfr. zu §. 12. und im Theil II. des Werkes.

b. Reskr. des Königl. Min. des Inn. und der Polizei vom 28. Mai 1821. (v. Kamptz Ann. Bd. IV. S. 403 Nr. 85.)

Wenn es gleich sowohl bei den Bestimmungen des Gensdarmerie-Edikts vom 30. Dec. v. J. als bei dem allgemeinen Dislokations-Plane der Gensdarmerie vom 18. Jan. d. J. im Allgemeinen verbleiben muß, so ist doch in dem gedachten Edikte weder verordnet, daß alle und jede, und insonderheit auch die Transporte unbedeutender Verbrecher und Vagabonden nur durch die Gensdarmerie beschafft werden sollen, noch vorgeschrieben, daß die auf den Transport-Stationen befindlichen Gensdarmen ausschließlich zum Transportdienst verwandt, und den übrigen Zweigen des Gensdarmeriedienstes entzogen werden sollen ꝛc.

c. Reskr. des Königl. Min. des Inn. und der Polizei vom 18. Juli 1821. (v. Kamptz Ann. Bd. IV. S. 668 Nr. 93.)

ꝛc. Uebrigens ist die Ansicht der Königl. Regierung völlig gegründet und durch die Bestimmung der Gensdarmerie zu Transporten die Verpflichtung der Gemeinden zu denselben keineswegs aufgehoben, sondern muß vielmehr, insonderheit in allen denjenigen Fällen fortdauern, in welchen die Gensdarmerie behindert wird oder unzureichend ist, Transporte zu besorgen.

d. Reskr. des Königl. Min. des Inn. und der Polizei vom 27. Juli 1821. (v. Kamptz Ann. Bd. IV. S. 657 Nr. 86.)

Ew. Excellenz erwiedere ich auf den, die Transportdienste der Gensdarmerie betreffenden Bericht von 6. v. Mts. bei Rückreichung der beigefügten Anlagen, daß die Verbindlichkeit der Kommunen zu Transportdiensten und die darauf gegründete Verfassung des Transportwesens durch das Gensdarmerie-Edikt vom 30. Dec. v. J. keineswegs aufgehoben ist, und daher der auf den Transport-Stationen vertheilten Gensdarmerie die Verpflichtung nicht obliegt, unbedeutende Verbrecher und Vagabunden selbst zu transportiren; sondern sie vielmehr nur bestimmt ist, theils die Transporte erheblicher und gefährlicher Verbrecher oder zahlreicher unerheblicher Verbrecher und Vagabonden, oder wenn andere Umstände eine militärische Deckung des Transportes erheischen, letztere zu gewähren; theils aber den Kommunal-Transport mit anzuordnen, den dabei zu besorgenden Unregelmäßigkeiten vorzubeugen und die bereits eingerissenen abzustellen. Die Besorgung aller Transporte durch die Gensdarmerie würde eine unnöthige und kostbare Kraftverschwendung sein, und die Gensdarmen ihrer wichtigen und durch die Kommunen nie zweckmäßig zu vertretenden eigentlichen Bestimmung entziehen, welches weder bei dem obgedachten Gesetz, noch bei dem Dislokationsplane vom 18. Januar d. J. beabsichtigt ist; vielmehr geht letzterer bei der Vertheilung der Gensdarmen auf die Transport-Stationen nur von diesem Gesichtspunkte und davon aus, daß die obengedachte Mitwirkung der auf den Transport-Stationen befindlichen Gensdarmen zu den Transporten zwar deren Hauptbestimmung ist, daß sie aber dennoch, insofern nach den Verhältnissen der resp. Stationen dadurch ihre Zeit nicht ganz in Anspruch genommen wird, auch zu den übrigen Diensten der

Gensdarmerie mit zu verwenden sind, wie es bereits bei der ersten Brigade zweckmäßig eingeführt ist ꝛc.

e. Cirk.-Reskr. des Königl. Min. des Inn. und der Polizei vom 11. Juli 1822.
(v. Kamptz Ann. Bd. V. S. 732. Nr. 82.)

Bei den häufig vorkommenden Feuersbrünsten wird die Königl. Regierung, mit Bezug auf das wegen geschärfter polizeilicher Aufsicht unterm 21. v. Mts. erlassene Cirkulare, und insbesondere auf die Schlußbestimmung desselben hierdurch aufgefordert, die Gensdarmen nicht durch unerhebliche Gefangenen-Transporte den wichtigeren Gegenständen ihres Dienstes und ihrer Bestimmung, besonders dem Patrouilliren bei Tag und Nacht sowohl überhaupt als insonderheit in den in Ansehung der öffentlichen Sicherheit bedrohten Gegenden, sowie der fortgesetzten strengen Aufmerksamkeit auf Befolgung der feuerpolizeilichen Gesetze und Ermittelung der Veranlassung entstandener Feuersbrünste und deren Stifter zu entziehen, und darauf zu achten, daß dies auch von den Unterbehörden nicht geschehe.

f. Reskript des Königl. Min. des Inn. und der Polizei vom 3. August 1822.
(v. Kamptz Ann. Bd. V. S. 733.)

Bei der Benutzung der Gensdarmerie zu Transporten, welche den Gegenstand des Berichts der Königl. Regierung vom 16. v. Mts. ausmacht, ist überhaupt von dem Grundsatze auszugehen, daß der Patrouillendienst die wichtigste Obliegenheit der Gensdarmen ist, daß dieselben mithin, da die Verpflichtung der Kommunen zu Transporten durch das Gensdarmerie-Edikt keineswegs aufgehoben worden, weit angemessener zum Patrouilliren, d. h. zur Aufmerksamkeit auf die öffentliche Sicherheit und Handhabung der Gesetze, als zu Transporten, besonders unerheblicher Individuen, verwandt werden. Wenn auch die auf den Transport-Stationen befindlichen Gensdarmen allerdings vorzugsweise zu Transportdiensten bestimmt sind, so kann dies doch nur von den überhaupt für Gensdarmen geeigneten Transporten verstanden, keineswegs aber auf unerhebliche Transporte z. B. von Bettlern und Vagabunden, ausgedehnt werden, und sind daher auch zu diesen die auf den Transport-Stationen befindlichen Gensdarmen nicht zu benutzen, letztere vielmehr, soweit die Transporte schwerer Verbrecher solches erlauben, zum Patrouilliren um so mehr mit zu gebrauchen, als dieser so wichtige Dienst von einem Kriegs-Gensdarmen unmöglich dem Bedürfniß entsprechend versehen werden kann. Die neuere Erfahrung hat leider durch die in vielen Gegenden sich mehrenden Verbrechen und Feuersbrünste sattsam bewiesen, daß die vorhandenen Mittel zur Aufrechthaltung der öffentlichen Sicherheit und Ordnung nicht ausreichen, und wie nothwendig es ist, daß die Gensdarmerie durch Reinigung des Landes von Verbrechern und Vagabunden zur Erhaltung der Sicherheit, sowie durch Aufmerksamkeit auf Befolgung der Gesetze zur Verhütung von Feuersbrünsten wirke, statt durch ganz unerhebliche Transporte beschäftigt zu werden.

g. Reskr. des Min. des Inn. vom 10. Juni 1823. (v. Kamptz Ann. Bd. VII. S. 358.)

Der Königl. Regierung werden die von dem Königl. Chef der Gensdarmerie hieher mitgetheilten Beilagen, die Diäten-Forderung des auf Verfügung des Landraths N. von Gardelegen nach Magdeburg kommandirt gewesenen berittenen Gensdarmen N. betreffend, mit der Aufforderung zugefertigt, die dem Gensdarmen N. gesetzlich zustehenden Diäten auf Ihren Diäten-Fonds anzuweisen, übrigens aber auch den Landrath N. darauf aufmerksam zu machen, daß die Transporte immer nur von einem Gensdarmerie-Standquartier zum anderen angeordnet werden dürfen.

h. Reskr. des Königl. Min. des Inn. und der Polizei vom 23. Juli 1823. (v. Kamptz Ann. Bd. VII. S. 658.)

Bei Rücksendung der mit dem Bericht vom 20. v. Mts. eingereichten Rechnung über die während der Verhaftung eines Gensdarmen in Bonn durch dessen Vertretung entstandenen Transportkosten, wird die Königl. Regierung mit Rücksicht auf die in diesem Falle eingetretenen besonderen Umstände autorisirt, jene Kosten bei dem polizeilichen Dispositionsfonds Ihrer Hauptkasse verausgaben zu lassen.

Es ist jedoch nicht zulässig, anderweite Kosten dieser Art zur Erstattung aus öffentlichen Fonds zu liquidiren; die Königl. Regierung hat vielmehr die Einrichtung zu treffen, daß bis dahin, daß darüber anderweite gesetzliche Bestimmungen ergehen möchten, der Transport der Gefangenen, so viel immer möglich, wenigstens auf den Transportrouten durch die Gensdarmerie erfolge.

Wenn die Umstände nicht gestatten sollten, einen Transport durch zwei Gensdarmen bewirken zu lassen, so bleibt nichts anderes übrig, als daß solcher einem einzelnen Gensdarmen anvertraut werde, was auch in anderen Bezirken oft geschieht und bei gehöriger Anwendung der erforderlichen Vorsichts- und Sicherheits-Maßregeln in Betreff der Art des Transportes bei nicht besonders gefährlichen Transportaten gewöhnlich geschehen kann.

Das Minist. des Innern und der Polizei hat übrigens, da die Gensdarmerie in der Rheinprovinz eben nicht zahlreich ist, um die ihr obliegenden Dienstverrichtungen ordnungsmäßig erfüllen zu können, bereits darauf Bedacht genommen, dem Bedürfnisse einer Hülfe hinsichtlich der Gefangenen-Transporte möglichst abzuhelfen, und es sind dieserhalb schon die nöthigen Einleitungen getroffen worden, deren Erfolg der Königl. Regierung seiner Zeit bekannt gemacht werden wird.

i. Reskr. des Minist. des Inn. vom 16. Oktober 1821. (v. Kamptz Ann. Bd. V. S. 904 Nr. 58.)

Der Königl. Reg. wird auf Ihren Bericht vom 27. v. Mts., worin auf Entscheidung der Frage:

welches der eigentliche Geschäftsbezirk der in den Kreisen stationirten Gensdarmen ist?

angetragen wird, eröffnet, daß Sie hierüber zuvörderst mit dem dortigen Brigadier der Gensdarmerie um so mehr Rücksprache zu nehmen hat, als es bei der Entscheidung dieser Frage sehr auf die örtlichen Verhältnisse ankommt.

In der Regel werden die Kreise, in welchen die Gensdarmen stationirt sind, bis zu den nächsten außerhalb dieser Kreise liegenden Etappen-, Transport- oder Gensdarmerie-Stationsorten einschließlich, als deren Geschäftsbezirk anzusehen sein.

k. Erlaß des Min. des Inn. vom 1. April 1854. (Min.-Bl. 1854 S. 98.)

Der von Ew. ꝛc. in Ihrem Bericht vom 7. Febr. c. in Bezug auf das Verfahren bei polizeilichen Transporten entwickelten Ansicht kann ich mich dahin nur anschließen, daß die Verwendung der Gensdarmen zu Transporten, wie solche bisher in den Bezirken der Regierungen zu N. N. stattgefunden hat, weder den bestehenden allgemeinen Vorschriften entspricht, noch für zweckmäßig zu erachten ist; vielmehr die von Ew. ꝛc. hervorgehobenen Uebelstände herbeiführt. Zur Beseitigung dieser Uebelstände ist es erforderlich, die Benutzung der Gensdarmerie zu den Transporten nur ausnahmsweise, wo besondere Gründe sie erheischen, ingleichen in solchen Fällen eintreten zu lassen, wo dieses geschehen kann, ohne die Gensdarmen ihren eigentlichen Dienstverrichtungen zu entziehen.

Zusatz 4. Remuneration der Gensdarmen bei Transporten außerhalb ihres Geschäfts-Bezirkes.

a. Allerh. Dienst-Instruktion für die Gensdarmerie vom 30. December 1820. (Gesetz-Samml. 1821 S. 10.)

§. 15. Außer der Besoldung erhalten Gensdarmerie-Offiziere, Wachtmeister und Gensdarmen reglementsmäßig Diäten, wenn sie zu Dienstleistungen außer ihrer Bestimmung oder außer ihrem Geschäftsbezirk besonders beauftragt werden; und auch im letzteren Falle nur dann, wenn sie in einem solchen Dienste länger als zwei Tage und eine Nacht von ihrem Standquartiere entfernt sind ꝛc.

b. Reskr. des Königl. Min. des Inn. vom 18. August 1821. (v. Kamptz Ann. Bd. V. S. 671 Nr. 98.)

Der Königl. Regierung wird auf Ihren Bericht vom 25. v. Mts., worin sie um Erläuterung des §. 15 der Dienst-Instruktion für die Gensdarmerie vom 30. Dec. v. J. gebeten hat, eröffnet: daß da instruktionsmäßig den Offizieren sowohl als den einzelnen Gensdarmen bestimmte Distrikte und resp. Transport-Stationen angewiesen sind, innerhalb deren und resp. bis zu welchen sie die ihnen gesetzlich obliegenden regelmäßigen Dienstverrichtungen zu besorgen haben, dies die Geschäftsbezirke sind, deren die gedachte Instruktion §. 15 erwähnt ꝛc.

c. Cirkular-Reskr. des Königl. Min. des Inn. vom 24. Februar 1822. (v. Kamptz Ann. Bd. VI. S. 135 Nr. 59.)

Zur Beseitigung der Zweifel, welche von mehreren Seiten über die Anwendung der Vorschrift des §. 15 der Dienst-Instruktion für die Gensdarmerie vom 30. Dec. 1820 wegen der Diäten der Mitglieder der Landgensdarmerie aufgestellt sind, wird die Königl. Regierung darauf aufmerksam gemacht, daß nach der gedachten Instruktion den Offizieren sowohl, als den Wachtmeistern und Gensdarmen besondere Distrikte und resp. Transportstationen angewiesen worden sind, innerhalb deren und resp. bis zu welchen sie die ihnen gesetzlich obliegenden regelmäßigen Dienstverrichtungen zu besorgen haben. Dies sind nun die Geschäftsbezirke, deren die Allerh. Instruktion v. 30. Dec. 1820 im §. 15 erwähnt.

In Betreff der Gensdarmen wird noch besonders erwähnt, daß in der Regel die Kreise, in welchen selbige stationirt sind, bis zu den nächsten, außerhalb dieser Kreise liegenden Etappen-, Transport- und sonstigen Gensdarmen-Stationen einschließlich, als deren Geschäftsbezirke anzusehen sein werden.

Sobald also ein Offizier, Wachtmeister oder Gensdarm zu einer Dienstleistung außer seinem oben bezeichneten Geschäftsbezirke besonders beauftragt worden, und zugleich in einem solchen Dienste länger als zwei Tage und eine Nacht von seinem Standquartiere entfernt gewesen ist, hat derselbe Anspruch auf Diäten.

Die Sätze dieser Diäten sind durch die Allerhöchste Kabinets-Ordre vom 5. Juli 1821 festgesetzt worden und es ist der Königl. Regierung bei Mittheilung einer Abschrift dieser Ordre durch die Verf. vom 20. Juli 1821 gleichzeitig eröffnet worden, daß diese Diäten jedesmal bei derjenigen Behörde, welche die Kommittirung der Gensdarmerie veranlaßt hat, oder in deren Angelegenheit die Diäten verdient worden, liquidirt werden müssen.

Kommen nun dergleichen Diäten bei der Königl. Regierung zur Liquidation, weil sie die Gensdarmerie zu Dienstleistungen außer ihren Geschäftsbezirken beauftragt hat, oder weil die Diäten in ihren Angelegenheiten verdient worden sind, so ist es auch Sache der Königl. Regierung, die den Gensdarmen rechtmäßig gebührende Summe auf den Diätenfonds Ihrer Hauptkasse anzuweisen, ohne daß es deshalb einer speziellen Ministerial-Genehmigung bedarf.

d. Cirkular-Reskr. des Königl. Min. des Inn. und der Finanzen vom 20. Juli 1821.
(v. Kamptz Ann. Bd. VI. S. 902 Nr. 56.)

Im abschriftlichen Anschlusse wird der Königl. Regierung die unterm 5. d. M. erfolgte Allerhöchste Bestimmug über die Diäten-Sätze für die Mitglieder der Gensdarmerie, zur Nachricht und Achtung in vorkommenden Fällen mit dem Bemerken zugefertigt, daß diese Diäten jedesmal bei derjenigen Behörde, die die Kommittirung der Gensdarmen veranlaßt hat, oder in deren Angelegenheiten sie verdient worden, zu liquidiren sind.

Allerh. Kabinets-Ordre vom 5. Juli 1821.

Ich finde die in dem Bericht vom 13. v. M. vorgeschlagenen Diätensätze für die Mitglieder der Land-Gensdarmerie nicht angemessen und bestimme dieselben dahin:

für einen Brigadier — 4 Thlr.
für einen Abtheilungs-Kommandeur — 3 Thlr.

für einen Offizier — 2 Thlr.
für einen berittenen Gensdarmen — 16 Sgr., und
für einen Fuß-Gensdarmen — 12 Sgr.
täglich, in den §. 15 der Instruktion vom 30. Dec. v. J. angegebenen besonderen Fällen.

e. Allerh. Kabinets-Ordre vom 12. November 1825. (v. Kamptz Ann. Bd. IX. S. 1035.)

Unter den Umständen, die nach Ihrem gemeinschaftlichen Bericht vom 28. v. M. in Rücksicht auf die Dienstverhältnisse der Land-Gensdarmerie stattfinden, will Ich auf Ihren Antrag die für die Land-Gensdarmerie durch meine Ordre vom 5. Juli 1821 erfolgte Diäten Bewilligung dahin deklariren, daß solche vom 1. Jan. k. J. ab nur dann in Anwendung kommen soll, wenn die Diäten nicht den Betrag der für die Grenzgensdarmerie nach §. 15 der Dienst-Instruktion vom 30. Dec. 1820 bewilligten monatlichen Marschzulagen übersteigen, in diesem Falle vielmehr nur die letzteren gewährt werden sollen.

f. Allerh. Kabinets-Ordre vom 21. März 1840. (Min.-Bl. 1840 S. 100.)

Des Königs Majestät haben mittelst Allerhöchster Kabinets-Ordre vom 21. d. M. auf meinen Antrag zu genehmigen geruht, daß den Mitgliedern der Gensdarmerie, wenn sie zur Dienstleistung außerhalb ihres Geschäftsbezirkes auf länger als zwei Tage und eine Nacht kommandirt werden, für die Tage des Marsches jederzeit die in der Allerh. Ordre vom 5. Juli 1821 (d) bestimmten Diäten gewährt werden können. Dagegen soll es für die Dauer des Aufenthalts am Bestimmungsorte bei der Vorschrift der Allerh. Ordre vom 12. Nov. 1825 (e) verbleiben, wonach diese Diäten nur dann angewiesen werden dürfen, wenn deren Betrag den der in §. 15 der Instruktion vom 30. Dec. 1820 festgesetzten Marschzulage nicht übersteigt.

g. Allerh. Kabinets-Ordre vom 4. August 1854. (Min.-Bl. 1854 S. 231.)

Auf Ihren Bericht vom 17. v. Mts. genehmige ich hierdurch, daß den Gensdarmen, wenn sie als Begleiter von Transporten verurtheilter Verbrecher, welche, soweit die Oertlichkeit es gestattet, vermittelst der Eisenbahn zu bewirken sind, bis zum Ablieferungsorte beibehalten werden, die reglementsmäßigen Diäten, dem §. 15 der General-Instruktion vom 30. Dec. 1820 entgegen, auch dann, wenn eine solche Eisenbahnreise den betr. Gensdarmen nicht länger als zwei Tage und eine Nacht von seinem Stationsorte entfernt gehalten hat, in denjenigen Fällen aus dem Kriminalfonds gezahlt werden dürfen, in welchen die Gensdarmen, wenn der Transport auf dem Landwege zu Fuß zurückgelegt worden wäre, nach §. 15 der erwähnten Instruktion ohnehin einen Anspruch auf Diäten gehabt haben würden, und daß der Beurtheilung, ob diese Voraussetzung in den einzelnen Fällen zutrifft, die Voraussetzung, daß die Gensdarmen verpflichtet sind, im Winter einen Tagemarsch von 4 Meilen, und im Sommer einen solchen von 5 Meilen zurückzulegen, zu Grunde gelegt werde.

h. Bescheid des Min. des Inn. v. 19. Juni 1857. (Min.-Bl. 1857 S. 134.)

Der von der ꝛc. in dem Bericht vom 5. d. Mts. entwickelten Ansicht, nach welcher die Gensdarmen beim Transport verurtheilter Verbrecher vermittelst der Eisenbahn auf Grund der Allerh. Ordre vom 4. Aug. 1854 (g) die Diäten nicht für diejenige Tagezahl, welche sie für den Fall der Ausführung der in Rede stehenden Transporte auf dem Landwege zu liquidiren berechtigt gewesen wären, sondern nur für die unter Benutzung der Eisenbahn wirklich von ihrem Stationsorte entfernt gewesenen Tage in Ansatz zu bringen befugt sind, kann ich nur beitreten.

Die gedachte Allerh. Ordre vom 4. Aug. 1854 findet aber allerdings nur auf die durch Gensdarmen vermittelst der Eisenbahn zu bewirkenden Transporte bereits verurtheilter Verbrecher, für welche die Kosten dem Kriminal-Fonds zur Last fallen, Anwendung, und kann in dem vorliegenden Falle, in welchem es sich um den Transport zweier, noch nicht verurtheilt gewesener Untersuchungs-Gefangenen handelt, überhaupt nicht als maßgebend erachtet werden.

i. Allerh. Kabinets-Ordre vom 26. November 1857. (Min.-Bl. 1857 S. 202.)

Auf Ihren Bericht vom 16. Nov. d. J. genehmige ich unter Aufhebung der bisherigen Bestimmungen über die Berechnung der Diäten und Reisekosten der Gensdarmen in gerichtlichen Angelegenheiten, daß fortan bei allen Reisen der Gensdarmen zum Zweck ihrer gerichtlichen Vernehmung als Zeugen oder Denuncianten, bei einer Entfernung von mehr als ¼ Meile an Reise- und Zehrungskosten für jede Meile dem Wachtmeister 11 Sgr., dem berittenen Gensdarmen 9 Sgr, dem Fußgensdarmen 7 Sgr., außerdem aber, falls die gerichtliche Vernehmung nicht an einem Tage beendet wird, für jeden folgenden Tag dem Wachtmeister 1 Thlr., dem berittenen Gensdarmen 25 Sgr., dem Fußgensdarmen 20 Sgr. an Wartegeld bewilligt werden. [1])

Bei Transporten von Verbrechern, wenn diese durch Gensdarmen ausgeführt werden, finden die Vorschriften des §. 15 der Dienst-Instruktion vom 30. December 1820 und Meiner Ordre vom 4. August 1854 auch ferner Anwendung.

Zusatz 5. Gensdarmerie-Transport in der Rhein-Provinz.

In den Rhein-Provinzen ist weder durch Gesetz, noch durch Observanz für die Gemeinden eine Verpflichtung zu Transportdiensten eingeführt. Die Transporte der Gefangenen wurden früher in den vormals Französischen und Großherzoglich Bergischen Landestheilen durch die Gensdarmerie, und in

---

[1]) Wenn im Publicandum der Königl. Regierung zu Potsdam v. 19. Dec. 1822 (zu §. 12) verordnet ist, daß für die Gensdarmerie-Escorte bei keinem Transport Gebühren bezahlt werden, so erhellt daraus nur, daß im Potsdamer Regierungsbezirk die Anordnung getroffen ist, daß dergleichen Gensdarmerie-Escorten nicht außerhalb der Geschäftsbezirke der Gensdarmen und auf länger, als zwei Tage und eine Nacht dauernd, vorfallen.

den Nassauischen von denjenigen Individuen, welche wegen körperlicher Schwäche oder wegen Familien-Verhältnisse von dem Militärdienst befreit, und in die Reserve gestellt waren, verrichtet. In Folge der neuen Organisation der Gensdarmerie durch die Verordnung v. 30. Dec. 1820 ergab sich indeß bald, daß diese, mit Rücksicht auf die eigenthümliche Lage der Rheinprovinzen und deren vielseitige Verbindung mit dem Auslande, zu schwach war, um, neben gehöriger Erfüllung ihrer anderweitigen Obliegenheiten, die Transporte besorgen zu können. Dies wurde die Veranlassung zur Errichtung der Hülfs-Gensdarmerie für die Rheinprovinzen, welche durch die Kabinets-Ordre vom 7. Jan. 1824 mit der Bestimmung angeordnet wurde, daß deren Kosten von den Kommunen zu tragen, welches indeß der Landtags-Abschied vom 15. Juli 1829 für die Rheinischen Provinzialstände (sub. II. 2. 3) modifizirte, indem dadurch jene Kosten auf die Staatskasse übernommen wurden.

Mit Rücksicht auf die Kabinets-Ordre vom 7. Jan. 1824 bemerkte das Reskript des Min. des Innern und der Polizei vom 3. Mai 1824, daß, da die erwähnte Hülfs-Gensdarmerie nur deshalb errichtet sei, um die Mittel zu erhalten, die Vagabunden-Transporte in den Rheinprovinzen ausschließlich durch die Gensdarmerie bewirken lassen zu können, auch nicht genehmigt werden könne, daß dessenungeachtet noch besondere Transportkosten auf den Polizeifonds übernommen würden, sondern die Einrichtung zu treffen sei, daß die Gefangenen, sobald solche einmal der Gensdarmerie übergeben worden, auch durch diese von Station zu Station transportirt würden.

(Akta des Königl. Min. des Inn. und der Polizei sign. Transportwesen Nr. 43.)

II. Leichte Verbrecher und minder gefährliche Landstreicher und andere Individuen sind, wie bisher, von den Gemeinden zu transportiren.

Zusatz 6. Kommunal-Transport.

a. Bestimmungen des Allg. Landrechts.

Th. II. Tit. 7. §. 37. Zu den Gemeinde-Arbeiten und anderen nachbarlichen Pflichten, zu welchen ein jedes Mitglied der Gemeinde Dienste und Beiträge leisten muß, werden der Regel nach gerechnet:

rc. 7) die Anhaltung und Bewachung der Verbrecher,

8) der Transport und die Begleitung der nach Landes-Polizei-Gesetzen von einem Orte zum anderen zu bringenden Verbrecher und Landstreicher.

Th. II. Tit. 7. §. 33. Auch zu anderen persönlichen Diensten sind die Bürger in jedem Nothfalle der gemeinen Stadt verpflichtet.

b. Reskript des Min. des Inn. und der Polizei vom 11. Mai 1821. (v. Kamptz Ann. Bd. V. S. 403.)

Dem Antrage der Königl. Regierung in dem die Transportkosten betreffenden Bericht vom 26. v. Mts. kann nicht deferirt werden; es muß vielmehr bis auf weitere Bestimmung bei dem in §. 37. Tit. 7. Th. II. des Allg. Landrechts festgesetzten Grundgesetze, wonach der Transport der Verbrecher und

Landstreicher zu den Pflichten der Gemeindeglieder zu rechnen ist, sein Bewenden behalten.

c. Reskript des Königl. Min. der Polizei vom 21. August 1817. (v. Kamptz Ann. Bd. II. S. 165 Nr. 94.)

Auf die in Ansehung einiger Paragraphen der Erläuterung der Transport-Instruktion vom 16. Sept. d. J. unterm 13. v. Mts. vorgetragene Bemerkung eröffne ich der Königl. Regierung zu Liegnitz, daß

ad §. VI. da die Verbindlichkeit der Gemeinde zu Transport-Diensten sich keineswegs auf die, nunmehr aufgehobenen Schubgeleite beschränkt, sondern sich auf Transporte überhaupt erstreckt, auch die angeführte Bestimmung des Allg. Landrechts Th. II. Tit. 7. §. 37. der Aufhebung der Schubgeleite ungeachtet, ihre Anwendbarkeit behält. Die Transportdienste der Bürger beruhen auf allgemeiner Observanz und auf der Vorschrift des Allg. Landrechts Th. II. Tit. 8. §. 53, indem sie allerdings auch zum Nutzen der Städte gereichen, auch der von der Königl. Regierung zu Liegnitz für die Befreiung der Bürger von den Transportdiensten angeführte Grund bei der Abfassung der landräthlichen Bestimmung schon vorhanden war, und nur deshalb unbeachtet geblieben sein kann, weil er für unerheblich erachtet wurde.

Es muß daher bei dieser auf ausdrücklicher gesetzlicher Vorschrift und allgemeiner Observanz, namentlich mit anerkannter und unbezweifelter Observanz der Provinz Schlesien, beruhenden Verbindlichkeit der ländlichen und Stadtgemeinden so lange verbleiben, bis der Staat eine Vergütigung der Transportkosten übernommen haben, oder die jetzt zur Erörterung mit dem Ministerium des Innern vorliegende Frage, wie weit die von den Transportstraßen entfernten Gemeinden zur Entschädigung der an denselben liegenden verpflichtet sind, entschieden sein wird, welchem nächst das Weitere bekannt gemacht werden soll.

Kap. XI. Stärke und übrige Beschaffenheit der Begleitung.

§. 11. Die Stärke der Begleitung ist, sowie die Anzahl der Transporteurs nach Maßgabe der Zahl, Gefährlichkeit und übrigen Beschaffenheit der Transportanden, der Jahreszeit, der Wege und anderer Verhältnisse von der absendenden Behörde, jedoch allemal dergestalt zu bestimmen, daß sie völlig hinreicht, um den Transport mit Sicherheit zur nächsten Station (§. 4.) zu bringen.

Bei Civil-Transporten zu Fuß müssen mindestens

zwei	Begleiter	auf	einen	Transportaten
vier	"	"	zwei	"
fünf	"	"	drei	"
sieben	"	"	vier	"

und so weiter in fortschreitenden Verhältnissen gegeben werden; bei schwächlichen Männern und bei Weibern und Kindern ist eine geringere Zahl zulässig. Die Zahl der Begleiter bei anderen, als Fuß-Transporten und bei Militär-Transporten richtet sich nach den Verhältnissen.

Der Transportführer muß nicht allein für die Erhaltung der bestimmten Anzahl während des Transportes sorgen, mithin, wenn einer der Begleiter an der Fortsetzung desselben unterwegs behindert werden sollte, an dessen Stelle am nächsten Orte einen anderen requiriren, sondern er ist auch schuldig, während des Transportes an jedem Ort eine Verstärkung der Mannschaft in dem Falle zu requiriren, in welchem ihm gestattet sein würde, einen Wagen anzuschaffen (§. 9 Nr. II.) [1].

Zu Transporteurs müssen nur treue, zuverlässige, unerschrockene und gewandte Männer genommen, mithin

1) Weiber,
2) Männer über 60 Jahre,
3) junge Leute unter 18 Jahren,
4) schwache und unbeholfene Menschen und
5) Menschen von zweideutigem üblen Rufe,

durchaus davon ausgeschlossen werden, und dies ist auch bei etwaigen Stellvertretern zu beobachten.

Es wird den Regierungen überlassen, auf den Transport-Stationen eine angemessene Anzahl solcher qualifizirter Personen auszumitteln und gegen Entbindung von anderen persönlichen Gemeindediensten oder andere angemessene Vergütigung ein für allemal zum Transport zu bestimmen.

Die absendende und resp. Stations-Behörde bestellt aus den Transporteurs einen zum Führer des Transportes, dessen Anordnungen die übrigen Folge zu leisten haben und welchem die Transportkosten und Transport-Dokumente (§. 19 bis 21) anzuvertrauen sind.

Ob und wie die einzelnen Transportaten den einzelnen Transporteurs zur besonderen Bewachung anzuvertrauen sind, hängt von der Bestimmung der Behörde ab.

In dazu geeigneten Fällen kann die absendende Behörde überdem den Transport unter die Leitung eines Polizei- oder anderen Beamten stellen, oder dem Transport einen Begleiter zu Pferde mitgeben.

---

1) Dieser Requisition des Transportführers muß genügt werden, wenn auch der requirirte Ortsvorstand die Verstärkung nicht für nothwendig hält; doch hat der letztere seinen Widerspruch nebst den ihn begründenden Umäśtnden auf dem Transportzettel zu bemerken und seiner landräthlichen Behörde Anzeige zu machen. (Cfr. Anweisung der Königl. Regierung zu Arnsberg vom 27. Febr. 1818, §. XII. (Ann. II. S. 108) zu §. 9. Nr. II.)

Die Begleiter müssen nach der Gefährlichkeit und Anzahl der Transportaten, und den übrigen Verhältnissen mit Waffen, oder wenigstens mit tüchtigen Knüppeln, so wie mit Schließgeschirren oder Stricken versehen sein, um davon nöthigenfalls Gebrauch zu machen; es müssen wenigstens so viele Transporteurs mit Waffen versehen sein, als Individuen transportirt werden.

Zusatz 1. Stärke der Begleitung.

a. Bei Kommunal-Transporten.

α. Erläuterungs-Cirkular vom 23. Juli 1817.

§. V. Wenn es gleich in Ansehung der Stärke der Begleitung bei der Bestimmung des §. 11 verbleiben muß, so ist doch beim Transport eines Individuums, welches kein besonderer Verdacht eines Verbrechens trifft, und das nicht zu den eigentlichen gefährlichen Landstreichern gehört, sondern nur wegen Mangel an Legitimation transportirt wird, vorzüglich bei nicht ausgezeichneter Körperstärke und Gewandheit, nach den von der Polizeibehörde zu beurtheilenden näheren Verhältnissen, ein tüchtiger, handfester, und mit den vorschriftsmäßigen Vertheidigungsmitteln versehener Begleiter hinreichend. [1])

b. Bei Gensdarmerie-Transporten.

α. Cirkular-Reskript des Polizei-Minist. v. 30. November 1817. (v. Kamptz Ann. Bd. I. S. 190.)

Auf eine Anfrage der Königl. Regierung zu Liegnitz, die in der Transport-Instruktion vom 16. Sept. v. J. vorgeschriebene Stärke der Transportbegleitungen betreffend, ist derselben nach genommener Rücksprache mit dem Chef der Gensdarmerie eröffnet worden:

daß der Transport zweier Individuen durch einen berittenen, und eines einzelnen Individuums durch einen Fuß-Gensdarmen in vieler Hinsicht zu mißlich sei, um im Allgemeinen nachgegeben werden zu können, und daß nur ausnahmsweise, in nicht durchschnittenen Gegenden, ein zum Widerstande und zur Flucht nicht geeigneter Vagabunde (aber nie ein Verbrecher) durch einen besonders zuverlässigen Fußgensdarmen, mit Beobachtung aller möglichen Vorsichts-Maßregeln transportirt werden dürfe, bei der geringsten Besorgniß aber zwei Begleiter zu geben seien.

Ich veranlasse die Königl. Regierung diese Bestimmung auch in deren Bezirk zur Ausführung zu bringen.

β. Reskript des Min. des Inn. und der Polizei v. 9. Juni 1836. (v. Kamptz Ann. Bd. XX. S. 397.)

Die hinsichtlich der Bewirkung von Gefangenen-Transporten auf größere Entfernung durch einen Gensdarmen, nach der Beilage des Berichtes der

---

1) Dasselbe bestimme das Reskript der Königl. Reg. zu Arnsberg v. 27. Febr. 1818 (v. Kamptz Ann. II. S. 113) im §. X.

Königl. Regierung vom 28. April c. [1]) von dem Herrn Chef der Gensdarmerie geäußerte Bedenken muß auch das Minist. des Innern und der Polizei für gegründet halten. Da indessen die Begleitung durch zwei Gensdarmen wiederum die von der Königl. Regierung angeführten Uebelstände mit sich führen würde, so ist es allerdings vorzuziehen, dem Gensdarmen für einen auf größere Entfernung zu bewirkenden Transport einen tüchtigen, erprobten Begleiter mitzugeben; auch findet sich dagegen Nichts zu erinnern, daß nöthigenfalls ein Wechsel der Begleiter an schicklichen Orten in der von der Königl. Regierung vorgeschlagenen Art verabredet wird ꝛc.

Zusatz 2. Einrichtung des Transport-Dienstes.

a. Reskript des Königl. Min. des Inn. und der Polizei v. 12. März 1824.
(v. Kamptz Ann. Bd. VIII. S. 224.)

Die in Ew. Excellenz Bericht vom 18 v. Mts. angezeigten, wegen Einrichtung des Transportwesens durch den Wehlau'schen Kreis getroffenen Ver-

---

[1]) Bericht der Königl. Reg. zu Minden v. 28. April 1836 (v. Kamptz Ann. Bd. XX. S. 396):

Nach Inhalt des in Abschrift gef. beigefügten Schreibens des Königl. Brigadiers der VII. Gensdarmerie-Brigade zu Münster v. 14. d. Mts. (Anl. a) hat der Hr. Chef der Gensdarmerie für angemessen erachtet, daß zu Gesdarmerie-Transporten auf größere Entfernungen stets zwei Gensdarmen kommandirt würden, indem einem Gensdarmen die Bewachung des Transportaten in solchen Fällen zu beschwerlich sei.

Diese Maßregel würde inzwischen nicht nur die Kosten des Transportes vermehren, sondern auch, was noch beachtenswerther sein möchte, einen zweiten Gensdarmen auf einiger Zeit seiner Dienstleistung in der Station entziehen. Letzteres würde namentlich im hiesigen Reg.-Bez. um so fühlbarer werden, als die ohnehin schwache Gensdarmerie-Besatzung dem wirklichen Bedürfnisse nicht vollständig entspricht.

Wenn daher in Fällen obiger Art ein tüchtiger und rühriger Gensdarm nicht zureichend erachtet werden möchte, so würde entweder ein zweiter geeigneter Begleiter — etwa ein versorgungsberechtigter ehemaliger Militär — beigegeben werden müssen, oder es würden die Gensdarmen von einem Reg.-Bez. zum andern sich abzulösen haben, in welchem Falle für Transporte nach Berlin die hiesigen Gensdarmen in Halberstadt oder Magdeburg abgelöset werden könnten.

Ew. Exc. stellen wir ehrerbietigst anheim, den Gegenstand in nähere Erwägung zu ziehen, und uns mit Verhaltungsmaßregeln zu versehen.

Anlage a.

Der erst ganz kürzlich durch einen zu N., Reg.-Bez. Münster, stationirten Gensdarmen diesseitiger Brigade von dort, in Folge ergangener höherer Verfügung nach Berlin ohne weitere Begleitung, allein bewirkte Arrestanten-Transport hat dem Hrn. Chef der Gensdarmerie, bei welchem der betreffende Gensdarm nach seiner Ankunft daselbst persönlich sich gemeldet, zur besonderen Veranlassung gereicht, mittelst dieserhalb erlassenen Reskripts vom 6. d. Mts. mich aufmerksam zu machen, wie es für einen Gensdarmen eine schwere Aufgabe sei, einen Arrestanten auf einer so biedeutenden Reihe allein zu bewachen, da selbiger unterwegs doch mancherlei Besorgung und Bedürfnisse hat, die er allein abzumachen und wo er den Arrestanten nicht mit sich führen ann; außerdem derselbe auch der Anstrengung der Reise unterliegen muß, indem er nothwendig während der Dauer derselben des Schlafs gänzlich entbehrt; weshalb es erforderlich erscheinen dürfte, daß bei solchen Transporten stets zwei Gensdarmen kommandirt werden.

Eine Köngl. Hochlöbl. Regierung erlaube ich mir daher ganz ergebenst zu ersuchen, bei etwa ferneinweit vorkommenden Fällen von Arrestanten-Transporten der angeregten Art, die hierunter abseiten des Hrn. Chefs der Gensdarmerie geäußerte, in jeder Beziehung gewiß vollkommen begründete Ansicht sehr geneigtest berücksichtigen zu wollen.

Münster, den 14. April 1836.

Der Oberst und Brigadier
von Bronikowski.

anstaltungen [1]) erscheinen durchaus so zweckmäßig, daß deren Genehmigung kein Bedenken findet, und wird es gern gesehen werden, wenn auch für andere Kreise, unter Zustimmung der Einsassen, ähnliche Vorkehrungen eingeleitet werden.

b. Reskript des Königl. Min. des Inn. und der Polizei v. 5. März 1836. (v. Kamptz Ann. Bd. XX. S. 207.)

Der Königl. Regierung wird hierbei eröffnet, wie das unterzeichnete Ministerium der Ansicht des Bittstellers beipflichten muß, daß das Geschäft des Transportirens der Gefangenen nicht der Reihe nach unter sämmtliche Einwohner des Orts zu vertheilen ist. Insofern überhaupt einer Gemeinde diese Last obliegt, muß der Gemeinde-Vorsteher geignete Personen dazu dingen, nicht aber darf jedem Einwohner ohne Unterschied das Geschäft eines Transporteurs oder gar die Wahl eines Stellvertreters für dasselbe überlassen werden. Dies geht auch schon aus der General-Transport-Instruktion vom 16. Sept. 1816 und deren Erläuterungen hervor.

c. Reskript des Königl. Min. des Inn. und der Polizei v. 12. Juli 1836. (v. Kamptz Ann. Bd. XX. S. 676.)

Auf den Bericht vom 24. v. Mts. betr. den Rekurs des Justiz-Kommissars N. zu N. gegen das wider ihn Seitens des Bürgermeisters N. daselbst wegen verweigerten Gefangenen-Transports unterm 18. Aug. pr. erlassene, von der Königl. Regierung bestätigte Strafresolut wird derselben bemerklich gemacht, daß es sich hier darum handelt:

a. ob der Transportdienst in N. fernerhin nach der Reihenfolge geleistet werden darf?

b. ob es im vorgedachten Falle bei dem gedachten Strafresolut verbleiben kann?

ad a muß das Ministerium Anstand nehmen, den Transport-Reihedienst zu genehmigen, da es bei dem Geschäft des Transportirens auf besondere persönliche Qualifikation ankommt, welche nicht bei Jedem vorausgesetzt werden kann. Die Königl. Regierung hat daher jenen, durch kein Gesetz begründeten Reihedienst [2]) abzustellen, künftig aber die Gefangenen-Transporte durch qua-

---

1) Diese Veranstaltungen bestehen darin, die zu leistenden Transporte nicht mehr, wie bisher, durch die Stations- und benachbarte Ortschaften, sondern durch dazu angestellte, von allen Kreiseingesessenen durch Geldbeiträge zu unterhaltende Transporteurs bewirken zu lassen.

2) Anweisung der Königl. Reg. zu Arnsberg v. 27. Febr. 1818 (von Kamptz Ann. II. S. 112).

§. XI. Damit der regelmäßige Wechsel der Transport-Begleitung gesichert und für die gehörige Bewachung der Verhafteten überall gesorgt werde, so haben die landräthlichen Behörden unverzüglich für jeden Stationsort einen besonderen Transport-Reihedienst anzuordnen, wozu nach Anleitung der Instruktion die wehrhaftesten, unerschrockensten, kundigsten und zuverlässigsten Männer der Umgegend in hinreichender Anzahl auszuwählen und nach einer ihnen bekannt zu machenden festen Reihenfolge-Ordnung aufzufordern, dagegen aber mit anderen polizeilichen und Gemeindediensten verhältnißmäßig zu verschonen sind. Unter diesen Männern sind sodann die geeignetsten Individuen zu Transportführern auszuersehen.

lifizirte Lohndiener verrichten und die damit verbundenen Kosten aus der Kommunal-Kasse bestreiten zu lassen. Letztere kann dadurch in keiner Art erheblich belastet werden, da die Gensdarmerie in den meisten Fällen die Transporte verrichtet, großentheils auch eine Erstattung der Transportkosten von der absendenden Behörde oder der des Bestimmungsortes erfolgt.

Bei dem Punkte

ad b. kommt in Betracht, daß es ganz überflüssig war, die Leistung des in Rede stehenden persönlichen Dienstes von dem Rekurrenten unter Androhung von Strafe zu fordern. Nach §. 9 der Verordnung vom 4. März 1834 und auch schon nach den in derselben allegirten Vorschriften der Allg. Gerichts-Ordnung war der Bürgermeister in Folge der Weigerung des Verpflichteten, sich einem derartigen Kommunal-Dienst zu entziehen, befugt, solchen auf Kosten des Renitenten durch einen Dritten leisten zu lassen, wie der Bürgermeister dies in dem vorliegenden Falle auch späterhin wirklich gethan hat; allein der Zweck wäre ebensogut vollständig zu erreichen gewesen, wenn man sich darauf beschränkt hätte, solches dem Verpflichteten anzukündigen, ohne damit die ganz überflüssige Strafandrohung zu verbinden, wie es denn überhaupt nicht zu billigen ist, daß Polizeibehörden da, wo es nicht erforderlich, mit unnützen Strafandrohungen der Art hervortreten. —

Demgemäß kann das Strafresolut des Bürgermeisters zu N. gegen den Justiz-Kommissarius N. vom 18. Aug. v. J. nur in so weit von dem unterzeichneten Ministerium bestätigt werden, als es den Ersatz der Kosten für den als Stellvertreter des N. gedungenen Transporteur zum Gegenstande hat, wonach also nur ein Thaler von dem N. einzuziehen ist. Den vorgedachten 1 Thaler muß der N. übrigens aus dem Grunde ersetzen, weil bis jetzt die fragliche Last der Reihe nach von den Grundbesitzern getragen ist, und alle früheren Fälle nach diesem Prinzipe auszugleichen sind.

d. Reskript des Königl. Min. des Inn. v. 18. November 1820. (v. Kamptz Ann. Bd. III. S. 309 Nr. 51.)

Die Königl. Regierung wird auf Ihren Bericht vom 23. v. Mts. autorisirt, die beurlaubten Landwehr-Mannschaften zu den erforderlichen Kommunal-Wacht- und Transport-Diensten in der nämlichen Art heranzuziehen, wie sol-

---

Publikandum der Königl. Regierung zu Königsberg v. 23. April 1817. (Ann. I. S. 196. Nr. 126.)

Aus mehreren beschwerenden Anzeigen haben wir die Größe der Belästigungen wahrgenommen, die den kleinen Städten und den Dörfern dadurch aufgelegt sind, daß sie zu Stationsorten auf den Transport-Straßen bestimmt sind.

Da sich indessen diese Bestimmung nicht abändern läßt, es aber allerdings nothwendig ist, den Stationsorten wenigstens eine Erleichterung zu verschaffen, so setzen wir hierdurch fest,

daß in allen Fällen, wo keine besondere Beschleunigung der Transporte nothwendig ist, die nahe gelegenen Orte zur Gestellung der Transportanten, unter Leitung des von dem Stationsorte anzuweisenden Transport-Führers, nach einer Reihenfolge zugezogen werden sollen.

Vergl. auch: Reskript vom 23. Juli 1817. §. VI.

ches in Ansehung der übrigen Bürger, mit denen erstere außer der Uebungszeit, rücksichtlich aller bürgerlichen und Kommunal-Angelegenheiten und Verpflichtungen in gleichen Verhältnissen stehen, geschieht.

Es versteht sich jedoch von selbst, daß während der Landwehr-Uebungen die dazu einberufenen Leute zu keinen andern persönlichen Diensten und Leistungen aufgefordert und herangezogen, auch namentlich weder zur Stellung von Stellvertretern, noch zur Entrichtung von Geld-Beiträgen verpflichtet werden können.

Kap. XII. Transport-Kosten.

Zusatz 1. Allgemeine Bestimmungen.

Das Reskript des Minist. des Innern und der Polizei vom 18. Juli 1821 hatte ein besonderes Reglement wegen der Transportkosten verheißen.

a. Reskript des Min. des Inn. und der Polizei v. 18. Juli 1821. (v. Kamptz Ann. Bd. V. S. 668 Nr. 95.)

Der Königl. Regierung wird auf den, die Erstattuug der Transportkosten betreffenden Bericht vom 27. v. Mts. hiermit eröffnet, daß das Reglement wegen der Transportkosten erfolgen wird, wenn die von den Königl. Regierungen erforderten Gutachten eingegangen sein werden 2c.

b. Reskript des Min. des Inn. und der Polizei v. 17. August 1821. (v. Kamptz Ann. Bd. V. S. 670.)

Aus den von sämmtlichen Königl. Regierungen — in Verfolg der wegen Ausarbeitung eines früher verschiedentlich in Antrag gebrachten, die nähere Festsetzung der bei den Transporten der Verbrecher und Vagabunden vorfallenden, ordentlichen und außerordentlichen Kosten der Fortschaffung, Verpflegung und Lagerung enthaltenden allgemeinen Regulativs, unterm 6. Oct. 1818 erlassenen Cirkular-Verordnung — nunmehr eingegangenen Berichten, hat das Ministerium des Innern und der Polizei sich überzeugt, daß weder das Bedürfniß zu einer solchen generellen Vorschrift überhaupt wirklich vorhanden ist, wie denn auch das Gutachten der mehrsten Regierungen dagegen ausgefallen ist; noch selbst hierüber gleichartige Bestimmungen eher würden getroffen werden können, als nicht die beabsichtigte Kreis-Ordnung der Kreis- und Kommunal-Verhältnisse, sowie die Feststellung allgemein gültiger Grundsätze über die Verpflichtung zur Unterbringung der Vagabunden und verarmten heimathlosen Personen vorausgegangen sein wird.

Es muß daher für jetzt bei den Bestimmungen und Einrichtungen ferner verbleiben, welche theils durch allgemeine Gesetze, sowie durch die verschiedenen Landarmen-Reglements und in einzelnen ministeriellen Verordnungen festgesetzt worden sind, theils in den besonderen provinziellen Verfassungen, welche bisher zur diesfälligen Richtschnur gedient, ihren Grund haben, bis dieser Gegenstand, im Zusammenhange mit den übrigen damit in Wechselwirkung stehenden Angelegenheiten, von der Gesetzgebung allgemein wird aufgenommen werden können. In einzelnen Fällen, wo über die Anwendung Zweifel entsteht, und höhere Entscheidung erforderlich ist, wird der Berichterstattung entgegen gesehen. —

erklärte ein solches allgemeines Reglement für überflüssig, und setzte fest, daß es bei den bisherigen Bestimmungen sein Bewenden behalten sollte.

Mit Bezug hierauf bestimmt:

c. Das Reskript des Minist. des Inn. und der Polizei v. 3. Januar 1822. (v. Kamptz Ann. Bd. VI. S. 157.)

In so fern die Königl. Regierung durch die nach dem Bericht vom 30. Nov. v. J. beabsichtigte Verfügung die Feststellung anderer Gebühren und Kostensätze, als bisher erhoben worden, für die Transporte von Verbrechern und Vagabunden einzuführen wünscht, so kann dazu die Genehmigung nicht ertheilt werden, da überhaupt Bestimmungen dieser Art nur auf gesetzlichem Wege getroffen werden können. Der Königl. Regierung bleibt indessen überlassen, durch Zusammenstellung der bereits bestehenden diesfälligen Vorschriften die Behörden zur Liquidirung richtiger Sätze zu veranlassen.

d. Reskript des Min. des Inn. und der Polizei v. 24. August 1821. (v. Kamptz Ann. Bd. V. S. 671 Nr. 98.)

Der von der Königl. Regierung in dem anderweiten Bericht vom 21. Juni d. J. wiederholte Antrag,

> daß ihr der Ansatz von Transportkosten und Gebühren in eben der Art, als solches von den Regierungen zu Danzig und Marienwerder zu geschehen pflege, oder doch wenigstens die Beobachtung der Reciprocität gegen die Provinz Westpreußen in dergleichen Fällen nachgelassen werden möge,

entscheidet sich von selbst durch Anwendung der Ansichten, welche ihr, hinsichtlich der Einführung eines allgemein gültigen Kosten-Regulativs in Transport-Angelegenheiten, in der Cirkular-Verfügung vom 17. d. Mts. (b.) zu erkennen gegeben sind. Wenn es hiernach noch ferner bei den bereits bestehenden, sowohl in den Gesetzen überhaupt, als über die dahin gehörigen Verhältnisse im Allgemeinen ertheilten, als in den verschiedenen Land-Armen-Reglements enthaltenen besonderen Vorschriften, sowie bei den durch die speziellen Provinzial-Verfassungen herbeigeführten Einrichtungen sein Verbleiben behalten muß, so kann auch in Ansehung des hier zur Sprache gebrachten einzelnen Gegenstandes keine neue Bestimmung getroffen werden.

e. Reskript des Königl. Min. des Inn. und der Polizei v. 7. März 1823 (v. Kamptz Ann. Bd. VII. S. 123 Nr. 71.)

Die durch die Bestimmung der Königlichen Regiernng zu Potsdam (vom 19. Dec. 1822) in deren Amtsblatte zur Kenntniß der Königl. Regierung gelangte Anordnung derselben, wegen der Kostensätze bei polizeilichen Transporten, ist auf die dortige Provinzial-Verfassung gegründet, und kann auf andere Bezirke, woselbst eine abweichende Einrichtung bisher stattgefunden, nicht angewendet werden. Wenn nun auch die Königl. Regierung selbst in Ihrem früheren allgemeinen Berichte über diesen Gegenstand geäußert hat,

daß es hinsichtlich der bei den Transporten vorkommenden Kosten lediglich bei der bestehenden Verfassung zu belassen sein dürfte,

so kann um so weniger auf den Antrag derselben in dem Berichte v. 17. v. M.,

daß den Stationsorten des dortigen Bezirkes dieselbe Vergünstigung als im Potsdamer Departement gewährt werde,

jetzt eingegangen werden, sondern es muß die Bestimmung darüber bis zur allgemeinen Festsetzung über die diesfälligen Verhältnisse vorbehalten bleiben.

f. Reskript des Königl. Min. des Inn. und der Polizei v. 22. Januar 1828.
(v. Kamptz Ann. Bd. XII. S. 161.)

Was die Vorschläge betrifft, wegen der Transportkosten einen Aufschlag auf die ganze Provinz zu genehmigen, so muß ich mich auf das unterm 17. Aug. 1821 an sämmtliche Regierungen erlassene Cirk.-Reskr beziehen (b.), in welchem bereits erklärt worden ist, daß vor definitiver Regelung der Kreis- und Kommunal-Verhältnisse ein dergleichen neues Vertheilungs-Prinzip nicht zu genehmigen sei. Dagegen finde ich es dem Edikt vom 10. Dec. 1720 und dem Publikandum des General-Direktorii vom 14. Mai 1799 ganz angemessen, daß nicht blos die Verpflegungs- und etwaige Fuhrkosten, sondern auch die Kosten für den zu miethenden Transporteur denjenigen in Rechnung gestellt werden, welchen überhaupt die Verbindlichkeit obliegt, die Kosten des Transports zu tragen.

§. 12. Zu den Transport-Kosten gehören alle diejenigen Kosten, welche durch den Transport, die Verpflegung und die Bewachung auf demselben verursacht worden.

Zusatz 2. Kosten, die nicht dazu gehören.

a. Reskript des Königl. Min. des Inn. und der Polizei v. 10. November 1821.
(v. Kamptz Ann. Bd. V. S. 915 Nr. 68.)

Auf den, die Erstattung der Transportkosten für Kriminal-Gefangene betreffenden Bericht der Königl. Regierung vom 4. v. Mts. wird derselben bemerklich gemacht, daß, da die Stadt Neuenburg keine Verbindlichkeit hat, die Vorschüsse und Auslagen für dergleichen weiter beförderte Transporte ganz oder zum Theil zu tragen, dieselbe sich wegen der Wiedererstattung geleisteter Vorschüsse nur an die absendende Gerichtsbehörde, auf deren Requisition der Transport geschehen ist, halten muß.

So sind auch die geschilderten Uebelstände insgesammt nicht nothwendige und unmittelbare Folgen der Beauftragung, den diesfälligen Requisitionen der Gerichte zu genügen, sondern sie gehen aus einer mißverstandenen Anwendung der Transport-Instruktion hervor.

Die in den Vorschlägen zur Vermeidung derselben ad. 1 und 2 dargelegten Ansichten sind richtig und darf der Mißbrauch ferner nicht gestattet werden. Auch die Erstattung der unmittelbar auf die Fortschaffung der Transportanden Bezug habenden Kosten darf von der Polizei nicht gefordert werden, da vielmehr den absendenden Behörden dafür zu sorgen obliegt.

Wenn die Königl. Regierung die Meinung äußert, daß der Transport der Verbrecher durch die Polizeibehörde geschehen müsse, so ist nicht unbemerkt zu lassen, daß die Polizeibehörden nur hülfsweise, auf Requisition, eintreten.

Aus diesen festzuhaltenden Gesichtspunkten sind alle übrigen Verhältnisse zu beurtheilen, daher auch die Meinung,

> daß kein Civilbegleiter den Kriminal-Transportdienst ohne Vergütigung zu leisten verpflichtet ist, und keine Kommunal-Kasse solche Kosten tragen darf,

ganz richtig ist, wie denn auch die Vorschrift des Allg. Landrechts nur von Polizei-Transporten handelt.

Zugleich wird der Königl. Regierung eröffnet, daß diesseits des Herrn Justiz-Ministers Excellenz um Erlassung angemessener Verfügung wegen Abstellung des angezeigten Verfahrens mehrerer Gerichtsstellen, bei vorschußweiser Einziehung der Untersuchungskosten von den transportirenden Polizeibehörden, dato ersucht worden ist.

b. Reskript des Königl. Min. des Inn. und der Polizei vom 6. December 1821.
(v. Kamptz Ann. Bd. V. S. 917 Nr. 69.)

Der Königl. Regierung wird in Verfolg des Reskripts vom 10. v. Mts. (a.) auf Ihren Bericht vom 4. Okt. d. J., das Verfahren einiger Gerichtsstellen bei Einziehung der während der Untersuchung gegen einen Inquisiten aufgelaufenen Gerichtskosten betreffend, nachrichtlich bekannt gemacht, daß des Herrn Justiz-Ministers Excellenz auf meinen diesfälligen Antrag das dortige Ober-Landesgericht angewiesen hat, die Abstellung jenes nicht zu billigenden Verfahrens einiger Untergerichte zu bewirken. [1])

c. Reskript des Königl. Min. des Inn. und der Polizei v. 2. April 1822.
(v. Kamptz Ann. Bd. IV. S. 407 Nr. 60.)

Von der Königl. Regierung ist, nach Anzeige der Königl. Regierung zu Trier, die Berichtigung der Verpflegungskosten für solche Individuen, welche nach Ablauf ihrer Strafzeit noch in einem Krankenhause zurückbehalten werden müssen, verweigert worden.

Wenn es nun als richtig anerkannt werden muß, daß dergleichen Verpflegungskosten weder von der Strafanstalt, noch aus dem allgemeinen Fonds derjenigen Behörde, welcher die Verwaltung derselben zusteht, übernommen werden können, vielmehr diejenigen Gemeinden oder diejenigen Individuen,

---

[1]) Schreiben des Königl. Justiz-Min. v. 6. Nov. 1821.

Das nach Ew. Exc. gef. Schreiben v. 10. d. Mts. von der Reg. zu Marienwerder angezeigte Verfahren mehrerer dortiger Gerichtsstellen, daß sie sämmtliche Gerichtskosten, Sitzgebühren und Verpflegungskosten, die gegen einen Inquisiten aufgelaufen sind, von der nächsten Transportstation einziehen, ist allerdings nicht zu billigen, und ich habe daher dem Ober-Landesgerichte zu Marienwerder aufgegeben, die Untergerichte zur Abstellung dieses Verfahrens anzuweisen.

wohin und zu denen die zu entlassenden Gefangenen hätten geschafft werden sollen, wenn ihre Transportirung zulässig gewesen wäre, für solche Kosten aufkommen müssen, so wird die Königl. Regierung hiermit angewiesen, die Verpflegungskosten für den N. von den dazu Verpflichteten oder in deren Ermangelung aus dem dazu subsidiarisch verbundenen Fonds einzuziehen, solche der Königl. Regierung zu Trier zu berichtigen, und hiernach auch für die Folge in ähnlichen Fällen zu verfahren.

d. Cirkular-Erlaß der Min. der Justiz und des Inn. v. 12. September 1859. (Min.-Bl. 1860 S. 207.)

Die allgemeine Verfügung vom 6. Mai 1850 [1]) bestimmt, daß von den Kosten für die wegen verübter Vergehen und Verbrechen polizeilich aufgegriffenen Personen die Haft- und Transportkosten mit dem Augenblick der Ueberweisung des Verdächtigen von der Polizei- an die Gerichtsbehörde, sei es Behufs der Voruntersuchung oder der förmlichen Untersuchung, von dem Kriminalfonds getragen werden sollen.

Ob zu diesem, dem gedachten Fonds zur Last zu legenden Kosten auch die Transportkosten, welche durch die Ueberweisung des Verdächtigen von der Polizei an die Gerichtsbehörde entstehen, zu rechnen seien, darüber hat in Folge der deshalb schon früher angeregten Fragen eine nähere Verständigung zwischen den betheiligten Ministerien stattgefunden. Danach ist die Ueberweisung der Verdächtigen an die Gerichtsbehörden erst dann als geschehen zu betrachten,

---

1) Verf. des Justiz-Min. v. 6. Mai 1850 (Min.-Bl. 1850. S. 188).

Es sind seit Emanation der Verfassungs-Urkunde v. 5. Dec. 1848 mehrfache Anfragen ergangen über die Verpflichtung zur Uebernahme der durch die Feststellung verübter Vergehen und Verbrechen, sowie durch die Verfolgung der Thäter, entstehenden uneinziehbaren Kosten. In dieser Beziehung sind die durch Zahlung oder Verrechnung noch nicht endgültig erledigten Fälle dieser Art und bis zur Ausführung der Gemeinde-Ordnung und des Gesetzes über die Polizei-Verwaltung vom 11. März c. nachfolgende Bestimmungen zu beobachten:

Bei Beantwortung der Frage, welcher Behörde resp. Kasse jene Verpflichtung obliege, ist im Allgemeinen davon auszugehen, daß jede Behörde, die innerhalb ihres Amtsbereiches erwachsenen Auslagen zu übernehmen hat. Demgemäß sind von den vorgedachten Kosten die Haft- und Transport-Kosten mit dem Augenblicke der Ueberweisung des Verdächtigen an die Gerichtsbehörde, sei es Behufs der Voruntersuchung oder der förmlichen Untersuchung, von den Kriminalfonds resp. den noch zur Uebertragung der Kriminalkosten subsidiarisch verhafteten städtischen Gemeinden, zu tragen. Haft- und Transportkosten, welche bis zu solcher Ueberweisung, oder, ohne daß es zu einer solchen überhaupt gekommen, erwachsen, fallen, wenn sie innerhalb des Bereiches einer Polizeibehörde, deren Kosten eine städtische Gemeinde zu tragen hat, dieser zur Last; in allen anderen Fällen hat sie der fiskalische Polizeifonds zu tragen. —

Reise- und Zehrungskosten der Zeugen, solche Reisekosten der Staatsanwaltschaft, welche in Fällen entstanden sind, wo dieselben nach §. 7 der Verordnung v. 3. Jan. c. verfahren sind, Kosten der Erhebung des Thatbestandes, der Einnahme des Augenscheins, der Haussuchungen 2c. fallen dem Kriminalfonds oder den noch für die Kriminalkosten subsidiarisch verhafteten städtischen Gemeinden alsdann zur Last, wenn die Maßregeln, durch und für welche die Kosten entstanden sind, von der Gerichtsbehörde vorgenommen sind, und zwar ohne Unterschied, ob eine Untersuchung eingeleitet worden ist, oder nicht, da in beiden Fällen diese Maßregeln lediglich Handlungen der strafgerichtlichen Amtsthätigkeit sind 2c.

wenn dieselben der betreffenden Gerichtsbehörde zugeführt und von dieser zur Haft übernommen sind.

Nur wenn die Verhaftung auf Requisition des Gerichtes oder der Staats-Anwaltschaft erfolgt ist, tritt eine Ausnahme hiervon ein, wobei es keinen Unterschied macht, ob die Requisition speziell an die Polizeibehörde gerichtet oder in einem Steckbrief enthalten ist.

In diesen Ausnahmefällen sind die Transportkosten von dem Zeitpunkte der Verhaftung an auf den Kriminalfonds zu übernehmen; dagegen müssen die Kosten des Transports der von den Polizeibehörden auf eigene Veranlassung ohne vorhergegangene Requisition oder steckbriefliche Verfolgung Seitens des Gerichts und der Beamten der Staats-Anwaltschaft verhafteten Verdächtigen nach dem Orte des Gerichtes von der Polizeiobrigkeit resp. den Gemeinden getragen werden.

Nach den vorstehenden Bestimmungen ist auch fortan von den Polizeibehörden, sowie von den Gerichtsbehörden zu verfahren. Die letzteren haben demgemäß bei der Anweisung der in Rede stehenden Transportkosten auf den Kriminalfonds zur Justifikation der Ausgabe stets zugleich die Bescheinigung beizufügen, daß die von der Polizei geschehene Verhaftung der eingelieferten Individuen auf die Requisition des Gerichtes oder der Staats-Anwaltschaft, oder nach vorangegangener steckbrieflicher Verfolgung Seitens derselben vorgenommen worden sei.

e. Bescheid des Minist. des Innern v. 5. Sept. 1860. (Min.-Bl. 1860 S. 207.)

Der ꝛc. eröffne ich auf den Bericht vom 16. v. Mts., daß die Auslegung, welche die allgemeine Verfügung vom 12. Sept. v. J. (d.) dem Cirk.-Reskr. vom 6. Mai 1850 (Anlage 1 zu d.) dahin gegeben hat,

> daß die Ueberweisung eines, ohne vorherige Requisition des Gerichts oder der Staats-Anwaltschaft von der Polizeibehörde an das Gericht abzuliefernden Verdächtigen und die hiermit beginnende Verpflichtung des Kriminalfonds zur Tragung der entstehenden Kosten, erst mit dem Augenblick als eingetreten zu betrachten, wo das betreffende Individuum von der Gerichtsbehörde zur Haft übernommen worden sei, und daß deshalb die Kosten des zu dieser Ueberweisung erforderlichen Transports den Polizei-Obrigkeiten resp. Gemeinden zur Last fallen,

auch in den früher hier zur Sprache gebrachten Streitfällen als die allein richtige Auffassung stets festgehalten, und daß auf dieselbe lediglich zur Beseitigung erhobener Zweifel unterm 12. Sept. v. J. hingewiesen worden ist. Es kann daher keinem Bedenken unterliegen, daß diese Auffassung auch für die bereits vor deren Veröffentlichung stattgehabten Transporte der in Rede stehenden Art als maßgebend angesehen werden muß.

Hiernach ist die Beschwerde des Magistrats zu N. über die von der Königl. Ober-Rechnungs-Kammer, wegen Erstattung der Kosten für den am 13. Juli 1858 erfolgten Transport des N. getroffene Entscheidung nicht als begründet anzuerkennen.

Die (tit.) hat hiernach den Magistrat abschlägig zu bescheiden und dem entsprechend auch die übrigen Spezialfälle zu erledigen.

Mithin

1) Die Verpflegungsgelder der Transportaten auf dem Transport.

a. Reskript des Min. der Polizei v. 6. Oktober 1818. (v. Kamptz Ann. Bd. II. S. 1094 Nr. 69.)

Auf den Bericht vom 17. v. Mts. wird der Königl. Regierung (Liegnitz) hierdurch eröffnet, daß jeder Unterschied bei der Behandlung der Transportanden, wodurch diejenigen, welche auf Kosten öffentlicher Fonds fortzuschaffen sind, schlechter als jene, deren Transportirung auf Kosten der Privat-Gerichts-Herrschaften und Kommunen geschieht, verpflegt werden, an sich ganz unstatthaft und unter der Würde des Staates ist und daher überall nicht geduldet werden darf.

Wenn übrigens die Reglements nur einen bestimmten Satz annehmen, so lassen sie (z. B. das Regulativ vom 14. Dec. 1793) doch nach, denselben nach Verhältniß des Marktpreises zu erhöhen. Eben dieses muß nach dem Verhältniß der Gefangenen eintreten, und es darf dabei nicht übersehen werden, daß bloße Polizei-Gefangene gegründeten Anspruch auf höheren Alimentensatz haben, als Verbrecher und Kriminal-Gefangene; ganz besonders ist aber zu berücksichtigen, daß die der Bewegung in freier Luft fortwährend ausgesetzten Transportanden einer größeren Portion Lebensmittel bedürfen als die Polizei-Gefangenen, bei denen dieser Fall nicht eintritt, wie dies auch unter anderen in den in diesem Jahre mit auswärtigen Staaten abgeschlossenen (G.-S. 1818 Nr. 5) Konventionen über Auslieferung und Transport der Deserteure, [1]) durch die darin stipulirten Alimentensätze in Beachtung genommen ist. Nach dieser Ansicht hat daher die Königl. Regierung das Weitere zu veranlassen. [2])

---

[1]) Vergl. auch Reskr. des Königl. Min. des Innern und der Polizei v. 1. Aug. 1821 (v. Kamptz Ann. Bd. V. S. 669. Nr. 96).

[2]) Provinzielle Bestimmungen über die Verpflegungsgelder.

a) Publikandum der Königl. Regierung zu Potsdam v. 19. Dec. 1822 (v. Kamptz Ann. Bd. VII S. 950. Nr. 63).

rc. Wegen des Verpflegungssatzes für Transportaten behält es bei der letzten Feststellung auf 2 Ggr. täglich (Amtsbl. 1822 Nr. 6) bis auf Weiteres sein Bewenden.

b) Publikandum der Königl. Regierung zu Cöln v. 3. April 1818 (v. Kamptz Ann. Bd. II. S. 407. Nr. 79).

Nach der bisherigen Einrichtung sollen die auf dem Transport begriffenen Gefangenen in dem Gefängnisse, welches sie verlassen, die nöthige Nahrung für einen Tag, in dem Gefängnisse, wo sie ankommen, hingegen keine Nahrungsmittel erhalten.

Weil indessen die Suppe erst Mittags an die Gefangenen vertheilt wird, so wird den Transportaten bei ihrem Abgange auch nur das Brod zu Theil, und sie erhalten mithin nach vollendetem Tagemarsche keine weiteren Nahrungsmittel, welche sie dann gerade am meisten bedürfen.

Um diesem Uebelstande abzuhelfen, verordnen wir hierdurch, im Einverständniß mit dem Königl. Ober-Präsidio, daß die transportirten Gefangenen in dem Gefängniß, welches sie verlassen, die halbe Portion Brod, mithin ¾ Pfund, in dem Gefängnisse aber,

2) Die Postgebühren und Wagen- oder Pferdemiethe in den Fällen der Zulässigkeit dieser Transportmittel (§. 9).

Zusatz 3. Bestimmungen über den Vorspann.

a. Cirkulare des Königl. Min. des Inn. v. 12. Juli 1816. (v. Kamptz Ann. Bd. I. S. 98.)

Es kommen öftere Anfragen wegen des Transportes von Vagabonden und Verbrechern bei dem unterzeichneten Ministerium vor. Um solchen ein für allemal zu begegnen, dient der Königl. Regierung zur Achtung in vorkommenden Fällen, daß es bei der über die Abschaffung des Vorspannes ergangenen allgemeinen Verordnung, [1]) außer den darin namhaft gemachten be-

---

wo sie ankommen, die andere Hälfte Portion Brod und die vorschriftsmäßige Portion Suppe erhalten sollen.

Indem wir den betreffenden Behörden unseres Reg.-Bezirkes die pünktliche Befolgung dieser Vorschrift zur Pflicht machen, bemerken wir zugleich, daß hiernach die Liquidationen über die Unterhaltungskosten der Gefangenen nach Maßgabe des bestehenden Kontraktes und mit Beifügung des von der Ortsobrigkeit bescheinigten Brodpreises, einzurichten sind.

c) Publikandum der Königl. Regierung zu Cöln v. 2. Sept. 1817 (v. Kamptz Ann. I. S. 170. Nr 99).

Mit Bezug auf die im zweiten Stück unseres vorjährigen Amtsblattes sub. Nr. 7 enthaltene Verfügung v. 27. April 1816 machen wir hierdurch bekannt: daß zufolge einer vom Königl. Min. des Innern nach gehaltener Kommunikation mit dem Königl. Kriegsministerium getroffenen Bestimmung, von den Ortschaften, wo die Militär-Arrestaten auf den Transporten übernachten, durchaus nicht verlangt werden kann, die Verpflegung derselben gegen den von ihnen zu zahlenden Sold bewirken zu lassen.

Der Militär-Arrestant erhält täglich 2 Sgr. als Löhnung und es bleibt lediglich seine Sache, sich dafür die zu seiner Beköstigung nöthigen Bedürfnisse auf dem Transport anzukaufen, wobei es ihm jedoch freisteht, an den Orten, in welchen Militär-Magazine vorhanden sind, ein sechspfündiges Brod auf fünf Tage gegen baare Bezahlung von 2 Sgr. zu kaufen.

Ein Mehreres kommt einem Militär-Arrestaten nicht zu, da es unbillig sein würde, einem Arrestaten mehr als einem dienstthuenden Soldaten zu verabreichen.

d) Publikandum der Königl. Regierung zu Frankfurt v. 2. Juli 1818 (Ann. II. S. 802).

In den Transportzetteln, welche die Truppen den Verpflegungsberechnungen beischließen, um damit die zur Ausgabe kommenden Transportkosten der Militär-Arrestaten zu belegen, haben sich, einer Aeußerung des Königl. Kriegsministerii zu Folge, seit einiger Zeit manche Unregelmäßigkeiten vorgefunden, welche meistentheils durch die Polizei- und Ortsbehörden, denen die Weiterbeförderung der Transporte in Orten, wo sich keine Garnison befindet, obgelegen, entstanden sind; indem selbige nicht allein Meilengelder für die Begleitung, Sitzgebühren rc., sondern sogar aus Versehen die Verpflegung öfters zweimal bezahlt haben. Da nun dergleichen zur Ungebühr und willkürlich gemachte Mehr-Ausgaben weder von dem betreffenden Truppentheile, noch von dem Militärfonds getragen werden können, so werden sämmtliche Behörden, mit Bezug auf die wegen des Transportes überhaupt ergangenen Bekanntmachungen vom 23. Juli und 1. Dec. v. J. (Amtsbl. v. 1817, St. 40 Nr. 276 und St. 51 Nr. 327) angewiesen, bei den vorkommenden Militär-Transporten in dieser Rücksicht die gehörige Achtsamkeit anzuwenden, indem, falls bei Revision der Truppen-Verpflegungs-Berechnungen zuviel gezahlte Verpflegungsgelder für Militär-Arrestaten vorkommen sollten, solche ohne Weiteres von den betreffenden Behörden eingezogen werden müssen.

[1]) a. Allerh. Edikt über die Finanzen des Staates rc. v. 27. Okt. 1810. (Ges.-Samml. 1810 S. 25. Nr. 3.)

rc. Der bisher von den sogenannten pflichtigen Landbewohnern gestellte Vorspann soll in Friedenszeiten wegfallen, und ferner für das Civil und einzelne Militärpersonen gar keine, für das Militär in Friedenszeiten aber von einem Jeden, der Anspann hält, Luxuspferde allein ausgenommen, weil diese einer besonderen Steuer unterworfen sein sollen, gegen volle Bezahlung aus den öffentlichen Einkünften gestellt werden.

sonderen Fällen, lediglich sein Bewenden behalten muß, und in Ansehung des Transportes der Vagabunden und Inquisiten keine Ausnahme gemacht werden kann. Dergleichen Personen sind nur dann, wenn eine absolute Nothwendigkeit es erheischt, Transportmittel zu bewilligen, welche die absendende Behörde möglichst wohlfeil zu besorgen bemüht sein muß. In Absicht der einheimischen Vagabonden ist es mit den unvermeidlichen Transportkosten ebenso zu halten, wie mit der Verpflegung.

Die Transportkosten ausländischer Vagabonden hat die Königl. Regierung auf den dazu geeigneten Fonds anzuweisen. Rücksichtlich der auf Wagen zu transportirenden Inquisiten und Verbrecher müssen die Gerichtsbehörden, an welche die Ablieferung geschieht, für die Wiedererstattung der zu liquidirenden Fuhrkosten Sorge tragen. Es ist aber mit Nachdruck darauf zu halten, daß von den Polizeibehörden in jedem Falle mit der größten Strenge untersucht werde, ob die Bewilligung eines Fuhrwerks zu dergleichen Transporten wirklich unabwendbar ist. Bei der früheren Leichtigkeit der Wagenstellung durch Vorspann ist hier fast durchgehends wenig Oekonomie beobachtet worden.

b. Reskript des Min. des Inn. und der Polizei v. 26. September 1816. (v. Kamptz Ann. Bd. I. S. 201.)

Da die in Ansehung des Vorspanns bestehenden verschiedenartigen Verbindlichkeiten, namentlich in Ansehung der Fortschaffung von Verbrechern und Vagabunden, nicht allenthalben sorgfältig genug unterschieden werden, so finden die unterzeichneten Ministerien sich veranlaßt, der Königl. Regierung Folgendes zur Beachtung zu eröffnen: Von demjenigen Vorspann, welcher früher vermöge allgemeiner Landespflicht gestellt werden mußte, und dessen durch das Edikt vom 28. Oct. 1810 [1]) erfolgte Aufhebung sämmtlichen Königl. Regierungen von Seiten des Ministerii des Innern unterm 12. Juli d. J. (a.) für die Fälle von Verbrecher-Transporten in Erinnerung gebracht worden ist, ist der Vorspann wohl zu unterscheiden, welcher den Gemeinden als Kommunal-Last nach der Bestimmung des Allg. Landrechts Th. II. Tit. 7 §. 37 Nr. 8 obliegt, und keineswegs aufgehoben ist, folglich ebenso wenig verweigert werden darf, als die Fortbringung der in die Landarmenhäuser abzuliefernden Bettler und Landstreicher überhaupt [2]). Für diesen noch fortbestehenden Kommunal-Vorspann muß jedoch ebenso, wie bei dem zum Theil noch beibehaltenen Militär-Vorspann, aus den dazu bestimmten Fonds eine Vergütigung von 6 Ggr. für jedes Pferd auf die Meile jedenfalls und auch bei der Abführung von Bettlern und Vagabunden in die Landarmenhäuser, selbst dann erfolgen, wenn einzelne Reglements eine geringere Vergütigung festgesetzt haben sollten.

---

1) Allerh. Edikt wegen Aufhebung des Vorspanns v. 28. Okt. 1810. (Ges.-Samml. S. 77.)

§. 1. Der Vorspann für Civil-Offizianten und für einzelne reisende Militärpersonen hört vom 1. Jan. 1811 an gänzlich auf 2c.

§. 5. Vom 1. Jan. 1811 an wird aus Unseren Kassen für den bleibenden Vorspann auf die Meile 6 Ggr. für jedes gestellte Pferd bezahlt 2c.

2) Siehe zu §. 1. Zusatz 2. Anm. 1.

c. Cirkulare des Königl. Min. des Inn. v. 13. December 1816. (v. Kamptz Ann. Bd. I. S. 1093.)

Da unser unterm 26. Sept. d. J. erlassenes (b.) gemeinschaftliches Cirkular hin und wieder dahin mißverstanden ist, daß für die, vermöge Kommunalpflicht zu leistenden Transportfuhren auch dann, wenn die Landarmenhäuser oder ein anderer Privatfonds zu deren Bezahlung nicht verbunden sind, eine Vergütigung bezahlt werden soll; daß mithin letztere aus den landesherrlichen Kassen auch dann gewährt werden soll, wenn dies in einer Provinz bisher nicht Statt hatte; so wird der Königl. Regierung hierdurch eröffnet, daß letzteres keineswegs der Sinn dieses Cirkulars ist, sondern daß vielmehr dasselbe, in Ansehung der Erstattung der Kosten dieser Kommunal-Transport-Fuhren es bei der bestehenden Verfassung einer jeden Provinz beläßt.

d. Cirkulare des Königl. Min. der Polizei v. 3. Oktober 1818.

ꝛc. §. IV. Uebrigens wird hierbei in Erinnerung gebracht, daß, in Gemäßheit des Cirkulars des Königl. Ministerii des Innern und der Polizei vom 26. Sept. 1816 die Vergütigung für den hierzu erforderlichen Kommunal-Vorspann zu 6 Ggr. für jedes Pferd auf die Meile bestimmt ist.

e. Reskript des Königl. Min. des Inn. und der Polizei v. 28. Januar 1817. (v. Kamptz Ann. Bd. II. S. 200 Nr. 132.)

Der Königl. Regierung geben wir auf die in Ihrem Bericht vom 27. v. Mts. gemachte Anfrage:

ob bei den Transporten von Bettlern in das Zwangs-Arbeitshaus zu Gr. Salze der reglementsmäßige Vorspann-Vergütigungssatz von 8 Ggr. beibehalten werden soll;

hierdurch zu erkennen, daß bei der unterm 26. September v. J. (b.) erfolgten Bestimmung keineswegs die Absicht dahin gegangen ist, die Transportgebühren bei Einlieferung der Vagabonden in die Land-Arbeitshäuser auch dann auf 6 Ggr. festzusetzen, wenn, nach den einzelnen Regulativen ein höherer Ansatz deshalb stattfinden kann; da ausdrücklich die Bestimmung nur für diejenigen Fälle gegeben worden ist, wo geringere Vergütigungssätze zeither eingeführt gewesen sind. Wenn daher in dem Reglement für das Zwangs-Arbeitshaus zu Gr. Salze der Vergütigungssatz von 8 Ggr. wirklich festgesetzt ist, so kann auch kein Zweifel darüber sein, daß solcher so lange beibehalten werden muß, als nicht ausdrücklich deshalb eine andere Bestimmung erfolgt.

f. Reskript des Königl. Min. des Inn. und der Polizei v. 17. December 1816. (Ungedr. Akta des Polizei-Min. sign. Transportwesen Nr. 7.)

Durch die Cirk.-Verfügung vom 16. September 1816 sind den Kommunen keine neuen Lasten auferlegt. In der Instruktion wegen Ausführung des Vorspann-Edikts vom 28. Oktober 1810 ist sub Nr. 10 bemerkt, daß die als Kommunallast zu betrachtenden, sogenannten Krüppelfuhren, der erfolgten Aufhebung des Vorspannes ungeachtet, in den wenigen Fällen fortdauern müssen, wo nicht bereits andere Gesetze ihre Abschaffung angeordnet haben. Es hat daher gar nicht die Meinung entstehen können, daß mit Aufhebung des Vorspannes auch diese in §. 37 Nr. 8 Tit. 7 Th. II. A. L. R. gegründete Verbindlichkeit der Kommunen gänzlich weggefallen sei. Daß diesen Fuhren selbst die Benennung des Vorspanns nicht beigelegt ist, ändert theils im Wesen der Sache nichts ab, theils könnte vielmehr daraus gefolgert werden, daß die allgemeine Anordnung, durch welche der Vorspann aufgehoben worden ist, nicht darauf zu erstrecken sei. Es kommt nur auf Bestimmung der Fälle an, bei welchen Transportfuhren dieser Art noch stattfinden, und diese ergeben sich aus dem Gesetze dahin, daß dahin nur die Fuhren zum Transport der nach Landes-Polizei-Gesetzen von einem Ort zum andern zu bringenden Verbrecher und Landstreicher zu rechnen sind. Von solchen Fuhren ist in der Cirk.-Verfügung vom 26. September 1816 nur die Rede.

g. Reskript des Min. des Inn. und der Polizei v. 23. December 1825.
(Ungedr. Akta des Polizei-Min. sign. Transportwesen Nr. 7 ꝛc.)

Der Inhalt des Reskriptes vom 27. Dezember 1823 (zu 3 ad e.) findet auch auf Fuhrkosten Anwendung, und es dient für diese keineswegs allein das Reskript vom 26. September 1816 zur Richtschnur. Denn spätere Bestimmungen heben die früheren auf, und daher ist bei Berechnung der Transportkosten in Westpreußen ohne Einschränkung nach den Grundsätzen des Landarmen-Reglements vom 13. December 1804 §. 53 zu verfahren, wonach für eine zweispännige Fuhre nur 10 Sgr. pro Meile passiren.

Zusatz 4. Fuhrkosten-Betrag bei Wagen-Transporten.

a. Reskript des Königl. Min. des Inn. und der Polizei v. 27. August 1819.
(v. Kamptz Ann. Bd. III. S. 309. A.-Bl. der Regierung zu Erfurt.)

Mit Bezug auf das Reskript vom 5. October v. J. will ich auf den Bericht vom 4. d. Mts. der Königl. Regierung zwar genehmigen, daß die bei den Vagabonden- und Verbrecher-Transporten vorkommenden Fuhrkosten, auch in so fern sie den angenommenen Satz von 6 Ggr. für jedes Pferd auf die Meile übersteigen, in allen den Fällen auf den polizeilichen Dispositionsfonds angewiesen werden können, wo bescheinigt wird, daß die Fuhre für den gedachten Satz nicht zu erhalten gewesen ist; ich setze indessen dabei voraus, daß die betreffenden Behörden stets pflichtmäßig sich bemühen werden, die Fuhren für den Satz zu erhalten, und veranlasse eventualiter die Königl. Regierung dieselben in Ihrem Bezirke dazu anzuhalten.

b. Reskript der Königl. Min. des Inn. und der Polizei v. 9. April 1825.
(v. Kamptz Ann. Bd. IX. S. 423.)

Dem von der Königl. Regierung in dem Bericht vom 19. v. Mts. gemachten Antrag:

> daß es in Ansehung der Vergütigung für Wagen-Transporte von Vagabunden und Ausgewiesenen bei den bisherigen Bestimmungen sein Bewenden behalte,

kann nicht gewillfahrt werden.

Wie der Königl. Regierung schon in der Verfügung vom 18. Februar d. J. zu erkennen gegeben worden, liegt die Veranlassung zu der nothwendigeu Abänderung der bisher nachgegebenen Art der Liquidirung der Fuhrkosten bei solchen Transporten darin, daß die bei Ihr bis jetzt noch stattgefundene Abweichung von den allgemeinen Regeln, Exemplifikationen herbeigeführt hat. Die Fortdauer dieser anomalen Einrichtung würde daher nur dann gebilligt werden können, wenn triftige Gründe dafür angeführt worden wären. Solche sind jedoch aus dem Bericht der Königl. Regierung vom 19. v. Mts. nicht zu entnehmen, denn soweit die darin bemerkte größere, als gewöhnliche Entfernung bei einigen Etappenplätzen anbetrifft, so findet solche einestheils auch anderwärts und selbst noch bedeutender, als im dortigen Regierungs-Bezirk Statt, und wird dieselbe anderntheils dann durch den höheren Betrag des Fuhrlohns kompensirt.

Ebensowenig sind in anderen Bezirken alle Etappen durch Chausseen oder gut gebaute Wege mit einander verbunden. Wenn die Jahreszeit den Transport erschwert, so ist alsdann die Annahme von zwei Pferden für den Wagen zulässig. Dadurch, daß von der Königl. Regierung die Anordnung unzeitiger Wagentransporte untersagt und darauf gesehen wird, daß da, wo es möglich ist, nur einspännige Fuhren liquidirt werden, befolgt dieselbe nur allgemein geltende Vorschriften, welches keine Abweichung von der Regel begründen kann.

Die Königl. Regierung hat daher die Verfügung zu treffen, daß vom 1. Juli d. J. ab der Betrag der Fuhrkosten bei Wagentransporten von Vagabunden und Ausgewiesenen auf 7½ Sgr. pro Pferd und Meile gleichmäßig gesetzt werde [1]).

---

1) Publikandum der Königl. Regierung zu Potsdam v. 19. Dec. 1822. (v. Kamptz Ann. Bd. VI. S. 950.)

rc. Auch für die bei polizeilichen Transporten vorkommenden Fuhrkosten hat bisher keine Vergütigung im hiesigen Reg.-Bez. stattgefunden. Nach der General-Transport-Instruktion §. 12 und 13 gehören aber die Wagen- und Pferde-Miethe, in den Fällen der Zulässigkeit dieser Transportmittel, zu den an den Stationsörtern zu zahlenden Kosten; und in der angezogenen Verordnung v. 3. Oct. 1818 §. IV. ist die Bestimmung erneuert, daß für den bei Transporten erforderlichen Kommunal-Vorspann eine Vergütigung von 6 Ggr. für jedes Pferd auf die Meile erfolgen soll. Es tritt daher von jetzt in unserem Departement dasselbe Verfahren in Betreff der vorbestimmten Fuhrkosten, wie in Betreff der Transporteur-Gebühren ein rc.

Auf andere als Transport-Gebühren von Verbrechern und Vagabunden finden diese Bestimmungen und Sätze keine Anwendung.

Reskr. des Min. des Innern und der Polizei v. 20. April 1819. (v. Kamptz Ann. Bd. III. S. 470.)

Ueber den Gegenstand des Berichts der Königl. Regierung vom 13. v. Mts., den Wagen-Transport von Personen betreffend, die weder Verbrecher noch Vagabonden sind, bedarf es der Erlassung so allgemeiner Bestimmungen, als von Ihr in Antrag gebracht worden, gar nicht. Die sogenannten Krüppelfuhren sind da, wo sie noch observanzmäßig bestehen, — denn im Allgemeinen haben die Gesetze über eine diesfällige Verpflichtung Nichts bestimmt, — als eine bloße Kommunal-Last zu betrachten.*)

In den wenigen Fällen, wo sie gegenwärtig etwa noch stattfinden möchte, können

*) Instruktion des General-Direktorii vom 27. März 1797.

§. 13. Ist zum Transport des zu Entlassenden ein Führer nöthig, so muß rc., indem Krüppelfuhren nach wie vor schlechterdings verboten bleiben.

Zusatz 5. Verdingung der Transport-Fuhren.

a. Reskript des Königl. Min. des Inn., der Polizei und der Justiz v. 25. Mai 1830. (v. Kamptz Ann. Bd. XIV. S. 386.)

Wir eröffnen der Königl. Regierung auf den wegen der Fuhrkosten für Wagen-Transporte von Verbrechern erstatteten Bericht vom 8. d. Mts., daß der in diesem Bericht erwähnte Fuhrkostensatz von $7\frac{1}{2}$ Sgr. pro Pferd und Meile die Regel bleiben muß, weil vorauszusetzen ist, daß gewöhnlich damit auszukommen ist. Wenn jedoch dennoch solche Umstände eintreten sollten, daß damit nicht ausgereicht werden kann, so kann die Regierung auch einen von ihr gebilligten höheren Satz zulassen. Um sich jedoch von der Nothwendigkeit eines solchen höheren Satzes an einem Ort zu überzeugen, hat die Königl. Regierung eine Lizitation an den Mindestfordernden vorangehen zu lassen, und diesem demnächst alle daselbst vorkommenden Fuhren der Art zu überlassen.

Uebrigens muß die Bewilligung der Fuhre, wie mehrmals angeordnet ist, nur nach genauer Prüfung der Nothwendigkeit derselben erfolgen.

b. Reskript des Königl. Min. des Inn. und der Polizei v. 17. Juni 1830. (v. Kamptz Ann. Bd. XIV. S. 387.)

Bei den in dem Bericht der Königl. Regierung vom 28. v. Mts. angezeigten Umständen wird hierdurch genehmigt, daß dieselbe die zu den Transporten von Verbrechern und Vagabunden erforderlichen Fuhren, statt solche in bisheriger Art durch Vorspann gegen eine bestimmte Vergütigung bewirken zu lassen, künftig Ihrem Antrage gemäß öffentlich verdinge.

c. Allerh. Kab.-Ordre v. 8. November 1831, betreffend die Leistungen der Gemeinden in den Rhein-Provinzen. (v. Kamptz Ann. Bd. XV. S. 784.)

Nr. 8. Der Civil-Vorspann, der nur zum Transport von Gefangenen erforderlich ist, soll in Folge der schon früher vom Minister des Innern ge-

---

sie daher auch darüber hinaus nicht erstreckt und zu allgemeinen Zwecken benutzt werden. Es würde solches aber der Fall sein, wenn sie als ein Mittel angewendet werden sollten, um die polizeilichen Maßregeln einer Kommune, welche sich von verarmten, hülfsbedürftigen Personen zu befreien wünscht, zu unterstützen.

Wenn einzelne unvermögende Personen, die nicht Bettler oder Vagabunden sind, zu ihrem Fortkommen in die Heimath durchaus Fuhren gebrauchen, und deshalb die Hülfe der Ortschaften auf ihrem Wege anrufen, so ist es eine Handlung der Menschlichkeit, ihnen die nöthige Unterstützung hierbei zu gewähren, und jede Gemeinde wird schon aus der Rücksicht, daß ihr außerdem die größere Last der Verpflegung zufallen könnte, gerne wohlthätig sich erweisen. Allein ganz anders erscheint die Sache, wenn ein Ort solche Verarmte, die sich daselbst aufhalten, fortweiset, und um sie fortzubringen, Fuhrdienste anderer Gemeinden einseitig requirirt, oder durch Zuschickung abnöthigen will. Hierzu ermangelt es an einem gesetzlichen Grunde, vielmehr liegt es in der Natur der Sache und dem eigenen Interesse eines solchen Ortes, für die Fortschaffung, so gut es sich thun läßt, selbst zu sorgen, weil ihm sonst die größere Belästigung der Verpflegung zufallen würde; und kann er dafür von der zur Aufnahme verpflichteten Gemeinde eben so wenig einen Ersatz, als für den dem Verarmten mitgegebenen Zehrpfennig verlangen.

Hiernach ist also auch die Königl. Regierung nicht berechtigt, für die zum Transport des hier erkrankten Tagelöhners N. aus Mittenwalde dorthin geleistete Fuhre von der Kommune daselbst eine Vergütigung zu fordern.

troffenen Einrichtung auch fernerhin öffentlich verdungen, und das Fuhrlohn aus der Staatskasse vergütet werden. Die Beschwerde der Stände ist hierdurch erledigt.

d. Reskript des Min. des Inn. und der Polizei v. 20. September 1832. (Ungedr. Akta des Polizei=Min. sign. Transportwesen Nr. 7 rc.)

Wenn es möglich scheinen sollte, die Fuhren in den einzelnen vorkommenden Fällen für geringere Preise zu verdingen, so ist kein allgemeiner Vertrag, sondern für jede Fuhre besonders abzuschließen.

3) Die Vergütigung an das Militär bei Militär=Transporten [1]);
4) die Bekleidungs=Kosten (§. 17.);
5) dasjenige, was nach der Verfassung die Transporteurs an Transport=Gebühren, Zehrungsgeldern u. s. w. erhalten dürfen.

a. Cirkulare vom 23. Juli 1817.

§. VI. Zu den zu erstattenden Kosten gehören jedoch nicht diejenigen Gegenstände, welche, nach der Verfassung einer jeden Provinz von der Kommune als Kommunal=Last unentgeltlich geleistet werden müssen; und finden insonderheit Meilengeld und andere Vergütigung der vermöge Kommunal=Dienstpflicht gestellten Transporteurs nur in denjenigen Regierungsbezirken statt, in welchen, nach der Provinzial=Verfassung, ihre Statthaftigkeit von der Königl. Regierung ausdrücklich ausgesprochen ist.

b. Reskript des Königl. Min. der Polizei v. 21. August 1817. (v. Kamptz Ann. Bd. I. S. 165.)

Siehe Zusatz 4 zum §. 10 unter Kommunal=Transport ad c.

c. Reskript des Königl. Min. des Inn. und der Polizei v. 11. Mai 1821. (v. Kamptz Ann. Bd. V. S. 403 Nr. 85.)

Dem Antrag der Königl. Regierung (Cöslin) in dem die Transportkosten betreffenden Bericht vom 26. v. Mts. kann nicht deferirt werden; es muß vielmehr bis auf weitere Bestimmung bei dem im §. 37 Tit. 7. Th. II. des A. L. R. festgesetzten Grundsatze, wonach der Transport der Verbrecher und Landstreicher zu den Pflichten der Gemeinde=Mitglieder gerechnet ist, sein Bewenden behalten.

d. Reskript des Königl. Min. des Inn. und der Polizei v. 24. August 1821. (v. Kamptz Ann. Bd. V. S. 671.)

Der von der Königl. Regierung (Cöslin) in dem anderweiten Bericht vom 21. Juni d. J. wiederholte Antrag, daß ihr der Ansatz von Transportgebühren in eben der Art, als solches von den Regierungen zu Marienwerder und Danzig zu geschehen pflege, oder doch wenigstens die Beobachtung der Reciprocität gegen die Provinz Westpreußen in dergleichen Fällen nachgelassen

---

[1]) Vergl. Zusatz 3 zu §. 10. die Remuneration der Gensdarmen betreffend.

werden möge, entscheidet sich von selbst durch Anwendung der Ansichten, welche ihr hinsichtlich der Einführung eines allgemein gültigen Kosten-Regulativs in Transport-Angelegenheiten in der Cirk.-Verfügung vom 17. d. Mts. 1) zu erkennen gegeben worden sind.

Wenn es hiernach noch ferner bei den bestehenden, sowohl in den Gesetzen überhaupt über die dahin gehörigen Verhältnisse im Allgemeinen ertheilten, als in den verschiedenen Landarmen-Reglements enthaltenen besonderen Vorschriften, sowie bei den durch die speziellen Provinzial-Verfassungen herbeigeführten Einrichtungen sein Verbleiben behalten muß, so kann auch in Ansehung des hier zur Sprache gebrachten einzelnen Gegenstandes keine neue Bestimmung getroffen werden. Es wird deren aber auch nicht einmal bedürfen, um den von ihr beabsichtigten Zweck, die Erleichterung der durch Anlegung der Transportstationen beschwerten städtischen Kommunen zu erreichen, da, wie sie versichert, auch in der Provinz Pommern es verfassungsmäßig ist, Meilengelder für die Transportbegleiter zu liquidiren, welches indessen nur immer ausnahmsweise vorkommen kann, da die mehrsten Transporte durch die Gensdarmerie werden besorgt werden können. Die Höhe der Sätze muß sich hierbei nach den Festsetzungen der verschiedenen Reglements, den gerichtlichen Taxen und der seither üblichen Gewohnheit richten.

Uebrigens hat es nicht in der Absicht der Verfügung vom 11. Mai d. J. (c.) gelegen, der Vorschrift des A. L. R. Th. II. Tit. 7 §. 37 Nr. 8 eine erweiternde Ausdehnung zu geben.

e. Reskript des Königl. Min. des Inn. und der Polizei v. 27. December 1823. (v. Kamptz Ann. Bd. VII. S. 998.)

Wenn die Königl. Regierung (Marienwerder) in dem Bericht vom 7. d. Mts. aus den in Bezug genommenen, an die Regierungen zu Potsdam und Frankfurt ergangenen genehmigenden Verfügungen eine Veranlassung herleiten zu können glaubt, daß auch in ihren Bezirken die Gebühren der Transport-Begleitung auf 5 Sgr. für die Meile erhöht werden möchten, so ist dabei von derselben übersehen worden, daß jene Bestimmungen auf besonderen provinziellen Verfassungen und Einrichtungen beruhen, mithin keine allgemeine Anwendung gestatten. Da nun in dem gesetzliche Kraft habenden Landarmen-Reglement vom 13. December 1804 §§. 42 und 53 ausdrücklich bestimmt worden, welche Kosten für die Transporte in Westpreußen in Anwendung gebracht werden dürfen, und das Ministerium sich nicht ermächtigt halten kann, diese Festsetzungen nach dem Antrage der Königl. Regierung abzuändern, so muß es bei denselben auch fernerhin sein Bewenden behalten.

f. Reskript des Min. des Inn. und der Polizei v. 10. Juni 1823. (v. Kamptz Ann. Bd. VII. S. 360.)

Von der Königl. Regierung zu Potsdam ist darüber Beschwerde geführt worden, daß die Königl. Regierung (Magdeburg) die Berichtigung der bei

1) Vergl. Zusatz 1. Allgemeine Bestimmungen zu §. 12 ad b.

polizeilichen Transporten im Bezirk der ersteren angesetzten Transporteur-Gebühren aus dem Grunde verweigert, weil von den Kommunen Ihres Departements dergleichen nicht liquidirt würden. Da diese Ansicht nicht zulässig erscheint, weil die Kostensätze bei polizeilichen Transporten weder auf einer allgemeinen Aenderung beruhen, noch darauf die Grundsätze einer Reciprocität oder Retorsion anwendbar sind, sondern dieselben vielmehr nach den provinziellen Verfassungen liquidirt, und dann, wenn die Liquidation danach richtig ist, berichtigt werden müssen, ohne daß der zufällige Umstand einer hierbei vorkommenden lokalen Verschiedenheit davon befreien kann, so hat Sie Ihre darauf zweckende Verfügung an die Grenzstations-Behörden abzuändern.

g. Reskript des Königl. Min. des Inn. und der Polizei v. 20. Februar 1824. (v. Kamptz Ann. Bd. VIII. S. 228.)

Die von der Königl. Regierung in dem Bericht vom 28. v. Mts. in Bezug genommene, in dem Frankfurter Reg.-Bezirk hinsichtlich der Bezahlung der Civil-Transporteurs bestehende Einrichtung, hat ihren Grund in der dortigen besonderen polizeilichen Verfassung, und kann daher auf andere Gegenden, wo die letztere abweicht, namentlich auf die Bezirke der Königl. Regierung (Posen) keine Anwendung oder Ausdehnung finden.

h. Reskript des Königl. Min. des Inn. und der Polizei v. 26. Februar 1824. (v. Kamptz Ann. Bd. VIII. S. 228.)

Die in dem Bericht der Königl. Regierung (Stralsund) vom 15. d. Mts. in Betreff der Meilengelder für die Transporteurs bei Transporten von Vagabunden und Verbrechern erwähnte Verfügung an die Königl. Regierung zu Frankfurt ist in der dortigen Verfassung begründet, und daher auf Bezirke nicht anwendbar, in denen ganz verschiedene provinzielle Einrichtungen, die unter sich im Zusammenhange stehen, stattfinden.

Es muß daher wegen der in den dortigen Kreisen des Verwaltungsbezirkes der Königl. Regierung vorkommenden, aus fiskalischen Mitteln zu bestreitenden Transportgebühren noch fernerhin, bis zu einer allgemeinen Festsetzung über diesen Gegenstand zu gelangen sein dürfte, bei den in dem Berichte der Königl. Regierung vom 10. Juni 1819 angegebenen Sätzen von resp. 12 und 16 Schillingen sein Verbleiben behalten.

i. Reskript des Min. des Inn. v. 20. Januar 1856 an das Polizei-Präsidium zu Berlin [1]). — I., 11,551 ungedr.

Was die von dem (tit.) näher erörterte Vergütigung betrifft, welche den bei solchen Transporten für die ganze Transportstraße anzunehmenden Trans-

---

1) Spezial-Bestimmungen einzelner Regierungen.

a. Publikandum der Königl. Reg. zu Potsdam v. 19. Dec. 1822. (v. Kamptz Ann. Bd. VI. S. 950 Nr. 63.)

2c. Nach der Ministerial-Verordnung vom 23. Juli 1817. §. 6. (Amtsbl. 1817 p. 284) soll Meilengeld und andere Vergütigung der, vermöge Kommunal-Dienstpflicht gestellten Transporteurs, in allen denjenigen Reg.-Bezirken statt finden, in welchen nach

porteuren zu gewähren ist, so stehen einer angemessenen Normirung dieser Vergütigung die Vorschriften der General-Transport-Instruktion vom 16. September 1816 nicht entgegen, da diese einen bestimmten Gebührensatz für die Transporteure nicht vorgeschrieben hat, sondern in §. 12 unter 5 und 6 nur der verfassungsmäßigen Gebühren und Zehrungsgelder und der zulässigen Vergütigungen an die Polizei- und anderen Unter-Offizianten im Allgemeinen gedenkt. Das Königl. Polizei-Präsidium wird daher in den in Rede stehenden Fällen eine den Entfernungen und den sonst dabei in Betracht zu ziehen-

---

der Provinzial-Verfassung ihre Statthaftigkeit von der Regierung ausdrücklich ausgesprochen und öffentlich bekannt gemacht ist.

Da nun die Vorschrift des Allg. Landrechts Th. II. Tit. 7 §. 37 Nr. 8, welche nur auf Dorfgemeinden und auf die unentgeltliche Fortschaffung von Ort zu Ort bezogen werden kann, seit der Anordnung bestimmter Transport-Stationen, zu denen fast nur Städte gewählt werden, und der damit verbundenen Einrichtung, daß die Begleiter der Transporte nicht von Ort zu Ort, sondern stationsweise gewechselt werden, in dem hiesigen Regierungs-Bezirke nicht mehr Anwendung findet, so wird hiermit festgesetzt, daß die Stationsörter für jeden zur Begleitung mitgegebenen Civil-Transporteur eine Vergütigung von 5 Sgr. auf die Meile, wobei jedoch der Rückweg nicht in Anrechnung kommt, in den Transportzetteln zu liquidiren und von den nächstfolgenden Stationsbehörden einziehen können.

Die letzte Zahlung dieser Transporteur-Gebühren fällt überall denselben Individuen, Behörden oder Fonds zur Last, welche nach §. 13 der General-Transport-Instruktion vom 16. Sept. 1816 die anderen für den Transportaten entstandenen Kosten zu tragen haben.

So wie wir daher die benachbarten Regierungen ersuchen werden, ihre Grenz-Stations-Behörden zur Beobachtung des vorstehenden Grundsatzes gegen unser Departement anzuweisen, so haben der Reciprocität wegen, auch alle diesseitigen Behörden, die für ihnen angehörige oder für durchgeführte Transportaten in Ansatz kommende Transporteur-Gebühren unweigerlich zu erstatten, und für erstere definitiv zu tragen, für letztere weiter zu liquidiren.

Die Stadt Berlin wird aber, wie bisher, den Gebührensatz von 6 Sgr. für die Meile ersetzen. Für die Gensdarmerie-Eskorte werden übrigens bei keinem Transport Gebühren bezahlt 2c.

β. Publikandum der Königl. Regierung zu Stettin v. 8. Jan. 1819.
(v. Kamptz Ann. III. S. 190.)

Noch immer werden von mehreren mit der Polizei-Verwaltung beauftragten Behörden unseres Departements bei Transporten von Vagabunden und Verbrechern Kosten für die denselben mitgegebenen Begleiter liquidirt, obgleich, mit Ausschluß der zur Detention nach den Landarmenhäusern gesendeten Vagabunden, dafür nie Vergütigungen erfolgt sind, sondern alle Transporte dieser Art seit unvordenklicher Zeit in Pommern als eine Kommunallast betrachtet worden.

Um endlich einmal diesem Mißbrauch abzuhelfen, der den Königl. Kassen lästig ist, da keine besonderen Fonds dazu vorhanden sind, setzen wir hierdurch fest: daß

1. von jetzt ab keine Vergütigung für die Transporteurs erfolgen wird; daß ebenso
2. keine Sitzungskosten liquidirt werden sollen, und
3. nur baare Vorschüsse der Alimentationskosten vergütet werden können.

γ. Publikandum der Königl. Regierung zu Königsberg v. 15. Juli 1817.
(v. Kamptz Ann. Bd. I. S. 171.)

Da es bekannt geworden ist, daß gegen die Instruktion vom 16. Sept. 1816 §. 12 Nr. 2 von mehreren Stationsörtern besondere Renumeration der Transporteurs bei den Transporten von Vagabonden liquidirt und eingezogen werden, so wird dieses hierdurch ausdrücklich untersagt, indem nach der bestehenden Verfassung die Leistung solcher Transporte zu den Kommunal-Verpflichtungen gehört und nur für die in gedachter Instruktion ausdrücklich bestimmten Fälle die festgesetzten Gebühren liquidirt werden können.

den Umständen und Verhältnissen entsprechende Vergütigung zu bewilligen ermächtigt, wobei im Allgemeinen gegen den Satz von 20 Sgr. pro Tag für den Transporteur excl. Hin- und Rückfahrt, Nichts zu erinnern ist. Eine generelle Festsetzung hierunter zu treffen, erscheint jedoch zur Zeit nicht angemessen. —

Zusatz 6. Transport-Kosten bei ausländischen Deserteurs, welche den deutschen Bundesstaaten angehören.

a. Kartell-Konvention v. 12. März 1831. (Gesetz-Samml. 1831 S. 41.)

Art. VIII. Die Unterhaltungs-Kosten der Deserteure und der mitgenommenen Pferde werden dem ausliefernden Staate von dem Tage der Verhaftung an bis einschließlich den der Ablieferung, in dem Augenblicke erstattet, wo der Deserteur abgeliefert ist.

Deserteure und mitgebrachte Pferde, welche dem Bundesstaate, dem sie angehören, zugeführt werden, werden auf dem Wege dahin in jedem Bundesstaat wie einheimische, auf dem Marsch begriffene, Mannschaften und Pferde verpflegt und es wird für diese Verpflegung dem Staate die nämliche Vergütigung geleistet, welche dort für die Verpflegung der eigenen, auf dem Marsche begriffenen Mannschaften und Pferde vorgeschrieben ist. Der Betrag dieser zu vergütenden Auslagen ist überall durch eine amtliche Bescheinigung auszuweisen.

In den Fällen, worin der Deserteur durch verschiedene Gebiete fortzuschaffen ist, muß von der ausliefernden Behörde jederzeit ein Transportzettel mitgegeben werden. Diejenigen Staaten, durch welche der Deserteur durchgeführt wird, haben die erwachsenen Unterhaltungskosten vorschußweise zu bezahlen, welche auf dem Transportzettel quittirt und so dem nächstvorliegenden Staate in Zurechnung gebracht werden, welcher hierauf bei der Auslieferung den vollen Ersatz erhält.

Art. X. Außer den Unterhaltungskosten und der Prämie darf Nichts weiter, unter keinerlei Vorwand, es betreffe Lieferung, Handgeld, Bewachungs- oder Fortschaffungskosten gefordert werden.

b. Verfügung des Min. des Inn. v. 10. Juli 1858. (Min.-Bl. 1858 S. 150.)

In Folge eines von der Großherzogl. Hessischen Regierung gestellten Antrages wegen Beseitigung hervorgetretener Mißstände bei Ausführung des Art. VIII. der Bundes-Kartell-Konvention vom 10. Februar 1831, betreffs der Erstattung der Auslieferungs- und Unterhaltungskosten der Deserteure hat die Bundes-Versammlung unterm 29. April d. J. folgenden Beschluß gefaßt:

1) Die höchsten und hohen Bundes-Regierungen zu ersuchen, die betreffenden Behörden auf genauere Befolgung der Vorschriften der Kartell-Konvention vom 10. Februar 1831 über die zu vergütenden Unterhaltungskosten der Deserteurs aufmerksam zu machen, und

2) sich dabei dahin erläuternd auszusprechen, daß die durch Ablieferung

eines Deserteurs entstehenden, nach den Art. 8—10 der Bundes-Kartell-Konvention zu vergütenden Kosten auf alle Nationen in dem Betrage zu vergüten sind, wie solche auf dem Transportzettel quittirt sind, und daß es lediglich Sache desjenigen Staates, welchem der Deserteur angehört, und an welchen derselbe schließlich abgeliefert wird, sei, die Rückvergütigung von Kosten, welche der Kartell-Konvention zuwider aufgerechnet sind, von dem betreffenden Staate zu verlangen.

(Im Uebrigen vergleiche hierüber den Theil II. des Werkes.)

6) Die zulässigen Vergütungen an Gerichts-, und andere Unteroffizianten.

Allerh. Erlaß vom 10. Juni 1848 über die Tagegelder und Fuhrkosten bei Dienstreisen der Staats-Beamten. (Gesetz-Samml. 1848 S. 151.)

Zur Herbeiführung einer Ersparniß im Staatshaushalte, und da die Verordnung wegen Vergütung der Diäten und Reisekosten für kommissarische Geschäfte in Königl. Dienstangelegenheiten vom 28. Juni 1825 (Gesetz-Samml. 1825 S. 163) den veränderten Verhältnissen nicht mehr entspricht, bestimme Ich hierdurch für Civil-Beamte und diejenigen Militär-Beamten, welchen ein bestimmter Militär-Rang nicht beigelegt ist, auf den Antrag des Staats-Ministerii, was folgt:

§. 1.

1) Bei Dienstreisen, welche auf Eisenbahnen oder Dampfschiffen gemacht werden können, sind an Reisekosten, einschließlich des Gepäck-Transports, zu vergüten:

a) den Beamten der ersten 5 Rang-Klassen . . .	10 Sgr.	— Pf.
b) allen Beamten geringeren Ranges mit Ausschluß der Unterbeamten	7 „	6 „
c) den Unterbeamten	5 „	— „

auf die Meile.

2) Außerdem soll auf Nebenkosten, welche beim Zugehen zur Eisenbahn und beim Abgehen von derselben vorkommen, für jedes Zu- und Abgehen zusammen eine Entschädigung gewährt werden, welche

für die Beamten unter 1 a. auf 20 Sgr.,
für die Beamten unter 1 b. auf 15 Sgr. und
für die Unterbeamten 1 c. auf 10 Sgr.

bestimmt wird.

3) Geht die Dienstreise eines Beamten der ersten 5 Rang-Klassen über den Ort, wo derselbe die Eisenbahn verläßt, hinaus, und zwar mehr als zwei Poststationen, so kann der Beamte, wenn er zu der Weiterreise einen Wagen auf der Eisenbahn mitgenommen hat, die Kosten für den Transport desselben nach den Sätzen des Eisenbahn-Tarifs und außerdem noch für das Hin- und Zurückschaffen des Wagens zusammen 1 Thlr. 15 Sgr. berechnen [1]).

---

1) Vergl. hierzu: Reskr. des Min. des Innern und der Finanzen v. 11. Dec. 1848 (M.-Bl. 1848 S. 365); ferner Reskr. des Min. des Innern und der Finanzen vom

4) Hat einer der unter 1a. genannten Beamten einen Diener auf der Reise mitgenommen, so ist er befugt dafür 5 Sgr. auf die Meile zu berechnen.

§. 2.

1) Bei Dienstreisen, welche nicht auf Eisenbahnen zurückgelegt werden können, erhalten:

a) Beamte der ersten, zweiten und dritten Rang-Klasse	1	Thlr.	15 Sgr.,
b) Beamte der vierten und fünften Rang-Klasse .	1	„	— „
c) alle übrigen Beamte	—	„	15 „

auf die Meile.

2) Haben in besonderen Fällen erweislich größere Fuhrkosten, als die vorstehend aufgeführten verwendet werden müssen, so sind dieselben zu vergüten.

§. 3.

1) Bei Vergütung der in den §§. 1 und 2 bestimmten Sätze wird jede angefangene Viertelmeile für eine volle Viertelmeile gerechnet.

2) Bei Dienstreisen von mehr als einer Viertelmeile aber weniger als einer ganzen Meile sind die Reisekosten nach einer ganzen Meile zu berechnen.

3) Für Geschäfte außerhalb des Wohnorts in geringerer Entfernung als einer Viertelmeile werden weder Reisekosten noch Diäten gewährt [1]).

§. 4.

Bei Versetzungen können verheirathete Beamte, wenn sie auf Reisekosten, nicht aber auf eine Umzugsentschädigung Anspruch haben, die Reisekosten in jedem Fall nach §. 2 liquidiren.

§. 5.

Die durch die Verordnung vom 28. Juni 1825 oder durch spätere ergänzende Vorschriften bestimmten Tagegelder werden bei den Sätzen von 2 Thlr. und weniger dergestallt erhöht, daß

2	Thlr.	15	Sgr.	statt	2	Thlr.	—	Sgr.,
2	„	—	„	„	1	„	15	„
1	„	20	„	„	1	„	10	„
1	„	10	„	„	1	„	—	„
1	„	—	„	„	—	„	20	„
—	„	20	„	„	—	„	15	„
—	„	15	„	„	—	„	10	„

zu gewähren sind.

---

4. Mai 1849 (M.Bl. 1849 S. 129) und Cirk.-Reskr. des Justizministers v. 18. Juni 1849 (J.-M.-Bl. 1849 S. 296).

[1]) Siehe hierzu: Cirk.-Reskr. des Min. des Innern und der Finanzen v. 23. Febr. 1851 (M.-Bl. 1851 S. 30); Cirk.-Reskr. des Min. des Innern und der Finanzen v. 17. Juni 1854. (M.-Bl. 1854 S. 126); ferner Reskr. des Min. des Innern und der Finanzen v. 5. März 1850 (M.Bl. 1850 S. 122) und Reskr. des Min. des Innern und der Finanzen v. 5. Dec. 1848 (M.-Bl. 1848 S. 365).

§. 6.

Der gegenwärtige Erlaß tritt mit dem 1. Juli cr. in Kraft und werden die demselben entgegenstehenden Bestimmungen, insbesondere auch der den Verhältnissen nicht mehr entsprechende §. 7. der Verordnung vom 28. Juni 1825 außer Anwendung gesetzt.

7) Die Bewachungs-Kosten.

a. Reskript des Polizei-Minist. v. 14. Juli 1818. (v. Kamptz Ann. Bd. II. S. 799.)

Ich mache der Königl. Regierung (Posen) auf den Bericht vom 16. v. Mts. bemerklich, daß die durch denselben in Anregung gebrachte Anfrage vom 21. März d. J. wegen der Kosten der Unterbringung von Vagabonden schon durch das Cirkular vom 4. Mai d. J. völlig erledigt ist, indem unter den darin gedachten Bewachungskosten auch die Heizung und Erleuchtung mit verstanden sind.

b. Reskript des Min. des Inn. und der Polizei v. 1. August 1821. (Regierung zu Merseburg. (v. Kamptz Ann. Bd. V. S. 669 Nr. 96.)

ꝛc. 3) An solchen Orten, wo Militär steht, sind die Militär-Arrestaten während des Transportes in die Militär-Arrestzimmer abzuliefern, um die Sitzgebühren für dieselben zu ersparen.

c. Reskript des Min. des Inn. und der Polizei v. 2. Februar 1827. (v. Kamptz Ann. Bd. XI. S. 166.)

Da der jetzt in dem Bericht der Königl. Regierung (zu Frankfurt) vom 12. v. Mts. gegebenen Auskunft zufolge der Ansatz von 1 Sgr. 3 Pf. an Sitzgebühren und Lagerungskosten täglich, bei den Transporten der Vagabonden und anderen, auf polizeiliche Anordnung fortzuschaffenden Personen im dortigen Verwaltungs-Bezirke observanzmäßig stattfindet, so kann solcher auch fernerweit bis auf andere Bestimmung unbedenklich beibehalten werden. Wegen des Lichtgeldes bedarf es keiner weiteren Festsetzung. Was dagegen die Heizungskosten betrifft, so erscheint es nothwendig, deshalb ebenfalls einen angemessenen festen Ansatz auf die Wintermonate zu bestimmen, in wie fern nicht, wie als wahrscheinlich angenommen werden kann, deshalb bereits eine Observanz besteht.

d. Reskript des Min. des Inn. und der Polizei v. 16. August 1838. (v. Kamptz Ann. Bd. XXII. S. 729.)

Dem Magistrat (Mewe) wird auf die Vorstellung vom 10. v. Mts., die Verpflichtung der Transport-Stationen zur Tragung der Heizungskosten für solche Vagabonden, welche zur Einsperrung in die Zwangs-Anstalt verurtheilt sind, betreffend, hiermit eröffnet, daß das Ministerium die Begründung eines abgesonderten Anspruchs von Seiten des Magistrats auf Heizungskosten neben dem Beköstigungssatze für gedachte Vagabonden nicht anerkennen kann, und die Königl. Regierung zu Marienwerder die Erstattung der von dem Magistrat liquidirten Heizungskosten zu fordern, wohlberechtigt ist.

e. Bestimmungen einzelner Regierungen.

α. Publikandum der Königl. Regierung zu Potsdam v. 19. December 1822. (v. Kamptz Ann. Bd. VI. S. 950.)

rc. An Lagerungskosten oder sogenannten Sitzgebühren kann ferner der bisher übliche Ansatz von 1 Sgr. für die Person in jedem Nachtquartier liquidirt werden.

Bewachungskosten für Transportaten fallen ganz weg, da an jedem Stationsorte ordentliche Gefängnisse vorhanden sein müssen.

β. Publikandum der Königl. Regierung zu Münster v. 30. August 1819. (v. Kamptz Ann. Bd. II. S. 787 Nr. 62.)

Damit in Hinsicht der Feuerungs- und Erleuchtungskosten mehr Gleichheit stattfinde, so ist dabei nach den Grundsätzen zu verfahren, welche für kleine Wachen gegeben werden. Es können nämlich:

vom 1.	bis 31. Octbr.	2	Kloben	pro	Tag	und	Nacht
„ 1.	„ 15. Nov.	3	„	„	„	„	„
„ 16.	„ 30. „	4	„	„	„	„	„
„ 1.	„ 15. Dec.	5	„	„	„	„	„
„ 15.	„ 31. „	7	„	„	„	„	„
„ 1.	„ 15. Jan.	8	„	„	„	„	„
„ 16. Jan.	bis 29. Febr.	9	„	„	„	„	„
„ 1.	„ 31. März	3	„	„	„	„	„
„ 1.	„ 30. April	2	„	„	„	„	„

120 Kloben auf eine Klafter weiches Holz, diese zu 106 Kubikfuß für heizbare Gefängnisse, und wenn die Gefangenen bewacht werden müssen, auf die dabei befindlichen Mannschaften an Licht:

für Januar, Februar, November und December	4	Stück
„ März und October	3	„
„ April, Mai, August und September	2	„
„ Juni und Juli	1	„

14 Stück auf das Pfund gerechnet, verabreicht werden.

γ. Publikandum der Königl. Regierung zu Merseburg v. 15. Juni 1818. (v. Kamptz Ann. Bd. II. S. 799 Nr. 84.)

Da in den eingereichten Vagabonden-Transportkosten-Liquidationen die Heizung der Gefängnisse noch im Monat April in Anrechnung gebracht wird, mehrere Etappen-Behörden auch darüber, wie lange solche berechnet werden können, in Ungewißheit sind, so wird sämmtlichen Polizei- und Etappen-Behörden des hiesigen Regierungs-Bezirkes hierdurch zur Nachachtung bekannt gemacht, daß die Heizung der Gefängnisse nur in den sechs Wintermonaten vom 1. Okt. bis Ende März zu berechnen ist.

δ. Bericht des Königl. Polizei-Präsidii zu Berlin v. 25. Februar 1859.

Dem Königl. Ober-Präsidium (Potsdam) beehrt sich der Polizei-Präsident in Betreff der bei Transporten in Berlin zur Berechnung kommenden Kosten auf den geneigten Erlaß vom 7. Dec. 1858 (Nr. 5431) Nachstehendes ganz ergebenst anzuzeigen:

Die bei Transporten hierselbst bisher zur Berechnung kommenden Kosten sind folgende:

1. Begleitungs-Gebühren. Diese betragen für einen Begleiter und pro Meile . . . . 7 Sgr. 6 Pf.
2. Verpflegung der Transportaten auf dem Marsche pro Tag . . . . 2 Sgr. 6 Pf.
3. Verpflegung der Transportaten im Stadtvogtei-Gefängniß, wenn solche erforderlich ist, z. B. bei nothwendig werdenden Ruhetagen, täglich . . . . 3 Sgr. 9 Pf.
4. Sitzgebühren pro Tag und Nacht . . . . 1 Sgr. 3 Pf.
5. Heizungskosten während der Wintermonate vom 1. Oct. bis ult. März, täglich . . . . 7½ Pf.

Es gründet sich die Ansetzung dieser Kosten und zwar ad 1, 2 und 4, auf die mit Genehmigung des Königl. Ministerii des Innern von der Königl. Regierung zu Potsdam erlassenen Bekanntmachungen vom 19. Dec. 1822 und vom 21. Mai 1832 (Amtsbl. de 1823 S. 7 und de 1832 S. 159) und auf den Erlaß des Königl. Ministerii des Innern vom 26. März 1832 (Nr. 628) ad 3, auf das Reskript des Königl. Ministerii des Innern und der Finanzen vom 22. Febr. 1820 (Nr. 44), ad 5 auf die Kostbarkeit der Unterhaltung der hiesigen Gefängnisse und die große Theuerung der Brennmaterialien und ist nebst den ad 3 und 4 gedachten Verpflegungskosten und Sitzgebühren mit Genehmigung der Königl. Ministerien des Innern und der Finanzen auf den Etat der Polizei-Verwaltung gebracht.

Indem das Polizei-Präsidium sich hierbei erlaubt, gehorsamst zu bemerken, daß bei den vorallegirten Umständen die Reskripte, auf welche in dem Ministerial-Erlaß vom 7. Dec. pr. hingewiesen ist, hier bei den Transportkosten-Liquidationen nicht zur Anwendung gebracht sind, glaubt dasselbe gleich hiermit dringend befürworten zu dürfen, daß es unter den hier obwaltenden eigenthümlichen Verhältnissen, namentlich in Berücksichtigung der in Berlin statthabenden Theuerung der nothwendigsten Lebensbedürfnisse, insbesondere des Brennmaterials, bei den bisher in Ansehung der Transportkosten angesetzten, oben spezifizirten, Beträgen und Positionen belassen werden möchte.

e. Erlaß des Min. des Inn. an die Ständische Landarmen-Direktion der Kurmark v. 30. Oktober 1860. (Ungedr. II. 13854.)

Der Ständischen Landarmen-Direktion eröffne ich auf Ihre Vorstellung vom 7. v. Mts., daß Ihre Beschwerde wegen Bemessung der Gebühren für Unterbringung der auf dem Transporte in die Landarmen-Anstalten durch Berlin geführten Landstreicher und Bettler in der hiesigen Stadtvogtei nach den durch den Tarif vom 30. Nov. 1858 normirten Sätzen nicht für begründet erachtet werden kann.

Da dem hiesigen Polizei-Präsidium andere Detentionsräume als die der hiesigen Stadtvogtei nicht zu Gebote stehen, so müssen in denselben auch die hier durchpassirenden Polizeigefangenen bei einem Aufenthalt des Transportes Aufnahme finden. Für solche Individuen wurden früher, nach dem Etat, pro Tag:

1. an Sitzgebühren . . . . 1 Sgr. 3 Pf.
2. an Alimenten . . . . 3 Sgr. 6 Pf.
3. außerdem im Winter an Holzgeld . . 7½ Pf.

und, nachdem der Betrag der Alimente auf 3 Sgr. 9 Pf. erhöht worden war, zusammen pro Kopf und Tag 5 Sgr. resp. im Winter 5 Sgr. 7½ Pf. liquidirt. Als nun durch das Cirkular-Reskript v. 20. Febr. 1858 (Min.-Bl. 1859 S. 14) bestimmt worden war, daß der von dem Herrn Justiz-Minister unterm 30. Nov. d. J. erlassene Tarif für den Ansatz der Haft- und Verpflegungskosten der gerichtlichen Gefangenen auch für solche Gerichtsgefangene in Anwendung zu bringen sei, welche in Gefangenen-Anstalten diesseitigen Ressorts detinirt werden, erschien es erforderlich, in Berücksichtigung, daß die Zahl der gerichtlichen Gefangenen in der Stadtvogtei die bei Weitem überwiegende Mehrheit bildet, und daß also jener Tarif in allen übrigen Punkten hier zur Ausführung kommt, zur Innehaltung eines gleichmäßigen Verfahrens und zur Erleichterung der Berechnung derselben auch für die wenigen Polizei-Gefangenen in Kraft zu setzen. Der diesfallsige Beschluß hat in dem in Gemeinschaft mit dem Herrn Finanz-Minister von mir vollzogenen Etat der Stadtvogtei-Verwaltung pro 1860/1862 durch die Anordnung Ausdruck gefunden:

Von den Durchtransporten werden eingezogen:

pro Tag mit Verpflegung 4 Sgr.
pro Tag ohne Verpflegung 2 Sgr.

Die Liquidation nach diesen Ansätzen, durch welche die früher üblich gewesenen von 5 Sgr. resp. 5 Sgr. 7½ Pf. noch eine Ermäßigung gefunden haben, kann somit der N. keinen Anlaß zur Beschwerde geben, ebenso wenig ist ein Grund hierzu aus dem Umstande zu entnehmen, daß das hiesige Kgl. Polizei-Präsidium auf das Reskript vom 20. Dec. 1858 gestützt, schon vor dem Erscheinen des neuen Etats die Gebühren für die Polizei-Gefangenen, welche für Rechnung des Landarmenfonds transportirt worden sind, nach den fraglichen Sätzen hat liquidiren lassen.

8) Die etwaigen Ausfertigungs- und Stempelgebühren.

a. Reskript des Königl. Min. des Inn. v. 19. Juli 1822. (v. Kamptz Ann. Bd. VI. S. 405 Nr. 58.)

Die Anfrage des Königl. Polizei-Präsidii (Berlin) in dem, die Ein- und Ausschreibe-Gebühren für Polizei-Gefangene betreffenden Bericht v. 16. d. M.:

ob künftig in allen Fällen, und wenn öffentliche Fonds zahlungspflichtig sind, die in Rede stehenden Gebühren gleich den Sitzgebühren liquidationsfähig sind,

muß, wie hiermit geschieht, verneinend beantwortet werden ꝛc.

b. Reskript des Königl. Min. des Inn. v. 20. April 1819. (v. Kamptz Ann. Bd. II. S. 468 Nr. 113.)

Der Königl. Regierung (Cöslin) erwiedern wir auf den Bericht vom 31. v. Mts., wegen Aufhebung der im §. 7 des Pommerschen Landarmen-Reglements bestimmten Gebühren für die Ausfüllung der Transportscheine aufgegriffener Vagabonden und Bettler: daß wir keine Veranlassung finden, von einer allgemeinen Revision des Landarmen-Reglements wegen dieses sehr unerheblichen Punktes, eine Aenderung in den Bestimmungen zu treffen.

c. Reskript des Königl. Min. des Inn. und der Polizei v. 7. Juni 1822. (v. Kamptz Ann. Bd. VI. S. 732 Nr. 82.)

Nachdem der dortige Magistrat unterm 28. März d. J. bei dem unterzeichneten Ministerio die Befugniß zur Erhebung von Ein- und Ausschreibegebühren von vermögenden Polizei-Gefangenen nachgesucht, ist das Gutachten des hiesigen Polizei-Präsidii über die dabei zur Sprache gekommene hiesige Verfassung erfordert worden.

Indem der Königl. Regierung (Frankfurt) in der abschriftlichen Anlage dieses Gutachten vom 26. v. Mts. zugeht, wird derselben eröffnet, daß es dem dortigen Magistrate, als Polizeibehörde, unbedenklich zu gestatten ist, von den vermögenden Polizei-Gefangenen 16 Sgr. Ein- und Ausschreibegebühren nach wie vor zu erheben ꝛc.

Zusatz 7. Unzulässigkeit der Protokoll- und Dekret-Gebühren.

Reskript des Min. des Inn. und der Polizei v. 28. April 1828. (v. Kamptz Ann. Bd. XII. S. 476.)

ꝛc. Was die in der Nachweisung liquidirten Kosten betrifft, so können:

1. die liquidirten Protokoll- und Dekretgebühren gar nicht passiren, weil dergleichen Polizei-Anlegenheiten von Amtswegen verhandelt werden müssen ꝛc.

9) Alle anderen, auf dem Transporte vorgefallene, außerordentliche Auslagen [1]).

a. Reskript des Min. des Inn. und der Polizei v. 18. November 1835. (v. Kamptz Ann. Bd. XIX. S. 1077.)

Nach dem Bericht der Königl. Regierung (Magdeburg) vom 27. v. Mts. ist Seitens des Direktors der Strafanstalt zu N. zur Anzeige gekommen, daß in N. vom dortigen Gefangenwärter N. für die Reinigung der Kleidungsstücke des auf dem Transport nach jener Anstalt befindlichen Strafgefangenen N. der übermäßige Betrag von 23 Sgr. liquidirt sei.

Wenn die Königl. Regierung hieraus, sowie aus ähnlichen Wahrnehmungen in analogen Fällen Veranlassung nimmt, die Ergreifung allgemeiner Maßregeln vorzuschlagen, um der Ungebühr bei dem Liquidiren für die

1) In Betreff der Kosten der ärztlichen Untersuchung bei Erkrankungsfällen vide unter §. 16 über die Bekleidungs-Kosten zu §. 17.

Reinigung der Transportanden und ihrer Effekten ein Ziel zu setzen, ohne jedoch dem Reinigungs-Verfahren selbst Einhalt zu thun, so muß das unterzeichnete Ministerium Anstand nehmen, jenen Vorschlägen in der beantragten Allgemeinheit jetzt schon Folge zu geben, und zu dem Ende generelle Bestimmungen zu erlassen.

Die Königl. Regierung wird vielmehr beauftragt, die betreffenden Ortsbehörden Ihres Verwaltungsbezirkes anzuweisen, darauf zu wachen, daß auch bei dem in Rede stehenden Gegenstande mit der erforderlichen Sparsamkeit verfahren werde, und ihnen zu eröffnen, daß, da die fraglichen Reinigungskosten sich zum höchsten mit 10 Sgr. bestreiten lassen, nur dieser Satz als Maximum vorschußweise erhoben und in Anweisung gebracht werden dürfe. Sollte indeß die eine oder die andere Stationsbehörde in einem einzelnen Falle vermeinen, daß mit jenem Betrage nicht auszureichen sei, und sich daher zur Erhöhung bewogen finden, so muß der Mehrbetrag nachträglich bei der Königl. Regierung zur Festsetzung liquidirt werden.

Ebenso müßte in Fällen, wo nach Ausweis der Transportzettel die Reinigung der Transportanden schon einmal auf dem Transporte erfolgt ist, für eine etwa als nöthig sich ergebende zweite Reinigung zunächst bei der Königl. Regierung liquidirt werden. Dieselbe wird es dann bei Feststellung der diesfälligen Liquidation ebenfalls in Händen behalten, etwanigen Ungebührlichkeiten vorzubeugen.

Die Regierung zu Magdeburg ist, unter abschriftlicher Zufertigung gegenwärtiger Verfügung zur ebenmäßigen Anwendung der darin enthaltenen Vorschriften mit dem Auftrage angewiesen worden, den Magistrat zu N. auf die unverhältnißmäßigen Ansätzen der Eingangs erwähnten Liquidation aufmerksam zu machen.

b. Erlaß des Min. des Inn. v. 22. März 1859. (Min.-Bl. 1859 S. 103.)

In der Angelegenheit, betreffend die von den Strafanstalten zu N. und N. und dem Magistrat zu N. in Abzug gebrachten Kosten für Reinigung von dort eingelieferter Sträflinge, kann ich die von der Königl. Regierung in Ihrem Berichte vom 2. Nov. pr. entwickelte Ansicht und Auffassung nicht für richtig halten. Wie die Königl. Regierung selbst bemerkt hat, besteht nach einer von Ihr unterm 3. Dec. 1847 erlassenen Cirkular-Verfügung auch für den dortigen Bezirk im Allgemeinen die Anordnung, daß, wenn Gefangene von einer Station unrein abgeliefert werden, die folgende Station das Recht hat, der hinterliegenden ohne Weiteres 5 Sgr. pro Kopf von den Transportgebühren einzubehalten, und die Königl. Regierung glaubt von dieser Anordnung in den Fällen, wo es sich um den Transport von Zuchthaus-Sträflingen an die Strafanstalten zu N. und N. handelt, nur aus dem Grunde absehen zu dürfen, weil in Gemäßheit des §. 22 des Strafanstalts-Reglements die Zuchthaus-Sträflinge nach ihrer Einlieferung in die Strafanstalten in denselben ohnedies einer gründlichen körperlichen Reinigung unterworfen werden müssen.

Ich mache jedoch darauf aufmerksam, daß die Reinigung der auf den Transport zu setzenden Personen keineswegs blos im Interesse der Station, welche das Ziel des Transportes bildet, sondern vielmehr hauptsächlich im Interesse der Reinlichkeit der Lokalien, welche den Transportaten während der Dauer des Transportes zum Aufenthalte oder zum Ausruhen dienen, sowie im Interesse derjenigen Personen, welche mit den Transportaten unterwegs in Berührung kommen, zu erfolgen hat. Der Umstand, daß am Ziel des Transportes die Reinigung der Transportaten mit Sicherheit zu erwarten steht, kann es sonach keineswegs rechtfertigen, wenn dergleichen Personen unrein auf den Transport gesetzt oder weiter transportirt werden, vielmehr ist es aus den angegebenen Gründen auch in solchen Fällen nothwendig, die Transportbehörden mit Strenge zur Erfüllung ihrer diesfallsigen Obliegenheiten anzuhalten, ganz abgesehen davon, daß es auch die vorgeschriebene nochmalige Reinigung in der Strafanstalt erschwert, wenn die Sträflinge mit Ungeziefer bedeckt eingeliefert werden.

Dem Antrage der Königl. Regierung, die Strafanstalten zu N. und N. anweisen zu lassen, die von ihnen für die dort unrein abgelieferten Gefangenen von den Transportkosten in Abzug gebrachten Beträge dem Magistrat zu N. zu erstatten, vermag ich daher nicht Statt zu geben.

In Ansehung aller dieser Kosten ist mit der strengsten Gewissenhaftigkeit, Genauigkeit und Wirthschaftlichkeit zu verfahren, und sowohl überhaupt, als insonderheit bei den, unter Nr. 9 gedachten, Auslagen auf Bescheinigung der Ausgabe, und bei bedeutenderen, ihrer Nothwendigkeit, durch Zeugnisse der Obrigkeit und Schulzen, oder sonst möglichst Rücksicht zu nehmen.

Wenn die Transportirten an verschiedene Obrigkeiten abgeliefert werden, so müssen die gemeinschaftlichen Transportkosten nach Verhältniß der Anzahl der Transportirten vertheilt, die durch einen derselben besonders verursachten aber der Obrigkeit desselben allein angerechnet werden.

a Reskript des Min. des Inn. und der Polizei v. 1. August 1821. (v. Kamptz Ann. Bd. V. S. 669.)

Die mit dem Bericht vom 5. v. Mts. von der Königl. Regierung (Merseburg) eingereichte Nachweisung der Zahlungen aus dem polizeilichen Dispositionsfonds im ersten Semester des Jahres giebt zu der Bemerkung Anlaß, daß die angesetzten Transportkosten sehr hoch sind, und dadurch besonders der Fonds bedeutend überschritten ist, was künftig unter ähnlichen Umständen nicht mehr vorkommen darf.

Die Königl. Regierung wird daher hiermit beauftragt, die Einrichtung zu treffen:

1. daß die auf dem Transport befindlichen Personen außer in Krankheits- und anderen sehr dringenden Fällen, nirgends über eine Nacht zurück-

gehalten und daß Fuhren nur dann bewilligt werden, wenn das physische Unvermögen des Transportaten zur Fußreise durch ein ärztliches Attest erwiesen ist.

2. Da die Verpflegung der Deserteurs und Militär-Arrestaten aus Militärfonds bestritten wird, und daher nur die wirklichen Kosten der Transportirung selbst und Sitzgebühren dem in Rede stehenden Fonds zur Last fallen; da ferner alle dergleichen Kosten für solche Militärpflichtige, welche noch nicht bei einem Regimente eingekleidet oder als Soldaten vereidet sind, sich aber dem Soldatendienste durch Flucht zu entziehen versucht haben, aus ihrem Vermögen oder demjenigen ihrer Eltern, nach Möglichkeit, erfolgen müssen, so erscheinen besonders die Ausgaben — im Betrage von 243 Thlr. 10 Gr. 3 Pf. — sehr hoch; die Königl. Regierung wird künftig die Liquidationen und die obwaltenden Umstände, in jedem einzelnen Falle, einer genauen Prüfung unterwerfen, damit nicht aus dem fraglichen Bestande gezahlt werde, was von anderen Behörden oder Privatpersonen, oder vom Kriminal- oder Malefizfonds getragen werden muß.

3. An solchen Orten, wo Militär steht, sind die Militär-Arrestaten während des Transportes in die Militär-Arrestzimmer abzuliefern, um die Sitzgebühren für dieselben zu ersparen.

4. Einheimische Militär-Arrestanten sind blos an die nächste Militärbehörde abzuliefern und auf dem kürzesten Wege dahin zu transportiren; und wird die Königl. Regierung angewiesen, auf diese Verfügung ernstlich zu halten.

b. Reskript des Königl. Polizei-Minist. v. 22. Juli 1818. (v. Kamptz Ann. Bd. II. S. 803 Nr. 89.)

Der Königl. Regierung (Merseburg) eröffne ich auf den Bericht vom 27. Mai cr., daß es der Belegung der von den Polizeibehörden, Behufs der Kosten-Erstattung eingereichten Vagabonden-Transport-Liquidationen durch Quittungen und Bescheinigungen nicht bedarf, vielmehr die Bescheinigung und Liquidation der Polizeibehörden, welche die Transport-Ausgaben bestritten, genügt; indem, wie die Regierung hierselbst, in dem der Königl. Regierung unterm 6. Mai c. mitgetheilten Berichte sehr richtig bemerkt, jeder Polizeibehörde zuzutrauen ist, daß die als ausgegeben liquidirte Summe von ihr wirklich gezahlt worden; außerdem auch bei der Belegung der Liquidationen durch Quittungen, anstatt einfacher Quittungen, welche als Belege der einzelnen Zahlungen bei den betreffenden Behörden zurückbleiben müssen, künftig doppelte Quittungen erforderlich sein würden, deren Mitsendung von Station zu Station nur dazu dienen könnte, das ganze Verfahren ohne Noth weitläufiger und beschwerlicher zu machen ꝛc.

Zusatz 8. Kosten des Druckes der Formulare zu Transportzetteln.

a. Verfügung des Min. des Inn. v. 19. Juni 1840. (Min.-Bl. 1840 S. 236.)

Aus den in dem Bericht der Königl. Regierung (Merseburg) vom 28. März angeführten Gründen, sowie zur Herbeiführung einer Gleichmäßigkeit in den Formularen zu Steckbriefen, Signalements und Transportzetteln, wird das Verfahren der Königl. Regierung, dergleichen Formulare für die Polizeibehörden Ihres Departements dort drucken zu lassen, gebilligt und zugleich die Verausgabung der dadurch entstandenen Kosten aus dem Fonds Ihrer Hauptkasse zu allgemeinen polizeilichen Zwecken genehmigt, da dieser Fonds zur Uebernahme solcher Kosten ganz geeignet ist.

Die Verpflichtung der Orts-Polizeibehörden zur Anschaffung der erforderlichen Formulare zu Transportzetteln ꝛc. ist zwar außer Zweifel; der Bedarf dieser Behörden an dergleichen Formularen ist aber sehr geringfügig, indem solche hauptsächlich nur von den Kreisbehörden im landespolizeilichen Interesse verbraucht werden, und es ist daher keine Veranlassung vorhanden, von dem hierbei bisher beobachteten Verfahren abzugehen.

b. Bescheid des Min. des Inn. v. 7. November 1857. (Min.-Bl. 1857 S. 198.)

Auf den Bericht vom 13. v. Mts., die Druckkosten für die Formulare zu den Transportzetteln betreffend, wird der Königl. Regierung in Uebereinstimung mit der darin ausgesprochenen Ansicht hierdurch eröffnet, daß die Kosten für den Druck derartiger Formulare, soweit solche von den städtischen und Dominial-Polizei-Verwaltungen gebraucht werden, als Orts-Polizei-Verwaltungskosten anzusehen sind, welche den Gemeinden und resp. den Gutsherrschaften zur Last fallen und daher von diesen erstattet werden müssen.

c. Verfügung des Min. des Inn. v. 18. September 1861. (Min.-Bl. 1861 S. 235.)

Der Königl. Regierung eröffne ich auf die Anfrage in dem Bericht vom 17. v. Mts., daß allerdings auch die Dominial-Polizei-Verwaltungen in denjenigen Orten, wo die Kosten der örtlichen Polizei-Verwaltungen nicht dem Fiskus zur Last fallen, ebenso wie die städtischen Polizei-Verwaltungen verpflichtet sind, die Kosten für die Formulare zu den von ihnen zu ertheilenden Inlandspässen, Reiserouten und Transportzetteln zu tragen und resp., wenn ihnen die Formulare Seitens der Königl. Regierung durch die betreffenden Landräthe verabfolgt werden, die Kosten dafür zu erstatten.

Der Königl. Regierung kann daher nur überlassen werden, diese Kosten von den betreffenden Dominial-Polizei-Verwaltunzen in geeigneter Weise wieder einzuziehen, indem es nicht zulässig ist, lediglich wegen der Schwierigkeit mit welcher nach den Anführungen der Königl. Regierung die Wiedereinziehung der Kosten verbunden sein würde, von der letzteren abzusehen.

Zusatz 9. Portofreiheit resp. Portopflichtigkeit der Korrespondenzen und Geldsendungen in Transportsachen.

a. Reskript des Polizei-Minist. v. 17. Nov 1818. (v. Kamptz Ann. Bd. III. S. 197.)

Nachdem ich auf den Bericht der Königl. Regierung (Posen) v. 21. v. M., wegen der Portofreiheit der aus Staatskassen erfolgenden Transportkosten mit des Herrn General-Postmeisters von Seegebarth Exc. in Mittheilung getreten bin, so eröffne ich der Königl. Regierung, daß jenen Geldern die Portofreiheit nicht versagt werden wird, sobald die Couverts, womit dieselben versandt worden, mit dem Ausdruck: „aus Königlicher Kasse" oder „aus Königlichem Malefiz-Fonds" versehen sind.

b. Regulativ des Min. für Handel ꝛc. über die Portofreiheit in Staatsdienst-Angelegenheiten vom 3. Februar 1862. (Min.-Bl. 1862 S. 64 ff.)

§. 36. Angelegenheiten betreffend den Transport und die Verpflegung von Vagabonden und Gefangenen.

Geldsendungen, welche von Königl. Strafanstalts-Direktionen für den Transport von Vagabonden und sonstigen Gefangenen an Eisenbahn-Verwaltungen zu zahlen sind, sowie die zwischen den Eisenbahn-Verwaltungen resp. deren Beamten und den Strafanstalts-Direktionen wegen des Transports von Vagabonden und Gefangenen zu führenden Korrespondenzen sind portofrei. Die Korrespondenz muß offen oder unter Kreuz- oder Streif-Band aufgegeben werden.

Im Uebrigen haben Vagabonden- ꝛc. Transport- oder Verpflegungsgelder nur dann auf Portofreiheit Anspruch, wenn sie aus Königl. Fonds oder als Auslagen an andere Behörden aus Landarmen-Fonds zu zahlen sind.

In der Regel sollen dergleichen Gelder gleich durch die zurückgehenden Transporteurs erstattet und die Versendung mit der Post hierdurch vermieden werden.

c. Regulativ über die Portofreiheit in Militärdienst-Angelegenheiten v. 21. Febr. 1862. (Min.-Bl. 1862 S. 84 ff.)

§. 11. In Militärdienst-Angelegenheiten sollen ausnahmsweise portofrei befördert werden:

ꝛc. 11. Sendungen von Transportgeldern Seitens der Truppentheile an Eisenbahn-Verwaltungen, sowie Sendungen von Vorspanngeldern für Militär-Transporte an Ortsbehörden.

Zusatz 10. Bestimmungen einzelner Regierungen über die Kostensätze bei polizeilichen Transporten.

a. Publikandum der Königl. Regierung zu Potsdam v. 19. December 1822. (v. Kamptz Ann. Bd. VII. S. 123.) 1)

Da das in der Ministerial-Verfügung vom 3. Oct. 1818 (Amts-Blatt 1818 pag. 294) angekündigte allgemeine Regulativ über die bei den polizei-

1) Mit Bezug hierauf bemerkt das Reskr. des Königl. Min. des Innern und der Polizei v. 7. März 1823 (v. Kamptz Ann. Bd. VII. S. 123):

lichen Transporten von Verbrechern und Vagabonden vorfallenden Kosten bis dahin ausgesetzt ist, daß die damit in Wechselwirkung stehende Gesetzgebung über Kommunalverhältnisse und Armenpflege geordnet sein wird, so hat das Königl. Ministerium des Innern und der Polizei bestimmt, daß es für jetzt bei den vorhandenen Bestimmungen und Einrichtungen in Betreff des Kostenpunktes der Transporte überall verbleiben solle, nnd auf unsere Anträge zu einer richtigen Auslegung und zweckmäßigen Erläuterung dieser Bestimmungen für den hiesigen Regierungs-Bezirk folgende Entscheidung getroffen:

Nach der Ministerial-Verfügung vom 23. Juli 1817, §. 6 (Amts-Blatt 1817 S. 284) soll Meilengeld und andere Vergütigung der, vermöge Kommunal-Dienstpflicht gestellten Transporteurs in allen denjenigen Regierungs-Bezirken stattfinden, in welchen nach der Provinzial-Verfassung ihre Statthaftigkeit ausdrücklich ausgesprochen und öffentlich bekannt gemacht ist. Da nun die Vorschrift des Allg. Landrechts Th. II. Tit. 7 §. 37 Nr. 8, welche nur auf Dorfgemeinden und die unentgeltliche Fortschaffung von Ort zu Ort bezogen werden kann, seit der Anordnung bestimmter Transportstationen, zu denen fast nur Städte gewählt werden, und der damit verbundenen Einrichtung, daß die Begleiter der Transporte nicht von Ort zu Ort, sondern nur stationsweise gewechselt werden, in dem hiesigen Regierungs-Bezirk nicht mehr Anwendung findet, so wird hiermit festgesetzt, daß die Stationsörter für jeden zur Begleitung oder Führung mitgegebenen Civiltransporteur eine Vergütigung von 5 Sgr. auf die Meile, wobei jedoch der Rückweg nicht in Anrechnung kommt, in den Transportzetteln liquidiren und von der nächstfolgenden Stationsbehörde einziehen können. Die letzte Zahlung dieser Transport-Gebühren fällt überall denselben Individuen, Behörden oder Fonds zur Last, welche nach §. 13 der General-Transport-Instruktion vom 16. Sept. 1816 die anderen für den Transport entstandenen Kosten zu tragen haben. Sowie wir daher die benachbarten Regierungen ersuchen werden, ihre Grenzstationsbehörden zur Beobachtung des vorstehenden Grundsatzes gegen unser Departement anzuweisen, so haben, der Reciprocität wegen, auch alle diesseitigen Behörden, die für ihnen angehörige oder für durchgeführte Transportaten in Ansatz kommende Transporteur-Gebühren unweigerlich zu erstatten, und für erstere definitiv zu tragen, für letztere weiter zu liquidiren. Die Stadt Berlin wird

---

Die durch die Bekanntmachung der Königl. Regierung zu Potdam in deren Amtsblatte zur Kenntniß der Königl. Regierung (Oppeln) gelangte Anordnung derselben wegen der Kostensätze bei polizeilichen Transporten ist auf die dortige Provinzial-Verfassung begründet, und kann auf andere Bezirke, woselbst eine abweichende Einrichtung bis jetzt stattgefunden, nicht angewendet werden. Wenn nun auch die Königl. Regierung selbst in Ihrem früheren allgemeinen Bericht über diesen Gegenstand die Meinung geäußert hat, daß es hinsichtlich der bei Transporten vorkommenden Kosten lediglich bei der bestehenden Verfassung zu belassen sein dürfte, so kann um so weniger auf den Antrag derselben in dem Bericht vom 17. v. Mts :

„daß den Stationsorten des dortigen Bezirkes dieselbe Vergünstigung als im Potsdamer Departement gewährt werde",

jetzt eingegangen werden, sondern muß die Bestimmung darüber bis zur allgemeinen Festsetzung über die diesfälligen Verhältnisse vorbehalten bleiben.

aber wie bisher den Gebührensatz von 6 Sgr. für die Meile ersetzen. Für die Gensdarmerie-Eskorte werden übrigens bei keinem Transport Gebühren gezahlt.

Mit der Feststellung jenes neuen Gebührensatzes hat das Königl. Ministerium des Innern und der Polizei zugleich genehmigt, daß der in dem hiesigen Regierungs-Bezirk eingerichtete Stationswechsel ohne Modifikationen beibehalten werde. Die Gestellung und Wechselung der Transporteurs darf also ferner nur stationsweise geschehen, jeder Transport muß täglich ohne Unterbrechung von einer Station zur anderen gelangen, und die in der General-Transport-Instruktion §. 7, sowie in der Verordnung vom 3. Okt. 1818 §. 3 (Amts-Blatt 1818 S. 293) verstattete Wahl, daß die Transportbegleitung zur Erleichterung der Stationsörter hin und wieder von Ort zu Ort wechseln könne, ist, mit Ausnahme der im angezogenen §. 7 unter Nr. 1 und 2 bezeichneten Fälle außer Kraft gesetzt.

Auch für die bei polizeilichen Transporten vorfallenden Fuhrkosten hat bisher keine Vergütigung im hiesigen Regierungs-Bezirk stattgefunden. Nach der General-Transport-Instruktion §. 12 und 13 gehören aber die Wagen- und Pferde-Miethe in den Fällen der Zulässigkeit dieser Transportmittel, zu den an die Stationsörter zu erstattenden Kosten, und in der angezogenen Verordnung vom 3. Okt. 1818, §. 4 ist die Bestimmung erneuert, daß für den bei Transporten erforderlichen Kommunal-Vorspann eine Vergütigung von 6 Sgr. für jedes Pferd auf die Meile erfolgen soll. Es tritt daher von jetzt in unserem Departement dasselbe Verfahren in Betreff der vorbestimmten Fuhrkosten, wie in Betreff der Transporteur-Gebühren ein.

Bewachungskosten für Transportaten fallen ganz weg, da an jedem Stationsort ordentliche Gefängnisse vorhanden sein müssen. An Lagerungskosten oder sogenannten Sitzgebühren kann ferner der bisher übliche Ansatz von 1 Sgr. für die Person in jedem Nachtquartier liquidirt werden.

Wegen des Verpflegungssatzes für Transportaten behält es bei der letzten Feststellung auf 2 Sgr. täglich (Amts-Blatt 1822 Nr. 6) sein Bewenden. [1])

---

[1]) Mit Bezug hierauf bemerkt das Reskr. des Königl. Min. des Innern und der Polizei vom 7. März 1823 an die Königl. Regierung zu Oppeln. (v. Kamptz Ann. VII. S. 123.)

Die durch die Bekanntmachung der Königl. Regierung zu Potsdam in deren Amtsblatt zur Kenntniß der Königl. Regierung gelangte Anordnung derselben wegen der Kostensätze bei polizeilichen Transporten ist auf die dortige Provinzial-Verfassung gegründet, und kann auf andere Bezirke, woselbst eine abweichende Einrichtung bis jetzt stattgefunden, nicht ausgedehnt werden. Wenn uns auch die Königl. Regierung selbst in Ihrem früheren allgemeinen Berichte über diesen Gegenstand die Meinung geäußert hat, daß es hinsichtlich der bei den Transporten vorkommenden Kosten lediglich bei der bestehenden Verfassung zu belassen sein dürfe, so kann um so weniger dem Antrage derselben in dem Berichte vom 17. v. Mts.:

> „daß den Stationsorten des dortigen Bezirkes dieselbe Vergünstigung als im Potsdamer Departement gewährt werde",

jetzt nachgegeben werden, sondern es muß die Bestimmung darüber bis zur allgemeinen Festsetzung über die diesfallsigen Verhältnisse vorbehalten bleiben.

b. Publikandum der Königl. Regierung zu Danzig v. 29. Oktober 1823. (v. Kamptz Ann. Bd. VII. S. 899.)

In einigen bisher vorgekommenen Fällen haben wir bemerkt, daß einige Behörden in der Berechnung der Transport-, Verpflegungs- und Fuhr-Kosten bei Transporten von Bettlern, Vagabonden, Verbrechern, Inquisiten u. s. w. von den bestimmten Sätzen abgewichen, ja sogar bei einem und demselben Transportaten verschiedene Sätze während des Transportes in Anwendung gebracht sind.

Um dieser Verschiedenheit für die Zukunft vorzubeugen, werden sämmtliche uns untergeordnete Behörden darauf aufmerksam gemacht, daß:

I. bei Transporten von Bettlern und Vagabonden in das Korrektionshaus zu Graudenz, nach §. 53 des Westpreußischen Landarmen-Reglements vom 31. Dec. 1804:
   1) an Transportkosten (Transportbegleitgebühren) 2 Sgr. 6 Pf. den Transporteurs für jeden Transportanden auf die Meile (Kinder unter 12 Jahren nicht mitgerechnet);
   2) an Verpflegungskosten 2 Sgr. für jeden Transportanden, für Kinder unter 12 Jahren aber nur 1 Sgr. 4 Pf. täglich;
   3) an Fuhrkosten (nämlich wenn zur Fortbringung der Transportanden Fuhren erforderlich sind), statt des l. c. bestimmten Satzes, nach der Verfügung vom 5. Nov. 1816 (Amts-Bl. Nr. 20) 7 Sgr. 6 Pf. für jedes Pferd auf die Meile;

II. bei anderen Transporten von Bettlern, Vagabonden, Verbrechern, Inquisiten u. s. w. vom Civilstande:
   1) an Transportkosten (Transportbegleitgebühren):
      a. bei allen Transportanden mit Ausnahme der unter b erwähnten, 5 Sgr. für jeden Begleiter nach der Provinzial-Verfassung, zufolge der Verfügung vom 18. Okt. v. J. an sämmtliche Landräthe;
      b. bei Inquisiten, Inkulpaten u. s. w., welche an Gerichte und von Gerichten abgeschickt werden, 3 Sgr. 4 Pf. für jeden Begleiter auf die Meile, zufolge der Verfügung vom 18. Okt. v. J. an sämmtliche Landräthe;
   2) an Verpflegungskosten 2 Sgr. 6 Pf. für den Transportanden täglich nach bekannter Vorschrift;
   3) an Fuhrkosten 7 Sgr. 6 Pf. für jedes Pferd auf die Meile (wie unter I. 3 bestimmt ist),

   vergütet werden;

III. bei Transporten von Militär-Arrestaten aber:
   1) an Transportkosten (Transportbegleitgebühren) Nichts vergütet wird,
   2) in Absicht der Verpflegung nach der Verfügung vom 11. Nov. v. J. (Nr. 48 des Amts-Blattes) und vom 3. April d. J. (Nr. 16 des Amts-Blattes), zu verfahren ist, wonach die Vergütigung für den

geleisteten Vorspann bei uns zur Anweisung zu liquidiren, keineswegs aber im Transportzettel anzusetzen und den nachfolgenden Behörden in Anrechnung zu bringen ist.

Die Behörden, welche in Zukunft eine Abweichung von diesen, schon längst feststehenden, jetzt nur in Erinnerung gebrachten Sätzen sich erlauben sollten, werden es sich selbst zuzuschreiben haben, wenn sie in allen Fällen, wo sie höhere, als die bestimmten Sätze in den Transportzetteln ansetzen, zur Erstattung des zu viel Angesetzten angehalten und diese Beträge durch Postvorschuß von ihnen eingezogen werden müssen.

Bei dieser Gelegenheit wird den Behörden die, von einigen derselben unbeachtet gelassene Vorschrift,

daß bei Transporten, die für Rechnung der Königl. Kasse gehen, dies in den Transportzetteln ausdrücklich bemerkt, und in diesem Falle die aufgelaufenen Kosten weder von den Stationsbehörden der angrenzenden Regierungs-Bezirke eingezogen, noch denselben resp. erstattet, sondern für jeden Regierungs-Bezirk besonders abgeschlossen und liquidirt werden sollen,

in Erinnerung gebracht und wiederholentlich aufgegeben, in der Absendung oder Weiterbeförderung der Transporte und in Erstattung der Transportkostenvorschüsse die bestehenden Vorschriften auf's Sorgfältigste zu befolgen, widrigenfalls für jeden Fall der Abweichung ein Thaler Strafe festgesetzt werden wird.

c. Publikandum der Königl. Regierung zu Oppeln v. 29. November 1823 [1]). (v. Kamptz Ann. Bd. VII. S. 901.)

Da die Erfahrung bei Prüfung der über die Verpflegung und den Transport von Vagabonden eingehenden Liquidationen täglich lehrt, daß die Stationsbehörden ganz verschiedene Sätze für die Verpflegung und Aufbewahrung von Polizei-Arrestaten liquidiren, ohne eine Berechtigung zur Forderung dieser von einander abweichenden Sätze nachgewiesen zu haben, und dadurch nicht allein eine Menge von Erinnerungen in Betreff derjenigen Kosten entstehen, welche Fiskus zu tragen hat, sondern auch die Stationsbehörden selbst unsicher über die eigene Befugniß und die der anderen Polizeibehörden werden, wie viel sie zu liquidiren befugt sind, so wird zur allgemeinen Nachachtung Folgendes bekannt gemacht:

Jede Stationsbehörde bleibt in der Befugniß, diejenigen Sätze für die

---

1) Dies Publikandum ist in Folge des nachstehenden Reskriptes des Minist. des Innern und der Polizei vom 13. Nov. 1823 (v. Kamptz Ann. Bd. VII. S. 897) erlassen:

Bei der in dem Bericht vom 17. v. Mts. ertheilten Versicherung, daß die Behörden des dortigen Departements für Polizei-Arrestaten in Betreff der Untersuchung und des Transportes eben diejenigen Sätze zu liquidiren befugt sind, welche in der Bekanntmachung der Königl. Regierung zu Breslau vom 30. Aug. c. angegeben worden, ist es unbedenklich, daß hiernach auch fernerhin verfahren und zur Erhaltung der erforderlichen Gleichheit eine ähnliche Verfügung erlassen werde.

Verpflegung und Aufbewahrung von Polizei-Arrestaten zu liquidiren, die ihr durch eine besondere Berechtigung zuertheilt ist. Weichen aber diese Sätze von den weiter unten aufgeführten, und als allgemeine Regel geltenden Beträgen ab, so ist es Pflicht der betreffenden Behörde, in der Liquidation oder dem Transportzettel neben den liquidirten Sätzen ganz kurz das Fundament zu allegiren, auf welches die Befugniß, solche Sätze zu fordern, sich gründet, damit nöthigenfalls dasselbe näher geprüft werden kann. Es versteht sich hierbei von selbst, daß eine solche Berechtigung nicht allein aus dem, zwischen der Ortsbehörde und dem Gefangenenwärter abgeschlossenen Kontrakt hergeleitet werden kann, sondern daß dieselbe sich auf ein besonderes, höheren Orts ertheiltes, Privilegium oder ausdrücklich anerkanntes Recht, gründen muß, da es ohne ein solches Recht Pflicht jeder Ortsbehörde ist, Polizei-Arrestaten während der Untersuchung und des weiteren Transportes nur für die allgemein gültigen Sätze unterzubringen und zu verpflegen. Sollten Polizeibehörden wider Vermuthen einer solchen Berechtigung andere und höhere Sätze, als die nachstehend angeführten, liquidiren, so ist nach der Amtsblatt-Verfügung vom 15. Nov. 1817 die nächste Stationsbehörde dessenungeachtet doch nicht berechtigt, bei der Rückzahlung des Vorschusses Abzüge zu machen, sondern muß vielmehr der ganze liquidirte Betrag unweigerlich erstattet, derjenigen Behörde aber, welche die Kosten zu tragen hat, überlassen werden, die zu viel liquidirten Beträge von jener Behörde wieder einzuziehen.

Als allgemeine Regel für das hiesige Departement gelten folgende Sätze, die jedoch auf die in anderen Regierungsbezirken liquidirten Kosten keine Anwendung finden.

Es können nämlich vom 1. Januar 1824 an liquidirt werden:

1. An Transportgebühren für jeden bürgerlichen Begleiter auf die Meile 5 Sgr., wogegen Gensdarmen keine Transportgebühren liquidiren dürfen. Bei dem Transport gefährlicher Personen durch das Militär treten die §. 10 der Transport-Instruktion vom 16. Sept. 1816 bewilligten Gebühren ein. Für den Transport der Militär-Arrestaten durch Civilpersonen können keine Gebühren liquidirt werden.
2. An Wagenmiethe, wo der Transport zu Wagen nothwendig ist, derjenige Betrag, der zur Beschaffung eines Wagens in jedem einzelnen Falle nothwendig ist. Im Allgemeinen ist es Pflicht der Polizeibehörden für die möglichst wohlfeile Beschaffung einer Fuhre zu sorgen, und zu dem Ende unter der Quittung desjenigen, der den Wagen für den bedungenen Betrag geliefert hat, zu bescheinigen, daß für einen wohlfeileren Preis eine Fuhre zu beschaffen nicht möglich gewesen. (§. 9 der General-Transport-Instruktion.)

Ein Gleiches gilt:

3. in Betreff der Bekleidungskosten. Beide ad 2 und 3 erwähnten Kosten werden auch für Militär-Arrestaten aus dem Militärfonds von der betreffenden Militärbehörde erstattet;
4. an Verpflegungskosten täglich 2 Sgr. für jeden Transportaten;

5. an Sitzgebühren täglich 1 Sgr. 3 Pf.;
6. an Holzgeld in den Monaten Januar, Februar, März, November und December täglich ebensoviel;
7. an Lagerstroh, ingleichen für Wasch-, Seifen- und Deckengeld zusammen täglich gleichfalls 1 Sgr. 3 Pf.;
8. an Aufgreifungsgebühren, allein bei Vagabonden und Bettlern, für jeden Aufgegriffenen 20 Sgr.
9. Zur Unterhaltung der Gefängnisse täglich 1 Sgr. 3 Pf. In Fällen, wo Fiskus die Kosten zu tragen hat, fallen diese Gebühren fort.

Annahme- und Loslassungsgebühren dürfen für Polizei-Arrestaten bei Gelegenheit des Transportes und der Untersuchung überall nicht gefordert werden.

Die ad 5 — 9 erwähnten Kosten werden für Militär-Arrestaten niemals vergütigt.

§. 13. Diese Kosten trägt:

Zusatz 1. Definitive Tragung der Transport-Kosten.

a. Reskript des Min. des Inn. und der Polizei v. 13. März 1837. (v. Kamptz Ann. Bd. XXI. S. 193.)

Inhaltlich des von der Königl. Regierung an die Regierung zu Minden gerichteten, von derselben hierher zur weiteren Bestimmung eingereichten Schreibens vom 24. Januar c. will die Königl. Regierung die Transportstation Marsberg ermächtigen, die durch den Transport des N. entstandenen Kosten nur theilweise, nämlich mit Ausschluß der Vergütigung für den Civil-Transporteur, zu erstatten.

Dies veranlaßt das unterzeichnete Ministerium, der Königl. Regierung (Arnsberg und Minden) in Beziehung auf die in jenem Schreiben angeführten Argumente bemerklich zu machen, daß weder die General-Transport-Instruktion vom 16. Sept. 1816, noch deren Erläuterung vom 23. Juli 1817, eine *materielle* Bestimmung darüber:

wer die durch den Transport eines Gefangenen verursachten Kosten *definitiv* zu tragen oder zu erstatten verpflichtet sei?

ertheilt haben, und auch nicht ertheilen können, weil jene Instruktion kein eigentliches Gesetz, sondern nur eine von einem einzelnen Ministerio ausgegangene Anweisung an die Behörden ist. Eine Abänderung des materiellen Verhältnisses ist aber auch durch die fraglichen Vorschriften gar nicht beabsichtigt worden, indem sie sich (insbesondere das erläuternde Reskript vom 23. Juli 1817) auf provinzielle Verfassungen, welche sich wieder nur auf frühere gesetzliche Einrichtungen gründen können, beziehen.

Die in dem erwähnten Schreiben der Königl. Regierung ausgesprochene Meinung kann demgemäß nicht als richtig anerkannt werden. Vielmehr müssen, da die Königl. Regierung die Verbindlichkeit der bezeichneten Transportstation zum Ersatze der Transportkosten überhaupt im vorliegenden Falle nicht in Zweifel zieht, auch sämmtliche Auslagen, einschließlich der für den

Civil-Transporteur mit 5 Sgr. pro Meile liquidirten Gebühren, erstattet werden.

b. Cirkular-Reskript der Min. der Justiz, Finanzen und des Innern v. 6. Mai 1850. (Min.-Bl. 1850. S. 188.)

Es sind seit Emanation der Verfassungs-Urkunde vom 5. Dec. 1848 mehrfache Anfragen ergangen über die Verpflichtung zur Uebernahme der durch die Feststellung verübter Vergehen und Verbrechen, sowie durch Verfolgung der Thäter, entstehenden uneinziehbaren Kosten. In dieser Beziehung sind die durch Zahlung und Verrechnung noch nicht endgültig erledigten Fälle dieser Art und bis zur Ausführung der Gemeinde-Ordnung und des Gesetzes über die Polizei-Verwaltung vom 11. März c. nachfolgende Bestimmungen zu beobachten:

Bei Beantwortung der Frage, welcher Behörde resp. Kasse jene Verpflichtung obliege, ist im Allgemeinen davon auszugehen, daß jede Behörde die, innerhalb ihres Amtsbereiches erwachsenen, Kosten zu übernehmen hat. Demgemäß sind von den vorgedachten Kosten die Haft- und Transportkosten mit dem Augenblick der Ueberweisung des Verdächtigen von der Polizei- an die Gerichtsbehörde, sei es Behufs der Voruntersuchung oder der förmlichen Untersuchung, von dem Kriminalfonds resp. den noch zur Uebertragung der Kriminalkosten subsidiarisch verhafteten städtischen Gemeinden zu tragen. Haft- und Transportkosten, welche bis zu solcher Ueberweisung, oder, ohne daß es zu dieser überhaupt gekommen, erwachsen, fallen, wenn sie innerhalb des Bereichs einer Polizeibehörde, deren Kosten eine städtische Gemeinde zu tragen hat, entstanden sind, dieser zur Last; in allen anderen Fällen hat sie der fiskalische Polizeifonds zu tragen. [1])

c. Reskript des Min. des Inn. v. 25. Mai 1858 (ungedruckt).

Auf den Bericht ꝛc. wird der Königl. Regierung (Frankfurt) Folgendes eröffnet:

Das Cirkular-Reskript vom 6. Mai 1850 bestimmt, daß von den Kosten für polizeilich aufgegriffene Verbrecher die Haft- und Transportkosten mit dem Augenblick der Ueberweisung des Verbrechers von der Polizei- an die Gerichtsbehörde, sei es Behufs der Voruntersuchung oder der förmlichen Untersuchung, von dem Kriminalfonds getragen werden sollen. Ob zu diesen, dem gedachten Fonds zur Last zu legenden Kosten auch die Transportkosten, welche durch die Ueberweisung der polizeilich verhafteten Verdächtigen von der Polizeibehörde an die Gerichtsbehörde entstehen, zu rechnen seien, darüber hat in Folge der deshalb schon früher angeregten Fragen eine nähere Verständigung mit dem Herrn Justiz-Minister stattgefunden. Danach ist die Ueberweisung der Verdächtigen an die Polizeibehörde erst dann als geschehen zu

---

1) Vergl. auch: Reskr. der Min. des Innern und der Finanzen v. 24. Dec. 1850 (M.-Bl. 1851 S. 41) und Reskr. des Min. des Innern und der Polizei vom 2. April 1835 (v. Kamptz Ann. Bd. XIX. S. 470.)

betrachten, wenn die Verdächtigen der betreffenden Gerichtsbehörde zugeführt, und von dieser zur Haft übernommen worden sind. Nur wenn die Verhaftung auf Requisition der Gerichtsbehörde oder der Staatsanwaltschaft erfolgt ist, tritt eine Ausnahme hiervon ein.

Die Kosten des Transportes der polizeilich und ohne solche Requisition verhafteten Verdächtigen nach dem Orte des Gerichts sind sonach von den betreffenden Polizeiobrigkeiten resp. Gemeinden, zu tragen 2c.

(Vergl. auch Zusatz 2 zu §. 12.)

I. Der Transportat selbst, oder derjenige, der zu deren Tragung in subsidium rechtlich verbunden ist, wenn jener oder dieser dazu vermögend ist [1]).

a. Verfügung des Min. des Inn. v. 21. Januar 1840. (Min.-Bl. 1840 S. 19.)

Die Beschwerde, welche der Magistrat zu N. in dem abschriftlich beigefügten Bericht vom 2. v. Mts. und Ihres über die Verfügung der Königl. Regierung (Stettin) vom 8. Nov. pr. geführt hat, erscheint gerechtfertigt.

Denn, nach dem vorgetragenen Sachverhältniß muß der Magistrat für berechtigt gehalten werden, die im Wege der ihm obliegenden polizeilichen Fürsorge für ein hülfsbedürftiges, aber nicht unvermögendes, Individuum vorgeschossenen Verpflegungskosten, ingleichen die durch den Transport einer seiner Kommune angehörigen, in ihre Heimath dirigirten Person erwachsenen Kosten aus deren Vermögen selbst wieder einzuziehen. Diese Befugniß zu einer deshalb im Verwaltungswege zu vollstreckenden Exekution kann dadurch, daß das Vermögen des Verpflichteten sich unter vormundschaftlicher Verwaltung befindet, weder aufgehoben, noch wirkungslos gemacht werden, so daß bei etwaiger Weigerung der betreffenden vormundschaftlichen Behörde, der an sich wegen Erstattung derartiger Kosten ergehenden Requisition zu genügen, aller-

---

1) Es ist hierdurch auf die privatrechtliche Alimentations- und Unterstützungspflicht der nächsten Angehörigen Bezug genommen; diese ist ausgesprochen im Allg. Landrecht Th. II. Tit. 3:

§. 14. Verwandte in auf- und absteigender Linie sind einander nach den im vorigen Titel enthaltenen näheren Bestimmungen (§. 251—254) zu ernähren verbunden.

§. 15. Auch Geschwister ersten Grades müssen ihren Geschwistern, die sich selbst zu ernähren ganz unfähig sind, den nothwendigen Unterhalt reichen.

§. 16. Es macht dabei keinen Unterschied, ob sie mit solchen Geschwistern durch volle oder halbe Geburt, aus einer Ehe zur rechten oder zur linken Hand verwandt sind.

§. 17. Doch richtet sich überhaupt die Verbindlichkeit der Verwandten, hülfslose Familienmitglieder zu ernähren, nach den Regeln der gesetzlichen Erbfolge.

§. 18. Derjenige also, welcher der nächste Erbe des zu ernährenden Verwandten sein würde, hat auch die nächste Verbindlichkeit, für seinen Unterhalt zu sorgen.

§. 19. Wenn der zunächst Verpflichtete selbst unvermögend ist, so muß der auf ihn Folgende an seine Stelle treten.

§. 20. Mehrere gleich nahe Verwandte müssen den Unterhalt des dürftigen Familienmitgliedes zusammen, jedoch nach Verhältniß ihres Vermögens, bestreiten.

§. 21. Nur Geschwister sind berechtigt, das, was der Unterhalt ihrer unvermögenden Geschwister sie gekostet hat, von diesen zurückzufordern, wenn die Umstände der letzteren in der Folge sich so verbessern, daß sie diesen Ersatz ohne Abbruch ihrer Nothdurft leisten können.

§. 22. Andere Seitenverwandte, außer den Geschwistern ersten Grades, können zur Ernährung unvermögender Familienglieder nicht gezwungen werden.

dings ein Grund zur Beschwerdeführung von Seiten des Magistrats und für die Königl. Regierung eine Veranlassung zur Vertretung der Amtsbefugnisse desselben vorhanden ist.

Die Königl. Regierung hat hiernach diese Beschwerde zu erledigen oder ihre etwaigen ferneren Bedenken anzuzeigen.

b. Erlaß des Min. des Inn. v. 5. November 1860. (Min.=Bl. 1860 S. 243.)

Durch den Cirkular-Erlaß vom 9. Okt. 1857 (Min.=Bl. 1857 S. 171) ist bestimmt worden, daß vom Jahre 1858 ab diejenigen Kosten, welche durch den Transport der zu Zuchthaus-Strafen verurtheilten Verbrecher in die Strafanstalten entstehen, nicht mehr von den gerichtlichen Salarienkassen an die Strafanstalten erstattet, sondern bei den letzteren Kassen definitiv in Ausgabe verrechnet werden sollen.

Nach §. 13 der General-Transport-Instruktion in Verbindung mit den Bestimmungen der Kriminal-Ordnung kann es nicht zweifelhaft sein, daß die hiernach zu verausgabenden Transportkosten in den Fällen, wo sie einen vermögenden Verbrecher betreffen, zu denjenigen Kosten gehören, welche aus dem Vermögen des Verbrechers wieder einzuziehen sind. Gleichwohl ist in einzelnen Strafanstalten hiernach nicht verfahren worden, weshalb ich die Königl. Regierung noch besonders beauftrage, Anordnung zu treffen, daß die Wiedereinziehung der Transportkosten von vermögenden Sträflingen vorkommenden Falls nicht unterlassen werde.

c. Bescheid des Min. des Inn. v. 21. September 1861. (Min.=Bl. 1861 S. 240.)

Das Monitum der Königl. Ober-Rechnungs-Kammer bei Revision der Rechnungen der Strafanstalt pro 1859, wonach das von einem Sträfling in die Anstalt mitgebrachte baare Geld (mit Ausschluß der Ueberverdienstgelder) zur Deckung der nachstehenden Transportkosten von der Anstaltskasse vereinnahmt werden soll, muß ich, wie ich der Königl. Regierung auf den Bericht vom 3. d. Mts. erwiedere, aus den von der Königl. Ober-Rechnungs-Kammer geltend gemachten Gründen und mit Rücksicht auf §. 13 der General-Transport-Instruktion vom 16. Sept. 1816 für vollkommen begründet erachten, und hat die Königl. Regierung danach verfahren zu lassen.

Dabei mache ich jedoch ausdrücklich darauf aufmerksam, daß der früher in den Gerichtsgefängnissen erworbene Ueberverdienst, welcher von dem Sträfling mit in die Anstalt gebracht wird, in Gemäßheit der Allerhöchsten Kabinets-Ordre vom 28. Dec. 1840 (Min.-Bl. 1841 S. 69) [1]) nicht zu dem baar eingebrachten Betrage zu rechnen ist, welcher zur Deckung der Transportkosten resp. der Detentionskosten von der Anstalt eingezogen werden soll;

---

1) Allerh. Kabinets-Ordre v. 28. Dec. 1840. (M.=Bl. 1841 S. 69.)

Ich bestimme nach dem Antrage des Staatsministeriums vom 22. Oct. d. J., daß derjenige Antheil an Arbeitsverdienst, welcher in den Straf= und Gefängniß=Anstalten grundsätzlich den Sträflingen und Gefangenen während der Dauer ihrer Strafzeit oder Haft zufließt, niemals für deren Gläubiger ein Gegenstand des Arrestschlages oder der Beschlagnahme im Wege der Exekution sein darf.

es ist daher in den betreffenden Fällen zu ermitteln, wieviel Ueberverdienstgelder in diesem baar eingebrachten Gelde enthalten sind, und danach die Vereinnehmung zu bewirken.

Zusatz 2. Subsidiarische Verpflichtung für die Transport-Kosten mehrerer Verbrecher.

Reskript des Justiz-Minist. v. 27. September 1824. (v. Kamptz Jahrb. Bd. 24 S. 340 Gräff IV. S. 121. 122.)

Die von dem Kriminal-Senat des Königl. Oberlandesgerichts dem Magistrat zu N. über den Kostenpunkt in der Untersuchungssache wider die Wittwe N. und Genossen ertheilte Bescheidung, wird, soweit sie die subsidiarische Verpflichtung des Magistrats zur Bezahlung der Untersuchungskosten betrifft, genehmigt. Was aber die Frage betrifft, ob die solidarische Verbindlichkeit mehrerer Verurtheilten sich auch auf die Kosten des Transports eines Mitschuldigen zur Strafanstalt, und auf die Kosten seiner Einkleidung Behufs der Aufnahme in die Strafanstalt erstrecken, so ist bei deren Beantwortung auf den §. 620 der Kriminal-Ordnung von dem Kollegio keine Rücksicht genommen worden. Nach dieser Vorschrift sind nur die zur Verpflegung eines Angeschuldigten am Strafort erforderlichen Kosten von der solidarischen Verbindlichkeit ausgenommen worden. Wenn daher auch die Kosten der Bekleidung in der Strafanstalt zu den Verpflegungskosten im weiteren Sinne zu rechnen sind, so können die Transportkosten doch immer nicht als unter der Ausnahme begriffen angesehen werden.

Diese müssen vielmehr bei dem Unvermögen des Transportaten von dem solidarisch in die Kosten verurtheilten Mitschuldigen getragen werden. Sie fallen daher in dem vorliegenden Falle der Wittwe N. zur Last, und können nur im Falle des Unvermögens derselben von der subsidiarisch verpflichteten Kämmerei zu N. eingezogen werden. Hiernach ist das Erforderliche zu verfügen.

II. Bei dessen Unvermögen aber

1) wenn der Transportat an eine Polizei-Behörde von einer Justiz-Behörde abgegeben ist, in Gemäßheit der §. 2 gedachten Ministerial-Bestimmungen, diese Justiz-Behörde.

a. Reskript des Königl. Min. des Inn. und der Polizei v. 10. November 1821. (v. Kamptz Ann. Bd. V. S. 915.)

Auf den, die Erstattung der Transportkosten für Kriminal-Gefangene betreffenden Bericht der Königl. Regierung (Marienwerder) vom 4. v. Mts. wird derselben bemerklich gemacht, daß, da die Stadt Neuenburg keine Verbindlichkeit hat die Vorschüsse und Auslagen für dergleichen weiter beförderte Transporte ganz oder zum Theile zu tragen, dieselbe sich wegen der Wiedererstattung geleisteter Vorschüsse nur an die absendende Gerichtsbehörde, auf deren Requisition der Transport geschehen ist, halten muß.

So sind auch die geschilderten Uebelstände insgesammt nicht nothwendige und unmittelbare Folgen der Beauftragung, den diesfälligen Requisitionen der

Gerichte zu genügen, sondern sie gehen aus einer mißverstandenen Anwendung der Transport-Instruktion hervor.

Die in den Vorschlägen zur Vermeidung derselben ad 1 und 2 dargelegten Ansichten sind richtig, und darf der Mißbrauch ferner nicht gestattet werden. Auch die Erstattung der unmittelbar auf die Fortschaffung der Transportanden Bezug habenden Kosten darf von der Polizei nicht gefordert werden, da vielmehr den absendenden Behörden dafür zu sorgen obliegt.

Wenn die Königl. Regierung die Meinung äußert, daß der Transport der Verbrecher durch die Polizeibehörden geschehen müsse, so ist nicht unbemerkt zu lassen, daß die Polizeibehörden nur hülfsweise, auf Requisition, eintreten. Aus diesem festzuhaltenden Gesichtspunkte sind alle übrigen Verhältnisse zu beurtheilen, daher auch die Meinung, daß kein Civilbegleiter den Kriminal-Transportdienst ohne Vergütigung zu leisten verpflichtet ist, und keine Kommunal-Kasse solche Kosten tragen darf, ganz richtig ist, wie denn auch die Vorschrift des Allg. Landrechts nur von Polizei-Transporten handelt.

Zugleich wird der Königl. Regierung eröffnet, daß diesseits des Herrn Justiz-Ministers Excellenz um Erlassung angemessener Verfügung wegen Abstellung des angezeigten Verfahrens mehrerer Gerichtsstellen bei vorschußweiser Einziehung der Untersuchungskosten von den transportirenden Polizeibehörden dato ersucht worden ist. [1])

b. Reskript des Min. des Inn. v. 24. Februar 1824. [Stettin.] (v. Kamptz Ann. Bd. VIII. S. 225.)

Ueber den Gegenstand des Berichts der Königl. Regierung vom 28. v. Mts., die durch Verhaftung eines Verbrechers und dessen Ablieferung an die Gerichte bei den Polizeibehörden entstandenen Kosten betreffend, ist von Seiten des Herrn Justiz-Ministers unterm 9. d. Mts. diejenige abändernde Verfügung an das Ober-Landesgericht zu Naumburg erlassen und hierher mitgetheilt worden, welche die Königl. Regierung hierbei abschriftlich (Anl. a.) zur Nach-

---

[1]) Das hierauf erlassene Schreiben des Justizministers v. 26. Nov. 1821, mitgetheilt durch Reskr. des Minist. des Inn. u. d. Polizei vom 6. December 1821. (v. Kamptz Ann. Bd. V. S. 917) lautete:

Das nach Ew. Exc. gef. Schreiben v. 10. d. M. von der Regierung zu Marienwerder angezeigte Verfahren mehrerer dortiger Gerichtsstellen, daß sie sämmtliche Gerichtskosten, Sitzgebühren und Verpflegungskosten, die während der Untersuchung gegen einen Inquisiten aufgelaufen sind, wenn derselbe transportirt wird, von der nächsten Transportstation einziehen, ist allerdings nicht zu billigen, und ich habe daher dem Ober-Landesgericht zu Marienwerder aufgegeben, die Untergerichte zur Abstellung dieses Verfahrens anzuweisen.

Reskript d. Justiz-Minist. v. 23. Decbr. 1822 (v. Kamptz Jahrb. Bd. 20. S. 299. Gräff IV. S. 9a).

Wenn auf Requisition der Justizbehörden ein Verbrecher durch die Polizeibehörde von einem Gerichte an das andere oder zur Strafanstalt befördert wird, so fallen die dadurch verursachten Kosten nicht der Polizeibehörde, sondern der absendenden Justizbehörde zur Last, und es müssen diese Kosten von der Justizbehörde entweder vorgeschossen oder doch unverzüglich erstattet werden. Auf den Antrag des Königl. Ministerii des Innern wird das Königl. Oberlandesgericht angewiesen, hiernach die demselben subordinirten Untergerichte mit der erforderlichen Anweisung zu versehen.

richt empfängt, und wird dieselbe durch die v. Kamptz'schen Jahrbücher zur Kenntniß der übrigen Gerichte gebracht werden.

Anl. a.

Das Königl. Ministerium des Innern und der Polizei hat es abgelehnt, die Kosten des Transportes eines von der Polizeibehörde ergriffenen Verbrechers an den Ort des untersuchenden Gerichtes in dem Falle auf die Polizei-Fonds zu übernehmen, wenn der Transport über den Polizei-Bezirk der kompetenten Polizeibehörde hinaus geschehen muß.

Da es nun allerdings seine Richtigkeit hat, daß die Polizeibehörde bei der Verhaftung und weiteren Transportirung eines Verbrechers nur an die Stelle des Gerichts tritt, und der Kriminal-Justiz ihren Beistand leistet, so können derselben die dadurch veranlaßten Kosten auch nicht zur Last gelegt werden. Selbige sind vielmehr in dem vorhin bezeichneten Falle aus dem Kriminal-Fonds zu nehmen, ohne daß es darauf ankommt, ob die Verhaftung und der Transport in Gemäßheit einer Requisition der Justizbehörde geschehen ist oder nicht. Hiernach wird die an das Königl. Ober-Landesgericht erlassene Verfügung vom 17. Februar pr. sub. Nr. 1. (Anl. b.) modifizirt.

Berlin, den 9. Februar 1824.

(Jahrb. XXIII. S. 99 u. Graeff IV. 146.) Der Justiz-Minister
v. Kircheisen.

Anl. b.

Dem Königl. Ober-Landesgericht wird auf den Bericht vom 29. v. Mts., die durch den Transport der Verbrecher veranlaßten Kosten betreffend, hierdurch Folgendes eröffnet:

1) Die Kosten des Transportes eines von der Polizeibehörde ergriffenen Verbrechers an den Ort des untersuchenden Gerichts müssen von den Regierungen berichtigt werden, da vor der Annahme des Angeschuldigten von Seiten des Gerichts und vor Eröffnung der Untersuchung von keinem Kriminal-Gefangenen die Rede ist.
2) Die Kosten des Transportes eines Gefangenen zur Strafanstalt sind dagegen ein Theil der Exekutionskosten, welche nach §. 623 der Kriminal-Ordnung in subsidium dem öffentlichen Fonds zur Last fallen, und daher aus dem vom Kollegio verwalteten Kriminal-Fonds bestritten werden müssen.
3) Diese, sowie alle übrigen, während der Untersuchung erforderlichen Transportkosten müssen den, den Transport besorgenden Polizeibehörden entweder vorgeschossen oder doch von der Justizbehörde des Bestimmungsortes unverzüglich erstattet werden.

   Bei kurzen Transporten scheint der Vorschuß, bei längeren die Erstattung die zweckmäßigste Maßregel zu sein, und das Königl. Ober-Landesgericht hat sich deshalb, mit Bezug auf die Bestimmung der General-Instruktion vom 16. September 1816 mit den Regierungen in weitere Kommunikation zu setzen.
4) Der Justiz-Minister findet keine hinreichende Veranlassung, in Absicht

der Festsetzung der Transportkosten eine Abänderung der allgemeinen Bestimmungen, nach welchen sämmtliche Kriminalkosten von dem Königl. Ober-Landesgericht festzusetzen, in Antrag zu bringen. Es kann nicht schwer fallen, durch Rücksprache mit den Polizeibehörden oder den Regierungen von allen denjenigen Bestimmungen Nachricht zu erhalten, auf welche es bei diesen Festsetzungen ankommt. Hierbei ist nun vor allen Dingen darauf Rücksicht zu nehmen, daß der unentgeltliche Transport der Verbrecher zunächst zu den Obliegenheiten der Gensdarmerie gehört.

Berlin, den 17. Februar 1823.

(Jahrb. Bd. XXI. S. 330. Gräff IV. 143.) Der Justiz-Minister v. Kircheisen.

c. Reskript des Königl. Min. des Inn. und der Polizei v. 6. April 1824. (v. Kamptz Ann. Bd. VIII. S. 541.)

In Verfolg diesseitiger Vorstellung hat der Königl. Justiz-Minister die, von der Königl. Regierung in dem, wegen der Transportkosten für den ehemaligen Feldjäger N., unterm 5. v. Mts. erstatteten Bericht (Königsberg) in Bezug genommene Verfügung vom 17. Februar v. J. dahin abgeändert, daß, da bei der Verhaftung und dem weiteren Transport eines Verbrechers den hierbei nur der Kriminal-Justiz Beistand leistenden Polizeibehörden, die dadurch veranlaßten Kosten nicht zur Last gelegt werden könnten, selbige vielmehr in dem Falle, daß der Transport über den Polizei-Bezirk hinaus geschehen müsse, aus dem Kriminal-Fonds entnommen werden sollen, ohne daß es darauf ankomme, ob die Verhaftung und der Transport in Gemäßheit einer Requisition der Justiz-Behörde geschehen sei oder nicht.

d. Reskript des Königl. Min. des Inn. und der Polizei v. 8. April 1825. (v. Kamptz Ann. Bd. IX. S. 108.)

Die in dem, die Transport- und Verpflegungskosten für die von der Polizei verhafteten Verbrecher betreffenden Bericht der Königl. Regierung (Merseburg) vom 26. v. Mts. vorgetragenen Schwierigkeiten werden leicht vermieden werden können, wenn von dem Grundsatz ausgegangen wird, daß sowohl die Polizei, als die Justiz, diejenigen Kosten zu tragen hat, welche während der Zeit entstanden sind, daß die Untersuchung bei ihr anhängig gewesen ist. Es ergiebt sich hieraus:

1) daß, wenn die Polizei einen, entweder von der Justiz verfolgten, oder sonst schon bei der polizeilichen Verhaftung notorischen Verbrecher anhält und der Justiz überliefert, die Polizei mithin lediglich als Captur-Behörde handelt, die Aufgreifungs-, Arrest- und Transport-Kosten von der Justiz zu tragen sind; dagegen aber
2) wenn die Polizei entweder einen Menschen wegen Verdacht eines Verbrechens anhält, und durch polizeiliche Untersuchung dies Verbrechen entweder vollständig oder mindestens zu einem, die gerichtliche Untersuchung begründenden Theile ermittelt, oder aber aus einer polizeilichen

Untersuchung hervorgeht, daß der polizeiliche Arrest zur gerichtlichen Untersuchung wegen eines in der ersten zum Vorschein gekommenen Verbrechens geeignet ist, die Polizeibehörde diejenigen Kosten, welche bis dahin, daß die Existenz einer causa criminalis ermittelt worden, aufgelaufen sind, zu tragen hat, die von da ab entstandenen Kosten aber der Justiz zur Last fallen.

Nach diesem Grundsatze ist in der Regel zu verfahren, jedoch dabei strenge darauf zu halten, daß die Polizei-Behörden dennoch mit Ernst und Nachdruck die Ermittelung der Verbrechen und Verbrecher sich angelegen sein lassen, und dadurch einen der wichtigsten Theile ihrer Pflichten erfüllen.

e. Reskript des Königl. Min. des Inn. und der Polizei vom 16. August 1825. (v. Kamptz Ann. Bd. IX. S. 709.)

In Erläuterung der Verfügung vom 3. April d. J., die Transport- und Verpflegungs-Kosten für die von der Polizei verhafteten, und an Kriminal-Gerichte zur Untersuchung abgelieferten Verbrecher betreffend, wird die Königl. Regierung (Merseburg) hiermit angewiesen, daß, da über den Zeitpunkt, wann die Existenz einer causa criminalis anzunehmen, Zweifel entstehen könnten, es angemessen erscheint, in den ad 2. der erwähnten Verfügung bemerkten Fällen, die Kosten der Verpflegung während der Detention bis zu dem Anfange des Transportes an die Gerichtsbehörde, auf den Polizeifonds zu übernehmen. Sowie indessen die Polizeibehörden die Ablieferung verhafteter und dazu geeigneter Individuen an die Gerichte zu beschleunigen haben, damit den Polizeifonds nicht unnöthige Kosten zugezogen werden; so versteht es sich auch von selbst, daß, wenn von einer Gerichtsbehörde die Annahme eines solchen Verbrechers verweigert, und dieselbe auf den deshalb erstatteten Bericht dazu angehalten werden sollte, die Restitution der dadurch veranlaßten Mehrkosten von derselben zu fordern ist.

f. Verfügung des Min. des Inn. v. 6. Februar 1840. (M.-Bl 1840 S. 109.)

Uebrigens wird bemerkt, daß der in der Verfügung an die Königl. Regierung zu Stettin vom 27. Januar 1837 ausgesprochene Grundsatz, wonach die Kosten des Transports eines nach ausgestandener Strafe einer Landarmen-Anstalt zu überweisenden Individuums nicht als eine Last der Kriminal-Gerichtsbarkeit angesehen werden können, allgemeine Anwendung finden muß.

g. Schreiben des Min. des Inn. und der Polizei v. 17. März 1822 [1]). (Ungedr. Akta des Polizei-Min., Transportwesen Nr. 8.)

Die Gemeinden sind nach §. 37 Nr. 8 Tit. 7 Th. II. A. L. R. nur zu solchen Transporten unentgeltlich verpflichtet, welche nach den Landes-

---

[1]) Das Schreiben desselben Ministerii v. 8. Oktober 1824 an das Justizministerium bemerkt ebenfalls, daß das A. L. R. a. a. O. nur von den nach den Landespolizeigesetzen zu transportirenden und nicht von Kriminal-Verbrechern spreche. Das Königl. Justizministerium hat sich in dem Antwortschreiben v. 29. ej. m. hiermit einverstanden erklärt. (Akten d. Polizei-Min. Sign. Transportwesen Nr. 8.)

polizei-Gesetzen angeordnet worden, mithin nicht zu Transporten von Kriminal-Verbrechern, deren Kosten aus dem Kriminal-Fonds zu bestreiten sind.

Zusatz 3. Transport-Kosten in Untersuchungsfällen gehören zu den Kosten der Untersuchung.

a. Reskript des Königl. Min. des Inn. und der Polizei vom 8. April 1835. (v. Kamptz Ann. Bd. XIX. S. 469.)

Wenn die Königl. Regierung (Breslau) in dem Bericht vom 13. v. Mts. den Anspruch der Gemeinde zu N. auf Erstattung von Transport-, Sitz- und Verpflegungs-Kosten für den Vagabonden N. betreffend, den allgemeinen Satz aufstellt,

daß Transportkosten zur Armenpflege gehören,

so kann demselben in dieser Allgemeinheit nicht beigepflichtet werden. Die Transportkosten sind vielmehr in Untersuchungsfällen demjenigen zur Last zu legen, der die Kosten der Untersuchung, welche den Transport nöthig macht, zu tragen hat. Die Armenkasse oder die zu deren Bildung verpflichtete Gemeinde aber wird nur solche Transportkosten zu tragen haben, die durch den Transport eines Armen, um der Armenpflege wegen, verwendet werden.

In dem vorliegenden Fall würde es also auf eine nähere Untersuchung darüber ankommen, ob der N. im gesetzlichen Sinne zu den Armen zu rechnen, welches thatsächlich noch nicht festgestellt ist, und ob er in N. einen Wohnsitz hat, oder, wenn er heimathlos ist, ob er sich daselbst wie das Schlesische Armengesetz von 1747 bestimmt, in den letzten 10 Jahren am längsten aufgehalten hat 2c.

b. Cirkular-Erlaß des Min. des Inn. v. 11. Juni 1861. (Min.-Bl. 1861 S. 145.)

Es sind Zweifel darüber entstanden, ob in den Fällen, wo ein zu Zuchthausstrafe verurtheilter Gefangener bereits in die Strafanstalt eingeliefert ist, aber auf Requisition einer Gerichtsbehörde Behufs seiner Vernehmung aus der Strafanstalt an das betreffende Gericht und von dort in die Strafanstalt zurückgebracht wird, die durch diesen Hin- und Rücktransport entstehenden Kosten aus den gerichtlichen oder den Strafanstalts-Kassen zu berichtigen sind.

Wenngleich die Transportkosten der ersten Einlieferung eines Zuchthaussträflings in die Strafanstalt nach der Cirk.-Verfügung vom 9. Oktober 1857 gegenwärtig auf Strafanstalts-Fonds angewiesen werden, so sind doch die Kosten für den Transport eines Sträflings aus der Strafanstalt an den Ort des Gerichts und zurück nicht zu den Aufwendungen für die Strafvollstreckung zu rechnen, sondern sie gehören zu den baaren Auslagen des Untersuchungs-Verfahrens und müssen deshalb, womit sich auch der Herr Justiz-Minister einverstanden erklärt hat, von dem Kriminal-Fonds getragen werden; die Strafanstalten haben daher derartige Kosten auf ihren Fonds nicht zu übernehmen.

Zusatz 4. Zu den Kosten der Transporte für Justiz-Behörden haben diese, und zu den Kosten anderer Transporte bei armen Kommunen die Regierungen den Vorschuß zu leisten.

Reskript des Min. des Inn. und der Polizei vom 18. Oktober 1828. (v. Kamptz Ann. Bd. XII. S. 1060.)

Das unterzeichnete Ministerium muß, wie der Königl. Regierung auf den, wegen der Transport-Rückstände erstatteten Bericht vom 28. v. Mts. eröffnet wird, es für sehr wahrscheinlich halten, daß die, von derselben geschilderten Verlegenheiten in einer unrichtigen Ausführung der General-Transport-Instruktion vom 16. September 1816 ihren Grund haben.

Zuvörderst dürften die auf Requisition der Justiz-Behörde erfolgenden Transporte keine Verlegenheit verursachen, weil der betreffenden Polizeibehörde überlassen bleibt, mit Bezugnahme auf §. 13 der gedachten Transport-Instruktion von demjenigen Gericht, welches den Transport verlangt, einen Vorschuß desselben zu fordern. Zwar können allerdings während eines Transportes unvermuthete Ausgaben nöthig werden, welche die betreffende Transport-Station auslegen muß, aber da dies nur zu den Ausnahmen gehören wird, so kann ein solcher Vorschuß den betreffenden Kommunen nicht lästig werden.

Sollte übrigens eine Justiz-Behörde wegen Erstattung der bisherigen Auslagen säumig werden, so muß deshalb speziell bei dem unterzeichneten Ministerio Anzeige gemacht werden, welches deshalb mit dem Königl. Justiz-Ministerio in Korrespondenz treten wird.

Hauptsächlich aber dürfte die Ueberlastung der Kommune mit Transporten darin ihren Grund haben, daß zu viele unnöthige Transporte stattfinden; theils wird oft da ein Transport eingeleitet, wo ein beschränkter Reisepaß hinreichend sein würde, theils wird aber die vorgängige Kommunikation der absendenden Behörde mit der Behörde des Bestimmungsortes verabsäumt, und dadurch vielfach ein Transport veranlaßt, der gar nicht hätte eintreten sollen. Wenn diese so oft eingeschärfte Vernehmung der Behörden gehörig beobachtet wird, dürfte sich leicht die Unzulässigkeit sehr vieler Transporte ergeben, worauf die Königl. Regierung ihre Unterbehörden aufmerksam zu machen hat.

Sollte aber im Allgemeinen die eine oder die andere der ärmeren Kommunen nicht im Stande sein, den unvermeidlichen Vorschuß zu leisten, so kann die Königl. Regierung aus ihrem polizeilichen Dispositionsfonds, — nicht für immer, sondern temporär, — den erforderlichen Vorschuß, etwa 30 bis 50 Thlr., leisten.

Die Nothwendigkeit einer Verstärkung dieses Dispositionsfonds ist aber zur Zeit von der Königl. Regierung nicht nachgewiesen, vielmehr kann ein solcher Nachweis nur durch Vergleichung des Gesammtbetrages mit dem, durch die Erfahrung konstatirten gesammten Bedarf dargethan werden, der in Ihrem Bericht nicht enthalten ist.

Dem diesfälligen Antrage der Königl. Regierung kann daher zur Zeit nicht deferirt werden. Uebrigens bleibt es der Königl. Regierung hiermit überlassen, den dortigen Magistrat nach der jetzt entwickelten Lage der Sache anderweit zu bescheiden, und ihn dabei aufzufordern, wenn er seinerseits wahrnehmen sollte, daß Transporte unnöthiger Weise eingeleitet worden seien, dergleichen Mißbräuche anzuzeigen.

2) Wenn der Transport von Polizei wegen angeordnet ist und
   a) eine inländische Behörde verfassungsmäßig zur Annahme der Transportaten verbunden ist, diese Behörde;
   b) diese Verbindlichkeit einer inländischen Behörde aber nicht obliegt, und der Transportat in's Ausland gebracht wird.
      aa) Die zur Annahme verbundene Behörde des Auslandes, oder
      bb) wenn auch dies nicht der Fall ist, der dazu bestimmte Fonds der Regierung, aus deren Departement er abgeführt wird, vorbehaltlich jedoch des etwa zu nehmenden Regresses.

a. Reskr. des Min. des Inn. und der Polizei vom 2. April 1824. (v. Kamptz Ann. Bd. VIII. S. 539.)

Die von der Königl. Regierung (Magdeburg) in dem Bericht vom 22. v. Mts., die Beschwerde der Regierung zu Potsdam und des Magistrats zu Brandenburg, wegen verweigerter Erstattung der Transport-Meilengelder betreffend, in Anspruch genommenen Verhältnisse, wodurch dieselbe Ihre Weigerung wegen Berichtigung der, bei polizeilichen Transporten in den angrenzenden Verwaltungsbezirken angesetzten Transportführer-Gebühren zu rechtfertigen vermeint, sind nicht von der Art, um die behauptete Ausnahme von der allgemeinen Regel, nach welcher die Kommune, oder der Bezirk, die ein, ihm durch Transport zugeführtes Individuum zu übernehmen haben, zur Restitution aller der Kosten verpflichtet sind, welche auf den Transport nach allgemeinen oder provinziellen Bestimmungen haben verwendet werden müssen, zu geben; und einen Theil dieser Ausgaben entweder anderen Bezirken, oder den öffentlichen Fonds aus dem Grunde zur Last stellen zu können, weil innerhalb Ihres Bezirkes ein abweichendes Verfahren eingeführt ist. Was von der Königl. Regierung unter 1. angeführt worden, steht mit dem Gegenstande nicht in Verbindung, und die in Bezug genommene Vorschrift des A. L. R. Th. II. Tit. 19 §. 10, welcher zufolge Städte und Dorfgemeinden für die Ernährung ihrer verarmten Mitglieder und Einwohner sorgen sollen, paßt hier gar nicht und kann offenbar in dieser ganz fremdartigen Angelegenheit nicht zur Entscheidung dienen. Es braucht daher auch nicht, wie die Königl. Regierung unter 2. Ihres Berichtes andeutet, auf eine Erörterung über die Gesetzmäßigkeit der General-Transport-Instruktion zurückgegangen werden, da dieselbe eine neue Festsetzung hierüber gar nicht, sondern nur die Zurückweisung auf die bestehenden Einrichtungen enthält.

Die Königl. Regierung muß daher bis dahin, daß durch allgemeine Verfügung über die diesfälligen Verhältnisse etwas Anderes bestimmt werden mag, nach der bereits unterm 10. Juni erlassenen Verfügung verfahren, und demgemäß, wegen der verschiedenen, in der Zwischenzeit vorgekommenen Fälle Anordnung treffen, und sich deshalb mit der Regierung zu Potsdam, welche von der gegenwärtigen Verfügung Nachricht erhält, vernehmen.

b. Reskript des Königl. Min. des Inn. und der Polizei vom 2. Juni 1832.
(v. Kamptz Ann. Bd. XVI. S. 462.)

Die Königl. Regierung (Magdeburg) ist schon, wie derselben auf den Bericht vom 9. v. Mts. über das Gesuch des Magistrats zu Genthin, Meilengebühren für Civil-Transporteurs liquidiren zu dürfen, hierdurch eröffnet wird, durch das Reskript vom 2. April 1824 belehrt worden, daß die Transport-Instruktion vom 16. September 1816 materiell über die Verbindlichkeit zur Tragung der Transportkosten Nichts bestimmt hat. Die Vorschrift des A. L. R. Th. II. Tit. 7 §. 37 Nr. 8 enthält gleichfalls eine solche Bestimmung nicht. Letztere Gesetzesstelle handelt überhaupt nicht von den Verhältnissen der Kommunen gegen fremde Personen, sondern bezieht sich nur darauf, wie die Transportlast, wenn sie durch Polizeigesetze einer Kommune auferlegt ist, von derselben aufzubringen ist.

Auch haben die angeführten Verfügungen vom 2. April 1824 und 26. März 1825 nicht, wie die Königl. Regierung meint, den dortigen Kommunen besondere Lasten auferlegt, sondern Dieselbe nur mit Ihren Ansprüchen an die Kommunen des Potsdamer Regierungs-Bezirkes zurückgewiesen. Hiernach muß auch im Bereich der Königl. Regierung derjenige die Transporteurs bezahlen, der überhaupt als Jurisdiktionarius oder aus irgend einem anderen Rechtstitel verpflichtet ist, die Kosten eines Transportes zu tragen.

c. Reskript des Königl. Min. des Inn. und der Polizei vom 18. Juni 1824.
(v. Kamptz Ann. Bd. VIII. S. 556.)

Die Kosten, welche der Transport eines entlassenen Sträflings an den Ort des künftigen Aufenthalts verursacht, müssen, wie der Königl. Regierung (Stettin) auf den unterm 9. d. Mts. erstatteten Bericht eröffnet wird, in der Regel, wenn derselbe solche zu erstatten unvermögend ist, von der, für ihn zu sorgen verpflichteten Gemeinde, und in den Fällen, wo eine solche Kommunalpflicht nicht eintritt, auf den Landarmenfonds übertragen werden.

Nur alsdann, wenn die Mittellosigkeit der betreffenden Kommune nachgewiesen ist, kann der allgemeine polizeiliche Dispositionsfonds den diesfälligen Betrag übernehmen.

d. Reskript des Königl. Min. des Inn. und der Polizei vom 20. Juli 1824.
(v. Kamptz Ann. Bd. VIII. S. 892.)

Die Zweifel, welche der Königl. Regierung (Breslau) bei dem jetzt näher bezeichneten, zur Berichterstattung vom 3. Mai d. J. die Veranlassung dargebotenen Falle beigegangen sind, finden in den Vorschriften der Ministerial-

Instruktion vom 27. März 1797, deren Gültigkeit nach der Kriminal-Ordnung §. 563 noch gegenwärtig besteht, vollständige Erledigung. Wenn hiernach und zufolge §. 18 es, in allen Fällen, von der Beurtheilung desjenigen, welcher für die Unterbringung eines entlassenen Sträflings zu sorgen verpflichtet ist, abhängt, ob der Entlassene an den ihm bestimmten Ort unter Bedeckung transportirt, oder demselben nach §. 19 ein bloßer Reisepaß ertheilt werden soll, so kann auch die Uebertragung der dadurch verursachten Kosten nur dieser Behörde zur Last fallen. In wiefern nun deshalb die untersuchende oder die sonst hierbei eintretenden Gerichte zu konkurriren haben, ist daselbst ebenfalls genau bestimmt, so daß bei gehöriger Beachtung dieser Verfügung keine Schwierigkeiten sich zeigen können.

Ob der Kriminalfonds hierbei in Anspruch genommen werden könne, ist eine nicht hieher gehörige Frage, und hängt zunächst davon mit ab, ob die Fortschaffung in die Heimath zur Vollstreckung des Urtheils mit gehörig ist. In dem bezeichneten Falle, und wenn dabei nicht die letztere Bedingung eintritt, kann sich daher das Dominium von N. nicht weigern, die aufgelaufenen Transportkosten zu berichtigen.

Ganz verschieden hiervon sind dagegen die Fälle, wo der Transport eines Verarmten in seine Heimath oder eines Vagabonden in das Korrektions-Institut stattfinden muß, und sowie bei jenem auf die provinziellen Gesetze wegen Verpflegung der Armen zurückzugehen ist, so tritt wegen der letzteren die Bestimmung des bestehenden Reglements ein. Hierdurch, und in Nachgehung der allgemeinen Transport-Instruktion und deren Erläuterung, wird die Königl. Regierung sich in den gewöhnlichen Fällen im Stande befinden, angemessene Verfügung zu treffen. Sofern sie indessen in einzelnen Fällen wegen des zu beobachtenden Verfahrens noch zweifelhaft sein sollte, muß sie in Verfolg der Verfügung vom 21. Mai c. [1]) zur weiteren Anweisung hieher berichten.

e. Reskript des Königl. Min. des Inn. und der Polizei vom 27. Januar 1837. (v. Kamptz Ann. Bd. XXI. S. 194.)

In Erwiederung auf den Bericht vom 31. December pr. betreffend die Verpflichtung zur Tragung der Transportkosten für diejenigen Personen, welche nach ausgestandener Strafzeit dem Landarmenhause zu Ueckermünde zur weiteren Detention überwiesen werden, wird der Königl. Regierung (Stettin) zu erkennen gegeben, daß die auf richterliches Erkenntniß sich gründende Detention eines Individui bis zur Besserung oder bis zum Nachweise des ehrlichen Erwerbes nach §. 569 der Kriminal-Ordnung eigentlich in derjenigen Anstalt, in welcher die bestimmte Strafzeit von dem Verbrecher abgebüßt worden, fortgesetzt werden muß. Da nun aber in der dortigen Provinz die fragliche Detention im Landarmenhause zur Erleichterung des Zuchthauses

---

[1]) Das Resk. d. Min. d. Inn. u. d. Polizei v. 21. Mai 1824. (v. Kamptz Ann. Bd. VIII. S. 540.) hatte die Königl. Regierung zu Breslau beschieden, daß sich über die Frage, wer die polizeilichen Transportkosten trage, nur in einzelnen Fällen decidiren lasse, indem es darauf ankomme, warum Jemand transportirt werde.

bewirkt wird, so sind die Kosten für den Transport der betreffenden Individuen aus dem Zuchthaus ins Landarmenhaus aus dem Zuchthausfonds zu entnehmen, als wonach die Königl. Regierung in künftigen Fällen verfahren mag [1]).

Uebrigens versteht es sich von selbst, daß, wenn die Detention nicht im Gefolge eines gerichtlichen Erkenntnisses erfolgt, die Einlieferungskosten nach §. 8 des Landarmen-Reglements nach wie vor aus dem Landarmen-Fonds zu bestreiten sind [2]).

f. Allgem. Verfügung des Min. der Justiz v. 3. März 1857. (Staats-Anz. Nr. 75.)

Mit Bezug auf die allgemeine Verfügung vom 3. October 1856 [3]) betreffend die in den Untersuchungen wegen Bettelei, Landstreichens und Arbeits-

---

[1]) Cirk. Reſk. d. Min. d. Inn. u. d. Poliz. v. 8. Juli 1839 (v. Kamptz Ann. Bd. XXIII. S. 49.) Die Kosten, welche durch Vollstreckung der gegen unvermögende Verbrecher außer der gesetzlichen Freiheitsstrafe erkannten Detention und den Transport nach einer solchen Detentions-Anstalt (Arbeitshaus, Besserungshaus) erwachsen, sind, soweit diese sonst von dem Kriminalfonds zu tragen sein würden, auf den polizeilichen Dispositionsfonds der Regierungen zu übernehmen.

[2]) Durch das Gesetz vom 14. April 1856. (Ges. Samml. 1856 S. 208) ist §. 120 des Strafgesetzbuches dahin abgeändert, daß in den Fällen der §§. 117—119 des St. G. B. nicht mehr das Gericht auf Einsperrung des Verurtheilten in ein Arbeitshaus nach ausgestandener Strafe zu erkennen hat, sondern es dem Ermessen der Landespolizei-Behörde überlassen bleibt, ob der Verurtheilte und auf wie lange zur Korrektions-Nachhaft in ein Arbeitshaus gebracht werden soll.

[3]) Allgem. Verfügung d. Justiz-Minist. v. 3. Oktob. 1856. (Min.-Bl. 1856 S. 228.) Nachdem durch das Gesetz v. 14. April 1856 der §. 120 des Strafgesetzbuches (vide sub 2) abgeändert ist, gehört zwar der Transport in die Korrektionsanstalt nicht mehr zur Vollstreckung des Erkenntnisses, es kommt aber darauf an, daß die Landes-Polizeibehörde in einer jeden Untersuchung, in welcher eine Verurtheilung auf Grund der §§. 117—119 erfolgt ist, vom dem rechtskräftigen Erkenntnisse so schnell als möglich Kenntniß erhalte, um ihrerseits geeignetenfalls die Detention beschließen und den Transport in das Arbeitshaus verfügen zu können.

Zu diesem Behufe wird unter Abänderung der allgemeinen Verfügungen v. 17. Juli 1839 und vom 22. März 1853 für die in Rede stehenden Untersuchungen im Einverständnisse mit dem Hrn. Min. d. Innern Folgendes angeordnet:

Die für die Festsetzung der Nachhaft erheblichen persönlichen und Domizilverhältnisse des Angeklagten müssen durch genaue und sorgfältige Vernehmung desselben aus den Akten ersichtlich werden.

Sobald ein auf Grund der der §§. 117—119 ergangenes verurtheilendes Erkenntniß rechtskräftig geworden, hat das Gericht sofort die Untersuchungsakten nebst den für das Ermessen der Landes-Polizeibehörde erheblich scheinenden Abhibenden dem Landrath des Kreises, in welchem das Gericht seinen Sitz hat, unter der Benachrichtigung, ob und wann die Strafe angetreten ist, zu übersenden, um in Beziehung auf die Nachhaft bei der Landes-Polizeibehörde die geeigneten Anträge zu machen.

In denjenigen Städten, welche in Polizei-Angelegenheiten der Aufsicht des Landrathes nicht unterworfen sind, erfolgt die Mittheilung der Akten an die Polizeibehörde der Stadt.

Die Verwaltungsbehörden sind von dem Hrn. Minister des Innern angewiesen worden, die genannten Sachen unverzüglich zu erledigen.

Bei Absendung der Akten sind die erforderlichen Notizen zurückzubehalten, damit zum Zwecke der Entlassung des Verurtheilten, falls die Strafzeit vor Wiedereingang der Akten abgelaufen sein sollte, rechtzeitig das Erforderliche verfügt werden kann.

Die Entlassung ist nämlich in allen Fällen in der Weise herbeizuführen, daß der Verurtheilte der Polizeibehörde des Ortes zur Disposition gestellt wird, welche demnächst das Weitere mit ihm zu veranlassen hat.

schen den Verwaltungsbehörden zu machenden Mittheilungen, wird den Gerichtsbehörden im Einverständnisse mit dem Herrn Minister des Innern Nachstehendes eröffnet:

In denjenigen Fällen, in welchen die gegen Landstreicher, Bettler und Arbeitsscheue ergangenen Straferkenntnisse nicht auf Einsperrung in eine Arbeits-Anstalt lauten, sondern auf Grund des Gesetzes vom 14. April 1856 nur eine Gefängnißstrafe festsetzen, ist der nach Verbüßung dieser Strafe stattfindende Transport in die Korrektions-Anstalt nicht ferner auf Kosten des Kriminalfonds zu bewirken.

Bei Ausländern, gegen welche nach dem Gesetz vom 14. April 1856 auf Landesverweisung nicht mehr zu erkennen ist, gehört die Sorge für den Transport über die Landesgrenze nicht ferner zu den Obliegenheiten der Gerichtsbehörden. Die Veranlassung dieses Transportes ist vielmehr Sache der Verwaltungs-Behörden, aus deren Fonds daher auch die dadurch entstehenden Kosten zu bestreiten sind.

Demgemäß wird die allgemeine Verfügung vom 13. August 1853 hierdurch geändert.

g. Verf. des Min. des Inn. und der Polizei vom 29. März 1840. (Min.-Bl. 1840 S. 170.)

In Folge des früheren Berichts der Königl. Regierung (Königsberg) vom 23. September v. J. habe ich mich, wie ich Ihr auf die Anfrage in dem anderweiten Berichte vom 10. v. Mts., betreffend die Berichtigung der Transportkosten für die aus der Strafanstalt nach der Korrektions-Anstalt zu dirigirenden Verbrecher, hierdurch eröffne, gegen den Herrn Justiz-Minister dahin geäußert, daß durch die zwischen den Ministerien der Justiz und des Innern und der Polizei zu Stande gekommene Vereinbarung in der verfassungsmäßigen Verpflichtung der Jurisdiktionarien Nichts geändert worden sei, auch der Absicht gemäß Nichts habe geändert werden sollen, einer solchen aus dem Cirkular-Reskript vom 8. Juli 1839 [1]) etwa herzuleitenden Folgerung

---

Da übrigens durch die angeordneten Mittheilungen der Akten Seitens der Gerichte die Verwaltungsbehörde von dem Tenor des ergangenen Erkenntnisses Nachricht erhalten und in die Lage versetzt worden, hiervon demnächst weiter der Polizeibehörde des Wohnsitzes resp. des letzten Aufenthaltsortes des Verurtheilten Kenntniß geben zu können, so bedarf es für die Fälle der in Rede stehenden Art — d. h. für die in den §§. 117—119 des St. G B. bezeichneten Vergehen, nicht mehr der den Beamten der Staatsanwaltschaft in der allg. Verf. vom 29. Juni 1851 unter 2a. auferlegten Mittheilung der diesfälligen Straferkenntnisse, und werden die Polizei-Anwalte, welchen mit Rücksicht auf Art. I. §. 1 des Gesetzes v. 14. April 1856 diese Verpflichtung zur Zeit obliegt, von derselben für die gedachten Fälle hierdurch entbunden.

[1]) Cirk. Reskript v. 8. Juli 1839 d. Min. d. Inn. u. d. Pol. (v. Kamptz Ann. Bd. XXII. S. 409.)

Nachdem die Frage:

welchen Fonds diejenigen Kosten zur Last fallen, welche durch die Vollstreckung der gegen unvermögende Verbrecher außer der gesetzlichen Freiheitsstrafe bis zum Nachweise des ehrlichen Erwerbs erkannten Detention entstehen.

neuerdings in Anregung gekommen, habe ich mit Rücksicht auf die Verfügung v. 12. September v. J., wodurch die Vollstreckung der Detention gegen die zu einer Gefängniß-

vielmehr durch die Fassung der zu 2. getroffenen Bestimmung speziell vorgebeugt worden sei.

Die Deutung, welche der Kriminal-Senat des Ober-Landesgerichts zu Königsberg den eingeschalteten Worten: „soweit diese (Kosten der Detention und des Transportes) sonst von dem Kriminalfonds zu tragen sein würden, — gebe, sei nicht als begründet anzuerkennen. Durch diese Einschaltung habe gerade die Verpflichtung der Dominien und Kommunen, wo

---

strafe verurtheilten Verbrecher den Polizeibehörden ihrer Angehörigkeitsorte aufgetragen worden, den Gegenstand nochmals einer ernstlichen Erwägung unterworfen, welche ergeben hat, daß diese Angelegenheit einer näheren bestimmten Regulirung bedarf.

Zu diesem Behufe habe ich wegen der zu treffenden Anordnungen zunächst mit dem Hrn. Justizminister konferirt und demzufolge in Betracht, daß die Detention bis zum Nachweise eines ehrlichen Erwerbs nicht füglich in den Justiz-Gefängnissen, wenigstens nicht in einer dem Zweck entsprechenden Weise erfolgen kann, hier auch eigentlich von einer Polizei-Maßregel die Rede ist, beschlossen:

1. Für Detentionen der fraglichen Art in einer Polizei-Gefangenen-Anstalt sorgen zu lassen, wenn sie mit einer Gefängnißstrafe, oder mit einer im Gefängniß vollstreckten Zuchthausstrafe oder auch mit bloßer körperlicher Züchtigung verbunden sind;
2. die durch die Detention selbst und den Transport nach einer solchen Anstalt erwachsenden Kosten, soweit diese sonst von dem Kriminalfonds zu tragen sein würden, auf den polizeilichen Dispositionsfonds der Regierung zu übernehmen.

Was nun die Ausführung dieses Beschlusses anlangt, so werden die Justizbehörden von dem Hrn. Justizminister angewiesen werden, in denjenigen Fällen, wo entweder auf Gefängnißstrafe mit Detention oder auf eine geringere in einem Gefängniß abzubüßende Zuchthausstrafe erkannt worden, den Landräthen der Kreise, in denen die Justizbehörden ihren Sitz haben, vollständige Abschriften der Strafurtheile, sobald diese rechtskräftig sind, unverzüglich mitzutheilen.

Demnächst haben die Landräthe zu prüfen, ob es nach den Umständen und Verhältnissen polizeilich anräthlich sei, von der Befugniß zur Detention der Inkulpaten bis zum ehrlichen Erwerb Gebrauch zu machen oder nicht.

Halten die Landräthe die Detention nicht für erforderlich, so haben sie die Justizbehörden davon zu benachrichtigen, daß der Entlassung des Verurtheilten nach beendigter Strafzeit Nichts entgegenstehe.

Sind aber die Landräthe der Meinung, daß es noch einer zeitweisen Detention dieser Individuen bedürfe, so haben sie schleunigst an die ihnen vorgesetzte Regierung zu berichten, und deren Bestimmung einzuholen. Tritt die Regierung der Meinung des Landraths bei, so wird sie zugleich festsetzen, wo die Detention stattfinden soll. Ist an dem Orte, wo die Freiheitsstrafe vollstreckt wird, oder in der Nähe desselben ein Arbeitshaus, wie deren in mehreren großen Städten eingerichtet worden, vorhanden, so wird solches in der Regel zunächst, sonst aber die Korrektions-Anstalt der Provinz, zur Vollstreckung der Detention zu bestimmen sein.

Bis zu der Zeit, wo die Verwaltungsbehörden sich über die Detention erklärt haben werden, werden die Justizbehörden der an sie ergehenden Anweisung gemäß, die Verurtheilten, wenn auch ihre Strafzeit vorher abgelaufen sein möchte, in Haft behalten, und für die etwanige längere Dauer dieser Haft keine Vergütigung der Unterhaltungskosten aus Polizeifonds in Anspruch nehmen. — Ein ähnliches Verfahren kann auch für die seltenen Fälle eintreten, wo ohne Festsetzung einer Freiheitsstrafe blos auf körperliche Züchtigung und Detention erkannt wird.

Hiernach hat die Königl. Regierung sich genau zu achten, demgemäß die von ihr ressortirenden Landräthe und Ortsbehörden zu instruiren und in vorkommenden Fällen die vorstehend zu 2. bezeichneten Kosten auf den polizeilichen Dispositionsfonds ihrer Hauptkasse anzuweisen.

Ist übrigens die gerichtlich erkannte Freiheitsstrafe in einem Zuchthause vollstreckt worden, so behält es Hinsichts der Detention bei dem bisherigen Verfahren überall lediglich sein Bewenden.

(An das Königl. Ober-Landesgericht zu Bromberg.)

solche bisher bestanden, vorbehalten werden sollen. Daß der Ausdruck: „Kriminal-Fonds" nur auf den zur Disposition des Justiz-Ministerii stehenden Staats-Fonds Anwendung finde, sei um so weniger mit Grund in Zweifel zu stellen, als der Ausdruck: „Kriminal-Fonds des Dominiums" oder „Kriminal-Fonds der Kommune" der Geschäftssprache völlig fremd sei. Zu einer solchen Entlastung der Jurisdictionarien würde auch das Ministerium ohne Allerhöchste Genehmigung nicht einmal für ermächtigt zu halten sein. In Betreff dieses Differenz-Punktes müsse demzufolge ebenfalls der Ansicht in dem Regierungs-Bericht vom 20. September pr. beigetreten werden.

Auf diese meine Aeußerung nun gründet sich die Verfügung, welche der Herr Justiz-Minister unterm 22. November v. J. an den Kriminal-Senat des dortigen Ober-Landesgerichts erlassen hat, und die der Königl. Regierung mittelst diesseitiger Verfügung vom 13. December v. J. abschriftlich zugefertigt ist.

Das an die Regierung zu Stettin ergangene Reskript vom 27. Januar 1837 (v. Kamptz Ann. S. 194), dessen die Königl. Regierung jetzt erwähnt hat, bezog sich ebenfalls auf die Frage, ob der Kriminal-Fonds oder der Zuchthaus-Fonds die Kosten zu tragen habe.

In dem Bericht vom 11. Oktober v. J. zeigte die Königl. Regierung an, daß die Gerichte sich mit Bezug auf jenes Reskript vom 27. Januar 1837 weigerten, die fraglichen Transportkosten ferner zu tragen, und verlangten, daß der Zuchthaus-Fonds die Kosten übernehmen solle. Wenn nun hierauf die Uebernahme dieser Kosten auf den Zuchthaus-Fonds durch die Verfügung vom 1. November v. J. genehmigt worden, so ist daraus die Folge nicht herzuleiten, daß der Zuchthaus-Fonds auch dann zahlen solle, wenn die Kosten der Strafvollstreckung den Privat-Jurisdictionen zur Last fallen.

In diesen Fällen muß es vielmehr in Gemäßheit des Grundsatzes, worüber die Ministerien der Justiz und des Inneren sich vereinigt haben, und wonach der dortige Kriminal-Senat sowie die Königl. Regierung unterm 22. November und resp. 13. December v. J. instruirt worden sind, lediglich sein Bewenden behalten, insofern in der bisherigen Einrichtung keine Aenderung beabsichtigt ist.

b. Bescheid des Königl. Min. des Inn. v. 14. Juli 1840. (Min.-Bl. 1840 S. 465.)

Die Beschwerde des Magistrats vom 24. März d. J. wegen der Weigerung des Rent- und Polizei-Amtes zu N., Ihm die Detentions-Kosten für den Vagabonden N. zu erstatten, ist unbegründet.

Das von dem Magistrat allegirte Reskript vom 13. December 1838 [1]) enthält keineswegs die Festsetzung:

---

1) Reskr. d. Min. d. Inn. u. d. Poliz. v. 13. December 1838 (v. Kamptz Jahrb. Bd. LII. S. 642.)

Der 5. Schlesische Provinzial-Landtag hat auf eine Erläuterung der Allerh. Kab.-

daß die durch die Aufgreifung der Bettler und Vagabonden entstehenden Kosten von dem foro domicilii zu erstatten, und, insofern das Individuum heimathlos ist, bei dem Landarmen-Fonds der Provinz zu liquidiren seien.

Durch dies Reskript ist nur anerkannt worden, daß die Allerh. Kabinets-Ordre vom 28. Juli 1836 [1]), welche die Erstattung von polizeilichen Untersuchungs-Kosten im Allgemeinen ausschließt, auf die vorgedachten Kosten nicht zu beziehen sei [2]); d. h. daß die in Ansehung derselben bestehenden Vor-

---

Ordre vom 28. Juli 1836 (Ges.-Samml. de 1836 S. 218), welcher zufolge die baaren Auslagen in Polizei-Untersuchungen von Seiten des forum domicilii nicht erstattet werden sollen, dahin angetragen, daß dieselbe auf die Transportkosten für Bettler und Vagaobnden keine Anwendung finde.

Da die diesem Antrage zu Grunde liegende Annahme, daß jene Allerh. Bestimmung sich auch auf die Verbindlichkeit zur Erstattung der letztgedachten Kosten beziehe, auch bei den Provinzial-Behörden Eingang gefunden hat, so wird in Folge eines Staatsministerial-Beschlusses den Königl. Regierungen hierdurch eröffnet, daß diese Ansicht irrig ist.

Denn, obwohl die erwähnte Allerh. Ordre von ihrer allgemeinen Bestimmung, daß die Erstattung der Kosten polizeilicher Untersuchungen und Bestrafungen durch das forum domicilii nach wie vor nicht stattfinden solle, die durch Aufgreifung und Einsperrung der Bettler ꝛc. entstehenden Kosten nicht ausdrücklich ausnimmt, so ist doch, wie der diesfällige, jener Ordre vorangegangene Bericht des Königl. Staatsministeriums ergiebt, keineswegs beabsichtigt worden, hinsichtlich der letztgedachten Kosten eine Abänderung der bestehenden allgemeinen und besonderen Vorschriften bei Sr. Majestät in Antrag zu bringen. Der Beschluß der Mehrheit ist vielmehr geradezu dahin gegangen, daß die Bestimmung wegen Nichterstattung polizeilicher Untersuchungs- und Strafkosten durch das forum domicilii auf die Kosten der Aufgreifung und Einsperrung der Bettler und Vagabonden keine Anwendung finde.

Es unterliegt daher keinem Zweifel, daß die durch die Allerh. Ordre v. 28. Juli 1836 ergangene Festsetzung nur in dieser von dem Königl. Staatsministerio befürworteten Beschränkung zu verstehen, mithin nicht anzunehmen ist, daß durch dieselbe die Verpflichtung zur Tragung der Aufgreifungs-, Haft- und Transport-Kosten für Bettler und Vagabunden bestehenden allgemeinen und besonderen Bestimmungen für aufgehoben zu erachten sind. Letztere müssen vielmehr auch in der dortigen Provinz nach wie vor zur Anwendung kommen, und demgemäß hat die Königl. Regierung in Zukunft nicht allein selbst zu verfahren, sondern auch die betreffenden untergeordneten Behörden verfahren zu lassen.

[1]) Allerh. Kab.-Ordre v. 28. Juli 1836 (Ges.-Samml. 1836 S. 218.)

Aus dem Bericht des Staats-Ministeriums vom 11. d. M. habe Ich die Gründe ersehen, aus welchen es weder den bestehenden Gesetzen gemäß noch räthlich erscheint, die Vorschrift der Kriminal-Ordnung vom 11. December 1805, nach welcher die Obrigkeit des persönlichen Gerichtsstandes die im §. 622 verzeichneten Kosten mit der im §. 624 hinzugefügten Beschränkung der Gerichtsbarkeit des Ortes, woselbst die That verübt worden, zu erstatten hat, auch auf polizeiliche Untersuchungen und Bestrafungen anzuwenden.

Ich bin damit einverstanden, und setze zur Beseitigung eines ferneren Zweifels hierdurch fest, daß es bei der gegenwärtigen Einrichtung, nach welcher der Ersatz der erwähnten Kosten bei Polizei-Kontraventionen nicht stattfindet, verbleiben soll.

[2]) Das Reskript d. Königl. Minist. d. Inn. u. d. Polizei v. 20. März 1835 (v. Kamptz Ann. Bd XIX. S. 107) erwähnte bereits dieses Gesetzes als in der Berathung begriffen, und bemerkte, daß die Kosten, welche das Zurückhalten eines, ohne Ausweis über seine Unverdächtigkeit sich befindenden Menschen verursacht, zu den polizeilichen Untersuchungskosten gehören, welche nach dem Reskr. vom 8. Februar 1832 dem foro deprehensionis zur Last fallen.

Durch diese Kab.-Ordre vom 28. Juli 1836 erscheint übrigens auch das Reskript

schriften durch diese Ordre weder aufgehoben noch abgeändert seien. Keineswegs aber hat eine Erstattungsverbindlichkeit des fori domicilii da, wo sie nicht besteht, erst angeordnet werden sollen oder können. Die Beschwerde des Magistrats hätte daher, um für begründet erachtet zu werden, sich auf bestehende Vorschriften, welche eine solche Erstattung anordnen, stützen müssen, was nicht der Fall ist [1]).

i. Cirkular-Verfügung des Min. des Jnn. v. 4. Mai 1841. (Min.-Bl. 1841 S. 123.)

Die von dem Gutsbesitzer N. erhobene Beschwerde, daß von ihm die Erstattung derjenigen Kosten gefordert werde, welche der Transport des wegen Diebstahls zu sechswöchentlichem Gefängniß und Detention bis zum Nachweise des ehrlichen Erwerbs verurtheilten Knechts N. nach dem Landarmenhause zu Ueckermünde und dessen Detention daselbst verursacht haben, erscheint, wie der Königl. Regierung auf den Bericht vom 8. December v. J. eröffnet wird, begründet.

Die Detention bis zum Nachweise eines ehrlichen Erwerbs bleibt, wenn sie gleich ihrem Zwecke nach eine polizeiliche Präventivmaßregel ist, Theil der richterlich erkannten Strafe, die Kosten derselben fallen daher demjenigen zur Last, welcher gesetzlich für die Kosten der Urtelsvollstreckung aufzukommen verpflichtet ist, und dies ist nach §§. 622—624 der Kriminal-Ordnung die ordentliche persönliche Gerichtsobrigkeit des Verbrechers, in dem vorliegenden Falle also, wie dies auch in Ansehung der Kosten der Untersuchung — soweit diese nicht die Erhebung des Thatbestandes betreffen, — in dem eingereichten Kriminal-Erkenntniß anerkannt ist, die Gerichtsobrigkeit über H., und nicht der Beschwerdeführer.

Die Königl. Regierung legt Ihrer entgegenstehenden Entscheidung die Cirkular-Reskripte vom 12. September 1838 und 8. Juli 1839 [2]) zu Grunde.

---

des Königl. Ministerii des Innern v. 12. Mai 1823 beseitigt zu sein, welches eine Bescheidung der Königl. Regierung zu Liegnitz v. 18. April 1823 genehmigte, welche aussprach, daß bei dem Mangel bestimmter gesetzlicher Vorschriften in Betreff der subsidiarischen Uebertragung von Arrest-, Verpflegungs- u. Transportkosten in polizeilichen Untersuchungssachen in der Regel diejenige Kommune oder Behörde in Anspruch genommen werden müsse, welcher die Sorge für die Verpflegung des Verhafteten in subsidium obliegt (v. Kamptz Ann. Bd. VII. S. 361.) Denn die Kab.-Ordre erklärt jeden diesfälligen Regreß der Gerichtsherrschaften für unstatthaft.

Ebenso hat auch das Reskr. d. Min. d. Inn. u. d. Polizei v. 3. Mai 1831 an die Königl. Regierung zu Königsberg (v. Kamptz Ann. Bd. XV. S. 369) keine Bedeutung mehr, welches bemerkte, daß, wenn ein wegen Legitimationsmangel Arretirter kein Domizil habe, die Kosten der diesfälligen Untersuchung dem foro delicti commissi et deprehensionis zur Last fallen.

1) Vergl. auch das Reskr. d. Min. d. Inn. v. 11. April 1842 (Min.-Bl. 1842 S. 125.)

2) Reskr. v. Min. d. Inn. u. d. Polizei v. 12. Sept. 1838 (v. Kamptz Ann. Bd. XXII. S. 409.)

In Verfolg der Verf. v. 3. August v. J., betreffend das Verfahren bei Detentionen bis zum Nachweise eines ehrlichen Erwerbs, welche nach Abbüßung von Gefängnißstrafen eintreten, und in Bezug auf die diesfällige, in Gemeinschaft mit dem Hrn. Justizminister v. Mühler Exc., erlassene Cirk.-Verf. v. 2. August v. J. wird der Königl.

Durch das letztere ist vorgeschrieben, daß die Detention der fraglichen Art in den Polizei-Gefangenen-Anstalten, in den Arbeitshäusern und eventuell in den Korrektions-Anstalten zu vollstrecken sei, und daß die Kosten sowohl der Detention als des Transports, soweit diese sonst von dem Kriminal-Fonds zu tragen sein würden, auf den polizeilichen Dispositions-Fonds der Regierungen übernommen werden sollen. Wie es für den Fall, daß der Kriminal-Fonds für die Kosten nicht aufzukommen haben würde, in Ansehung dieser Kosten gehalten werden soll, darüber ist eine ausdrückliche Disposition nicht getroffen, und die Königl. Regierung ist daher der Meinung gewesen, daß auf die zuerst gedachte Cirkular-Verfügung vom 12. September 1838 zurückgegangen werden müsse, nach welcher die Detention nur der Polizeibehörde des Angehörigkeitsortes soll zugemuthet werden können. Diese Argumentation ist indessen nicht richtig, da die Cirkular-Verfügung vom 8. Juli 1839 ihrem ganzen Zusammenhange nach die in dieser Beziehung ergangenen früheren Bestimmungen hat aufheben sollen, und daher in Betreff derjenigen Punkte, über welche sie eine Bestimmung nicht enthält, auf die gesetzlichen Bestimmungen hätte rekurrirt werden müssen.

Durch die Cirkular-Verfügung vom 8. Juli 1839 hat in den Rechten und Verbindlichkeiten der Privat-Jurisdiktionarien, soweit diese die Kosten der Detentionen zu übernehmen haben, Nichts geändert werden sollen. Nach den §§. 12 und 15 der Cirkular-Verordnung vom 26. Februar 1779 [1]) sollen die Detentionen bis zum Nachweise des ehrlichen Erwerbs in den Besserungs-Anstalten vollstreckt werden; man ging, wie der Inhalt der Cirkular-Verordnung im Uebrigen ergiebt, davon aus, daß diese Detentionen überhaupt nur in Verbindung mit Zuchthausstrafen vorkommen könnten. Die Fälle:

1) daß einige Gerichtshöfe die Detention in Verbindung mit Gefängnißstrafe oder körperlicher Züchtigung erkennen, und

2) daß es nach der Allerh. Kabinets-Ordre vom 14. Juli 1834 (v. Kamptz Ann. Bd. XVIII. S. 799) gestattet ist, Zuchthausstrafen von geringerer Dauer in Gefängnissen zu vollstrecken,

sind einestheils nicht vorgesehen, und haben anderentheils nicht vorgesehen werden können. Mit Rücksicht darauf, daß es im §. 569 der Kriminal-Ordnung heißt:

> daß diejenigen Verbrecher, deren Entlassung von dem Nachweise eines ehrlichen Erwerbs abhängt, an dem Strafort so lange bleiben sollen, bis diese Bedingung erfüllt ist,

---

Regierung eröffnet, daß nur der Polizeibehörde des Angehörigkeitsortes des Verbrechers die Detention zugemuthet werden kann, und daß daher, wenn von den Gerichten Verbrecher nach abgebüßter Strafe der Ortspolizeibehörde des Strafortes übergeben werden, dieselben aber einer anderen Kommune angehören, sie an letztere zur Vollstreckung der Detention von ersterer abzuliefern sind.

Das Cirk.-Reskr. v. 8. Juli 1839 siehe unter Anmerkung 1 zu Lit. g.

1) Mylius Edikten-Sammlung. Jahrgang 1779. Nr. IX. Seite 2249 ff.

und mit Rücksicht auf die, dieser entsprechende Disposition des A. L. R. im §. 5 Th. II. Tit. 20 muß angenommen werden, daß in den gedachten Fällen die Detention auch in den Justizgefängnissen zu vollstrecken sei. Geht man davon aus, so kann die subsidiarische Verpflichtung der Privat-Jurisdiktionarien nur auf die Kosten der Verpflegung der Verbrecher an diesem Ort beschränkt werden. Wenn daher in der Cirkular-Verfügung vom 8. Juli 1839 allgemein angeordnet ist, daß die Detention in den daselbst näher bezeichneten Polizei-Gefangen-Anstalten vollstreckt werden soll, so erscheint zwar die Verpflichtung der Privat-Jurisdiktionarien alterirt, sofern nämlich,

die Detention in einem anderen Orte vollstreckt wird, als sie eigentlich vollstreckt werden soll, und

es demnach eines Transportes des zu Detinirenden bedarf.

Es muß aber gleichwohl bei der Cirkular-Verfügung vom 8. Juli 1839 verbleiben, gleichviel ob Fiskus oder ein Privat-Jurisdiktionar für die Kosten aufzukommen hat, d. h. in beiden Fällen muß die Detention bis zum Nachweise des ehrlichen Erwerbes in den Polizei-Gefangenen-Anstalten, in den Arbeitshäusern event. Provinzial-Korrektionshäusern vollstreckt werden. Die beiden Fälle in dieser Hinsicht nicht zu unterscheiden, ist im polizeilichen Interesse durchaus nothwendig, da die Detention von Privat-Jurisdiktionarien mit Rücksicht auf ihr eigenes Interesse sehr ungenügend vollstreckt werden würde. Ueberdies werden die Kosten in dem einen und dem anderen Falle sich in der Regel gleich bleiben, im Gegentheil wird im Allgemeinen nicht anzunehmen sein, daß die Kosten der Detention in den Polizei-Gefangenen-Anstalten höher zu stehen kommen, als im Gefängniß der Privat-Jurisdiktionarien, da in den letzteren kein Zwang zur Arbeit stattfinden kann, den in den öffentlichen Anstalten schon die Hausordnung mit sich bringt, jedenfalls in den ersteren auch die Gelegenheit zur Beschäftigung fehlt.

Was die Transportkosten anbelangt, so kommen dieselben in dem Falle, daß auf Zuchthausstrafe zwar erkannt ist, dieselbe aber im Gefängniß vollstreckt wird, nicht in Betracht, da, wenn die Zuchthausstrafe im Zuchthause vollstreckt worden wäre, es doch des Transports aus dem Untersuchungs-Gefängniß nach dem Zuchthause bedurft haben würde. Ist dagegen von den Gerichten auf Gefängniß, verbunden mit Detention erkannt, so würde es eines Transportes gar nicht bedürfen, wenn die Detention, den allegirten Bestimmungen gemäß, im Gefängniß vollstreckt würde. Nur in Ansehung dieser Kosten kann daher angenommen werden, daß die Verpflichtungen der Privat-Jurisdiktionarien durch die Anwendung der Cirkular-Verfügung vom 8. Juli erschwert worden; mit Rücksicht hierauf sind die Kosten des Transportes in dem letztgedachten Fall gleichfalls auf den polizeilichen Dispositions-Fonds zu übernehmen.

Hiernach hat die Königl. Regierung (Stettin) den Spezialfall zu erledigen und in ähnlichen Fällen zu verfahren.

k. Reskript des Königl. Min. des Inn. und der Polizei vom 17. April 1840. (Min.-Bl. 1840 S. 170.)

In Folge des früheren Berichtes der Königl. Regierung (Königsberg) v. 23. Sept. v. J. habe ich mich, wie ich Ihr auf die Anfrage v. 10. v. M., betreffend die Berichtigung der Transportkosten für die aus der Strafanstalt nach der Korrektionsanstalt zu dirigirenden Verbrecher, hierdurch eröffne, gegen den Herrn Justiz-Minister dahin geäußert, daß durch die zwischen den Ministerien des Innern und der Polizei und der Justiz zu Stande gekommene Vereinbarung in der verfassungsmäßigen Verpflichtung der Jurisdiktionarien nichts geändert worden sei, auch der Absicht gemäß nichts habe geändert werden sollen, einer solchen, aus dem Cirkular-Reskript vom 8. Juli 1839 (zu i) etwa herzuleitenden Folgerung vielmehr durch die Fassung der zu 2 getroffenen Bestimmung speziell vorgebeugt worden sei. Die Deutung, welche der Kriminal-Senat des Oberlandesgerichtes zu Königsberg den eingeschalteten Worten: „soweit diese sonst von dem Kriminalfonds zu tragen sein würden" gebe, sei nicht begründet. Durch diese Einschaltung habe gerade die Verpflichtung der Dominien und Kommunen, wo solche bisher bestanden, vorbehalten werden sollen. Daß der Ausdruck „Kriminalfonds" nur auf den zur Disposition des Justiz-Ministerii stehenden Staatsfonds Anwendung finde, sei um so weniger mit Grund in Zweifel zu stellen, als der Ausdruck „Kriminalfonds des Dominiums" oder „Kriminalfonds der Kommune" der Geschäftssprache vollständig fremd sei. Zu einer solchen Entlastung der Jurisdiktionarien würde auch das Ministerium ohne Allerhöchste Genehmigung nicht einmal für ermächtigt zu halten sein. In Betreff dieses Differenzpunktes müsse demzufolge ebenfalls der Ansicht in dem Regierungs-Berichte vom 23. Sept. pr. beigetreten werden.

Auf diese meine Aeußerung nun gründet sich die Verfügung, welche der Herr Justiz-Minister unterm 22. Nov. v. J. an den Kriminal-Senat des dortigen Oberlandesgerichts erlassen hat, und die der Königl. Regierung mittelst diesseitiger Verfügung vom 13. Dec. v. J. abschriftlich zugefertigt worden ist.

In dem Berichte vom 11. Okt. v. J. zeigte die Königl. Regierung an, daß die Gerichte sich mit Bezug auf jenes Reskript vom 27. Januar 1837 weigerten, die fraglichen Transportkosten ferner zu tragen, und verlangten, daß der Zuchthausfonds die Kosten übernehmen solle. Wenn nun hierauf die Uebernahme der Kosten auf den Zuchthausfonds durch die Verfügung vom 1. Nov. v. J. genehmigt worden, so ist daraus die Folge nicht herzuleiten, daß der Zuchthausfonds auch dann zahlen solle, wenn die Kosten der Strafvollstreckung den Privat-Jurisdiktionarien zur Last fallen.

In diesen Fällen muß es vielmehr in Gemäßheit des Grundsatzes, über den die Ministerien der Justiz und des Innern sich vereinigt haben, und wonach der dortige Kriminal-Senat, sowie die Königl. Regierung unterm 22. Nov. resp. 13. Dec. v. J. instruirt worden sind, lediglich bei der bisherigen Einrichtung, hinsichts deren in dieser Beziehung keine Aenderung beabsichtigt worden ist, sein Bewenden behalten.

l. Erlaß des Min. des Inn. vom 30. Juni 1852. (Min.-Bl. 1852 S. 171.)

Auf den Bericht vom 14. d. Mts. wird der Königl. Regierung hierdurch eröffnet, daß Weibspersonen, welche den polizeilichen Anordnungen zuwider gewerbsmäßig Unzucht treiben, und deshalb zu einer Gefängnißstrafe und demnächstigen Einsperrung in ein Arbeitshaus verurtheilt sind, allerdings zur Verbüßung der Nachhaft am Angemessensten in die Landarmenanstalt zu N. aufzunehmen sein werden, da diese Art der Vollstreckung ganz zweckmäßig erscheint und eine andere Art der Vollstreckung nicht wohl möglich ist.

Was nun die durch die Detention von dergleichen Weibspersonen und den Transport nach der gedachten Anstalt erwachsenden Kosten betrifft, so sind diese, soweit sie sonst von dem Kriminalfonds zu tragen gewesen sein würden, auf den polizeilichen Dispositionsfonds zu übernehmen, da die dem Reskripte vom 8. Juli 1859 [1]) zu Grunde liegenden Motive auf derartige Fälle passend erscheinen, die Aufnahme in die gedachte Landarmenanstalt ohne Ersatz der Kosten dieser aber reglementsmäßig nicht zugemuthet werden kann.

m. Reskript des Min. des Inn. und der Polizei v. 27. Oktober 1821. (v. Kamptz Ann. Bd. V. S. 918.)

Der Königl. Regierung (Münster) wird auf die Anfrage vom 15. d. M. wegen Erstattung der Transportkosten aus dem Kommunalfonds bei einheimischen, aus der Rheinprovinz gebürtigen Verbrechern und Vagabonden hiermit eröffnet, daß es bei der Verfügung vom 17. Aug. d. J., [2]) welche derselben zugegangen sein wird, sein Bewenden behält, und hiernach Nichts übrig bleibt, als in denjenigen Fällen, in welchen nicht ein privatus oder eine Kommune, nach den bestehenden Gesetzen die Kosten für Vagabonden-Transporte zu tragen verbunden sind, solche, in so fern sie überhaupt nothwendig gewesen, aus Staatskassen bestritten werden müssen.

n. Reskript des Königl. Min. des Inn. und der Polizei v. 4. December 1823. (v. Kamptz Ann. Bd. VII. S. 897.)

Bei der im Bericht der Königl. Regierung vom 18. v. Mts. bezeugten Gleichförmigkeit der hinsichtlich der subsidiarischen Uebertragung der Kosten polizeilicher Transporte in den alt-pommerschen Kreisen Ihres Bezirkes früher bestandenen Einrichtungen, mit der nach dem Anführen der Königl. Regierung zu Stettin dort dieserhalb stattfindenden Verfassung wird es hiermit genehmigt, daß von derselben künftighin in den Fällen, wo die Gensdarmerie zur Begleitung nicht ausreicht, und die diesfälligen Kosten verfassungsmäßig keiner Kommune oder Privaten zur Last fallen, und der Staat schon bisher den übrigen Aufwand getragen hat, in gleicher Art verfahren wird, als von der Regierung zu Stettin nach der Cirkular-Verfügung vom 31. Okt. v. J. geschieht.

---

1) Vergl. unter Note 1 zu lit. g.
2) Vergl. lit. b. Zus. 1 zum §. 12.

In Betreff der Kreise Dramburg und Schievelbein müssen dagegen dieselben Grundsätze beobachtet werden, welche von der Königl. Regierung zu Frankfurt a. O. als der in den Neumärkischen Kreisen bestehenden Verfassung entsprechend, befolgt werden.

o. Reskript des Königl. Min. des Inn. v. 31. März 1824. (v. Kamptz Ann. Bd. VIII. S. 227.)

Was die Transport- und Verpflegungskosten für vom Auslande übernommene Gefangene betrifft, so müssen selbige, so weit letztere während des Transports nicht die Etappengefängnisse berühren, auch den Ersatz aus eigenem Vermögen nicht zu leisten im Stande sind, auf den Fonds zu allgemeinen polizeilichen Zwecken überwiesen werden.

Zusatz 4. Transport-Kosten bei Landesverweisungen.

a. Reskript des Königl. Min. des Inn. und der Polizei v. 9. Juni 1826. (v. Kamptz Ann. Bd. X. S. 409.)

Ich kann die Ansicht, welche die Königl. Regierung (Merseburg) in dem Bericht vom 24. v. Mts. in Betreff der Kosten der von den Justiz-Behörden verfügten Transporte von Verbrechern vorgetragen hat, nicht anders als ganz richtig finden. Sobald in Folge der gesetzlichen Vorschrift (Allg. Landrecht Th. II. Tit. 20, §. 195) in einem Kriminal-Urtheil die Ausweisung eines fremden Landstreichers, nach Abbüßung der ihm wegen eines begangenen Verbrechens zuerkannten zeitigen Gefängniß-, Zuchthaus- oder Festungsstrafe bestimmt worden, so können allerdings die Kosten dieser Ausführung auch nur, als zur Strafvollstreckung verwandt, angesehen, folglich nicht aus Polizei-Fonds übertragen werden. Ganz übereinstimmend hiermit hat daher auch die im §. 563 der Kriminal-Ordnung in Bezug genommene Instruktion vom 27. März 1797 §. 1 verordnet, daß, wenn dergleichen Leute bei ihrer Entlassung mit Kleidungsstücken versehen werden müßten, der diesfällige Aufwand auf Rechnung desjenigen, dem die Kosten der Untersuchung zur Last fallen, zu setzen sei.

Wenn die Ausweisung eines Vagabonden nicht bloß Folge einer polizeilichen Anordnung ist, so müssen alle darauf zu verwendenden Kosten von dem Kriminal-Fonds übertragen werden.

b. Reskript des Min. des Inn. und der Polizei v. 15. Februar 1827. (v. Kamptz Ann. Bd. XI. S. 167.)

Unter Beziehung auf die allgemeine Bescheidung über die Anwendbarkeit der in dem Bericht der Königl. Regierung (Bromberg) vom 30. November v. J. erwähnten Bestimmung, wegen Entrichtung der Transportkosten für die Ausgewiesenen, welche Derselben in der Verfügung vom 22. December v. J. ertheilt worden, ist zur Erledigung des gegenwärtigen, in dem Bericht vom 29. v. Mts. wieder vorgetragenen Zweifels nur noch bemerklich zu machen, daß nach dem darin angedeuteten Prinzip die Verpflichtung zur Kostenübertragung für den Polizei- oder Kriminalfonds davon abhängt, ob die Ausweisung über die Grenze in Folge einer richterlichen oder polizeilichen Anordnung erfolgt.

c. Reskript des Min. des Inn. und der Polizei v. 29. August 1830. (v. Kamptz Ann. Bd. XIV. S. 586.)

Der Königl. Regierung (Münster) wird auf den Bericht vom 7. d. Mts. wegen Transportkosten für Landesverwiesene eröffnet, daß die General-Transport-Instruktion vom 16. September 1816, welche überhaupt keine materiellen Vorschriften gegeben hat, noch hat geben können, in den angezogenen Stellen bloß von Vorschuß redet, und den Regierungen ausdrücklich den Regreß an den eigentlich Verpflichteten vorbehält. Die Bezugnahme auf dieselbe würde daher nicht hinreichen. Da indessen in dortiger Provinz die Staatskasse alle Kriminal-Untersuchungskosten trägt, und die Ursache eines Transports über die Grenze immer mehr oder minder eine strafbare Handlung voraussetzt, so wird der für Transportkosten liquidirte Betrag zur Berichtigung aus dem polizeilichen Dispositionsfonds Ihrer Hauptkasse genehmigt, und hat die Königl. Regierung die Summe in Rechnung zu stellen.

d. Reskript des Min. des Inn. und der Polizei v. 17. Juni 1838. (v. Kamptz Ann. Bd. XXII. S. 403.)

Der Königl. Regierung (Gumbinnen) wird auf den Bericht vom 28. Februar v. J., betreffend die Kosten, welche durch den Transport über die Landesgrenze der durch richterliches Erkenntniß hierzu verurtheilten Verbrecher entstehn, hierdurch eröffnet, daß der Herr Justiz-Minister Exc. das Ober-Landesgericht zu Insterburg mittelst des abschriftlich angeschlossenen Reskriptes vom 18. v. Mts. (Anl. a.) beauftragt hat, jene Transport-Kosten auf den Kriminalfonds zu übernehmen.

a.

Durch den Herrn Minister des Innern ist es zur Kenntniß der Justiz gebracht worden,

daß das Königl. Ober-Landesgericht bei Veranlassung des Transports des über die Grenze gebrachten N. sich geweigert hat, der Königl. Regierung zu Gumbinnen diejenigen Kosten zu erstatten, welche durch den Transport über die Grenze der durch richterliches Erkenntniß hierzu verurtheilten Verbrecher entstehen.

Diese Transportkosten müssen nach §§. 2 und 13 der General-Transport-Instruktion vom 16. September 1816 (Jahrb. Bd. 8 S. 111 ff.) der Regierung aus dem Kriminalfonds unbedenklich erstattet werden, und ist hierin durch die Allerh. Kabinets-Ordre vom 25. Mai 1835 (Ann. Bd. XIX S. 467.), worauf das Kollegium sich berufen hat, nichts geändert.

e. Allerh. Kabinets-Ordre vom 25. Mai 1835. (v. Kamptz Ann. Bd. XIX. S. 467.)

Wenn davon die Rede ist, einen Ausländer, der im Lande ein Verbrechen begangen hat, über die Grenze zu bringen, so erscheint dieser Transport, es mag im Straferkenntnisse ausgesprochen sein, oder nicht, immer als Polizei-maßregel, und Ich genehmige daher nicht allein nach den angezeigten Umständen bei dem obigen Fall den Wegfall dieser Bestimmung in dem den N. betreffenden Straferkenntnisse, sondern will es auch in allen künftigen Fällen dem Justiz- und Polizei-Ministerium überlassen, das Erforderliche zu verfügen, wenn in Gemäßheit veränderter oder neu eintretender Umstände der Transport nicht mehr stattfinden kann.

f. Erlaß des Min. des Innern vom 27. August 1853. (Min.-Bl. 1853 S. 197.)

Bei Rücksendung der Beilagen des Berichts vom 7. v. Mts. die Transportkosten für die zur Landesverweisung gerichtlich verurtheilten Individuen betreffend, wird die (tit.) davon in Kenntniß gesetzt, daß nach einer Mittheilung des Herrn Justiz-Ministers sämmtlichen Gerichts-Behörden, mit Ausschluß der im Appellationsgerichts-Bezirke von Cöln, durch Verfügung vom 13. d. Mts. (J. M. Bl. S. 310) zur Nachachtung eröffnet worden ist, daß der Kriminalfonds die Kosten des Transports ausländischer, zur Landesverweisung gerichtlich verurtheilter Landstreicher, Bettler und Arbeitsscheuer zu tragen hat [1]).

g. Allgem. Verfügung des Justiz-Min. v. 3. März 1857. (Min.-Bl. 1857 S. 72.)

Bei Ausländern, gegen welche nach dem Gesetz vom 14. April 1856 auf Landesverweisung nicht mehr zu erkennen ist, gehört die Sorge für den Transport über die Landesgrenze nicht ferner zu den Obliegenheiten der Gerichtsbehörden. Die Veranlassung dieses Transports ist vielmehr Sache der Verwaltungsbehörden, aus deren Fonds daher auch die dadurch entstandenen Kosten zu bestreiten sind. Demgemäß wird die allgemeine Verfügung vom 13. Aug. 1853 hierdurch geändert.

h. Konvention d. d. Gotha den 15. Juli 1851. (Gesetz-Samml. 1851 S. 711.)

§. 11. Die Kosten der Ausweisung trägt innerhalb seines Gebietes der ausweisende Staat.

Wenn der Ausgewiesene, um seiner Heimath in einem dritten Staate zugeführt zu werden, durch das Gebiet eines anderen kontrahirenden Theiles transportirt werden muß, so hat dem letzteren der ausweisende Staat die Hälfte der bei dem Durchtransport entstehenden Kosten zu erstatten.

Muß der Ausgewiesene im Fall des §. 9 in den Staat, aus welchem er ausgewiesen war, wieder zurückgebracht werden, so hat dieser Staat sämmtliche Kosten des Rücktransportes zu vergüten.

i. Cirkular-Verfügung des Königl. Min. des Inn. vom 9. December 1858. (Min.-Bl. 1859 S. 28.)

Bei den im Juli d. J. stattgefundenen kommissarischen Berathungen über den Vertrag wegen gegenseitiger Uebernahme der Auszuweisenden d. d. Gotha den 15. Juli 1851, ist auch die Bestimmung des zweiten Absatzes des §. 11 dieses Vertrages, welche dahin lautet:

„Wenn der Ausgewiesene, um seiner Heimath in einem dritten Staate zugeführt zu werden, durch das Gebiet eines anderen kontrahirenden

1) Conf. unter lit. g.

Theiles transportirt werden muß, so hat dem letzteren der ausweisende Staat die Hälfte der bei dem Durchtransport entstehenden Kosten zu erstatten",

in Erwägung gezogen worden.

Sämmtliche Kommissarien hatten sich, mit Ausnahme des Königl. Hannoverschen, über eine unter den Vereinsstaaten dahin zu treffende Verabredung geeinigt,

„daß diese Staaten auf das ihnen nach der Vertragsbestimmung zustehende Recht auf Erstattung der gedachten Kosten für die Zeitdauer vom 1. Jan. 1859 bis 31. Dec. 1862 gegenseitig verzichten wollen, und zwar mit der Maßgabe, daß unter diese Vereinbarung jeder Transport falle, welcher in dem Zeitraum vom 1. Jan. 1859 bis 31. Dec. 1862 beginnen wird."

Nachdem nun die Königl. Hannoversche Regierung unter Voraussetzung der Zustimmung sämmtlicher übrigen betheiligten Regierungen sich mit dieser Vereinbarung einverstanden erklärt hat, und Preußischer Seits eine gleiche Zustimmung ertheilt worden ist, veranlasse ich die Königl. Regierung mit Bezug auf die Cirkular-Verfügung vom 14. Nov. 1852, [1]) jene Vereinbarung vom 1. Jan. künftigen Jahres ab zur Ausführung zu bringen, demgemäß Kosten des Durchtransports für jenen Zeitraum den anderen Vereinsstaaten gegenüber nicht mehr in Rechnung zu stellen, sondern die gedachten Kosten zum vollen Betrage auf den Fonds ihrer Hauptkasse zu polizeilichen Zwecken anzuweisen, wie dies durch die gedachte Cirkular-Verfügung hinsichtlich der einen Kostenhälfte vorgeschrieben ist.

Diese Bestimmung bezieht sich nach Obigem nicht auf Transporte, welche am 31. Dec. d. J. oder früher beginnen, mögen sie auch erst nach dem 1. Jan. 1859 beendigt werden. Auf diese Transporte findet der §. 11. l. c. wie bisher Anwendung. Sie bezieht sich ferner nur auf Transporte von einem Vereinsstaate in den anderen, nicht aber auf Transporte von Personen, welche aus einem Vereinsstaate in einen zu den kontrahirenden nicht gehörigen Staat oder einem der letzteren in einen Vereinsstaat transportirt werden. Auf derartige Transporte ist der §. 11 des Vertrages nicht zu beziehen, und es müssen die durch selbige erwachsenden Kosten zum vollen Betrage erstattet werden.

Endlich bemerke ich noch, daß die durch den §. 11. l. c. und das obengedachte vorläufige Uebereinkommen betroffenen Durchtransportkosten in der durch die Cirkular-Verfügung vom 14. Nov. 1852 vorgeschriebenen Art auch fernerhin zu liquidiren und von den betreffenden Regierungen in eine Nachweisung aufzunehmen sind, welche am Jahresschlusse hier einzureichen ist [2]).

k. Bescheid des Min. des Inn. v. 31. August 1858. (Min.-Bl. 1858 S. 193.)

Der (tit.) erwiedere ich auf den Bericht vom 19. d. Mts, daß die Kosten des Transportes von Individuen, welche auf Grund des mit Frankreich be-

---

1) Siehe zu §. 14.
2) Conf. unter lit. l.

stehenden Vertrages vom 21. Juni/20. Aug. 1845 von hier aus dorthin abgeliefert werden, nach Art. 7 dieses Vertrages bis zur Französischen Grenze von der diesseitigen Staatskasse allein zu tragen sind, ohne daß, wenn bei dem Transport ein anderer, und zwar bei dem Gothaer Vertrag betheiligter, Staat berührt wird, diesem gegenüber auf die Bestimmung des §. 11 des zuletzt gedachten Vertrages zurückgegangen werden könnte, wonach die Kosten des Durchtransports nur zur Hälfte zu erstatten sind. Diese letztere Bestimmung bezieht sich, wie auch die (tit.) richtig bemerkt hat, nur auf den Transport von ausgewiesenen Individuen, nicht aber auf die Auslieferung von Verbrechern, welche auf den Grund vertragsmäßiger Bestimmungen erfolgt.

1. Cirkular-Reskript des Min. des Inn. v. 31. December 1863. (I. B. 6290.)

Durch die Cirkular-Verfügung vom 9. Dec. 1858 sind sämmtliche Königl. Regierungen in Kenntniß gesetzt worden, daß die Bestimmungen des §. 11 der Konvention wegen Uebernahme von Auszuweisenden d. d. Gotha den 15. Juli 1851, nach welcher

> der auszuweisende Staat die Kosten des Durchtransportes eines Ausgewiesenen durch einen dritten Staat diesem Staate zur Hälfte zu erstatten hat,

durch einen von sämmtlichen Regierungen genehmigten Beschluß der im Jahre 1858 stattgehabten Konferenz von Kommissarien dieser Staaten für den Zeitraum vom 1. Jan. 1859 bis 31. Dec. 1862 suspendirt und festgesetzt ist,

> daß diese Kostenhälfte nicht liquidirt, daß vielmehr von demjenigen Staate, durch welchen der Durchtransport erfolgt ist, die Kosten desselben zum vollen Betrage übernommen werden sollen.

Durch die Cirkular-Verfügung vom 8. Dec. v. J. ist dieses Provisorium auf das Jahr 1863 ausgedehnt worden.

Da eine definitive Regelung der Frage wegen Tragung der Kosten des Durchtransports auch bis jetzt noch nicht stattgefunden hat, so wird die Kgl. Regierung hierdurch veranlaßt, das gedachte Provisorium auch noch fernerhin bis auf weitere Anordnung in Anwendung zu bringen; mithin bei Ausweisungen aus einem anderen der betheiligten Staaten nach einem dritten Staate die Kosten des etwaigen Durchtransportes durch Preußen nicht gegen den ausweisenden Staat zur Hälfte zu liquidiren, sondern diese Kosten zum vollen Betrage aus dem betreffenden Fonds bestreiten zu lassen, bei Ausweisungen aus Preußen dagegen, welche einen Durchtransport durch einen dritten Staat erheischen, eine Kostenerstattung nicht eintreten zu lassen.

3) Wenn der Transportat sonst ein verdächtiges Individuum ist, oder aus anderen Gründen transportirt wird, in Ermangelung der Verbindlichkeit einer der obgedachten Behörden, diejenige Behörde, welche den Transport angeordnet hat.

a. Erlaß des Min. des Inn. und der Justiz v. 24. August 1846. (Min.-Bl. 1846 S. 161.)

Auf Ew. Hochwohlgeb. Bericht vom 6. Dec. pr. an das Ministerium des Innern erklären wir uns mit der Bestreitung der Kosten für den von den Gemeinden bewirkten Transport der Civil-Gefangenen bis zur nächsten Gensdarmerie-Station aus Staatsfonds nunmehr einverstanden. Was aber die zur Uebernahme dieser Kosten zu bezeichnenden speziellen Fonds betrifft, so bestimmen wir zur Beobachtung eines gleichmäßigen Verfahrens, indem wir auf das unterm 10. Sept. 1835 an die Regierung zu Aachen erlassene Reskript Bezug nehmen, daß vom Jahre 1845 ab die Kosten des von den Gemeinden bewirkten Transports im polizeilichen Interesse verhafteter Personen aus dem sub. Tit. IV. des Regierungs-Etats für die Verwaltung des Innern ausgesetzten Fonds zu allgemeinen polizeilichen Zwecken zu decken sind.

Die Transportkosten derjenigen Personen dagegen, welche entweder auf Veranlassung einer inländischen Gerichtsbehörde oder an eine solche Behufs strafrechtlicher Verfolgung transportirt werden, sind nach Maßgabe des oben allegirten Reskriptes, wie bisher schon im Regierungs-Bezirk Aachen geschehen, auf den Kriminalfonds anzuweisen.

b. Cirkular-Erlaß des Min. des Inn. v. 3. Mai 1853. (Min.-Bl. 1853 S. 132.)

Die von Seiten der Königl. Regierung zu N. angeregte Frage,

„welchem Fonds die Erstattung der Kosten für den Transport der von den Militärgerichten zu Zuchthausstrafen verurtheilten Personen des Soldatenstandes nach der Strafanstalt zur Last fallen,"

hat mir Veranlassung gegeben, darüber mit den Herrn Ministern des Krieges und der Justiz in Kommunikation zu treten.

Nach dem Ergebniß der stattgehabten Erörterung eröffne ich der Königl. Regierung hierdurch, daß den Militärbehörden zufolge der darüber im Ressort der Militärverwaltung bestehenden Bestimmungen die Verpflichtung obliegt, die Ablieferung der in Rede stehenden Individuen an die betreffende Strafanstalt direkt, ohne Vermittelung der Polizeibehörde, zu besorgen.

Die Königl. Regierung hat daher in Zukunft den Militärbehörden die Annahme-Ordres, auf Grund deren die fraglichen Personen den Strafanstalten zu überliefern sind, und deren Ausfertigung von dem zur Aufnahme verfügbaren Raum abhängig bleibt, zu übersenden und denselben den Transport der Verurtheilten lediglich zu überlassen.

c. Cirkular-Erlaß des Min. des Inn. v. 9. Oktober 1857. (Min.-Bl. 1857 S. 170.)

Im Einverständniß mit den Herrn Ministern der Justiz und der Finanzen ist zur Vermeidung unnützer Schreibereien und Geldsendungen beschlossen worden, vom 1. Jan. 1858 ab diejenigen Kosten, welche durch den Transport der zur Zuchthausstrafe verurtheilten Verbrecher in die Strafanstalten entstehen, nicht mehr, wie es bisher geschehen ist, von den gerichtlichen Salarienkassen an die Kassen der Strafanstalten erstatten, sondern bei den letzteren Kassen als Ausgabe definitiv verrechnen zu lassen.

Die Königl. Regierungen werden hiervon zur weiteren Veranlassung mit dem Bemerken in Kenntniß gesetzt, die fraglichen Kosten von dem gedachten Zeitpunkt ab vorläufig bei dem Extraordinarium der betreffenden Anstaltskassen verausgaben zu lassen, und bei der nächsten Aufstellung des Etats für die Strafanstalten diese Kosten unter einer besonderen Nummer des Tit. V. der Ausgabe mit einem entsprechenden, eventuell mit dem Durchschnitts-Betrage, neu anzubringen.

d. Bescheid des Min. des Inn. v. 5. Jan. 1859. (Min.-Bl. 1859 S. 39.)

Nach demjenigen, was die Königl. Regierung in Ihrem Bericht vom vom 24. Dec. pr. Betreffs der Ablieferung kriegsrechtlich zu Zuchthausstrafe verurtheilter Personen in die Strafanstalt N. vorgetragen hat, ist von Ihr übersehen worden, daß es sich bei Ausführung der unterm 20. Nov. pr. angeordneten Maßregel nicht um einen Fall, wie ihn die Bekanntmachung des Kriegs-Ministerii vom 10. Mai 1856 (Min.-Bl. 1856 S. 159) [1]) vor Augen hat, sondern um nachträgliche Translocirung solcher schon vor Jahren zu Zuchthausstrafe verurtheilter ehemaliger Militärpersonen, welche nur aus besonderer Konvenienz, wegen Mangels an Raum in den Zuchthäusern, einstweilen in die Baugefangenen-Anstalten aufgenommen worden, gehandelt hat.

Es kann nicht zweifelhaft sein, daß die Kosten dieser Translocirung aus dem Fonds der Strafanstalt, in welche die betreffenden Zuchthaus-Sträflinge nunmehr definitiv übernommen worden, bestritten werden müssen, wogegen hierdurch die Frage, wie es mit den Kosten für den Transport der von den Militärgerichten zu Zuchthausstrafe verurtheilten Personen des Soldatenstandes nach der Civil-Strafanstalt zu halten, nicht berührt wird, indem es in Betreff derartiger Transportkosten bei den Bestimmungen der Cirkular-Verfügung vom 3. Mai 1853 (Min.-Bl. 1853 S. 132) [2]) auch ferner sein Bewenden behält.

---

1) Bekanntmachung d. Königl. Kriegsmin. v. 10. Mai 1856 (Min.-Bl. 1856 S. 159.)

Das Kriegsministerium findet sich veranlaßt, die Truppen darauf aufmerksam zu machen, daß hinsichtlich des Transports der Militär-Arrestaten, z. B. Deserteure, Leute, welche zur Strafabtheilung oder zum Zuchthause, oder zur Festungs-Baugefangenschaft abgeführt werden, oder welche bei der Arbeiterabtheilung unter Transportbegleitung eingestellt werden, folgende Grundsätze bestehen und zu beachten sind:

1. Die Gemeinden sind nur verpflichtet, die in ihren Bezirken angehaltenen Deserteure und Militär-Arrestaten an die nächste Militärbehörde abzuliefern, in der Rheinprovinz gegen Erstattung der Gebühren für die Civilbegleiter, in den übrigen Provinzen unentgeltlich.
2. Den Militärbehörden liegt ob, Militär-Arrestaten bis nach denjenigen Orten militärisch transportiren zu lassen, von wo ab sie militärisch weiter transportirt werden können, also von einem Garnisonorte zum anderen.

   Landwehrstämme jedoch, welche allein in einer Stadt garnisoniren, sind zum Weitertransport eines bereits von einer anderen Behörde übernommenen Arrestaten nicht heranzuziehen; es ist demnach
3. nicht zulässig, die Militär-Arrestaten von Seiten des Militärs nur bis zur nächsten Transportstation zu eskortiren, und sie dort der Civilbehörde zum Weitertransporte bis zur nächsten Garnison durch Civiltransporteure zu übergeben.

2) Siehe vorstehend unter lit. b.

e. Bescheid des Min. des Inn. v. 23. August 1855. (Min.-Bl. 183.)

Auf die Anfrage in dem Bericht vom 9. d. Mts. wird der (tit.) erwiedert, daß in denjenigen Fällen, in welchen die Kosten der Unterbringung der nach §. 42 des Strafgesetzbuches in Kommunal- oder Privat-Erziehungsanstalten zu detinirenden jugendlichen Verbrecher vorschußweise aus dem Fonds ihrer Hauptkasse „zu polizeilichen Zwecken" zu decken sind, auch die Kosten des zu dieser Unterbringung erforderlichen Transports aus demselben Fonds zu bestreiten sind.

f. Cirkular-Erlaß des Min. des Inn. v. 13. Juni 1861. (Staats-Anz. 1861 Nr. 157 v. 3. Juli.)

Verfahren bei Ausführung der Transporte inländischer und fremder Refraktaire.

Bei Ausführung der Transporte inländischer und fremder Refraktaire, welche Seitens ausländischer Behörden über die diesseitigen Grenzen ausgeliefert werden, ist nach den mir vorliegenden Mittheilungen sowohl bezüglich der Art und Weise der Beförderung dieser Individuen an den Ort ihrer Bestimmung, als auch hinsichtlich der ihnen event. zu gewährenden Reise-Unterstützungen von den Verwaltungsbehörden verschiedenartig verfahren worden. Ich finde mich daher veranlaßt, der Königl. Regierung über diesen Gegenstand Folgendes zu eröffnen:

Was zunächst die Beförderung der Transportaten an sich betrifft, so enthalten wegen der *fremdländischen Refraktaire* die mit den betreffenden ausländischen Regierungen abgeschlossenen Kartell-Konventionen, [1]) insbesondere die Bundes-Kartell-Konvention vom 10. Febr. 1831 hierüber bestimmte Vorschriften, welche den Königl. Regierungen zur genauen Beachtung hierdurch empfohlen werden.

Dagegen dürfte in Betreff der *inländischen Refraktaire* wegen der Verschiedenheit der individuellen Verhältnisse derselben sich nicht für alle Fälle vorher bestimmen lassen, wie und unter welchen Vorsichtsmaßregeln die Vorführung zu bewirken sei.

In der Regel sind seither die blos unsicheren Heerespflichtigen mittelst einer die Stelle des Transportes vertretenden Reiseroute an den Ort ihrer Bestimmung dirigirt worden.

Es ist selbstverständlich, daß der Refraktair die Rückreise auf seine Kosten zu bewirken hat, sobald er beim Eintritt in Preußen noch die hierzu erforderlichen Mittel besitzt. Meistentheils aber sind diese Leute von Gelde gänzlich entblößt, und in diesem Falle würde denselben allerdings eine Reise-Unterstützung zu Theil werden müssen, wenn sie, worauf es den betreffenden Behörden vorzugsweise ankommt, wirklich an dem Bestimmungsort ankommen sollen.

Hinsichtlich der in Rede stehenden Unterstützung würde weiter in Betracht kommen, wem die Verpflichtung obliege, solche zu tragen resp. zu erstatten.

---

[1]) Siehe im Th. II. des Werkes.

Die Heimathsbehörde in Anspruch zu nehmen, kann nicht als gerechtfertigt erscheinen, theils weil die Ableistung der Militärpflicht auf einer allgemeinen, nicht nothwendig durch die Gemeindeangehörigkeit vermittelten Pflicht des Staatsangehörigen beruht, theils weil die Verfolgung der Refraktaire nicht Sache der Gemeinden, sondern lediglich Sache der Staatsbehörden ist.

Hieraus ergiebt sich die Verpflichtung der Staatskasse zur Tragung der diesfälligen Kosten. Bezüglich der Frage, aus welchem Fonds die zu erstattenden Unterstützungs- oder Unterhaltungskosten zu gewähren seien, giebt der §. 102 der Militär-Ersatz-Instruktion vom 9. Dec. 1858 das entscheidende Kriterium an die Hand. Es ist darin bestimmt, daß die Disposition über die von der Departements-Ersatz-Kommission und so weiter für einen Truppentheil definitiv ausgehobenen Militärpflichten (Rekruten) immer eine Militärangelegenheit ist, und hieraus folgt, daß, wenn die Verfolgung solcher Leute uneinziehbare Kosten verursacht, der Militärfiskus einzutreten hat. Ebenso folgt aber auch, daß letzterer wegen der Habhaftwerdung solcher Leute, welche der Disposition der Militärbehörde noch nicht unterliegen, nicht einzustehen braucht.

In allen den Fällen nun, in welchen an den Militärfiskus eine Zumuthung wegen Erstattung der fraglichen Reiseunterstützungen nicht zu stellen ist, würden dieselben aus dem Fonds der Königl. Regierungen für allgemeine polizeiliche Zwecke zu bestreiten sein, (cfr. Verfügung vom 28. Juni 1828, v. Kamptz Ann. Bd. XII. S. 566 und vom 12. Aug. 1833, v. Kamptz Ann. Bd. XVII. S. 836) und dies überall da stattfinden, wo ein unsicherer Heerespflichtiger, welcher noch nicht definitiv für einen Truppentheil bezeichnet worden ist, einem im Kartell-Verbande stehenden Staate auf diesseitige Requisition zurückgeliefert wird.

Damit nun für die Folge die Gewährung von Reiseunterstützungen für die in Rede stehenden Militärpflichtigen nicht nöthig, auch die Einstellung derselben in den Militärdienst gesichert wird, und die heimathlichen Ersatzbehörden der Weiterungen enthoben werden, welche die Verfolgung der qu. Individuen bei Nichtbeachtung der ihnen ertheilten Reiserouten mit sich führt, bestimme ich hierdurch nach Kommunikation und Einverständniß mit dem Herrn Kriegsminister:

> daß die sämmtlichen, vom Auslande ausgelieferten unsicheren Heerespflichtigen (Kantonisten) in das der Grenze zunächst gelegene Landwehr-Bataillons-Stabsquartier befördert, und, sofern sie für den Militärdienst bereits ausgehoben sind, sofort, im Falle eine definitive Entscheidung über ihre Militärverhältnisse noch nicht stattgefunden hat, nach Feststellung ihrer Dienstbrauchbarkeit von dem betreffenden Landwehr-Bataillons-Kommando zum Zwecke ihrer Einstellung dem nächsten Truppentheil überwiesen werden.

Die durch den Transport von der Grenze in das nächste Landwehr-Bataillons-Stabsquartier etwa entstehenden Begleitungs- und Verpflegungskosten sind nach den oben entwickelten Grundsätzen entweder auf den Militärfonds oder auf den Fonds zu allgemeinen polizeilichen Zwecken, im letzteren Falle von derjenigen Königlichen Regierung zu übernehmen, in deren Bezirk der Militärpflichtige nach Preußen übertritt.

Der Nachsuchung der besonderen diesseitigen Genehmigung zur Uebernahme der in den einzelnen Fällen entstandenen Transport- und Verpflegungskosten auf den Fonds zu allgemeinen polizeilichen Zwecken bedarf es nicht, wie auch der Königl. Regierung fortan die selbstständige Anweisung der Kosten in denjenigen Fällen überlassen wird, auf welche sich der Erlaß vom 12. August 1833 (v. Kamptz Ann. Bd. XVII. S. 836) bezieht.

Berlin, den 13. Juni 1861.

Der Minister des Innern
(gez. Graf v. Schwerin).

An sämmtliche
Königliche Regierungen.

g. Erlaß des Min. des Inn. und der Fin. v. 24. Januar 1860. (Min.-Bl. 1860 S. 21.)

Der Königl. Regierung eröffnen wir auf den an das Finanz-Ministerium erstatteten Bericht vom 15. v. Mts. und Jahres, daß die Civil-Transportkosten für auszuliefernde fremde Deserteure ferner nicht mehr, wie seither, auf Grund der Verfügung des Ministerii des Innern und der Polizei vom 15. Juli 1833 (v. Kamptz Ann. Bd. XVII. S. 837) geschehen, auf Tit. VI. der allgemeinen Verwaltungskosten zu verausgaben, sondern auf den Fonds zu allgemeinen polizeilichen Zwecken, welchem sie ihrer Natur nach zur Last fallen, zu übernehmen sind.

Zusatz 5. Anwendbarkeit des §. 34 des Armen-Gesetzes vom 31. December 1842, wonach die Entscheidung über Streitigkeiten unter verschiedenen Armen-Verbänden den Königlichen Regierungen zusteht, auf bereits verausgabte Transportkosten.

Bescheid des Minist. des Innern v. 13. Februar 1858. (Min.-Bl. S. 42.)

Nach näherer Prüfung der Sachlage kann die Beschwerde, welche der Magistrat unterm 7. Sept. v. J. darüber geführt hat, daß in der Streitsache der Stadtgemeinden A. und B., wegen Erstattung der Kosten des Transportes des zu A. erkrankten Steinsetzers C. von der dortigen Königl. Regierung mittelst Resoluts entschieden worden, nicht für begründet erachtet werden.

Der Magistrat behauptet zunächst, daß der §. 34 des Armen-Reskriptes vom 31. Dec. 1842 [1]) die Landes-Polizeibehörde nur solche Streitigkeiten zu entscheiden ermächtige, welche die künftige Verpflegung eines Armen, nicht aber, wie im vorliegende Falle, die Erstattung bereits verausgabter

---

[1]) Gesetz über die Armenpflege v. 31. December 1842 (Ges.-Samml. 1843. S. 8.)

§. 34. Ueber Streitigkeiten zwischen verschiedenen Armenverbänden entscheidet die Landes-Polizeibehörde. Betrifft der Streit die Frage, welcher von diesen Verbänden die Verpflegung des Armen zu übernehmen habe, so findet gegen jene Entscheidung der Rechtsweg statt, doch muß letztere bis zur rechtskräftigen Beendigung des Prozesses befolgt werden.

Ueber den Betrag der Verpflegungskosten ist der Rechtsweg nicht zulässig.

Verpflegungskosten zum Gegenstande habe. Denn der §. 34. des gedachten Gesetzes hat die Entscheidung von Streitigkeiten schlechthin der Landes-Polizeibehörde zugewiesen, ohne solche Unterscheidung zu treffen, welche auch, wie die Materialien des Gesetzes ergeben, gar nicht beabsichtigt war. In den diesseitigen Reskripten vom 2. Sept. 1843 (Min.-Bl. 1843 S. 282), vom 8. Jan. 1844 (Min.-Bl. 1844 S. 26) und vom 26. Febr. 1844 (Min.-Bl. 1844 S. 61) ist auch bereits näher entwickelt worden, daß jede Art von Streitigkeiten zwischen verschiedenen Armen-Verbänden, sie mögen die gegenwärtig erforderliche Verpflegung eines Armen oder den Ersatz bereits verwendeter Kosten der Armenpflege betreffen, der Kognition der Regierungen nach Maßgabe des §. 34 l. c. unterworfen sei. An diesem bisher stets befolgten, dem Wortsinn wie der Absicht des Gesetzes entsprechenden Grundsatze muß auch ferner festgehalten werden, wenngleich in den Gründen des von dem Magistrat bezogenen Urtels des Königl. Ober-Tribunals vom 2. Juni 1856 eine abweichende Ansicht ausgesprochen ist.

Der zweite Grund, auf den der Magistrat seine Ansicht stützt, daß die Regierung zum Erlasse des Resoluts vom 13. Juli v. J. gesetzlich nicht befugt gewesen, ist der, daß es sich um Transportkosten, d. h. um solche Kosten handle, welche nicht unter die Bestimmung des Gesetzes vom 31. Dec. 1842 fallen.

Auch dieser Grund ist nicht durchgreifend.

Die Ausführung des qu. Resoluts ergiebt, daß die in Rede stehenden Kosten lediglich im Interesse der öffentlichen Armenpflege verwendet worden sind, der zur Fürsorge verpflichtete Armen-Verband hat nicht nur die eigentliche Verpflegung zu leisten, sondern auch die Uebernahme des Armen zu bewirken und die Kosten der Uebernahme zu tragen. Es gehören also die Kosten des hierzu erforderlichen Transportes zu den Kosten der Armenpflege, über deren Tragung und Erstattung bei obwaltendem Streit mithin die Kgl. Regierung zu entscheiden hat.

Es muß hiernach bei dem Resolut vom 13. Juli v. J. sein Bewenden behalten, gegen welches den Rechtsweg zu beschreiten, dem Magistrat unbenommen bleibt.

Zusatz 6. Zulässigkeit des Rechtsweges, wenn der Magistrat einer Stadt auf Requisition des Gerichts den Transport von Gefangenen bewerkstelligt und die Erstattung der dadurch entstandenen Ausgaben demnächst vom Fiskus nur deshalb verweigert wird, weil bei Ausführung der Requisition vom Magistrat ein Versehen begangen sei.

Erkenntniß des Gerichtshofes zur Entscheidung der Kompetenz-Konflikte v. 14. April 1860. (Min.-Bl. 1861 S. 147.)

Auf den vom Königl. Ostpreußischen Ober-Tribunal zu Königsberg erhobenen Kompetenz-Konflikt in der bei dem Königl. Kreisgericht zu Memel anhängigen Prozeßsache rc. erkennt der Königl. Gerichtshof zur Entscheidung der Kompetenz-Konflikte für Recht:

daß der Rechtsweg in dieser Sache für zuläßig und der erhobene Kompetenz-Konflikt daher für unbegründet zu erachten. Von Rechtswegen!

Gründe:

Der Magistrat zu Memel ließ in Folge zweier, am 21. April 1857 von dem dortigen Kreisgericht an ihn erlassener Requisitionsschreiben zwei Gefangene, und zwar den einen am 23., den anderen am 24. desselben Mts. zu Wagen nach der Strafanstalt zu Insterburg transportiren, und erhielt demnächst den für jeden dieser Transporte liquidirten Betrag von 10 Thlr. 22 Sgr. 6 Pf. aus dem Kriminalfonds erstattet. Die Ober-Rechnungs-Kammer monirte indessen diese doppelte Zahlung; sie war der Meinung, daß beide Gefangene auf einem Wagen hätten transportirt werden können, und ordnete daher an, daß 10 Thlr. 22 Sgr. 6 Pf. von dem Magistrat, und zwar ohne Klage, wieder einzuziehen seien. Dies geschah auch, indem der Magistrat, in Folge der, durch Vermittelung der Regierung ihm angedrohten Exekution die Rückzahlung jener Summe zur Salarienkasse des Kreisgerichts unter Vorbehalt leistete. Gegenwärtig aber fordert derselbe klagend von dem durch die gedachte Kasse vertretenen Justizfiskus die Wiedererstattung der von ihm zurückgezahlten 10 Thlr. 22 Sgr. 6 Pf. Transportkosten, indem er behauptet, daß ihm hinsichtlich des veranlaßten doppelten Transportes kein vertretbares Versehen zur Last falle, da beide Requisitionsschreiben des Kreisgerichts, deren jedes sich nur auf einen Gefangenen bezogen habe, zwar an demselben Tage, allein nicht gleichzeitig, vielmehr das eine Vormittags, das andere erst Abends, bei ihm eingegangen seien, auch in keinem derselben das Verlangen eines zu bewirkenden gemeinschaftlichen Transportes ausgesprochen, und deshalb zu vermuthen gewesen sei, daß gerade der gesonderte Transport der Verbrecher von der requirirenden Behörde für nothwendig erachtet und beabsichtigt worden sei. Ueber die Zweckmäßigkeit dieser Maßregel habe dem Magistrat als der requirirten Behörde kein Urtheil zugestanden, und sei daher der doppelte Transport durch ein Versehen veranlaßt, so falle dies dem Kreisgericht, nicht aber dem Magistrat zur Last.

Noch vor der gerichtlichen Verhandlung dieser Klage hat das Ostpreußische Tribunal den Kompetenz-Konflikt erhoben, welchen jedoch sowohl der klagende Magistrat, als der Komissarius des Kreisgerichts für unbegründet erachtet. Der Herr Justiz-Minister, welcher im vorliegenden Falle zugleich die Stelle des betheiligten Verwaltungs-Chefs einnimmt, hat, ohne Erklärung über den Kompetenz-Konflikt die Akten dem unterzeichneten Gerichtshofe zur Entscheidung übersandt; diese konnte nur dahin erfolgen,

daß der Kompetenz-Konflikt unbegründet ist.

Das Ostpreußische Tribunal hat zu dessen Rechtfertigung kein Gesetz angeführt. Von den seinem Beschlusse vorangeschickten „Erwägungsgründen" haben die vier ersten keinen Bezug auf die Kompetenzfrage, sondern nur auf das dem Rechtsstreit zu Grunde liegende Sachverhältniß; nur erst in dem fünften und letzten wird diese Frage mit den Worten berührt,

„in Erwägung, daß der Rechtsweg unzulässig erscheint, weil die Königl. Ober-Rechnungs-Kammer ohne Klage angeordnet, auch die Königl. Regierung zu Königsberg im Wege der Exekution den Magistrat zur Zahlung veranlaßt hat, und sonach Seitens des Magistrats und im Wege der Beschwerde Abhülfe erstrebt werden dürfte, beschlossen ꝛc."

Es bleibt zweifelhaft, welchem der hier angeführten Umstände das Tribunal ein für den Kompetenz-Konflikt entscheidendes Gewicht beilegen zu können glaubt. Zunächst scheint dasselbe in dieser Beziehung die Anordnung der Ober-Rechnungs-Kammer zu berücksichtigen, daß die aus dem Kriminal-Fonds an den Magistrat vermeintlich zur Ungebühr gezahlten Kosten für den einen der beiden Transporte ohne Klage von dem Magistrat wieder eingezogen werden sollten.

Wäre nun aber vielleicht auch zuzugeben, daß die Ober-Rechnungs-Kammer unter den obwaltenden Umständen befugt gewesen sei, die exekutivische Wiedereinziehung des dem Magistrat Gezahlten anzuordnen, so läßt sich jedoch jedenfalls nicht anerkennen, daß dieselbe auch berechtigt gewesen wäre, im Voraus den Rechtsweg über eine demnächst von dem Magistrat gegen den Fiskus anzustellende Klage für unstatthaft zu erklären. Diese Unstatthaftigkeit könnte nur aus einer positiven, die Kompetenz der Gerichte in einem derartigen Falle ausschließenden gesetzlichen Vorschrift hergeleitet werden, und eine solche ist weder von der Ober-Rechnungs-Kammer, noch von dem Ostpreußischen Tribunal angeführt worden, und überhaupt nicht nachweisbar.

Ebenso wenig aber würde es zutreffend sein, wenn das Tribunal, nach seinen ferneren Worten zu urtheilen, etwa der Ansicht sein sollte, daß der Magistrat gegen einen von der Regierung, also von seiner vorgesetzten Behörde, unter Androhung der Exekution erlassenen Zahlungsbefehl nicht im Rechtswege auf Wiedererstattung des Gezahlten klagen, sondern nur den Weg der Beschwerde gegen die Regierung einschlagen dürfe.

Gegen diese Argumentation wäre zuvörderst einzuwenden, daß dabei das eigentliche Sachverhältniß nicht genau aufgefaßt ist. Nicht die Regierung, sondern zunächst die Salarienkasse des Kreisgerichts hätte gegen den Magistrat die Anordnung der Ober-Rechnungs-Kammer auszuführen. Diese Kasse erließ deshalb auch, wie aus dem Bericht des Gerichts-Kommissars hervorgeht, an den Magistrat eine Aufforderung zur Rückzahlung der 10 Thlr. 22 Sgr. 6 Pf., und requirirte, als dies ohne Erfolg blieb, vorschriftsmäßig nach §. 152 der A. G. O. die Regierung zur Vollstreckung der administrativen Exekution gegen den Magistrat. Also nur als requirirte und vermittelnde Behörde, nicht vermöge eigener Autorität trat die Regierung handelnd hierbei auf, und wenn der Magistrat hiergegen, wie das Tribunal meint, den Beschwerdeweg hätte einschlagen sollen, so würde er sich nicht an die der Regierung vorgesetzte Behörde, sondern an das Ostpreußische Ober-Tribunal selbst, als an die vorgesetzte Behörde des Kreisgerichts, haben wenden müssen. Aber gesetzt auch, dem wäre nicht so gewesen, und die Regierung hätte den von ihr an den Magistrat gerichteten Zahlungsbefehl im Interesse eines von ihr selbst verwalteten fiskalischen Fonds erlassen, so fehlt doch in der Deduktion des Ostpreußischen Tribunals auch hier noch immer der Nachweis einer gesetzlichen Vorschrift, welche dem Magistrat unter den obwaltenden Umständen den Rechtsweg gegen die ihm zugefügte Zwangsmaßregel verschlösse.

Durch die von dem Tribunal angeführten Gründe wird also die behauptete Unzulässigkeit des Rechtswegs nicht dargethan; dagegen leuchtet dessen Zulässigkeit von selbst ein, wenn man, wie es auch der Kommissar des Kreisgerichts ganz angemessen gethan hat, die Natur der vorliegenden Klage ganz einfach ins Auge faßt. Der Magistrat fordert darin Erstattung von Transportkosten, die er als requirirte Behörde für den Fiskus verausgabt hat, und deren Zahlung ihm Fiskus verweigert, weil er dem Kläger ein Versehen bei Ausführung der Requisition imputiren zu können glaubt, während der Kläger dieses Verfahren bestreitet.

Einem solchen rein civilrechtlichen Rechtsstreit zwischen dem Fiskus und einer Privatperson steht der ordentliche Weg Rechtens nach §§. 81 und 124 Tit. 14 Th. II. des A. L. R. ganz unbeschränkt offen.

Berlin, den 14. April 1860.

Königl. Gerichtshof zur Entscheidung der Kompetenz-Konflikte.

§. 14. Die absendende Behörde hat bei einem unvermögenden Transportaten, und, wenn die annehmende oder eine andere Behörde die Transportkosten ihr nicht zugestellt hat, die Verbindlichkeit, sie entweder für den ganzen Transport, oder bis zur nächsten Transport-Station vorzuschießen.

Es hängt hierbei von ihrer Wahl ab, ob sie

I. die Transportkosten für den ganzen Transport auslegen, und von der Behörde des Bestimmungsortes wahrnehmen,

oder ob sie

II. diese Kosten nur bis zur nächsten Transport-Station (§. 4.) vorschießen will.

Im

ad I. ersteren Falle, der sich bei kurzen Transporten innerhalb Landes empfiehlt, muß der Betrag der Transportkosten dem Transportführer zur genauen Berechnung mitgegeben werden, und ist, dringende unerwartete Fälle abgerechnet, kein Zwischenort zu Auslagen verbunden.

Im

ad II. zweiten Falle muß die absendende Behörde aber die bis zur nächstfolgenden Transport-Etappe (§. 4) erforderlichen Kosten vorschießen, auf dem Transportzettel einzeln aufführen und solchergestalt bei der nächstfolgenden Transport-Station liquidiren, diese aber bei der Ablieferung der Transportaten die liquidirten und unterwegs etwa erwachsenen ferneren Kosten der abliefernden Behörde sofort durch die zurückgehenden Transportanten erstatten, demnächst aber mit dem fortgehenden Transporte diese Kosten, und die denselben hinzuzufügenden Kosten des Transportes von ihr bis zur nächstfolgenden Station vorschießen, und von dieser auf eben diese Art wieder erheben. Dies Verfahren wird auf dem ganzen Transporte bis zum Bestimmungsort beobachtet, von dessen Obrigkeit die, auf dem ganzen Transporte erwachsenen, und solchergestalt von der letzten Stations-Behörde vorgeschossenen Kosten der letztgedachten Behörde erstattet werden.

Wenn die Kosten dem Regierungs-Fonds zur Last fallen (§. 13), so liquidirt die letzte Stations-Behörde diese Kosten bei der absendenden Behörde, und diese, unter Beilegung des Transportzettels, unmittelbar, oder durch die Kreis-Behörde, bei der ihr vorgesetzten Regierung.

Jede Stations- oder an deren Stelle tretende andere Behörde, (§. 7), sowie die annehmende Behörde, muß diese Kostenerstattung und Auslage sofort und unweigerlich beschaffen, und die dagegen etwa habenden Erinnerungen bei der Behörde besonders anbringen.

Die Erstattung der vorgeschossenen Kosten von der folgenden oder von der Bestimmungs-Behörde erfolgt aber nur dann, wenn der Transportat wirklich überliefert ist, fällt mithin weg, wenn derselbe auf dem Transport entsprungen sein sollte.

a. Cirkular-Reskript vom 23. Juli 1817.

§. VII. zu §§. 13 und 14. Die Polizeibehörden müssen die Transportkosten schneller, als bisher oft geschehen ist, sich gegenseitig erstatten, und die gegen ihren Ansatz etwa habenden Erinnerungen nachher ausmachen.

Den Königl. Regierungen wird nachgegeben, denjenigen Polizeibehörden, welche dergleichen Ausgaben oft treffen, und deren Verhältnisse bedeutende Vorschüsse nicht gestatten, aus dem allgemeinen Polizeifonds ihres Departements eiserne Vorschüsse zu bewilligen, auf deren Einziehung jedoch strenge und sorgfältig Bedacht zu nehmen ist [1]).

Den Königl. Regierungen wird empfohlen, die in Ansehung der Kosten-Erstattung von Seiten der auswärtigen Behörden oft noch vorhandenen Hindernisse durch Kommunikation und Rücksprache mit denselben, oder auf andere angemessene Weise zu beseitigen.

---

1) Diese Bestimmung enthält auch das Reskript der Königl. Regierung zu Arnsberg v. 27. Januar 1818 (v. Kamptz Ann. Bd. II. S. 113) §. XIV. mit dem Beisatze, daß die dem Regierungsfonds zur Last fallenden Kosten von Monat zu Monat durch den Kreis-Landrath bei der Regierung zu liquidiren sind.

Zum §. 14 der General-Transport-Instruktion wird nachgelassen, daß bei den durch mehrere Regierungs-Departements auf Kosten des Regierungs-Fonds gehenden Transporten, die letzte Etappe eines jeden Regierungs-Bezirkes bei der ihr vorgesetzten Regierung die, in deren Departement erwachsenen Kosten liquidirt, das Original des Transportzettels muß jedoch weiter gesandt, und der Regierung nur in beglaubigter Abschrift vorgelegt werden [1]).

b. Cirkular-Reskript v. 13. Oktober 1818.

§. V. Zur Vereinfachung der Berechnungen der Transportkosten und zur Beschleunigung der Erstattung geleisteter Vorschüsse, sowie auch, damit jede Königl. Regierung die in ihrem Departement angesetzten Transportkosten desto besser prüfen und nach der Verfassung derselben festsetzen könne, und um endlich die gegenseitigen Kommunikationen soviel als möglich zu vermeiden, müssen die Grenz-Etappenbehörden sowohl gegen das Ausland, als gegen die übrigen Regierungsbezirke bei den, auf Kosten des Regierungs-Fonds, durch den Regierungsbezirk gehenden Transporten die Liquidation der Transportkosten, soviel die Verhältnisse immer gestatten, nicht erst an die absendende Behörde abschicken, sondern, wie auch bereits in dem Erläuterungs-Reskript vom 23. Juli 1817 nachgelassen, diese Kosten auf den Grund vidimirter Abschriften der Transportzettel, (wozu die gedruckten Formulare derselben zu verwenden) unmittelbar bei der ihnen vorgesetzten Regierung liquidiren.

Es versteht sich von selbst, daß dies nur in Ansehung der dem Regierungs-Fonds zur Last fallenden Transportkosten zulässig ist, und müssen die absendenden Behörden jedesmal im Transportzettel genau bemerken, ob der Transport auf Rechnung des gedachten Fonds geht.

In wiefern dies Verfahren auch bei den, nicht auf Rechnung der Regierungen gehenden Transporten zulässig sei, wird dem Ermessen und der Anordnung einer jeden Königl. Regierung anheimgegeben.

---

1) Hierzu bemerkt das Reskript des Polizei-Minist. v. 21. August 1817 (v. Kamptz Ann. Bd. I. S. 166): Soviel die

ad §. VII. gemachten Bemerken betrifft, so können die beiden mittleren Sätze dieses Paragraphen, wenn die Cirk.-Verf. v. 23. v. M. vollständig bekannt gemacht wird, nicht wegbleiben, wogegen dies in dem Falle, daß die Königl. Regiernug diese Verordnung nur ihrem Inhalte nach, als regiminelle Vorschrift publiziren sollte, zulässig ist.

Die in Vorschlag gebrachten eisernen Vorschüsse werden, sowie die beabsichtigte Art ihrer Kontrolle, genehmigt, und ist die Bestimmung wegen Einziehung derselben allerdings nur so zu verstehen, wie die Königl. Regierung bemerkt hat.

Das Reskript der Königl. Reg. zu Arnsberg v. 27. Februar 1818 (v. Kamptz Ann. Bd. II. S. 114) §. XV. spricht sich zu der Bestimmung des vorstehenden §. VII. dahin aus:

Hiernach sind in den Fällen, wenn der Transport aus diesem in ein angrenzendes Regierungs-Departement führt, von der Polizeibehörde des letzten diesseitigen Stationsortes, die im hiesigen Departement entstandenen dergleichen Kosten bei der unterzeichneten Regierung zur Erstattung nachzuweisen; wogegen umgekehrt, wenn aus benachbarten Departements an diesseitige Polizei-Behörden Verhaftete abgeliefert werden, der abliefernden Behörde keine in dem andern Departement erwachsende, dem öffentlichen Fonds zur Last fallende Transportkosten zu erstatten sind. In den zuerst gedachten Fällen muß jedoch das Original des Transportzettels weiter gesandt, und nur eine beglaubigte Abschrift davon vorgelegt werden.

Sowie wegen näherer Bestimmung der Transportkosten und der dahin einschlagenden Gegenstände das von mehreren Königl. Regierungen gewünschte Reglement vorbehalten bleibt, so wird noch in Erinnerung gebracht, daß in Gemäßheit des Cirkulare vom 21. Oktober v. J. (ad c.) alle zwischen dem Absendungs- und dem Ablieferungsorte liegenden Stationsbehörden die vorschußweise zum Ansatz gekommenen Transportkosten sich untereinander gegenseitig, unweigerlich, ohne Erinnerung und Abzug, zu erstatten und lediglich der Behörde des Ablieferungsortes oder derjenigen, welche den Gesammtbetrag der aufgelaufenen Transportkosten in jedem einzelnen Falle tragen muß, zu überlassen haben, gegen die Ansätze der Transportkosten Erinnerungen zu machen, und deshalb sich an die resp. vorgesetzten Behörden der Stationsörter zu wenden.

c. Cirkular-Reskript des Min. der Polizei v. 21. Oktober 1817. (v. Kamptz Ann. Bd. I. S. 189.)

Es ist mehrmals vorgekommen, daß die zwischen dem Absendungs- und Ablieferungs-Orte eines Transportaten liegenden Polizei-Behörden die Richtigkeit und Zulässigkeit der, von der absendenden oder einer anderen Transport-Stationsbehörde liquidirten Transportkosten, geprüft und ermäßigt, und den vermeintlich unzulässigen Betrag derselben zurückbehalten und gekürzt haben.

Da ein solches Verfahren nicht allein wegen Inkompetenz der Beurtheilung einer zwischenliegenden Behörde und auch oft wegen Mangels der, zur Beurtheilung der Ansätze erforderlichen Materialien unzulässig ist, sondern auch zur Verwirrung Anlaß giebt, so wird dasselbe hiermit untersagt und bestimmt, daß alle, zwischen dem Absendungs- und dem Ablieferungsorte liegenden Stationsbehörden, die, in Gemäßheit des §. 14 der General-Transport-Instruktion vorschußweise zum Ansatz gekommenen Transportkosten sich unter einander unweigerlich, ohne Erinnerung und Abzug, zu erstatten, und lediglich der Behörde des Ablieferungsortes, oder derjenigen, welche den Gesammtbetrag der aufgelaufenen Transportkosten in jedem einzelnen Falle tragen muß, zu überlassen haben, gegen die Ansätze der Transportkosten Erinnerungen zu machen und deshalb sich an die resp. vorgesetzten Behörden der Stationsbehörden zu wenden.

d. Reskript des Min. der Polizei v. 22. Juli 1818. (v. Kamptz Ann. Bd. II. S. 803.)

Der Königl. Regierung (Merseburg) eröffne ich auf den Bericht vom 27. Mai c., daß es der Belegung der, von den Polizeibehörden, Behufs der Kosten-Erstattung, eingereichten Vagabonden-Transport-Liquidationen durch Quittungen und Bescheinigungen nicht bedarf, vielmehr die Bescheinigung und Liquidation der Polizeibehörden, welche die Transport-Ausgaben bestritten, genügt, indem, wie die Regierung hierselbst, in dem der Königl. Regierung unterm 6. Mai c. mitgetheilten Bericht sehr richtig bemerkt, jeder Polizei-Behörde zuzutrauen ist, daß die als ausgegeben liquidirte Summe von ihr wirklich gezahlt worden, außerdem auch bei der Belegung der Liquidation durch Quittungen anstatt einfacher Quittungen, welche als Belege der einzelnen Zahlungen bei den betreffenden Behörden zurückbleiben müssen, künftig doppelte Quittungen erforderlich sein würden, deren Mitsendung von Station zu Station nur dazu dienen könnte, das ganze Verfahren ohne Noth weitläufiger und beschwerlicher zu machen.

e. Reskript des Min. des Inn. und der Polizei v. 2. Mai 1823. (v. Kamptz Ann. Bd. VII. S. 362.)

Die von der Königl. Regierung (Bromberg) in dem Bericht vom 24. März d. J. in Betreff der Liquidirung und Berichtigung der Transportkosten vorgeschlagenen Einrichtungen würden weder den von derselben angezeigten, bei dem seitherigen Verfahren stattgehabten Beschwerden abhelfen, noch sonst den beabsichtigten Zweck erfüllen. Denn so wie dadurch, daß jede Königl. Regierung angewiesen würde, diese Kosten, soweit sie in deren Bezirk entständen, zu berichtigen, und sodann die Hauptliquidation an die Regierung, unter welcher der Ort der Annahme sich befände, Behufs der einzuziehenden Erstattung einzusenden, die Vorschuß-Leistung von Station zu Station entweder nicht wegfallen könnte, oder der letzte Stationsort ungemein belästigt werden müßte, so hat dies Verfahren noch gar keinen Einfluß auf die zu leistende Erstattung, worin doch in den meisten Fällen die Hauptbeschwerde liegen dürfte. Auch würde dabei eine sehr beschwerliche Rechnungsführung unvermeidlich sein.

Es wird jedoch der Königl. Regierung überlassen, mit den benachbarten Regierungen wegen dieses Gegenstandes in Korrespondenz zu treten, und wenn bei der diesfälligen Verhandlung sich ergeben sollte, daß eine solche oder ähnliche Einrichtung zum wahren Vortheil der Stationsorte getroffen werden könnte, sich deshalb mit denselben zu einigen, und über den Erfolg hieher Anzeige zu machen.

f. Reskript des Min. des Inn. v. 5. September 1846. (Min.-Bl. 1846 S. 160.)

Der Königl. Regierung wird auf den Bericht vom 17. April d. J. eröffnet, daß das Ministerium den Antrag des Magistrates zu N. auf Erstattung derjenigen Transportkosten, welche durch den Transport des Vagabonden N. durch Ihren Regierungs-Bezirk entstanden sind, für begründet erachtet.

Die Vorschrift des §. 14 unter II. der General-Transport-Instruktion vom 16. September 1816, wonach die Kosten der für Rechnung des Regierungs-Fonds und durch mehrere Regierungs-Bezirke gehenden Transporte einer jeden Stationsbehörde von der nächstfolgenden vorschußweise erstattet und in ihrem Gesammtbetrage von der Behörde des Bestimmungsortes des Transportaten bei der vorgesetzten Regierung zur Erstattung liquidirt werden sollen, ist durch das Cirkular vom 30. Oktober 1818 §. V. dahin abgeändert worden, daß die Grenz-Etappen-Behörden sowohl gegen das Ausland, als gegen die übrigen Regierungs-Bezirke, die bis dahin aufgelaufenen Kosten auf den Grund vidimirter Abschriften der Transportzettel bei der ihnen selbst vorgesetzten Regierung zu liquidiren haben.

Die Ansicht der Königl. Regierung, daß die gedachte Vorschrift des §. V. des Cirkulare vom 3. Oktober 1818 nur auf die in das Ausland gehenden Transporte Anwendung finde, ist nicht begründet. Denn weder in dem §. V. des Cirkulars, noch in dem durch denselben abgeänderten §. 14 der Transport-Instruktion ist der Transporte in das Ausland ausschließlich oder auch nur vorzugsweise gedacht, die beregte Anordnung vielmehr, wie auch ihr Zweck erheischt, allgemein getroffen worden.

Die Königl. Regierung hat hiernach, wenn gegen den Betrag der liquidirten Kosten kein Bedenken obwaltet, die Erstattung derselben an den Magistrat zu N. zu verfügen.

g. Cirkular-Reskript des Min. des Inn. v. 14. Nov. 1852. (Min.-Bl. 1852 S. 294.)

Der §. 11 des Vertrages zwischen Preußen und mehreren anderen deutschen Regierungen wegen gegenseitiger Verpflichtung zur Uebernahme der Auszuweisenden vom 15. Juli 1851 [1]) bestimmt, daß, wenn der Ausgewiesene, um seiner Heimath in einem dritten Staate zugeführt zu werden, durch das Gebiet eines anderen kontrahirenden Theils transportirt werden muß, die in diesem letzteren entstehenden Kosten des Durch-Transports zur Hälfte von dem ausweisenden Staate erstattet werden sollen.

Es sind Zweifel entstanden, wie es mit der Liquidation der Kosten zu halten sei, welche im Inlande durch den Durch-Transport solcher, aus einem anderen kontrahirenden Staate ausgewiesenen, den diesseitigen Behörden Behufs der Weiterschaffung nach einem dritten Staate zugeführten Individuen erwachsen sind, namentlich wenn der Transport mehrere diesseitige Regierungs-Bezirke berührt.

Zur Herstellung eines angemessenen und gleichmäßigen Verfahrens wird daher allgemein bestimmt, daß in einem solchen Falle die im Inlande auflaufenden Kosten von jeder Transportstation der hinterliegenden, fortgesetzt bis zu der Station zu erstatten sind, von welcher die Ablieferung des Individuums an den dritten Staat bewirkt wird.

Diese, also die letzte Preußische Transportstation hat demnächst die fraglichen Kosten bei ihrer vorgesetzten Regierung zu liquidiren, welche den ganzen Betrag zu erstatten, die der diesseitigen Staatskasse zur Last fallende Kosten-Hälfte auf den betreffenden Fonds ihrer Hauptkasse definitiv anzuweisen, sich aber wegen Erstattung der anderen nur vorschußweise anzuweisenden Hälfte mit derjenigen Polizeibehörde des ausweisenden Staates in Verbindung zu setzen hat, von welcher der Transport einzuleiten ist. Nur in dem Falle, wenn auf diesem Wege die Erstattung nicht herbeigeführt werden kann, ist an das Ministerium des Innern zu berichten 2c.

---

[1]) Conf. zu §. 13 unter Zus. 1 lit. b. und im Theil II.

b. Bestimmungen einzelner Regierungen [1]).

α. Publikandum der Königl. Regierung zu Münster v. 30. August 1819.
(v. Kamptz Ann. Bd. II. S. 787 Nr. 62.)

ꝛc. Die mit dem Transportwesen beauftragten Behörden müssen nämlich vorschriftsmäßig ihre Vorschüsse im Transportzettel genau angeben, und solchen durch den zurückkehrenden Transportführer von der vorliegenden Stelle zurückfordern lassen, wozu auch diese unweigerlich verpflichtet ist. Es fallen daher künftig die Quartal-Liquidationen weg, und können nur solche Kosten durch die Grenz-Etappen-Behörde sogleich zur Liquidation gebracht werden, welche nach §. 13 der General-Instruktion die Fonds der Regierungen tragen müssen ꝛc.

Die deshalb einzureichenden Liquidationen müssen aber mit beglaubigten Abschriften der Transportzettel vorschriftsmäßig belegt sein.

Derartige Kosten, welche in anderen Regierungs-Departements verursacht sind, werden zur Vereinfachung des Liquidationswesens nicht erstattet, sondern von den Grenzbehörden zurückgewiesen.

β. Publikandum der Königl. Regierung zu Merseburg v. 28. August 1821.
(v. Kamptz Ann. Bd. IV. S. 673 Nr. 100.)

Es ist wahrzunehmen gewesen, daß zeither mehrere auf das Transportwesen Bezug habende Bestimmungen, namentlich aber folgende:

1) wenn ein Transport von Polizei wegen angeordnet wird, und eine inländische Behörde verfassungsmäßig zur Annahme des Transportaten verbunden ist, diese nach §. 13 II. 2a. der General-Transport-Instruktion die Kosten zu tragen hat;
2) wenn ein Transport auf Rechnung des Regierungs-Fonds geht, dieses nach §. V. des Nachtrags zur Erläuterung der General-Transport-Instruktion jedesmal im Transportzettel genau bemerkt werden soll;
3) wenn die Kosten dem Regierungs-Fonds zur Last fallen, die in einem Regierungs-Bezirke erwachsenen von den Grenz-Stationsbehörden anderer Departements weder restituirt zu verlangen, noch an selbige zu erstatten sind;

theils nicht überall gehörig beachtet werden, theils auch hie und da in Vergessenheit gerathen zu sein scheinen.

Dadurch werden häufig Weitläufigkeiten und unnöthige Arbeiten herbeigeführt, öfters aber kommen auch noch die Grenz-Stationsbehörden, die zuweilen geraume Zeit auf den Wiedereingang der verlegten Transportkosten warten müssen, in Verlegenheit.

Damit dies in Zukunft vermieden werde, bringen wir den Stations- und Polizeibehörden unseres Departements jene Bestimmungen hierdurch nicht nur

---

1) Die Bestimmungen der Königl. Regierung zu Arnsberg hierüber enthält das Publikandum v. 27. Februar 1818 (siehe Anmerk. 1 zu a. des vorliegenden Paragraphen.)

in Erinnerung, sondern weisen dieselben auch wiederholt an, sich darnach genau zu achten.

Was insbesondere die Erstattung der Transportkosten in den ad 1. gedachten Fällen anbelangt, so liegt es nach dem angegebenen Paragraphen klar zu Tage, daß solche von Station zu Station bis an den Bestimmungsort des Transportaten zu restituiren sind, und daß dabei die ad 3 gedachte Bestimmung nicht zur Anwendung kommen kann.

γ. Publikandum der Königl. Regierung zu Magdeburg vom 19. April 1817.
(v. Kamptz Ann. Bd. I. S. 195.)

Es ist zu unserer Kenntniß gekommen, daß polizeiliche Unterbehörden unseres Regierungs-Bezirkes von den benachbarten ausländischen Grenzbehörden die Erstattung der vorgeschossenen Transport- und Verpflegungskosten für die über die Grenze geschafften auswärtigen Vagabonden verlangt haben.

Dies Verfahren läuft indessen gegen die bestehenden Vorschriften, indem nach §. 13 und 14 der General-Transport-Instruktion vom 16. Sept. v. J. dergleichen Kosten der absendenden inländischen Behörde, welche den Transport veranlaßt hat, zur Erstattung liquidirt werden müssen. Nur wenn die Transportaten Militär-Arrestaten sind, können die für selbige vorgeschossenen Verpflegungs- und Transportkosten der benachbarten ausländischen Grenzbehörde zur Erstattung liquidirt werden.

Sämmtliche Polizei-Unterbehörden unseres Regierungs-Bezirkes werden deshalb wiederholt auf die Vorschriften des Publikandums des vormaligen Kgl. Civil-Gouvernements zu Halberstadt, wegen der Landesverweisungen vom 25. Okt. 1814 (S. 405 des Gouvernements-Blattes) und der General-Transport-Instruktion vom 16. Sept. v. J. aufmerksam gemacht, und zu deren pünktlichen Befolgung angemahnt.

δ. Publikandum der Königl. Regierung zu Frankfurt v. 29. Juli 1819 [1]).
(v. Kamptz Ann. Bd. III. S. 782.)

Obgleich durch den §. 5 des im 48. Stück des vorjährigen Amtsblattes abgedruckten Nachtrags zum Erläuterungs-Reskript der General-Transport-Instruktion vom 16. Sept. 1816 die Grenz-Stationsbehörden angewiesen sind, bei den auf Kosten des Sicherheits-Polizei-Fonds durch den Regierungs-Bezirk gehenden Transporten nach dem Auslande zu schaffender Vagabonden und Verbrecher die Kosten bei der vorgesetzten Regierung zu liquidiren, so ist dennoch bisher nach dieser Bestimmung nicht überall verfahren worden. Es wird daher die obige gesetzliche Bestimmung hierdurch in Erinnerung gebracht, und Folgendes zur Beobachtung eines gleichmäßigen Verfahrens der Behörden in den benachbarten Regierungs-Bezirken verordnet:

1. Für die Zukunft sind in allen den Fällen, wenn der Transportat ein Ausländer ist, und über die Landesgrenze gebracht werden soll, den

---

[1]) Uebereinstimmend von der Kgl. Regierung zu Stettin unterm 21. August 1819 (v. Kamptz Ann. Bd. III. S. 782) erlassen.

Stationsbehörden des angrenzenden Regierungs-Bezirkes die in demselben erwachsenden Transportkosten nicht zu erstatten, diese Behörden vielmehr mit ihren Liquidationen an die ihnen vorgesetzte Königl. Regierung zu verweisen. Dagegen sind:

2. für solche Vagabonden, wenn der Transport derselben durch den hiesigen Regierungs-Bezirk geht, sämmtliche, innerhalb derselben erwachsende Transportkosten von der Grenz-Stationsbehörde unter Beifügung einer vidimirten Abschrift des Transportzettels und der darauf speziell notirten Auslagen der Behörden des hiesigen Regierungs-Bezirks bei uns zur Erstattung zu liquidiren, solche aber keineswegs von der Grenz-Stationsbehörde des nächstfolgenden Departements restituirt zu verlangen;
3. ist in den Fällen, wenn ein solcher Vagabonde an einem Ort des hiesigen Regierungs-Bezirkes auf den Transport nach dem Auslande gegeben wird, die Bemerkung im Transportzettel:

   daß der Transport auf Rechnung des Sicherheits-Polizei-Fonds gehe,

   nicht außer Acht zu lassen.

Bei denjenigen Transporten aber, wo der Transportat selbst, oder seine Verwandten, oder eine Kommune des Inlandes die Kosten trägt, bleibt es für jetzt noch bei dem bisherigen Verfahren.

ε. Publikandum der Königl. Regierung zu Breslau v. 28. Januar 1822.
(v. Kamptz Ann. Bd. VI. S. 156.)

Nach §. 14 der Verordnung, betreffend die General-Instruktion für den Transport der Verbrecher und Vagabonden vom Civilstande vom 16. Sept. 1816 und nach §. 7 des Cirkulars, besagte General-Instruktion betreffend, vom 23. Juli 1817, soll, bei den durch mehrere Regierungs-Departements auf Kosten des Regierungs-Fonds gehenden Transporten, die letzte Etappe eines jeden Regierungs-Bezirkes bei der ihr vorgesetzten Regierung die in deren Departement erwachsenen Kosten liquidiren, das Original des Transportzettels jedoch weiter senden, und solchen der Regierung nur in beglaubigter Abschrift vorlegen. Diese Vorschrift wird von den letzten Etappen der mit dem hiesigen Regierungs-Bezirk grenzenden Regierungs-Departements nicht durchaus befolgt, woraus der Nachtheil entsteht, daß, da die Transport-Kosten-Sätze nach den Regierungs-Bezirken sehr verschieden sind, die Richtigkeit der in den vorliegenden Departements liquidirten Sätze sich nicht sicher beurtheilen läßt, und daher auf den öffentlichen Fonds Kostensätze über Gebühr angewiesen werden können. Um diesem zu begegnen, werden sämmtliche Polizeibehörden hiesiger Departements angewiesen, wenn auf Kosten des Regierungs-Fonds gehende Transporte eintreten, die in dem vorliegenden Regierungs-Departement aufgelaufenen Kosten der letzten Etappe desselben nicht zu erstatten, sondern, wenn diese deren vorschußweise Erstattung fordert, selbige auf den Grund oben angeführter Vorschriften und unter Zurückfertigung des Transportzettels in beglaubigter Abschrift, aufzufordern, die in dem vorliegenden Departement aufgelaufenen Kosten bei der ihr vorgesetzten Regierung zu liquidiren.

Sollten Polizeibehörden hiesiger Departements, dieser Verordnung entgegen, bei auf Kosten des Regierungs-Fonds gehenden Transporten in anderen Regierungs-Departements aufgelaufene Kosten der letzten Etappe des benachbarten Regierungs-Bezirks vorschußweise erstatten, so wird der Betrag besagter Kosten nicht auf den hiesigen Regierungs-Fonds angewiesen, sondern der betreffenden Behörde überlassen werden, den zur Ungebühr erstatteten Betrag von der betreffenden Etappe zurückzufordern.

c. Publikandum der Königl. Regierung zu Marienwerder v. 28. December 1822. (v. Kamptz Ann. Bd. VI. S. 953.)

Es sind bisher mancherlei Unordnungen dadurch entstanden, daß die Transportstationen die vorfallenden Transportkosten nicht immer sogleich baar erstattet, sondern sich auf Abrechnungen eingelassen haben, die an manchen Orten so bedeutend und verwickelt geworden sind, daß selbst in diesem Augenblick das Transportwesen noch nicht zu derjenigen Einfachheit hat wieder zurückgeführt, werden können, welche in dem Wesen desselben liegt. Wir werden die Beobachtung der letzteren in der Folge mit der größten Strenge fordern, und bringen zu dem Ende den sämmtlichen Herrn Stations-Dirigenten folgende allgemeine Vorschriften hierdurch in Erinnerung:

1. Unmittelbar nach dem Eingange jedes Transports müssen der vorliegenden Station die unter dem Transportzettel liquidirten Auslagen baar erstattet werden. Geschieht dies nicht, so muß der Dirigent der unbefriedigt gebliebenen Station solches, bei eigener Vertretung, sogleich dem Landrath des Kreises anzeigen, und sämmtliche Herrn Landräthe unseres Geschäfts-Bezirkes werden hierdurch ein für allemal beauftragt, wegen solcher Rückstände sogleich Exekution gegen den Säumigen zu verfügen.
2. Wegen der älteren Rückstände müssen die Stationen, wo es noch nicht geschehen ist, sich unfehlbar im Laufe des bevorstehenden Monats Januar unter einander berechnen, wenn sie in einzelnen Fällen damit nicht selbst fertig werden können, bei dem Landrath des Kreises auf Auseinandersetzung und zugleich dahin antragen, daß der Rückstand, gleichviel, ob er auf dem einen oder dem anderen Wege festgestellt ist, beigetrieben werde, wobei wir die Landräthe ausdrücklich beauftragen, sich Anträgen der Art niemals zu versagen.
3. Der bisher von einigen Magistraten zur Entschuldigung der Transportkosten-Rückstände gebrauchte Vorwand, daß die Bestände der Kommunalkassen zur sofortigen Berichtigung aller dieser Kosten nicht ausreichen, wird hierdurch ein für allemal als unstatthaft verworfen, da die Transportkosten zu den Polizei-Bedürfnissen gehören, welche nach höherer Feststellung von den Kommunen gewährt werden müssen, welches ihnen, bei gehöriger Ordnung in diesem Geschäfte, auch nicht einmal lästig

werden kann, da der bei Weitem größere Theil der Transportkosten erstattet wird. Endlich werden

4. sämmtliche Stationen noch von Neuem darauf aufmerksam gemacht, daß die Gestellung von Civilbegleitern und die Hergabe einer Fuhre zu Transporten, beides Ausnahmen von der Regel sind, und daher in den Fällen, wo sie nothwendig werden, die nöthigen Zeugnisse darüber, daß und wodurch diese Abweichungen vom Gewöhnlichen unvermeidlich gemacht sind, jedesmal dem Transportzettel beigefügt sein müssen.

Für den Unterlassungsfall wird der vorliegenden Station hierdurch ausdrücklich untersagt, die Kosten des Civilbegleiters oder der Fuhre zu vergüten.

Zusatz 1. Wiedereinziehung der auf den Transport-Stationen überhobenen Transport-Kosten.

Verfügung des Min. des Inn. v. 17. November 1842. (Min.-Bl. 1842 S. 401.)

Die von der Königl. Regierung zu Stettin in der Transportsache des Schleifergesellen N. getroffene Maßregel, wonach in den Fällen, daß mehrere Transportstationen höhere, als die gesetzlich zulässigen Transportgebühren erhoben haben, die Behörde des letzten Bestimmungsortes autorisirt wird, die sämmtlichen, von allen Stationen überhobenen, Beträge von der letzten Station wieder einzuziehen, und dieser zu überlassen, ihrerseits den rückwärts liegenden Stationen gegenüber ein gleiches Verfahren zu beobachten, kann, wie dem Magistrat auf die Beschwerde vom 22. Juli c. hierdurch eröffnet wird, in dem vorliegenden Falle, in welchem alle, oder doch die meisten Transport-Stationen, sich Ueberhebungen haben zu Schulden kommen lassen, nur für zweckmäßig erachtet werden.

Die Verfügung vom 23. Sept. v. J., durch welche die Königl. Regierung alle betheiligten Stationen mit der erforderlichen Weisung versehen, und Reklamationen und spezielle Anweisungen an die einzelnen Behörden zweckmäßig hat umgehen wollen, kann daher als sachgemäß nur bestätigt werden.

Kap. XIII. Verfahren beim Transport.

a. Feststellung des Bestimmungs-Ortes.

§. 15. Die absendende Behörde muß vor Anordnung des Transportes den Ort, nach welchem der Transportande gesetzlich abzuliefern ist, feststellen.

Bei den von einer Justiz-Behörde zum Transport abgegebenen Individuen (§. 2) entscheidet hierüber deren Bestimmung, in anderen Fällen ist, wenn der Bestimmungsort nicht zuverlässig aus den Akten hervorgeht, oder die Angabe des Transportaten nicht sonst unbezweifelt ist, zuvörderst durch Kommunikation mit der Behörde des Ortes, wohin der Transportande nach dessen Angabe zu bringen sein würde, auszumitteln, ob diese Behörde zu seiner Annahme bereit oder schuldig ist [1]) [2]).

---

[1]) Diese Bestimmung ist noch mehrfach erneuert, und zwar durch

1.	Reskr. d. Min. d. Inn. u. d. Poliz.		v. 24. Septb. 1824	(Ann. VIII. S. 891.)
2.	„ desgl.	„	v. 9. Decemb. 1824	(Ann. VIII. S. 1133.)
3.	„ desgl.	„	v. 7. Januar 1825	(Ann. IX. S. 197.)
4.	„ desgl.	„	v. 22. Januar 1828	(Ann. XII. S. 161.)
5.	„ desgl.	„	v. 25 Oktober 1828	(Ann. XII. S. 1059.)

[2]) Der Ort, an welchen der Transportand abzuliefern ist, wird, falls nicht die Ablieferung nach einer Straf- oder Korrektionsanstalt oder einem durch besondere Umstände bedingten Orte geschieht, der seiner Ortsangehörigkeit (Domizil) sein.

Es dürfte hier am Platze sein, einige Worte über den Begriff von Heimath und Wohnsitz (Domizil) voranzuschicken. Es finden oft zwischen diesen und dem Geburtsort Verwechselungen statt, obwohl weder durch den Sprachgebrauch, noch in Ansehung aller daran geknüpften Rechtsfolgen nach den Gesetzen fast aller Staaten, und insbesondere des Preußischen, eine Gleichstellung dieser Begriffe begründet ist.

Der Ort der Geburt ist in den Gesetzen nirgend als Prinzip der Angehörigkeit angegeben, sondern in der Regel giebt das Domizil dabei den Ausschlag, welches mit dem Geburtsort keineswegs identisch ist.

(Resk. d. Min. d. Innern v. 11. August 1834 (v. Kamptz Ann. Bd. XVIII. Nr. 158.)

Auf den Geburtsort kann bei einem Menschen, der sein in demselben früher gehabtes Domizil aufgegeben hat, jedenfalls nicht zurückgegangen werden.

(Reskr. d. Minist. des Innern v. 9. April 1824 (v. Kamptz Ann. Bd. VIII. Nr. 135.)

Wenn in dem §. 2 des Sächsischen Mandats v. 11. April vorgeschrieben ist, daß bei Kindern und unerwachsenen Personen hauptsächlich auf den Ort der Geburt zu sehen sei, so kann dies nur von den Kindern solcher Personen verstanden werden, die kein Domizil haben, wogegen die Kinder solcher Personen, die ein Domizil haben, immer dem Domizile der Eltern folgen.

(Reskr. d. Min. d. Innern v. 28. November 1825 (v. Kamptz Ann. Bd. XX. Nr. 127.)

Unter „Heimath" im engeren Sinne ist der feste Wohnort eines Menschen zu verstehen, der selbstständig ist, und eine durch den Wohnsitz der Eltern mit dem Staate gebildete Verbindung eines unselbstständigen Individuums, durch Sprache und Familienbande hervorgerufen. Eigentlich ist eine solche Verbindung nur durch das Vaterhaus begründet, in welchem Jeder bis zur Erlangung einer bürgerlichen Selbstständigkeit heimisch bleibt; daher muß das Kind nicht da, wo es geboren, sondern an dem Orte, wo der eheliche Vater bei der Geburt desselben, oder bei seinem Ableben einen festen Wohnsitz aufgeschlagen hatte, die Heimath suchen.

Kinder ehelicher Geburt haben an dem Orte ihr Domizil, in welchem der Vater zur Zeit seines Ablebens seinen Wohnsitz gehabt hat.

(Reskr. d. Min. d. Innern v. 25. Juni 1829 (v. Kamptz Ann. Bd. XIII. Nr. 98.)

Ein in der Ehe erzeugtes Kind folgt nie dem Domizile seiner Mutter, sondern dem seines Vaters. Allein dies domicilium originis kann überhaupt nur bei minderjährigen Personen und solchen, die nicht sui juris sind und noch unter väterlicher Gewalt stehen, stattfinden. Wenn von einem großjährigen Menschen, der sui juris ist, die Rede ist, so kann ein solcher Mensch nicht dem Orte der Geburt, von wo er seit mehreren Jahren abwesend war, als angehörig betrachtet werden.

(Reskr d. Min. d. Innern v. 25. Februar 1825 (v. Kamptz Ann. Bd. XII. Nr. 45.)

Der minderjährige Sohn einer Wittwe hat nach der Allgem. Gerichtsordnung Th. I. Tit. II. §. 17 u. 20.

> „So lange bis Jemand obgedachtermaßen einen eigenen Wohnsitz genommen hat, bleibt er unterm Gerichtsstand seiner Eltern (forum originis). Ist der Vater bereits vorher verstorben, so verbleibt der Gerichtsstand, unter welchem derselbe zur Zeit seines Ablebens innerhalb Landes seinen Wohnsitz hatte, der ordentliche Gerichtsstand des Kindes, so lange dasselbe noch keinen eigenen Wohnsitz genommen hat."

sein Domizil an dem Orte, woselbst sein verstorbener Vater zur Zeit seines Ablebens sein Domizil gehabt hat.

A. Bei Transporten von Inländern.

a. Cirkular-Reskript vom 23. Juli 1817.

§. VIII. zu §. 15. Die Erfahrung hat gelehrt, daß auf die Ausmittelung der Heimath der Vagabonden die gehörige Aufmerksamkeit keinesweges

---

(Reskr. d. Min. d. Innern v. 4. November 1829. v. Kampß Ann. Bd. XIII. Nr. 85.)

Bei Findelkindern muß, aus dem naheliegenden Grunde der Unbekanntschaft mit den Eltern, der Ort des Auffindens, und bei unehelichen, weil zwischen diesen und dem natürlichen Vater kein gesetzliches Familienband stattfindet, bis dahin, wo dies etwa durch Legitimation oder Adoption gebildet ist, der Ort als Heimath angesehen werden, wo für die Mutter durch selbstständige Niederlassung, oder während ihrer eigenen Unselbstständigkeit durch den ehelichen Vater resp. die uneheliche Mutter der Wohnsitz angenommen werden muß. (cfr. Allg. Gerichts-Ordnung Th. I. Tit. II. §. 21.)

Bei der Frage, welcher Gemeinde ein uneheliches Kind zuzuweisen sei, kann nicht auf den Ort, welchem die Mutter während ihrer Minderjährigkeit und der in dieser Zeit erfolgten Geburt des Kindes angehört hat, sondern, da uneheliche Kinder immer dem Domizile der Mutter folgen, nur auf den Ort zurückgegangen werden, wo dieselbe bei erlangter Großjährigkeit zuletzt und zur Zeit ihres Ablebens wohnhaft oder angehörig gewesen ist.

(Reskr. d. Min. d. Inn. u. d. Polizei v. 7. Novemb. 1837. v. Kampß Ann. XXI. Nr. 218.)

Der Ort, an welchem ein Kind zufällig, z. B. auf einer Durchreise der Mutter oder bei einem einstweiligem Aufenthalte derselben geboren worden, begründet mithin für dasselbe keine Heimath, sondern diese folgt dem wirklichen, und in den vorbenannten Fällen dem substituirten Vaterhause, weshalb auch die im Ausland gebornen Kinder der dort einstweilen im Dienste des Staates oder in eigenen Angelegenheiten sich aufhaltenden Väter, jenes, selbst wenn sie dort auferzogen würden, niemals ihre Heimath nennen können, sondern hierfür nur der inländische Wohnsitz des Vaters gelten darf.

Es ist ein Irrthum, wenn die Behörden glauben, daß ein Mensch bloß deshalb dem Preußischen Staate angehöre, weil er in demselben geboren ist, da theils die von fremden Eltern im Staate zufällig erzeugten Kinder demselben nicht angehören, theils auch durch Auswanderung frühere Unterthanenrechte, also auch diejenigen der im Lande gebornen Individuen, verloren gehen können.

(Reskr. d. Min. d. Inn. v. 10. Juli 1826. v. Kampß Ann. Bd. X. Nr. 128.)

Es ergiebt sich dies auch schon aus der Etymologie des synonimen Wortes „Vaterland" (fatherland, patria, πατρια, patrie), welche darauf hindeutet, daß als Heimath das Land anzusehen sei, welchem der Vater durch Nationalität und Unterthanenschaft angehört.

Wird nun das Land, welchem Menschen beiderlei Geschlechts in Beziehung auf Nationalität und Unterthanenschaft angehören, Heimathsland genannt, und der feste Wohnplatz in Betreff der vorbenannten Eigenschaften, Heimath, dann ist dem letzteren Begriff durch den Sprachgebrauch eine uneigentliche Bedeutung untergeschoben worden, welche mit der von „Wohnsitz" (Domizil) zusammenfällt, nämlich die von „heimathslos" für Vagabonden, d. h. solche Personen, welche erweislich im Staate nirgend einen festen Wohnsitz aufgeschlagen haben, obwohl ihre Staatsangehörigkeit nicht in Zweifel zu ziehen ist.

Dem Ungehörigen dieser Bezeichnung ist in neuerer Zeit abgeholfen worden, indem das Cirkular-Reskript des Minist. d. Inn. v. 2. April 1859 (Min.-Bl. 1859 S. 102) diesen Ausdruck abrogirte, und an dessen Stelle den „ohne Domizil" setzte.

In Folge mehrfacher Beschwerden, welche von diesseitigem, keinem bestimmten Ort durch Wohnsitz angehörigen, Unterthanen darüber geführt worden sind, daß sie in den ihnen ertheilten Pässen als „heimathlos" bezeichnet werden, wodurch ihnen die Erlangung eines Unterkommens wesentlich erschwert sei, und da die Bezeichnung „heimathlos" ebensowohl auf den Mangel der Staatsangehörigkeit als der Ortsangehörigkeit bezogen werden kann, veranlasse ich die Königl. Regierung die ihr untergeordneten, mit der Ausfertigung von Pässen beauftragten Behörden anzuweisen, bei Ertheilung von Pässen an Inländer, die keinem bestimmten Ort angehören, sich ferner des Ausdrucks „ohne Domizil" statt „heimathlos" zu bedienen.

allenthalben verwendet, sondern deshalb der bloßen Angabe des Transportanden selbst oft zu viel Glauben beigemessen und dadurch eine Reihe ganz unnöthiger Transporte veranlaßt worden.

Geburtsort, Heimath (im weiteren Sinne) und Wohnsitz können hiernach zwar zusammentreffen, ihre Bedeutung aber ist wesentlich verschieden; Geburtsort und Heimath sind keiner Veränderung unterworfen, und dauern fort, wenn auch der Wohnsitz längst aufgegeben ist.

Die näheren Bestimmungen über die beregten Verhältnisse sind in den drei Gesetzen vom 31. Dezember 1842 über den Erwerb und Verlust der Eigenschaft als Preußischer Unterthan, die Aufnahme neuanziehender Personen und die Verpflichtung zur Armenpflege (Ges.=Samml. 1843 S. 5 ff.) und dem Gesetz v. 31. Mai 1855 (Ges.=Samml. 1855 S. 123) sowie in Betreff der Verhältnisse zum Auslande die Konvention d. d. Gotha den 15. Juli 1851 (Ges.=Samml. 1851 S. 711) und dem Konferenz=Schlußprotokoll d. d. Eisenach den 25. Juli 1855 (Min.=Bl. 1855 S. 23) enthalten.

Eine weitere Ausführung des Begriffes „Wohnsitz" giebt ferner der nachstehende Bescheid des Minist. d. Innern v. 10. Oktober 1855 (Min.=Bl. 1855 S. 178) namentlich mit Bezug auf den Unterschied zwischen Wohnsitz (Domizil) und Unterstützungs=Wohnsitz (Hülfsdomizil):

Die Beschwerde des Magistrats gegen die Entscheidung des Hrn. Ober=Präsidenten v. 21. November v. J., wodurch ausgesprochen ist, daß von dem Eisenbahnbeamten N., welcher bereits seit dem Herbst 1849 in N. seinen Wohnsitz hat, das Einzugsgeld nicht gefordert werden könne, erachte ich nach Lage der Gesetzgebung nicht für gerechtfertigt. Der Magistrat sucht auszuführen, daß in dem §. 3. der Städte=Ordnung, welcher vorschreibt:

Als Einwohner werden die betrachtet, welche in dem Stadtbezirk nach den Bestimmungen der Gesetze ihren Wohnsitz haben,

unter dem Ausdruck „Gesetze" das Gesetz über die Aufnahme neuanziehender Personen v. 31. Dezember 1842 zu verstehen sei. Die Gründe jedoch, welche der Magistrat für diese Behauptung anführt, erscheinen nicht durchgreifend.

So wenig es, nach Ausweis der legislativen Vorverhandlungen, die Absicht gewesen ist, durch das Gesetz vom 31. December 1842 über die Aufnahme neuanziehender Personen Festsetzungen über den Wohnsitz im Allgemeinen zu treffen, ebensowenig giebt für solche Annahmen der Wortlaut des Gesetzes einen Anhalt.

Der §. 11 des Gesetzes, welcher hierbei allein in Betracht kommen kann, enthält die Bestimmung, daß bei Nichtbeachtung der Vorschrift im §. 8 ein Wohnsitz im Sinne des Gesetzes v. 31. December 1842 über die Verpflichtung zur Armenpflege (§. 1 Nr. 2) nicht erworben werde. Jener Paragraph handelt daher allerdings von der Erwerbung eines Wohnsitzes, aber nicht vom Wohnsitz im Allgemeinen, sondern vom Wohnsitz im Sinne des Gesetzes über die Verpflichtung der Armenpflege, d. h. vom Unterstützungs=Wohnsitz (Hülfsdomizil.)

Wie ein Wohnsitz überhaupt erworben werde, darüber enthält das Gesetz keine Bestimmung, wohl aber schreibt es vor, welche Formen bei der Erwerbung eines Wohnsitzes zu beobachten sind, wenn es ein Wonsitz „im Sinne des Gesetzes über die Verpflichtung zur Armenpflege" sein soll, d. h. wenn diejenigen Folgen eintreten sollen, welche das letztere Gesetz an diesen Wohnsitz knüpft.

Im Einklang hiermit redet der §. 1 Nr. 2. des Gesetzes über die Verpflichtung zur Armenpflege von einem unter Beobachtung der Vorschriften des Gesetzes über die Aufnahme neuanziehender Personen §. 8, nicht aber von einem durch Beobachtung dieser Formen erworbenen Wohnsitz; und ferner giebt die Bestimmung des §. 2 des Gesetzes über die Verpflichtung zur Armenpflege:

daß ein Wohnsitz im Sinne des §. 1 Nr. 2 für Dienstboten ꝛc. durch das Dienstverhältniß allein nicht begründet werde,

zu erkennen, daß der Akt der Erwerbung des Wohnsitzes nicht in der im §. 8 des Gesetzes über die Aufnahme neuanziehender Personen vorgeschriebenen Meldung, sondern in etwas Anderem zu suchen sei, worüber diese beiden Gesetze Nichts bestimmt haben; aus den angeführten Paragraphen (§. 1 Nr. 2 u. §. 3.) ergiebt sich daher, daß der Wohnsitz nicht durch die Meldung erworben wird, sondern

Die absendenden Behörden werden daher gemessenst angewiesen, hierauf mehr Aufmerksamkeit zu richten, die Absendung der Vagabonden nach ihrer angeblichen Heimath nicht blos auf deren eigene Angabe, sondern, wenn die-

---

daß dem Wohnsitz, um die Verpflichtung zur Armenpflege zu begründen, die Meldung **hinzutreten** muß.

Bestätigt wird die Richtigkeit der vorstehend entwickelten Auffassung durch die ausdrückliche Vorschrift des §. 12 des Gesetzes über die Aufnahme neuanziehender Personen,

daß ein nach Vorschrift dieses Gesetzes gestatteter Aufenthalt auf andere Verhältnisse (Bürgerrecht, Theilnahme an Gemeinde-Nutzungen ꝛc.) **keinen Einfluß** habe.

und gegen diese Auffassung spricht der Umstand nicht, daß der §. 52 Absatz 1 der Städte-Ordnung auf das Gesetz v. 31. December 1848 verweist, und zuläßt, daß die Niederlassung von der Entrichtung des Einzugsgeldes abhängig gemacht werde; denn jener Paragraph handelt im Abs. 1 eben nur vom Einzugsgelde, man ist daher nicht berechtigt, demselben eine darüber hinausgehende Tragweite zu geben.

Beziehen sich hiernach die fraglichen Vorschriften des Gesetzes v. 31. December 1842 nur auf einen speziellen Fall des Wohnsitzes, nämlich auf den „**Unterstützungs-Wohnsitz**," so fragt es sich weiter, welche gesetzliche Bestimmungen zur Anwendung zu bringen sind, wenn es sich um den Wohnsitz **im Allgemeinen** handelt.

An einer ausdrücklichen und allgemeinen Vorschrift hierüber fehlt es in den Gesetzen. Es bleibt daher nur übrig, auf die Vorschriften zurückzugehen, welche in den §§. 9 und ff. Tit. 2 Th. I. der Allg. Gerichts-Ordnung über den Wohnsitz ertheilt werden. Diese beziehn sich zwar zunächst auf den Gerichtsstand, ihre Anwendbarkeit beschränkt sich aber hierauf nicht, vielmehr haben sie, wie aus dem §. 231 der Einleitung zum Allgemeinen Landrecht hervorgeht, auch eine allgemeinere Bedeutung, welche ihnen, soweit es sich um den Begriff und die Kennzeichen des Wohnsitzes handelt, bisher immer beigelegt worden ist.

An diese Vorschrift hat man sich, wie es vor dem Erlasse der Gesetze vom 31. December 1842 geschehen ist, so noch jetzt im Wesentlichen zu halten, insoweit nicht durch besondere Bestimmungen Ausnahmen bedingt werden, was z. B. hinsichtlich der servisberechtigten Militärpersonen des aktiven Dienststandes der Fall ist, welche nach §. 3 der Städte-Ordnung zu den Einwohnern des Stadtbezirks nicht gerechnet werden. Dabei bleibt es indessen nicht ausgeschlossen, unter Umständen, im Wege der Analogie, auf Bestimmungen der Gesetze v. 31. Dec. 1842 Rücksicht zu nehmen, namentlich wird die zu dem ausgesprochenen Zwecke der Niederlassung erfolgte Meldung als eine ausdrückliche Erklärung der Absicht, seinen beständigen Wohnsitz an einem Orte zu nehmen, im Sinne des §. 10 Tit. 2 Th. I. der Allg. Gerichts-Ordnung anzusehen sein.

Wenn aus diesen Gründen die Annahme des Magistrats, daß unter dem Ausdruck „Gesetze" im §. 9 der Städte-Ordnung das Gesetz über die Aufnahme neu anziehender Personen vom 31. Dec. 1842 zu verstehen sei, unrichtig ist, so fallen damit auch die Folgerungen zusammen, welche der Magistrat aus dieser Annahme zieht.

Außer den in vorhergehender Verfügung angeführten Fällen berühren die gesetzlichen Vorschriften den Begriff des Wohnsitzes noch bei Gelegenheit einzelner Rechtszustände, und zwar:

in Bezug auf die Verpflichtung durch die heimischen Gesetze überhaupt,
in A. L. R. Einleitung, §§. 22—27 u. §. 34 seq. sowie Th. I. Tit. 5 §. 111 seq.

in Beziehung auf eheliche Verbindungen:
A. L. R. Th. II. Tit. 1. §. 345 seq. u. §. 496.

in Beziehung auf das Vormundschaftswesen:
Allg. Ger.-Ordn. Th. I. Tit. 2. §. 17 seq. — Allg. Krim.-Ordn. §§. 77, 83, 613, 624 u. 625 und A. L. R. Th. II. Tit. 18 §§. 56 seq., Tit. 2 §. 60, Tit. X. §§. 16 seq. u. §§. 43 seq.

in Bezug auf die Armenpflege:
A. L. R. Th. II. Tit. 19 §§. 5 seq. — Krim.-Ordn. §§. 615, 625 und 626. Allerh. Deklaration v. 20. Oktober 1823 (Ges.-Samml. 1823 S. 216.)

selbe nicht durch andere Gründe und die Verhältnisse des vorliegenden Falles unterstützt wird, nur nach vorgängiger Ermittelung der Wahrheit und nöthigenfalls deshalb bei der Empfangs-Behörde angestellter Erkundigung, zu verfügen.

Den Transportanden ist hierbei nach Anleitung der Kriminal-Ordnung §§. 275 und 292 und der Allg. Gerichts-Ordnung Th. I. Tit. 23. §. 52 Nr. 4 [1]) zu eröffnen, daß sie bei Vermeidung nachdrücklicher Züchtigung aller unwahren Angaben über ihre Heimath sich sorgfältig zu enthalten haben, und die dennoch von ihnen begangenen Lügen sind von der Polizeibehörde des Ortes, wo sie auf den Grund ihres falschen Vorgebens abgeliefert worden, polizeimäßig zu bestrafen, als zu welchem Ende die Absendungsbehörde das Protokoll, zu welchem der Vagabonde verwarnt worden, dem Transportzettel mit beizulegen hat.

Wegen eines unrichtig eingeleiteten Transportes darf jedoch unter inländischen Behörden die Rücksendung des Transportanden an die absendende Behörde nicht verfügt werden, sondern dem Transporte muß vielmehr von der Behörde, welcher der Vagabonde zugeschickt ist, allenfalls nach vorangegangener Rücksprache mit der absendenden, eine angemessene Richtung gegeben und nöthigenfalls das, von der absendenden Behörde begangene Versehen deren vorgesetzten Behörden angezeigt werden; nur die, der absendenden Behörde zunächst liegende Behörde kann einen offenbar unrichtig eingeleiteten Transport derselben zurücksenden, oder darüber mit der letzteren Rücksprache nehmen, und bis zur Vereinigung der Meinungen den Transportaten bei sich behalten. Das Hin- und Herschicken der Transportaten ist möglichst zu vermeiden, sondern vielmehr ein etwaiger Anstand, unter Festhaltung des Transportaten, unter den Behörden selbst oder durch Entscheidung der höheren kompetenten Behörde zu beseitigen.

---

auch in einigen Provinzen in Beziehung auf die Grundsässigkeit:

Oeconom. forens. Th. II. S. 210. — A. L.-R. Th. II. Tit. 9. §. 30. — Edikt v. 30. December 1754. N. C. C. M. Tit. I. S. 781. — Nr. 92 über die Inkolats-Gewinnung im Erbherzogthum Schlesien und der souverainen Grafschaft Glatz. — Das südpreußische Inkolats-Edikt v. 16. Mai 1794. — Patente wegen der sich niederlassenden Fremden in Pommern v. 2. Mai 1764. — für die Neumark v. 15. December 1762; für Preußen v. 12. Jan. 1725.

und auf die Erbfolge des einheimischen Adels:

Bericht des Oberlandesgerichts zu Marienwerder über die Successions-Ordnung bei Erbfällen der in Westpreußen angestellten adlichen Militär- und Civil-Offizianten v. 24. December 1805 nebst Reskript v. 18. Januar 1806. (Neues Archiv der Preuß. Gesetzgebung Bd. 4. S. 329 seq.)

[1]) Der §. 52 der Allg. Ger.-Ordn. Th. I. Tit. 23 ist durch §. 9 der Verordnung v. 4. März 1834 über die Exekution in Civilsachen aufgehoben.

Vergl. auch die Verordnung v. 3. Jan. 1849 (Ges.-Samml. 1849 S. 14) über die Einführung des mündlichen und öffentlichen Verfahrens mit Geschwornen in Untersuchungssachen:

§. 18. Zwangsmittel jeder Art, durch welche der Angeklagte zu irgend einer Erklärung genöthigt werden soll, sind unzulässig.

Vergl. auch: Anmerkung 1 zu b. unter B. des vorliegenden Paragraphen.

b. Reskript des Min. des Inn. und der Polizei v. 21. April 1826. (v. Kamptz Ann. Bd. X. S. 406.)

Bei abschriftlicher Zufertigung des anliegenden Berichts der Königl. Regierung zu Danzig vom 24. v. Mts., den Transport des im hiesigen Arbeitshause detinirt gewesenen Schreibers N. von hier nach Stargardt in Westpreußen betreffend, wird dem Königl. Polizei-Präsidium (Berlin) bemerklich gemacht, daß kein genügender Grund vorhanden gewesen ist, jenen 39jährigen Vagabonden nach seinem Geburtsorte zurückzutransportiren, nachdem derselbe sein dortiges Domizil längst verloren, und der Magistrat zu Preuß. Stargardt weit entfernt, die Angehörigkeit desselben einzuräumen, nur zugestanden hatte, daß der N. daselbst geboren sei, dieser Umstand aber bei der Beurtheilung der Angehörigkeit eines großjährigen Menschen allein Nichts entscheidet. Vorgedachter Magistrat hat sogar gegen den Transport ausdrücklich protestirt, und deshalb hätte vor Einleitung des letzteren zuvörderst die Entscheidung der ihm vorgesetzten Behörde eingeholt werden sollen. Da nun außerdem der N. kein Armer, sondern ein Vagabonde war, der da, wo er betroffen worden, zur Korrektion gezogen werden mußte, und eben als Vagabonde, welcher keinem Ort angehört, keinem zugeschoben werden durfte, so wird das Königl. Polizei-Präsidium hierdurch angewiesen, dem Magistrat zu Stargardt die durch den Transport des N. verursachten Kosten ungesäumt zu erstatten, und künftig ähnlicher übereilter Transporte sich zu enthalten.

c. Reskript des Min. des Inn. und der Polizei v. 5. August 1828. (v. Kamptz Ann. Bd. XII. S. 749.)

Es wird der Königl. Regierung (Merseburg) auf den Bericht vom 19. Juli d. J. wegen der Transportkosten für den Bäckergesellen N. hiermit bemerklich gemacht, daß die Erläuterungen vom 23. Juli 1817 zur General-Transport-Instruktion vom 16. Sept. 1816 diese keineswegs abgeändert, sondern die Nothwendigkeit der in der gedachten Instruktion §. 15 vorgeschriebenen Kommunikationen wiederholentlich eingeschärft haben. Uebrigens ist in dem vorliegenden Falle schon in Jessen aus der Vernehmung des N. klar geworden, daß er nicht in Danzig ein Domizil gehabt hat; denn er hat selbst zu Protokoll gegeben, daß sein Vater bei seinem Ableben nicht in Danzig, sondern in Preuß. Stargardt sein Domizil gehabt, mithin ev. nur der letztere Ort als sein forum originis hat gelten können. Ebenso hat aus dem Alter des N. und aus seinem Lebenswandel schon hinreichend entnommen werden können, daß derselbe seit mehr als drei Jahren großjährig gewesen ist und herumgeschweift habe, und folglich dem foro orginis (A. G. O. Tit. II. §. 20) nicht mehr angehöre, daß er vielmehr ein Vagabonde sei, der keine Heimath hatte.

Der Transport desselben ist also ganz zur Ungebühr erfolgt, und es geht aus Allem ganz klar hervor, daß man dadurch blos beabsichtigt hat, sich eines unangenehmen Geschäfts zu entledigen, und dasselbe Anderen aufzubürden. Es muß daher bei der in der Verfügung vom 20. Mai angeordneten Erstattung der Kosten des Transportes an das Polizei-Präsidium zu Danzig verbleiben.

Die Königl. Regierung wird aber zugleich angewiesen, ähnliche Mißgriffe in Zukunft zu vermeiden, die an unerlaubte Selbsthülfe grenzen, und demgemäß durch ein Publikandum in Ihrem Amtsblatt den dortigen Unterbehörden die jedesmalige Kommunikation mit der Behörde des Bestimmungsortes eines Subjekts vor der Absendung, und bei eintretender Differenz die Einholung der oberen Entscheidung, ohne alle Ausnahme einzuschärfen.

d. Reskript des Min. des Inn. und der Polizei v. 9. April 1835. (v. Kamptz Ann. Bd. XIX. S. 467.)

Ungeachtet schon durch die General-Transport-Instruktion vom 16. Sept. 1816 §. 15 angeordnet, auch in vielen späteren Verfügungen den Behörden wiederholt eingeschärft ist, daß kein Transport eingeleitet werden soll, wenn nicht die absendende Behörde vorher sich mit der Behörde des Bestimmungsortes darüber vernommen hat, ob die letztere zur Annahme des Transportanden bereit oder schuldig sei; so wird doch nach einer von dem Königl. Ministerio der auswärtigen Angelegenheiten mitgetheilten Aeußerung der Königl. Hannoverschen Regierung diese Vorschrift insbesondere bei den aus den östlichen in die westlichen Provinzen des Preußischen Staates, oder umgekehrt, durch ihr Gebiet gehenden Transporten, zum großen Mißfallen des Ministerii des Innern und der Polizei, nicht immer beobachtet. Dies hat zur Folge gehabt, daß sowohl Seitens der Schaumburg-Lippe'schen, als auch Seitens der Kurhessischen Gensdarmerie die Annahme und Weiterbeförderung solcher Transporte, welchen nur eine Transportanweisung einer Preußischen Regierung, nicht aber die Erklärung derjenigen diesseitigen Behörde, an welche der Transportat abgeliefert werden soll, darüber, daß sie denselben annehmen werde, mitgegeben ist, aus dem Grunde verweigert wird, weil in diesem Falle der Transport auch von der Preußischen Grenzbehörde, welcher derselbe nach der Durchführung durch das Fürstlich-Schaumburg-Lippe'sche und das Kurhessische Gebiet zu übergeben ist, nicht angenommen zu werden pflegt.

Um diesem Uebelstande für die Folge vorzubeugen, wird die Königl. Regierung veranlaßt, sämmtliche Unterbehörden durch das Amtsblatt anzuweisen, daß sie dem Transportzettel jedesmal die entsprechende Erklärung der Behörde des Bestimmungsortes, wodurch die Annahme des Transportaten gesichert ist, in Abschrift beifügen.

Die Königl. Regierung hat hierauf zu halten, daß dieser Anweisung pünktlich nachgekommen werde, und etwaige Vernachlässigungen derselben nicht allein mit dem Ersatze der Transportkosten, sondern erforderlichen Falls auch mit nachdrücklichen Ordnungsstrafen zu rügen, außerdem aber zugleich auch die Behörden noch besonders aufmerksam zu machen, daß, wenn zwischen der absendenden und der Behörde des Bestimmungsortes eine Meinungsverschiedenheit obwaltet, zuvörderst die Entscheidung der oberen Behörde nachgesucht, [1]) und bis dahin dem Transporte Anstand gegeben werden müsse.

---

[1]) Das Reskr. des Min. des Innern und der Polizei v. 22. December 1825 (v. Kamptz Ann. Bd. IX. S. 1065) bemerkte, daß bei verweigerter Einleitung eines Transportes die Entscheidung der vorgesetzten Behörde event. des Ministerii des Innern und der Polizei einzuholen sei.

Auch muß überhaupt jeder unnütze Transport sorgfältig vermieden werden, wozu in der Regel schon die Bezugnahme auf §. 90 der Kriminal-Ordnung:

daß in der Regel der Transport eines Inquisiten von einem Gericht an das andere auf eine Weite von sechs Meilen beschränkt sein soll,

hinreichen dürfte.

e. Reskript des Min. des Inn. und der Polizei v. 8. Juli 1835. (v. Kamptz Ann. Bd. XIX. S. 802.)

Der Königl. Regierung (Merseburg) wird auf den Bericht vom 16. Mai c. eröffnet, daß die darin angeführten Umstände keinen zureichenden Grund abgeben, die in Gemäßheit der Cirkular-Verfügung vom 9. April c. (Ann. XIX. 467) zu erlassende Bekanntmachung, wonach die Unterbehörden bei Transporten dem Transportzettel jedesmal die entsprechende, die Annahme des Transportaten sichernde Erklärung der Behörde des Bestimmungsortes abschriftlich beifügen sollen, zurückzuhalten, da, wenn in speziellen Fällen der Paß eines Transportanden diese Bereitwilligkeit des betreffenden fremden Staates, ihn anzunehmen, bekunden möchte, es sich schon von selbst versteht, daß eine weitere, besondere Bescheinignng hierüber nicht erforderlich ist. In der Regel enthalten jedoch die Pässe eine dergleichen Annahme-Erklärung nicht, und aus den das Domizil und den Geburtsort angebenden Rubriken läßt sich die Genehmigung des Transportes und die Annahme des Transportanden nicht mit Zuverlässigkeit folgern.

f. Verfügung des Min. des Inn. v. 18. Februar 1849. (Min.-Bl. 1849 S. 66.)

rc. Was die in Bezug auf die fernere Gültigkeit des Reskriptes vom 9. April 1835 von der Königl. Regierung aufgeworfene Frage anbetrifft, so wird derselben in der Anlage (a) Abschrift des in dieser Angelegenheit der Königl. Regierung zu N. unterm 5. Nov. pr. ertheilten Bescheides anbei übersandt, durch dessen Inhalt die in der fraglichen Beziehung bei der Königl. Regierung entstandenen Zweifel sich erledigen werden.

Anlage a.

Das Cirkular-Reskript vom 9. April 1835 macht auf die Vorschrift aufmerksam, daß Transporte nicht ohne vorgängigen Schriftwechsel mit der Behörde des Bestimmungsortes eingeleitet werden sollen; es rügt die Unterlassung dieses Schriftwechsels, welche mehrfach die Erfolglosigkeit des eingeleiteten Transportes herbeigeführt hatte, und schreibt die genaue Befolgung dieser Vorschrift mit der Aufforderung vor, etwaige Vernachlässigungen derselben nicht allein mit dem Ersatze der Transportkosten, sondern erforderlichen Falls auch mit Ordnungsstrafe zu ahnden.

Wenn jenes Cirkular-Reskript hiernach die Transportkosten derjenigen Behörde auferlegt hat, von welcher der Transport mit Vernachlässigung der gedachten Vorschrift eingeleitet worden ist, so hat dasselbe selbstredend hierbei lediglich solche Transporte, welche dieses Verfahrens wegen nutzlos angestellt sind, und solche Kosten im Auge gehabt, welche ohne dieses Verfahren vermieden worden wären.

In Beziehung auf Transporte, welche, obwohl ohne vorgängigen Schriftwechsel eingeleitet, doch an sich nothwendig waren, und an den richtigen Bestimmungsort gerichtet sind, müssen die wegen der Kosten bestehenden allgemeinen Vorschriften Anwendung finden, welche durch das obige Cirkular-Reskript weder aufgehoben worden sind, noch aufgehoben werden konnten.

Es würde sich nicht rechtfertigen lassen, den gesetzlich Verpflichteten von der Kostenzahlung um deswillen zu entbinden, weil ein auf diese Kosten einflußloses Versehen begangen worden ist, um die Kosten demjenigen zur Last zu legen, welcher das Versehen begangen hat, obgleich dieselben auch ohne dieses Versehen erwachsen sein würden.

In diesem Sinne wird das in Rede stehende Cirkular-Reskript auch fernerhin von der Königl. Regierung in Anwendung zu bringen sein.

Berlin den 5. November 1848.

Ministerium des Innern.

B. Bei Transporten von Ausländern[1]).

a. Cirkular-Reskript vom 23. Juli 1817.

§. VIII. Wenn auswärtige Behörden Vagabonden, welche behaupten, in den Preußischen Staaten einheimisch zu sein, oder in den benachbarten Landen zu Hause zu gehören, zur resp. Annahme oder zum weiteren Transport an einheimische Polizeibehörden abliefern; so müssen letztere auf die Festhaltung des Bestimmungsortes um so mehr die größte Aufmerksamkeit richten, als die Erfahrung hinreichend bewiesen hat, daß von Seiten mancher auswärtiger Behörden hierunter keineswegs mit der erforderlichen Genauigkeit verfahren, sondern den Angaben der Vagabonden zu sehr geglaubt und daher eine Menge von Vagabonden in die Preußischen Staaten geführt werden, die denselben ganz fremd sind. Den Polizeibehörden liegt daher ob, vor Annahme eines, an sie von auswärts durch Transport abgelieferten, Vagabonden in der obgedachten Art genau zu ermitteln, ob derselbe den Preußischen Staaten angehört, und zu dessen Ablieferung in dieselben hinreichender Grund vorhanden, und ist hierbei insonderheit den Transportaten die oben erwähnte Bedeutung über die Folgen unwahrer Angaben zu Protokoll zu machen.

Ergiebt sich hierbei, daß die, von einer auswärtigen Behörde eingeleitete Transportirung in die Preußischen Staaten entweder durch Mißverständnisse oder durch unwahre Angaben des Transportaten veranlaßt ist, oder daß letzterer zu denjenigen gehört, welchen der Aufenthalt oder der Durchgang durch die Preußischen Staaten nicht gestattet ist, z. B. Landesverwiesene, ausgewiesene Juden u. s. w., so muß die erste Preußische Polizeibehörde, an welche der Transportat abgeliefert werden soll, die Annahme desselben unter Anführung der Gründe ablehnen.

---

1) Vergl. die einzelnen Konventionen mit ausländischen Staaten im zweiten Theil es Werkes.

Polizeibehörden, welche die hier unter §. VIII. enthaltenen Vorschriften vernachlässigen, sind nicht nur in Ordnungsstrafen zu nehmen, sondern auch die Kosten der, aus Nachlässigkeit und Mangel an Umsicht durch sie veranlaßten, Transporte zu tragen und zu erstatten schuldig, und dazu von der vorgesetzten Behörde zu verurtheilen. [1])

b. Cirkular-Reskript des Polizei-Minist. v. 3. Oktober 1818.

Mehrere, im Verfahren bei Vagabonden-Transporten annoch bemerkte Mißbräuche und die, zu deren Abstellung von verschiedenen Königl. Ober-Präsidien und Regierungen gemachten Anträge und erstatteten Gutachten, veranlassen mich zu gegenwärtigem Nachtrage zum Erläuterungs-Reskripte vom 23. Juli v. J.

§. I. Da die Erfahrung gelehrt hat, daß hin und wieder die Grenzbehörden zur größeren Belästigung sowohl des Publikums, als der Königl. Kassen, die vom Auslande eingehenden Transporte mit zu großer Leichtigkeit und mit Vernachlässigung der vorgeschriebenen Untersuchung annehmen und weiter dirigiren, so wird der Königl. Regierung aufgetragen, ihre Unterbehörden anzuweisen, der Annahme der aus dem Auslande ankommenden Transportaten allemal die Ausmittelung der Verbindlichkeit des Staates, sie anzunehmen, voraufgehen zu lassen, mithin insonderheit:

1. die aus dem Auslande auf Transport in die Königl. Staaten gesetzten, in den letzteren gebürtigen Juden nicht anders anzunehmen, als wenn nachgewiesen ist, daß sie das Preußische Staatsbürgerrecht besitzen, oder sonst zum Aufenthalt in den Königl. Staaten berechtigt sind;
2. die übrigen aus dem Auslande anlangenden Transportaten vor deren Annahme über den Ort ihrer Geburt oder ihres letzten Wohnsitzes und über ihre übrigen, die Verbindlichkeit sie anzunehmen, begründenden Verhältnisse mit größter Vorsicht genau zu vernehmen, [2]) ihre An-

---

[1]) Vergl. auch die unter d, e, f. zu A. angeführten Reskripte.

Dieselben Bestimmungen enthält des Reskr. d. Reg. zu Arnsberg v. 27. Februar 1818, §. 16 (v. Kamptz Ann. Bd. II. S. 114.)

Das Reskr. d. Minist. d. Innern und der Polizei v. 14. März 1837 an die Regierung zu Stettin (v. Kamptz Ann. Bd. XXI. S. 195) bemerkt indessen:

> rc. Es ist diesseits anerkannt worden, daß man den Betrag der durch unrichtiges Verfahren herbeigeführten Transporte als Ordnungsstrafe nicht geradehin festsetzen kann, sondern den Schadenersatz seinen eigenen Gang gehen lassen müsse, das Versehen der Beamten aber, mit Vorbehalt des Civilanspruchs, und abgesondert davon, durch eine bestimmte Ordnungsstrafe zu rügen sei.

[2]) Hiebei bemerkt das an die Regierung zu Oppeln erlassene Reskr. d. Polizei-Minist. v. 27. Januar 1819 (v. Kamptz Ann. Bd. III. S. 189):

> Die hier gedachte persönliche Vernehmung setzt nicht immer eine bereits erfolgte Annahme voraus, indem sie, wenn die auswärtige Begleitung den Transportaten abliefert, aber vor der Annahme des Letzteren eintritt, und daher der einheimischen Behörde allemal freisteht, bei nicht vorhandener Verbindlichkeit, den Vagabonden anzunehmen, ihn der auswärtigen Begleitung nicht abzunehmen, sondern von derselben wieder zurückführen zu lassen.

Es wird jedoch nach den besonderen Verhältnissen des dortigen Regierungs-Depar-

gaben und Bescheinigungen genau zu prüfen und bei irgend einem, darüber obwaltenden Zweifel an die Königl. Regierung zu berichten, und deren Entscheidung:

ob der Transportat nach den inländischen Gesetzen anzunehmen, und ob zuvor noch mit der Behörde des letztgedachten Ortes über diesen Gegenstand zu korrespondiren sei, oder endlich, ob er an die ausländische Absendungsbehörde zurückgeschickt werden solle,

zu erbitten.

3) Diejenigen Transportaten, welche im Preußischen Staate nicht aufzunehmen sind, überall nicht, und diejenigen, über deren Aufnahme noch ein Bedenken obwaltet, vor Beseitigung des letzteren nicht aufzunehmen, sondern zuvor entweder die Anstände erledigen zu lassen, oder von der vorgesetzten Regierung schleunigst Resolution einzuholen und bis zu deren Eingang die Annahme zu verweigern.

Den Polizeibehörden liegt ob, diese Vorschriften bei Vermeidung der im §. VIII. des Erläuterungs-Reskriptes vom 23. Juli v. J. bestimmten Nachtheile zu beobachten und zu erfüllen.

§. II. Um den, theils absichtlich, theils aus Mißverständniß unrichtigen Angaben der Transportaten über ihren Geburts- und letzten Wohnort vorzubeugen, müssen ferner die Polizeibehörden:

1) mit unbescheinigten, allgemeinen über diesen Ort sich durchaus nicht begnügen, sondern, wenn sie nicht bescheinigt oder sonst unbezweifelt sind, den Transportaten seine Angaben näher substantiiren lassen, und ihn daher über die näheren Umstände derselben, insonderheit über den Namen und die bürgerlichen Verhältnisse der Eltern des Transportaten, über dessen eigene Verhältnisse an dem angegebenen Orte seiner Geburt oder seines letzten Domiciliums, über seine dortigen Verwandten oder über andere Personen, welchen er näher bekannt ist und welche die Wahrheit seiner Angaben zu bezeugen vermögen, und überhaupt über alle diejenigen Verhältnisse vernehmen, welche die Behauptung des Transportaten näher begründen und am Bestimmungsort für oder gegen ihn zum Beweise dienen können.

2) Den Transportaten, um sowohl Mißverständnissen, als dem Einwande derselben vorzubeugen, wenn er schreiben kann, nicht allein das Proto-

---

tements genehmigt, daß die Königl. Regierung ihren Unterbehörden die in Vorschlag gebrachte Anweisung ertheilen darf;

und das Cirk.-Reskr. v. 30. September 1819 (v. Kamptz Ann. Bd. III. S. 783.)

Der Antrag der Königl. Regierung v. 3. d. M., daß alle Vagabonden, die aus dem Ausland zum Transport durch die Königl Staaten zugesandt werden, mit Ausnahme derer, welche Urkunden, die ihre Heimath außer Zweifel setzen, bei sich führen, zurückgewiesen werden dürfen, wenn nicht durch ein beigefügtes Zeugniß der Behörde des Bestimmungsortes dargethan ist, daß der Transportat angenommen wird, wird hiermit um so mehr genehmigt, als diese Bestimmung auch schon in der Verordnung v. 3. Oktober pr. über das Transportwesen enthalten ist.

koll unterzeichnen, sondern auch unter seiner Unterschrift den Namen des angegebenen Geburtsortes oder letzten Wohnortes eigenhändig bemerken lassen, und

3) dem Transportaten zu Protokoll bedeuten, daß er bei befundener Unwahrheit seiner Angabe wegen begangener Lügen werde bestraft werden [1]).

Auch die folgenden Polizeibehörden werden bei entstandenem Zweifel über

---

[1]) Vergl. zu A. unter a. Anmerkung 1 des vorliegenden Paragraphen: Die im Reskr. v. 23. Juli 1817 allegirten Bestimmungen lauten:

α) Allgem. Kriminal-Ordnung für die Preuß. Staaten, Th. I.:

§. 275. Ferner muß der Richter den Angeschuldigten mit der gesetzlichen Folge der Lügen vor Gericht bei schicklichen Gelegenheiten gehörig bekannt machen.

§. 292. Damit aber der halsstarrige und verschlagene Verbrecher durch freche Lügen und Erdichtungen oder durch verstocktes Leugnen oder gänzliches Stillschweigen sich nicht der verdienten Strafe entziehen möge, soll der Inquirent in solchen Fällen, und wenn die im vorigen Paragraphen vorgeschriebene Ermahnung und Warnung vorher geschehen ist, dem Kollegio, dessen Mitglied er ist, oder dem vorgesetzten Landes-Kollegio, dem Befinden nach unter Beifügung der Akten, die Sache vollständig anzeigen, und dabei zugleich über den körperlichen Zustand des Angeschuldigten pflichtmäßig berichten:

β) Allg. Gerichts-Ordnung f. d. Preuß. Staaten Th. I. Tit. 23.

§. 51. Da auch bisher der Strafe des frevelhaften Leugnens verschiedentlich gedacht worden, so wird hier festgesetzt, daß dieselbe denjenigen treffen soll, der eine Forderung oder Einwendung auf Thatsachen laut deren Ungrund und Unrichtigkeit ihm bekannt ist; ferner denjenigen, welcher eine von dem Gegentheile angegebene Thatsache wider seine eigne Wissenschaft und Ueberzeugung in Abrede stellt, ferner den, welcher gegen den instruirenden Richter mit seiner Wissenschaft von dem Hergange oder der Bewandtniß eines Fakti oder von den zur Aufklärung desselben vorhandenen Beweismitteln, auf die darüber an ihn erlassenen Fragen unter dem Vorwande, daß ihm Nichts davon bekannt sei, vorsätzlich zurückhält.

Ueberhaupt aber denjenigen, welcher sonst mit Vorbedacht und Ueberlegung, die Wahrheit zu verdunkeln, oder deren Ausmittelung auf irgend eine Art zu verhindern oder zu erschweren, sich beigehen läßt.

§. 52. Außer dem Kostenersatze, welcher in allen vorgenannten Fällen der eines solchen Vergehens sich schuldig machenden Partei in Ansehung dieses Punktes zur Last bleibt, werden darauf annoch folgende Strafen verordnet:

xc. 4) Wenn in einem der vorstehenden Fälle die daranf geordneten Strafen nach Lage der Sache keine Anwendung finden können, oder auch, wenn eine Partei sich hat beigehen lassen, auf irgend eine andere Art die Ausmittelung der Wahrheit zu verhindern oder zu erschweren, so soll dieselbe, außer dem Ersatz der Schäden nnd Kosten an den Gegentheil, auch noch zur öffentlichen Genugthuung, nach Beschaffenheit der Umstände und des Grades der Moralität, in 10, 20 bis 100 Thaler Geld, oder bei Unvermögen, in proportionirliche Leibesstrafe genommen werden.

γ) Allerhöchste Verordnung v. 30. Oktober 1816 (Ges.-Sammlung 1816 S. 216.)

Da die Erfahrung gelehrt hat, daß das Führen fremder Namen oder erdichteter, der Sicherheit des bürgerlichen Verkehrs sowie der Wirksamkeit der Polizeibehörden nachtheilig ist, so verordnen Wir hierdurch Folgendes:

§. 1. Niemand soll, bei Vermeidung einer Geldstrafe von 5 bis 50 Thlrn., oder eines verhältnißmäßigen Arrestes, sich eines ihm nicht zukommenden Namens bedienen.

§. 2. Geschieht diese Führung eines fremden oder erdichteten Namens in betrüglicher Absicht, so treten die Vorschriften der allgemeinen Strafgesetze ein.

δ) Strafgesetzbuch v. 14. April 1851:

§. 105. Wer unbefugt xc. sich eines Namens bedient, der ihm nicht zukommt, wird mit Geldstrafe bis zu 100 Thlrn. oder Gefängniß bis zu 3 Monaten bestraft.

die Wahrheit der vom Transportaten gemachten Angaben sich bemühen, etwaige Irrthümer oder Unwahrheiten aufzuklären, um dadurch einem nutzlosen weiteren Transport vorzubeugen.

c. Reskript des Königl. Polizei-Min. v. 22. Januar 1819. (Regierung zu Coblenz). (v. Kamptz Ann. Bd. III. S. 191.)

Es ist zur Kenntniß des Polizei-Ministerii gekommen, daß hin und wieder Behörden, und namentlich das landräthliche Offizium zu Kreuznach, aus der Bestimmung der Cirk.-Verfügung vom 3. Oktober v. J., daß nur die den Preußischen Staaten angehörigen Transportaten von den Polizeibehörden anzunehmen, folgern, daß auch diejenigen Transportaten zurückzuweisen, welche aus einem fremden Staat nach ihrer, in einem dritten Staate befindlichen Heimath geschickt werden, und auf diesem Transporte durch eine zwischen diesen Staaten befindliche Preußische Provinz gebracht werden müssen, daß mithin, z. B. unsere Behörden die dem Königreich der Niederlande angehörigen, aus dem Großherzogthum Hessen in jenes Königreich zurückgewiesenen Vagabonden, von den Großherzogl. Behörden zum weiteren Transport nicht anzunehmen haben.

Sowie ein solches Verfahren die öffentliche Sicherheit nicht befördern, sondern vielmehr ihr höchst nachtheilig sein würde, so folgt dasselbe auch keineswegs aus dem Cirkular vom 3. Oktober v. J., indem dasselbe, nach Inhalt und Fassung lediglich diejenigen Vagabonden zum Gegenstande hat, welche ohne Befugniß dem Preußischen Staat zugeschoben werden wollen, aber in dieser Beziehung nicht auf die, auf dem Transport in ihre Heimath durch den Preußischen Staat blos durchzuführenden Vagabonden angewendet werden kann.

Die einheimischen Behörden müssen daher diese blos durchzuführenden Vagabonden zum Zweck des weiteren Transportes nach ihrer Bestimmung von den auswärtigen Behörden annehmen, wenn der nächste Weg in ihre Heimath oder nach ihrem sonstigen Bestimmungsort durch diesen Theil des Preußischen Staates geht, und von der auswärtigen Behörde vor oder bei der Ablieferung dargethan ist, daß diese Vagabonden entweder dem hinterliegenden Staate angehören, oder von demselben angenommen werden sollen, und ist demnach die Annahme zur weiteren Beförderung nur beim Mangel dieser Bescheinigung bis zu deren Beibringung diesseits zu verweigern, sowie der Vagabonde, wenn der hinterliegende Staat denselben wider Erwarten dennoch nicht annehmen sollte, dem Staate, aus welchem er an uns überliefert worden, wieder zurückzuführen, und von diesem die Erstattung der verursachten Kosten zu begehren ist.

d. Reskript des Königl. Polizei-Min. v. 10. Mai 1819. (v. Kamptz Ann. Bd. III. S. 471 Nr. 117.) [1])

Der Königl. Regierung (Coblenz) erwiedere ich auf den unterm 17. v. Mts.

---

[1]) Fast wörtlich desselben Inhalts ist das Cirk.-Reskr. d. Minist. d. Innern u. d. Polizei v. 21. Oktober 1812 (v. Kamptz Ann. Bd. III. S. 967.)

erstatteten Bericht, daß die bei der Annahme und Uebergabe fremder Transportaten beizubringende Bescheinigung,

„daß dieselben in dem rückwärts liegenden Staate Aufnahme finden werden,“

im Allgemeinen durch alle Mittel geführt werden kann, aus welchen hervorgeht, daß das in Frage stehende Individuum dem Lande, wohin es gebracht werden soll, angehört oder in demselben angenommen werden wird.

Es leidet daher keinen Zweifel, daß diese Bescheinigung auch durch einen, von einer auswärtigen Gesandtschaft des Staates, welchem der Vagant zugebracht werden soll, ausgestellten, oder unter bestimmter Angabe des Ursprungs des Vagabonden visirten Paß, durch einen gleichergestalt von einer Behörde jenes Landes abgefaßten Transportzettel, durch eine von der Lokalbehörde des Bestimmungsortes oder eine sonst kompetente Behörde ausgestellte Erklärung,

„daß der Transportat dort angenommen werden wird;“

oder durch einen schriftlichen hinreichenden Beweis der Geburt oder des Domizils, z. B. Taufschein, Patent und dergleichen, insofern gegen die Echtheit und den Inhalt dieser Dokumente kein Bedenken obwaltet, zur Bewirkung der Uebernahme zum Weitertransporte geführt werden könne.

e. Reskript des Königl. Min. des Inn. und der Polizei v. 21. Juni 1828. (v. Kamptz Ann. Bd. XII. S. 480.)

Die in dem Bericht der Königl. Regierung (Oppeln) vom 29. v. Mts. enthaltene Anfrage, die Verpflichtung zur Tragung der Verpflegungskosten für Vagabonden in den Grenzorten betreffend, ist viel zu allgemein gefaßt, als daß das unterzeichnete Ministerium die Königl. Regierung mit bestimmter Resolution darauf versehen kann, vielmehr muß dieselbe angewiesen werden, darüber in jedem einzelnen zweifelhaften Falle unter Beilegung der Akten besonders zu berichten.

Im Allgemeinen wird jedoch bemerkt, daß es vor Allem auf den richtigen Begriff, wer ein Vagabonde ist, ankommt; insofern keine Konvention diesen Begriff anders fixirt, kann nur der für einen Vagabonden gehalten werden, der kein Domizil hat. Jedes andere Merkmal, welches man dem Begriff beifügen will, führt auf unrichtige Resultate.

Ferner ist keine Verbindlichkeit für den Preußischen Staat abzusehen, einen Menschen aus dem Auslande eher zu übernehmen, bevor nicht nachgewiesen ist, daß er im Preußischen Staate ein Domizil hat. So lange dies zweifelhaft ist, wird der zu überliefernde Mensch jenseits der Grenze bleiben müssen; hat er gar kein Domizil im Lande, so wird in Ermangelung einer

---

Das Reskr. d. Min. d. Innern u. d. Poliz. v. 30. Septbr. 1819 (v. Kamptz Ann. Bd. Bd. III. S. 783) bemerkt gleichfalls: daß Transporte aus dem Auslande nur anzunehmen, wenn die Heimath des Transportanden außer Zweifel oder durch ein Zeugniß der Behörde des Bestimmungsortes dargethan ist, daß die Annahme erfolgen soll.

Konvention seine Annahme ganz verweigert werden können. Daß Jemand im Preußischen Staat geboren ist, kann, für sich allein gedacht, für den Staat keine Verbindlichkeit zu seiner Aufnahme begründen.

f. Reskript des Königl. Min. des Inn. und der Polizei v. 2. November 1832.
(v. Kamptz Ann. Bd. XVI. S. 984.)

Die in dem Bericht der Königl. Regierung (Minden) vom 22. v. Mts. nachgesuchte Belehrung darüber, wie mit einem vom Auslande, nur mit einem versiegelten Schreiben an die Behörden des Bestimmungsortes und ohne weitere nähere Angaben ankommenden Transportaten zu verfahren sei, wird der Königl. Regierung dahin ertheilt, daß in einem solchen, gewiß seltenen Falle der Transportat an der Grenze gar nicht angenommen, sondern sogleich wieder zurückgesendet werden muß.

g. Reskript des Königl. Min. des Inn. und der Polizei v. 19. Februar 1836.
(v. Kamptz Ann. Bd. XX. S. 210.)

Der Königl. Regierung (Düsseldorf) wird auf den Bericht vom 6. Februar c. erwiedert, wie es sich von selbst versteht, daß bei dem Transporte eines Deserteurs, welcher auf Requisition irgend einer inländischen oder ausländischen Behörde eingeleitet worden, oder eingeleitet werden soll, es keiner nochmaligen Rückfrage bei dieser requirirenden Behörde darüber bedarf, ob sie den Transportanden anzunehmen bereit sei, weil dies bereits aus der Requisition selbst hervorgeht.

Da wohl vorausgesetzt werden darf, daß hierüber die von der Königl. Regierung ressortirenden Unterbehörden niemals in Zweifel gewesen sind, so scheint es nicht erforderlich, denselben eine diesfällige allgemeine Anweisung zu ertheilen.

h. Cirkular-Reskript des Königl. Min. des Inn. und der Polizei v. 11. März 1820.
(v. Kamptz Ann. Bd. IV. S. 75.)

Nach einer Benachrichtigung des Königl. Ministerii der auswärtigen Angelegenheiten sind durch eine Verfügung vom 8. Februar d. J. die in dem diesseitigen Cirkular vom 21. Oktober 1819 benannten Bescheinigungsmittel bei Transportirung von Vagabonden auch in den Königl. Bairischen Staaten als gültig und hinreichend anerkannt und die sämmtlichen Kreis-Regierungen deshalb mit der erforderlichen Anweisung versehen worden.

i. Reskript des Königl. Min. des Inn. und der Polizei v. 3. August 1824.
(v. Kamptz Ann. Bd. VIII. S. 387.)

Die Königl. Regierung (Trier) hat in dem Bericht vom 13. v. Mts. zur Sprache gebracht, wie Vagabonden, welche Staaten angehören, mit denen kein Uebernahme-Vertrag besteht, bei denen daher gewöhnlich der urkundliche Ausweis ihrer Herkunft nicht beigebracht werden kann, sofern sie durch einen vorliegenden Staat, mit welchem ein Vertrag besteht, geschafft werden müssen, nothwendig demjenigen Staat verbleiben, welcher sie zur Haft gebracht hat, und wie dieser Fall namentlich so oft eintrete, so oft die Königl. Regierung einen Oesterreichischen Vagabonden an die Nassauische, Hessische und Bairische Regierung, oder die ebengenannten Regierungen einen Französischen Vagabonden an die diesseitigen Behörden zum Durch-Transport übergeben wollen, wo dann in beiden Fällen die Uebernahme verweigert werde.

Was zuvörderst den letzteren Fall anbelangt, so hat die Königl. Regierung ganz Recht, die Uebernahme, gestützt auf das Reskript vom 21. Oktober 1819, sowie auf das vom 30. September desselben Jahres und die Erläuterungen der General-Transport-Instruktion vom 23. Juli 1817, zu verweigern, und die Königl. Regierung wird hiermit aufgefordert, darauf strenge zu halten [1]).

---

[1]) Publikandum der Königl. Regierung zu Minden v. 28. Oktbr. 1826 (v. Kamptz Ann. X. 1106.) Verfahren bei Landesverweisungen und bei Annahme der vom Auslande zugeschobenen Vagabonden.

In Betracht, daß diejenigen Verfügungen, welche wegen des bei Landesverweisungen- und Annahme vom Ausland zugeschobener Vagabonden zu beobachtenden Verfahrens vorgeschrieben worden sind, von den resp. Polizei-Behörden nicht immer gehörig beobachtet werden, finden wir es nöthig, die diesen Gegenstand betreffenden zerstreuten Bekanntmachungen zusammenzufassen, und verordnen mit Bezug auf die General-Transport-Instruktion v. 16. September 1816 Nachstehendes zur Nachricht und Achtung für die Landräthe und Ortspolizeibehörden:

1. Auf die Ausmittelung der Heimath der aufgegriffenen ausländischen und einheimischen Vagabonden ist die größte Aufmerksamkeit zu richten, und es muß die Absendung nicht bloß auf deren Angabe geschehen, sondern, wenn nicht andere Thatumstände dies bewahrheiten, muß deshalb zuvor Erkundigung bei der Empfangsbehörde eingezogen werden. Die absendende Behörde hat das Protokoll, zu welchem der Transportat wegen richtiger Angabe seiner Heimath nach Vorschrift der Kriminal-Ordnung verwarnt worden, dem Transportzettel beizufügen.
2. Die absendende Behörde muß die Behörde des Bestimmungsortes des zu Verweisenden von der bevorstehenden oder der erfolgten Absendung benachrichtigen.
3. Der Transport erfolgt in der landesüblichen Art bis zur Polizeibehörde des Grenzortes, welche alsdann die Ablieferung an die nächste Stadt- oder Amts-Polizeibehörde des Auslandes, wenn der Transportat demselben angehört, besorgt.
   Ebendies findet Statt, wenn der Transportat oder der Verbrecher den unmittelbar angrenzenden Staat nur durchreiset, um zu seiner Bestimmung zu gelangen.
4. Ist ein solcher Transport offenbar unrichtig geleitet, so kann der Transportat von der nächsten Behörde zurückgesendet werden; sie muß ihn aber behalten und mit der absendenden Behörde kommuniziren, wenn das Versehen irgend zweifelhaft ist.
5. Leichte polizeiliche Vergehen, oder unerhebliche, keinen Verdacht begründende Mängel in Pässen und bei deren Visirung, sollen bei Ausländern nur die Rückweisung mit Marschrouten (beschränkten Pässen) zur Folge haben. Ueberhaupt werden ausländische Vaganten in der Regel nur da über die Grenze gebracht, wo sie solche betreten haben.
6. Den diesseitigen Behörden bleibt überlassen, wegen vorheriger Benachrichtigung mit den Amts- und Lokalbehörden des Auslandes Verabredungen zu treffen.
7. Vor der Absendung von Vagabonden nach dem Königreich Hannover muß durch glaubhafte Papiere oder durch die Erklärung der Ortsobrigkeit des Transportaten die Annahme desselben in bestimmten terminis bescheinigt sein, weil ohne diese die Annahme dort verweigert wird.
8. Bei Annahme der vom Auslande zugeschobenen Vagabonden ist von den Grenzbehörden, — der Transportat mag zur Rückkehr in sein angebliches Preußisches oder sein ausländisches Domizil abgegeben werden sollen, — die größte Vorsicht zu beachten, und ist strenge zu prüfen, ob die Annahme zulässig sei, oder nicht.
   Alle Transportaten aus dem Auslande müssen daher vor ihrer Annahme

Was hingegen den ersten Fall, die Ablieferung Oesterreichischer Vagabonden von der Königl. Regierung an das Nassauische, Baiersche und Hessische Gouvernement betrifft, so kann man diesen, bei den bestehenden Verträgen, die Annahme der gedachten Vagabonden ohne gehörigen Ausweis, nicht zumuthen. Es bleibt daher nur übrig, auf die angeblich Oesterreichischen Unterthanen bei ihrem Eintritt in die Königl. Staaten besonders aufmerksam zu sein, demnächst, wenn der Eintritt erfolgt ist, und sie als Vagabonden erscheinen, zu versuchen, ob sie nicht auf demselben Wege, auf welchem sie ins Land gekommen sind, zurückgesandt werden können, und wenn auch dies nicht möglich ist, so wird über die vorkommenden Fälle Bericht an das unterzeichnete Ministerium erwartet, um dann auf diplomatischem Wege über die Uebernahme des Oesterreichischen Unterthans mit den K. K. Oesterreichischen Behörden zu verhandeln.

k. Reskript des Königl. Min. des Inn. v. 2. Juli 1829. (v. Kamptz Ann. Bd. XIII. S. 592.)

Da der §. 15 der General-Transport-Instruktion vom 16. September 1816 bereits vorschreibt, daß kein Transport eher erfolgen solle, als bis nicht die Behörde des Bestimmungsortes sich zur Annahme bereit erklärt habe, so bedarf es, wie Ew. Excellenz (Ober-Präsident der Provinz Westphalen) ich

---

über den Ort ihrer Geburt oder ihres letzten Wohnsitzes vernommen, ihre Angaben, Urkunden und Bescheinigungen darüber gehörig geprüft, und wenn Zweifel obwalten, muß unmittelbar bei uns angefragt, die definitive Annahme mithin bis zu unserer Entscheidung verweigert werden.

9. Als Bescheinigungsmittel zur Begründung der Annahme durch die Königl. Staaten zu transportirender Vagabonden sind erforderlich und gültig;
   a) ein von der Gesandtschaft des Staates, welchem der Transportat zugeführt werden soll, unter bestimmter Angabe, daß der Inhaber Unterthan des in Frage stehenden Staates sei, ausgestellter oder unter eben dieser Angabe visirter Paß,
   b) ein von einer Behörde jenes Staates gleichergestalt ausgefertigter Transportzettel,
   c) eine Erklärung der Ortsbehörde des Bestimmungsortes oder einer anderen kompetenten Behörde, daß der Transportat angenommen werden solle;
   d) Taufscheine, Patente und andere dergleichen Urkunden über die Geburts- und Nahrungsverhältnisse des Transportanden, insofern deren Aechtheit unzweifelhaft ist.

10. Endlich wird daran erinnert, daß fremde Bettelmusikanten, Marktschreier, Kammerjäger, überhaupt alle Personen, welche ähnliche Gewerbe betreiben, sowie auch Olitätenkrämer, von der Grenze zurückgewiesen werden sollen. Ebenso wird sorgfältige Aufmerksamkeit auf alle vagirende ausländische Gewerbtreibende empfohlen, die mit ganzen Familien betroffen werden, oder einen Kram mit sich führen, mit dessen Handel sie sich nicht ernähren können, daher sie als verdächtig und nicht gehörig legitimirt anzuhalten sind, und nach Umständen gegen sie gesetzlich verfahren werden muß.

Die Nichtbefolgung dieser Vorschriften zieht jedesmal angemessene Ordnungs-Strafen nach sich.

Conf. auch: Cirk.-Reskr. d. Min. d. Innern u. d. Polizei v. 2. Mai 1820 (v. Kamptz Ann. IV. S. 289); Reskr. d. Min. d. Innern v. 22. August 1819 (v. Kamptz Ann. Bd. III. S. 968) u. Reskr. d. Minist. d. Inn. u. d. Polizei v. 11. April 1821 (v. Kamptz Ann. VI. S. 407.)

auf den Bericht vom 22. v. Mts. hierdurch erwiedere, um dem Verlangen der Fürstl. Schaumburg-Lippe'schen Regierung:

bei diesseitigen Vagabonden-Transporten durch deren Gebiet den Transportzetteln noch Pässe der heimathlichen Ortsbehörde oder offene Annahme-Erklärungen derselben beizufügen,

zu genügen, nur der Anschließung der obengedachten Erklärung der Behörde des Bestimmungsortes oder einer vidimirten Abschrift derselben.

Auf solche Weise hat es daher kein Bedenken, dem Ansinnen jener Regierung nachzukommen, welches überhaupt dazu beitragen wird, die Beobachtung der Eingangs gedachten, leider so oft übertretenen Vorschrift der Transport-Instruktion zu befördern.

Uebrigens kann die in Antrag gebrachte Vorschrift, daß jeder Paßpflichtige seinen Ursprungspaß stets beibehalten müsse, um so weniger erlassen werden, als daraus auf die Angehörigkeits-Verhältnisse mit Sicherheit nicht geschlossen werden kann.

l. Reskript des Königl. Min. des Inn. und der Polizei v. 26. November 1837.
(v. Kamptz Ann. Bd. XXI. S. 1042.)

Die Vorschrift, daß kein Transport ohne Zustimmung der Annahme-Behörde eingeleitet werden darf, muß ohne Zweifel auch in Bezug auf solche Individuen Platz greifen, welche den diesseitigen Grenzbehörden vom Ausland überwiesen werden ꝛc.

m. Cirkular-Reskript des Königl. Min. des Inn. v. 14. November 1852.
(Min.-Bl. 1852 S. 294.)

Bei diesem Anlaß muß im Allgemeinen auf die Nothwendigkeit wiederholt hingewiesen werden, daß der Einleitung eines jeden Transportes ohne Unterschied die Erwägung der Frage vorangehe, auf wessen Kosten derselbe veranstaltet werde.

Schon durch das Cirk.-Reskript vom 3. Oktober 1818 ist vorgeschrieben, daß im Transportzettel genau bemerkt werde, ob der Transport auf Rechnung des Regierungs-Fonds gehe.

Es wird nun hierdurch allgemein festgesetzt, daß jede Behörde, welche einen Transport einleitet, in dem Transportzettel zu bemerken hat, auf wessen Kosten dieser Transport bewirkt werde.

Dieser Vermerk ist insbesondere dann erforderlich, wenn der Transport aus dem Inlande in das Ausland dirigirt wird. Es sind hierbei die mit der betreffenden auswärtigen Regierung abgeschlossenen Kartell-Konventionen und sonstigen Verträge mit Rücksicht auf den Umstand, ob es sich um eine Auslieferung, oder eine im diesseitigen Interesse erfolgende Ausweisung handelt, zu beachten.

Auch bei Transporten aus dem Auslande in die diesseitigen Staaten hat die übernehmende Transportstation, wenn sie findet, daß der Transport angenommen und daß derselbe mittelst Transports weiter geschafft werden müsse, sorgfältig zu prüfen, auf wessen Kosten der Transport im Inlande fortzusetzen ist, und hiernach das Erforderliche auf dem Transportzettel zu bemerken.

Sollten den Grenzbehörden Individuen zum Durch-Transport durch die Königl. Staaten aus dem Auslande zugeführt werden, aus dem diesfälligen Begleitungsschreiben oder dem Transportzettel aber nicht hervorgehen, ob der Transport auf ausdrückliche Requisition des übernehmenden Staates erfolge, welchenfalls dieser sämmtliche Kosten zu tragen haben würde, — oder ob der Eingangs gedachte Fall des §. 11 des Gothaer Vertrages vorliege: so ist die Annahme des Transportes bis zur Feststellung des Kostenpunktes zu verweigern.

Da der Mangel der auf den Kostenpunkt bezüglichen Notizen im Transportzettel schon vielfach zu weitläufigen Korrespondenzen und zu Beschwerden geführt hat, so haben die Königl. Regierungen in dieser Beziehung die Unterbehörden genau zu instruiren und mit Anweisung zu versehen.

Sollte die den Transport einleitende und an der Grenze übernehmende Behörde den auf den Kostenpunkt bezüglichen Vermerk unterlassen haben, so ist dieselbe für alle aus einer solchen Unterlassung entstandenen Nachtheile und Weiterungen verantwortlich.

Endlich werden die Behörden auch noch darauf aufmerksam zu machen sein, daß, was häufig übersehen worden, die Kosten derjenigen Transporte, welche lediglich der Staatskasse zur Last fallen, nicht über den Regierungsbezirk hinaus zu erstatten, sondern von der letzten Station eines jeden Bezirks bei der vorgesetzten Regierung zu liquidiren sind.

Diejenigen Kosten dagegen, welche eine Gemeinde oder ein anderer Verband oder die ausländische übernehmende Behörde zu tragen hat, sind der hinterliegenden Station von der vorliegenden durchweg bis zur Ankunft am Bestimmungsorte zu erstatten. Liegt dieser jenseits der Grenze und verweigert die übernehmende auswärtige Behörde die Erstattung, so ist an die vorgesetzte diesseitige Regierung zu berichten.

Zusatz 1. Verfahren bei Zwangs-Pässen.

A. Bei den mittelst Zwangspasses ausgeführten Transporten bedarf es keiner Kommunikation mit der Behörde des Bestimmungsortes.

a. Reskript des Königl. Min. des Inn. und der Polizei v. 24. Mai 1836.
(v. Kamptz Ann. Bd. XX. S. 395.)

Es ist, wie der Königl. Regierung (Posen) auf den Bericht vom 8. d. Mts. bemerklich gemacht wird, nirgends angeordnet, daß auch bei Ausstellung eines Zwangspasses oder einer Zwangsroute nothwendig eine Kommunikation mit der Behörde des Bestimmungsortes vorangehen soll; auch ist mir nicht bekannt, daß eine solche Maßregel in einem anderen Regierungsbezirk für nöthig erachtet worden sei. Daß dieselbe aber im Bereiche der Königl. Regierung auf Ihre Anordnung Anwendung findet, ersehe ich erst jetzt aus dem gedachten Bericht. Es kann nun zwar auch bei Ertheilung derartiger Zwangspässe unter

Umständen ganz zweckmäßig sein, die in Rede stehende Kommunikation vorher eintreten zu lassen, und demnächst, daß dies geschehen sei, in dem Passe, unter Beifügung einer Abschrift der Antwort der Heimathsbehörde zu bemerken; allein in der Regel geht der Ausstellung des Zwangspasses nur die Vernehmung des betreffenden Reisenden voraus, und die Ertheilung erfolgt, wenn dessen Angaben auch nur wahrscheinlich sind.

Ganz anders verhält es sich mit einem Transporte, welcher erhebliche Kosten verursachen würde und eine persönliche Verhaftung für die Dauer der Reise in sich begreift. Wenn der Transport ohne vorgängige Kommunikation mit der Behörde des Bestimmungsortes erfolgt, so sind, wie die Erfahrung gelehrt hat, sehr erhebliche Uebelstände unvermeidlich.

Die meisten Ortsbehörden suchen sich dann der ihnen lästigen, ohne ihre Einwilligung ihnen zugewiesenen Personen auf jegliche Art zu entledigen, diese werden auf unnütze und kostspielige Art und Weise hin- und zurücktransportirt, ohne Ruhe zu finden. —

Es kann daher von der oftmals wiederholten Anweisung:

> vor Einleitung eines jeden Transportes die Erklärung der Behörde des Bestimmungsortes, und, bei eintretender Differenz über die Annahme, die Entscheidung der vorgesetzten Behörde einzuholen,

nicht abgegangen werden, vielmehr muß die sorgfältige Beobachtung dieser Vorschrift um so mehr empfohlen werden, als das Zurückbehalten im Gefängnisse jedenfalls nicht so viel Kosten verursacht als der unnütze Transport.

b. Reskript des Min. des Inn. und der Polizei v. 8. April 1837. (v. Kamptz Ann. Bd. XXI. S. 192.)

Ich nehme Anstand, auf den Antrag der Königl. Regierung (Breslau) in dem Bericht vom 22. v. Mts., die Annahme der aus dem Auslande in die diesseitigen Staaten mittelst Zwangspasses gewiesenen Personen betreffend, einzugehen. Denn daß, wie bei Einleitung eines Transportes, auch der Ausstellung eines Zwangspasses, jederzeit eine Kommunikation mit der Behörde des Bestimmungsortes vorangehen solle, ist bisher weder angeordnet worden, noch würde sich eine solche Anordnung als zweckmäßig ergeben. Wollte man dieselbe bloß hinsichtlich der aus dem Auslande in die diesseitigen Staaten gewiesenen Personen treffen, so steht zu erwarten, daß eine gleiche Maßregel von den auswärtigen Regierungen auch in Bezug auf diejenigen Reisenden angeordnet werden würde, welche diesseits, als den Königl. Staaten nicht angehörig, mit Zwangspässen in ihre Heimath gewiesen werden.

In Fällen, wie der von der Königl. Regierung angezeigte, wird es eben so wenig Bedenken als Schwierigkeit haben, diejenigen Individuen, welche in der Voraussetzung, daß sie dem diesseitigen Unterthanen-Verbande angehören, aus dem Auslande hieher gewiesen werden, aber keine heimathlichen Rechte diesseits angesprochen haben, dahin, woher sie gekommen sind, sei es nun mittelst besonderen Passes, oder mittelst eines ihrem Passe einzuverleibenden Vermerkes zurückzuweisen, indem nicht anzunehmen ist, daß eine auswärtige Behörde, wenn der diesseitige Staat einen ihm in der Voraussetzung diesseitiger Angehörigkeit ohne Weiteres zugewiesenen Fremden anzunehmen sich nicht bereit erklärt, die Zurücknahme desselben verweigern sollte.

In dieser Art mag die Königl. Regierung, auch in Ansehung des von Braunschweig nach Oels gewiesenen Schlossers N. verfahren, in dem nicht zu erwartenden Falle der Zurückweisung desselben davon Anzeige machen, damit dessen Wiederaufnahme Seitens der Braunschweigischen Behörde im diplomatischen Wege erfolgen kann.

B. Dagegen ist Kommunikation nothwendig, wenn es dabei zum wirklichen Transport kommt.

a. Cirkular-Reskript des Königl. Min. des Inn. v. 13. Juli 1830. (v. Kamptz Ann. Bd. XIV. S. 582.)

Die Kommunikation in Transportfällen zwischen der absendenden Behörde und der des Bestimmungsortes eines Transportaten vor Ausführung eines Transportes, ist, wie der Königl. Regierung auf den Bericht vom 30. v. Mts., wegen der Transport- ꝛc. Kosten für den Schlächtergesellen N. hiermit eröffnet wird, allgemein angeordnet und wegen der Inhaber der Zwangspässe keine Ausnahme gemacht worden.

Der Magistrat zu Wittenberg hätte daher allerdings vor Absendung des N. mit der Polizeibehörde zu Prenzlau kommuniziren sollen; indeß will das unterzeichnete Ministerium auf Verwenden der Königl. Regierung für diesmal die Hälfte der liquidirten Kosten für den N. aus dem polizeilichen Dispositionsfonds Ihrer Hauptkasse zur Erstattung bewilligen, wogegen aber die andere Hälfte dem Magistrat zu Wittenberg zur Last bleiben muß.

Uebrigens wird genehmigt, daß die Königl. Regierung dem erwähnten Formular der Zwangspässe in der gedachten Stelle am Schluß noch beifügen lasse:

> daß der etwanige Transport nur nach vorgängiger Vernehmung Seitens der Polizeibehörde, welche die Verhaftung vorgenommen hat, mit der Behörde des im Passe verzeichneten Bestimmungsortes erfolgen dürfe.

b. Reskript des Min. des Inn. und der Polizei v. 16. August 1830. (v. Kamptz Ann. Bd. XIV. S. 583.)

Es wird der Königl. Regierung (Magdeburg) auf den Bericht vom 5. d. Mts. wegen Verweisung von Individuen an einen bestimmten Ort mittelst Zwangspasses bemerklich gemacht, daß in der erwähnten, der Königl. Regierung mitgetheilten Verfügung an die Königl. Regierung zu Merseburg vom 13. Juli d. J. nicht davon die Rede ist, wie vor und bei Ertheilung eines Zwangspasses verfahren werden soll, sondern nur davon, daß der in einem solchen Zwangspasse angedrohte Transport nicht ohne vorgängige Kommunikation realisirt werden soll.

Zusatz 2. Ersatz der für Transporte, welche durch Preußisches und Sächsisches Gebiet nach dritten Staaten dirigirt werden, erwachsenden Kosten.

Cirkular-Erlaß der Min. des Inn. v. 1. März 1860. (Min.-Bl. 1860 S. 134.)

Durch die Cirk.-Verfügung vom 14. November 1852 [1]) und vom 9. September 1858 [2]) unter Nr. 5 ist vorgeschrieben:

daß jede Behörde, welche einen Transport einleitet, in dem Transportzettel zu bemerken habe, auf wessen Kosten derselbe erfolgt.

Auch bestimmt das erstgedachte Reskript:

daß die Grenz-Polizeibehörden einen Transportaten aus dem Auslande zum Durch-Transport durch die Königlichen Staaten nur dann zu übernehmen haben, wenn aus den Transportschriften hervorgeht, ob der Transport auf Requisition der ausländischen Annahme-Behörde, — welchenfalls diese die Kosten zu zahlen hat, — oder auf Grund des §. 11 des Gothaer Vertrages vom 15. Juli 1851 [3]) erfolge.

Auf Personen, welche aus einem zu den kontrahirenden Staaten nicht gehörigen Lande durch die Königlichen Staaten hindurch nach einem dritten Staat oder aus einem Vereinsstaat durch Preußen nach einem Staat, dessen Regierung jenem Vertrage nicht beigetreten ist, transportirt werden sollen, findet der §. 11 des Gothaer Vertrages und des Cirk.-Reskript vom 9. September 1858 [4]) keine Anwendung. Es ist daher auch das Verfahren einer diesseitigen Grenzbehörde gebilligt worden, welche einen aus Oesterreich kommenden nach Hannover bestimmten Transportaten von der Königl. Sächsischen Grenzstation zu übernehmen sich um deswillen geweigert hatte, weil in dem Transportzettel die Zusicherung des Ersatzes der auf Preußischem Gebiete entstehenden Kosten nicht enthalten war.

Die aus Anlaß dieses Falles gepflogenen Unterhandlungen haben zur Folge gehabt, daß nach einer Mittheilung der Königl. Sächsischen Regierung die Kaiserl. Oesterreichischen Behörden angewiesen worden sind:

bei Schub-Transporten, welche durch Sächsisches und Preußisches Gebiet nach dritten Staaten bewerkstelligt werden sollen, dem Schubpasse stets die Zusicherung des Kosten-Ersatzes an die Königl. Sächsischen und Preußischen Behörden beizusetzen, ihrerseits aber bei ähnlichen Fällen die Gegenseitigkeit zu beobachten.

Nicht minder ist den Königl. Sächsischen Grenzbehörden die Weisung zugegangen,

Transporte von Ausgewiesenen, welche durch Sachsen nach Oesterreich geschafft werden sollen, nur dann zu übernehmen, wenn die Zusicherung des Ersatzes der Kosten des Durch-Transports ertheilt worden ist.

---

1) Siehe vorstehend unter g. zu §. 14 u. m. dieses Paraprayhen.

2) Siehe unter §. 19.

3) Vergl. zu §. 13 unter Zus. 1 lit. b.

4) Vergl. zu 13 Zus. 1 lit. c. Im Uebrigen siehe Th. II. dieses Werkes.

Indem ich die Königl. Regierung hiervon benachrichtige, um nach diesen Grundsätzen in den bezeichneten und in allen gleichartigen Fällen zu verfahren und verfahren zu lassen, erinnere ich daran, daß nur bei Transporten solcher Ausgewiesenen, welche aus einem Vereinsstaat in einen anderen Vereinsstaat dirigirt werden, und zu dem Zwecke durch Preußisches Gebiet passiren müssen, die Vorschrift des §. 11 des Gothaer Vertrages zur Anwendung kommt, und daß diese Vorschrift, insofern sie die Hälfte der Kosten des Durch-Transports dem ausweisenden Staate zur Last legt, nach dem Cirk.-Reskript vom 9. September 1858, für die Zeit vom 1. Januar 1859 bis Ende 1862 dahin modifizirt worden ist, daß die Kosten des Durch-Transports zu keinem Theile erstattet, also wenn derselbe durch Preußen stattfindet, diesseits und zwar aus dem Fonds Ihrer Haupt-Kasse zu allgemeinen polizeilichen Zwecken gedeckt werden.

b. Ausmittelung des Gesundheitszustandes des Transportanden.

§. 16. Da der Transport auf den Gesundheitszustand des Transportanden keinen nachtheiligen Einfluß haben darf, so ist bei kranken oder schwachen Personen vorgängig festzustellen, daß der Transport ohne Nachtheil für die Gesundheit erfolgen könne, namentlich, daß dies bei dem Fußtransport der Fall sei (§. 9).

a. Reskript des Königl. Min. des Inn. v. 9. April 1822. (v. Kamptz Ann. Bd. VI. S. 403.)

Der Königl. Regierung (Coblenz) wird auf Ihren Bericht vom 19. v. Mts. wegen Ausstellung ärztlicher Zeugnisse bei Transporten von Gefangenen hierdurch zu erkennen gegeben, daß es hinlänglich ist, zur Rechtfertigung von Fuhrkosten-Liquidationen in den Fällen, wenn an dem Etappenort kein Medizinalbeamter sich befindet, bloß ein Zeugniß der Ortsbehörde darüber, daß der Transportat Krankheitshalber unfähig war, zu Fuß fortgeschafft zu werden, beizubringen; jedoch muß die Einrichtung getroffen werden, daß Zeugnisse dieser Art in dem je nächsten Kreisort, wodurch der Transport führt, dem Kreisphysikus oder Kreischirurgus zur Untersuchung und Bestätigung vorgelegt werden, indem deren Gültigkeit nur von einem Kreisort bis zum andern angenommen werden kann [1]).

---

1) Hierzu die Verordnung der Königl. Regierung zu Potsdam vom 18. Septbr. 1824 (A.-Bl. 1824 S. 237.)

Da beim Wagentransport erkrankter Gefangener nur die besoldeten Physiker und Chirurgen zur unentgeltlichen Ausstellung der erforderlichen Atteste verpflichtet sind, unbesoldete Aerzte aber Gebühren dafür verlangen können, so verordnen wir hiermit auf Grund einer Ministerial-Bestimmung v. 9. April 1822 (v. Kamptz Ann. Bd. VI. S. 403), daß künftig bei polizeilichen und Landarmen-Transporten im hiesigen Regierungsbezirk auf den Transportzetteln zur Rechtfertigung von Fuhrkosten, an solchen Stationsorten, wo kein besoldeter Medizinalbeamter anwesend ist, nur ein Zeugniß der Ortspolizeibehörde darüber, daß der Transportat Krankheitshalber unfähig gewesen, zu Fuß fortgeschafft zu werden, beizubringen ist. Zeugnisse dieser Art sind jedoch auf der nächsten Transportstation, wo sich ein Medizinalbeamter befindet, diesem zur Untersuchung und Bestätigung vorzulegen, dessen Gutachten ebenfalls auf dem Transportzettel anzugeben ist.

b. Reskript des Minist. des Inn. und der Polizei v. 5. Oktober 1838. (v. Kamptz Ann. Bd. XXII. S. 975.)

Das unterzeichnete Ministerium kann der Ansicht, welche die Königl. Regierung (Breslau) in dem Bericht vom 12. v. Mts. entwickelt hat, nicht beitreten. Denn es kann keinem gegründeten Bedenken unterliegen, daß zu den Transportkosten auch diejenigen Kosten zu rechnen sind, welche durch die vorgeschriebene Untersuchung erwachsen, ob der Transport zu Fuß oder zu Wagen erfolgen müsse. Auch ist kein Grund vorhanden, warum der Passus 9 des §. 12 der Transport-Instruktion, wonach außer den aufgezählten, alle anderen auf dem Transport vorgefallenen außerordentlichen Auslagen zu den Transportkosten gerechnet werden sollen, nicht auf die hier in Rede stehenden Kosten zu erstrecken sei.

Da es nun endlich an jedem Rechtsgrunde fehlt, der Kommune desjenigen Ortes, durch welchen ein Transport hindurchgeführt wird, die etwanigen Kosten der ärztlichen Untersuchung des Transportaten zur Last zu legen, so muß die hier wieder beigehende Beschwerde für gerechtfertigt, und der Königl. Regierung aufgetragen werden, derselben abzuhelfen.

Uebrigens versteht es sich von selbst, daß wenn die betreffende Medizinalperson zu derartigen Untersuchungen von Amtswegen verpflichtet ist, auch Kosten dafür und für das ärztliche Attest nicht liquidirt werden dürfen. Glaubt indessen die Königl. Regierung, daß die Beschwerde des Magistrats aus diesen Gründen unzulässig sei, so hat dieselbe darüber zu berichten.

c. Cirkular-Reskript des Min. der Geistl., Unterrichts- und Medizinal-Angelegenheiten vom 31. Januar 1844. (Min.-Bl. 1844 S. 51.)

1) Die Kreis-Physiker und Kreis-Chirurgen sind an ihrem Wohnort zur Untersuchung des Gesundheitszustandes eines Transportaten und erforderlichen Falls zur Ausstellung eines Attestes darüber ex officio verpflichtet.

Wenn der Kreis-Physikus oder Kreis-Chirurgus genöthigt ist, zu dem fraglichen Behufe eine Reise zu unternehmen, so ist derselbe berechtigt, dafür die reglementsmäßig ihm zugebilligten Diäten und Reisekosten zu fordern, doch darf er auch in diesem Falle für die Ausstellung des Attestes nicht besonders liquidiren.

2) In Beziehung auf nicht im Staatsdienst stehende Medizinalpersonen:

a. Der promovirte Arzt sowohl, wie der Wundarzt I. und II. Klasse erhält, wenn die Untersuchung in seiner eigenen Wohnung geschieht, für die Ausstellung des Attestes eine Remuneration von 10 Sgr.;

b. befindet sich der Transport an demselben Orte, die Untersuchung geschieht aber außerhalb der Wohnung der requirirten Medizinalperson, so ist außerdem
  der promovirte Arzt 20 Sgr. und
  der Wundarzt I. und II. Klasse 10 Sgr.
zu liquidiren berechtigt;

c. ist die requirirte Medizinalperson genöthigt, behufs der Untersuchung eine Reise zu unternehmen, so hat dieselbe außer der Gebühr für das ausgestellte Attest die taxmäßig festgesetzten Diäten und Transport-(Reise-) Kosten zu liquidiren.

Da es übrigens unter Umständen der Ersparung von Kosten dienen kann, in zweifelhaften Fällen einen Wagen-Transport bis zum Wohnsitz der nächsten Medizinalperson anzuordnen, statt die letztere nach dem Orte hinreisen zu lassen, von welchem der Transport abgefertigt wird, so machen wir die Königl. Regierungen auch hierauf, jedoch mit dem Bemerken aufmerksam, daß dies Verfahren in sonst geeigneten Fällen nur dann einzuschlagen ist, wenn der Zustand des zu untersuchenden Kranken es gestattet.

Wenn sich endlich bei Untersuchung eines Transportaten die Nothwendigkeit einer gleichzeitig einzuleitenden kurativen Behandlung herausstellt, so finden hinsichtlich der zu gewährenden Remuneration in allen Fällen die, in der Medizinal-Taxe für die verschiedenen Klassen des Heilpersonals festgesetzten Bestimmungen Anwendung.

d. Cirkular-Verfügung des Min. der Geistl., Unterrichts- und Medizinal-Angelegenheiten vom 23. Mai 1854. (4513 I.)

Nach der Cirkular-Verfügung vom 31. Januar 1844 sub 1 sind die Kreis-Physiker und Kreis-Chirurgen an ihrem Wohnort zur Untersuchung des Gesundheitszustandes eines Transportaten und erforderlichen Falls zur Ausstellung eines Attestes darüber von Amtswegen verpflichtet und dürfen für die Ausstellung des Attestes auch dann nicht besonders liquidiren, wenn sie Behufs der Untersuchung des Transportaten eine Reise unternehmen müssen. Sie erhalten vielmehr in diesem Fall nur die reglementsmäßigen Diäten und Reisekosten.

Da diese Bestimmung in mehreren Fällen unbeachtet geblieben ist, so mache ich die Königl. Regierung auf dieselbe aufmerksam und veranlasse Sie, auch die Kreis-Medizinal-Beamten Ihrer resp. Bezirke wiederholt zur Beachtung derselben anzuweisen.

Ich bemerke dabei, daß einerseits die Cirkular-Verfügung nur auf Transportaten im eigentlichen Sinne, d. h. auf solche unter obrigkeitlichem Geleit fortzuschaffende Individuen, welche sich bereits auf dem Transport befinden, und nicht auf solche, welche erst auf den Transport gesetzt werden sollen, Anwendung findet, daß aber andererseits hinsichtlich der in Rede stehenden Verpflichtung zur unentgeltlichen Untersuchung von Transportaten ein Unterschied zwischen den vor und den nach Erlaß der Verfügung vom 31. Januar 1844 angestellten Kreis-Medizinal-Beamten nicht gemacht werden darf.

Dieser Unterschied findet nur Statt bei Anwendung der Cirkular-Reskripte vom 16. Februar (Nr. 6805) und 26. November 1844 (Nr. 6434), betreffend die Untersuchung des Gesundheitszustandes Königlicher Beamten im Interesse des Dienstes und die Untersuchung marschunfähig gewordener Soldaten Behufs der Gestellung von Vorspann.

Die Kreis-Medizinal-Beamten sind hierauf ebenfalls aufmerksam zu machen.

e. Verfügung desselben Ministerii v. 18. Juni 1850. (Min.-Bl. 1850 S. 166.)

Bereits aus Veranlassung der nach Inhalt meines Erlasses vom 27. v. Mts. zunächst an das Königl. Appellationsgericht zu N. zu verweisenden Beschwerde des Kreisphysikus N. zu N. über das Kreisgericht daselbst, bin ich mit dem Herrn Justiz-Minister über die Frage in Kommunikation getreten,

ob die Kreisphysiker von Amtswegen verpflichtet seien, Atteste über die Unzulässigkeit der Abführung eines Verurtheilten aus seinem Wohnort oder aus dem Untersuchungs-Gefängniß nach der Strafanstalt unentgeltlich auszustellen.

Für die Bejahung dieser Frage wird lediglich das von meinem Amtsvorgänger, in Gemeinschaft mit dem damaligen Minister des Innern am 31. Januar 1844 (Min.-Bl. S. 51 Nr. 56 cfr. zu c) erlassene Reskript angeführt. Dieses Argument ist jedoch nicht haltbar. Durch das angeführte Reskript wird den Kreisphysikern in Ausdehnung derjenigen Bestimmung, wonach dieselben Atteste über den Gesundheitszustand auf dem Marsche erkrankter Soldaten unentgeltlich auszustellen haben, die Verpflichtung auferlegt, solche Atteste auch über die ärztliche Untersuchung erkrankter Transportaten unentgeltlich auszustellen. Unter letzteren könnten aber sowohl nach der grammatikalischen Bedeutung des Wortes, als auch nach näherem Inhalte des Reskriptes, welches eben nur die Grundsätze in Betreff der ärztlichen Untersuchung auf dem Marsche erkrankter Soldaten auf Transportaten angewendet wissen will, nur solche Individuen verstanden werden, welche sich bereits auf dem Transport befinden und während desselben krank und kränker werden, so daß die Zulässigkeit einer unterbrochenen Fortsetzung des Transports zweifelhaft wird; nicht aber sind darunter Verurtheilte zu verstehen, welche erst von ihrem Wohnort oder vom Untersuchungsgefängniß aus einen Transport nach der Anstalt antreten sollen. Auf diese paßt auch nicht der Grund, welcher das Reskript vom 31. Januar 1844 hervorgerufen hat, und darin besteht, daß es rathsam erschien, die Kosten des Transportes nicht zu erhöhen, und eine Liquidation derselben Seitens der Kreis-Medizinalbeamten bei vielleicht sehr entfernten Behörden zu vermeiden.

Mit dieser Ansicht hat sich der Herr Justiz-Minister jetzt einverstanden erklärt, und demgemäß das Königl. Appellationsgericht zu N. veranlaßt, die Frage, ob der Dr. N. für die in der Untersuchungssache wider N. vorgenommene Untersuchung des Gesundheitszustandes des Angeschuldigten Gebühren zu fordern berechtigt sei, einer nochmaligen Prüfung zu unterwerfen und danach das Kreisgericht zu N. zu bescheiden.

f. Bescheid des Min. des Inn. v. 27. Juli 1860. (Min.-Bl. 1860 S. 176.)

Der (tit.) eröffne ich auf den Bericht vom 26. April d. J., daß die Berechtigung der Kreis-Medizinalbeamten, für die Untersuchung des Gesundheitszustandes und die Ausstellung eines Attestes über die Marschfähigkeit solcher

Individuen, welche erst auf den Transport gesetzt werden sollen, die taxenmäßigen Gebühren zu liquidiren, durch den Erlaß des Herrn Ministers der Geistlichen, Unterrichts- und Medizinal-Angelegenheiten vom 18. Juni 1850 (Min.-Bl. 1850 S. 166), sowie durch das Cirkular-Reskript vom 23. Mai 1854 ausdrücklich anerkannt worden ist, und daß daher auch die Zulässigkeit der Gebührenforderung des Kreis-Wundarztes N. daselbst für Untersuchung der Transportfähigkeit der von B. aus in die Korrektions-Anstalt abzuführenden Personen keinem Zweifel unterliegen kann.

Was dagegen die von der (tit.) behauptete Verpflichtung der Stadt B., diese Gebühren, gleichwie die Kosten der Unterhaltung der Polizei-Gefangenen, — als Lasten der Orts-Polizei-Verwaltung — zu übernehmen, betrifft, so kann eine solche Verpflichtung nur für die Fälle anerkannt werden, in denen der Transport überhaupt für Rechnung der dortigen Kommune stattfindet. Die ärztliche Untersuchung erfolgt zwar noch während der polizeilichen Haft des weiter zu schaffenden Individuums, aber lediglich zum Zwecke der Einleitung des Transportes. Es ist deshalb stets seither daran festgehalten worden, daß die für dieselbe zu entrichtenden Gebühren nach den §§. 9, 12 und 16 der Transport-Instruktion vom 16. Sept. 1816 zu den Transportkosten zu rechnen und mithin von demjenigen Fonds zu tragen sind, dem diese in den einzelnen Fällen zu erstatten obliegt.

Hiernach kann die Beschwerde des dortigen Magistrates darüber, daß ihm die Bezahlung der fraglichen Gebühren für alle Fälle angesonnen worden, nicht für unbegründet erachtet werden.

g. Verordnung der Königl. Regierung zu Potsdam v. 4. August 1836. (A.-Bl. 1836 S. 208.)

Im §. 16 der General-Transport-Instruktion vom 16. September 1816 (Amts-Bl. 1817 S. 119) ist zur Verhütung eines nachtheiligen Einflusses der Transporte auf den Gesundheitszustand der Transportanden bestimmt, daß bei kranken oder schwachen Personen durch ärztliche Gutachten vorgängig festzustellen sei, ob der Transport ohne Nachtheil für die Gesundheit erfolgen könne, und insonderheit, ob dies bei dem Fußtransport der Fall sei. In Bezug hierauf heißt es ferner in der Ministerial-Verordnung vom 23. Juli 1817 §. IV. (Amts-Bl. 1817 S. 283):

> „Es ist unzulässig, wegen einer, den Transportanden vor dem Transporte oder auf demselben überfallenden geringen, oder durch ärztliche Behandlung bald zu hebenden Unpäßlichkeit, den Wagentransport anzuordnen; es muß vielmehr, wenn nicht Gefahr im Verzuge des Transportes vorhanden ist, bis zur Herstellung des vor oder auf dem Transporte Erkrankten, dem Transporte Anstand gegeben werden, und sind die Polizeibehörden für die, durch Vernachlässigung dieser Vorschrift verursachten Kosten verantwortlich."

Es sind indessen seit einiger Zeit im diesseitigen Regierungs-Bezirke mehrere Fälle vorgekommen, wo die Polizeibehörden jene Vorschriften nicht gehörig beobachtet, und Personen auf den Transport gesetzt oder befördert haben, die bereits bei ihrem Abgange krank gewesen, oder es unterwegs in dem Grade geworden sind, daß die Einleitung und Fortsetzung des Transportes sowohl wegen des Zustandes des Transportanden, als aus sanitätspolizeilichen Rücksichten hätte unterbleiben sollen. Wir bringen daher die obigen Bestimmungen hiermit zur Vermeidung von ferneren Uebelständen in Erinnerung, und weisen die Polizeibehörden hiermit an, bei Krankheit oder Schwächlichkeit eines Transportanden, sowohl vor, als auf dem Transporte, die ärztliche Untersuchung zu veranlassen, und nach deren Befunde zu verfahren, indem bei vernachlässigter Ausmittelung des Krankenzustandes der Transportanden in den zu unserer Kenntniß kommenden Fällen unfehlbar Straffestsetzungen gegen die betreffenden Behörden erfolgen werden.

Diese Erinnerung und Warnung gilt übrigens auch für das Verfahren bei Landarmen-Transporten nach §. 1 des Regulativs vom 13. März 1828 (Amtsbl. 1828 S. 117). [1])

Zusatz 1. Zur Sorge für den Gesundheitszustand der Transportaten gehört auch die Reinigung von Ungeziefer [2]).

Reskript des Min. des Inn. und der Polizei v. 30. November 1827. (v. Kamptz Ann. Bd. XI. S. 998.)

Da jede Behörde, welche einen Verbrecher oder Vagabonden zum weiteren Transport abliefert, ganz unzweifelhaft dafür zu sorgen hat, daß die Fortschaffung ohne Gefahr für den Gesundheitszustand des Transportaten und derer, die mit ihm in Berührung kommen, erfolgen kann, so liegt derselben wie der Königl. Regierung (Merseburg) auf den Bericht vom 6. d. Mts., wegen der Reinigung der mit Ungeziefer belasteten Gefangenen während ihres Transportes hiermit eröffnet wird, auch die Verpflichtung ob, die Reinigung derjenigen, die, mit Ungeziefer bedeckt, alle folgenden Stationen verunreinigen würden, vorher bewirken zu lassen, und ebenso, wie solches wegen der angeschafften Kleidungsstücke zu geschehen pflegt, auf dem Transportzettel mit zu vermerken, damit die diesfälligen Kosten von denen, die überhaupt den Transportaufwand zu tragen haben, eingezogen werden können. Hat sie diese Fürsorge unterlassen, so hat die Behörde der nächsten Transportstation, und wenn auch diese unaufmeksam darauf ist, die der weiter folgenden die erforderlichen Vorkehrungen zu treffen und die Kosten dafür wieder einzuziehen.

Es liegt in der Natur der Sache, daß hierbei ganz dasselbe Verfahren stattfinden muß, welches bei anderen Vernachlässigungen der den Transport veranlassenden oder weiter besorgenden Behörden eintritt. Bei den aus dem Auslande kommenden Transportaten hat, wie die Königl. Regierung ganz richtig bemerkt, die erste Grenzstation die nöthigen Veranstaltungen zu treffen, und den Betrag der Kosten mit zur Liquidation zu bringen. Einer beson-

---

1) Conf. zu §. 9 Nr. 2.
2) Conf. §. 12 Nr. 9 sub b.

deren gesetzlichen Verfügung bedarf es indessen nicht, um die Königl. Regierung zu ermächtigen, in vorkommenden Fällen zu verfahren und die Behörden durch eine Bekanntmachung im Amtsblatte auf ihre diesfälligen Verpflichtungen aufmerksam zu machen.

Zusatz 2. Krätzkranke oder sonst mit ansteckenden Krankheiten behaftete Individuen dürfen nicht in öffentliche Anstalten transportirt werden.

Reskript des Min. des Inn. und der Polizei v. 23. Juli 1837. (v. Kamptz Ann. Bd. XXI., S. 760.)

Nachdem Ew. 2c. (Ober-Präsident der Provinz Pommern) in der unterm 9. Mai d. J. eingereichten Nachschrift zum Bericht der Königl. Regierung zu Stettin vom 1. Mai d. J. betreffend die Erstattung von Kur- und Verpflegungskosten für krätzkrank in die Uckermünder Anstalt gewiesene Individuen, das Sachverhältniß dahin näher aufgeklärt haben, daß der Zwangspaß nur an Stelle des im §. 7 des Landarmen-Reglements angeordneten Transportes tritt, und zwar nur von den Städten aus, bis wohin die Orts-Polizeibehörden auf dem Lande die aufgegriffenen Personen noch immer in Gemäßheit des Landarmen-Reglements abzuliefern haben, und daß in allen Städten Pommerns, mit Ausnahme von Leba und Ratzebuhr, sich zur ärztlichen Untersuchung der Transportaten geeignete Medizinalbeamte befinden: so findet das unterzeichnete Ministerium jetzt Nichts gegen eine ausdrückliche Erweiterung der Amtsblatts-Bekanntmachung der Königl. Regierung vom 29. Nov. 1832 auf Personen, welche mittelst Zwangspasses in die Arbeits- oder Landarmenanstalten dirigirt werden, zu erinnern, genehmigt vielmehr nicht nur die beregte Erweiterung, sondern dem Antrag Ew. 2c. gemäß, auch die Ausdehnung der Vorschrift auf die mit der Syphilis oder mit sonstigen ansteckenden Krankheiten behafteten Transportaten oder mit Zwangspaß versehenen Personen, nnd die Anordnung derselben Vorschriften für die übrigen Regierungs-Bezirke der dortigen Provinz, jedoch mit besonderer Berücksichtigung der Städte Leba und Ratzebuhr.

Ew. 2c. bleibt das hiernach weiter Nöthige in der Sache mit dem ergebenen Bemerken überlassen, daß der Königl. Regierung zu Stettin auf ihren Bericht vom 1. Mai d. J. die deklaratorische, in das Amtsblatt aufzunehmende Ausdehnung ihrer Bekanntmachung vom 29. Nov. 1832 auf mit Zwangspaß versehene Personen aufgegeben ist. (Anlage a.)

a.

In Erwiederung auf den Bericht vom 1. Mai d. J. wegen Erstattung der Kur- und Verpflegungskosten für krätzkrank in die Uckermünder Anstalt gewiesene Individuen, wird der Königl. Regierung eröffnet, daß unter den jetzt angezeigten, und von dem Herrn Oberpräsidenten der Provinz noch besonders erläuterten Umständen sich Nichts dagegen zu erinnern findet, wenn durch eine öffentliche Deklaration die Anwendung der Amtsblatts-Bekanntmachung vom 29. Nov. 1832 [1]) auch auf solche Individuen, welche gemäß der Verfügung der Königl. Regierung vom 29. Sept. 1827 (v. Kamptz Ann. Bd. XVII. S. 760 und Bd. XX. S 209) mittelst Zwangspasses in die Arbeits- oder Landarmenanstalten dirigirt werden, ausdrücklich ausgesprochen wird.

Demzufolge mag die Königl. Regierung, Ihrem ev. Antrage in dem obigen Berichte gemäß, das Weitere veranlassen.

Berlin, den 23. Juli 1837.

Ministerium des Innern und der Polizei.

c. Bekleidung desselben.

§. 17. Die abliefernde Behörde muß dafür vor dem Transport sorgen, daß der Transportande, soweit es zur Sicherung gegen die Kälte und zur Vorbeugung eines öffentlichen Aergernisses erforderlich ist, nothdürftig, jedoch möglichst wohlfeil, bekleidet werde, widrigenfalls die Gensdarmerie oder das Militär den Transport nicht übernehmen, oder die nächste Stations-Behörde dies nachholen muß [2]).

---

[1]) Verordnung der Königl. Regierung zu Stettin v. 29. November 1832 (v. Kamptz Ann. Bd. XX. S. 990.)

Es sind in neuerer Zeit einige Fälle vorgekommen, daß krätzkranke Transportaten in die Strafarbeits-Anstalten der Provinz abgeliefert worden sind. Dies Verfahren widerspricht den Bestimmungen des §. 566 der Kriminal-Ordnung und des §. 16 der Transport-Instruktion v. 16. September 1816, sowie der Rücksicht auf den Gesundheitszustand der Strafanstalten und der Personen, welche auf dem Transport der Krätzkranken mit solchen in Berührung kommen oder in den Gefängnissen, in denen sie unterwegs sich aufhielten, künftig detinirt werden.

Zur Abhülfe dieses Uebelstandes machen wir es daher jeder Behörde, welche einen Transportaten nach dem Ort seiner Bestimmung zu befördern hat, zur Pflicht, sich ev. durch Zuziehung eines Arztes zu überzeugen, daß er nicht an der Krätze leide, und im Falle, daß die leicht erkennbaren Zeichen dieser Krankheit wahrgenommen werden, nach den Grundsätzen der Armenpflege seine Heilung zu bewirken, auch demnächst die mit dem Krätzigen in Berührung gekommenen Effekten gründlich zu reinigen. Die Kosten hierfür sind beim Unvermögen des Kranken von der Absendungsbehörde zu erstatten, sofern diese nicht durch das Zeugniß des bei der Absendung zugegen gewesenen Arztes nachweisen kann, daß der Transportat beim Abgange gesund gewesen ist, und kann nur dieser Beweis von der Uebernahme der Erstattung jener Kosten befreien.

Hiernach haben wir insonderheit auch die Direktionen der Naugardter und Uckermünder Anstalten angewiesen, dergleichen Kranke, sofern ihre Unterbringung und Heilung wegen etwa beschränkter Lokalität oder ähnlichen Ursachen in der Anstalt selbst nicht erfolgen kann, nicht anzunehmen, sondern auf die Kosten der absendenden Behörde nach sofortiger Benachrichtigung derselben, quovis modo unterzubringen, und sie autorisirt, die durch die Heilung der Krätzkranken entstandenen Kosten nöthigenfalls durch unsere Interzession von der nach obiger Bestätigung regreßpflichtigen Behörde einzuziehen.

Zur Vermeidung der hieraus entstehenden Nachtheile machen wir nicht nur sämmtliche Transportbehörden, sondern auch event. die zur ärztlichen Untersuchung herbeigerufenen Medizinalpersonen, die sich durch eine oberflächliche Untersuchung regreßpflichtig machen würden, auf diese Anordnung aufmerksam.

[2]) Conf. zu §. 12 Nr. 4.

a. Instruktion des General-Direktorii v. 27. März 1797.

zc. §. 1. In Ansehung fremder Landstreicher, welche nirgend einen festen Wohnsitz haben, und, wovon sie sich nähren, nicht nachweisen können, als Betteljuden und dergleichen, hat es zuvörderst bei den Bestimmungen des Allg. Landrechts §. 191 seq. Tit. 20 Th. II., wonach selbige nach ausgestandener Strafe über die Grenze gebracht werden sollen, sein Bewenden. Jedoch müssen dergleichen Leute bei ihrer Entlassung mit der nöthigen Bekleidung versehen, und die Kosten dazu vom abliefernden Richter, auf Rechnung dessen, dem die Kosten der Untersuchung zur Last fallen, auf Verlangen der Zuchthaus-Administration oder des Kommandanten der Festung sofort hergegeben werden.

b. Allgemeine Kriminal-Ordnung für die Preußischen Staaten Th. I. Tit. 6.

§. 565. Die Gefangenen müssen vor der Ablieferung in die Strafanstalt mit den nothwendigsten Kleidungsstücken versehen werden.

c. Cirkular-Reskript des Min. des Inn. und der Polizei v. 31. Oktober 1837. (v. Kamptz Ann. Bd. XXI. S. 1048.)

In Folge mehrfacher, zwischen einzelnen Gerichtsbehörden und Strafanstalts-Direktionen entstandenen Differenzen über die Bekleidung der an die Strafanstalten abzuliefernden Gefangenen, habe ich Veranlassung genommen, mich gegen den Herrn Justizminister Mühler in nachstehender Art zu äußern:

Nach dem §. 565 der Kriminal-Ordnung sollen die Gefangenen vor ihrer Ablieferung an die Strafanstalten mit den nothwendigsten Kleidungsstücken versehen werden.

Was aber hierunter zu verstehen, sei durch das Königl. Justizministerium sämmtlichen Landes-Justiz-Kollegien mittelst Reskriptes vom 23. April 1829 (Ann. J. 1829 S. 353) bekannt gemacht worden.

Hierauf gründe sich nun die Bestimmung des §. 15 des Normal-Reglements für die Rawiczer Strafanstalt, dessen Zweck hauptsächlich dahin gehe, den Sträfling mit denjenigen Gegenständen zu bekleiden, deren er Behufs seines Transportes bedürfe.

In Gemäßheit der jetzt bestehenden Vorschriften hätten daher die Gefangenen bei ihrem Eintritte in die Strafanstalt außer demjenigen, was sie auf dem Leib tragen, nur noch zwei Hemden, und die weiblichen Sträflinge noch einen Rock mitzubringen.

Wenn ferner in dem bezogenen Paragraphen von dem brauchbaren Zustande der abzuliefernden Kleidungsstücke die Rede sei, so wäre bei der Prüfung und Beurtheilung der Frage:

ob die den Gefangenen verabreichten Kleidungsstücke auch wirklich in einem solchen Zustande gewesen,

nicht ängstlich zu verfahren. Es sei sogar nicht einmal erforderlich, auf die Mitgabe von drei Hemden für jeden männlichen Gefangenen zu bestehen, vielmehr könne es als genügend angesehen werden, wenn diese Gefangenen außer dem Hemde, das sie tragen, nur noch ein zweites mitbrächten. Das zweite Hemd könne jedoch, mit Rücksicht auf

Reinlichkeit ebenso wenig entbehrlich erklärt werden, als der zweite Rock bei den weiblichen Sträflingen, wie denn überhaupt ein Mehreres nicht nachzulassen sei, ohne der Vorschrift des §. 565 der Kriminal-Ordnung und dem polizeilichen Bedürfniß zu nahe zu treten.

Indem ich dies den Königl. Regierungen, in deren Bezirken sich Strafanstalten befinden, mittheile, eröffne ich denselben zugleich in abschriftlichem Anschluß (a) diejenige Verfügung, welche der Herr Justizminister v. Mühler im weiteren Verfolg dieser Angelegenheit an sämmtliche Königl. Ober-Landesgerichte über die den Sträflingen Behufs des Transportes zu gewährende Bekleidung unterm 15. d. Mts. erlassen hat, mit dem Auftrage, die Strafanstalts-Direktionen Ihres Verwaltungs-Bereiches nach Lage der Sache zu instruiren, und zur möglichsten Vermeidung diesfälliger Differenzen mit den Gerichtsbehörden anzuweisen. [1])

a.

Nach einer Mittheilung des Herrn Ministers des Innern und der Polizei haben, bei den jetzt für die Civil-Strafanstalten bestehenden Bestimmungen, die Gefangenen bei ihrem Eintritt in dieselben, außer demjenigen, was sie auf dem Leibe tragen, nur noch ein zweites Hemde, und die weiblichen Sträflinge noch einen zweiten Rock mitzubringen, welche Gegenstände zwar nicht neu sein sollen, sich jedoch im brauchbaren Zustande befinden müssen.

Im Uebrigen haben daher die Gerichte, wenn sie Gefangene zur Strafanstalt abführen, nur dahin zu sehen, daß dieselben so bekleidet sind, wie es Behufs des Transportes auf dem Wege zur Strafanstalt durchaus nothwendig ist.

Das Königl. Ober-Landesgericht hat sich hiernach nicht nur selbst zu achten, sondern auch die Untergerichte seines Bezirkes nach diesen Bemerkungen, welche die Bestimmungen des Reskriptes vom 23. April 1829 (Ann. S. 353) abändern, mit Anweisung zu versehen.

Berlin, den 15. Oktober 1837.

Der Justiz-Minister.

d. Reskript des Min. des Inn. und der Polizei v. 8. Januar 1838. (v. Kamptz Ann. Bd. XXII. S. 182.)

Die Anfragen in der Vorstellung Ew. 2c. vom 8. v. Mts. beantworten wir dahin, daß

ad 1. der Zweck des §. 565 der Kriminal-Ordnung, wonach die Gefangenen vor ihrer Ablieferung in die Strafanstalten mit den nothwendigsten Bekleidungsstücken versehen sein sollen, allerdings hauptsächlich dahin geht, den Sträfling mit denjenigen Gegenständen zu bekleiden, deren er

---

1) Zusatz in der Verf. an die Königl. Regierung zu Frankfurt:
Wegen Bekleidung der an die ständische Strafanstalt zu Luckau abzuliefernden Sträflinge wird es übrigens bei der bis jetzt in Betreff dieser Anstalt bestandenen Einrichtung bewenden müssen.
In diesem Sinne äußere ich mich auch Dato gegen den Hrn. Justiz-Minister.

Behufs des Transportes auf dem Wege zur Strafanstalt nothwendig bedarf.

Um jedoch jeden Zweifel zu beseitigen, welcher sich darüber erheben könnte, was eigentlich unter den im bezogenen §. bezeichneten „nothwendigsten Bekleidungsstücken" zu verstehen sei,

ist neuerdings bestimmt worden:

daß die Gefangenen bei ihrem Eintritt in die Anstalten, außer demjenigen, was sie auf dem Leibe tragen, nur noch ein zweites Hemde, und die weiblichen Sträflinge noch einen zweiten Rock mitzubringen haben, welche Gegenstände sich jedoch in brauchbarem Zustande befinden müssen.

In Gemäßheit dieser, den Landes-Justiz-Kollegien und den betreffenden Königl. Regierungen bekannt gemachten Bestimmung ist den Differenzen, welche bei Ablieferung der Gefangenen in die Strafanstalten zwischen den Direktionen der letzteren und den Gerichtsbehörden wegen des in Rede stehenden Punktes etwa hätten entstehen können, nunmehr vorgebeugt.

Die Frage:

ad 2. ob der Jurisdiktionarius nicht befugt sei, diejenigen Kleidungsstücke, womit er unvermögende Verbrecher bei deren Abführung in die Strafanstalt zu versehen hat, sofort nach deren Ankunft in die Anstalt von daher zurückzufordern,

kann nur verneint werden, weil eine solche Befugniß den Gerichtsherren oder Kommunen weder durch eine gesetzliche, noch durch eine administrative Bestimmung zugestanden, übrigens auch noch niemals von einem Jurisdiktionario oder einer Gemeinde in Anspruch genommen ist.

e. Cirkular-Reskript des Königl. Justiz-Min. v. 1. Juli 1818. (v. **Kamptz** Ann. Bd. II. S. 805.)

Es ist von Seiten der Militärbehörden darüber geklagt worden, daß die von den Civilgerichten verurtheilten und zur Festung abgelieferten beurlaubten Landwehrmänner und zur Kriegsreserve gehörigen Soldaten, bei ihrer Ablieferung oft nicht mit den erforderlichen Kleidungsstücken versehen sind, und deshalb zu den für sie bestimmten Arbeiten nicht gebraucht werden könnten.

Um dieser Klage für die Zukunft abzuhelfen, wird, im Einverständniß mit dem Königl. Kriegsministerium hierdurch festgesetzt,

daß dergleichen zur Festung abzuliefernde Landwehrmänner und zur Kriegsreserve gehörige Soldaten bei ihrer Ablieferung mit folgenden Kleidungsstücken versehen sein müssen:

1) drei noch guten Hemden,
2) einem Paar wollener Strümpfe,
3) einem Paar Schuhe oder Stiefeln,
4) einem Hut oder einer Mütze,
5) einem Paar Beinkleider,

6) **einer Weste und**

7) **einem Rock oder einer Jacke.**

Die Civilgerichte, welchen die Ablieferung obliegt, haben dafür zu sorgen, daß, ehe solche geschieht, die gedachten Kleidungsstücke, falls der Sträfling nicht solche schon besitzt, und mitnehmen kann, aus seinem Vermögen, oder in dessen Ermangelung, aus dem Kriminalfonds angeschafft werden. Diejenige Militärbehörde, an welche die Ablieferung des Sträflings zur Veranlassung des weiteren Transportes nach der Festung geschieht, ist zufolge der deshalb von dem Königl. Kriegsministerium ergangenen Verfügung verpflichtet, darüber eine Bescheinigung auszustellen, daß der Arrestat mit den vorgeschriebenen Kleidungsstücken versehen gewesen ist. Nach diesen Bestimmungen hat das Königl. Ober-Landesgericht sich nicht allein selbst zu achten, sondern auch die dem Kollegio untergeordneten Gerichte zu instruiren.

f. Cirkular-Erlaß des Min. des Inn. v. 31. August 1856. (Min.-Bl. 1856 S. 233.)

Die Bekleidung der aus den Gerichtsgefängnissen an die Strafanstalten abzuliefernden Zuchthaussträflinge soll gemäß einer von dem Herrn Justizminister und mir getroffenen Uebereinkunft von jetzt ab nach folgenden Grundsätzen erfolgen:

1. Die Gerichte haben, wenn sie Gefangene zur Strafanstalt abführen lassen, auch ferner nur dahin zu sehen, daß dieselben so bekleidet sind, wie es das Bedürfniß des Transportes erfordert.

2. Welche Kleidungsstücke hiernach für erforderlich zu erachten sind, ist von den Gerichten nach den Bestimmungen des Justizministerial-Reskriptes vom 15. Oktober 1837 [1]) und im Uebrigen mit Rücksicht auf die Dauer des Transportes, die Jahreszeit, die Gesundheit und den Anstand zu bemessen. Danach und mit Hinsicht auf den provinziellen Gebrauch ist es auch zu bestimmen, ob die abzuführenden männlichen Gefangenen mit Strümpfen zu bekleiden sind, oder nicht. Bei weiblichen Gefangenen gehören Strümpfe unbedingt zu der erforderlichen Fußbekleidung.

3. Des zweiten Hemdes, welches in Gemäßheit des Justizministerial-Reskriptes vom 15. Oktober 1837 den Sträflingen Behufs des erforderlichen Wechsels der Wäsche auf dem Transport außer dem Hemd, welches sie auf dem Leibe tragen, und des zweiten Rockes, welcher nicht minder darnach den weiblichen Sträflingen mitzugeben ist, bedarf es nicht, wenn das Gerichtsgefängniß, aus welchem, und die Strafanstalt, in welche die Sträflinge abgeführt werden, sich an einem Orte befinden oder wenn der Transport in einem Tage zurückgelegt wird.

4. Es ist nicht nöthig, daß die abzuführenden Gefangenen Behufs des Transportes mit neuen Kleidungsstücken versehen werden; vielmehr kommt es nur darauf an, daß die Kleidungsstücke sich in noch brauchbarem Zustande befinden, namentlich rein und unzerrissen sind. Unter diesen Voraussetzungen können die Gefangenen auch in ihren eigenen Kleidungsstücken auf

---

[1]) Conf. unter Anl. a. zu c. dieses Paragraphen.

den Transport gegeben oder mit schon getragenen Kleidern, Hemden ꝛc. aus den Beständen der Gerichtsgefängnisse versehen werden.

5. In Fällen, wo Sträflinge, deren Strafe fünf Jahre und darüber beträgt, nicht in ihrer Kleidung auf den Transport gegeben, sondern Behufs Ausführung desselben von den gerichtlichen Gefängniß-Verwaltungen mit den nöthigen Kleidungsstücken versehen werden, können die Gerichtsbehörden die Zurücklieferung der zu diesem Zweck besonders zu bezeichnenden Kleidungsstücke in Anspruch nehmen. Dieselbe findet alsdann Seitens der Strafanstalten auf Kosten der betreffenden Gerichtsbehörden statt.

Die Königl. Regierung [1]) hat hiernach die Strafanstalts-Direktionen Ihres Verwaltungs-Bezirkes mit Instruktion zu versehen, und werden die Gerichtsbehörden Seitens des Herrn Justizministers in gleicher Weise Anweisung erhalten.

g. Erlaß des Min. des Inn. vom 11. August 1860. (Min.-Bl. 1860 S. 208.)

Auf den über die Beschwerde des Magistrats erstatteten Bericht vom 6. Mai v. J. eröffne ich Ew. ꝛc. (Oberpräsident der Provinz Brandenburg) ergebenst, daß den Gerichtsbehörden nach dem Cirkular-Reskript vom 31. Aug. 1856 (Min.-Bl. 1856 S. 233) [2]) die Verpflichtung obliegt, die in die Strafanstalten abzuführenden Zuchthaussträflinge mit den nöthigen Kleidungsstücken, wie solche das Bedürfniß des Transports erfordert, zu versehen. In Betreff der Verpflichtung zur Tragung der Bekleidungskosten für die in die Landarmenhäuser der Kurmark Behufs der Vollstreckung der gerichtlich erkannten Gefängnißstrafen abzuführenden Bettler, Landstreicher und Arbeitsscheue schweben zur Zeit noch Verhandlungen zwischen den betheiligten Ressort-Ministerien. Einstweilen haben die Gerichtsbehörden für die Beschaffung der zum Transport erforderlichen Kleidungsstücke auch für die Verurtheilten dieser Kategorie Sorge zu tragen.

Hiernach kann dem Magistrat zu N. nur überlassen werden, in Zukunft die Annahme der von den Gerichtsbehörden zur Einleitung des Transports nach den Strafanstalten oder Landarmenanstalten der Kurmark ihm zugeführten Verurtheilten, insoweit deren Bekleidung dem Bedürfniß des Transportes nicht genügt, zu versagen ꝛc.

h. Verfügung des Min. des Inn. v. 6. December 1860. (Min.-Bl. 1861 S. 18.)

In der anliegenden Vorstellung beschwert sich die Landes-Deputation des Markgrafenthums Niederlausitz darüber, daß hinsichtlich der aus den Gerichtsgefängnissen nach der Straf- und Besserungsanstalt zu N. Behufs Verbüßung der Nachhaft zu transportirenden Bettler, Landstreicher u. s. w. für die zum Transport nöthigen Kleidungsstücke von den Polizeibehörden unverhält-

---

[1]) An die Königl. Regierungen excl. die zu Erfurt, Magdeburg, Danzig, Stralsund, Coeslin, Arnsberg, Trier, Aachen, Coblenz und Düsseldorf.

[2]) Conf. unter f. dieses Paragraphen.

mäßig hohe Kosten verwendet und bei dem Landarmenfonds der Niederlausitz zur Erstattung liquidirt würden.

Anscheinend ist diese Beschwerde nicht unbegründet und die Veranlassung dazu in einer nicht richtigen Anwendung der bestehenden Vorschriften im dortigen Bezirk zu finden.

Denn wenn auch nach dem §. 12 der General-Transport-Instruktion vom 16. Sept. 1816 zu den Transportkosten die Bekleidungskosten gehören, so verweist doch, wie die Landes-Deputation mit Recht hervorhebt, der §. 12 auf den §. 17 a. a. O., wonach

> die abliefernde Behörde vor dem Transport dafür sorgen muß, daß der Transportand, soweit es zur Sicherung gegen die Kälte und zur Vorbeugung eines öffentlichen Aergernisses erforderlich ist, nothdürftig, jedoch möglichst wohlfeil, bekleidet werde.

Nach dieser Bestimmung haben also in den oben erwähnten Fällen die Gerichtsbehörden für die nothdürftige Bekleidung des Transportanden zu sorgen; und keineswegs im Widerspruch steht es, wenn in der allgemeinen Verfügung des Herrn Justizministers vom 3. März 1857 (Min.-Bl. 1857 S. 72), auf welche die Königl. Regierung in dem Erlaß vom 10. Aug. 1858 zur Nachachtung hingewiesen ist, angeordnet worden:

> daß den Gerichtsbehörden in Beziehung auf die Bekleidung solcher Transportanden keine weitere Verpflichtung obliege, als dafür zu sorgen, daß der zu Entlassende so gekleidet sei, wie dies bei der Entlassung der Gefangenen nach verbüßter Strafe überhaupt nach allgemeinen Grundsätzen erforderlich ist.

Ueberdies wird die fortdauernde Gültigkeit des §. 17 der General-Transport-Instruktion in dem, mit dem Bericht der Königl. Regierung v. 18. Mai 1858 eingereichten Schreiben des dortigen Königl. Appellationsgerichts vom 19. Febr. 1858 ausdrücklich anerkannt, und eine besondere Hinweisung der Untergerichte auf diese Vorschrift nur deshalb abgelehnt, weil vorauszusetzen, daß sie ohnedies stets befolgt sei.

Werden aber diese Vorschriften gehörig beachtet, so dürfte anzunehmen sein, daß weitere Kosten für die Bekleidung der Transportanden überhaupt nur ausnahmsweise entstehen können, da die bei der Entlassung aus den gerichtlichen Gefängnissen zu verabfolgenden Kleidungsstücke in der Regel auch für den Transport ausreichen werden. Wenn daher Kosten dieser Art in der That in größerem Maaße dem Landarmenfonds der Niederlausitz auferlegt sind, so giebt dies den Beweis, daß von den Polizeibehörden nicht vorschriftsmäßig verfahren wird, sei es, daß sie die Transportanden von den Gerichtsbehörden ohne die bestimmungsmäßige Bekleidung übernehmen, oder daß sie überflüssiger Weise weitere Kleidungsstücke anschaffen.

Die Veranlassung zu einem solchen Verfahren ist aber anscheinend, wenigstens zum Theil, in der, unter der Anlage befindlichen, Cirkular-Verfügung der Königl. Regierung vom 11. Okt. 1858 zu suchen, indem durch die Fassung derselben die Auslegung provozirt wird, als wären die Gerichtsbehörden von jeder Verpflichtung hinsichtlich der Bekleidung der zu entlassenden Korrigenden entbunden und diese Verpflichtung gänzlich auf diejenigen übergegangen, welche die Transportkosten zu tragen haben; eine Auslegung, die um so leichter zu Mißbräuchen führen mußte, als die Anschaffung der angeblich nothwendigen Kleidungsstücke nicht auf eigene Kosten der betreffenden Polizeibehörde, sondern auf fremde Kosten erfolgt.

Die Königl. Regierung veranlasse ich, unter Berücksichtigung der vorstehend angedeuteten Gesichtspunkte die Beschwerde der Landesdeputation einer Prüfung zu unterwerfen, und derselben entweder durch entsprechende Modifizirung Ihrer Cirkular-Verfügung vom 11. Okt. 1858 Abhülfe zu verschaffen, oder aber bei obwaltenden Bedenken und, wenn die Angelegenheit thatsächlich sich anders verhalten sollte, wie oben angenommen, darüber an mich zu berichten.

i. Cirkular-Erlaß des Min. des Inn. v. 11. Juni 1861 [1]). (Min.-Bl. 1861 S. 145.)

zc. Ferner ist in einem Spezialfall die Frage aufgeworfen, ob, wenn sich bei der Einlieferung eines Zuchthaussträflings in die Strafanstalt ergiebt, daß derselbe an einem Bruchschaden leidet und deshalb mit einem Bruchbande versehen werden muß, die Kosten dafür aus der Strafanstaltskasse zu bezahlen sind. Diese Frage muß bejaht werden. Denn da die Gerichte verpflichtet sind, die Sträflinge bei der Uebergabe an die Transportbehörde mit der nöthigen Bekleidung zu versehen, wozu auch in den betreffenden Fällen die Bruchbänder gehören, so können Fälle der vorerwähnten Art, etwaige Versehen abgerechnet, für welche der Beschwerdeweg offen bleibt, nur dann vorkommen, wenn die Anlegung des Bruchbandes erst nach Ablieferung des Sträflings an die Transportbehörde nothwendig wird, und in diesem Falle hat nicht das Gericht, sondern die Strafanstalt die Kosten dafür zu übernehmen.

Hiernach ist in vorkommenden Fällen zu verfahren.

k. Provinzielle Bestimmungen einzelner Regierungen.

a. Publikandum der Königl. Regierung zu Düsseldorf v. 7. Januar 1817. (v. Kamptz Ann. Bd. I. S. 202.)

Die Erfahrung hat bewiesen, daß oft Gefangene transportirt werden, welche, von der nöthigsten Bekleidung entblößt, oft beinahe ganz nackt, zur Fortsetzung ihrer Reise unfähig werden und dem Elend erliegen.

Um diese Vorfälle nach Möglichkeit zu vermeiden, verordnen wir in Bezug auf die Instruktion des Königl. hohen Polizei-Ministeriums vom 16. September v. J.: daß die zu transportirenden Gefangenen an dem Orte, an welchem der Transport anfängt, stets so gekleidet sein sollen, daß sie gegen Kälte gesichert sind und jedes öffentliche Aergerniß vermieden werde.

Werden daher solche Leute aus diesseitigen Gefängnissen gezogen, um

---

[1]) An sämmtliche Königl. Regierungen excl. derjenigen zu Danzig, Coeslin, Stralsund, Magdeburg, Erfurt, Breslau und Liegnitz.

weiter transportirt zu werden, so hat die Lokalbehörde dafür zu sorgen, und den dadurch veranlaßten Kostenaufwand bei uns zu liquidiren.

Die Gensdarmerie hat die Abführung eines jeden Gefangenen, welcher nicht nach obigen Angaben gekleidet ist, und besonders mit Fußbekleidung nicht versehen ist, zu verweigern.

Diese, durch die Gesetze und das Gefühl der Menschlichkeit begründete Verordnung bringen wir zur Nachachtung hiermit zur öffentlichen Kenntniß.

β. Publikandum der Königl. Regierung zu Düsseldorf v. 14. September 1817. (v. Kamptz Ann. Bd. I. S. 168.)

Nachträglich zu unserer Verfügung vom 7. Januar d. J. (Amts=Bl. 6 Nr. 4) machen wir die Lokalbehörden darauf aufmerksam:

daß die dort empfohlene Vorsorge für die Bekleidung der zu transportirenden Gefangenen die Transporte selbst durchaus nicht aufhalten darf, weshalb in den Detentionshäusern ein Vorrath der nothdürftigsten Kleidungsstücke bereit gehalten werden muß.

Ferner ist darauf zu achten, daß, wenn einem Gefangenen, welcher in Untersuchung ist, andere Kleider gegeben werden, die abgelegten, wenn sie auch an sich keinen Werth haben, gehörig verwahrt, und mit dem Gefangenen an den Ort seiner Bestimmung gesandt werden müssen, um eine allenfallsige weitere Untersuchung zu erleichtern.

γ. Publikandum der Königl. Regierung zu Aachen v. 1. August 1817. (v. Kamptz Ann. Bd. I. S. 167.)

Mit Bezug auf unsere unterm 13. Juni d. J. getroffene, in das Amtsblatt Nr. 27 eingerückte Verfügung, das Weitertransportiren der von den nothwendigsten Kleidungsstücken entblößten Verhafteten betreffend, machen wir, um jedem Mißverständniß vorzubeugen, sämmtliche Orts=Polizeibehörden darauf aufmerksam, daß da, wo die Verweigerung, unbekleidete Gefangene anzunehmen oder weiter abzuführen, Verzögerungen zum Nachtheil der gerichtlichen Untersuchung und, wenn sie aus dem Auslande kommen, sogar gänzliche Freilassung zur Folge haben könnte, jene Maßregel der Nothwendigkeit des weiteren Transportes untergeordnet bleiben und daher jederzeit nur mit besonderer Umsicht angewendet werden muß. Die von solchen Verhafteten bei ihrer Ankunft etwa abgelegten Kleidungsstücke müssen zugleich sorgfältig aufbewahrt und der gerichtlichen Behörde mit überliefert werden.

δ. Verfügung der Königl. Regierung zu Trier v. 11. August 1833. (v. Kamptz Ann. Bd. XVII. S. 751.)

Es kommen noch immer Fälle vor, daß Gefangene, die von einem Gefängnisse nach einem anderen transportirt werden, und bei ihrer Abführung gehörig bekleidet sind, so mangelhaft bekleidet an den Bestimmungsort ankommen, daß sie hier wieder mit neuen Kleidungsstücken versehen werden müssen; wie dies namentlich noch kürzlich bei dem, aus dem hiesigen Justiz=Arresthause nach der Festung Colberg abgeführten Landwehrmann N. N. stattgefunden hat. Dabei steht zu vermuthen, daß die Gefangenen auf der Reise, besonders während des Aufenthalts in den Transportgefängnissen, ihre guten Kleidungsstücke auf schlechtere gegen Zahlung vertauschen oder verkaufen. Ein solcher Unfug darf aber unter keinen Umständen geduldet werden, und bestimmen wir daher, wie folgt:

1) Jeder Gefangenen-Aufseher hat, wenn ein Gefangener auf den Transport gegeben wird, auf dem Transportzettel genau zu vermerken, mit welchen Kleidungsstücken der Transportat versehen ist und in welchem Zustande dieselben sich befinden.

2) Der Transportführer hat bei Uebernahme des Gefangenen sich davon zu überzeugen, daß der Gefangene die vermerkten Kleidungsstücke und zwar in der angegebenen Qualität wirklich bei sich führt und bei Uebergabe des Gefangenen an den nächsten Transportführer resp. bei dessen Einlieferung in ein Transportgefängniß die Richtigkeit des Vermerks ad 1 auf dem Transportzettel zu attestiren.

3) In gleicher Weise ist bei Fortsetzung des Transports von dem Aufseher des Transport-Gefängnisses und von dem ferneren Transportführer bis zur Einlieferung in den Bestimmungsort zu verfahren.

4) Das Unterlassen dieser Attestirung zieht die persönliche Verantwortlichkeit und Ersatzpflichtigkeit wegen jedes mit den Kleidungsstücken des Gefangenen, sei es während des Aufenthalts im Gefängnisse, sei es auf dem Transporte getriebenen Unfugs nach sich.

Wir veranlassen Sie daher, die Gefangenen-Aufseher demgemäß mit Instruktionen zu versehen, und denselben die Beachtung ernstlich anzuempfehlen.

d. Anweisung der Transporteurs.

§. 18. Die Behörden müssen die Transporteurs nach Beschaffenheit mündlich oder schriftlich über diejenigen Vorschriftsmaßregeln genau anweisen, welche nach Maßgabe der Gefährlichkeit und andere Verhältnisse der Transportaten zu beobachten sind, insonderheit müssen den Gensdarmen und dem Militär die zu transportirenden Individuen nach ihrer größeren oder geringeren Gefährlichkeit bezeichnet werden, damit sich darnach in Ansehung der zum Transport zu kommandirenden Subjekte gerichtet werden könne [1]).

a. Erläuterungs-Reskript v. 23. Juli 1817.

§. IX. zu §. 18. Die hier gedachte Instruktion für die Transporteurs ist noch nicht allenthalben erlassen, und daher ehebaldigst einzuführen; am zweckmäßigsten ist sie dem im folgenden Paragraphen gedachten Transport-

[1]) Dieselbe Bestimmung enthält das Cirkular des General-Direktorii v. 12. März 1805 (Jahrbücher Bd. 7 S. 324) im §. 3. — Vergl. auch zu §. 19 Nr. 10 u. §. 31.

zettel beizufügen und unter derselben bei der Aushändigung zu bemerken, daß sie den Transporteurs zur Nachachtung bekannt gemacht worden.

Hierzu bemerkt:

b. Das Reskript des Min. der Polizei vom 21. August 1817. (v. Kamptz Ann. Bd. I. S. 166.)

ad §. IX. ist nur die Rede von einer, den Transporteurs über ihre Pflichten beim Transport zu gebenden näheren Anweisung, mithin von einem kurzen Auszuge der sie betreffenden Bestimmungen der General-Transport-Instruktion, der um so rathsamer erscheint, als diese Instruktion selbst ihnen nicht genau bekannt sein kann.

Dergleichen Spezial-Instruktionen, wovon der abschriftlich beiliegende Transportzettel des Polizei-Direktorii zu Erfurt sich besonders empfiehlt, sind bereits an mehreren Orten mit Nutzen eingeführt worden.

Instruktion für die Transporteurs nach der General-Instruktion für den Transport der Verbrecher und Vagabonden v. 16. September 1816 des Polizei-Direktorii zu Erfurt.

Die absendende und resp. Stationsbehörde bestellt aus den Transporteurs einen zum Führer des Transportes, dessen Anordnungen die übrigen Folge zu leisten haben, und welchem die Transport-Kosten und Transport-Dokumente anzuvertrauen sind. Die Begleiter müssen, nach der Gefährlichkeit und Anzahl der Transportaten und den übrigen Verhältnissen, mit Waffen, auf jeden Fall aber mit tüchtigen Knütteln, sowie mit Schließgeschirren oder Stricken versehen sein, um davon nöthigenfalls Gebrauch zu machen; es müssen wenigstens so viele Transporteurs mit Waffen versehen sein, als Individuen transportirt werden. Die Transporteurs müssen auf dem Transport überhaupt nach dieser und der ihnen gegebenen näheren Instruktion und den Weisungen des Transportführers sich genau richten, und insonderheit auf die Transportaten und deren Benehmen ununterbrochen die größte Aufmerksamkeit haben, und letztere, besonders in Wäldern oder anderen gefährlichen Gegenden verdoppeln, und darin, sowie in allen Verhältnissen, welche die Flucht erleichtern können, die bekannten Sicherheits-Maßregeln anwenden. —

Die Transporteurs müssen mit den Transportaten nicht über ihre Verbrechen und die Beschaffenheit der Gegend, worin sie sind, sprechen; ihnen nicht gestatten, hierüber untereinander, oder überhaupt mit unbekannten Menschen auf der Landstraße sich zu unterhalten; Transportaten, welche mit einander bekannt sind, müssen auf dem Transport möglichst getrennt werden; die Begleiter dürfen von den Transportanden nicht das Geringste kaufen, eintauschen oder zum Geschenk nehmen.

Wer zu Wagen transportirt wird, darf ohne dringende Veranlassung nicht herabsteigen, und muß dann besonders scharf bewacht und nach Bewandniß gefesselt oder an einem Strick geführt werden; den Transporteurs ist streng verboten, auf dem Transport zu schlafen; ohne Erlaubniß des Führers darf kein Begleiter sich vom Transport entfernen; der Transport darf, außer Fällen der Noth, nur zu den gewöhnlichen Mahlzeiten in Wirthshäuser einkehren, und dann muß nach Verhältnissen der Transportat auf das Strengste bewacht und auf angemessene Art geschlossen oder gebunden werden.

Wenn einer der Transportaten die Flucht versucht oder entspringt, so ist Gewalt zu gebrauchen um ihn daran zu verhindern oder wieder zu ergreifen; er ist alsdann zu binden oder zu fesseln, auch nöthigenfalls am nächsten Ort ein Wagen zum weiteren Transport zu nehmen. Wenn einer entsprungen ist, so muß die Aufsicht auf die Uebrigen verschärft und sie allenfalls gebunden, und alle Vorkehrungen genommen werden, um den Flüchtling wieder zu erhalten, entweder durch sofortiges Nachsetzen, oder durch Requisition der nächsten Obrigkeiten, Gensdarmen und Gemeinden; wobei die mitgegebenen Signalements zu gebrauchen, und Jedermann den Transporteurs Hülfe und Beistand zu leisten hat. Der Transportführer muß jede Entweichung der nächsten und jeder folgenden Obrigkeit auf der Transportstraße und jedem Gensdarmen und Schulzen anzeigen, damit auch diese wegen der Verfolgung durch Steckbriefe und Nachjagd ihre Pflicht erfüllen können.

Die Transportaten müssen zwar mit der zu ihrer sicheren Fortschaffung erforderlichen Strenge, allein ohne unnöthige Härte behandelt werden. —

Auf dem Transporte ist ihnen die erforderliche Ruhe zu gewähren, dabei aber auf ihre gehörige Sicherheit zu sehen; in Wäldern, hohlen Wegen und anderen der Flucht günstigen Gegenden darf ihnen jedoch in der Regel nicht gestattet werden sich auszuruhen. —

Die Transporteurs müssen aller Mißhandlung der Transportaten, und außer dem Falle der Widersetzlichkeit und des Versuchs zur Flucht, aller thätlichen Behandlung derselben sich enthalten, und auch in diesem Falle sich keine Excesse erlauben; die Transportaten sind dagegen wegen begangener Widersetzlichkeit, Ungehorsams u. s. w. der nächsten Stationsbehörde anzuzeigen und von derselben zu bestrafen.

Die Transporteurs müssen die Transportaten auch vor Mißhandlungen des Pöbels sichern und schützen.

Der Transportat ist nicht an Unterbediente, sondern an die Polizeibehörde abzuliefern, bei welcher sich der Transportführer zu melden und die weitere Bestimmung zu gewärtigen hat. Der Transportat muß bis dahin entweder vorläufig an die Wache oder zum Arrest abgeliefert, oder von der Transportmannschaft, nöthigenfalls unter Beihülfe der Gensdarmerie, des Militärs oder der Gerichts- oder Polizei-Offizianten genau bewacht werden.

Die zum Transporte gehörigen Gelder, Papiere und andere Effekten werden der Stationsbehörde abgeliefert. Der Transportführer empfängt über die Ablieferung der Transportaten, Akten, Gelder und Effekten einen Empfangsschein.

Die Transporte müssen allenthalben von Jedermann, besonders aber von den Obrigkeiten und Schulzen, mit gehöriger Achtung aufgenommen, die Requisitionen des Transportführers mit Willfährigkeit und Schnelle erfüllt, und überhaupt den Transporten allenthalben Hülfe und Beistand schleunigst geleistet werden. Die Transportbegleiter müssen dagegen sich bescheiden betragen und zu keiner begründeten Beschwerde Veranlassung geben, widrigenfalls aber ernstlich bestraft werden.

Diese und die übrigen Instruktionen müssen mit der größten Pünktlichkeit auf das Strengste befolgt werden; die geringste Vernachlässigung der darin enthaltenen Vorschriften ist mit angemessener Strafe zu beahnden, und bei grober Vernachlässigung, Begünstigung und Kollusions-Fällen kriminalrechtlich zu verfahren.

Neben den hiernach gesetzlich, entweder administratorisch oder kriminalrechtlich zu erkennenden Strafen verlieren diejenigen Transporteurs, welche einen Transportaten auf dem Transport haben entspringen lassen, wenn ihnen auch nur der allergeringste Grad von Fahrlässigkeit zur Last fällt, die etwa statthabenden Transportgebühren und müssen die auf die Wiedererhaltung des entsprungenen Transportaten verwendeten Kosten, Prämien u. s. w. tragen, auch dem Befinden nach ihrer Obrigkeit die von derselben verlegten, ihr aber nicht wieder zu erstattenden Transportkosten ersetzen; überdem sind nachlässige Transporteurs von ferneren Transporten auszuschließen, und auf ihre Kosten durch zuverlässige Stellvertreter zu ersetzen.

Vorstehende Instruktion ist den Transporteurs zur Nachachtung bekannt gemacht worden.

c. Reskript des Min. des Inn. und der Polizei v. 10. December 1835.
(v. Kamptz Ann. Bd. XIX. S. 1076.)

Nach Lage der diesseitigen Akten ist, wie der Königl. Regierung (Gumbinnen) auf den Bericht vom 14. v. Mts. eröffnet wird, weder von derselben, noch von einer anderen Königl. Regierung, ein Entwurf zu einer besonderen, auf der Rückseite der Transportzettel abzudruckenden Instruktion für die Transporteurs eingereicht worden.

Das unterzeichnete Ministerium pflichtet der Königl. Regierung auch darin bei, daß es einer solchen speziellen Instruktion nicht bedarf, und daß es genügt, wenn die Transporteurs kurz vor dem Abgange über die betreffenden Verhaltungsregeln der General-Transport-Instruktion jedesmal mündlich belehrt werden.

e. Transport-Zettel.

§. 19. Dem Transporte, und insonderheit dem Transportführer, wird ein Transportzettel mitgegeben, in welchem:

1) ein vollständiges Signalement, und
2) die Bekleidung des Transportanden,
3) die Ursache des Transports,
4) die Transportstraße, und insonderheit der nächste Stationsort und die Behörde, an welche der Transportat dort abzuliefern ist,
5) der Bestimmungsort,
6) die Anzahl und Namen der Transporteurs und des Transportführers,

7) die Art des Transportes in Beziehung auf die Transportmittel (§. 9), ob der Transportat gefesselt oder ungefesselt geführt wird und dgl.,
8) die den Transporteurs zur Ablieferung mitgegebenen Effekten und Papiere,
9) die Bestimmungen wegen der Transportkosten, deren Betrag, Erstattung u. s. w.,
10) die wegen des Transportes gegebenen besonderen Anweisungen (§. 18), und
11) Tag und Stunde des Abganges des Transportes, genau zu bemerken sind.

Der Transportzettel ist
1) für jeden der Transportaten, insofern sie verschiedene Bestimmungsorte haben, besonders auszufertigen, und
2) nicht bloß mit der Unterschrift, sondern auch mit dem Siegel der absendenden Behörde zu versehen.

a. Cirkular-Reskript v. 23. Juli 1817.

§. X. zu §. 19. Zur Begründung eines übereinstimmenden Verfahrens, zur Vergewisserung, daß die im §. 19 der General-Transport-Instruktion enthaltenen Vorschriften genau beobachtet werden, und zur Beförderung der Transporte selbst, sollen künftig gedruckte Transportzettel eingeführt und allein gebraucht werden.

Die Königl. Regierungen werden wegen deren Abdruck und Vertheilung, die ihnen untergeordneten Behörden mit näherer Weisung versehen.

Die Transportzettel sind nach dem unter I. anliegendem Formular zu drucken; die absendende Behörde füllt nach den Verhältnissen eines jeden Falles die leer gelassenen Stellen aus, und vollzieht den Transportzettel in Gemäßheit des §. 19 der General-Instruktion.

Aus der zweiten und folgenden Seite des Transportzettels ist die §. X. dieses Erläuterungs-Cirkulars gedachte Instruktion für die Transporteurs abzudrucken.

Die von auswärtigen Behörden abgesandten Transporte müssen von der ersten Preußischen Behörde gleichfalls mit einem Transportzettel nach dem obgedachten Formular versehen werden. Ist der Transportat im Auslande auf den Transport gegeben, so muß dessen Signalement abschriftlich zu den, bei jeder Polizeibehörde unter dem Rubrum:

„durchgeführte Transporte betreffend“

zu haltenden besonderen Akten gelegt werden [1]).

---

[1]) Gleichlautend mit §. 18 des Reskr. der Königl Regierung zu Arnsberg v. 27. Februar 1818. (v. Kampß Ann. Bd. II. S. 117.)

b. Publikandum der Königl. Regierung zu Merseburg v. 6. September 1821.
(v. Kamptz Ann. Bd. V. S. 675.)

Der kürzlich zu unserer Kenntniß gekommene Fall, daß bei dem Transport einiger Verbrecher, anstatt der von der Stationsbehörde dazu bestimmten

---

Beilage I. zu §. X.

Signalement.
1. Familien-Namen.
2. Vornamen.
3. Geburtsort.
4. Aufenthaltsort.
5. Religion.
6. Alter.
7. Größe (Fuß, Zoll).
8. Haare.
9. Stirn.
10. Augenbrauen.
11. Augen.
12. Nase.
13. Mund.
14. Zähne.
15. Bart.
16. Kinn.
17. Gesichtsbildung (mager, stark.)
18. Gesichtsfarbe.
19. Gestalt.
20. Sprache.
21. Besondere Kennzeichen.

Unterschrift des Transportaten.
(Wenn er nicht schreiben kann, ist dies hierunter zu bemerken.)

Bekleidung.

Verzeichniß der aufgelaufenen Kosten.

Transport-Zettel.

Der (die) nachstehend beschriebene (Vor- und Zuname), welcher (welche) wegen (Grund und Veranlassung des Transportes) soll von hier unter sicherer Begleitung zu (Fuß oder Wagen) (ungefesselt, gefesselt*) gebunden) durch den Transportführer (Namen) nach (Namen des nächsten Stations- oder Ablieferungs-Ortes) transportirt und dort dem (Namen der Behörde) übergeben und so weiter über (Transportroute) nach (Bestimmungsort) gebracht und dem dortigen (Namen der Behörde) mit (hier ist ein bedeutender Raum für die Angabe der Sachen, Akten u. s. w. zu lassen) zur ferneren Verfügung überliefert worden.

Alle betr. Behörden werden demnach unter Erbietung zur Erwiderung dienstfreundlichst ersucht, den (die) Transportaten auf oben benannte Route sicher und wohl bewacht der angegebenen Bestimmung zuführen und unterwegs ihm (ihr) den nöthigen Schutz und die übliche Verpflegung gewähren zu lassen.

Die (Namen der Polizei-Behörde des nächsten Stationsortes oder Ablieferungsortes) wird zugleich ersucht, die hier erwachsenen und nebenverzeichneten Kosten bald gefälligst anher erstatten zu lassen.

Der Transport ist heute (Vor-, Nachmittag um Uhr) von hier abgegangen, nachdem Transportat (in) in Gegenwart des Transporteurs auf das Genaueste visitirt, und alle die Flucht erleichternde Instrumente, sowie alle, auf derselben ihm (ihr) nützlichen Dokumente, nebst allem baaren Gelde ihm (ihr) abgenommen, auch dem Transportführer neben diesem Transportzettel eine doppelte Abschrift des beistehenden Signalements des (der) Transportaten (in) mitgegeben worden.

(Name des Ortes, Datum)
(Amtsname der absetzenden Behörde.)
(Unterschrift des Dirigenten.)
(L. S.)

*) In Betreff des Ausdrucks: „gefesselt" bestimmt das Cirk.-Reskr. des Min. d. Innern u. d. Poliz. v. 2. Juli 1822 (v. Kamptz Ann. Bd. VI. S. 731) Folgendes:

Es ist der Fall vorgekommen, daß ein junger Mann von gebildetem Stande mehrere Tage lang in Ketten transportirt worden ist, weil in dem betr. Transportzettel das Wort „gefesselt" gedruckt stand, und der Aussteller vergessen hatte, dasselbe auszustreichen. Wenn es überhaupt ebenso unzweckmäßig als der Vorschrift des Transport-Cirk. v. 25. Juli 1817 geradezu entgegen ist, daß das Wort: „gefesselt" in Transportzetteln gedruckt ist, indem die Fesselung eines Transportaten nicht die Regel ist, und dadurch mehrere Fälle, dem vorerwähnten ähnlich, herbeigeführt werden können, sobald ein Versehen des Ausstellers eintritt und es hingegen angemessener ist, daß in den Fällen, wo die Fesselung eines Transportaten nothwendig erscheint, das Wort „gefesselt" schriftlich in die Transportzettel gesetzt werde, so wird die Königl. Regierung hierdurch angewiesen, falls solche vorschriftswidrige Transportzettel in deren Verwaltungsbezirk bisher im Gebrauch waren, die Verf. zu treffen, daß in den Transportzetteln das Wort „gefesselt" nicht abgedruckt, sondern, insofern die Fesselung für nothwendig befunden wird, in den Transportzetteln von dem dieselben ausfertigenden Beamten schriftlich bestimmt werde, wonach die Königl. Regierung ihre Unterbehörden zu instruiren veranlaßt wird. (Gleichlautend mit Reskr. d. Regierung zu Erfurt v. 27. August 1822.)

fünf Transporteure nur drei Mann in der vorgelegenen Etappe angekommen sind, veranlaßt uns, Folgendes hierdurch anzuordnen:

1) In Zukunft sind in den Transportzetteln die Namen der Transporteurs anzugeben und die Stationsbehörden dürfen sich fernerhin des Ausdrucks: „durch den Transporteur N. N. und Konsorten" nicht bedienen.

2) Die Stationsbehörden haben darauf zu halten, daß die Transporteurs sich jedesmal bei der Ueberlieferung der Transportaten persönlich gestellen, und ist dann im Transportzettel zu bemerken, daß der Transport durch die angegebenen Transporteurs wirklich stattgefunden hat.

Die Polizei- und Stationsbehörden haben sich hiernach genau zu achten, widrigenfalls aber zu gewärtigen, daß ihnen der etwa aus Nichtbeachtung dieser Verordnung erwachsende Nachtheil nicht nur zur Last fallen wird, sondern daß sie außerdem auch noch in Ordnungsstrafen genommen werden.

c. Reskript des Min. des Inn. v. 18. August 1841. (Min.-Bl. 1841. S. 227.)

Die Gerichtsbehörden, welche eine Polizeibehörde wegen Transportirung eines Verbrechers requiriren, sind verpflichtet, bei der Ablieferung behufs des Transportes, der Polizeibehörde die für den Transport erforderlichen Notizen schriftlich mitzutheilen. Hierzu gehören insbesondere die im §. 19 der General-Transport-Instruktion unter 1, 2, 3, 5, 7, 8 und 10 für den Inhalt des Transportzettels vorgeschriebenen Vermerke sowie auch die zu Nr. 6 erwähnte Anzahl der Transporteurs.

Dagegen liegt die Ausstellung eines förmlichen Transportzettels unter Unterschrift und Siegel, nicht der requirirenden Justizbehörde, sondern der den Transport besorgenden Polizeibehörde ob, die, als die eigentlich absendende Behörde anzusehen ist, während die Justizbehörde den Transport nur anordnet und zur Vollstreckung des Transportes die Polizeibehörde requirirt.

d. Cirkular-Erlaß des Min. des Inn. v. 9. September 1858. (Min.-Bl. 1858 S. 193.)

Verfahren beim Transport von Ausländern.

In der Konferenz, zu welcher im Juli d. J. Kommissarien der durch den Vertrag wegen Uebernahme von Auszuweisenden vom 15. Juli 1851 verbundenen Regierungen behufs der Berathung über Gegenstände dieses Vertrages zusammengetreten waren, sind mehrere, auf einstimmigen Beschlüssen beruhende Anträge gestellt worden, um ein übereinstimmendes Verfahren bei der Ausführung der Konvention, insbesondere bei Ausweisungen und Transporten, herbeizuführen. Da diese Anträge für zweckmäßig zu erachten und die vorgeschlagenen Bestimmungen geeignet sind, bereits hervorgetretenen Differenzen und Weiterungen für die Zukunft vorzubeugen, so sehe ich mich veranlaßt, hierdurch Folgendes festzusetzen:

1. Ein jeder Ausweisungspaß (Zwangspaß) durch welchen eine Person aus dem Preußischen Staate in das Gebiet eines anderen kontrahirenden

Staates ausgewiesen wird, muß ergeben, in welcher Art die Angehörigkeit des Ausgewiesenen zu dem übernehmenden Staate festgestellt worden ist.

Ist eine Aufnahmezusicherung vorausgegangen, so muß derselben im Passe gedacht werden.

Beruht die Ausweisung auf einer polizeilichen Urkunde, so ist das Datum und die Gültigkeitsdauer derselben, sowie die Behörde, welche letztere ausgestellt hat, im Passe anzuführen.

Der Zwangspaß muß ferner enthalten, neben der Angabe des Endziels, in der Regel auch die Angabe der Eingangsstation des nächsten der zu durchreisenden Staaten.

2. Ist der Inhaber des Zwangspasses von der vorgeschriebenen Route abgegangen, oder sind andere Gründe vorhanden, denselben nach Antritt der Reise auf den Transport nach dem Bestimmungsorte zu setzen, so ist hierzu auch eine andere, als die ausweisende Behörde berechtigt, wenn der Zwangspaß ergiebt, daß derselbe auf Grund einer Aufnahme-Zusicherung oder eines heimathlichen Passes (Wanderbuches ꝛc.), seit dessen Ablauf noch kein Jahr verstrichen war, (cfr. §. 8 des Vertrages), ausgestellt worden ist.

3. Im Falle eines solchen Transportes (Nr. 2) ist nicht die Behörde, welche diesen veranstaltet, sondern die Behörde, welche den Zwangspaß ertheilt hat, als die ausweisende anzusehen.

4. In jedem Transportzettel, mit welchem ein Ausgewiesener in das Gebiet eines anderen kontrahirenden Staates transportirt werden soll, muß auf die vorausgegangene Annahme-Erklärung der aufnehmenden Behörde Bezug genommen werden.

Ist der Transport auf Grund eines, der Bestimmung des §. 8 lit. a. des Vertrages entsprechenden Passes eingeleitet, so muß der Transportzettel das Datum und die Gültigkeitsdauer dieses Passes sowie die ausstellende Behörde ersehen lassen.

Die Vorschrift des §. 10 l. c. wegen der mit dem Transportaten zu übergebenden Beweisstücke ist genau zu befolgen.

5. In jedem Transportzettel muß angegeben werden, ob der Transport auf Requisition oder in Gemäßheit des Vertrages vom 15. Juli 1851 erfolgen soll. Im ersteren Falle muß des Inhaltes der Requisition gedacht und die requirirende Behörde bezeichnet werden.

Bei der durch das Cirk.-Reskript vom 14. November 1858 [1]) ertheilten Vorschrift, daß jede Behörde, welche einen Transport einleitet, in dem Transportzettel zu bemerken hat, auf wessen Kosten dieser Transport bewirkt werde, behält es sein Bewenden.

6. Der Transportzettel der den Transport einleitenden Behörde muß den Transportaten bis zur Ablieferung an die aufnehmende Behörde begleiten. Auch wenn der Transport aus dem Auslande kommt und ins Ausland geht, ist kein neuer Transportzettel von einer diesseitigen Behörde auszustellen.

---

1) Conf. zu §. 15 unter lit. m.

Sollte aber unter besonderen Umständen die Ausfertigung eines neuen Transportzettels ausnahmsweise erfolgen müssen, so ist der alte, oder eine Abschrift desselben, dem neuen zu annectiren und in dem letzteren der Grund der neuen Ausfertigung zu vermerken.

7. Die Grenz-Polizeibehörde, welcher ein Transport aus einem anderen Vereinsstaat zugeführt wird, hat die Aufhebung des Transportes und die Fortsetzung der Reise bis zum inländischen Bestimmungsorte mittelst Zwangspasses nur dann anzuordnen, wenn sie nach reiflicher Erwägung dafür hält, daß keine Gründe zu der Besorgniß vorliegen, daß von einem Zwangspaß Mißbrauch werde gemacht werden.

Ist der Transportat der diesseitigen Grenz-Polizeibehörde nur zum Durch-Transport durch die Königl. Staaten zugeführt worden, so darf derselbe innerhalb des diesseitigen Gebietes nicht anders als durch Transport weiter befördert werden.

Die Königl. Regierung veranlasse ich, in Gemäßheit der vorstehenden Anordnungen die betreffenden Behörden mit Anweisung zu versehen, und für die genaue Durchführung dieser Bestimmungen Sorge zu tragen.

f. Signalements-Exemplare.

§. 20. Außerdem erhält der Transportführer noch das vollständige Signalement der Person und der Kleidung des Transportaten, und zwar eines jeden derselben besonders und in duplo, um dadurch im Entweichungsfalle die Verfolgung zu erleichtern (§. 24).

a. Erläuterungs-Cirkular vom 23. Juli 1817.

§. XI. zu §. 20. Zum Behuf der §. 20 der General-Transport-Instruktion bestimmten Signalements-Exemplare sind die Polizei-Behörden in angemessener Anzahl mit gedruckten Signalements-Blanquets zu versehen; sie müssen mit dem, auf dem Transportzettel enthaltenen Signalement sowohl in den Rubriken, als in deren Ausfüllung übereinstimmen [1]).

g. Andere Papiere und Effekten.

§. 21. Der Führer des Transportes bekommt ferner:

1) Einen Paß, sofern es nöthig ist;
2) Abschrift des Schreibens, wodurch die Obrigkeit des Bestimmungsortes ihre Verbindlichkeit zur Annahme des Transportanden anerkannt hat;
3) das Schreiben der absendenden Behörde an die des Bestimmungsortes mit den etwa mitzugebenden Akten, insofern letztere dem

---

1) Gleichlautend mit §. 19. des Reskriptes der Königl. Regierung zu Arnsberg am 27. Februar 1818 (v. Kamptz Ann. Bd. II. S. 117.)

Transport überhaupt anzuvertrauen und nicht lieber auf der Post abzusenden sind;

4) die dem Transportanden abgenommenen Gelder, Effekten und Papiere.

h. Sicherheits-Maßregeln.

§. 22. Vor dem Abgange des Transportes sind die in Ansehung der sicheren Führung desselben nöthigen Maßregeln zu nehmen und anzuordnen.

Gefährliche, starke, widerspenstige Verbrecher und Vagabonden müssen in der Regel gebunden oder gefesselt transportirt werden. Die Transportführer müssen sich hierbei genau an die Bestimmung der absendenden oder Stations-Behörden halten, und sind nur berechtigt hiervon abzugehn:

1) wenn der Transportat unterwegs die Flucht versucht oder sonst sich widerspenstig bezeigen sollte,
2) die einbrechende Dunkelheit die Besorgniß der Flucht verstärken möchte,
3) einer der Begleiter behindert sein sollte, den Transport fortzusetzen und nicht gleich ersetzt werden kann,
4) überhaupt unerwartete Ereignisse z. B. Bruch des Wagens rc. dies zur Sicherung des Transports nothwendig machen.

Jeder Transportat ist, ehe er an den Transporteur abgeliefert wird, in dessen Gegenwart auf das Genaueste zu visitiren, alle Instrumente, welche die Flucht erleichtern, sowie alle Dokumente, welche ihm darauf nützlich sein könnten, sind ihm, nebst baarem Gelde, abzunehmen und dem Führer mitzugeben [1]).

---

[1]) Publikandum der Königl. Regierung zu Koblenz v. 19. Oktober 1822 (v. Kamptz Ann. Bd. XVI. S. 948. Nr. 62.)

Ungeachtet der mehrfachen und ausführlichen Instruktionen, welche über die Behandlung der Transportanten und Transportaten ergangen sind, fallen in diesem für die öffentliche Sicherheit so wesentlichen Dienste dennoch Versehen vor, welches namentlich mit Unterlassung des Visitirens derselben und der Wegnahme aller zum Ausbrechen oder zur Flucht dienlichen Gegenstände der Fall ist.

Wir finden uns daher veranlaßt, sämmtlichen Polizei-Behörden und Beamten die genaueste Befolgung der eben gedachten Bestimmungen, und besonders der General-Transport-Instruktion vom 16. September 1816 (Amtsblatt 1817, Beilage zu Nr. 14), der Erläuterung v. 23. Juli 1817 (Amtsblatt 1817 S. 306) und unserer Bekanntmachung v. 22. Januar 1817 (Amtsblatt 1817 S. 48), nochmals zur Pflicht zu machen.

Es ist dabei auch hauptsächlich das oben gedachte Verfahren zu vermeiden, und genau das Schema des Transportzettels zu befolgen.

Aus demselben, wie aus den Instruktionen, geht deutlich hervor:

1. daß der Transportand in Gegenwart des Transporteurs genau visitirt werden soll;

Mördern, Räubern und Dieben oder anderen groben Verbrechern und gefährlichen Landstreichern, welche entweder schon früher auf dem Transport entsprungen sind, oder besondere Gefahr der Entweichung begründen, kann nach Ermessen der absendenden Behörde, mit Berücksichtigung der Gesundheit, das Haupthaar ganz oder auf eine besonders in die Augen fallende Art abgeschoren werden.

Die absendende Behörde hat soviel als möglich, die des Bestimmungsortes und der nächsten Stationsörter vom Abgange des Transportes noch vorher zu benachrichtigen.

i. Führung des Transportes.

§. 23. Der Transport ist ununterbrochen und ohne Rücksicht auf Sonn- und Festtage fortzusetzen, und möglichst so einzurichten, daß die Stationsörter noch vor Einbruch der Dunkelheit erreicht werden.

Sollten unerwartete Umstände dies hindern, so bleibt dem Führer überlassen, entweder an einem Zwischenort zu übernachten, oder den Transport durch Verstärkung der Begleitung (§. 11) oder Fesselung (§. 22) zu sichern, oder einen Wagen zu nehmen (§. 10); im ersteren Falle muß jedoch der Transportat an die Ortsobrigkeit abgeliefert und in Ansehung der Bewachung nach Vorschrift des §. 27 verfahren werden.

a Reskript des Min. des Inn. und der Polizei v. 1. August 1821. (v. Kamptz Ann. Bd. V. S. 669 Nr. 96.)

rc. Die Königl. Regierung (Merseburg) wird daher hiermit beauftragt, die Einrichtung zu treffen:

---

2. daß er keine zum Ausbruch oder zur Flucht dienliche Instrumente, kein Geld rc. bei sich führen soll;
3. daß sein Geld, seine Papiere und Effekten sorgfältig in einem Verzeichniß aufgeführt werden müssen;
4. daß, wenn das Schließen nöthig und vorgeschrieben ist, er auch geschlossen übergeben werden muß.

Alles dieses zu verrichten, ist Sache des überliefernden Gefängnißwärters, Gensdarmen oder Transporteurs und nicht des übernehmenden Gensdarmen oder Transporteurs. Dieser letztere dagegen hat darauf zu sehen, daß alles vorschriftsmäßig geschehe; denn, wenn er einmal den Transportanden übernommen hat, so ist er allein für denselben verantwortlich, indem dem Ablieferer alsdann die Voraussetzung zur Seite steht, daß er richtig überliefert habe.

Auf der nächsten Etappe, wo der Gefangene abgegeben werden soll, tritt dagegen der Transporteur in die eben angeführten Verhältnisse des Ablieferers, und der übernehmende Gensdarm oder Transporteur (Gefangenenwärter) hat nur darauf zu sehen, daß ihm der Gefangene vorschriftsmaßig überliefert werde.

Bricht daher ein Gefangener aus, oder entkommt er auf der Flucht, so fällt alle Verantwortlichkeit auf denjenigen, unter dessen Bewachung er ausgebrochen oder entflohen ist.

Indem wir uns im Uebrigen auf die ergangenen Vorschriften berufen, bemerken wir, daß wir gegen Vernachlässigung derselben eine unnachsichtliche Strenge eintreten lassen werden.

1) daß die auf dem Transport befindlichen Personen, außer in Krankheits- oder anderen sehr dringenden Fällen, nirgends über eine Nacht zurückgehalten werden ꝛc.

b. Allgem. Verfügung des Justiz-Min. und des Min. der Geistl., Unterrichts- und Medizinal-Angelegenheiten v. 14. Oktober 1856. (Min.-Bl. 1855 S. 232.)

Da es mit der Heilighaltung der Sonn- und Festtage nicht verträglich ist, an diesen Tagen Transporte von Gefangenen auszuführen, andererseits aber Lokalverhältnisse es ohne Vermeidung größerer Uebelstände oft unthunlich machen, die Transporte so einzurichten, daß dieselben an Sonn- und Festtagen nicht unterwegs sind, so bestimmen wir hierdurch unter Bezugnahme auf die allgemeine Verfügung vom 25. Juni 1846 [1]) Folgendes:

1) Die Einleitung jedes Transportes unterbleibt an den Sonn- und Festtagen;
2) jeder eingeleitete Transport wird an den Sonn- und ersten Festtagen durch einen oder mehrere Ruhetage an dem betreffenden Stationsorte unterbrochen.

Von dieser Bestimmung kann nur in solchen besonderen Ausnahmefällen abgegangen werden, die sich durch die Unsicherheit des Verwahrsams in dem Stationsorte des Ruhetages, oder durch die Dringlichkeit, den Transportaten zu einem bestimmten Termin am Ausgangsorte des Transportes zu gestellen, und dergleichen mehr, rechtfertigen lassen.

k. Betragen der Begleiter auf dem Transport.

§. 24. Die Transporteurs müssen auf dem Transporte überhaupt nach dieser und der ihnen gegebenen näheren Instruktion, und den Weisungen des Transportführers sich genau richten, und insonderheit auf die Transportaten und deren Benehmen ununterbrochen die strengste Aufmerksamkeit haben, und letztere besonders in Wäldern oder anderen gefährlichen Gegenden verdoppeln und darin, sowie in allen Verhältnissen, welche die Flucht erleichtern könnten, die bekannten Sicherheitsmaßregeln anwenden.

Die Transporteurs müssen mit den Transportaten nicht über ihre Verbrechen und die Beschaffenheit der Gegend, worin sie sind, sprechen, ihnen nicht gestatten, hierüber untereinander, oder überhaupt mit unbekannten Menschen auf der Landstraße sich zu unterhalten, Transportaten, welche mit einander bekannt sind, müssen auf dem Transporte möglichst

---

[1]) Das Reskr. d. Minist. d. Krieges, d. Justiz u. d. Innern v. 25. Juni 1846 (Min.-Bl. 1846 S. 108) empfiehlt den Gerichten und Polizeibehörden, die Transporte so einzurichten, daß der Transportat während eines Sonn- oder Festtages nicht unterwegs zu sein braucht, ohne den Transport zu unterbrechen.

Die Absendung wird demgemäß so zu reguliren sein, daß der Transportat vor dem Sonn- oder Festtage am Orte seiner Bestimmung eintreffen muß.

getrennt werden; die Begleiter dürfen von den Transportanden nicht das Geringste kaufen oder eintauschen, oder zum Geschenk annehmen; wer zu Wagen transportirt wird, darf ohne dringende Veranlassung nicht herabsteigen, und muß dann besonders bewacht und nach Bewandniß der Umstände gefesselt oder an einem Strick geführt werden; den Transporteurs ist strenge verboten, auf dem Transporte zu schlafen; ohne Erlaubniß des Führers darf kein Begleiter sich vom Transport entfernen; der Transport darf, außer Fällen der Noth, nur zu den gewöhnlichen Mahlzeiten in Wirthshäuser einkehren und dann muß nach Verhältnissen der Transportat auf das Strengste bewacht und auf angemessene Art geschlossen oder gebunden werden.

Wenn einer der Transportaten die Flucht versucht oder entspringt, so ist Gewalt zu gebrauchen, um ihn daran zu verhindern oder wieder zu ergreifen; er ist alsdann zu binden oder zu fesseln, auch nöthigenfalls am nächsten Ort ein Wagen zum weiteren Transport zu nehmen. Wenn einer entsprungen ist, so muß die Aufsicht auf die übrigen verschärft und sie allenfalls gebunden und alle Vorkehrungen genommen werden, um die Flüchtlinge wieder zu erhalten, entweder durch sofortiges Nachsetzen oder durch Requisition der nächsten Obrigkeiten, Gensdarmen und Gemeinden, wobei die §. 20 gedachten Signalements zu gebrauchen, und Jedermann den Transporteurs Hülfe und Beistand zu leisten hat. Der Transportführer muß jede Entweichung der nächsten und jeder nachfolgenden Obrigkeit auf der Transport-Straße und jedem Gensdarmen und Schulzen anzeigen, damit auch diese wegen der Verfolgung durch Steckbriefe und Nachjagd ihre Pflicht erfüllen können [1]).

1. Behandlung der Transportaten.

§. 25. Die Transportaten müssen zwar mit der zu ihrer sicheren Fortschaffung erforderlichen Strenge, allein ohne unnöthige Härte behandelt werden.

Wegen der Rücksicht auf ihre Gesundheit ist bereits oben das Nähere bestimmt; auf dem Transport ist ihnen die erforderliche Ruhe zu gewähren, dabei aber auf ihre gehörige Sicherung zu sehen; in

---

1) Anweisung d. Königl. Regierung zu Arnsberg v. 27. Februar 1818 (v. Kamptz Ann. Bd. II. S. 108.)

§. XX. Derjenige Transportführer, welcher unterläßt, die während des Transports etwa stattfindenden Entweichungen in Gemäßheit des §. 24 der Instruktion, bei der nächsten Stationsbehörde alsbald anzuzeigen, und hierin säumig befunden wird, verfällt in eine Strafe von 10 Thlrn. oder verhältnißmäßigen Gefängnißarrest.

Fällt ihm absichtliche Begünstigung der Flucht zur Last, so finden die im Gesez bestimmten schweren Strafen Anwendung. (Conf. im Uebrigen zu §. 32.)

Wäldern, hohlen Wegen und anderen, der Flucht günstigen Gegenden, darf ihnen jedoch in der Regel nicht gestattet werden, sich auszuruhen.

In Beziehung auf die Verpflegung verbleibt es bei den darüber vorhandenen, oder nach Zeiten, Stand und anderen Verhältnissen zu erlassenden Bestimmungen; die Transportaten müssen jedoch auf allen Fall wenigstens diejenige Verpflegung erhalten, welche Gefangene von ihrem Verhältniß erhalten.

Die Gefängnisse in den Stationsörtern sind nach Vorschrift des wegen der Polizei-Gefängnisse unterm 12. August 1815 erlassenen Cirkulars des Polizei-Ministerii in gutem Stand zu erhalten und zu verwalten.

Die Transporteurs müssen aller Mißhandlungen der Transportaten und außer dem Falle der Widersetzlichkeit und des Versuchs der Flucht aller thätlichen Behandlung derselben sich enthalten, und auch in diesen Fällen sich keine Excesse erlauben; die Transportaten sind dagegen wegen begangener Widersetzlichkeiten, Ungehorsams u. s. w. der nächsten Stationsbehörde anzuzeigen und von derselben zu bestrafen.

Die Transporteurs müssen die Transportaten auch vor Mißhandlungen des Pöbels sichern und schützen.

a. Cirkular des Königl. Polizei-Minist. v. 12. August 1815.

Aus mehreren aus verschiedenen Provinzen zu meiner Kenntniß gekommenen Fällen, habe ich sehr ungern ersehen, daß die Polizei-Gefangenen wider Wissen und Willen der Provinzial-Behörden auf eine unzulässige und selbst härtere Art, als Kriminal-Gefangene, behandelt werden.

Es hat sich aber ergeben,

1) daß die Offizianten der exekutiven Polizei hin und wieder bei der Verhaftung der gegen die Polizeigesetze fehlenden Individuen ohne alle Noth sich thatsächliche Mißhandlungen derselben erlauben und gestatten, daß solches vom Pöbel geschieht.

Ein verhaftetes Individuum tritt durch die Verhaftung selbst in den ganz speziellen Schutz der Polizei, welche so wie überhaupt, so besonders in diesem Falle das arretirte oder zu arretirende Subjekt vor allen Mißhandlungen des Pöbels durchaus sicher zu stellen, und diejenigen, die dergleichen sich dennoch erlauben sollten, gleichfalls arretiren, oder, wenn die Umstände dies nicht sogleich gestatten sollten, nachher zur Haft, Untersuchung und Strafe ziehen muß.

Ebensowenig ziemt und gebührt die Mißhandlung eines Verhafteten den Offizianten der exekutiven Polizei, welche, den Fall der durch andere Mittel nicht abzuwehrenden Widersetzlichkeit gegen die Arretirung abgerechnet, alles Schlagens und aller thätlichen oder wörtlichen Mißhandlungen arretirter Personen sich durchaus enthalten müssen.

Eben so wenig ist es zu dulden,

2) daß bei Arretirungen von Seiten der Polizei-Offizianten die Erhaltung und Aufbewahrung der Kleidungsstücke und anderer Effekten der arretirten Individuen vernachläßsigt wird.

Demnächst ist ungern bemerkt:

3) daß an mehreren Orten die Polizei-Gefangenen von den exekutiven Polizeibeamten unmittelbar in das Polizei-Gefängniß und nicht zuerst vor den Polizei-Dirigenten oder dessen Stellvertreter zum Verhör oder zur weiteren Verfügung gebracht werden; welches theils zur Vorbeugung willkürlicher Arrestationen, theils zur Ausmittelung der bei denselben von Seiten der handhabenden Polizeibeamten begangenen Irrthümer und Fehler nothwendig ist; mit Ausnahme der Fälle, in denen ein Kontravenient zur Nachtzeit in flagranti betroffen wird, obgleich derselbe auch in diesem Falle auf Verlangen sofort vor den Polizei-Dirigenten, und außer dem Falle eines wirklichen Verbrechens, vor dessen ausdrücklichem Befehle nicht in ein eigentliches Polizei-Gefängniß gebracht, sondern einstweilen im Wachtzimmer sicher aufbewahrt werden muß.

Dem Polizei-Dirigenten liegt aber am folgenden Morgen die sofortige Vernehmung des eingezogenen Individuums unnachsichtlich ob.

Ebensowenig ist es zu gestatten,

4) daß in Arrestfällen polizeiliche Untersuchungen oft so sehr verzögert werden. Die Polizei-Dirigenten müssen dergleichen Untersuchungen ganz vorzüglich beschleunigen, und um hierin desto besser kontrolirt werden zu können, da, wo es noch nicht eingeführt sein sollte, den an die vorgesetzte Regierung zu erstattenden Berichten, das Verzeichniß der seit der Bericht-Erstattung zur polizeilichen Haft gezogenen Personen, mit Bemerkung des Grundes und der Dauer derselben beilegen, und die Regierungen dadurch veranlassen, den Grund der auffallend langen Dauer des Arrestes zu untersuchen und zu ahnden, und den dabei nachlässig befundenen Polizeibeamten dem Polizei-Ministerio nachrichtlich anzuzeigen.

Es ist demnächst bemerkt,

5) daß an mehreren Orten es an eigenen Polizeigefängnissen fehlt, und daher die Polizeigefangenen entweder mit Kriminalgefangenen zusammen eingesperrt, oder in der Nähe des Gefangenwärters aufbewahrt werden. Beides ist gleich unzulässig, und daher abzustellen und für Polizeigefangene ein eigenes Lokal herzustellen.

Wenn ferner sich ergeben hat,

6) daß für die Reinlichkeit und Gesundheit der Polizeigefängnisse und für die angemessene Behandlung der Gefangenen an vielen Orten durchaus nicht gesorgt wird, so ist auch dies ein abzustellender Mißbrauch. Die Polizei-Gefängnisse müssen reinlich, warm und möglichst gesund erhalten, für die ärztliche und chirurgische Pflege der Gesundheit und Reinlichkeit der Polizei-Gefangenen gesorgt und denselben ein Strohsack nebst wollener Decke gegeben werden.

Auch ist wahrgenommen,

7) daß die Gefangenenwärter und andere Gefängniß-Beamte hin und

wieder sich erlauben, die Gefangenen zu mißhandeln, zu vernachlässigen und ihnen, unter dem Vorwande eines Kaufes oder Tausches, Geld oder Sachen abzupressen. Dies ist durchaus unzulässig; der Gefangenwärter und jeder Gefängniß-Offiziant und seine Angehörigen und Dienstboten müssen den Polizei-Gefangenen zwar mit Ernst, aber schonend, liebreich und willig begegnen, und von denselben durchaus keine außerordentliche Belohnung annehmen und in keinen Handel mit ihnen sich einlassen.

Nicht minder ist es nicht zu dulden,

8) daß die Gefängniß-Offizianten ohne ausdrückliche Genehmigung des Polizei-Dirigenten den Angehörigen der Polizei-Gefangenen oder wohl gar Fremden den Zutritt zu denselben und selbst einen Briefwechsel gestatten, und in der Visitation der Gefangenen, der Kleidungsstücke und der Gefängnisse so sehr nächlässig sich bezeigen.

Diese Visitation kann nicht scharf genug angestellt werden. Der Zutritt zu einem Polizei-Gefangenen darf Niemandem ohne ausdrückliche Genehmigung des Polizei-Dirigenten, und nicht anders, als in der von demselben bestimmten Art gestattet werden; und der Gefangenenwärter, der in dieser Hinsicht seine Familie und Dienstboten zu vertreten hat, muß die an einen Polizei-Gefangenen eingehenden, oder von demselben geschriebenen Briefe jedesmal dem Polizei-Dirigenten einhändigen, und ohne dessen Genehmigung keinem Gefangenen Schreibmaterialien geben oder gestatten.

Es ist endlich der grobe Mißbrauch bemerkt,

9) daß zum Theil die Polizei-Dirigenten in der Visitation der Polizei-Gefängnisse so äußerst nachlässig sind; da ihnen doch die Pflicht obliegt, gedachte Gefängnisse theils selbst, theils durch ihre Unterbeamten so oft und genau als möglich zu visitiren und dadurch in denselben die gehörige Ordnung zu erhalten.

Diese Visitationen müssen wöchentlich wenigstens einmal und unerwartet erfolgen, und mit dazu benutzt werden, die Polizei-Gefangenen über das Betragen der Gefängniß-Offizianten zu befragen und nöthigenfalls, in Ansehung der letzteren, das Nähere zu veranlassen; weshalb es sich auch empfiehlt, daß die Polizei-Gefangenen bei ihrer Entlassung oder den Verhören über diese Gegenstände befragt werden.

Ew. ꝛc. ersuche ich hiernach, die Polizei-Behörden der dortigen Provinz anzuweisen, und zugleich den Kreisdirektoren und Landräthen aufzugeben, auch in dieser Beziehung die ihnen untergeordneten Städte zu kontroliren.

b. Erläuterungs-Cirkular vom 23. Juli 1817.

§. XII. zu §. 25. Den Transportaten ist ohne Genehmigung einer Polizei-Behörde auf dem Transport kein Briefwechsel zu gestatten.

c. Cirkular-Reskript des Min. des Inn. und der Polizei v. 31. Juli 1822.
(v. Kamptz Ann. Bd. VI. S. 732.)

Nachdem bemerkt worden, daß hin und wieder männliche und weibliche Sträflinge auf Transporten ohne Unterschied des Geschlechtes zusammengefesselt werden, so wird, in Gemäßheit eines Allerh. Befehles Sr. Maj. des Königs dieses in jeder Hinsicht unpassende und anstößige Verfahren hiermit für die Zukunft untersagt, und bestimmt: daß bei dergleichen Transporten die männlichen Transportaten von den weiblichen abgesondert werden.

d. Reskript des Min. des Inn. und der Polizei v. 8. September 1835. (v. Kamptz Ann. Bd. XIX. S. 803.)

Bei den in dem Bericht der Königl. Regierung (Merseburg) v. 16. v. M. angeführten Umständen, wird zur Erzielung eines gleichmäßigen Verfahrens hinsichtlich der Verpflegung der Transportanden innerhalb des dortigen Verwaltungsbezirkes hiermit angetragenermaßen genehmigt, daß solchen Transportanden lediglich Natural-Verpflegung, und zwar vor der Absendung 1½ Pfd. Brod, und nach der Ankunft eine Suppe mit noch ½ Pfd. Brod verabreicht, und diese Tagesverpflegung bis auf weitere Bestimmung mit dem festen Satz von 2 Sgr. vergütigt werde.[1])

e. Reskript des Min. des Inn. und der Polizei v. 8. Juni 1821. (v. Kamptz Ann. Bd. V. S. 403.)

Die von der Königl. Regierung (Merseburg) in Gemäßheit Ihres Berichtes v. 22. v. M. wegen des Transportes der in die Strafanstalten zu schaffenden Verbrecher getroffene Anordnung[2]) ist ganz angemessen befunden worden, und es bleibt nur noch darauf zu rücksichtigen, daß die Uebernachtung, wenn solche nicht an den gewöhnlichen Stationsorten erfolgt, wegen der bei Ermangelung eines Gefängnisses erforderlichen Bewachung nicht zur Belastung der Kommune, wo sie nunmehr hintrifft, noch zur Unsicherheit führe, oder einen unverhältnißmäßigen Aufwand erfordere ꝛc.

---

[1]) Vergl. auch das Publikandum d. Königl. Regierung zu Köln vom 3. April 1818 (v. Kamptz Ann. Bd. II. S. 407.)

Nach der bisherigen Einrichtung sollen die auf dem Transport begriffenen Gefangenen in den Gefängnissen, welche sie verlassen, die nöthige Nahrung für einen Tag, in dem Gefängnisse, wo sie ankommen, hingegen keine Nahrungsmittel erhalten.

Weil indessen die Suppe erst des Mittags an die Gefangenen vertheilt wird, so wird den Transportaten bei ihrem Abgange auch nur das Brod zu Theil, und sie erhalten mithin nach vollendetem Tagemarsche weiter keine Nahrungsmittel, welche sie doch gerade dann am meisten bedürfen.

Um diesem Uebelstande abzuhelfen, verordnen wir hierdurch im Einverständniß mit dem Königl. Ober-Präsidium, daß die transportirten Gefangenen in dem Gefängnisse, welches sie verlassen, die halbe Portion Brod, mithin ¾ Pfd., in dem Gefängnisse, wo sie ankommen, hingegen die andere Hälfte der Portion Brod und die vorschriftsmäßige Portion Suppe erhalten sollen.

Indem wir den betreffenden Behörden unseres Regierungsbezirkes die pünktliche Befolgung dieser Vorschrift zur Pflicht machen, bemerken wir zugleich, daß hiernach die Liquidationen über die Unterhaltungskosten der Gefangenen nach Maßgabe der bestehenden Kontrakte; und mit Beifügung des von der Ortsobrigkeit bescheinigten Brodpreises einzurichten sind.

[2]) Darin bestehend, daß Verbrecher aus den Gefängnissen am ersten Tage des Transports nach der Strafanstalt nie weiter als höchstens drei mäßige Meilen oder sechs Stunden, wo die Lokalität es aber gestattet, in kürzerer Entfernung geführt, und erst allmählich auf einen stärkeren Marsch vorbereitet werden.

Im Uebrigen vergl. hierüber zu §. 9.

m. Ablieferung der Transportaten.

§. 26. Der Transport ist am Stationsorte, oder, wenn derselbe nicht zu erreichen ist, an dem an seine Stelle tretenden Orte (§. 7), nicht an Unterbediente, sondern an die Polizei-Behörde abzuliefern, bei welcher der Transportführer sich zu melden, und die weiteren Bestimmungen zu gewärtigen hat. Der Transportat muß bis dahin entweder vorläufig an die Wache oder zum Arrest abgeliefert, oder von der Transportmannschaft, nöthigenfalls unter Beihülfe der Gensdarmerie, des Militärs oder der Gerichts- oder Polizei-Offizianten genau bewacht werden.

Der Transportat ist auf jeder Station vor der Ablieferung genau zu visitiren, und der Transportzettel zu revidiren, und, wenn er mangelhaft ist, zu ergänzen, wobei die, auf dem Transport etwa vorgefallenen, Veränderungen, sowie die Zeit der Ankunft und die Gründe der etwanigen Verzögerung derselben, auf dem Transportzettel, zu bemerken sind.

Wenn ein Transportat entsprungen ist, so muß darüber bei der nächsten Stations-Behörde eine Untersuchung angestellt, und die Akten demnächst der Behörde, deren Transportanten der Transportat entwichen ist, zum weiteren Verfahren (§. 20) übersandt werden [1]).

Die zum Transport gehörigen Gelder, Papiere und andere Effekten [2]) werden der Stations-Behörde abgeliefert.

---

1) Das Reskr. d. Regierung zu Arnsberg v. 27. Februar 1818 bemerkt im §. 23 zu den §§. 26 u. 32 der Instruktion:

Mit Beziehung auf §. 26 u. 32 der Instruktion wird festgesetzt, daß diejenige Stationsbehörde, bei welcher wegen eines auf dem Transport entsprungenen Verhafteten die erste Anzeige gemacht wird, die Verhandlungen über die anzustellende vorläufige Untersuchung binnen 24 Stunden an den Landrath, aus dessen Bezirk die Transportbegleiter entboten sind, übersenden muß.

Letzterer wird seinerseits nicht allein der absendenden Behörde sofort Nachricht geben, sondern auch Behufs der Wiederhabhaftwerdung des Entwichenen die nöthigen Steckbriefe und Bekanntmachungen unverzüglich erlassen, und die Akten binnen 24 Stunden an das kompetente Gericht zum weiteren Verfahren befördern. Erst wenn die Gerichte nach geschlossener Untersuchung finden, daß die Sache nur zur polizeilichen Ahndung angethan ist, wird der betreffende Landrath die Strafe festsetzen.

2) Unter anderen die Beweisgründe, worauf bei Ausländern der Transport konventionsmäßig gegründet ist.

(Conf. Cirk.-Reskript d. Minist. d. Inn. u. d. Polizei v. 21. Oktober 1819 (v. Kamptz Ann. III. S. 967) und Publikandum der Königl. Regierung zu Minden v. 28. Oktober 1826 (v. Kamptz Ann. X. S. 1106) zum §. 8 des Reskripts v. 23. Juli 1817 u. §§. 1 u. 2 d. Reskripts v. 3. Oktober 1818 unter §. 15.)

Bei Uebergabe von Militair-Deserteurs müssen nach den verschiedenen Konventionen, außer einem über deren Aussage aufgenommen Protokoll, die bei ihnen vorgefundenen Pferde, Sättel, Armatur- und Montirungsstücke 2c. mit abgegeben werden.

(Conf. die Kartell-Konventionen im Theil II. des Werkes.)

Dieselbe erstattet in Gemäßheit der Bestimmungen des §. 14 die bis dahin aufgelaufenen Transportkosten der nächsten Stations-Behörde gegen Quittung des Transportführers und liquidirt sie auf die obgedachte Art der nach ihr folgenden Behörde.

Sie giebt endlich dem Transportführer über die Ablieferung der Transportaten, Akten, Gelder und Effekten einen Empfangschein, und bemerkt auf demselben die Stunde der Ankunft und Abfertigung.

n. Bewachung.

§. 27. Die Stations-Behörde muß für die sichere und angemessene Bewachung des Transportaten Sorge tragen: sie geschieht in Gemäßheit des Direktorial-Reskriptes vom 12. März 1805 in den Nachtquartieren, der Regel nach in den Civil-Gefängnissen, in Garnison-Städten erforderlichen Falles unter Konkurrenz des Militärs, in unbequartirten Orten aber auf die, dort übliche Art der Bewachung der Gefangenen.

Gefährliche Verbrecher sind aber in Kriminal-Gefängnissen aufzubewahren.

a. Cirkular-Reskript des General-Direktorii v. 12. März 1805. (Jahrb. Bd. 7 S. 326.)

§. 2. Zur Unterbringung und Bewachung der Verbrecher in den Nachtquartieren werden in der Regel die Civilgefängnisse benutzt, und die Verbrecher bei ihrer Ankunft in den Nachtquartieren den Civilbehörden übergeben, auch von diesen an solchen Orten, wo keine Garnison ist, die Bewachung allein, in Garnisonsstädten aber mit Konkurrenz des Militärs veranstaltet.

b. Reskript des Polizei-Ministerii v. 10. April 1817.

Nachdem des Herrn Kriegsministers Excellenz auf meinen Antrag das Königl. General-Kommando im Herzogthum Sachsen ersucht hat, in den Fällen, wo gefährliche Arrestaten eine besonders sorgfältige Bewachung in den Nachtquartiren nothwendig machen, solche in den Garnisonorten, auf erfolgte Requisition der Orts-Polizeibehörde durch Ausstellung einer Nachtpost von Seiten des Militärs zu veranstalten, und demgemäß die untergeordneten Truppentheile zu instruiren, so veranlasse ich Ew. Excellenz und die Königl. Regierung (Erfurt) die betreffenden Polizeibehörden hiervon in Kenntniß zu setzen.

c. Erläuterungs-Cirkular v. 23. Juli 1817 [1]).

§. XIII. zu §. 27. In Gemäßheit des Cirkulars des Polizei-Ministerii vom 31. Januar d. J. [2]) sollen die, mit Transportaten auf Transport ge-

---

[1]) Gleichlautend mit §. 12 des Reskripts der Regierung zu Arnsberg v. 27. Febr. 1818 a. a. O.

[2]) Siehe unter lit. e. dieses Paragraphen.

gebenen Kinder auf demselben nicht mit in die Gefängnisse abgeliefere, sondern während der gefänglichen Verwahrung ihrer Eltern oder anderen Angehörigen auf andere angemessene Art am Orte untergebracht werden; im Fall jedoch, daß Mütter mit noch an die Brust liegenden Kindern transportirt werden, können die Polizeibehörden, nach den eintretenden Verhältnissen, und, wenn dem Säugling die Entziehung der gewohnten mütterlichen Sorgfalt und Nahrung nachtheiliger, als der Mitaufenthalt im Gefängniß sein würde, hiervon eine Ausnahme zu machen; sie müssen aber allemal strenge darauf sehen, daß der Mutter entweder ein anderer Bewachungsort als ein Gefängniß, oder wenn dies ganz unzulässig sein sollte, eine gesunde Gefängnißstube angewiesen werde. Nach gleichen Grundsätzen ist in Ansehung kranker Kinder zu verfahren.

d. Cirkular-Reskript des Min. des Inn. v. 27. September 1816. (v. Kamptz Jahrb. Bd. 8 S. 304 Nr. 50.)

Es kommt oft der Fall vor, daß zugleich mit Personen, welche als Verbrecher oder wegen umherschweifender Lebensart eingezogen worden sind, auch Kinder aufgegriffen, und an die Gefängniß-Anstalten abgeliefert werden.

Nun ist aber die Mitaufnahme solcher Kinder und deren Einsperrung in die Gefängnisse ganz unzulässig, und es liegt den Behörden, an welche die Einlieferung erfolgt ist, vielmehr ob, sofort für deren Unterbringung und Erziehung entweder bei Anverwandten oder in öffentlichen Instituten oder sonst auf angemessene Art Sorge zu tragen. Indeß sind auch Fälle vorgekommen, wo man hierbei auf der anderen Seite zu weit gegangen ist, und selbst Kinder, die noch an der Mutterbrust gelegen haben, davon, ohne Rücksicht ihres Zustandes getrennt und in fremde Pflege gegeben hat. Da ein Verfahren dieser Art, wodurch dem Säuglinge die gewohnte mütterliche Pflege und Nahrung plötzlich entzogen wird, für denselben weit nachtheiligere Folgen als der Mitaufenthalt im Gefängniß hervorbringen kann, so wird die Königl. Regierung, in Gemäßheit des mit des Herrn Justizministers Excellenz hierüber getroffenen Einverständnisses, angewiesen: in den Fällen, wenn mit den Müttern zugleich Kinder eingeliefert werden, die noch an der Brust liegen, nach den eintretenden Umständen Bestimmung zu fassen,

„ob solche ohne zu erwartenden Nachtheil von der Mutter getrennt werden können, oder ob es zweckmäßiger ist, solche in der mütterlichen Pflege noch so lange zu lassen, als ihnen die Brust gereicht wird,"

wobei darauf zu sehen ist, daß dergleichen Personen Gefängnißstuben, die einen gesunden Aufenthalt gewähren, angewiesen erhalten, auch bei ihrer übrigen Behandlung alle thunliche Rücksicht auf ihren Zustand genommen werde. [1])

---

[1]) Publikandum d. Königl. Regierung zu Danzig v. 26. März 1822 (v. Kamptz Ann. Bd. VI. S. 164.)

Aus den Personallisten der Strafanstalten zu Graudenz ist ersehen worden, daß mehrere Mütter, welche zur Haft in diese Anstalt verurtheilt worden, ohne Rücksicht auf die nach Anordnung des hohen Ministerii des Innern und der Justiz (Reskr. v. 27. Sep-

e. Cirkular-Reskript des Königl. Polizei-Minist. v. 31. Januar 1817. (v. Kamptz Bd. I. S. 203 Nr. 135.)

Der Königl. Regierung eröffne ich hiermit, daß die — derselben von des Herrn Ministers des Innern Excellenz unterm 27. Sept. v. J. eröffnete, mit dem Königl. Justizministerium in Absicht der Mitaufnahme der Säuglinge in die Justiz-Gefängnisse — gefaßte Bestimmung, auch in Ansehung der von den Polizeibehörden arretirten Personen und ressortirenden Gefängnisse, Anwendung finden soll.

Ich veranlasse daher die Königl. Regierung, die ihr untergeordneten Polizeibehörden hiernach anzuweisen.

f. Reskript des Königl. Min. des Inn. v. 11. März 1822. (v. Kamptz Ann. Bd. VI. S. 161 Nr. 84.)

Die Vorschläge der Königl. Regierung (Merseburg) im Berichte vom 9. Januar d. J., in Ansehung der zu treffenden Vorkehrungen bei der Aufnahme solcher weiblichen Sträflinge, welche Kinder an der Brust nähren, in die Strafanstalten, sind ganz angemessen befunden worden, und, indem dieselbe zur Ausführung hiermit autorisirt wird, erhält Sie zur Nachricht im Anschlusse Abschrift der, auf diesseitige Veranlassung von des Herrn Justiz-

---

tember 1816) v. 10. Oktober 1816 erlassene Verfügung (Amtsbl. 1816 S. 177 mit ihren zum Theil halb erwachsenen Kindern eingebracht werden.

Wenngleich die Alimente dieser Kinder den betreffenden Gerichtsbehörden und Kommunen zur Last fallen, so veranlaßt doch der Aufenthalt solcher Kinder in der Anstalt so viele Störung in der Hausordnung, und leidet der Zweck der Verurtheilung und das Anhalten der Mütter zur Strafarbeit so sehr, daß wir den sämmtlichen Unterbehörden die vorerwähnte Verordnung hiermit aufs Ernstlichste in Erinnerung bringen müssen.

Da der Transport der Sträflinge in die Anstalt durch die Polizeibehörden erfolgt, so werden diese angewiesen, kein entwöhntes Kind einer zur Strafanstalt verurtheilten Mutter zum Transport von irgend einem Untergericht oder Königl. Inquisitoriat annehmen, sondern dergleichen Ansinnen ablehnen.

Säuglinge sollen zwar bei der Mutterbrust bleiben, jedoch mit der Einschränkung, daß dieses nur in Absicht der sechs Monat alten Säuglinge, im Fall deren Alter durch ein Taufzeugniß nachgewiesen werden, unbedingt geschehen soll. Bei allen Säuglingen, die über sechs Monat alt sind, bedarf es der im hohen Reskript des Ministerii des Innern vom 27. September 1816 angeordneten einzelnen Prüfung, ob das individuelle Verhältniß des Gesundheitszustandes des Kindes oder der Mutter den längeren Genuß der Mutterbrust unentbehrlich machen; und es ist in dem Falle, daß dies wirklich nothwendig wäre, ein Attest eines approbirten Arztes zu erfordern und mit demselben die Nothwendigkeit der Einsendung der Säuglinge, die über sechs Monate alt sind, nachzuweisen. Die Herren Aerzte bleiben für diese Zeugnisse unverantwortlich. Auch kranke Kinder oder deren Mütter sind nicht zum Transport anzunehmen, indem dieselben nur das Lazareth der Strafanstalt überfüllen, und sich die Bestrafung der Mutter dann nicht einleiten läßt.

Sollte einer Behörde unseres Regierungsbezirkes bei Einleitung eines Transportes einer zur Strafanstalt verurtheilten Mutter diese Anordnung nicht beachten, so werden dergleichen Kinder auf Kosten der Behörde zurückgesandt, und derselben die Berechnung mit dem betreffenden Untergericht übertragen werden.

Uebrigens ist die Inspektion der Strafanstalt angewiesen worden, alle Kosten der Sträflingskinder, die sich in der Anstalt befinden, oder auf deren Kosten in Pflege untergebracht worden sind, zu liquidiren, und wir behalten uns vor, deren Erstattung von den Behörden einzuziehen, welche dieselben den mehrerwähnten Verordnungen entgegen eingesendet haben.

ministers Excellenz an das Königl. Ober-Landesgericht zu Naumburg unterm 1. d. M. deshalb ergangenen Verfügung.

Anlage a.

Das Königl. Ministerium des Innern hat dem Justizminister die zwischen dem Königl. Ober-Landesgericht und der Königl. Regierung zu Merseburg, in Betreff der Aufnahme der unverehelichten N. mit ihrem säugenden Kinde in die Strafanstalt zu N. stattgefundenen Korrespondenz mitgetheilt und dabei die Ansicht der Regierung unterstützt. Der letzteren beizutreten findet auch der Justizminister kein Bedenken. Die von dem Königl. Ober-Landesgericht in dem Schreiben vom 21. Dec. v. J. aufgestellten Grundsätze können nicht für richtig anerkannt werden. Zuvörderst bezieht sich die Verfügung des Königl. Ministerii des Innern vom 27. Sept. 1816, auf welche das Kollegium unterm 9. ejusd. verwiesen worden, nicht auf die Strafanstalten, sondern nur auf die Gefängnisse. Was die ersteren betrifft, so verbietet §. 566 der Kriminal-Ordnung ausdrücklich die Ablieferung von Kindern der Gefangenen; und nach §. 536 [1]) der Kriminal-Ordnung soll die Ablieferung einer Mutter, welche ein säugendes Kind hat, so lange ausgesetzt bleiben, bis nach dem Urtheile des Arztes das Kind von der Mutter getrennt werden kann, und das erstere von der Polizeiobrigkeit des Ortes untergebracht ist.

Hiernach hat das Königl. Ober-Landesgericht in künftigen Fällen zu verfahren.

Berlin, den 1. März 1822.

Der Justiz-Minister.

e. Weiterer Transport.

§. 28. Jede Stations-Behörde muß den Transportaten ehebaldigst weiter befördern, und dabei das bisher angeführte Verfahren, soweit es sich nicht auf die erste Behörde beschränkt, von Station zu Station befolgt werden.

In Ansehung der Zeit der weiteren Absendung ist zwar auf die Gesundheit des Transportaten, die Menge derselben und andere Verhältnisse zu sehen; möglichste Beschleunigung derselben muß indeß die Regel sein.

---

1) Allgemeine Kriminal-Ordnung für die Preußischen Staaten Bd. I. §. 536. Sobald ein Erkenntniß rc. rechtskräftig geworden ist, so muß dasselbe, insofern nicht in der Person des Verurtheilten sich Veränderungen ereignen, welche bis dahin dem erkennenden Richter unbekannt waren (bei Schwangerschaft, Krankheit rc.) und also der Einziehung neuer Verhaltungsbefehle bedürfen, unverzüglich zur Vollstreckung gebracht werden.

§. 566. Auch ist dahin zu sehen, daß keine, Krankheitswegen zur Arbeit unfähige Personen, Schwangere und Kinder der Gefangenen an den Strafort mit abgeliefert werden.

p. Ablieferung am Bestimmungsort.

§. 29. Der Transportat wird mit den Geldern, Papieren und Effekten am Bestimmungsorte an diejenige Behörde abgeliefert, welche zu seiner Annahme verbunden ist, oder an Diejenigen, welche sie zur Empfangnahme des Transportaten an der Grenze oder sonst, entgegengeschickt haben sollte.

Ueber die richtige Ablieferung des Transportaten wird auf dem Transportzettel quittirt, und in Ansehung der Erstattung der Transportkosten in Gemäßheit der Bestimmungen des §. 14 verfahren.

Kap. XIV. Allgemeine Bestimmungen.

a. Befolgung der Requisition der Transporte.

§. 30. Die Transporte müssen allenthalben von Jedermann, besonders aber von den Obrigkeiten und Schulzen, mit gehöriger Achtung aufgenommen, die Requisitionen des Transportführers mit Willigkeit und Schnelligkeit erfüllt und überhaupt den Transporten allenthalben Hülfe und Beistand geleistet werden [1]).

Die Transport-Begleiter müssen dagegen sich bescheiden betragen, zu keinen gegründeten Beschwerden Veranlassung geben, widrigenfalls aber ernstlich bestraft werden.

b. Transport-Anweisungen.

§. 31. Die Regierungen haben zu veranlassen, daß die Transporteurs mit genauen Vorschriften über das, auf Transporten zu beobachtende Verfahren versehen und damit bekannt gemacht werden [2]).

a. Anweisung der Königl. Regierung zu Arnsberg v. Februar 1818. (v. Kamptz Ann. Bd. II. S. 108.)

§. XXVI. Von der ministeriellen Instruktion und dieser Anweisung wird den Herren Landräthen eine hinlängliche Anzahl von Exemplaren zugefertigt werden, um damit die ihnen untergeordneten Bürgermeister, Orts-Vorstände, Schulzen und sonstige Polizeibehörden, ingleichen die Offiziere der Königl. Gensdarmerie und die Landsturms-Oberen, und endlich sämmtliche anzusetzende Transportführer zu versehen.

Den letzteren und den versammelten Transport-Begleitern eines jeden

---

1) Vergl. §. 12 der Anweisuug der Königl. Regierung zu Arnsberg v. 27. Februar 1818 a. a. O. zum §. 9.

2) Vergl. Reskript d. Minist. d. Polizei nebst Instruktion v. 21. Aug. 1817 (v. Kamptz Ann. Bd. I. S. 166) und Reskript d. Ministerii d. Innern u. d. Polizei v. 10. December 1835 (v. Kamptz Ann. Bd. XIX. S. 1076) zu §. 18 der General-Instruktion.

Stationsortes soll außerdem der Inhalt durch öffentliche Vorlesung der sie betreffenden Stellen bekannt gemacht, ihnen dabei wegen ihrer verschiedenen Obliegenheiten und ihrer Verantwortlichkeit Belehrung geschehen, und, daß dieser Vorschrift genügt worden, unter dem auszuhändigenden Exemplare bemerkt, auch künftig den Transportbegleitern das von ihnen bei dem Transport zu beobachtende Betragen von den Transportführern jedesmal vorher in Erinnerung gebracht werden.

b. Publikandum der Königl. Regierung zu Bromberg v. 8. März 1819. (v. Kamptz Ann. Bd. III. S. 195 Nr. 116.)

Das Resultat des Verzeichnisses der im vorigen Jahre entwichenen Kriminal-Verbrecher macht es dringend nöthig, alles anzuwenden, um durch angemessene Vorkehrungen und durch strenge Bestrafung der nachlässigen Gefangenwärter und Begleiter das Entweichen der Gefangenen zu hindern.

Sämmtliche Polizeibehörden des hiesigen Departements werden daher angewiesen, die Wächter und Begleiter bei Uebergabe der Arrestaten jedesmal zu warnen und an die Strafe zu erinnern, die ihrer Fahrlässigkeit ungesäumt folgen soll.

c. Bestrafung der Nachlässigkeiten und Vergehen.

§. 32. Diese und die im §. 31 gedachten und übrigen Instruktionen müssen mit der größten Pünktlichkeit auf das Strengste befolgt werden; die geringste Vernachlässigung der, darin enthaltenen Vorschriften ist mit angemessener Strafe zu beahnden und bei grober Nachlässigkeit, Begünstigung und Kollusionsfällen kriminalrechtlich zu verfahren.

Neben den hiernach administratorisch oder kriminalrechtlich zu erkennenden Strafen verlieren diejenigen Transporteurs, welche einen Transportaten auf dem Transport haben entspringen lassen, wenn ihnen auch nur der allergeringste Grad von Fahrlässigkeit zur Last fällt, die etwa statthabenden Transport-Gebühren und müssen die, auf die Wiedererhaltung des entsprungenen Transportaten verwandten Kosten, Prämien u. s. w. tragen, auch, dem Befinden nach, ihrer Obrigkeit die von derselben verlegten, aber ihr nicht wieder zu erstattenden (§. 14) Transportkosten ersetzen; überdem sind nachlässige Transporteurs von ferneren Transporten auszuschließen, und auf ihre Kosten durch zuverlässige Stellvertreter zu ersetzen.

Obrigkeiten, welche unfähige oder nachlässige Transporteurs stellen, sind mit angemessenen Ordnungsstrafen zu belegen, und, dem Befinden nach, strenger zu bestrafen und in die, durch die Entweichung entstandenen, Schäden und Kosten zu verurtheilen [1]).

---

1) Vergl. auch §. 23 des Reskriptes der Regierung zu Arnsberg vom 27. Februar 1817 (Anm. II. S. 118) zu §. 26 der General-Instruktion.

a. Strafgesetzbuch v. 14. April 1851. (A. L. R. Th. II. Tit. 20 §. 160.)

§. 95. Wer vorsätzlich einen Gefangenen, dessen Aufbewahrung, Begleitung oder Bewachung ihm anvertraut ist, entweichen läßt, oder dessen Befreiung bewirkt oder befördert, wird mit Gefängniß von 14 Tagen bis zu drei Jahren bestraft.

b. Anweisung der Königl. Regierung zu Arnsberg v. 28. Februar 1818. (v. Kamptz Ann. Bd. II. S. 108.)

Ist die Entweichung nur durch Fahrlässigkeit veranlaßt worden, so tritt Gefängniß bis zu sechs Monaten oder in Fällen geringerer Verschuldung Geldbuße bis zu 50 Thalern ein.

c. Reskript des Min. des Inn. und der Polizei v. 14. März 1823. (v. Kamptz Ann. Bd. VII. S. 123 Nr. 72.)

§. XXIII. Erst wenn die Gerichte nach geschlossener Untersuchung finden, daß die Sache nur zur polizeilichen Ahndung angethan ist, wird der betreffende Landrath die Strafe festsetzen.

Der Königl. Regierung eröffne ich hiermit auf den Bericht vom 30. November v. J., wegen der in die Erkenntnisse gegen fahrlässige Transporteurs aufzunehmende Bestimmung über die Erstattung der aufgelaufenen Verpflegungs- ꝛc. Kosten: daß das Königl. Justizministerium auf meinen Antrag das Ober-Appellationsgericht zu Posen [1]) angewiesen hat, die Requisition der Königl. Regierung zu genügen und die Landgerichte und die Inquisitoriate dahin zu instruiren:

---

[1]) Reskr. d. Justiz-Minist. v. 31. December 1822 (v. Kamptz Jahrb. Bd. 21. S. 331; Graeff Bd. S. 330.)

Ew. Excellenz beehre ich mich, in der urschriftlichen Anlage, mit der Bitte um geneigte Rücksendung, einen Bericht der Regierung zu Bromberg ganz ergebenst mitzutheilen, in welchem dieselbe um die Anweisung der betreffenden Gerichtsbehörden bittet,

> daß in den Fällen, wo die Entweichung von Transportaten Gegenstand eines richterlichen Erkenntnisses wird, dem letzteren zugleich eine Bestimmung über die Verpflichtung der Transporteurs, zur Tragung des §. 32 der Transportkosten v. 16. September 1816 gedachten Kosten beigefügt werde.

Da dieser Antrag gegründet erscheint, so ersuche ich Ew. Excellenz ganz ergebenst, demgemäß das Erforderliche an die betreffenden Gerichtsbehörden geneigtest verfügen zu wollen.

β. Reskr. d. Minist. d. Justiz v. 3. März 1823 (v. Kamptz Jahrb. Bd. 21 S. 331. Graeff Bd. I. S. 330.)

Mit dem Berichte des Königl. Ober-Appellationsgerichts vom 3. Februar c., über den Antrag der Regierung zu Bromberg wegen der in den Erkenntnissen gegen fahrlässige Transporteurs aufzunehmenden Verpflichtung zur Tragung der aufgelaufenen Transportkosten, kann der Justizminister sich nicht einverstanden erklären.

Nach Vorschrift des Allg. Landrechts Th. II. Tit. 20 §. 160 wird die Strafe derjenigen Transportanten, welche beim Transport der Verbrecher ihre Pflicht versäumt, sechsmonatliches Gefängniß nicht übersteigen, folglich die gegen sie einzuleitende Untersuchung, wenigstens in der Regel, nach der Prozeßordnung Tit. 35 §. 34. 1 immer nur eine fiskalische sein. In solchen Fällen kann zugleich auf Schadenersatz mit erkannt werden, und da dies alsdann zur Beschleunigung allerdings gereichen kann, so kann die Requisition der Regierung nicht abgelehnt werden, vielmehr sind die Landgerichte und Inquisitoriate danach zu instruiren.

daß sie in die Straferkenntnisse gegen fahrlässige Transporteurs zugleich die Bestimmung darüber mit aufnehmen, in wiefern die Beschuldigten zur Tragung der im §. 32 2c. der Transport-Instruktion vom 16. Sept. 1816 bestimmten Kosten verpflichtet sind.

Dieser Verfügung ungeachtet wird die Königl. Regierung wohlthun, von Ihrem Rechte zur Abfassung eines Resolutes in solchen Fällen Gebrauch zu machen, weil dies immer geschehen kann, als die Beendigung und Entscheidung der gerichtlichen Untersuchung, auch die wenigsten Transporteurs von den gegen das Resolut stattfindenden Rechtsmittel Gebrauch machen dürften.

d. Transport-Kontrolle.

§. 33. Den Landräthen und Kreis-Behörden liegt ob, die ihnen untergeordneten städtischen, Amts- und Dorf-Behörden, sowie die Schulzen, in Beziehung auf die Transporte genau zu kontrolliren, und die dabei bemerkten Vernachlässigungen und Pflichtwidrigkeiten ohne alle Nachsicht entweder selbst zu rügen oder der vorgesetzten Regierung zum Zweck der Bestrafung anzuzeigen, widrigenfalls sie selbst sich verantwortlich machen.

Auch die Regierungen haben hierbei mit Strenge unnachsichtlich zu verfahren und mit dem Schlusse eines jeden Vierteljahres zum Polizei-Ministerii ein Verzeichniß der in ihrem Departement auf Transporten entsprungenen Verbrecher, Landstreicher und Arrestaten einzureichen, und auf demselben die Behörden und die Transporteurs, die dabei nachlässig gewesen, sowie die gegen beide verhängten Strafen zu bemerken, diese Bemerkung aber in den folgenden Verzeichnissen nachzuholen, wenn die Strafe am Schlusse des Quartals noch nicht hat erkannt werden können.

a. Erläuterungs-Cirkular v. 23. Juli 1817.

Zur Beförderung der Transportkontrolle und besseren Uebersicht der näheren Verhältnisse der vorgefallenen Transporte, über welche nachher oft mit Sicherheit keine Auskunft mehr zu erhalten ist, muß jede Behörde nach dem unter II. anliegenden Formular ein Transport-Journal halten.

b. Cirkular-Reskript des Polizei-Ministerii v. Oktober 1818.

§. VI. Die in der General-Transport-Instruktion vom 16. September 1816 vorgeschriebene, vierteljährliche Anzeige der geschehenen Entweichungen von Transportaten kann unterbleiben, wenn in dem abgelaufenen Quartale keine Fälle dieser Art vorgekommen sind. 1)

---

1) Dasselbe hatte schon das Cirkular-Reskript des Königl. Polizei-Ministerii vom 22. April 1818 (v. Kamptz Ann. Bd. II. S. 403) vorgeschrieben.

Anlage II.

Transport-Journal des (Name der Polizei-Behörde) vom 1. Januar bis zum 31. December 18 . .

Laufende Nummer: Nr. der am Orte ausgefertigten Transportzettel.	Laufende Nummer: Nr. des Visa auf auswärtigen Transportzetteln.	Datum der Ausfertigung des Transportzettels oder des Visas eines auswärtigen Transportzettels.	Namen und Stand des Transportaten.	Ursache des Transports. Bei den blos durchgehenden Transporten wird bemerkt: ist wegen ꝛc. mit Transportzettel d. d. ꝛc. hier angekommen.	Tag und Stunde der Ankunft des fremden Transportes.	Tag u. Stunde des Abgangs des Transportes.	Namen des Transportführers.	Namen der Begleiter.	Verzeichniß der mitgegebenen Effekten.	Betrag der mitgegebenen Transportkosten.	Art des Transports, ob zu Fuß, Wagen ꝛc.	Sicherheits-Maßregeln beim Transport.	Transportstraße.	Behörde an welche Transportat vom hiesigen Transportführer abzuliefern ist.	Bestimmungsort des Transportaten.	Verzeichniß der Akten, welche über den Transportaten sprechen.	Bemerkungen.

Anlage II.

Verzeichniß von den während des Vierteljahrs (vom 1. . . . . bis . . . .) auf dem Transporte entsprungenen Verhafteten.

Laufende Nummer.	Vor- und Familien-, auch etwaige Beinamen des Entsprungenen.	Dessen Geburts- und letzter bekannter Wohnort.	Ursachen des Transportes.	Wann und von welcher Behörde solcher angeordnet worden.	Tag der Entweichung.	Auf welcher Transport-Station solche erfolgt ist.	Welche Maßregeln Behufs der Wiederergreifung des Entwichenen getroffen worden, und welchen Erfolg sie gehabt haben.	Ursachen und Umstände der Entweichung und wer solche verursacht hat.	Ob und wem dabei eine Nachlässigkeit oder absichtliche Pflichtvergessenheit zur Last fällt.	Wie solche bestraft worden ist.	Bemerkungen.

c. Cirkular-Reskript des Königl. Polizei-Ministerii v. 31. Mai 1819. (v. Kamptz Ann. Bd. III. S. 476.)

Da die früher bei den Tansporten der Vagabonden hin und wieder vermißte Ordnung gegenwärtig, wie das Polizei-Ministerium gern bemerkt hat, und insonderheit die Fälle des Entspringens der Transportaten auf den Transporten immer seltener werden, so wird hierdurch nachgegeben, daß die Königl. Regierung die deshalb einzureichenden Berichte nur halbjährlich erstattet, wobei ich jedoch voraussetze, daß dieselbe die Aufsicht über diesen Gegenstand mit der bisherigen Aufmerksamkeit fortführen wird.

d. Reskript der Königl. Regierung zu Arnsberg v. 27. Februar 1818. (v. Kamptz Ann. Bd. II. S. 119.)

§. XXV. Auch haben die Landräthe fernerhin vierteljährlich, nämlich den 1. April, 1. Juli, 1. Oktober und 1. Januar, ein namentliches Verzeichniß von den im vorhergehenden Vierteljahre den Transportbegleitern in ihrem Kreise auf dem Transporte etwa entsprungenen Verhafteten nach dem unter II. anliegenden Schema aufzustellen, bei Vermeidung einer Ordnungsstrafe von 1 Thaler prompt hier einzureichen.

e. Provinzial-Instruktion.

§. 34. Den Regierungen wird überlassen, die gegenwärtige Instruktion für ihr Departement durch besondere Instruktionen zu ergänzen, als in welchem Fall Abschrift derselben zum Polizei-Ministerium einzureichen ist [1]).

Berlin am 16. September 1816.

Königliches Polizei-Ministerium.

In Abwesenheit Sr. Durchlaucht des Polizei-Ministers.

(gez.) Kamptz.

---

1) Eine solche ergänzende Instruktion hat erlassen:
Die Königl. Regierung zu Arnsberg unterm 27. Februar 1818 (v. Kamptz Ann. Bd. II. S. 108.)
Dagegen erhalten die Publikante
der Regierung zu Marienwerder v. 18. Mai 1820 (v. Kamptz Ann. Bd. IV. S. 183.)
der Regierung zu Merseburg v. 28. August 1821 (v. Kamptz Ann. Bd. V. S. 673)
der Regierung zu Koblenz v. 19. Oktober 1822 (v. Kamptz Ann. Bd. VI. S. 948) u. s. w.
nur Wiederholungen einzelner Vorschriften der General-Transport-Instrukton und der ministeriellen Erläuterungen derselben mit der Anweisung strenger Befolgung.

Anlage A. zu Kap. IX. V.

Nachweisung

der Entfernungen zwischen den Stationsorten auf den verschiedenen Dampfboot-Koursen im Preußischen Staate und auf einigen anschließenden Koursen in den Nachbar-Staaten.

Inhalts-Verzeichniß.

(Die im Auslande liegenden Stationen sind mit * bezeichnet.)

Stationen	Entfernung in Meilen		Stationen	Entfernung in Meilen	
	einzeln	im Ganzen		einzeln	im Ganzen
1. Straßburg-Mainz.			**2. Mainz-Coblenz.**		
Straßburg*	—	—	Mainz*	—	—
Freistadt*	2½	2½	Bieberich*	½	½
Iffelsheim*	3¼	5¾	Walluf*	¾	1¼
Lauterburg*	3	8¾	Eltville*	½	1¾
Neuburg*	¾	9½	Oestrich u. Freiweinhaim*	1	2¾
Darlanden*	¾	10¼	Geysenheim*	¾	3½
Knielingen*	1¼	11½	Rüdesheim*	¼	3¾
Germersheim*	5½	17	Bingen*	¼	4
Philippsburg*	1¾	18¾	Niederrheinbach und Lorch	1½	5½
Speyer*	2¼	21	Bacharach	½	6
Mannheim*	3½	24½	Caub*	½	6½
Worms*	4¼	28¾	Oberwesel	½	7
Rheindürkheim*	1	29¾	St. Goarshausen* und		
Gernsheim*	1½	31¼	St. Goar	¾	7¾
Oppenheim*	3¾	35	Camp*	1½	9¼
Mainz*	1¼	36¼	Boppard*	¼	9½

Stationen	Entfernung in Meilen einzeln	Entfernung in Meilen im Ganzen
Niederspey u. Braubach*	1¼	10¼
Oberlahnstein*	½	11¼
Capellen	¼	11½
Coblenz	¾	12¼
3. Coblenz-Cöln.		
Coblenz*	—	—
Engers	1¼	1¼
Neuwied	1	2¼
Andernach	¾	3
Brohl	1	4
Breisig und Höningen	½	4½
Linz	¾	5¼
Remagen	½	5¾
Unkel	¼	6
Rolandseck	¾	6¾
Königswinter	½	7¼
Plittendorf	¼	7½
Bonn	1	8½
Widdig	1¾	9¾
Weßlingen	¾	10½
Porz	1¼	11¾
Cöln	1¼	13
4. Cöln-Emmerich.		
Cöln	—	—
Mülheim	½	½
Hittorf	1¾	2¼
Worringen	½	2¾
Zons	1¼	4
Urdenbach und Wenrath	½	4½
Grünlinghausen	1¾	6¼
Düsseldorf	1¼	7½
Kaiserswerth	1½	9
Uerdingen	1	10
Werthaus Fähre, Duisburg	1½	11½
Ruhrort	¾	12¼
Orsoy	1½	13¾
Wesel	3	16¾
Xanten	1¼	18
Rees	1¾	19¾
Grieth	1	20¾
Emmerich	1	21¾
5. Emmerich-Rotterdam (p. Arnheim.)		
Emmerich	—	—
Lobith*	1½	1½
Pannerden*	1	2½
Huissen	1	3½
Arnheim*	¾	4¼
Heteren*	1½	5¾
Wageningen*	1	6¾
Rehnen*	1	7¾

Stationen	Entfernung in Meilen einzeln	Entfernung in Meilen im Ganzen
Eck en Wiel u. Amerongen*	1¼	9
Wyck by Dunerstede*	1½	10½
Beusichem*	½	11
Kuglersburg*	1	12
Vianen u. Vreswyck*	1½	13½
Tienhoven u. Ameide*	1½	15
Schonhoven u. Nieuwport*	1	16
Leckerkerk*	2	18
Krimpen*	½	18½
Rotterdam*	1½	20
6. Emmerich-Rotterdam (p. Nymwegen).		
Emmerich	—	—
Nymwegen*	4½	4½
Druiten*	2	6½
Thiel*	1½	8
Dreumel	½	8½
Barik*	1	9
Bommel*	1½	10½
Gorkum*	2¾	13¼
Dortrecht*	3	16¼
Krimpen*	1½	17¾
Rotterdam*	1½	19¼
7. Coblenz-Trier.		
Coblenz	—	—
Lay	1	1
Winningen	½	1½
Niederfall oder Gondorf	¾	2¼
Alken	¾	3
Brodenbach	¼	3¼
Hatzenport	¼	3½
Moselkern	¾	4¼
Carden	¾	5
Treis	¼	5¼
Clotten	1	6¼
Cochem	½	6¾
Beilstein	1¼	8
Mesenick	¾	8¾
Ediger	¾	9½
Alf oder Bullay	1¼	10¾
Zell	¾	11½
Pünderich	¾	12¼
Reil	½	12¾
Enkirch	¾	13½
Trarbach oder Traben	½	14
Croef	¾	14¾
Uerzig	1	15¾
Zeltingen	½	16¼
Bernkastel	¾	17
Lieser	½	17½
Kesten	¾	18¼
Piesport	¼	18½
Neumagen	1½	20

Stationen	Entfernung in Meilen einzeln	Entfernung in Meilen im Ganzen
Trittenheim	½	20 ½
Leiwen	¼	20 ¾
Mehring	1 ¾	22 ½
Schweig	¾	23 ¼
Trier	2	25 ¼
8. Han. Münden-Bremen.		
Münden*	—	—
Beckerhagen*	1 ⅝	1 ⅝
Bodenfelde*	2 ⅞	4 ½
Carlshafen*	1 ⅝	6 ⅛
Beverungen	1	7 ⅛
Hörter	2 ⅛	9 ¼
Holzminden*	1 ⅝	10 ⅞
Polle*	1 ¾	12 ⅝
Bodenwerder*	2 ⅛	15
Grohnde*	1 ½	16 ½
Ohsen*	⅝	17 ⅛
Hameln*	1 ¼	18 ⅜
Oldendorf*	1 ½	19 ⅞
Rinteln*	2 ¼	22 ⅛
Erder*	1 ¾	23 ⅞
Blotho	¾	24 ⅝
Rehme	¾	25 ⅜
Minden	1 ¾	27 ⅛
Petershagen	1 ⅝	28 ¾
Schlüsselburg	3	31 ¾
Stolzenau*	¾	32 ½
Nienburg*	3 ⅝	35 ⅞
Hoya	4 ⅜	40 ¼
Hulbergen*	3 ⅛	43 ⅜
Dreye*	4 ⅝	48
Bremen	1 ⅝	49 ⅝
9. Magdeburg-Hamburg.		
Magdeburg	—	—
Rogaetz	4	4
Bittkau	3	7
Tangermünde	3	10
Arneburg	2	12
Sandau	2	14
Havelberg	1 ½	15 ½
Werben	1 ½	17
Wittenberge	4 ½	21 ½
Schrackenburg*	3	24 ½
Lenzen	2	26 ½
Dömitz*	3	29 ½
Hitzacker*	3	32 ½
Bleckede	4	36 ½
Boitzenburg*	2	38 ½
Lauenburg*	1 ½	40
Hamburg*	8	48
10. Frankfurt a. d. O.-Stettin.		
Frankfurt a. d. O.	—	—
Lebus	1 ½	1 ½
Göritz	1 ¾	3 ¼
Cüstrin	1 3/2	5
Kienitz	2 ¼	7 ¼
Zellin	1 ¼	8 ½
Güstebiese	⅝	9 ⅛
Zäckericker Fähre	¾	9 ⅞
Gliezener Fähre	1 ½	11 ⅜
Bellinchen	1 ⅝	13
Kriewen	1 ¾	14 ¾
Schwedt	1 ¼	16
Fiddichow	1 ½	17 ½
Garz	1 ½	19
Stettin	4	23
11. Stettin-Swinemünde.		
Stettin	—	—
Swinemünde	10	10
12. Stettin-Stepenitz.		
Stettin	—	—
Stepenitz	3 ¾	3 ¾
13. Stettin-Cammin.		
Stettin	—	—
Wollin	7 ¼	7 ¼
Cammin	2 ¾	10
14. Stettin-Anklam.		
Stettin	—	—
Ueckermünde	9	9
Usedom	2 ¼	11 ¼
Anklam	2 ¾	14
15. Danzig-Neufahrwasser.		
Danzig	—	—
Neufahrwasser	1	1
16. Danzig-Königsberg (über See).		
Danzig	—	—
Pillau	12 ¼	12 ¼
Königsberg	6 ¼	18 ½
17. Elbing-Königsberg.		
Elbing	—	—
Frauenburg	4 ¾	4 ¾
Pillau	5	9 ¾
Königsberg	6	15 ¾

Stationen	Entfernung in Meilen	
	einzeln	im Ganzen
18. Elbing-Kahlberg.		
Elbing	—	—
Kahlberg	3 ½	3 ½
19. Königsberg-Memel (über Schaaksvitte am Haff).		
Königsberg	—	—
Memel	12 ½	12 ½
20. Swinemünde-Kopenhagen.		
Swinemünde	—	—
Kopenhagen	31 ½	31 ½
21. Swinemünde-St. Petersburg.		
Swinemünde	—	—
Kronstadt	160 ½	160 ½
St. Petersburg	4 ½	165
22. Swinemünde-Ystadt-Stockholm.		
Swinemünde	—	—
Ystadt	23 ½	23 ½
Stockholm	80	103 ½
23. Stralsund-Ystadt.		
Stralsund	—	—
Ystadt	18 ¾	18 ¾

Anlage B. zu Kap. IX. V.

Nachweisung

der Entfernungen zwischen den Stationsorten auf den verschiedenen Eisenbahnen des Preußischen Staates.

Verzeichniß der Eisenbahnen.

(Die im Auslande liegenden Stationen sind mit * bezeichnet.)

1. Magdeburg-Leipziger Bahn.
2. Düsseldorf-Elberfelder,
3. Berlin-Anhaltische (incl. Jüterbogk-Dresden),
4. Magdeburg-Halberstädter,
5. Rheinische,
6. Berlin-Stettiner,
7. Oberschlesische,
8. Breslau-Freiburg-Schweidnitzer,
9. Bonn-Cölner,
10. Berlin-Potsdam-Magdeburger,
11. Niederschlesisch-Märkische (incl. Zweigbahn Kohlfurt-Görlitz),
12. Niederschlesische Zweigbahn,
13. Wilhelms-Bahn (Kosel-Oderberg),
14. Cöln-Mindener,
15. Thüringer,
16. Stettin-Stargard-Posener,
17. Brieg-Neisser.
18. Bergisch-Märkische,
19. Prinz-Wilhelms (Stehle-Vohwinkel).
20. Münster-Hammer Bahn,

Stationen	Entfernung in Meilen einzeln	Entfernung in Meilen im Ganzen
1. Magdeburg-Leipziger Bahn.		
Magdeburg	—	—
Westerhusen	1	1
Schönebeck	1	2
Gnadau	3/4	2 3/4
An der Saale	1	3 3/4
Wulfen*	1 3/4	5 1/2
Köthen*	1 1/4	6 1/4
Weissand*	1 1/4	7 1/2
Stumsdorf	3/4	8 3/4
Niemenberg	1	9 3/4
Halle	1 1/2	11 1/4
Gröbers	1 1/2	12 3/4
Schkeuditz	1	13 3/4
Leipzig*	2	15 3/4
2. Düsseldorf-Elberfelder Bahn.		
Elberfeld	—	—
Vohwinkel	3/4	3/4
Hahn	1/2	1 1/4
Hochdahl	3/4	2
Erkrath	1/4	2 1/4
Gerresheim	1/2	2 3/4
Düsseldorf	3/4	3 1/2
3. Berlin-Anhalter Bahn (incl. Jüterbogk-Dresden).		
Berlin	—	—
Groß Beeren	2 1/2	2 1/2
Ludwigsfelde	3/4	3 1/4
Trebbin	1 1/4	4 1/2
Luckenwalde	2	6 1/2
Jüterbogk	1 3/4	8 1/4
Zahna	2 3/4	11
Wittenberg	1 3/4	12 3/4
Koswig*	1 1/2	14 1/4
Roßlau*	2 1/4	16 1/2
Dessau*	3/4	17 1/4
Köthen*	3	20 1/4
Jüterbogk	—	8 1/4
Holzdorf	3 1/2	11 3/4
Herzberg	1 3/4	13 1/2
Falkenberg	1 1/2	15
Burgsdorf	1 3/4	16 3/4
Röderau*	1 3/4	18 1/2
Priestewitz*	2 1/4	20 3/4
Niederau*	1 1/2	22 1/4
Dresden*	2 1/2	24 3/4

Stationen	Entfernung in Meilen einzeln	Entfernung in Meilen im Ganzen
4. Magdeburg-Halberstädter Bahn.		
Magdeburg	—	—
Langenweddingen	2	2
Blumberg	3/4	2 3/4
Hadmersleben	1 1/4	4
Gr. Oschersleben	1	5
Nienhagen	1 1/2	6 1/2
Halberstadt	1 1/4	7 3/4
5. Rheinische Bahn.		
Cöln	—	—
Müngersdorf	1	1
Königsdorf	3/4	1 3/4
Horrem	3/4	2 1/2
Buir	1 1/2	4
Düren	1 1/4	5 1/4
Langerwehe	1 1/4	6 1/2
Eschweiler	1	7 1/2
Stolberg	1/2	8
Aachen	1 1/4	9 1/4
Hergenrath	3/4	10
Astenet	3/4	10 3/4
Herbesthal	1/2	11 1/4
6. Berlin-Stettiner Bahn.		
Berlin	—	—
Bernau	3	3
Biesenthal	1 1/4	4 1/4
Neustadt E.-W.	1 3/4	6
Angermünde	3 1/2	9 1/2
Passow	2 1/4	11 3/4
Tantow	3	14 3/4
Stettin	3	17 3/4
7. Oberschlesische Bahn.		
Breslau	—	—
Kattern	1 1/4	1 1/4
Leisewitz	1 1/4	2 1/2
Ohlau	1	3 1/2
Brieg	2	5 1/2
Loffen	1 1/4	6 3/4
Löwen	3/4	7 1/4
Czeppelwitz	1 1/2	9
Chroszinna	3/4	9 3/4
Sccpanowitz	3/4	10 1/2
Oppeln	1/4	10 3/4
Gogolin	2 3/4	13 1/2
Kosel	2 3/4	16 1/4
Schlawentzütz	1 1/4	17 1/2
Rudzinitz	3/4	18 1/4
Laband	2 1/4	20 1/2
Gleiwitz	3/4	21 1/4

Stationen	Entfernung in Meilen einzeln	Entfernung in Meilen im Ganzen
Zabrze	1	22¼
Ruda	¾	23
Königshütte	¾	23¾
Kattowitz	1	24¾
Myslowitz	1¼	26
8. Breslau-Freiburg-Schweidnitzer Bahn.		
Breslau	—	—
Schmolz	1½	1½
Canth	1¼	2¾
Mettkau	1¼	4
Ingramsdorf	¾	4¾
Königszelt	1¾	6½
Freiburg	1	7½
9. Bonn-Cölner Bahn.		
Bonn	—	—
Roisdorf	¾	¾
Sechtem	¾	1½
Brühl	¾	2¼
Kalkscheuern	¾	3
Cöln	¼	3¼
10. Berlin-Potsdam-Magdeburger Bahn.		
Berlin	—	—
Zehlendorf	1½	1½
Potsdam	2	3½
Werder	1¼	4¾
Gr. Kreutz	1½	6¼
Brandenburg	2	8¼
Gr. Wusterwitz	2	10¼
Genthin	2	12¼
Geisen	2	14¼
Burg	1½	15¾
Magdeburg	3¾	19½
11. Niederschlesisch-Märkische Bahn.		
Berlin	—	—
Cöpenick	1½	1½
Erkner	1¾	3¼
Fürstenwalde	3	6¼
Briesen	2	8¼
Frankfurt	2½	10¾
Fürstenberg	3¼	14
Neuzelle	¾	14¾
Wellmitz	¾	15½
Guben	1¾	17¼
Seßnitz	2	19¼
Sommerfeld	1½	20¾
Sorau	3½	24¼
Hansdorf	1¼	25½
Halbau	1	26½
Rausche	1½	28
Kohlfurt	1¾	29¾
Siegersdorf	1¾	31½
Bunzlau	1¾	33¼
Haynau	3½	36¾
Liegnitz	2½	39¼
Spittelsdorf	1¾	41
Maltsch	1¼	42¼
Neumarkt	1	43¼
Nimkau	1¼	44½
Lissa	1½	46
Breslau	1½	47½
Kohlfurt	—	29¾
Penzig	1½	31¼
Görlitz	2¼	33½
12. Niederschlesische Zweig-Bahn.		
Hansdorf	—	—
Sagan	1½	1½
Buchwald	1¼	2¾
Sprottau	1	3¾
Waltersdorf	1¾	5½
Quaritsch	1½	7
Klopschen	½	7½
Glogau	2	9½
13. Berlin-Hamburger Bahn.		
Berlin	—	—
Spandau	1½	1½
Nauen	3¼	4¾
Paulinenaue	1¾	6½
Friesack	1¾	8¼
Neustadt a. D.	1¾	10
Zernitz	1	11
Glöwen	2½	13½
Wilsnack	1½	15
Wittenberge	1¾	16¾
Grabow*	5	21¾
Ludwigslust*	1	22¾
Hagenow*	2¾	25½
Brahlsdorf*	2¾	28¼
Boitzenburg*	1¾	30
Büchen*	1¾	31¾
Schwarzenbeck*	1½	33¼
Friedrichsruh*	1¼	34½
Reinbeck*	1	35½
Bergedorf*	½	36
Hamburg*	2	38
14. Wilhelms-Bahn (Cosel-Oderberg).		
Cosel	—	—
Ratibor-Hammer	2½	2½
Ratibor	1¾	4½
Krzizanowitz	1¾	6

Stationen	Entfernung in Meilen einzeln	im Ganzen
Annaberg	1	7
Oberberg (Oesterreich) .	½	7½
15. Cöln-Mindener Bahn.		
Minden	—	—
Hausberge	¾	¾
Neusalzwerk (Rehme) . .	1¼	2
Poppensiek	¾	2¾
Herford	1½	4¼
Bräke	1	5¼
Bielefeld	1	6¼
Brackwede	½	6¾
Gütersloh	1¾	8½
Rheda	1	9½
Oelde	1½	11
Beckum	1¼	12¼
Ahlen	1¼	13½
Hamm	1½	15
Camen	2	17
Dortmund	2	19
Mengede	1¼	20¼
Castrop	¾	20¾
Herne	1	21¾
Gelsenkirchen	1¼	23
Altenesten	1	23¼
Berge-Borbeck	1¼	24¼
Lipperheide (Oberhausen) .	1¼	25¾
Duisburg	1	26¾
Großenbaum	1	27¾
Calkum	¾	28½
Düsseldorf	1½	30
Benrath	1¼	31¼
Langenfeld	1	32¼
Bürrig (Kupfersteg) . .	1	33¼
Mühlheim	¼	33½
Deutz	½	34
16. Thüringische Bahn.		
Halle	—	—
Merseburg	1¾	1¾
Corbetha	1½	3¼
Weißenfels	1	4¼
Naumburg	1¾	6
Kösen	1	7
Sulza*	1	8
Apolda*	1½	9½
Weimar*	2	11½
Kieselbach*	1¾	13¼
Erfurt	1	14¼
Neu-Dietendorf* . . .	1¾	16
Gotha*	2	18
Fröttstädt*	1½	19½
Eisenach*	2½	22

Stationen	Entfernung in Meilen einzeln	im Ganzen
17. Stettin-Stargardt-Posener Bahn.		
Stettin	—	—
Finkenwalde	¾	¾
Damm	½	1¼
Carolinenhorst	1¾	3
Stargardt	1½	4½
Dölitz	2¾	7¼
Arnswalde	2	9¼
Augustwalde	2¼	11½
Woldenberg	2	13½
Drage	2¾	16¼
Mialla	1¾	18
Wronke	2½	20½
Samter	2½	23
Rokitnice	2	25
Jercyce (Posen) . . .	1¼	27¼
18. Brieg-Neißer Bahn.		
Brieg	—	—
Alzenau	1	1
Böhmischdorf	½	1½
Grotkau	1¼	2¾
Alt Grotkau	¾	3½
Friedewalde	¾	4½
Bosdorf	¾	5
Neiße	1	6
19. Bergisch-Märkische Bahn.		
Dortmund	—	—
Witten	2	2
Wetter	1	3
Herdecke	½	3½
Hagen	½	4
Haspe	½	4½
Nirgena	¾	5¼
Milspe	¼	5½
Schwelm	½	6
Rittershausen	¾	6¾
Barmen	¼	7
Elberfeld	½	7½
20. Prinz Wilhelms-B. (Steele-Vohwinkel).		
Steele	—	—
Dilldorf	¾	¾
Langenberg	1	1¾
Neviges	¾	2½
Kopfstation	½	3
Asbroich	¼	3¼
Vohwinkel	1	4¼
21. Münster-Hammer-B.		
Münster	—	—
Rinkerode	1¾	1¾
Drensteinfurt	¾	2½
Hamm	2	4½

Zweiter Theil.

Das

Transport-Wesen des Preußischen Staates

in

seinen Beziehungen zum Auslande.

Der Transport, d. h. die zwangsweise Ueberführung, eines Individui aus einem Staate in den anderen, kann, je nach der Art seiner Entstehung, eine doppelte Gestalt annehmen.

Einmal kann derselbe durch den ausweisenden Staat selbst veranlaßt sein, indem dieser selbstständig und aus eigenem Antriebe wegen begangener Vergehen und Verbrechen oder aus sonstigen sicherheitspolizeilichen Gründen die Ausweisung beschließt und zur Ausführung bringt; sodann aber kann er auch eintreten auf Antrag des recipirenden Staates, d. h. desjenigen, welcher das Endziel des Transportes bildet; im letztgenannten Falle hat der erwähnte Antrag die Form einer speziellen, allein auf den gerade vorliegenden Fall gerichteten Requisition, oder er wird in einem allgemeinen bestehenden Uebereinkommen beruhen und der Transport vertragsmäßig, in allen eintretenden Fällen, auf Grund vorhandener Vereinbarungen geschehen, welche die Ueberweisung des Individuums wegen solcher Vergehen und Verbrechen, welche von demselben in dem aufnehmenden Staate begangen worden sind, einem jeden der kontrahirenden Staaten zur Pflicht machen.

Die ersterwähnten Fälle werden unter der allgemeinen Bezeichnung: „Landes-Verweisung" zusammenbegriffen; im zweiten Falle führt der durch den Transport zum Abschluß gebrachte Akt den Namen: „Auslieferung."

Die Landes-Verweisung gehört zu den Mitteln, deren sich der Staat bedient, um solche Individuen unschädlich zu machen, welche den Verdacht gegen sich haben, daß sie die öffentliche Sicherheit bedrohen. Sie findet nur gegen Ausländer statt, [1]) und zwar als eine Maßregel zur Sicherung gegen Personen, die bereits wegen begangener Verbrechen oder Vergehen bestraft sind, und als Präventiv-Maßregel zur Unterdrückung der Bettelei und des Vagabondirens.

Die näheren Bestimmungen hierüber sind enthalten in dem nachfolgenden:

---

[1]) Vor Emanation des Allg. Landrechts trat die Landesverweisung auch als Strafe gegen Inländer ein; sie wurde abgeschafft durch die Kabinets-Verordnung v. 4. Januar 1744 (C. C. M. Cont. II. Nr. 1 pag. 169), welche an ihre Stelle Festungs- und lebenslängliche Zuchthausstrafe setzte.

(A. L. L. R. Th. II. Tit. 20. §§. 191—195.)

Erster Abschnitt.

Landes-Verweisung.

Kap. I. Fälle, in denen die Landes-Verweisung eintritt.

Die Form der Landes-Verweisung ist eine zwiefache; dieselbe kann durch ein gerichtliches Erkenntniß ausgesprochen sein, oder von der Landes-Polizeibehörde angeordnet werden.

a. Die gerichtliche Landes-Verweisung tritt ein in denjenigen Fällen, welche in den nachstehenden Paragraphen des Strafgesetzbuches vom 14. April 1850 Erwähnung finden.

§. 29. Ist derjenige, gegen welchen die Stellung unter Polizei-Aufsicht zu erkennen sein würde, ein Ausländer, so ist gegen denselben, anstatt der Stellung unter Polizei-Aufsicht, auf Landes-Verweisung zu erkennen.

§. 146. Weibspersonen, welche den polizeilichen Anordnungen zuwider gewerbsmäßig Unzucht treiben, werden mit Gefängniß bis zu acht Wochen bestraft.

Ist die Angeschuldigte eine Ausländerin, so kann neben der Gefängnißstrafe auf Landes-Verweisung erkannt werden.

§. 266. Wer vom Hazardspielen ein Gewerbe macht, soll mit Gefängniß von drei Monaten bis zu zwei Jahren und zugleich mit Geldbuße von 100 bis zu 2000 Thalern, sowie mit zeitiger Untersagung der Ausübung der bürgerlichen Ehrenrechte erkannt werden.

Ist der Angeschuldige ein Ausländer, so kann zugleich auf Landes-Verweisung erkannt werden.

b. Die polizeiliche Landes-Verweisung findet Statt aus sicherheitspolizeilichen Gründen, wegen Legitimationslosigkeit, Mangel an Subsistenzmitteln, und in den Fällen der §§. 117—119 des Strafgesetzbuches, indem §. 120 [1]) des letzteren durch das Gesetz vom 14. April 1856 [2]) abgeändert worden ist.

---

[1]) Straf-Gesetzbuch §. 120. In den Fällen der §§. 117—119 (Bestrafung der Bettler, Landstreicher und Arbeitsscheuen) hat das Gericht sogleich zu erkennen, daß nach ausgestandener Strafe der Ausländer aus dem Lande zu weisen, der Inländer in ein Arbeitshaus zu bringen sei.

[2]) In den Fällen der §§. 117—119 kann der Verurtheilte nach ausgestandener Strafe in ein Arbeitshaus gebracht werden.

Kap. II. Ausführung der Landes-Verweisung.

a. Die Allg. Kriminal-Ordnung bestimmt in §. 572. Ist auf Landes-Verweisung erkannt worden, so muß in dem Erkenntnisse der Nachtheil, welcher den Verbrecher auf den Fall der Rückkehr in die hiesigen Lande erwartet, ausgedrückt werden. Der untersuchende Richter muß, wenn die Strafe vollstreckt werden soll, den Verurtheilten vor sich lassen, ihm die Folgen der Rückkehr nochmals zum Protokoll bekannt machen, und alsdann seine Fortschaffung über die Grenze unter sicherer Begleitung veranstalten, auch darüber eine Bescheinigung zu den Akten bringen lassen. [1])

Befindet sich derselbe zu der Zeit, da die Landes-Verweisung an ihm vollstreckt werden soll, in einer entfernten Strafanstalt, so muß ihn der Richter von dort abholen, oder den Transport über die Grenze durch Requisition eines Gerichtes an dem Orte der Anstalt besorgen, und sich von diesem die Bescheinigung zu den Akten übersenden lassen.

b. Reskript des Min. des Inn. und der Polizei v. 3. August 1827. (v. Kamptz Ann. Bd. XI. S. 716.)

Es kann weder in den, von der Königl. Regierung (Merseburg) unterm 21. Juni d. J., in Beziehung auf das Verfahren bei Landes-Verweisungen angezeigten Verhältnissen, eine dringende Veranlassung zur Abänderung der in Uebereinstimmung mit dem Königl. Justiz-Ministerium vom 10. Oktober 1814 erlassenen Cirkular-Verordnung erkannt, (Anlage a, b und c) noch von einer Rücksprache mit des Herrn Justiz-Ministers Excellenz die Zustimmung desselben zu den Anträgen der Königl. Regierung erwartet werden. Bei den diesfälligen Bestimmungen jener Verordnung muß es also um so mehr verbleiben, als die Ausführung derselben bei anderen Behörden bis jetzt noch keine Gegenvorstellungen veranlaßt hat, und wird der Königl. Regierung hierbei der darauf Bezug habende §. 48 Abschnitt II. des Reglements für die Strafanstalt zu Spandau (Anlage d) in Abschrift übersandt, um danach auch bei der Strafanstalt zu Lichtenburg verfahren zu lassen.

Anlage a.

Cirkular-Reskript des Polizei-Min. v. 10. Oktober 1814.

Das bei Landes-Verweisungen bis jetzt beobachtete Verfahren, nach welchem der zu Verweisende ohne alle Benachrichtigung der Behörden des Auslandes oft heimlich über die Landesgrenze gebracht, und ohne alle Aufsicht sich

---

Die von der Landes-Polizeibehörde festzusetzenden Dauer der Einsperrung darf einen Zeitraum von 3 Jahren nicht übersteigen.

Die Befugniß der Landes-Polizeibehörden, Ausländer aus dem Lande zu weisen, wird hierdurch nicht berührt.

[1]) Die hier vorgeschriebene Verwarnung ist nicht mehr erforderlich. Diese Bestimmung bezog sich auf §. 191 Tit. 20 Th. II. A. L. R., welches die Strafe von der vorhergängigen Verwarnung abhängig machte; in dem ihn ersetzenden §. 115 des Straf-Gesetzbuches v. 16. April 1850 wird ein solches Erforderniß nicht gestellt. (Conf. auch Erkenntniß des Ober-Tribunals v. 10. September 1852 (Min.-Bl. 1852 S. 379.)

selbst und seinem Schicksal überlassen wurde, hat, wie die Erfahrung lehrt, in der Regel nicht nur den Zweck unerreicht gelassen, sondern oft noch weit üblere Folgen nach sich gezogen, indem der Verwiesene entweder in die Königl. Staaten zurückkehrte, oder, im Auslande seine verbrecherische Laufbahn fortsetzend, mit andern, in den hiesigen Strafanstalten ihm bekannt gewordenen, ebenfalls aus dem Lande gebrachten Verbrecher sich verabredetermaßen wiederfand, und so den Grund zu Diebes- und Räuberbanden legte.

Ich fand mich daher veranlaßt, dem Herrn Justiz-Minister die Abstellung dieser Mißbräuche und insbesondere vorzuschlagen, daß künftig alle Landes-Verweisungen unter Beobachtung eines zweckmäßigen, jenen Nachtheilen vorbeugenden Verfahrens, durch die Polizeibehörden vollstreckt werden möchten.

Da derselbe diesen Vorschlag angenommen, und, demselben gemäß, durch die (sub tit. b.) in Abschrift beigehende, mir mitgetheilte Cirkular-Verfügung sämmtliche Gerichtsbehörden angewiesen hat, so ersuche ich auch die (tit.) alle Polizei- und anderen betreffenden Behörden, namentlich die der Strafanstalten, in deren Departement hiernach zu instruiren und dabei folgende Bestimmungen zum Grunde zu legen:

1) Jeder Transport eines des Landes Verwiesenen erfolgt von nun an durch die Orts-Polizeibehörde, an welche derselbe daher von dem Gericht zu diesem Ende abgeliefert wird.

2) Die Grenze, über welche derselbe zu bringen, wird der Polizeibehörde bei der Ablieferung bekannt gemacht, widrigenfalls aber von der ersteren, nach vorgängiger Rücksprache mit der letzteren, bestimmt.

3) Wenn der Transportandus in dem unmittelbar angrenzenden Auslande geboren oder wohnhaft ist, oder sonst seinen Gerichtsstand hat, und in dasselbe zurückgebracht werden muß, so hat die Polizeibehörde ihn an die nächste Stadt- oder Amts-Polizeibehörde dieses Auslandes abzuliefern, und derselben das Weitere zu überlassen. Eben dieses findet Statt, wenn der Verbrecher nicht in dem unmittelbar angrenzenden Auslande bleibt, sondern dasselbe nur durchreisen muß, um zu seiner Bestimmung zu gelangen.

4) Die absendende Polizeibehörde muß außerdem die des Bestimmungsortes des Transportanden von der bevorstehenden oder schon erfolgten Absendung benachrichtigen und

5) dem Verwiesenen einen Paß mitgeben, welcher, außer den gewöhnlichen Erfordernissen und der möglichst vollständigen Personsbeschreibung, die Veranlassung der Verweisung, den Ort, wohin der Verwiesene sich begeben will oder soll, und die Weisung enthält, bei der vom Gericht ihm angedrohten Strafe [1]) die Königl. Staaten nicht wieder zu betreten.

Es versteht sich von selbst, daß jede, mit der Polizei-Verwaltung beauftragte Ortsbehörde dergleichen Pässe zu ertheilen befugt ist.

6) Der Transport innerhalb des Landes erfolgt auf die, bei Verbrechern und Herumtreibern übliche Art bis zu der Polizeibehörde des Grenzortes,

---

1) Vergl. Anm. 1 zu a dieses Kapitels.

welche alsdann die Ablieferung an die nächste Polizeibehörde des Auslandes, wie oben bestimmt ist, und unter Mitsendung des Passes der absendenden diesseitigen Behörde bewerkstelligt.

7) Den diesseitigen Regierungen und Polizeibehörden ist überlassen, wegen vorgängiger Benachrichtigung der Behörden des Auslandes Verabredung zu treffen.

8) Die absendende diesseitige Behörde giebt dem Gerichte, welches den Verbrecher ablieferte, die Bescheinigung des wirklich erfolgten Transportes über die Grenze.

9) Dagegen werden dieser Behörde die durch den Transport verursachten Kosten von dem gedachten Gerichte erstattet, welchem die Liquidation derselben zuzustellen ist.

10) Die bei diesem Transporte vorfallenden Nachlässigkeiten sind besonders strenge zu ahnden.

11) Das oben vorgeschriebene Verfahren tritt auch bei denjenigen ein, welche in Folge polizeilicher Maßregeln oder Verfügung über die Grenze gebracht werden, insoweit es auf sie anwendbar ist, sowie es auch

12) in Ansehung der von ausländischen Behörden in die diesseitigen Staaten zurückgebrachten Individuen, insofern sie in denselben ihren Gerichtsstand haben, Anwendung findet.

Indem ich das (tit.) schließlich benachrichtige, daß ich die vorstehenden Bestimmungen auch den Regierungen der benachbarten Staaten mit dem Ersuchen um Erlassung entsprechender Anweisung an ihre Unterbehörden mitgetheilt habe, überlasse ich demselben, mit den Behörden des angrenzenden Auslandes selbst Verabredungen zu treffen, durch welche die Ausführung dieses Verfahrens befördert werden kann, und erwarte Abschrift der an die diesseitigen Unterbehörden zu erlassen behufigen Instruktion.

Anlage b.

Cirkular-Reskript des Justiz-Min. v. 1. Oktober 1814.

Die erkannten Landes-Verweisungen sind bisher gemeiniglich auf eine Art vollstreckt worden, daß der Zweck derselben größtentheils verloren gegangen und die über die Grenze gebrachten Personen zur Rückkehr oft gezwungen gewesen. Um diesen Nachtheilen möglichst vorzubeugen, hat das Polizei-Ministerium beschlossen, die zu Transportirenden mit angemessenen Pässen versehen zu lassen, und der Chef der Justiz ist mit gedachtem Ministerium dahin übereingekommen, den Transport über die Grenze jedesmal durch die Orts-Polizeibehörde, gegen Erstattung der Kosten von Seiten des Gerichts, besorgen zu lassen. Demgemäß muß ein solcher über die Grenze zu transportirende Mensch der Polizeibehörde zu diesem Zweck überliefert werden, nachdem demselben vorher von dem Gericht die nöthige Warnung vor den Folgen der Rückkehr ertheilt worden ist. Die Polizeibehörde ist dabei zu ersuchen, über den wirklich erfolgten Transport über die Grenze eine Bescheinigung zu den Untersuchungs-Akten zu ertheilen. Hiernach hat sich das (tit.) zu achten, und die dem Kollegio untergeordneten Gerichte durch die Amtsblätter ebenfalls dazu anzuweisen.

Anlage c.

Cirkular-Reskript des Polizei-Min. v. 14. Oktober 1814 [1]).

In der Voraussetzung, daß Ew. rc. die Abstellung der bisher bei den Landes-Verweisungen Statt gefundenen, höchst nachtheiligen und zum Theil empörenden Mißbräuche gewiß eben so sehr wünschen, als ich, habe ich heut an die Königl. Militär-Gouvernements zu Halberstadt und Münster und an sämmtliche Regierungen, Behufs der Einführung eines zweckmäßigen Verfahrens, die abschriftlich beigehende Instruktion erlassen. Indem ich mir die Ehre gebe, Ew. rc. solche ganz ergebenst mitzutheilen, glaube ich mir schmeicheln zu dürfen, daß Ew. rc. über diese, allen sich begrenzender Staaten gleich wichtige Einrichtung mit mir einverstanden sein werden, und in dieser Hoffnung ersuche ich dieselben ganz ergebenst durch gefällige entsprechende Anweisung der Unterbehörden zur Erreichung des, für die dortigen, sowie für die diesseitigen Staaten gleich heilsamen Zweckes gleich beitragen zu wollen, wobei ich zu bemerken nicht unterlassen darf, daß in den Königl. Staaten die Landes-Verweisung, als Strafgattung, längst abgeschafft ist, auch nicht gegen Eingeborene, oder solche, die dafür zu achten, in Anwendung kommt, sondern allein gegen Ausländer, welche die ihnen zuerkannte Strafe abgebüßt haben, mithin nicht mehr als Verbrecher zu betrachten sind, und nur deshalb fortgeschafft werden müssen, weil die diesseitige Regieruug keine Verpflichtung hat, sie zu ernähren.

Anlage d.

Extrakt aus dem Reglement für die Strafanstalt zu Spandau. Abschn. II.

§. 48. Ist gegen einen Züchtling, welcher im Auslande geboren, oder dorthin gehörig ist, und im Inlande keinen Wohnsitz hat, in dem Strafurtel auf Landes-Verweisung nach überstandener Zuchthausstrafe erkannt worden, so wird die Vollstreckung der Landes-Verweisung von der Verwaltungsbehörde der Anstalt für das Gericht, welches den Züchtling eingeliefert hat, in der durch die Verordnung vom 2. Januar 1815 bekannt gemachten Art, mit dem Tage, an welchem die Strafzeit zu Ende geht, veranlaßt.

In diesem Falle werden von der Verwaltungsbehörde die Personal-Akten des Züchtlings dem Gerichtshalter der Anstalt vorgelegt, welcher mit dem Züchtling das nach §. 572 der Kriminal-Ordnung erforderliche Verwarnungs-Protokoll aufnimmt, und hierauf der Züchtling an den Magistrat zu Spandau abgeliefert, welcher die Fortschaffung über die Grenze mittelst Transport ver-

---

1) An die fremdherrliche Landes-Regierung zu Prag, Hannover, Dessau, Bernburg, Sondershausen, Gotha, Weimar, Cassel, Rudolstadt, Detmold, Arolsen, Oldenburg, Schwerin, Strelitz, Stralsund und an die General-Polizei-Direktion von Sachsen zu Dresden und unterm 28. Februar 1815 an die auswärtige Regierung von Darmstadt, Nassau, Braunschweig, sowie an die Fürstl. Reussische Gesammt-Regierung zu Gera.

anstaltet, und demnächst, bei Einhändigung der Bescheinigung über den richtig erfolgten Grenz-Transport, die durch denselben entstandenen Kosten von der Verwaltungsbehörde der Anstalt sich erstatten läßt.

Letztere zieht den Kostenbetrag von dem Gericht, welches den Züchtling in die Anstalt eingeliefert hat, wieder ein, und übersendet demselben gleichzeitig das vorgedachte Verwarnungs-Protokoll und die Transportbescheinigung, welche nach der Kriminal-Ordnung §. 572 zu den Gerichts-Akten gebracht werden müssen.

c. Reskript des Min. des Inn. und der Polizei v. 7. Juni 1822. (v. Kamptz Ann. Bd. VI. S. 408.)

Der Königl. Regierung (Münster) wird auf den Bericht v. 30. April d. J. eröffnet, daß die Entscheidung darüber, wohin die N. transportirt werden soll, nicht von dem Gericht, sondern lediglich von der Polizeibehörde zu geben ist.

Da übrigens nicht hat ausgemittelt werden können, wo die Benannte gebürtig ist, so ist ihr die Wahl zu lassen, über welche Grenze sie gebracht werden will. Demnächst ist sie, nachdem sie mit einem Paß und mäßigen Reisegelde versehen worden, unter ernstlicher Bedeutung, die hiesigen Staaten bei Vermeidung gesetzmäßiger Strafen nicht wieder zu betreten, über die Grenze zu bringen, und darauf, daß sie nicht wieder zurückkehre, zu halten, sie aber, wenn sie doch zurückkehren sollte, nach weiterer gesetzlicher Bestimmung zu behandeln.

d. Reskript des Min. des Inn. und der Polizei v. 27. April 1827. (v. Kamptz Ann. Bd. XI. S. 458.)

Auf die Anfrage der Königl. Regierung (Minden) vom 13 d. Mts., wegen der Kompetenz der Orts-Polizeibehörden zur Anordnung der Landes-Verweisung fremder Vagabonden wird hierdurch angeordnet, daß, soviel das platte Land betrifft, die Landräthe mit der Ausführung jener Maßregel beauftragt, in den mittleren und größeren Städten diese Angelegenheiten aber den Magistrats-Dirigenten, insofern nicht besondere Gründe obwalten, auch hier in einzelnen Fällen solche von den Kreislandrath abhängig zu machen, überlassen werden können.

e. Cirkular-Reskript des Königl. Justiz-Min. v. 2. Juni 1835. (v. Kamptz Ann. Bd. XIX. S. 406, Gräff VIII. S. 127.)

Des Königs Majestät haben mittelst der nachstehenden Allerhöchsten Kabinets-Ordre vom 25. Mai d. J. (Anlage a) zu bestimmen geruht,

> daß, wenn davon die Rede ist, einen Ausländer, der im Lande ein Verbrechen begangen hat, über die Grenze zu bringen, dieser Transport, er mag im Straferkenntniß ausgesprochen sein oder nicht, immer als Polizeimaßregel erscheine,

und deshalb dem Justiz- und Polizei-Minister überlassen, das Erforderliche zu verfügen, wenn in Gemäßheit veränderter oder neu eintretender Umstände der Transport nicht mehr stattfinden kann.

Sämmtliche Gerichtsbehörden werden von dieser Allerhöchsten Bestimmung hierdurch in Kenntniß gesetzt.

Anlage a.

Allerh. Kabinets-Ordre v. 25. Mai 1835.

Ich erledige das von Ihnen, dem Justiz-Minister, im Bericht vom 31. März d. J., bei Gelegenheit der Entlassung des Baugefangenen N. von der Festung Graudenz zur Sprache gebrachte Bedenken dahin:

Wenn davon die Rede ist, einen Ausländer, der im Lande ein Verbrechen begangen hat, über die Grenze zu bringen, so erscheint dieser Transport, er mag im Straferkenntnisse ausgesprochen sein, oder nicht, immer als Polizei-Maßregel, und Ich genehmige daher nicht allein nach den angezeigten Umständen bei dem obigen Falle den Wegfall dieser Bestimmung in dem, den N. betreffenden Straferkenntniß, sondern will es auch in allen künftigen Fällen dem Justiz- und Polizei-Minister überlassen, das Erforderliche zu verfügen, wenn in Gemäßheit veränderter oder neu eintretender Umstände der Transport nicht stattfinden kann.

f. Resolut des Min. des Inn. und der Polizei v. 10. April 1857. (v. Kamptz Ann. Bd. XXI. S. 482.)

Auf die Anfrage des Königl. Polizei-Amts vom 7. Juli v. J., betreffend das Verfahren bei Transporten der Landes-Verwiesenen über die Grenze, erwiedere ich dem Königl. Polizeiamte, daß zur Bescheinigung des gehörig ausgeführten Transportes die Versicherung des Transporteurs, welche unter der gehörigen Form zu Protokoll zu nehmen ist, genügt.

Kap. III. Ziel der Landes-Verweisung und Verpflichtung zur Uebernahme der Ausgewiesenen.

A. Allgemeine Grundsätze.

a. Reskript des Min. des Inn. und der Polizei v. 24. Juni 1837. (v. Kamptz Ann. Bd. XXI. S. 481.)

Auf den Bericht der Königl. Regierung vom 6. d. Mts., wegen der Zurücknahme der gegen den vormaligen Lieutenant v. N. erkannten Landesverweisungs-Klausel wird derselben hierdurch eröffnet, daß es nicht durchaus nothwendig erscheint, die auf Landesverweisung erkannte Strafe eines Verbrechers bis dahin auszusetzen, wo derselbe seine Aufnahme im Auslande nachgewiesen hat; dies würde fast in allen Fällen die Landesverweisung unausführbar machen; vielmehr ist bisher dem Verwiesenen selbst überlassen worden, sich im Auslande ein Fortkommen zu suchen.

b. Reskript des Min. des Inn. und der Polizei v. 22. Juni 1838. (v. Kamptz Ann. Bd. XXI. S. 467.)

Die Königl. Regierung sucht um eine Belehrung darüber nach, nach welchen Grundsätzen bei Beurtheilung der Zuläßigkeit der polizeilichen Ausweisung solcher Individuen zu verfahren sei, welche nach den ausdrücklichen Bedingungen der bestehenden Konventionen zwar nicht als diesseitige Unterthanen zu betrachten sind, jedoch zu den Preußischen Staaten in ein solches Verhältniß treten, welches ihre spätere Wegweisung bedenklich erscheinen läßt.

Eine solche Belehrung kann indeß nicht wohl stattfinden, vielmehr muß ich mich darauf beschränken, der Königl. Regierung zu erkennen zu geben, daß diejenigen Individuen, welche nach Inhalt der zur Anwendung kommenden Konvention dem Preußischen Unterthanenverbande nicht angehören, auf die Rechte diesseitiger Staatsangehörigen auch bei mehrerer Jahre hindurch fortgesetztem Domicil Ansprüche zu machen nicht berechtigt sind, daß vielmehr dem Staate die Befugniß, ihre Entfernung anzuordnen, vorbehalten bleiben muß, und daß von dieser Befugniß dann Gebrauch zu machen ist, wenn der längere Aufenthalt solcher Individuen Nachtheile herbeizuführen droht, denen durch ihre zeitige Entfernung vorgebeugt werden kann. In Fällen solcher Art eine zu große Berücksichtigung der Verhältnisse dieser Ausländer eintreten zu lassen, kann ich selbst nicht für räthlich erachten. Denn einestheils haben es sich diese Individuen selbst beizumessen, wenn sie, ohne die Aufnahme in den Preußischen Unterthanen-Verbande ausdrücklich nachgesucht und erhalten zu haben [1]), ihren Aufenthalt diesseits unter Verhältnissen fortsetzen, welche nach den Bestimmungen der gehörig publizirten Konvention ihre diesseitige Staatsanhörigkeit nicht zur Folge haben; anderentheils kann, während in vielen, ja den mehrsten deutschen Bundesstaaten, Preußische Unterthanen, bei guter Führung und unbezweifelter Erwerbsfähigkeit, dann, wenn die Fortdauer ihrer diesseitigen Staatsangehörigkeit nicht außer allem Zweifel ist, mit rücksichtsloser Strenge in ihre Heimath gewiesen werden, das diesseitige Gouvernement sich nicht die Pflicht auferlegen, fremde Staatsangehörige, welche durch ihre Führung oder ihre zweifelhafte Erwerbsfähigkeit dem diesseitigen Staate lästig zu werden drohen, oder bereits lästig geworden sind, noch länger beizuhalten.

c. Allerh. Kabinets-Ordre v. 10. Mai 1839. (Gesetz-Samml. 1839 S. 106.)

Auf Ihren Bericht vom 19. v. Mts. bestimme ich hiermit, daß wenn ein Landstreicher, der auf Anordnung der Polizeibehörde als Ausländer unter der in der Verordnung vom 28. Februar 1817 enthaltenen Verwarnung über die Grenze gebracht worden ist, bei seiner Rückkehr in der dieserhalb gegen ihn eingeleiteten Untersuchung ein Inländer zu sein behauptet, oder die Frage, ob derselbe dem diesseitigen Staate angehöre, sonst irgend zweifelhaft ist, das Gericht die geschlossenen Akten der betreffenden Regierung zur gutachtlichen Aeußerung hierüber mittheilen, und dies Gutachten bei der Abfassung des Erkenntnisses zu Grunde legen soll.

---

[1]) In Betreff der Aufnahme in den Preußischen Unterthanen-Verband ist gegenwärtig das Gesetz vom 31. December 1842 über den Erwerb und Verlust der Eigenschaft als Preußischer Unterthan, maßgebend.

d. Verfügung des Min. des Inn. v. 5. Juni 1840. (Min.-Bl. 1840 S. 237.)

Es hätte dem Landrath nicht entgehen sollen, daß, wenn durch Nichts legitimirte Landstreicher ergriffen werden, welche dem Auslande angehören, und deren anfängliche Angabe über ihre Heimaths- und Domizil-Verhältnisse als erlogen befunden worden sind, derartigen Individuen nicht ohne Weiteres und auf unbestimmte Zeit der Aufenthalt im Lande gestattet werden darf, sondern vielmehr durch Korrespondenz mit der Behörde des angegebenen Wohnorts die Richtigkeit der Angabe desselben festgestellt werden muß, damit ihre Ausweisung so bald als möglich erfolgen kann.

e. Verfügung des Min. des Inn. v. 26. December 1840. (Min.-Bl. 1840 S. 10.)

Hierbei bemerkt das Ministerium noch, daß zwar die Aufnahme zum Bürger und die Ableistung des Bürgereides eine ausdrückliche Aufnahme in den Unterthanenverband in sich schließt, und die Staatsangehörigkeit konventionsmäßig begründet, daß jedoch eine mit ausdrücklicher Aufnahme nicht verbundene Niederlassung, auch wenn dieselbe unter Acquisition eines Grundstückes und daran geknüpfter Erwerbung eines Nachbar- oder Gemeinderechtes stattgehabt hat, als eine ausdrückliche Aufnahme in den Unterthanenverband nicht anzusehen ist.

f. Verfügung des Min. des Inn. v. 24. Juli 1841. (Min.-Bl. 1841 S. 275.)

Der Königl. Regierung erwiedere ich auf den Bericht vom 14. Febr. d. J. daß, auf den darin angebrachten Fall, in Betreff der Staatsangehörigkeit des Schmiedemeisters N., auf welches sich das Ihr mitgetheilte Reskript vom 26. Dec. 1840 (Min.-Bl. 1841 Nr. 10) bezog, nicht mehr Rücksicht genommen werden kann, da die gedachte Regierung sich bei Eingang des obigen Berichtes zur Uebernahme der qu. Person bereit erklärt hat.

Was die übrigen Bemerkungen anbetrifft, zu denen sich die Königl. Regierung durch jene Mittheilungen veranlaßt gefunden hat, so ist von Ihr mit Recht angenommen, daß nach dem Inhalt der mit Sachsen-Weimar abgeschlossenen Konventionen die ausdrückliche Gestattung eines Domizils in den Königl. Staaten eine Aufnahme in den diesseitigen Unterthanenverband nicht involvire. Denn da nach dieser Konvention der Wohnsitz allein, so lange er noch nicht 10 Jahr lang fortgesetzt ist, die Staatsangehörigkeit nicht zur Folge hat, so kann der obrigkeitlichen Gestattung eines solchen Verhältnisses, mag dieselbe ausdrücklich oder stillschweigend ertheilt sein, eine andere, als die mit diesem Verhältniß an sich verbundene Wirkung nicht beigelegt werden. Ob aber die ausdrückliche Aufnahme in den Gemeindeverband einer diesseitigen Kommune als ausdrückliche Aufnahme in den Unterthanenverband anzusehen ist, hängt von den Umständen des speziellen Falles und den Modalitäten der obrigkeitlichen Erklärung, sowie des ihr voraufgegangenen Antrages ab, wie denn z. B. die Königl. Regierung in der zur Sprache gebrachten Reception des N. in den Gemeindeverband von Naumburg eine Aufnahme dieses Individuums in den Preußischen Unterthanenverband mit Recht gefunden hat.

Soviel ist indessen richtig, daß eine Reception als Gemeindemitglied an sich der Aufnahme als Unterthan nicht gleichgestellt werden kann. Dies ist auch in dem allegirten Schreiben an das Königl. Ministerium der auswärtigen Angelegenheiten wegen der Staatsangehörigkeit der Wittwe H. um so unzweideutiger ausgesprochen worden, als darin bemerkt ist, daß die Erwerbung eines, das Gemeinderecht begründenden Grundstücks die Erwerbung des Unterthanen-Verhältnisses konventionsmäßig nicht zur Folge hat.

Es ist also diesseits nicht beabsichtigt worden, in dem in der Verfügung vom 22. Juni 1838 (Ann. S. 271) aufgestellten Grundsatze irgend eine Modifikation eintreten zu lassen. Der Zweifel, welchen die Königl. Regierung aus den Worten des Reskriptes an die Regierung zu Erfurt,

„daß eine mit ausdrücklicher Aufnahme nicht verbundene Niederlassung die Unterthanenqualität nicht ertheile,"

insofern hergeleitet hat, als ein Theil des Kollegiums e. contrario folgern zu dürfen geglaubt hat, daß an die ausdrückliche Aufnahme als Gemeindemitglied hiernach die Unterthanenqualität geknüpft zu sein scheine, findet darin seine Erledigung, daß unter der in jenen Worten erwähnten ausdrücklichen Reception nur die Reception in den Unterthanenverband, von welcher zuvor die Rede war, verstanden worden ist, mithin einer Reception als Gemeindemitglied nicht dieselbe Wirkung hat beigelegt werden können.[1])

g. Reskript des Min. des Inn. v. 26. Juli 1841. (Min.-Bl. 1841 S. 275.)

Das unterzeichnete Ministerium ist gegenwärtig der in dem Schreiben des Königl. Ministerii der auswärtigen Angelegenheiten vom 7. Juni c. entwickelten Ansicht beigetreten, daß denjenigen Staaten gegenüber, mit denen Konventionen, weil man sich darin vertragsmäßig über die von den beiderseitigen Staaten ferner festzuhaltenden Grundsätze und Entscheidungsnormen geeinigt hat, zur alleinigen Entscheidungsquelle für alle, von Abschluß der Konvention an, zwischen den beiderseitigen Staaten hinsichtlich der Uebernahme-Verbindlichkeit zur Kontestation kommenden Spezialfälle konstituirt worden sind, und daß daher gegenwärtig, wenn ein einzelner Spezialfall zur Entscheidung kommt, die Beurtheilung desselben nur nach den Bestimmungen der betreffenden Konvention erfolgen darf, ohne Rücksicht darauf, ob das vertragsmäßig entscheidende Kriterium vor oder nach Abschluß der Konvention mag eingetreten sein.

B. Konventionelle Bestimmungen über die Aufnahme Ausgewiesener innerhalb der deutschen Bundes-Staaten.

Bis zum Jahre 1851 fehlte es in den deutschen Bundesstaaten an einer Vereinbarung, welche allgemein die Grundsätze aufstellte, nach welchen bei der Uebernahme auszuweisender Personen zu verfahren ist; wenn auch die zwischen

---

1) Vergl. Anmerkung 1 zu b.

Preußen und den einzelnen Staaten bestehenden Konventionen [1]) im Allgemeinen von demselben Prinzip ausgingen, und einander ähnliche Grundsätze

---

1) Vor Abschluß der Konvention von Gotha bestanden über die Uebernahme von Vagabonden und Ausgewiesenen die nachstehenden Verträge:

1. Mit dem Königreich Baiern:
Konvention vom 9. Mai 1818. (Gesetz=Samml. 1818 S. 53)
und darauf bezüglich:
Reskript des Min. des Inn. v. 15. März 1842. (Min.=Bl. 1842 S. 74.)
2. Großherzogthum Hessen=Darmstadt:
Konvention vom 22. Februar 1819. (Gesetz=Samml. 1819 S. 132.)
3. Herzogthum Nassau:
Konvention vom 31. März 1819. (Gesetz=Samml. 1819 S. 95.)
4. Kurfürstenthum Hessen:
Konvention vom 28. December 1820. (Gesetz=Samml. 1820 S. 200) nebst Reskript des Min. des Inn. vom 16. Februar 1833. (v. Kamptz Ann. Bd. XVII. S. 98.) und Reskript des Min. des Inn. und der Polizei vom 16. April 1838. (v. Kamptz Ann. Bd. XXII. S. 114.)
5. Königreich Sachsen:
Konvention vom 5. Februar 1820. (Gesetz=Samml. 1820 S. 40.) nebst Reskript des Min. des Inn. und der Polizei vom 12. November 1838. (Gesetz=Samml. 1839 S. 62.), Verfügung des Min. des Inn. vom 7. Februar 1840. (Min.=Bl. 1840 S. 108.), Verfügung des Min. des Inn. vom 29. Oktober 1840. (Min.=Bl. 1840 S. 10.) und Verfügung des Min. des Inn. vom 17. November 1840. (Min.=Bl. 1841 S. 11.)
6. Fürstenthum Lippe=Schaumburg:
Konvention v. 30. Mai 1839. (Gesetz=Samml. 1839 S. 198.)
7. Fürstenthum Lippe=Detmold:
Konvention v. 22. Mai 1839. (Gesetz=Samml. 1839 S. 228.)
8. Herzogthum Sachsen=Meiningen:
Konvention v. 27. December 1839. (Gesetz=Samml. 1839 S. 267.)
9. Herzogthum Anhalt=Dessau:
Konvention v. 21. Juni 1839. (Gesetz=Samml. 1839 S. 239.)
10. Fürstenthum Reuß, ältere Linie:
Konvention v. 9. Juni 1821. (Gesetz=Samml. 1821 S. 41.)
11. Fürstenthum Reuß, jüngere Linie:
Konvention v. 5. April 1821. (Gesetz=Samml. 1821 S. 41.)
12. Großherzogthum Sachsen=Weimar:
Konvention v. 12. Juni 1822. (Gesetz=Samml. 1822 S. 175) und Reskript des Minist. des Inn. v. 6. Januar 1847. (Min.=Bl. 1847 S. 48.)
13. Herzogthum Sachsen=Koburg=Gotha:
Konvention v. 17. December 1822. (Gesetz=Samml. 1823 S. 13.)
14. Fürstenthum Schwarzburg=Sondershausen:
Konvention v. 26. December 1822. (Gesetz=Samml. 1823 S. 4.)
15. Herzogthum Sachsen=Altenburg:
Konvention v. 13. September 1822. (Gesetz=Samml. 1823 S. 13.)
16. Fürstenthum Schwarzburg=Rudolstadt:
Konvention v. 4. Februar 1839. (Gesetz=Samml. 1839 S. 61.)
17. Großherzogthum Meklenburg Schwerin:
Konvention v. 18. Oktober 1817. (Gesetz=Samml. 1817 S. 300.)
18. Großherzogthum Meklenburg=Strelitz:
Konvention v. 26. Januar 1824. (Gesetz=Samml. 1824 S. 56.)
19. Königreich Hannover:
Konvention v. 20. August 1859. (Gesetz=Samml. 1859 S. 257.)
20. Herzogthum Braunschweig:
Konvention v. 4. Oktober 1839. (Gesetz=Samml. 1839 S. 272.)
21. Kaiserthum Oesterreich:
Cirkular=Verfügung v. 21. September 1849. (Min.=Bl. 1849 S. 219.)
22. Königreich Württemberg:
Konvention v. 5. December 1845. (Gesetz=Samml. 1845 S. 779—783.)

zur Geltung brachten, so stellte sich doch das Bedürfniß heraus, in dem Gebiete der ganzen deutschen Bundesstaaten die Heimathsverhältnisse nach einem bestimmten Vertrage zu bemessen.

Zu dem Ende traten im Jahre 1851 Abgeordnete der deutschen Bundesstaaten zusammen, und vereinbarten einen Vertrag, welchem nach und nach fast alle Staaten des deutschen Bundes beigetreten sind, und nach welchem gegenwärtig die Verhältnisse in Betreff der Uebernahme-Verbindlichkeit auszuweisender Personen beurtheilt werden.

Die vereinbarten Grundsätze sind zusammengefaßt in der

a. Konvention d. d. Gotha den 15. Juli 1851. (Gesetz-Samml. 1851 S. 711.)

Die Regierungen von Preußen, Baiern, Sachsen, Oldenburg, Sachsen-Weimar, Sachsen-Meiningen, Sachsen-Koburg-Gotha, Anhalt-Dessau, Köthen und Bernburg, Sachsen-Altenburg, Schwarzburg-Rudolstadt und Sondershausen, beide Reuß, Waldeck und Lippe sind, in Berücksichtigung der bei Anwendung der bisher zwischen ihnen abgeschlossenen Konventionen wegen der Ausgewiesenen hervorgetretenen Schwierigkeiten, sowie in der Absicht, das in Bezug auf die Uebernahme von Auszuweisenden oder Heimathlosen zwischen ihnen bestehende Verhältniß auf möglichst einfache und leicht zu handhabende Grundsätze zurückzuführen, und dadurch zugleich, soviel an ihnen ist, ein allgemeines deutsches Heimathsrecht vorzubereiten, übereingekommen, eine neue Vereinbarung über die gegenseitige Verpflichtung zur Uebernahme von Auszuweisenden abzuschließen, und sind die zu diesem Zweck ernannten Bevollmächtigten, vorbehaltlich der Genehmigung ihrer Regierungen, über nachstehende Bestimmungen übereingekommen:

§. 1.

Jede kontrahirende Regierung verpflichtet sich:

a. diejenigen Unterthanen, welche noch fortdauernd ihr angehörig sind,
b. ihre vormaligen Angehörigen, auch wenn sie die Unterthanenschaft nach der inländischen Gesetzgebung bereits verloren haben, so lange sie nicht dem anderen Staate nach dessen eigener Gesetzgebung angehörig geworden sind,

auf Verlangen des anderen Staates wieder zu übernehmen.

§. 2.

Ist die Person, deren sich der eine der kontrahirenden Staaten entledigen will, zu keiner Zeit einem der kontrahirenden Staaten angehörig gewesen, so ist unter ihnen derjenige zur Uebernahme verpflichtet, in dessen Gebiet der Auszuweisende:

a. nach zurückgelegtem 21. Lebensjahre sich zuletzt fünf Jahre hindurch aufgehalten, oder
b. sich verheirathet, und mit seiner Ehefrau unmittelbar nach der Eheschließung eine gemeinschaftliche Wohnung mindestens 6 Wochen inne gehabt, oder
c. geboren ist.

Die Geburt begründet die Verpflichtung zur Uebernahme nur dann, wenn keiner der beiden anderen Fälle (a und b) vorliegt. Treffen diese zusammen, so ist das neuere Verhältniß entscheidend.

§. 3.

Ehefrauen sind in den Fällen des §. 1 und 2, ihre Uebernahme möge gleichzeitig mit derjenigen ihres Ehegatten oder ohne diese in Frage kommen, von demjenigen Staate zu übernehmen, welchem der Ehemann nach §. 1 und 2 angehört.

Bei Wittwen und geschiedenen Ehefrauen ist, jedoch nur bis zu einer in ihrer Person eintretenden, die Uebernahme-Verbindlichkeit begründenden Veränderung, das Verhältniß des Ehemannes, zur Zeit seines Todes und beziehungsweise der Ehescheidung maßgebend.

Die Frage, ob eine Ehe vorhanden sei, wird im Falle des §. 1 nach dem Gesetze des Staates beurtheilt, welchem der Ehemann angehört; im Falle des §. 2 aber nach dem Gesetze des Staates, wo die Eheschließung erfolgt ist.

§. 4.

Eheliche Kinder sind, wenn es sich um deren Uebernahme vor vollendetem 21. Lebensjahre handelt, in den Fällen des §. 1 und 2 nicht nach ihrem eigenen Verhältniß, sondern nach dem des Vaters zu beurtheilen. Kinder, welche per subsequens matrimonium legitimirt sind, werden den ehelich geboreneu gleich geachtet.

§. 5.

Ist keiner der in §. 2 gedachten Fälle vorhanden, so muß der Staat, in welchem der Heimathlose sich aufhält, denselben behalten. Doch sollen weder Ehefrauen noch Kinder unter 16 Jahren, falls sie einem anderen Staate nach §. 1 und 2 zugewiesen werden können, von ihren Männern resp. Eltern getrennt werden.

§. 7.

Wenn diejenige Regierung, welche sich einer lästigen Person entledigen will, die Uebernahme derselben von mehreren deutschen Bundesstaaten aus der gegenwärtigen oder einer anderen Uebereinkunft zu fordern berechtigt ist, so hat sie denjenigen Staat zunächst in Anspruch zu nehmen, welcher in Beziehung auf den Verpflichtungsgrund oder die Zeitfolge näher verpflichtet ist. Hat dieser Staat auch nach vorgängigem Schriftwechsel der obersten Landesbehörde die Uebernahme verweigert, so kann die ausweisende Regierung auch von demjenigen Staate, welcher nach gegenwärtiger Uebereinkunft hiernächst verpflichtet ist, die Uebernahme fordern und demselben die Geltendmachung seines Rechts überlassen.

§. 8.

Ohne Zustimmung der Behörde des zur Uebernahme verpflichteten Staates darf diesem kein aus dem anderen Staate ausgewiesenes Individuum zugeführt werden, es sei denn, daß:

a. der Rückkehrende sich im Besitz eines von der Behörde seines Orts ausgestellten Passes, seit dessen Ablauf noch nicht ein Jahr verstrichen ist, befindet,

b. daß der Ausgewiesene einem in gerader Richtung rückwärts liegenden Staate angehört, welchem er nicht wohl anders als durch das Gebiet des anderen Staates zugeführt werden kann.

§. 9.

Sollte ein Individuum, welches von dem einen kontrahirenden Staate dem anderen zum Weitertransport in einen rückwärts liegenden Staat nach Maßgabe des §. 8 überwiesen worden sein, von dem letzteren nicht angenommen werden, so kann dasselbe in denjenigen Staat, aus welchem es ausgewiesen ist, wieder zurückgeführt werden.

§. 10.

Die Ueberweisung der Ausgewiesenen geschieht in der Regel mittelst Transportes und Abgabe derselben an die Polizeibehörde desjenigen Ortes, wo der Transport als von Seiten des ausweisenden Staates beendigt anzusehen ist. Mit dem Ausgewiesenen werden zugleich die Beweisstücke, auf welche der Transport konventionsmäßig begründet wird, übergeben. In solchen Fällen, wo keine Gefahr vorhanden ist, können einzelne Ausgewiesene auch vermittelst eines Passes, in welchen ihnen die zu befolgende Route genau vorgeschrieben ist, in ihr Vaterland gewiesen werden.

§. 11.

Die Kosten der Ausweisung trägt innerhalb seines Gebietes der ausweisende Staat. Wenn der Ausgewiesene, um seiner Heimath in einem dritten Staat zugeführt zu werden, durch das Gebiet eines anderen kontrahirenden Theiles transportirt werden muß, so hat dem letzteren der ausweisende Staat die Hälfte der bei dem Durchtransport entstehenden Kosten zu erstatten.

Muß der Ausgewiesene im Falle des §. 9 in den Staat, aus welchem er ausgewiesen war, wieder zurückgebracht werden, so hat dieser Staat sämmtliche Kosten des Rücktransportes zu vergüten.

§. 12.

Können die betreffenden Behörden über die Verpflichtung des Staates, welchem die Uebernahme angesonnen wird, sich bei dem darüber stattfindenden Schriftwechsel nicht vereinigen, und ist die Meinungsverschiedenheit auch im diplomatischen Wege nicht zu beseitigen, so wollen die betheiligten Regierungen den Streitfall zur schiedsrichterlichen Entscheidung einer dritten deutschen Regierung stellen, welche zu den Mitkontrahenten des gegenwärtigen Vertrages gehört.

Die Wahl der um Abgabe des Schiedsspruches zu ersuchenden Deutschen Regierung bleibt demjenigen Staate überlassen, der zur Uebernahme des Ausgewiesenen verpflichtet werden soll.

An die dritte Regierung hat jede der betheiligten Regierungen jedesmal nur eine Darlegung der Sachlage, wovon der anderen Regierung eine Abschrift nachrichtlich mitzutheilen ist, in kürzester Frist einzureichen.

Bis die schiedsrichterliche Entscheidung erfolgt, gegen welche von keinem Theil eine weitere Einwendung zulässig ist, hat derjenige Staat, in dessen Gebiet das auszuweisende Individuum beim Entstehen der Differenz sich befunden, dasselbe in seinem Gebiet zu behalten.

§. 13.

Gegenwärtige Uebereinkunft tritt vom 1. Januar 1852 an, und zwar dergestalt in Wirksamkeit, daß alle Fälle zweifelhafter Uebernahme-Verbindlichkeit, welche bis dato noch nicht zur Erörterung gelangt, oder falls dies bereits der Fall gewesen, bis eben dahin durch ein bündiges Anerkenntniß oder durch schiedsrichterliche Entscheidung noch nicht definitiv erledigt worden sind, nach den neu vereinbarten Bestimmunzen beurtheilt werden sollen.

Mit dem 1. Januar 1852 treten sämmtliche Vereinbarungen wegen Uebernahme von Ausgewiesenen, welche bisher zwischen den kontrahirenden Staaten bestanden, außer Kraft.

§. 14.

Jedem kontrahirenden Staate steht das Recht zu, ein Jahr nach der von ihm ausgesprochenen Kündigung zurückzutreten.

§. 15.

Allen Deutschen Bundesstaaten, welche die gegenwärtige Uebereinkunft nicht mit abgeschlossen haben, steht der Beitritt zu derselben offen. Dieser Beitritt wird durch eine, die Uebereinkunft genehmigende und einer der kontrahirenden Regierungen behufs weiterer Benachrichtigung der übrigen Kontrahenten zu übergebenden Erklärung bewirkt.

b. Konferenz Schluß-Protokoll d. d. Gotha den 15. Juli 1851. (Mitgetheilt durch Reskript des Ministers der Auswärtigen Angelegenheiten v. 27. November 1851.)

Bei dem Abschlusse der Uebereinkunft wegen Uebernahme von Auszuweisenden, wurde von den nebenbezeichneten Kommissarien für nothwendig und angemessen erachtet, zur Erläuterung einzelner Vertragsbestimmungen, sowie, um den Beitritt anderer Deutschen Regierungen zu erleichtern, und die Handhabung derselben zu fördern, mit Vorbehalt der Genehmigung ihrer Regierungen über folgende Punkte nähere Festsetzungen zu treffen:

1.

In den mehrsten der kontrahirenden Staaten besteht die gesetzliche Vorschrift, daß die Verheirathung der denselben angehörigen männlichen Individuen ohne vorgängige polizeiliche Genehmigung nicht erfolgen darf.

Es wurde von mehreren Seiten, insbesondere Namens der Regierungen von Hannover, Mecklenburg-Schwerin und Braunschweig der Umstand, daß in einigen der kontrahirenden Staaten dem Abschlusse unkonsentirter, mithin unstatthafter, Ehen ihren Nationalen kein Hinderniß entgegenstehe, als ein Uebelstand, ja als ein mögliches Hinderniß des Beitritts zum Vertrage bezeichnet. Denn während nach den bisherigen Konventionen die Verheirathung unter Wirthschaftsanlegung in demjenigen auswärtigen Staate, in welchem sie erfolgt ist, die Staatsangehörigkeit begründe, lege die verabredete neue Uebereinkunft jedem Staate, dessen Angehörige in dem anderen Staate eine solche gesetzwidrige Ehe eingegangen sind, die Verpflichtung auf, beide Eheleute, sofern die Ehe an sich als gültig angesehen wird, und die von ihnen erzeugten Kinder zurücknehmen zu müssen.

In Erwägung dieser Bedenken und weil man überhaupt dafür hielt, daß es sich nicht rechtfertigen lasse, wenn Personen, welche nach den Gesetzen des Staates, dem sie angehören, zur Eingehung einer Ehe nicht befugt sind, in einem anderen der kontrahirenden Staaten zu dieser Ehe dennoch zugelassen werden, glaubten die Unterzeichneten im Namen ihrer Regierungen die Verpflichtung übernehmen zu dürfen,

> daß von jeder Regierung, soweit es nicht schon geschehen, Anordnung getroffen werde, damit in ihrem Gebiet keine Verheirathung eines Angehörigen der anderen kontrahirenden Staaten, sei es mit einer Inländerin oder Ausländerin ohne Konsens der Heimathsbehörde desselben gestattet werde.

2.

Da der §. 1 der Uebereinkunft sowohl die derzeitige als die frühere, jedoch erloschene, Unterthanenschaft als einen Grund der Verpflichtung zur Uebernahme bezeichnet, beide Verpflichtungsgründe aber, sowohl getrennt, als verbunden, bei mehreren der kontrahirenden Staaten, den Ausweisenden gegenüber, vorliegen können, so ist eine Erläuterung darüber erforderlich, welcher Staat in einem solchen Falle als der näher verpflichtete anzusehen und als solcher nach §. 7 zuerst in Anspruch zu nehmen ist.

Es wurde für angemessen erachtet, festzusetzen:

a. daß das bestehende Unterthanen-Verhältniß, gegenüber einem bereits erloschenen, als der stärkere Verpflichtungsgrund angesehen werden soll;

b. daß bei dem Vorhandensein mehrerer Staaten, zu welchen der Auszuweisende sich noch fortdauernd im Unterthanenverbande befindet, der ausweisenden Regierung freisteht, nach welchem Staate hin sie die Ausweisung bewirken will.

c. daß, wenn das auszuweisende Individuum zu mehreren Staaten in einem bereits aufgelösten Unterthanenverhältniß gestanden hat, derjenige Staat zur Uebernahme vorzugsweise verpflichtet ist, dessen Unterthan das Individuum nach zuvorigem Verlust jeder früheren Unterthanenschaft zuletzt geworden ist.

d. daß, wenn der Auszuweisende gleichzeitig Unterthan mehrerer Staaten vormals gewesen ist, ohne Unterschied auf den Zeitpunkt des Verlustes des Unterthanenrechtes in den einzelnen Staaten, dem Auszuweisenden die Wahl des übernehmenden Staates offen steht.

3.

In Beziehung auf die in §. 2a. aus dem 5 Jahre fortgesetzten Aufenthalte heimathloser Personen verabredete Uebernahmeverbindlichkeit war man dahin einverstanden, daß die Dauer eines unfreiwilligen Aufenthalts bei der 5jährigen Frist nicht in Anrechnung zu bringen, ebenso wenig aber als Unterbrechung eines vorher begonnenen und nachher fortgesetzten Aufenthalts anzusehen, dieser vielmehr nur als ruhend zu betrachten.

4.

Zu §. 2b. war man dahin einig:

daß auch eine solche Wohnung für eine gemeinschaftliche zu erachten sei, welche der Ehemann zunächst und hauptsächlich für seine Frau und für seine Familie bestimmt hat, während ihm selbst nach seinen Berufsverhältnissen, wie z. B. bei Dienstboten, eine für seine Person bestimmte Wohnung oder Schlafstelle anderweitig angewiesen worden ist.

5.

Durch den §. 6 der Uebereinkunft soll bestimmt werden, daß Ehefrauen und unerwachsene Kinder Heimathloser der Ausweisung nicht unterliegen, dergleichen Personen auch dann, wenn erstere für ihre Person nach §. 2 einem anderen Staate zugewiesen werden könnten, von ihren Ehegatten und beziehungsweise Eltern nicht getrennt werden sollten. Die Unterzeichneten waren dahin einverstanden:

daß, wenn die Ehe aufgelöst, oder der Tod der Eltern erfolgt, oder bei den Kindern das Alter von 16 Jahren überschritten worden ist, die Vorschrift des §. 6 der Verpflichtuug eines anderen kontrahirenden Staates zur Uebernahme der vormaligen Ehefrau und des Kindes nicht weiter entgegensteht.

6.

Da die abzuschließende Uebereinkunft die Verpflichtung zur Uebernahme einer Person im §. 1 von dem Umstande abhängig macht, daß diese Person dem Unterthanenverbande eines der kontrahirenden Staaten angehöre oder angehört habe, so liegt es in dem Interesse dieser Staaten, von den Gesetzen, Vorschriften oder Grundsätzen Kenntniß zu erlangen, nach welchen in jedem einzelnen Staate die Unterthans-Eigenschaft erworben wird oder verloren geht.

Die Unterzeichneten glaubten daher Namens ihrer Regierungen die Zusicherung ertheilen zu dürfen:

daß diese Gesetze, Verordnungen, Vorschriften und Grundsätze binnen 3 Monaten nach der Genehmigung dieses Vertrages gegenseitig mitgetheilt werden würden.

7.

Ferner kamen die Kommissarien dahin überein, daß jede der kontrahirenden Regierungen:

a. Diejenigen Verträge wegen Aufnahme von Ausgewiesenen, welche zwischen ihr und einer bei gegenwärtiger Uebereinkunft nicht betheiligten Deutschen Regierung bestehen.

b. Ein Verzeichniß derjenigen Behörden, welche zur Ertheilung von Bescheinigungen über die Unterthanseigenschaft (§. 1) kompetent sind, sowie der Behörden, welche Zusicherungen in Bezug auf die Wiederaufnahme solcher Personen ertheilen dürfen, welche ohne Unterthanen zu sein, auf Verlangen eines anderen Staates aufgenommen werden müssen [1]),

binnen gleicher Frist den übrigen kontrahirenden Regierungen mitzutheilen habe.

---

[1]) Bestimmungen über Ausstellung der Heimathscheine und Uebernahmescheine.

a. Cirk.-Verf. d. Minist. d. Inn. v. 17. Decemb. 1852 (Min.-Bl. 1852. S. 318.)

Der zwischen Preußen und der Mehrzahl der deutschen Regierungen abgeschlossene Vertrag d. d. Gotha den 15. Juli 1851 wegen Uebernahme der Auszuweisenden, hat das Bedürfniß einer veränderten Fassung der Heimathscheine herbeigeführt.

Der Zweck, der von Preußischen Unterthanen zur Erlangung der Aufenthalts-Bewilligung im Auslande beizubringenden Heimathscheine, welcher darin bestand:

daß durch dieselben eine besondere Verpflichtung zur Zurücknahme des Inhabers übernommen, und damit zugleich die Anwendbarkeit der früheren Konventionen, nach denen ein zehnjähriger Aufenthalt die Uebernahme begründete, geschlossen sein sollte,

ist weggefallen, da nach dem Gothaer Vertrage lediglich das Unterthans-Verhältniß des Inhabers, ohne Rücksicht auf Aufenthaltsdauer, die Grundlage der Uebernahmepflicht bildet. Die Heimathscheine haben daher fernerhin weder die Stelle besonderer Reverse zu vertreten, noch allgemeine Vertragsbestimmungen auszuschließen. Sie haben vielmehr nur den Zweck, die Unterthanenschaft zu bescheinigen und dadurch die Anwendbarkeit der Konvention auf den Inhaber außer Zweifel zu stellen.

Unter diesen Umständen haben sich sämmtliche bei dem Gothaer Vertrage betheiligte Regierungen, mit denen das Königl. Ministerium der auswärtigen Angelegenheiten zu zu diesem Behufe in Schriftwechsel getreten ist, mit Ausnahme der Großherzogl. Hessischen Regierung dahin einverstanden erklärt,

1. daß für die Heimathscheine von Unterthanen der kontrahirenden Staaten keine andere Anforderung gestellt werde, als daß darin die Unterthanenschaft des Inhabers bescheinigt sei;
2. daß Heimathscheine auf einen bestimmten Zeitraum der Gültigkeit nicht beschränkt werden.

Demzufolge ist das diesen Regierungen mitgetheilte Formular (Anl. a.) von denselben als entsprechend anerkannt worden.

Die Königl. Regierung wird daher angewiesen, die an Preußische Unterthanen zu ertheilenden Heimathscheine fortan nur nach diesem Formular auszufertigen.

Es ist anzunehmen, daß auch die Großherzogl. Hessische Regierung, welche ihre Erklärung vorbehalten hat, sowie diejenigen deutschen Regierungen, welche dem Gothaer Vertrage noch nicht beigetreten sind, keine Bedenken tragen werden, diese Heimathscheine für genügend zu erachten.

Die Königl. Regierung wird ferner veranlaßt, die ihr untergebenen Behörden mit Weisung zu versehen, damit die von den Staatsangehörigen der übrigen kontrahirenden Regierungen künftig beizubringenden Heimatheine nur dann als ausreichend angesehen werden, wenn sie dem obengedachten Formular entsprechen, mithin:

1. Die Bescheinigung der Unterthanenschaft (Staatsangehörigkeit) enthalten, und zugleich
2. ohne Beschränkung auf einen bestimmten Zeitraum ausgestellt sind.

Es versteht sich übrigens von selbst, daß die in dieser Form ausgestellten Heimathscheine der in Preußen sich aufhaltenden Angehörigen der beim Gothaer Vertrage betheiligten Staaten keiner Erneuerung bedürfen, und daß hinsichtlich ihrer die bisher stattgehabte, auf diese Erneuerung bezügliche Kontrolle wegfällt.

Mehrere der kontrahirenden Regierungen, insbesondere die von Hannover, Nassau, Sachsen-Koburg-Gotha, Braunschweig, Schwarzburg-Rudolstadt, Reuß und Lippe-Schaumburg haben es mit Rücksicht auf die innere Gesetzgebung ihrer Staaten für erforderlich erachtet, daß die von ihren Behörden auszustellenden Heimathscheine außerdem noch

den Ort (Gemeinde), wo der Inhaber wohnberechtigt oder heimathsangehörig ist,

bezeichnen. Gegen einen solchen Zusatz kann, da er die eventuelle Uebernahmen eher zu erleichtern, als zu erschweren im Stande ist, Nichts erinnert werden.

8.

Da die abgeschlossene Uebereinkunft auf ganz neuen, von den kontrahiren- Regierungen bisher noch nicht angewandten Grundsätzen beruht, so erachten es die Unterzeichneten für wünschenswerth, daß nach Verlauf einiger Jahre

---

Endlich wird die Königl. Regierung veranlaßt, in denjenigen Fällen, in welchen sie Angehörigen eines anderen kontrahirendenden Staates die Naturalisations-Urkunde ertheilt, anzuordnen, daß nach erfolgter Aushändigung dieser Urkunde, welche nach dem Cirk.-Reskript v. 9. März c. (Minist.-Bl. 47) die Entlassung aus dem bisherigen Unterthanen-Verbande vorangegangen sein muß, der dem Naturalisirten von seiner bisherigen Heimathsbehörde etwa ertheilte Heimathsscheine zurückgegeben werde. Nicht minder hat sie bei der Entlassung diesseitiger, im Auslande verweilender und dort zu naturalisirender Unterthanen Sorge zu tragen, daß die ihnen diesseits ertheilten Heimathsscheine wieder eingereicht werden.

Durch diese Maßregel, welche auch den übrigen betheiligten Regierungen empfohlen ist, wird verhindert, daß solche, aus dem bisherigen Unterthanen-Verband in ein neues Verhältniß übergetretenen Individuen sich bei einem Aufenthalte in einem dritten Staate durch die Bescheinigung eines bereits erloschenen Unterthansverhältnisses legitimiren und dadurch im Fall ihrer Ausweisung Uebernahme-Anträge gegen einen Staat hervorrufen, welche dieser durch Berufung auf einen näher verpflichteten Staat abzulehnen befugt ist. (§. 2 des Schlußprotokolls)

Die vorstehenden Bestimmungen über die Anwendung des neuen Formulars der Heimathscheine sind nur auf Preußische Unterthanen zu beziehen. Es wird aber auch die Nothwendigkeit der Ausstellung von Uebernahmereversen für solche Individuen eintreten, welche zwar nicht Preußische Unterthanen sind, aber doch nach dem Gothaer Vertrage (§. 2) übernommen werden müssen, während man ihnen gegen Beibringung eines Uebernahmereverses den einstweiligen Aufenthalt in einem anderen Staate gestatten würde. Die Ausstellung solcher Reverse wird allerdings in manchen Fällen sowohl dem Interesse des Individuums, als auch dem des zur Uebernahme verpflichteten Staates entsprechen. Ueber die Fassung dieses Uebernahmereverses ist ein Schriftwechsel mit den übrigen kontrahirenden Staaten eingeleitet, bis zu dessen Beendigung das unterzeichnete Ministerium sich weitere Bestimmungen vorbehält.

Anlage a.

Von der unterzeichneten Regierung wird dem .... (Name, Stand und Wohnort), geboren zu .... (Geburtsort).... Jahr alt, zum Zwecke des Aufenthaltes in den .... Staaten hierdurch bescheinigt, daß derselbe, und zwar durch Abstammung (Naturalisation, Legitimation, Verheirathung) die Eigenschaft als Preuße besitzt.

.... den ... ten ...

Königl. Preußische Regierung.

β. Cirk.-Verfügung d. Min. d. Innern v. 12. Februar 1855. (Min.-Bl. S. 26.)

Durch die Cirkular-Verfügung v. 17. December 1852 (Minist.-Bl. 318) ist die Königl. Regierung ein den Bestimmungen des Vertrages wegen Uebernahme der Auszuweisenden vom 15. Juli 1851 entsprechendes, mit den bei diesem Vertrage betheiligten Regierungen vereinbartes Formular für Heimathscheine zugefertigt, und zugleich die Mittheilung eines Formulars für Uebernahmescheine vorbehalten worden, welche solchen Personen, Behufs der Aufenthaltsgestattung in einem anderen Vereinsstaate, zu ertheilen sein werden, die, ohne Unterthanen zu sein, vermöge ihres längeren Aufenthaltes oder ihrer Verheirathung resp. ihrer Geburt im Lande, nach §. 2 des Vertrages übernommen oder beibehalten werden müssen.

Dieses Formular ist bei Gelegenheit der Konferenz von Kommissarien der betheiligten Regierungen, deren Beschlüsse der Königl. Regierung durch Cirkular-Verfügung vom gestrigen Tage mitgetheilt worden, festgestellt worden. Sie empfängt dasselbe nun in der Anlage (a) um davon in vorkommenden Fällen Gebrauch zu machen.

Derartige Uebernahmescheine werden also auch die einem Vereinsstaate auf Grund des §. 2 angehörenden Ausländer Behufs ihrer Zulassung in Preußen beizubringen haben, damit nicht in Folge ihres fortgesetzten Aufenthalts die Verpflichtung des anderen Staates erlösche und auf den diesseitigen übergehe.

unter Berücksichtigung der inzwischen gemachten Erfahrungen, eine Revision des Vertrages auf dem Wege mündlicher Berathung durch Kommissarien der betheiligten Regierungen stattfinde.

Endlich kann noch der Fall eintreten, daß Unterthanen, welche die Entlassungs-Urkunde erhalten, die Absicht der Auswanderung aber auszuführen nicht vermocht haben, und welche daher nach §. 16 des Vertrages zurückgenommen werden müssen, in einem der Vereinsstaaten Unterkommen und Erwerb finden. Diesen können weder Heimathscheine ertheilt werden, noch findet das Formular der Uebernahmescheine auf sie Anwendung. Es werden ihnen vielmehr Uebernahmescheine zu ertheilen sein, deren Inhalt mit dem der Heimathscheine gleichlautend ist, nur daß darin nicht die Eigenschaft als zeitiger, sondern als vormaliger Unterthan zu bescheinigen ist. Ein Formular für diese Scheine ist beigefügt (b.).

Schließlich bemerke ich noch, in Beziehung auf die für Unterthanen bestimmten Heimathscheine, daß es in der gedachten Konferenz für zulässig und der Vereinbarung über das Formular derselben nicht widersprechend erachtet worden ist, wenn in die Heimathscheine auch die Ehefrau und die Kinder des Inhabers mit aufgenommen werden, oder wenn die Mitaufnahme derselben gefordert wird.

Im Falle einer solchen Anforderung wird nach den Worten;

„die Eigenschaft als Preuße besitzt."

hinzuzufügen sein:

„und seine Ehefrau (Vor- und Geburts-Namen) und seine Kinder (Vorname und Alter) diese Eigenschaft theilen."

Anlage a.

Uebernahme-Schein.

Die unterzeichnete Regierung bescheinigt hierdurch, daß der N., welcher in N. geboren und .... Jahr alt ist, nach den Bestimmungen der Konvention wegen gegenseitiger Verpflichtung zur Uebernahme der Auszuweisenden d. d. Gotha den 15. Juli 1851 §. 2, obwohl er nicht diesseitiger Unterthan ist, dennoch Preußischer Seits beibehalten resp. übernommen werden muß.

Damit demselben der Aufenthalt in den anderen, bei diesem Vertrage betheiligten Staaten bewilligt werde, verpflichtet sich die unterzeichnete Regierung aus diesem Aufenthalte, auch wenn er fünf Jahre hindurch fortgesetzt werde, eine Uebernahmepflicht nicht herzuleiten, diesen Aufenthalt vielmehr während eines fünfjährigen Zeitraumes ebenso anzusehen, als wenn derselbe auf Preußischem Gebiete stattgefunden hätte.

Auf den Fall der Verheirathung des Inhabers im Auslande ist dieser Schein nicht zu beziehen.

..... den .... ten

Königl. Preußische Regierung.

Anlage b.

Uebernahme-Schein.

Von der unterzeichneten Regierung wird dem ..... (Name, Stand, Wohnort) zu N. geboren, ... Jahre alt, zum Zweck des Aufenthalts in den ..... Staaten hierdurch bescheinigt, daß derselbe, und zwar durch Abstammung (Legitimation, Verheirathung, Naturalisation) bis zu der unter dem ..... erfolgten Entlassung die Eigenschaft als Preuße besessen hat, und daß auf denselben die Bestimmungen des §. 16 der Konvention wegen gegenseitiger Uebernahme von Ausgewiesenen d. d. Gotha den 15. Juli 1851 Anwendung finden.

..... den ..... ten

Königl. Preußische Regierung.

γ. Bescheid des Minist. des Innern vom 23. Juli 1858 (Minist.-Blatt 1858 S. 155.) Es ist, wie der Königl. Regierung auf den Bericht v. 21. v. M. eröffnet ward, richtig, daß das Formular der Uebernahme-Scheine für Personen, welche, obwohl aus dem Unterthanen-Verbande ausgeschieden, dennoch von Preußen übernommen werden müssen, und welche dieser Uebernahmescheine für den Fall bedürfen, um ihnen den Aufenthalt und Erwerb im Auslande möglich zu machen, seinem Wortinhalte nach nur auf entlassene, nicht aber auf solche Unterthanen paßt, welche durch zehnjährige unlegitimirte Abwesenheit der Eigenschaft als Preußische Unterthanen verlustig gegangen

Sie fanden es daher angemessen, mit Vorbehalt anderer, von ihren Regierungen etwa zu treffenden, Anordnungen die Mitte des Jahres 1854 als einen geeigneten Zeitpunkt der Revision der abzuschließenden Uebereinkunft zu bezeichnen.

9.

Die Genehmigung des gegenwärtigen Schlußprotokolls erfolgt vermittelst der Genehmigung der heut abgeschlossenen Uebereinkunft.

Gotha, den 15. Juli 1851.

(Min.=Reskript v. 27. November 1851.)

c. Cirkular=Verfügung des Min. des Inn. v. 11. Februar 1855. (Min.=Bl. 1855 S. 23) nebst Konferenz=Schluß=Protokoll d. d. Eisenach den 25. Juli 1854.

Die Königl. Regierung ist durch die Cirk.=Verfügung vom 6. Juni v. J. von der Absicht in Kenntniß gesetzt worden, Kommissarien der bei dem Vertrage über die Aufnahme von Ausgewiesenen vom 15. Juli 1851 betheiligten Regierungen zur Berathung über mehrere, die Auslegung und Ausführung dieses Vertrages betreffende Fragen zusammentreten zu lassen.

Diese Konferenz hat stattgefunden, und es sind die in derselben gefaßten Beschlüsse in dem Schlußprotokoll d. d. Eisenach den 25. Juli 1854 zusammengestellt worden.

Nachdem nun die zustimmenden Erklärungen der sämmtlichen betheiligten Regierungen zu diesen, auch Preußischer Seits genehmigten Beschlüssen eingegangen sind, empfängt die Königl. Regierung hierneben Abschrift des gedachten Protokolls mit der Veranlassung, die darin enthaltenen Feststellungen bei Anwendung des Vertrages sich zur Richtschnur dienen zu lassen.

sind. Es scheint daher angemessen, für solche, in dem der Cirkular=Verfügung vom 12. Februar 1855 sub b. beigegebenen Formular eine Modifikation dahin eintreten zu lassen, daß statt der Worte:

„die Eigenschaft als Preußischer Unterthan bis zu der unterm ..... erfolgten Entlassung besessen hat,"

gesagt wird:

„die Eigenschaft als Preußischer Unterthan früher besessen hat, und daß auf denselben, da er dieser Eigenschaft verlustig gegangen ist, die Bestimmungen rc."

Im Uebrigen ist es allerdings als ein Uebelstand anzusehen, daß diese und viele andere Personen keinem Staate angehören und daher als heimathlos anzusehen sind; dieser unvermeidliche Uebelstand wird aber dadurch, daß dieselben in einem der durch den Gothaer Vertrag verbundenen Staaten Aufnahme finden müssen, erheblich vermindert.

Unter Umständen mag es immerhin zweckmäßig sein, Personen, welche, ohne Preußische Unterthanen zu sein, doch konventionsmäßig von Preußen übernommen werden müssen, in den diesseitigen Unterthanen=Verband aufzunehmen; eine allgemeine Regel wird sich jedoch in dieser Beziehung nicht aufstellen lassen; am wenigsten aber wird es für angemessen zu erachten sein, solchen, im Auslande sich aufhaltenden Personen den Uebernahme=Schein zu versagen, um sie zur Nachsuchung der Naturalisations=Urkunde und zur Rückkehr zu nöthigen. Ein solches Verfahren würde nur durch ganz besondere Umstände motivirt werden können, da es nicht räthlich erscheint, auf deren Aufenthalt von Amtswegen einzuwirken, und da es, wenn diese Personen im Auslande verweilen, in der Regel ohne praktische Bedeutung ist, ob dieselben mit einem Uebernahme=Scheine oder einem Heimathscheine versehen sind.

Daß endlich diejenigen Individuen, welche zwar eventuell übernommen werden müssen, aber nicht diesseitige Unterthanen sind, eine Verpflichtung zum Eintritt in das stehende Heer nicht haben, kann keinem Zweifel unterliegen.

Was insbesondere die Bestimmungen zu 1 des Protokolls betrifft, so wird hierdurch angeordnet:

1) daß Entlassungs-Urkunden, welche von Preußischen Unterthanen Behufs der Auswanderung in einen anderen Vereinsstaat nachgesucht werden, nicht eher zu ertheilen sind, als bis der Extrahent nachgewiesen hat, daß seine Aufnahme in diesen Staat erfolgen wird. (§. 18 des Gesetzes über den Erwerb und Verlust der Eigenschaft als Preußischer Unterthan vom 31. December 1842.)

2) Daß von der erfolgten Naturalisation eines Angehörigen eines anderen kontrahirenden Staates der bisherigen Heimathsbehörde des Naturalisirten Nachricht zu geben ist.

Daß Angehörige dieser Staaten und der Deutschen Bundesstaaten erst dann naturalisirt werden dürfen, wenn sie sich über die Entlassung aus dem bisherigen Unterthanen-Verhältniß ausgewiesen haben, ist bereits durch Cirk.-Verfügung vom 9. März 1852 (Minist.-Bl. 1852 S. 47) vorgeschrieben worden.

Schließlich bemerke ich noch, daß das Schlußprotokoll, in welchem die bei der Konferenz vertretenen Regierungen in margine aufgeführt sind, eine Uebersicht derjenigen Staaten gewährt, welche bei dem Gothaer Vertrage betheiligt sind, daß diesen Staaten aber noch Nassau und Waldeck hinzutreten, welche zwar bei der Konferenz nicht vertreten waren, ihre Zustimmung zu den gefaßten Beschlüssen aber nachträglich erklärt haben, daß endlich auch S. Majestät der König der Niederlande und Großherzog von Luxemburg dem Vertrage beigetreten ist.

Die Bestimmungen des letzteren, sowie der Schlußprotokolle d. d. Gotha den 15. Juli 1851 und Eisenach den 25. Juli 1854 finden hiernach auf das Gebiet sämmtlicher Bundesstaaten, mit Ausnahme von Oesterreich, Holstein, Lauenburg, Lichtenstein und Lübeck Anwendung.

Verhandelt Eisenach den 25. Juli 1854.

Gegenwärtig:

Für Preußen:	Geh. Ober-Reg.-Rath Franz.
	Geh. Legations-Rath Hellwig.
" Baiern:	Legations-Raths Roesgen.
" Sachsen:	Geh. Rath u. Direkt. Kohlschweller.
" Hannover:	Geh. Rath Bening.
" Württemberg:	Reg.-Rath Müller.
" Baden:	Minist.-Rath von Dusch.
" Kurhessen:	Reg.-Rath von Stiernberg.
" Großherzogth. Hessen:	Geh. Rath Frhr. von Stark.
" Sachsen-Weimar:	Geh. Reg.-Rath Schmith.
" Mecklenburg (beide):	Minist.-Rath Dr. Brandt.
" Oldenburg:	Minist.-Rath Buchholtz.
" Sachsen-Meiningen:	Staatsrath Dr. Oberländer.
" Sachsen-Altenburg:	Reg.-Präsident Schuderoff.

Für Sachsen-Koburg-Gotha:	Minist.-Rath **Brueckner.**
„ Braunschweig:	Kreisdirektor von **Hohenhorst.**
„ Anhalt-Dessau-Köthen:	Minist.-Rath **Walther.**
„ Anhalt-Bernburg:	Reg.-Rath Zachariae.
„ Schwarzburg-Rudolstadt und Sondershausen: „ Reuß (beide Linien):	Reg.-Rath Schmith.
„ Lippe:	Reg.-Räth Heldtmann.
„ Hessen-Homburg:	Reg.-Rath Fenner.
„ Frankfurt:	Senator Dr. von Oven.
„ Bremen:	Senator Dr. Olbers.
„ Hamburg:	Senator Dr. Geßler.

Nachdem die vorbezeichneten Bevollmächtigten im Auftrage ihrer resp. Regierungen Behufs der Revision des Vertrages über die Aufnahme Ausgewiesener d. d. Gotha den 15. Juli 1851 zusammengetreten waren, sind in Beziehung auf die Auslegung und Anwendung dieses Vertrages mit Vorbehalt der Genehmigung ihrer Regierungen folgende Beschlüsse einstimmig gefaßt worden:

Art. I.

Zu §. 1 des Vertrages. Die Versammlung hält dafür, daß es in dem Zwecke des Vertrages liege, und dem Interesse der dadurch verbundenen Staaten entspreche, die Zahl der Heimathlosen soviel als möglich zu vermindern, insbesondere aber dem Uebergange von Staatsangehörigen in den Zustand der Heimathlosigkeit vorzubeugen. Sie spricht daher den Wunsch aus, daß in denjenigen kontrahirenden Staaten, deren innere Gesetzgebung kein Hinderniß entgegenstellt, die Erlaubniß zum Auswandern in einen anderen Deutschen Staat nicht eher ertheilt werde, als bis die Aufnahme in den letzteren zugesichert worden ist; ingleichen, daß von der wirklich erfolgten Aufnahme zum Unterthan die betreffende Behörde des heimathlichen Staates in Kenntniß gesetzt werde.

Art. II.

Zu §. 1 und 2. Wenn Gebietstheile von dem einen der Vereinsstaaten an dem anderen abgetreten worden sind, so wird der abgetretene Theil in Beziehung auf alle, eine Uebernahmepflicht begründenden Thatsache und Verhältnisse so angesehen, als ob derselbe dem Staate, an welchen er abgetreten ist, immer angehört habe.

Art. III.

Zu §. 4. Zur Beseitigung der bei Auslegung des §. 4 des Vertrages entstandenen Zweifel wird bestimmt:

a. daß, wenn es sich um die Uebernahme von Kindern nach zurückgelegtem 21. Jahre handelt, die Uebernahmepflicht nicht nach §. 4, sondern nach den Vorschriften der §§. 1, 2 und 6 zu beurtheilen sei;

b. daß, wenn in Beziehung auf Kinder unter 21 Jahren die Uebernahmepflicht durch Anerkenntniß oder schiedsrichterlichen Ausspruch (§. 13) festgestellt ist, diese Feststellung auch dann maßgebend bleibe, wenn das betreffende Individuum auch nach zurückgelegtem 21. Jahre für sich betrachtet, von dem übernehmenden Staate auf Grund des §. 2 oder des §. 1b. in einen anderen Staat zurückgewiesen werden könnte, wogegen

c. jene Feststellung dann außer Wirksamkeit tritt, wenn der übernehmende Staat die Aufnahme in einen anderen Staat auf Grund des §. 1a. zu fordern berechtigt ist; endlich

d. daß die Vorschrift des §. 4 auf solche Fälle überhaupt nicht zu beziehen sei, in welchen Kinder vor zurückgelegtem 21. Lebensjahre die Unterthanenschaft in einem Staate für sich erworben haben.

Art. IV.

Zu §. 6. Es wird allseitig anerkannt, daß Personen, welche in Gemäßheit des §. 6 beibehalten werden müssen, nicht nur nicht ausgewiesen, sondern auch nicht durch sonstiges Verfahren einem anderen Vereinsstaate zugeschoben werden dürfen.

Art. V.

Zu §. 18. Wenn die Uebernahme eines Ausgewiesenen Behufs des Durch-Transports auf Grund des §. 8 unter 6 gefordert wird, so hat die ausweisende Behörde durch Beibringung einer Annahme-Zusicherung der Behörde des zur Uebernahme verpflichteten Staates oder durch eine der im §. 8 unten gedachten Legitimationen den Nachweis zu führen, daß der Transportat dem hinterliegenden Staat wirklich angehöre.

In Ermangelung dieses Nachweises kann die Annahme und der Durch-Transport der Ausgewiesenen verweigert werden.

Art. VI.

Zu §. 8. Ist der Paß, — Wanderbuch, — auf einen bestimmten Zeitraum nicht ausgestellt, so ist derselbe in Bezug auf die Vorschrift des lit. a. als fortdauernd gültig anzusehen.

Art. VII.

Zu §§. 8 und 11. Auf Transporte von Personen aus einem Vereinsstaate in den andern, zu den kontrahirenden Staaten nicht gehörigen, Staat, findet die Vorschrift des §. 8 ebensowenig Anwendung als auf solche Personen, welche ein Vereinsstaat aus einem Theile seines Gebietes in einen anderen durch das Gebiet eines Vereinsstaates transportiren läßt.

Art. VIII.

Zu §. 10. Es wird für zweckmäßig erachtet, daß

a. in denjenigen Fällen, in welchen von einer Polizeibehörde gegen die Vorschrift des §. 10 verstoßen wird, wonach Ausgewiesene nur dann, wenn keine Gefahr zu besorgen ist, mittelst beschränkten Reisepasses nach dem Bestimmungsorte dirigirt werden dürfen, der jener Behörde vorgesetzten Instanz zur Rüge Mittheilung gemacht, ingleichen,

b. in allen Fällen der Ausweisung mittelst beschränkten Passes die ausweisende Behörde von der Zuweisung benachrichtigt werde.

Art. IX.

Zu §. 12. Die Berufung auf schiedsrichterliche Entscheidung ist nicht nur bei Streitigkeiten über die Verpflichtung zur Uebernahme eines Ausgewiesenen, sondern bei allen zwischen den einzelnen Staaten entstandenen Differenzen über die aus dem Vertrage entspringenden Rechte und Verbindlichkeiten zulässig.

Art. X.

Zu §. 13. Zur Beseitigung der gegen die Auslegung des §. 13 entstandenen Zweifel wird in Uebereinstimmung mit den bereits ergangenen schiedsrichterlichen Aussprüchen allerseits anerkannt, daß unter den Worten: „Fälle zweifelhafter Uebernahme-Verbindlichkeit“ nichts weiter als „Fälle bestrittener Uebernahme-Verbindlichkeit“ zu verstehen sei.

§. XI.

Zu §§. 13 und 15. Für die sich dem Vertrage anschließenden Staaten tritt an die Stelle des im §. 13 bezeichneten Tages der in der Beitritts-Erklärung bezeichnete Termin mit der im §. 13 angegebenen rechtlichen Wirkung.

Art. XII.

Zu §. 15. Auf Auslieferungen, welche zufolge Antrags oder vertragsmäßiger Verpflichtung bewirkt werden, finden die Bestimmungen des Vertrages keine Anwendung.

Art. XIII.

Die Bestimmung im §. 1 des Schlußprotokolles vom 15. Juli 1851 begreift, daß Angehörige der Vereinsstaaten nur gegen Beibringung eines Konsenses der Heimathsbehörde getraut werden sollen [1]).

Da nun von den Preußischen Unterthanen, welche sich im Auslande verheirathen wollen, keine Ehekonsense, sondern nur Atteste des Inhalts beigebracht werden:

> daß nach der Preußischen Gesetzgebung Preußische Unterthanen zur Abschließung einer Ehe im Auslande der obrigkeitlichen Genehmigung nicht bedürfen, und daß daher insoweit der Verehelichung des Inhabers ein gesetzliches Bedenken nicht entgegenstehe,

so wird von den Preußischen Kommissarien dem ausgesprochenen Wunsche gemäß, die Erklärung abgegeben:

> daß eigentliche Traukonsense von Preußischen Behörden nicht ertheilt werden können, weil die Preußischen Gesetze derartige Konsense nicht vorgeschrieben haben, daß aber jene Atteste bezüglich der Anerkennung

---

[1]) Conf. Verfügung des Min. des Inn. v. 2. März 1860 (Min.-Bl. 1860 S. 39), betreffend die Befugniß zur Ausstellung derartiger Atteste und Cirkular-Verfügung des Min. der Geistlichen, Unterrichts- und Medizinal-Angelegenheiten v. 11. Februar 1861, enthaltend eine Zusammenstellung derjenigen Behörden, welche in dem beim Vertrage von Gotha betheiligten Staaten zur Ertheilung der Ehekonsense befugt sind, welche nach dem Gesetz v. 13. März 1859 zur Eheschließung von Ausländern in Preußen erforderlich sind. (Min.-Bl. 1861 S. 37.)

der Ehe und der vertragsmäßigen Verpflichtung zur Aufnahme der Ehefrau und der in der Ehe gezeugten Kinder dieselbe Wirkung äußern, als wenn sie die ausdrückliche Erlaubniß zur Eingehung der Ehe enthielten.

Hiernach werden die Preußischen Atteste des vorgedachten Inhalts allseitig als genügend anerkannt, um auf Grund derselben in den andern Vereinsstaaten die Eingehung der Ehe geschehen zu lassen.

§. XIV.

Jede der kontrahirenden Regierungen verpflichtet sich, in soweit es noch nicht geschehen, den übrigen Regierungen diejenigen Anordnungen mitzutheilen, welche ihrerseits in Gemäßheit der Bestimmung in Nr. 1 des Schlußprotokolls vom 15. Juli 1851 getroffen sind.

Geschehen Eisenach den 15. Juli 1854.

d. Cirkular-Erlaß des Min. des Inn. v. 9. September 1858. (Min.-Bl. 1858 S. 193.)

In der Konferenz, zu welcher im Juli d. J. Kommissarien der durch den Vertrag wegen Uebernahme Auszuweisender vom 15. Juli 1851 verbundenen Staaten Behufs der Berathung über Gegenstände dieses Vertrages zusammengetreten waren, sind mehrere auf einstimmigen Beschlüssen beruhende Anträge gestellt worden, um ein übereinstimmendes Verfahren bei der Ausführung der Konvention, insbesondere bei Ausweisungen und Transporten herbeizuführen. Da diese Anträge für zweckmäßig zu erachten und die vorgeschlagenen Bestimmungen geeignet sind, bereits hervorgetretenen Differenzen und Weiterungen für die Zukunft vorzubeugen, so sehe ich mich veranlaßt, hierdurch Folgendes festzusetzen:

1.

Ein jeder Ausweisungspaß (Zwangspaß), durch welchen eine Person aus dem Preußischen Staate in das Gebiet eines anderen kontrahirenden Staates ausgewiesen wird, muß ergeben, in welcher Art die Angehörigkeit des Ausgewiesenen festgestellt worden ist.

Ist eine Aufnahme-Zusicherung vorangegangen, so muß derselben im Paß gedacht werden.

Beruht die Ausweisung auf einer polizeilichen Legitimations-Urkunde, so ist das Datum und die Gültigkeitsdauer der letzteren, sowie die Behörde, welche die letztere ausgestellt hat, im Passe anzuführen.

Der Zwangspaß muß ferner neben der Angabe des Endziels in der Regel auch die Angabe der Eingangsstation des nächsten der zu durchreisenden Staaten enthalten.

2.

Ist der Inhaber des Zwangspasses von der vorgeschriebenen Tour abgewichen, oder sind andere Gründe vorhanden, denselben nach Antritt der Reise auf den Transport nach dem Bestimmungsorte zu setzen, so ist hierzu auch eine andere als die ausweisende Behörde berechtigt, wenn der Zwangspaß ergiebt, daß derselbe auf Grund einer Annahme-Zusicherung oder eines heimathlichen Passes (Wanderbuches ꝛc.) seit dessen Ablauf noch kein Jahr verstrichen war, (§. 8 des Vertrages) ausgestellt worden ist.

3.

Im Falle eines solchen Transportes (Nr. 2) ist nicht die Behörde, welche diesen veranstaltet, sondern die Behörde, welche den Zwangspaß ertheilt hat, als die ausweisende anzusehen.

4.

In jedem Transportzettel, mit welchem ein Ausgewiesener in das Gebiet eines anderen kontrahirenden Staates transportirt werden soll, muß die vorausgegangene Annahme-Erklärung der aufnehmenden Behörde in Bezug genommen werden.

Ist der Transport auf Grund eines, der Bestimmung des lit. a. §. 8. des Vertrages entsprechenden Passes eingeleitet, so muß der Transportzettel das Datum und die Gültigkeitsdauer dieses Passes, sowie die ausstellende Behörde ersehen lassen.

Die Vorschrift des §. 10 l. c. wegen der mit dem Transportaten zu übergebenden Beweisstücke, muß genau befolgt werden.

5.

In jedem Transportzettel muß angegeben werden, ob der Transportat auf Requisition oder in Gemäßheit des Vertrages vom 15. Juli 1851 erfolgen soll. Im ersteren Falle muß des Inhalts der Requisition gedacht, und die requirirende Behörde bezeichnet werden.

Bei der durch das Circ.-Reskript vom 14. November 1852 ertheilten Vorschrift, daß jede Behörde, welche einen Transport einleitet, in dem Transportzettel zu bemerken hat, auf wessen Kosten dieser Transport bewirkt werde, behält es sein Bewenden.

6.

Der Transportzettel der den Transport einleitenden Behörde muß den Transportaten bis zur Ablieferung an die aufnehmende Behörde begleiten. Auch wenn der Transport aus dem Auslande kommt, ist kein neuer Transportzettel von einer diesseitigen Behörde auszustellen. Sollte aber unter besonderen Umständen die Ausfertigung eines neuen Transportzettels ausnahmsweise erfolgen müssen, so ist der alte, oder eine Abschrift derselben, dem neuen zu annektiren, und in dem letzteren der Grund der neuen Ausfertigung zu vermerken.

7.

Die Grenz-Polizeibehörde, welcher ein Transport aus einem anderen Vereinsstaate zugeführt wird, hat die Aufhebung des Transportes und die Fortsetzung der Reise bis zum inländischen Bestimmungsorte mittelst Zwangspasses nur dann anzuordnen, wenn sie nach reiflicher Erwägung dafür hält, daß keine Gründe zu der Besorgniß vorliegen, daß von einem Zwangspaß Mißbrauch werde gemacht werden.

Ist der Transportat der hiesigen Grenz-Polizeibehörde nur zum Durch-Transport durch die Königl. Staaten zugeführt worden, so darf derselbe innerhalb des diesseitigen Gebietes nicht anders als durch Transport weiter befördert werden.

Die Königl. Regierung veranlasse ich, in Gemäßheit der vorstehenden Anordnungen die betreffenden Behörden mit Anweisung zu versehen, und für die genaue Durchführung dieser Bestimmungen Sorge zu tragen.

C. Spezial-Bestimmungen in Betreff einzelner Staaten.

a. Mecklenburg-Schwerin und Strelitz.

α. Verfügung des Min. des Inn. v. 5. März 1853. (Min.-Bl. 1853 S. 87.)

Die Königl. Regierung empfängt von uns hierneben die von uns heut erlassene Bekanntmachung (a) den Beitritt der Mecklenburg-Schwerin'schen Regierung zu dem Vertrage wegen Uebernahme Auszuweisender d. d. Gotha den 15. Juli 1851 betreffend, mit der Veranlassung, sich nach dem Inhalt dieser Bekanntmachung zu richten und dieselbe durch das Amtsblatt bekannt zu machen.

Bekanntmachung.

Die Großherzogl. Mecklenburg-Schwerin'sche Regierung ist dem zwischen Preußen und vielen anderen Deutschen Staaten abgeschlossenen Vertrage d. d. Gotha den 15. Juli 1851 (G.-S. 711) mit dem 1. März c. beigetreten, wie dies durch das vierte Stück der diesjährigen Gesetz-Sammlung bekannt gemacht worden ist.

Dieser Beitritt ist unter der Vereinbarung erfolgt, daß der §. 13 jenes Vertrages, was dessen Anwendbarkeit auf frühere Fälle betrifft, zwischen Preußen und Mecklenburg unter folgenden Einschränkungen zur Ausführung gebracht werden soll.

1) Keiner der beiden kontrahirenden Staaten wird von seinem vertragsmäßigen Rechte, ehemalige Unterthanen (Angehörige) des anderen Staates dorthin zurückzuweisen, in Ansehung solcher Personen Gebrauch machen;

a. welchen während der Jahre 1849—1851 der Wohnsitz im Lande in der Art ausdrücklich oder stillschweigend gestattet worden ist, daß sie in der Ehe gelebt und eine eigene Wirthschaft geführt haben, ohne einen Heimathschein zu besitzen.

b. Welche sich im Lande, ohne einen, die Zurücknahme des Inhabers mit der Familie zusichernden Heimathschein zu besitzen, verheirathet und ihren Aufenthalt bis zur Beitritts-Erklärung der Großherzogl. Mecklenburg-Schwerin'schen Regierung fortgesetzt haben.

2) Die vorstehend unter 1a. gedachte, auf den fortgesetzten dreijährigen Wohnsitz während der Jahre 1849—1851 bezügliche Einschränkung findet auf solche Personen keine Anwendung, welche sich als Dienstboten, Handwerksgesellen, Fabrikarbeiter, Handlungsdiener oder sonst im Privatdienst oder Arbeitsverhältniß oder zur Ausbildung in ihrem Beruf im Lande aufgehalten haben, auch wenn diese Personen in Verhältnisse getreten sind, welche die Aufschlagung eines eigenen Wohnsitzes begründen.

In Ansehung solcher Personen, sofern nicht der unter §. 1 b. gedachte Fall bei ihnen vorhanden ist, kommen vielmehr lediglich die Bestimmungen des §. 13 des Vertrages zur Anwendung.

Berlin, den 5. März 1853.

Ministerium des Innern.

β. Cirkular-Reskript des Min. des Inn. v. 25. März 1853. (Min.-Bl. 1853 S. 113.)

Beifolgend empfängt das Königl. Polizei-Präsidium die unterm heutigen Tage erlassene Bekanntmachung, den Beitritt der Großherzogl. Mecklenburg-Strelitz'schen Regierung zu dem Vertrage d. d. Gotha den 15. Juli 1851 betreffend, unter Hinweisung auf die wegen der gleichartigen Vereinbarung mit dem Großherzogthum Mecklenburg-Schwerin ergangenen Verfügung vom 5. d. Mts.

Bekanntmachung.

Nachdem die Großherzogl. Mecklenburg-Strelitz'sche Regierung dem Vertrage zwischen Preußen und vielen Deutschen Regierungen wegen gegenseitiger Verpflichtung zur Uebernahme Ausgewiesener d. d.. Gotha den 15. Juli 1851 beigetreten ist, (Cirkular vom 11. März c. G.-S. 80) wird hierdurch zur öffentlichen Kenntniß gebracht, daß dieser Beitritt hinsichtlich der Anwendung des §. 13 jenes Vertrages unter denselben Vereinbarungen erfolgt ist, welche nach der Bekanntmachung vom 5. d. Mts. zwischen Preußen und Mecklenburg-Schwerin stattgefunden haben.

Es kommen daher die in dieser Bekanntmachung enthaltenen Vorschriften auch in Ansehung des Großherzogthums Mecklenburg-Strelitz, und zwar zu 1 b. mit der Maßgabe in Anwendung, daß der Beitritt des Großherzogthums Mecklenburg-Strelitz unter dem 28. Februar c. erfolgt ist.

Berlin, den 28. März 1853.

Ministerium des Innern.

γ. Cirkular-Reskript des Min. des Inn. v. 22. Januar 1857. (Min.-Bl. 1857 S. 60.)

Zwischen der Königl. Preußischen Regierung einerseits und den beiden Großherzogl. Mecklenburgischen Regierungen andererseits ist die Vereinbarung getroffen worden, daß zur Beseitigung von Ungleichheiten, welche aus der Mecklenburgischen Unterthan-Gesetzgebung in Bezug auf die Ausführung des Vertrages d. d. Gotha den 15. Juli 1851, wegen Uebernahme Ausgewiesener sich ergeben, folgender Grundsatz zur Anwendung komme:

Eheliche Kinder (Descendenten ersten Grades) müssen von dem Staate, welchem zur Zeit der Geburt der Vater als Unterthan angehörte, auch dann übernommen werden, wenn nach der inneren Gesetzgebung dieses Staates die Unterthanenpflicht des Vaters auf die Kinder nicht übergegangen sein sollte, ebenso und zwar als ob dieselbe durch die Geburt die Unterthans-Eigenschaft des Vaters erworben hätten, (§. 1 und 4 des Vertrages) es sei denn, daß sie etwa Unterthanen eines der übrigen Staaten geworden wären.

Dasselbe gilt von unehelichen Kindern (Descendenten ersten Grades) in Bezug auf deren Mutter (§. 1 und 5 Alinea).

Dies Uebereinkommen wird mit dem Bemerken zur Kenntniß der betreffenden Behörden gebracht, daß demselben alle übrigen bei dem Vertrage vom 15. Juli 1851 betheiligten Regierungen, mit Ausnahme der Königl. Bairischen, beigetreten sind.

b. Königreich Sachsen.

Cirkular-Verfügung des Min. des Inn. v. 20. April 1857. (Min.-Bl. 1857 S. 87.)

Durch die Cirkular-Verfügung vom 18. Februar 1847 (Min.-Bl. 36) ist die Königl. Regierung von der zwischen Preußen und Sachsen getroffenen Vereinbarung in Kenntniß gesetzt worden, nach welcher in allen Fällen, in denen zwischen beiden Staaten die Uebernahme-Verbindlichkeit von der Frage abhängig ist, ob der zu Uebernehmende nach Maßgabe des Friedensvertrages vom 18. Mai 1815 damals Preußischer oder Sächsischer Unterthan war, das letzte rechtliche Domizil bei Beurtheilung dieses Rechtsverhältnisses gültig sein soll. Nach dieser Vereinbarung sollte jedoch von der Ausweisung der nach diesem Domizil dem einen Staate angehörenden Individuen aus dem anderen Staate dann abgesehen werden, wenn sich dieselben dort noch bis zum 1. Januar 1846 ununterbrochen aufgehalten haben.

Es ist neuerdings in Frage gekommen, ob diese Ausnahme von jener Regel auf die nachgelassene Familie derjenigen Individuen, jener Kategorie, welche vor dem 1. Januar 1846 verstorben sind, anzuwenden sei. Nachdem über die Entscheidung dieser Frage aus Anlaß eines Spezialfalles mit der Königl. Sächsischen Regierung verhandelt worden, haben sich beide Regierungen über folgenden Grundsatz in seiner weiteren Ausdehnung geeinigt:

> Von der Ausweisung derjenigen Individuen, deren Unterthanenschaft nach ihrem rechtlichen Domizil im Jahre 1815 zu beurtheilen ist, soll dann abgesehen werden, wenn dieselben sich in dem Staate, wo die Ausweisung in Frage kommt, ungeachtet sie durch den Friedensvertrag von 1815 Angehörige des anderen Staates geworden sind, von diesem Zeitpunkt noch bis zum 1. Januar 1846 ununterbrochen aufgehalten haben. Dasselbe gilt von den nachgelassenen Familien (wozu bei Männern deren Frauen und eheliche, bei Frauenspersonen deren uneheliche Kinder zu rechnen sind) der vor dem 1. Januar 1846 verstorbenen Individuen dieser Art für den Fall, daß der Aufenthalt der Verstorbenen bis zu ihrem Tode jener Anforderung entsprach, und die Hinterbliebenen diesen Aufenthalt mindestens bis zum Jahre 1846 fortgesetzt haben.

Zugleich sind beide Regierungen einverstanden:

> daß die hiernach eintretende Verpflichtung des einen Staates, die qu. Personen nicht auszuweisen, zugleich die Obliegenheit zur Wiederaufnahme derselben in sich schließe, wenn sie sich nach Eintritt der erstgedachten Verpflichtung in dem anderen Staate vorübergehend befinden und aus irgend einem Grunde lästig werden.

Die Königl. Regierung wird hierdurch von der vorstehenden Verabredung in Kenntniß gesetzt, um sich darnach in vorkommenden Fällen zu richten.

c. Kaiserthum Oesterreich.

Cirkular-Verfügung des Min. des Inn. v. 21. September 1849. (Min.-Bl. 1849 S. 219.)

Der anerkannte, und diesseits stets zur Anwendung gebrachte Grundsatz, daß, wo nicht ein Vertrag zwischen zwei Staaten ein Anderes bestimmt, die Verpflichtung einer Regierung zur Uebernahme eines bestimmten Individuums nur aus dessen fortdauernder Eigenschaft als Unterthan gefolgert werden kann, und daß also diese Verbindlichkeit aufhört, sobald das Individuum sein Verhältniß als Unterthan auf dem gesetzlichen Wege gelöst hat, ist bei seiner Durchführung von dem Uebelstande begleitet, daß, wenn der Unterthan des einen Staates dies Verhältniß auflöst, ohne Unterthan des anderen zu werden, in dessen Gebiet er sich aufhält, derselbe völlig heimathlos wird, und überall Ausweisung zu gewärtigen hat.

Um solcher Heimathlosigkeit möglichst vorzubeugen, wenigstens innerhalb Deutschlands, ist in allen Verträgen wegen Uebernahme von Ausgewiesenen, welche Preußen mit anderen Deutschen Staaten abgeschlossen hat, die Verabredung getroffen worden, daß das Individuum, welches der Unterthanseigenschaft in dem einen Staate verlustig gegangen ist, ohne dem anderen Staate angehörig zu werden, in den ersteren wieder aufgenommen werden muß. Ein Spezialfall hat Veranlassung gegeben, dahin zu wirken, daß dieser Grundsatz auch künftighin zwischen Preußen und Oesterreich zur Geltung gelange. Die Kaiserl. Oesterreichische Regierung hat die Zweckmäßigkeit dieses Vorschlages anerkannt, und man ist dahin übereingekommen, daß in den Verhältnissen beider Staaten fortan der Grundsatz befolgt werde:

> daß jeder der beiden Staaten seine ursprünglichen Angehörigen (Unterthanen, Staatsbürger) auch wenn sie die Angehörigkeit (Unterthanenschaft, Staatsbürgerrecht) nach der inländischen Gesetzgebung verloren haben, auf den Antrag des anderen Staates so lange wieder zu übernehmen habe, als sie nicht in diesem Staate nach dessen eigener innerer Gesetzgebung angehörig geworden sind.

Die Königl. Regierung wird hiervon zur Nachachtung in Kenntniß gesetzt.

d. Kaiserthum Rußland.

Kartell-Konvention v. 27. Juli und 8. August 1857. (Gesetz-Samml. 765.) [1].

Art. 23. 1) Jeder der beiden Staaten verpflichtet sich, diejenigen seiner Unterthanen wieder zu übernehmen, welche der andere Staat ausweisen will. Diese Verbindlichkeit soll jedoch erlöschen, wenn zehn Jahre verflossen sind,

---

[1]) Die frühere Kartell-Konvention v. 20. u. 8. Mai ist hierdurch aufgehoben. Conf. auch: Reskript des Min. des Inn. v. 6. Januar 1834 (v. Kamptz Ann. Bd. XVII. Nr. 25), vom 15. September 1855 (v. Kamptz Ann. XIX. Nr. 16) und vom 25. Februar 1832 (v. Kamptz Ann. XVII. Nr. 20.)

seitdem das auszuweisende Individuum sein Vaterland verlassen und während dieser Zeit im Auslande gelebt hat, ohne mit einem ordnungsmäßigen Paß oder Heimathschein Seitens der kompetenten Behörde versehen zu sein, oder auch wenn dieser Paß oder Heimathschein seit 10 Jahren abgelaufen ist.

2) Diese 10jährige Frist soll durch eine Gefängnißstrafe oder durch irgend welche Haft zu der das ausgewiese Individuum in dem ausweisenden Staate etwa verurtheilt ist, nicht als unterbrochen angesehen werden. Im Gegentheil soll die Dauer dieser Haft in die Zahl der Jahre einbegriffen sein, nach deren Verlauf für den Heimathstaat die Verpflichtung zur Zurücknahme des Individuums erlischt, und diese Verjährung soll ipso facto aufhören, wenn die zehnjährige Frist während der Dauer der Haft abgelaufen ist.

3) Sollte ein zur Gefängnißstrafe oder irgend einer Haft verurtheiltes Individuum seinem Heimathsstaate vor Ablauf der hier oben festgestellten zehnjährigen Frist ausfgeliefert werden, und zwar, ohne seine Strafe vollständig verbüßt zu haben, so soll er angehalten werden können, den Rest derselben in dem übernehmenden Staate zu verbüßen, und diese Strafe wird sodann dort nach Erforderniß des Falles und in Gemäßheit der in Kraft befindlichen Gesetze umgewandelt werden.

Die Individuen, deren Pässe, Heimathscheine oder andere Legitimationspapiere noch gültig, oder nicht länger als seit Jahresfrist abgelaufen sind, sollen, wenn sie Unterthanen des einen der beiden Staaten sind, in demselben ohne vorgängige Korrespondenz mit dessen kompetenten Behörden ausgewiesen werden können.

5) Die Ausweisung und die Uebernahme der vorstehend verzeichneten Individuen geschieht:

a) Von Seiten Preußens durch Vermittlung der Landräthe der Grenzkreise;

b) Von Seiten Rußlands und des Königsreichs Polen je nach Erforderniß, entweder durch Vermittlung der Militairbehörden auf den im Art. 10 der Kontravention[1]) für die regelmäßige Auslieferung der Deserteure und anderer Individuen bestimmten Punkten, oder durch Vermittelung der Grenz-Zollämter oder der Uebergangsstationen, die von ihnen abhängen.

6) Die im §. 4 vorgesehenen Fälle ausgenommen, soll kein Individuum, welches sich für einen Unterthanen des einen der beiden kontrahirenden Theile ausgiebt, anders auf das Gebiet des anderen Staates ausgewiesen werden dürfen, als nach vorgängiger Verständigung zwischen den kompetenten Behörden, welche sind:

für Preußen: die Landräthe der Grenzkreise:
für Rußland und das Königreich Polen: der russische Spezial-Kommis-

---

[1]) Siehe Abschnitt II.

sarius und der Vorsteher des Polnischen Grenzkreises, jeder, so weit es ihn betrifft (Art. 19. §. 2.)

7) Sobald durch unabweisliche Gründe festgestellt worden, daß das auszuweisende Individuum wirklich Unterthan des Staates ist, bei welchem seine Uebernahme beantragt worden, so soll dasselbe unverzüglich und ohne Rücksicht auf Religion und Heimath übernommen werden, und zwar selbst dann, wenn es nicht möglich sein sollte, dessen Geburtsort oder Gemeinde, der es angehört, genau zu bestimmen.

8) In allen vorerwähnten Fällen bleiben die Kosten jeglicher Art, welche durch eine solche Ausweisung entstehen, dem ausweisenden Staate zur Last.

9) Wenn die Kaiserl. Russische oder die Königl. Polnische Regierung in den Fall kommen sollte, sich eines Individuums entledigen zu wollen, dessen Transportirung in die Heimath füglich nicht anders als durch das Preußische Gebiet geschehen könnte, so wird die Königl. Preußische Regierung ihre Einwilligung nie versagen, wenn bei Ueberlieferung des Auszuweisenden an die Preußische Grenzbehörden diesen zugleich

1) eine bescheinigte Annahme-Erklärung derjenigen Landesregierung, welcher der Auszuweisende angehört, und
2) der vollständige Betrag der Transport- und Unterhaltungs-Kosten des Auszuweisenden für den ganzen Weg bis in seine Heimath

übergeben wird.

Ohne die vollständige Erfüllung der beiden vorstehenden Bedingungen kann sich die Königl. Preußische Regierung bei den zwischen ihr und anderen Staaten bestehenden vertragsmäßigen Vereinbarungen zur Uebernahme irgend eines, einem dritten Staate zuzuweisenden Individuums nicht verstehen.

In dem Falle, wo dergleichen einem dritten Staate angehörige Individuen dennoch in die Preußischen Staaten auf Grund eines ihnen von einer Russischen oder Polnischen Behörde ertheilten Passes zugelassen sein sollten und ihr angeblicher Heimathsstaat ihre Annahme verweigerte, sollen die Preußischen Behörden sie nach Rußland oder Polen binnen einer Frist von einem Jahre, von ihrem Eintritte aus einem dieser Länder nach Preußen an gerechnet, zurückweisen dürfen, indem auf ihren Pässen der Grund dieser Zurückverweisung vermerkt wird.

Wenn aber Ausländer, welche das Russische oder Polnische Gebiet freiwillig verlassen haben, oder welche aus demselben ausgewiesen sind, ohne nach irgend einem Punkte der Preußischen Monarchie dirigirt zu werden, sich dennoch in Preußen einfinden sollten, weil ihr angeblicher Heimathstaat ihre Annahme verweigerte, so soll der Umstand, daß sie mit Russischen oder Polnischen Eingangspässen versehen sind, keinen Anlaß zu ihrer Zurückweisung nach Polen oder Rußland abgeben können, und in diesem Falle die Russischen oder Polnischen Behörden auch nicht verpflichtet sein, sie wieder zuzulassen.

Kap. IV. Kosten des Transportes.

Siehe Theil I. zu §. 13 unter 2 Zusatz 4.

Kap. V. Oeffentliche Bekanntmachung der Landes-Verweisung und Verhütung der Rückkehr Ausgewiesener.

a. Allgemeine Kriminal-Ordnung §. 574.

Bei einer erkannten und vollzogenen Landes-Verweisung ist die Warnungs-Anzeige stets zu erlassen.

b. Reskript des Min. des Inn. und der Polizei v. 27. April 1833. (v. Kamptz Ann. Bd. XVI. S. 478.)

Das Ministerium des Innern u. d. Polizei kann sich nicht bewogen finden, nach dem Vorschlage der Königl. Regierung (Magdeburg) v. 4. d. Mts. die übrigen Regierungen zu demselben Verfahren zu veranlassen, welches die Königl. Regierung für geeignet hält, um zu verhüten, daß die aus den Königl. Staaten verwiesenen Verbrecher und Vagabonden sich später in denselben ansiedeln.

Abgesehen davon, daß es sich dabei frägt, ob nicht die Bekanntmachung eines Straferkenntnisses durch öffentliche Blätter für eine Verschärfung der Strafe und deshalb für unzulässig zu erachten sei, was jedoch für jetzt dahin gestellt bleiben mag, so dürfte auch das vorgeschlagene Mittel schwerlich zum Ziele führen. Denn es würde nicht allein schwer ausführbar und im Laufe der Zeit fast unmöglich sein, bei jeder Ansiedelung eines Menschen in irgend einem Orte die aus sämmtlichen Amtsblättern zusammengetragenen Verzeichnisse der Verwiesenen durchzugehen, und sich zu überzeugen, ob der Ansiedelnde sich darin befindet, sondern auch eine Vereitelung der ganzen Maßregel durch Annahme eines fremden Namens leicht bewirkt, und auf der anderen Seite durch zufällige, so oft vorkommende Gleichheit der Namen ungegründeter Verdacht und manche Weitläufikeit herbeigeführt werden.

Anlage a.

Bericht der Königl. Regierung zu Magdeburg v. 4. April 1833.

Es hat sich hier kürzlich der Fall ereignet, daß ein zur Verweisung über die Grenze verurtheilter Verbrecher nach Vollstreckung dieser Strafe in die Preußischen Staaten zurückgekehrt ist und das Einwohnerrecht der hiesigen Stadt erworben hat. Zur Vermeidung ähnlicher Fälle haben wir die Veranstaltung getroffen, daß aus den bei uns eingehenden Amtsblättern der sämmtlichen übrigen Regierungen die Anzeigen — der über die Grenze geschafften Vagabonden betreffend, — ausgezogen, in eine Liste zusammengetragen, und monatlich in unserm Amtsblatt abgedruckt werden. Ob die übrigen Regierungen zu einem gleichen Verfahren zu veranlassen sein möchte, stelle ich Ew. Exc. gehorsamst anheim ꝛc.

c. Cirkular-Reskript des Min. des Inn. v. 23. März 1853. (Min.-Bl. 1853 S. 83.)

Die Königl. Regierung wird hierdurch angewiesen, künftig von allen in Ihrem Bezirk gerichtlich erkannten oder lediglich polizeilich angeordneten Landesverweisungen Zusammenstellungen durch das Amtsblatt bekannt zu machen. Es bleibt der Königl. Regierung überlassen, diese Zusammenstellungen in monatlichen oder vierteljährlichen Zwischenräumen zu publiziren. Darin sind aber auch die Signalements der betreffenden Individuen, wenigstens in den Hauptpunkten, mit aufzunehmen.

Von den Fällen, in denen auf Landesverweisung gerichtlich erkannt ist, erhalten die betreffenden Polizeibehörden durch die in dem Justiz-Ministerial-Reskript v. 29. Juni 1851 (Minist.-Bl. 1851 S. 132) angeordnete Mittheilung aller wegen Verbrechen oder Vergehen erlassener Urtheile vollständige Kenntniß. Es bleibt der Königl. Regierung überlassen, welche Anordnungen sie treffen will, damit ihr die hieher gehörigen Fälle, sowie die nur polizeilich angeordneten Landesverweisungen und das sonst für die Zusammenstellung erforderliche Material regelmäßig und vollständig zugehen.

Die an Stelle der „Märkischen Mittheilungen" getretene Zeitschrift, „Mittheilungen des Königl. Polizei-Präsidii zu Berlin zur Beförderung der Sicherheitspflege", wird die Zusammenstellungen sämmtlicher Regierungen aufnehmen.

Hiervon sind die Unterbehörden in Kenntniß zu setzen, weil ihnen dadurch Gelegenheit gegeben ist, vorkommenden Falles sich darüber zu vergewissern, ob ein Individuum in einem anderen Regierungs-Bezirk des Landes verwiesen ist.

Kap. VI. Bestrafung der Rückkehr Ausgewiesener.

a. Strafgesetzbuch §. 115.

Ausländer, welche, nachdem sie des Landes verwiesen sind, ohne Erlaubniß zurückkehren, werden mit Gefängniß von drei Monaten bis zu zwei Jahren bestraft.

b. Erkenntniß des Ober-Tribunals v. 10. September 1852. (Min.-Bl. 1852 S. 379.)

Die im §. 115 des Strafgesetzbuches angedrohte Strafe trifft sowohl die durch richterliches Erkenntniß, als die durch polizeiliche Anordnung Ausgewiesenen.

Der §. 115 hat eine Unterscheidung zwischen der richterlich erkannten und der polizeilich angeordneten Landesverweisung weder in der Fassung selbst, noch in der Strafandrohung aufgenommen, vielmehr eine so allgemeine Fassung erhalten, daß er beide Fälle umfaßt; wo das Gesetz nicht unterscheidet, darf auch der Richter ohne besondere Gründe nicht unterscheiden; es fehlt aber bei dem als bestehend anerkannten polizeilichen Ausweisungsrechte an einem solchen besonderen Grunde zur Unterscheidung.

Wie die Entstehungsgeschichte des §. 115 ganz unzweifelhaft ergiebt, ist gerade diese allgememeine Fassung zu dem Behufe absichtlich gewählt, um die früher aufgestellte Ansicht, daß nur das richterliche Urtheil geeignet sei, eine kriminelle Strafe der Rückkehr nach früherer Landes-Verweisung zu begründen, zu beseitigen, und die polizeiliche Befugniß zur Landesverweisung in ihrer Wirksamkeit durch Begründung der Strafarbeit der Rückkehr auch nach blos polizeilich angeordneter Ausweisung zu schützen und sicher zu stellen.

Die im §. 572 der Kriminal-Ordnung[1]) angeordnete Verwarnung ist nicht mehr nothwendig. Diese bezog sich auf den §. 191 Tit. 20 Th. II. des Allgem. Landrechts[2]), welcher die Strafe von der vorhergängigen Verwarnung abhängig machte. Ein solches Erforderniß ist im §. 115 nicht gestellt.

---

1) Siehe Kapitel III. zu a.

2) *a.* Bestimmungen des Allgem. Landrechts und Verfahren in Gemäßheit desselben.

§. 191. Fremde Landstreicher, welche nirgends einen festen Wohnsitz haben, und wovon sie sich ernähren, nicht glaubhaft nachweisen können, sollen, wenn bei der Untersuchung ihres bisherigen Lebenswandels keine Anzeigen eines begangenen Verbrechens sich hervorthun, über die Grenze geschafft und ihnen die Rückkehr bei Festungsstrafe verboten werden.

§. 192. Finden sie sich dennoch wieder ein, so müssen sie zweijährige Festungsstrafe leiden.

§. 193. Nach ausgestandener Strafe werden sie abermals über die Grenze geschafft, und es wird ihnen lebenswierige Strafe auf den Fall der abermaligen Rückkehr angekündigt.

§. 197. Diese Strafe wird an ihnen wirklich vollstreckt, wenn sie sich als Landstreicher zum dritten Male im hiesigen Lande betreten lassen.

§. 195. Vorstehende Andeutungen und Strafen (§. 191—197) finden auch alsdann statt, wenn ein fremder Landstreicher in hiesigen Landen ein Verbrechen begangen und die erkannte zeitige Gefängniß-, Zuchthaus- oder Festungsstrafe ausgestanden hat.

β. Allerhöchste Kabinets-Ordre v. 28. Februar 1817 (Ges.-Sammlung 1817 S. 36.)

Auf Ihren Bericht v. 26. Februar d. J. finde Ich es für nöthig, daß die gesetzlichen Vorschriften Th. II. Tit. 20. §. 191 ff. des A. L. R. wegen Bestrafung fremder Landstreicher, wenn sie des Verbots und der Bestrafung ungeachtet zurückkehren, ergänzt werden. Ich verordne daher, daß fremde Landstreicher, welche mit Androhung zweijähriger Festungs- oder Zuchthausstrafe über die Grenze geschafft werden, dennoch zurückkehren, und zu zweijähriger Strafe verurtheilt worden, nach vollzogener zweijähriger Festungs- oder Zuchthausstrafe im Falle des §. 192 über die Grenze gebracht, und ihnen zehnjährige Festungsstrafe auf den Fall der Rückkehr angekündigt werden soll. Lassen sie sich nichts destoweniger in den diesseitigen Landen betreten, so haben sie zehnjährige Festungs- oder Zuchthausstrafe verwirkt. Wird vor Ende der Strafzeit der Bestrafte abermals über die Grenze gebracht, so ist ihm lebenswierige Festungsstrafe anzukündigen und, im Falle der abermaligen Rückkehr, an ihm zu vollziehen. Zugleich autorisire Ich Sie, den Justizminister, dafür zu sorgen, daß die aus diesem Grunde zu lebenswieriger Einsperrung bereits verurtheilten Landstreicher nach Ablauf einer zehnjährigen Strafe entlassen und mit der Warnung lebenswieriger Einsperrung über die Grenze gebracht werden.

γ. Reskript des Königl. Justiz-Minist. v. 8. März 1817 (v. Kamptz Ann. Bd. I. S. 43. Graeff I. 330.)

Durch die Allerh Kabinets-Ordre v. 28. Februar 1817 ist die lebenswierige Strafe, zu der derjenige Fremde verurtheilt wird, welcher über die Grenze gebracht, und der schon ausgestandenen zweijährigen Strafe und der Verwarnung ungeachtet, zurückkehrt, in eine zehnjährige ermäßigt.

Hierauf ist die Vollstreckung der Strafe eingeschränkt und es ist mit den Kommandanturen und Regierungen des Distrikts wegen Entlassung solcher Sträflinge nach Ablauf der zehnjährigen Strafzeit die nöthige Rücksprache zu nehmen und dafür zu sorgen,

Der Ausgewiesene muß das diesseitige Gebiet **vorher verlassen** haben, und zwar auf Grund der Ausweisung, sonst kann von einer strafbaren **Rückkehr** nicht die Rede sein. Die Verlassung des Inlandes wird durch den Transport bis **unmittelbar** zur Grenze zu konstatiren sein.

---

daß ihnen vor dem anderweitigen Transport über die Grenze, zum Protokoll, bei einer zum dritten Mal zu wagenden Rückkehr, eine lebenswierige Einsperrung angedroht werde.

δ. **Reskript des Justiz-Minist. v. 6. December 1822.** (v. Kamptz Ann. XX. S. 297; Graeff I. 331.)

Nach der Anzeige der Regierung zu Erfurt ist sowohl von dem Kriminal-Senat, als auch von dem zweiten Senat des Ober-Landesgerichts angenommen worden:

daß, wenn auf die im Th. II. Tit. 20. §. 192 des A. L. R. bestimmte Strafe der verbotswidrigen Rückkehr in das Land erkannt werden sollte, die in §. 194 l. c. vorgeschriebene Warnung **gerichtlich** ertheilt werden müsse.

Diese schon durch die Verfügung an den Krim.-Senat des Ober-Landesgerichts zu Halberstadt v. 17. Mai 1817 (Jahrb. IX. 242) verworfene Meinung ist offenbar unbegründet. Denn die in §. 191 l. c. vorgeschriebene Wegschaffung eines fremden Landstreichers, dem kein sonstiges Verbrechen zur Last fällt, und die dabei nöthige Bekanntmachung wegen der auf den Fall der Rückkehr ihn erwartenden Strafen ist ein Geschäft der Polizeibehörde, und nicht des Gerichtes. Das Amt des letzteren tritt erst alsdann ein, wenn die Rückkehr, des Verbots ungeachtet, erfolgt, und es darauf ankommt, nicht allein die facti der Rückkehr, sondern die Zulässigkeit der dem Rückkehrenden von der Polizeibehörde ertheilten Warnung zu prüfen. Nirgend aber ist vorgeschrieben, daß diese Warnung von dem Richter und in Gemäßheit eines richterlichen Erkenntnisses geschehen müsse. Was zur Unterstützung des angenommenen Grundsatzes in dem von dem rc. an die Regierung zu Erfurt erlassenen Schreiben v. 15. Oktober d. J. angeführt worden, ist von keiner Erheblichkeit. Der Bezug auf den §. 572 der Krim.-Ordnung paßt nicht, da in demselben ein auf Landesverweisung und das Verbot der Rückkehr ergangenes Erkenntniß vorausgesetzt, nicht aber bestimmt wird, auch hier an diesem Orte gar nicht hat bestimmt werden können, daß in allen und jeden Fällen, mithin auch in solchen, wo von keinem Verbrechen, sondern nur von der Landstreicherei die Rede ist, über Wegschaffung aus dem Lande und die dem Wegzuschaffenden dabei zu ertheilende Warnung von den Gerichten erkannt werden müssen.

Daß den Verhandlungen der Polizeibehörden, nach welchen dergleichen Warnungen ertheilt werden, völliger Glauben beizulegen sei, und also das Faktum der Warnung, sollte der Angeschuldigte dies läugnen, durch diese Verhandlungen erwiesen werde, ist keinem Zweifel unterworfen, da diese Verhandlungen in officio aufgenommen werden. Außerdem kann ja die Gewißheit, daß der über die Grenze gebrachte, und wegen der Folgen der Rückkehr verwarnte Angeschuldigte mit dessen Folgen bekannt sei, auch auf anderen Beweisen, als den polizeilichen Protokollen, beruhen, und das in Bezug darauf in dem Schreiben vom 15. Oktober v. J. angeführte ist also in keinem Falle durchgreifend.

Der Justizminister zweifelt nicht daran, daß das Königl. Obergericht in künftigen Fällen bei nochmaliger sorgfältiger Erwägung die angenommene Meinung wieder aufgeben, und kein Bedenken finden werde, auf die im §. 192 l. c. des Allg. Landrechts festgesetzte Strafe zu erkennen, ohne eine vorausgegangene gerichtliche Verwarnung jederzeit zu erfordern.

ε. **Reskr. des Minist. des Innern v. 11. Februar 1837** (v. Kamptz Ann. XVI. S. 196.)

Der Königl. Regierung erwiedere ich auf den Bericht v. 13. Juni pr. und 25. Januar c., die Nachtheile betreffend, welche dem dortigen Regierungs-Bezirke durch das Einschleichen unlegitimirter Ausländer erwachsen, daß ich mich nicht bewogen finden kann, von der Ansicht, welche ich der Königl. Regierung durch die Verfügungen v. 29. December 1835 und 14. September 1835 (Ann. 803—806) über diesen Gegenstand mitgetheilt habe, abzugehen.

Es darf hierbei nicht unerwähnt bleiben, daß der bezogene §. 192 Tit. 20 Th. II. des Allg. Landrechts ausdrücklich nur von solchen Fremden redet, „welche nirgends einen

Kap. VII. Aufhebung der Landes-Verweisung.

Cirkular-Erlaß des Min. des Inn. v. 9. März 1861. (Staats-Anz. 1861 S. 127.)

Aus einer an mich gerichteten Anfrage habe ich ersehen, daß darüber Zweifel entstehen, bei welcher Behörde ein des Landes verwiesener Ausländer die §. 115 des Strafgesetzbuches erwähnte Erlaubniß zur Rückkehr in die Preußischen Staaten nachzusuchen habe.

Wie die Materialien des Strafgesetzbuches, insbesondere die früheren Entwürfe und die darüber gepflogenen Verhandlungen, ergeben und von dem obersten Gerichtshofe in der Rechtsprechung angenommen worden ist, bedroht der allegirte §. 115 sowohl diejenigen Ausländer mit Strafe, welche nach richterlich erkannter, als auch diejenigen, welche noch polizeilich angeordneter Landesverweisung zurückkehren. Dem entsprechend umfaßt der Ausdruck: „Erlaubniß" ebensowohl die Beseitigung der rechtskräftigen, richterlichen Entscheidung, wie die der polizeilichen Anordnung. Daraus erfolgt jedoch nicht, daß in beiden Fällen der Landesverweisung ein und derselbe Weg zur Einholung dieser Erlaubniß einzuschlagen sei, vielmehr muß in dieser Beziehung unterschieden werden, ob der landesverwiesene Ausländer, welcher um die Bewilligung der Rückkehr bittet, durch richterliches Erkenntniß oder durch polizeiliche Anordnung ausgewiesen sei.

Während bei einer entgegenstehenden gerichtlichen Verurtheilung die fragliche Erlaubniß nur im Wege der Begnadigung wird ertheilt werden

---

Wohnsitz haben," und daß, wenn auch bei einem oder dem anderen Gerichtshofe eine verschiedene Auslegung dieses Paragraphen stattgefunden, bei dem Wechsel der Richter nicht anzunehmen ist, daß das Konklusum stets in ihrem Sinne ausfallen werde.

Der erneuerte Antrag der Königl. Regierung, die betreffenden vagirenden Ausländer mit körperlicher Züchtigung zu belegen, würde sich nur im Wege der Gesetzgebung erledigen lassen, auf diesem jedoch nicht durchzubringen sein, wie schon im Reskript vom 14. September pr. näher entwickelt ist.

Der Königl. Regierung kann daher nur überlassen werden, den überlästigen Fremden den Eintritt in das dortige Departement zu verwehren, sie im Betretungsfalle über die Grenze zu schaffen, und, wenn sie polizeilich kontraveniren, zur Bestrafung ziehen zu lassen.

ζ. Reskript des Minist. u. d. Polizei v. 26. April 1830 (v. Kamptz Ann. XX. (S. 398.)

Nach dermaliger Lage der Gesetzgebung kann, wie Ihnen auf die Anzeige vom 10. d. M. hiermit eröffnet wird, ich Ihre Bedenken gegen die Anwendung des vom Ober-Landesgericht zu N. angenommenen Grundsatzes, wonach Ausländer, welche als Landstreicher über die diesseitige Grenze geschafft worden sind, im Wiederbetretungsfalle dann nicht bestraft werden, wenn sie im Auslande einen festen Wohnsitz begründet haben, nicht erledigen, weil der ein strenges Strafgesetz in sich schließende, und deshalb strictissime zu interpretirende §. 191. Tit. 20, Th. II. des Allg. Landrechts sich in der That nur auf solche Leute jener Kategorie bezieht, die ohne Domizil sind, das gedachte Ober-Landesgericht mithin die diesfällige gesetzliche Bestimmung in den zur Sache gebrachten Fällen keineswegs unrichtig interpretirt hat.

η. Allerh. Kabinets-Ordre v. 13. Mai 1819 (v. Kamptz Ann. II. S. 372. (Gräff IV, 107.)

Ich genehmige hierdurch, daß Ausländer nach ausgestandener Strafe, statt des erkannten Nachweises des ehrlichen Erwerbs über die Landesgrenze gebracht, und mit zweijähriger Zuchthausstrafe, für den Fall der Rückkehr, bedroht werden.

können, sind in dem Fall, wenn polizeilich ausgewiesene Ausländer die Erlaubniß zur Rückkehr in den Preußischen Staat nachsuchen, die Landes-Polizeibehörden, welchen nach den bestehenden Vorschriften die gesammte Sicherheits- und Ordnungs-Polizei und insbesondere auch die Ertheilung von Ein- und Ausgangs-Pässen zusteht, unbedenklich zur Ertheilung dieser Erlaubniß kompetent, und zwar im speziellen Falle diejenige Regierung, in deren Bezirk der Ausländer zurückzukehren wünscht.

Die Königl. Regierung wird veranlaßt, demgemäß in künftigen Fällen zu verfahren, auch event. die untergeordneten Behörden darnach mit Anweisung zu versehen.

Zweiter Abschnitt.

Auslieferung der Verbrecher, Deserteurs ꝛc.

Kap. I. Allgemeine Bestimmungen.

a. Cirkular-Reskript des Min. der Justiz und der Auswärtigen Angelegenheiten vom 10. März 1826. (v. Kamptz Jahrb. Bd. 29 S. 213, Gräff IV. S. 25.)

In der unterm 31. Dec. v. J. von des Königs Majestät vollzogenen Geschäfts-Anweisung für die Königl. Regierungen ist unter andern zum Absch. II. der dadurch ergänzt und berichtigt werdenden Instruktion vom 23. Okt. 1817 für die Abtheilung des Innern zu b. bestimmt worden:

> daß die Regierungen in vorschriftmäßiger Verbindung mit den betreffenden Ober-Landesgerichten fremde Verbrecher, sobald nur das Verbrechen und der Verbrecher hinlänglich konstatirt ist, in der Regel ohne Anfrage ausliefern dürfen, und nur in den Fällen, welche von dem mitunterzeichneten Ministerio der auswärtigen Angelegenheiten bestimmt werden möchten, vorher anfragen müssen.

Die unterzeichneten Ministerien sind — in Verfolgung dieses Vorbehalts — über die demgemäß den Königl. Regierungen zu ertheilenden Anweisungen zwar in nähere Berathung getreten; es haben sich indeß, in Absicht der Aufzählung derjenigen Verbrechen, wo eine Anfrage würde stattfinden müssen, wegen der großen Verschiedenheit der Behandlung der Materie über die Auslieferung von Verbrechern Seitens der einzelnen fremdherrlichen Regierungen, sehr erhebliche Schwierigkeiten und Hindernisse gezeigt.

Unter diesen Umständen und da der fraglichen Bestimmung der Geschäfts-Anweisung hauptsächlich nur die Absicht zum Grunde liegt, die Schreibereien und Anfragen der Provinzial-Behörden in allen ganz unbedenklichen Auslieferungsfällen nach Möglichkeit vermieden zu sehen, haben die unterzeichneten Ministerien es für angemessen erachtet, die vorbehaltene diesfällige Anweisung der Königl. Regierungen nur auf eine Namhaftmachung derjenigen Gattung von Verbrechen zu beschränken, in Ansehung deren dieselben, vereint mit den betreffenden Justizbehörden, den Auslieferungs-Anträgen fremder Behörden, *ohne weitere Anfrage* bei den unterzeichneten Ministerien, ein Genüge leisten können.

Die Königl. Regierungen werden demzufolge ermächtigt, die Auslieferung ohne weitere Anfrage in denjenigen Fällen zu bemerken, wo sich das Verbrechen auf

a. Mord,
b. Todschlag,
c. Raub und
d. Entwendung

bezieht; zu a. jedoch mit der Modifizirung, insofern der Mord nicht bei Gelegenheit einer Zoll- und sonstigen Defraudation verübt ist, sowie auch in den Fällen, wo fremde Duellanten sich auf Preußisches Gebiet flüchten, die Auslieferung nur erst nach vorheriger höherer Ermächtigung erfolgen kann.

Rücksichtlich der Auslieferung nach Frankreich haben die Königl. Ober-Landesgerichte und Regierungen insbesondere noch dahin zu sehen, daß den Anträgen der Französischen Behörden nur dann genügt wird, wenn das Verbrechen von der Art ist, daß es nicht blos nach Französischen, sondern auch nach Preußischen Gesetzen eine peine infamante oder afflictive zur Folge hat.

Den sämmtlichen Königl. Ober-Landesgerichten wird dieser Beschluß durch gegenwärtige Verfügung zur genaueren Befolgung bekannt gemacht.

Berlin, den 10. März 1826.

Minister der auswärtigen Angelegenheiten. Minister der Justiz.

b. Cirkular-Verfügung des Min. der Auswärtigen Angelegenheiten und der Justiz vom 23. November 1827. (v. Kamptz Jahrb. Bd. 30 S. 387, Gräff Bd. IV. S. 27.)

Die Cirkular-Verfügung vom 10. März 1826,

wegen Auslieferung ausländischer Verbrecher ohne höhere Autorisation,

wird hierdurch dahin ausgedehnt, daß es, wenn sich das Verbrechen auf Brandstiftung bezieht, keiner Anfrage von Seiten der Königl. Regierung und Ober-Landesgerichte bei den unterzeichneten Ministerien, Behufs der Auslieferung der Verbrecher an die betreffenden ausländische Behörden bedarf.

Berlin, den 23. November 1827.

Minister der auswärtigen Angelegenheeiten. Minister der Justiz.

Kap. II. Mit den einzelnen Staaten abgeschlossene Konventionen.

I. Deutsche Bundesstaaten.

a. Bundesbeschluß v. 5. Februar 1832. (Gesetz-Samml. 218.)

8) Die Bundes-Regierungen machen sich verbindlich, diejenigen, welche in einem Bundesstaate politische Vergehen oder Verbrechen begangen, und sich, um der Strafe zu entgehen, in andere Bundeslande geflüchtet haben, auf erfolgende Requisition, insofern es nicht eigene Unterthanen sind, ohne Anstand auszuliefern.

b. Bundes-Beschluß über die Bestrafung von Verbrechen gegen den deutschen Bund und Auslieferung politischer Verbrecher v. 18. August 1836. (Gesetz-Samml. 831.) [1])

Art. I. Da nicht nur der Zweck des deutschen Bundes in der Erhaltung der Unabhängigkeit und Unverletzbarkeit der deutschen Staaten, sowie in jener der äußeren und inneren Ruhe und Sicherheit Deutschlands besteht, sondern auch die Verfassung des Bundes wegen ihres wesentlichen Zusammenhanges mit den Verfassungen der einzelnen Bundesstaaten als ein nothwendiger Bestandtheil der letzteren anzusehen ist, mithin ein gegen den Bund oder dessen Verfassung gerichteter Angriff einen solchen gegen jeden einzelnen Bundesstaat in sich begreift, so ist jedes Unternehmen gegen die Existenz, die Integrität, die Sicherheit oder die Verfassung des deutschen Bundes, in den einzelnen Bundesstaaten, nach Maßgabe der in den letzteren bestehenden oder künftig in Wirksamkeit tretenden Gesetze, nach welchen eine gleiche, gegen den einzelnen Bundesstaat begangene Handlung, als Hochverrath, Landesverrath oder unter einer anderen Benennung zu richten wäre, zu beurtheilen und zu bestrafen.

Art. II. Die Bundesstaaten verpflichten sich gegen einander, Individuen, welche der Anstiftung eines gegen den Souverain oder gegen die Existenz, Integrität, Verfassung oder Sicherheit eines anderen Bundesstaates gerichteten Unternehmens, oder einer darauf abzielenden Verbindung, der Theilnahme daran, oder der Begünstigung bezüchtigt sind, dem verletzten oder bedrohten Staate auf Verlangen auszuliefern, vorausgesetzt, daß ein solches Individuum nicht entweder ein Unterthan des um die Auslieferung angegangenen Staates selbst oder in demselben schon wegen anderer ihm zur Last fallender Verbrechen zu untersuchen oder zu bestrafen ist. Sollte das Unternehmen, dessen der Auszuliefernde bezüchtigt ist, gegen mehrere einzelne Bundesstaaten gerichtet sein, so hat die Auslieferung an jenen dieser Staaten zu geschehen, welcher zuerst das Ansuchen stellt.

c. Patent vom 10. Juni 1854 über die Publikation des Beschlusses der deutschen Bundes-Staaten v. 26. Januar 1854, wegen gegenseitiger Auslieferung solcher Personen, welche wegen gemeiner Verbrechen oder Vergehen zur Untersuchung gezogen worden sind. (Gesetz-Samml. 1854 S. 359.)

Die deutsche Bundes-Versammlung hat in ihrer dritten diesjährigen Sitzung wegen gegenseitiger Auslieferung gemeiner Verbrecher auf dem deutschen Bundesgebiete, folgenden Beschluß gefaßt.

Art. I, Unter Vorbehalt fortdauernder Wirksamkeit der durch den Bundesbeschluß vom 18. August 1856 bezüglich der Auslieferung politischer Verbrecher getroffenen Anordnungen, für deren Ausführung die folgenden Artikel gleichfalls zur Anwendung zu bringen sind, verpflichten sich die Bundesstaaten gegenseitig, Individuen, welche wegen gemeiner Verbrechen und Vergehen (ausschließlich der Abgaben-Defraudation und der Uebertretung von Polizei-

---

[1]) Vergl. Verordnung v. 5. December 1845 (Gesetz-Samml. 231) wegen Anwendung dieser Bestimmungen auf die Provinzen Preußen und Posen.

und Finanz-Gesetzen), von einem Gericht desjenigen Staates, in welchem oder gegen welchen das Verbrechen oder Vergehen begangen worden, verurtheilt oder in Anklagezustand versetzt sind, oder gegen den ein gerichtlicher Haftbefehl dort erlassen ist, diesem Staate auszuliefern, vorausgesetzt, daß nach den Gesetzen des requirirten Staates die veranlassende strafbare Handlung gleichfalls als Verbrechen oder Vergehen anzusehen und die Strafe noch nicht verjährt ist.

Ausnahmen treten nur ein:

1. Wenn das Individuum ein Unterthan des um die Auslieferung angegangenen Staates ist.
2. Wenn wegen derselben strafbaren Handlung, welche den Auslieferungs-Antrag veranlaßt hat, die Kompetenz der Gerichte des um die Auslieferung angegangenen Staates nach den Gesetzen desselben begründet ist.
3. Wenn der Auszuliefernde in dem durch die Auslieferung angegangenen Staate wegen anderer Handlungen eine Untersuchung oder Strafhaft oder wegen Schulden oder sonstiger civilrechtlicher Verbindlichkeiten einem Arrest unterliegt.

Art. II. In dem Falle des Art. I. Ziffer 3 hat die Auslieferung erst nach erfolgter Freisprechung oder erstandener Strafe, beziehungsweise nach aufgehobenem Arrest, Platz zu greifen.

Art. III. Mit der Person sind alle Gegenstände, welche sich im Besitz derselben befinden, wie auch andere, die zum Beweise der strafbaren Handlung dienen können, zu übergeben.

Art. IV. Die Auslieferung erfolgt auf Ansuchen der zuständigen Gerichtsbehörde, oder, wenn es sich um die Ergreifung eines entwichenen Strafgefangenen handelt, der Verwaltungsbehörde der betreffenden Strafanstalt, an die Justiz- oder Polizeibehörde des Bezirkes, in welchem sich der Angeschuldigte befindet.

In dem Ansuchen ist das Vergehen oder Verbrechen, dessen das betreffende Individuum beschuldigt ist, oder wegen dessen derselbe verurtheilt worden, sowie die Zeit der verübten strafbaren Handlung, im letzteren Falle unter Bezeichnung des Gerichtes, welches die Verurtheilung ausgesprochen, und des wesentlichen Inhaltes des Erkenntnisses, anzugeben.

Die um Auslieferung angegangene Behörde hat sofort die nach den Landesgesetzen erforderlichen Einleitungen zur Einwirkung der Prüfung und Bescheidung des Antrages zu treffen, und es wird sodann die zugestandene Auslieferung an dem der Verhaftung zunächst liegenden Grenzorte, an dem sich eine zur Uebernahme geeignete Behörde befindet, vollzogen.

Art. V. Ist die Auslieferung von mehreren Staaten nachgesucht, so erfolgt dieselbe an den Staat, welcher das desfallsige Ansuchen zuerst gestellt hat.

Art. VI. Die Kosten der Ergreifung und die des Unterhaltes des verhafteten Individuums, wie der mit zu übergebenden Gegenstände, werden dem ausliefernden Staate von dem Tage der Verhaftung an, in dem Art. I. lit. 3 erwähnten Fällen aber vom Tage der Freisprechung oder beendigten Straf- oder Arresthaft an, bis einschließlich dem der Auslieferung, unmittelbar nach erfolgter Uebersendung der Kostenspezifikationen an das die Auslieferung nachsuchende Gericht, durch letzteres erstattet.

Art. VII. Der Transport solcher, aus deutschen Bundesstaaten oder auch aus anderen Ländern auszuliefernden Individuen wird in jenen Bundesstaaten, welche sie als Zwischengebiet berühren, unbehindert gestattet werden; übrigens unterliegt diese Verbindlichkeit zur Durchlieferung denselben Ausnahmen und Beschränkungen, welche im Art. I. §. 1—3 inkl. für die Verpflichtung zur Auslieferung festgesetzt sind.

Art. VIII. Die Verhafteten und die mit zu übergebenden Gegenstände werden auf dem Wege nach dem Bundesstaate, an welchen die Auslieferung erfolgt, ebenso verpflegt und behandelt, und es wird im gleichen Maaße hierfür Vergütigung geleistet, wie dieses für die eigenen Unterthanen in demjenigen Staat vorgeschrieben ist, von welchem die Auslieferung vollzogen wird, oder durch welche der Transport führt.

Art. IX. Von der ausliefernden Behörde ist ein Transportausweis auszufertigen und mit dem Verhafteten zu übergeben. Diejenigen Staaten, durch welche der Transport führt, haben die auf ihrem Gebiet erwachsenden Kosten vorschußweise zu bezahlen, dieselben auf dem Transportausweise quittiren zu lassen, und so dem nächstfolgenden Staate in Anrechnung zu bringen, welcher letztere bei der Auslieferung an die quittirende Behörde durch diese vollen Ersatz erhält.

Art. X. Durch die vorstehende Uebereinkunft werden die zwischen einzelnen deutschen Staaten bestehenden Auslieferungs-Verträge [1]) in so weit

---

1) Dergleichen Konventionen sind abgeschlossen zwischen Preußen und
Anhalt-Bernburg vom 8. September 1818. (Gesetz-Samml. 1818 S. 172.)
Anhalt-Köthen vom 16. Oktober 1818. (Gesetz-Samml. 1818 S. 173.)
Anhalt-Dessau vom 16. December 1818. (Gesetz-Samml. 1818 S. 198.)
Baden vom 17. Juni 1819. (Gesetz-Samml. 1819 S. 192.)
Bayern vom 16. December 1817. (Gesetz-Samml. 1818 S. 145.)
Braunschweig-Lüneburg vom 23. Februar 1819. (Gesetz-Samml. 1819 S. 81.)
Hamburg vom 3. Mai 1818. (Gesetz-Samml. 1818 S. 37.)
Lübeck u. Bremen vom 3. u. 6. Mai 1818. (Gesetz-Samml. 1818 S. 42.)
Hannover vom 3. Mai 1818. (Gesetz-Samml. 1818 S. 58.)
Hessen-Darmstadt vom 11. Februar 1818. (Gesetz-Samml. 1818 S. 26.)
Hessen-Homburg vom 13. Mai 1818. (Gesetz-Samml. 1818 S. 26.)
Hessen-Kassel vom 13. Mai u. 2. Juni 1818. (Gesetz-Samml. 1818 S. 49.)
Lippe-Detmold vom 31. Oktober 1817. (Gesetz-Samml. 1818 S. 2.)
Mecklenburg-Schwerin v. 3. Mai 1818. (Gesetz-Samml. 1818 S. 30.)
Mecklenburg-Strelitz vom 7. Juli 1813. (Gesetz-Samml. 1813 S. 93.)
Nassau vom 18. März 1819. (Gesetz-Samml. 1819 S. 87.)
Oesterreich vom 8. August 1818. (Gesetz-Samml. 1819 S. 61.)
Oldenburg vom 12. Januar 1819. (Gesetz-Samml. 1819 S. 4.)
Reuß-Plauen vom 16. Oktober 1818. (Gesetz-Samml. 1818 S. 174.)
Sachsen (Königr.) vom 18. April 1817. (Gesetz-Samml. 1817 S. 125.)
Sachsen-Koburg-Saalfeld vom 16. Dec. 1818. (Gesetz-Samml. 1818 S. 198.)
Sachsen-Gotha u. Altenburg vom 3. Aug. 1818. (Gesetz-Samml. 1818 S. 160.)
Sachsen-Hildburghausen vom 20. Juni 1818. (Gesetz-Samml. 1818 S. 154.)
Sachsen-Meiningen vom 8. Sept. 1818. (Gesetz-Samml. 1818 S. 170.)
Sachsen-Weimar-Eisenach vom 8. Sept. 1818. (Gesetz-Samml. 1818 S. 160.)
Schaumburg-Lippe v. 16. Febr. u. 2. Mai 1818. (Gesetz-Samml. 1818 S. 42.)

außer Wirksamkeit gesetzt, als dieselben Bestimmungen enthalten, welche mit den durch diese Uebereinkunft begründeten gegenseitigen Verpflichtungen im Widerspruch stehen, oder nicht etwa besondere Verabredungen über den Vollzug von Auslieferungen und die Kosten derselben in sich fassen.

Art. XI. Auf das Gebiet des Herzogsthums Lüneburg findet dieser Bundesbeschluß keine Anwendung. [1])

d. Militär-Strafgesetzbuch vom 3. April 1845. (Gesetz-Samml. 337.)

§. 42. Die Auslieferung eines flüchtigen, im Auslande befindlichen Verbrechers ist von den Militärgerichten bei dem Kriegsministerium in Antrag zu bringen, insofern hierüber die bestehenden Kartell-Konventionen oder andere Bestimmungen nicht besondere Vorschriften enthalten.

§. 247. Wird der Aufenthaltsort des Abwesenden im Auslande ermittelt, und besteht mit dem auswärtigen Staate eine Kartell-Konvention, so ist auf Grund derselben die Auslieferung in Antrag zu bringen.

e. Allgemeine Kartell-Konvention für die deutschen Bundesstaaten vom 10. Febr. 1831 (Gesetz-Samml. 41.)

Die souverainen Fürsten und freien Städte Deutschlands haben in Folge des Art. 24 der in der Plenar-Versammlung vom 9. April 1821 festgestellten Grundzüge der Kriegs-Verfassung des deutschen Bundes eine allgemeine Kartell-Konvention abgeschlossen, deren Bestimmungen in folgenden Artikeln enthalten sind.

Art. I. Alle von den Truppen eines Bundesstaates, ohne Unterschied, ob selbige zu Provinzen gehören, welche im Bundesgebiete liegen oder nicht, unmittelbar oder mittelbar in die sämmtlichen Lande eines Bundesgliedes, oder zu dessen Truppen, wenn diese sich auch außerhalb ihres Vaterlandes befinden, desertirende Militärpersonen werden sofort, und ohne besondere Reklamationen an den Staat ausgeliefert, dem selbige entwichen sind.

Gleichzeitig werden auch alle Deserteure, welche in nicht zum Bundesgebiete gehörige Provinzen der Bundesstaaten entweichen, an den Staat ausgeliefert, dem selbige entwichen sind.

Art. II. Als Deserteur wird derjenige, ohne Unterschied der Waffe, angesehen, welcher, indem er zu irgend einer Abtheilung des stehenden Heeres oder der bewaffneten, mit demselben in gleichem Verhältniß stehenden Landesmacht, nach den gesetzlichen Bestimmungen jedes Bundesstaates, gehört, und

---

Schwarzburg-Rudolstadt vom 8. Septbr. 1818. (Gesetz-Samml. 1818 S. 171.)
Schwarzburg-Sondershausen vom 16. Nov. 1818. (Gesetz-Samml. 1818 S. 171.)
Württemberg vom 31. März 1819. (Gesetz-Samml. 1819 S. 89.)
Dänemark vom 25. December 1820. (Gesetz-Samml. 1820 S. 33.)
Krakau vom 3. Mai 1815. (Gesetz-Samml. 1815 S. 166.)
Portugal vom 20. Februar 1844. (Gesetz-Samml. 1844 S. 161.)
Niederlande vom 11. Juni 1818. (Gesetz-Samml. S. 13.)
Frankreich und Rußland siehe diese.

[1]) In Betreff der Anwendung dieser Bestimmungen auf die Provinzen Preußen und Posen siehe die Verordnung vom 5. December 1845. (Gesetz-Samml. 1845 S. 831.)

durch seinen Eid zur Fahne verpflichtet ist, ohne Paß, Ordre oder sonstige Legitimation sich in das Gebiet eines anderen Staates oder zu dessen Truppen, begiebt.

Offiziere niederen und höheren Grades, wenn sich bei solchen ein Desertionsfall ereignet, sind nur auf ergangene Requisition auszuliefern.

Art. III. Sollte ein Deserteur schon von einem anderen Bundesstaate entwichen sein, so wird er an denjenigen Bundesstaat ausgeliefert, in dessen Dienste er zuletzt gestanden.

Wenn ein Deserteur von einem Bundesstaate zu einem fremden Staate und von diesem zu den Truppen eines anderen Bundesstaates entweicht, so wird er von dem ersten Bundesstaat ausgeliefert, falls zwischen dem letzteren und dem fremden Staate kein Kartell besteht.

Art. IV. Nur folgende Fälle können die Verweigerung oder Verzögerung der Auslieferung eines Deserteurs begründen:

a. Wenn der Deserteur zu dem Staate, wohin er entweicht, durch Geburt oder rechtliche Erwerbung — abgesehen von dem anderswo übernommenen Militärdienst — im Unterthanenverbande steht, also mittelst der Desertion in seine Heimath zurückkehrt.

b. Wenn der Deserteur in dem Staate, in welchem er entwichen ist, ein Verbrechen begangen hat, in welchem Falle die Auslieferung erst nach erfolgter Bestrafung, so weit es thunlich ist, unter Mittheilung des Strafurtels, jedoch ohne Anspruch auf Erstattung der Untersuchungs- und Arrestkosten, stattfinden soll. Schulden, oder andere eingegangene Verbindlichkeiten, geben aber dem Staate, in welchem er sich aufhält, kein Recht, die Auslieferung zu verweigern.

Art. V. Die Verbindlichkeit der Auslieferung erstreckt sich auch auf die Pferde, Sättel, Reitzeug, Armatur und Montirungsstücke, welche der Deserteur mitgenommen hat, selbst in dem Falle, wo der Deserteur nach Art. IV. nicht, oder nicht sofort ausgeliefert wird.

Art. VI. Die Auslieferung geschieht an dem nächsten Grenzort, wo sich entweder eine Militärbehörde oder ein Gensdarmerie-Kommando befindet.

Wird ein Derserteur von einem Bundesstaat ausgeliefert, der nicht unmittelbar an den Bundesstaat grenzt, welchem der Deserteur angehört, so wird derselbe an die Militärbehörde des dazwischen liegenden Bundesstaates, unter Ersatz der nothwendigen Auslagen, übergeben, von derselben übernommen, die Unterhaltungskosten desselben während des Transportes bestritten, und, mit Beobachtung der sonstigen Bestimmungen, dem Staate, dem er angehört, überliefert.

Art. VII. Sollte ein Deserteur der Aufmerksamkeit der Behörden entgangen sein, so erfolgt die Auslieferung auf die erste desfallsige Requisition, auch wenn er in die Militärdienste des Staates, in dem er entwichen, getreten ist, oder sich daselbst ansässig gemacht hat.

Die Requisitionen ergehen an die oberste Civil- oder Militärbehörde der Provinz, wohin der Deserteur sich begeben hat.

Art. VIII. Die Unterhaltungskosten der Deserteure und der mitgenommenen Pferde werden dem ausliefernden Staate von dem Tage der Verhaftung an bis einschließlich den der Ablieferung, in dem Augenblicke erstattet, wo der Deserteur abgeliefert wird.

Deserteure und mitgenommene Pferde, welche dem Bundesstaate, dem sie angehören, zugeführt werden, werden auf dem Wege dahin in jedem Bundesstaate wie einheimische, auf dem Marsch begriffene Mannschaften und Pferde verpflegt, und es wird für diese Verpflegung jedem Staate die nämliche Vergütigung geleistet, welche dort für die Verpflegung der eigenen, auf dem Marsch begriffenen Mannschaften und Pferde vorgeschrieben ist. Der Betrag dieser zu vergütenden Auslagen ist überall durch eine amtliche Bescheinigung auszuweisen.

In den Fällen, worin der Deserteur durch verschiedene Gebiete fortzuschaffen ist, muß von der ausliefernden Behörde jederzeit ein Transportzettel mitgegeben werden. Diejenigen Staaten, welche der Deserteur passirt, haben die erwachsenen Unterhaltungskosten vorschußweise zu bezahlen, welche auf dem Transportzettel quittirt und so dem nächst vorliegenden Staate in Zurechnung gebracht werden, welcher hierauf bei der Auslieferung vollen Ersatz erhält.

Art. IX. Unterthanen, welche Deserteure und mitgenommene Pferde einliefern, erhalten folgende Prämien:

für einen Deserteur ohne Pferd . . .	8 Fl. C. M.
für einen Deserteur mit Pferd . . .	16 Fl. C. M.
für jedes Pferd ohne Mann	8 Fl. C. M.

Obrigkeiten, welche einen Deserteur einliefern, erhalten keine Prämien.

Art. X. Außer den Unterhaltungskosten und der Prämie darf nichts weiter, unter keinerlei Vorwand, er betreffe Löhnung, Handgeld, Bewachungs- oder Fortschaffungs-Kosten, gefordert werden.

Art. XI. Allen Behörden wird es strenge zur Pflicht gemacht, auf Deserteure zu wachen.

Art. XII. Alle nach der Verfassung der Bundesstaaten reserve-, landwehr- und überhaupt militärpflichtige Unterthanen, sie mögen vereidet sein, oder nicht, einberufen sein, oder nicht, welche ohne obrigkeitliche Erlaubniß in die Länder oder zu den Truppen eines anderen Bundesgliedes, sie mögen zum Landesgebietes gehören, oder nicht, übertreten, sind der Auslieferung unterworfen, jedoch nur auf besondere Requisition der kompetenten Behörde.

Mit den Unterhaltungskosten ist es, wie bei den Deserteuren von den Truppen zu halten. Eine Prämie wird aber nicht gezahlt.

Art. XIII. Allen Behörden und Unterthanen der Bundesglieder ist streng zu untersagen, Deserteure oder Militärpflichtige, welche ihre Militärbefreiung nicht hinlänglich beweisen können, zu Kriegsdienste aufzunehmen, deren Aufenthalt zu verheimlichen oder dieselben, um sie etwaigen Reklamationen zu entziehen, in entferntere Gegenden zu befördern.

Auch ist es nicht zu gestatten, daß eine fremde Macht dergleichen Individuen innerhalb der Staaten des deutschen Bundes anwerben lasse.

Art. XIV. Wer sich der wissentlichen Verhehlung eines Deserteurs oder Militärpflichtigen eines anderen Bundesstaates, oder der Beförderung der Flucht desselben schuldig macht, wird nach den Landesgesetzen des Hehlers so bestraft, als wenn die desertirenden oder austretenden Individuen dem Staate selbst angehörten, in dem der Hehler wohnt.

Art. XV. Wer Pferde, Sättel, Reitzeug, Armatur- und Montirungsstücke, welche ein Deserteur aus einem anderen Staate bei seiner Entweichung mitgenommen hat, an sich bringt, hat selbige ohne Ersatz zurückzugeben, und wird, wenn er wußte, daß sie von einem Deserteur herrührten, ebenso bestraft, als wenn jene Gegenstände dem eigenen Staate entwendet wären.

Art. XVI. Eigenmächtige Verfolgung eines Deserteurs oder austretenden Militärpflichtigen über die Grenze ist zu untersagen. Wer sich solche erlaubt, wird verhaftet, und zur gesetzlichen Bestrafung an seine Regieruag abgeliefert. Als eigenmächtige Verfolgung ist aber nicht anzusehen, wenn ein Kommandirter in das jenseitige Gebiet abgesandt wird, um der Obrigkeit die Desertion zu melden. Der Kommandirte darf sich aber an dem Deserteur nicht vergreifen, widrigenfalls er, wie vorerwähnt, zu bestrafen ist.

Art. XVII. Jede gewaltsame oder heimliche Anwerbung in anderem Territorium, Verführung zu Desertion oder zum Austreten von Militärpflichtigen ist in dem Staate, wo solche geschieht, nach den Gesetzen desselben zu bestrafen. Wer sich der Bestrafung durch die Flucht entzieht, oder von seiner Heimath aus auf obige Art auf jenseitige Unterthanen zu wirken sucht, wird, auf desfallsige Requisition, in seinem Lande zur Untersuchung und gesetzlichen Strafe gezogen.

Art. XVIII. Allen, vor Abschluß dieser allgemeinen Konvention desertirten oder ausgetretenen, in den Art. I., II., III. und XII. bezeichneten Individuen, wird eine Amnestie dahin zugestanden, daß sie für ihre Person, entweder unter nicht zu versagender Entlassung aus fremden Militärdiensten, oder unter der Freiheit, darin zu verbleiben, wenn sie ihren Wunsch deshalb binnen eines Jahres erklären frei und unangefochten, jetzt oder künftig, ihre Heimath wieder besuchen dürfen. Wenn sie in ihre Heimath zurückkehren, treten sie jedoch in diejenige Verbindlichkeit zum Militärdienst wieder ein, welche daselbst noch gesetzlich für sie fortbesteht. Auch gelangen sie wieder zur freien, uneingeschränkten Verfügung über ihr dort befindliches, jetziges oder zukünftiges Vermögen, insofern dasselbe nicht durch Gesetz und Ausspruch der kompetenten Behörde bereits der Konfiskation anheimgefallen ist.

Art. XIX. Die Bundesglieder machen sich verbindlich, keine besonderen Kartelle unter sich bestehen zu lassen, oder von nun an einzugehen, deren Bestimmungen mit den Grundsätzen dieses allgemeinen Kartells in Widerspruch stehen.

Art. XX. Vorstehende Konvention tritt vom heutigen Tage ab in Wirksamkeit.

Hierzu ergingen:

α. Die Verfügung des Min. des Inn. v. 10. Juli 1858. (Min.-Bl. 150.)

Zu Art. XIII. In Folge eines von der Großherzogl. Hessischen Regierung gestellten Antrages wegen Beseitigung hervorgetretener Mißstände bei Ausführung des Art. VIII. der Bundes-Kartell-Konvention vom 10. Februar 1831, betreffs der Erstattung von Auslieferungs- und Unterhaltungskosten der Deserteure, hat die Bundesversammlung unterm 29. April d. J. den nachfolgenden Beschluß gefaßt:

1. Die höchsten und hohen Bundes-Regierungen zu ersuchen, die betreffenden Behörden auf genauere Beobachtung der Vorschriften der Kartell-Konvention vom 10. Februar 1831 über die zu vergütenden Unterhaltungskosten der Deserteure aufmerksam zu machen, und
2. sich dabei erläuternd dahin auszusprechen, daß die durch Ablieferung eines Deserteurs entstehenden, nach den Art. VIII.—X. der Bundes-Kartell-Konvention zu vergütenden Kosten auf allen Stationen in dem Betrage zu vergüten sind, wie solche auf dem Transportzettel liquidirt sind, und daß es lediglich Sache desjenigen Staates, welchem der Deserteur angehört, und an welchen derselbe schließlich abgeliefert wird, sei, die Rückvergütigung von Kosten, welche den Bestimmungen der Kartell-Konvention zuwider, aufgerechnet werden, von dem betreffenden Staate zu verlangen.

β. Cirkular-Erlaß des Min. des Inn. und des Krieges v. 24. Juli 1858. (Min.-Bl. 1858 S. 151.)

Zu Art. X. Es ist die Frage zur Entscheidung gestellt worden, ob der Transport derjenigen Deserteurs, welche einem deutschen Bundesstaate angehören, und nach der Allgemeinen Kartell-Konvention vom 12. März 1831 auszuliefern sind, sofern solche im Inlande verhaftet worden, von den Militär- oder Civil-Behörden zu bewerkstelligen sei.

Nach den von der Königl. Regierung auf Veranlassung des Ministerii erstatteten Berichten hat sich bei den fraglichen Transporten in den resp. Verwaltungsbezirken eine übereinstimmende Praxis nicht gebildet, indem in einigen die Militärbehörden, in anderen die Civilbehörden der Veranstaltung der Transporte von Deserteurs sich unterzogen haben.

Da es erforderlich erscheint, das bei dergleichen Transporten für die Folge zu beobachtende Verfahren definitiv festzustellen, so sind die Ministerien des Innern und des Krieges nach Erwägung des Sachverhältnisses dahin übereingekommen, daß die in §. 12. II. 7. der Verordnung über die anderweite Organisation der Gensdarmerie vom 30. Dec. 1820 Bd. II. S. 429 hinsichtlich des Transportes der inländischen Deserteurs getroffener Bestimmungen, auch auf die Inlande ergriffene Deserteurs deutscher Bundesstaaten anzuwenden seien. — Diese Deserteure sind demnach, wo sie betroffen werden, aufzugreifen und an die nächste Garnison abzuliefern, von wo aus sie mittelst militärischen Transports weiter befördert werden.

Indem wir das Königl. General-Kommando und das Königl. Ober-Präsidium hiervon in Kenntniß setzen, bemerken wir gleichzeitig ergebenst, daß die in Rede stehenden fremden Deserteurs ganz wie einheimische, auf dem Marsch begriffene Mannschaften, also mit 5 Sgr. pro Kopf und Tag, zu verpflegen sind, daß außer den Unterhaltungskosten und der Fang-Prämie, insofern diese noch beansprucht werden kann, sonstige Kosten nach Art. X. der Kartell-Konvention vom 12. März 1831 nicht zur Erstattung gelangen, und daß deshalb der Transport auf Eisenbahnen auf diejenigen Fälle zu beschränken ist, in denen die betreffende Bundes-Regierung den Transport auf diesem Wege ausdrücklich verlangt.

f. Münz-Kartell unter den Zollvereins-Staaten vom 19. Februar 1853. (Gesetz-Samml. 1853 S. 397.)

§. 1. Jeder der kontrahirenden Theile verpflichtet sich, seine Angehörigen wegen eines in Bezug auf die vom anderen Theile geprägten Münzen, auf das von demselben ausgegebene Papiergeld oder auf diejenigen öffentlichen Kreditpapiere, welche er seinen Münzen als Zahlungsmittel gleichgestellt hat, unternommenen oder begangenen Verbrechens oder Vergehens ebenso zur Untersuchung zu ziehen, und mit gleicher Strafe zu belegen, als wenn das Verbrechen oder Vergehen in Bezug auf die eigene Münze oder das eigene Papiergeld stattgefunden hätte.

§. 2. Jeder der kontrahirenden Theile übernimmt ferner die Verpflichtung, die in seinem Gebiet sich aufhaltenden Fremden, von welchen ein solches Verbrechen oder Vergehen in Bezug auf die Münze, das Papiergeld oder die in §. 1 bezeichneten Kreditpapiere begangen worden, auf Requisition des letzteren an dessen Gericht abzuliefern. Sind jedoch dergleichen Personen Angehörige eines Staates, welche dem Vertrage vom heutigen Tage und diesem Kartell auf Grund es Art. 26 des ersteren beigetreten ist, so steht diesem Staate vorzugsweise das Recht zu, die Auslieferung zu verlangen, und es ist derselbe auch von dem requirirten Staate zunächst zur Erklärung über die Ausübung dieses Rechtes aufzufordern.

§. 3. Die im §. 2 ausgesprochene Verpflichtung zur Auslieferung soll nicht eintreten, wenn der Staat, in dessen Gebiete ein solcher Fremder sich befindet, entweder

a. in Gemäßheit eines zwischen ihm und einem dritten Staate abgeschlossenen allgemeinen Vertrages über die gegenseitige Auslieferung der Verbrecher verpflichtet ist, denselben dahin auszuliefern, oder

b. die Untersuchung und Bestrafung selbst verhängen zu lassen, vorzieht.

Im letzteren Falle soll jedoch die im §. 1 eingegangene Verpflichtung gleichfalls Anwendung finden.

§. 4. Die kontrahirenden Theile wollen die Bestimmungen der §§. 1—3 auch auf Verbrechen und Vergehen, welche die betrügliche Nachahmung oder die Verfälschung der von einem von ihnen ausgestellten Staatsschuldscheine und zum Umlauf bestimmter Papiere, sowie der von anderen juristischen Personen unter Genehmigung des Staates auf jeden Inhaber ausgefertigten Kreditpapiere, soweit auf solche der §. 1 nicht Anwendung findet, zum

Gegenstande haben, oder die aus gewinnsüchtiger Absicht oder doch wissentlich unternommene Verbreitung solcher unechter Papiere betreffen, in der Art ausgedehnt wissen, daß bei der Bestrafung solcher Verbrechen und Vergehen zwischen inländischen Papieren und gleichartigen Papieren aus dem anderen Staate ein Unterschied nicht gemacht werden, auch hinsichtlich der Untersuchung und Auslieferung dasjenige Anwendung finden soll, was in den §§. 1—3 vereinbart ist. [1])

§. 5. Wenn in einem Staate, welcher dem Vertrage vom heutigen Tage und diesem Kartell auf Grund des Art. 26 des ersteren beigetreten ist, die Unterscheidung zwischen Verbrechen und Vergehen in der Strafgesetzgebung nicht besteht, oder die strafbare Nachahmung oder Verfälschung der in diese Kategorie fallenden Münzen und Papiere mit einem anderen Namen als „Verbrechen und Vergehen" von dem Gesetze bezeichnet sind, so bleibt es diesem Staate anheimgestellt bei der Bekanntmachung des Kartells im ersteren Falle die auf jene Unterscheidung bezügliche Worte „oder Vergehen" wegzulassen im zweiten an Stelle des Ausdrucks „Verbrechen und Vergehen" diejenige Bezeichnung zu setzen, welche seiner Gesetzgebung entspricht.

g. Konventionen zur Unterdrückung und Bestrafung des Schleichhandels.

α. Verabredung unter den Staaten des Zollvereins zur Unterdrückung und Bestrafung des Schleichhandels vom 22. März 1833 Art. 20. (Gesetz-Samml. 1833 S. 155.)

β. Uebereinkunft zur Verhütung des Schleichhandels zwischen Preußen, Kurhessen, Großherzogthum Hessen, Bayern, Württemberg und Sachsen einerseits, sowie den zum Thüringschen Handelsverein verbundenen Staaten andererseits. — Zoll-Kartell vom 11. Mai 1853. (Gesetz-Samml. 1853 S. 258.)

γ. Uebereinkunft zwischen den Staaten des Zollvereins und Hannover, Oldenburg und Braunschweig vom 1. November 1837. (Gesetz-Samml. 1857 S. 178.)

δ. Anderweite Verabredung zur Unterdrückung des Schleichhandels in den Staaten des Zoll- und Steuer-Vereins vom 17. December 1841, 16. Oktober 1845. (Gesetz-Samml. 1841 S. 416 und 1845 S. 689.)

II. Sachsen-Meiningen.

Vertrag vom 2. Mai 1859 wegen der gegenseitigen Gerichtbarkeits-Verhältnisse und Beförderung der Rechtspflege. (Gesetz-Samml. 1859 S. 221.)

Art. 38.

Auslieferung der Geflüchteten.

Unterthanen des einen Staates, welche wegen Verbrechen, Vergehen oder Uebertretungen ihr Vaterland verlassen, und in den anderen Staat sich begeben haben, ohne daselbst als Unterthanen aufgenommen zu sein, werden nach vorgängiger Requisition gegen Erstattung der Kosten ausgeliefert.

[1]) Conf. Allerh. Kabinets-Ordre v. 26. September 1846. (Gesetz-Samml 477.)

Art. 39.

Auslieferung der Ausländer.

Solche eines Vergehens, Verbrechens oder einer Uebertretung verdächtige Individuen, welche weder des einen noch des anderen Staates Unterthanen sind, werden, wenn sie Strafgesetze des einen der beiden Staaten verletzt zu haben beschuldigt sind, demjenigen Staate, in dem die strafbare Handlung verübt wurde, auf vorgängige Requisition gegen Erstattung der Kosten ausgeliefert.

Es bleibt jedoch dem requirirten Staat überlassen, ob er dem Auslieferungs-Vertrage Folge geben wolle, bevor er die Regierung des dritten Staates, welchem der Angeschuldigte angehört, von dem Antrage in Kenntniß gesetzt und deren Erklärung erhalten habe, ob sie den Angeschuldigten zur eigenen Bestrafung reklamiren wolle.

Art. 40.

Verbindlichkeit zur Annahme der Auslieferung.

In denselben Fällen, wo der eine Staat berechtigt ist, die Auslieferung eines Beschuldigten zu fordern, ist er auch verbunden, die ihm von dem anderen Staate angebotene Auslieferung anzunehmen.

Gleichartige Vereinbarungen sind abgeschlossen mit:

2. Oesterreich v. 12. Mai u. 16. Juni 1844. (G.-S. 1844 S. 165.)
3. Reuß-Plauen (jüngere Linie) v 5. Juli 1834. (G.-S. 1834 S. 124.)
4. Reuß-Plauen (ältere Linie) v. 25. Nov. u. 10. Dec. 1845. (G.-S. 1845 S. 819.)
5. Sachsen (Königr.) v. 14. Okt. u. 30. Nov. 1839. (G.-S. 1839 S. 353.)
6. Sachsen-Altenburg v. 14. Jan. u. 18. Febr. 1832. (G.-S. 1832 S. 105.)
7. Sachsen-Koburg-Gotha v. 23. Dezember 1833. (G.-S. 1834 S. 9.)
8. Sachsen-Weimar v. 25. u. 28. Juni 1824 u. v. 25. u. 29. März 1852. (G.-S. 1824 S. 149 u. 1852 S. 125.
9. Schwarzburg-Rudolstadt vom 12. August und 23. September 1840. (G.-S. 1840 S. 239.)
10. Schwarzburg-Sondershausen vom 18. November und 5. December 1843. (G.-S. 1844 S. 1.)
11. Anhalt-Bernburg v. 9. u. 15. September 1840. (G.-S. 1840 S. 250.)
12. Anhalt-Dessau v. 12. Mai 1853. (G.-S. 1853 S. 465 u. 588.)
13. Bayern. Erkl. vom 17. Mai 1854. (G.-S. 1834 S. 71.)
14. Braunschweig. Erkl. v. 4. u. 9. Dec. 1841. (G.-S. 1841 S. 13, 14.)
15. Hessen-Darmstadt v. 4. u. 19. Juni 1841. (G.-S. 1841 S. 122.)

III. Nassau.

Konvention v. 20. Februar 1856 wegen Ergreifung wirksamer Maßregeln zur Verhütung und Bestrafung der Feld-, Forst-, Jagd- und Fischerei-Frevel in den Grenzgebieten. (Gesetz-Samml. 1856 S. 130—132.)

Nachdem die Königl. Preußische Regierung mit der Herzogl. Nassau'schen Regierung übereingekommen ist, wirksame Maßregeln zur Verhütung und Bestrafung der Feld-, Forst-, Jagd- und Fischerei-Frevel in dem Grenzgebiete gegenseitig zu treffen, sind zwischen beiden Regierungen nachstehende Bedingungen verabredet worden:

Art. I.

Es verpflichteten sich beide kontrahirende Regierungen, die vorbenannten Frevel, welche ihre Unterthanen in dem Gebiet der anderen Regierung verüben sollten, sobald sie davon Kenntniß erhalten, nach denselben Gesetzen zu bestrafen, nach welchen sie untersucht und bestraft werden würden, wenn sie im Inlande begangen worden wären.

Uebrigens steht es den beiderseitigen Behörden, wie bisher, auch fernerhin frei, die auf ihrem Gebiet betroffenen und verhafteten Frevler nach ihren Gesetzen bestrafen zu lassen.

Art. II.

Für die Konstatirung eines der im Artikel I. bezeichneten Frevel, welcher von einem Angehörigen des einen Staates in dem Gebiet des anderen Staates begangen ist, soll den Protokollen und Abschätzungen, welche von den kompetenten Forst-, Polizei- und sonstigen zuständigen Behörden des Orts des begangenen Frevels aufgenommen sind, derselbe Glaube von der zur Aburtheilung zuständigen Behörde beigemessen werden, welchen die Gesetze den Protokollen und Abschätzungen der inländischen Beamten beilegen.

Art. III.

Von den beiderseitigen Behörden soll zur Entdeckung der Frevler alle mögliche Hilfe geleistet werden, namentlich sollen die beiderseitigen Forst- und Polizei-Beamten befugt sein, die Spur der Frevler in das Gebiet des fremden Staates zu verfolgen, und letztere auf dem fremden Gebiet zu verhaften, jedoch mit der Verbindlichkeit, die Arretirten unverzüglich an die nächste Polizei- oder Justiz-Behörde desselben Gebiets abzuliefern, damit daselbst ihr Name und Wohnort ausgemittelt werden kann.

Im Falle hierbei im Gebiete des anderen Staates eine Haussuchung nöthig wird, hat der verfolgende Beamte sich zu dem Ende an die Orts-Polizeibehörde der betreffenden Gemeinde zu wenden, und dieselbe zur Vornahme der Visitation aufzufordern.

Die bei der Haussuchung aufgefundenen, als Objekte des begangenen Frevels bezeichneten Gegenstände sind in Verwahrung zu bringen. Der Vollzug der Requisition erfolgt kostenfrei für den Requirirenden.

Art. IV.

Ueber die Haussuchung ist sofort ein Protokoll aufzunehmen. Eine Ausfertigung desselben ist dem requirirenden Beamten einzuhändigen.

Der requirirende Forst- oder Polizeibeamte kann verlangen, daß der Polizeibeamte des Ortes, wo die Haussuchung vorgenommen werden soll, dabei zugezogen werde.

Art. V.

Den untersuchenden und bestrafenden Behörden beider Staaten wird zur Pflicht gemacht, die Untersuchung und Bestrafung der zu ihrer Kenntniß gebrachten Frevel so schleunigst vorzunehmen, als es nach den Gesetzen des betreffenden Staates nur immer möglich ist, auch namentlich bei ausgezeichneten und sehr bedeutenden Freveln die Untersuchung in jedem einzelnen Falle sogleich eintreten zu lassen. Die Anzeigen über verübte Frevel sollen der requirirten Behörde in zweifacher Ausfertigung zugesandt, der requirirenden Behörde aber soll das Ergebniß der Untersuchung mitgetheilt und von der erkannten Strafe jedesmal Kenntniß gegeben werden.

Art. VI.

Die Vollziehung der Straferkenntnisse, sowie die Beitreibung der Flur-, Wald-, Jagd- und Fischerei-Eigenthümern zuerkannten Entschädigungsgelder geschieht nach den Landesgesetzen, und soll mit der thunlichsten Beschleunigung bewirkt werden.

Die erkannte Geld- oder Freiheitsstrafe wird zum Vortheil desjenigen Staates vollzogen, dessen Behörde die Strafe erkannt hat. Wird von einem Frevler die Zahlung des Betrages der gegen ihn erkannten Geldstrafe, des Werth- oder Schaden-Ersatzes, der Kosten und Pfandgebühren nicht vollständig oder nur zum Theil geleistet, so werden von dem eingezogenen Gelde zuerst Denuncianten-Gebühren, wo solche gesetzlich bestehen, sodann die Kosten, dann der Ersatz des Schadens und des Werthes, und zuletzt die Strafe, soweit es zureicht, bezahlt.

Art. VIII.

Die im Herzogthum Nassau bestehende Vorschrift, wonach bei Feldfreveln der erste zahlungsfähige Frevler zum Rückersatz der aus der betreffenden Gemeindekasse wegen solcher Frevel ausgelegten Schadenersatzbeträge schuldig sein soll, bleibt bei der Aburtheilung der von Unterthanen des einen Staates im Gebiet des andern verübten Uebertretungen dieser Art außer Anwendung.

Art. VIII.

Die zwischen Preußen und Nassau bestehende Vereinbarung vom 10. Oktober 1821 (G.-S. 163) in Betreff der Verhütung der Forstfrevel in Grenzwaldungen, tritt außer Kraft.

Art. IX.

Gegenwärtige Ministerial-Erklärung soll, nachdem sie gegen eine übereinstimmende Erklärung des Herzogl. Nassauischen Ministeriums ausgewechselt worden [1]), öffentlich bekannt gemacht werden.

Berlin, den 20. Februar 1856.

Der Minister der auswärtigen Angelegenheiten.

Gleichartige Konventionen sind abgeschlossen worden zwischen Preußen und:

2. Anhalt-Bernburg v. 5. Sept. 1839 u. 4. Februar u. 2. März 1850. (G.-S. 1839 S. 252 und 1850 S. 73.)
3. Anhalt-Dessau v. 26. August 1847. (G.-S 1847 S. 324.)
4. Bayern v. 4. Mai 1822. (G.-S. 1822 S. 144.)
5. Braunschweig v. 23. Jan. 1827 u. 16. Febr. 1848. (G.-S. 1827 S. 59 u. 1848 S. 75.)
6. Hannover v. 20. November 1821. (G.-S. 1822 S. 39.)
7. Hessen-Cassel v. 3. Juni 1821. (G.-S. 1821 S. 105.)
8. Hessen-Darmstadt v. 24. Mai 1822. (G.-S. 1822 S. 151.)

---

[1]) Geschehen am 27. Februar 1856.

9. Hessen-Homburg v. 15. August 1826. (G.-S. 1826 S. 79.)
10. Holstein-Oldenburg v. 8. Dezember 1821. (G.-S. 1822 S. 8.)
11. Oldenburg v. 26. Mai 1838. (G.-S. 1838 S. 349.)
12. Lippe (Fürstenth.) v. 31. Juli 1822. (G.-S. 1822 S. 191.)
13. Luxemburg v. 9. Februar 1849. (G.-S. 1849 S. 131.)
14. Mecklenburg-Schwerin v. 5. November 1828. (G.-S. 1828 S. 133.)
15. Mecklenburg-Strelitz v. 6. Januar 1838. (G.-S. 1838 S. 30.)
16. Oesterreich v. 21. März 1842 u. 15. Jan. 1848. (G.-S. 1842 S. 112 u. 1848 S. 29.)
17. Niederlande v. 16. August 1828. (G.-S. 1829 S. 101.)
18. Reuß-Plauen (ältere Linie) v. 25. Nov. u. 10. Dec. 1845. (G.-S. 1845 S. 826.)
19. Reuß-Plauen (jüngere Linie) v. 1. Mai u. 5. Juli 1834. (G.-S. 1834 S. 79 u. 129.)
20. Sachsen (Königreich) v. 12. Okt. 1835 u. 14. Okt. 1839. (G.-S. 1835 S. 223 u. 1839 S. 361.)
21. Sachsen-Altenburg v. 15. Dec. 1824 u. 18. Februar 1832. (G.-S. 1824 S. 223 u. 1832 S. 111.)
22. Sachsen-Koburg v. 4. Dec. 1821 u. 21. Dec. 1847. (G.-S. 1822 S. 41 u. 1848 S. 10.)
23. Sachsen-Hildburghausen v. 28. Oktober 1824. (G.-S. 1824 S. 179.)
24. Sachsen-Meiningen v. 28. Juli 1831. (G.-S. 1831 S. 158.)
25. Sachsen-Weimar v. 23. u. 29. März u. 25. April 1852. (G.-S. 1852 S. 139.)
26. Schaumburg-Lippe v. 23. Februar 1824. (G.-S. 1824 S. 59.)
27. Schwarzburg-Rudolstadt v. 13. Nov. 1822, 12. August u. 18. Okt. 1840. (G.-S. 1822 S. 219 u. 1840 S. 246.)
28. Schwarzburg-Sondershausen v. 16. Juli 1822, 18. Nov. u. 15. Dec. 1843. (G.-S. 1822 S. 190 u. 1844 S. 8.)
29. Waldeck v. 9. Nov. 1822, v. 12. März 1831 u. 27. Okt. 1846. (G.-S. 1822 S. 217, 1831 S. 50 und 1846 S. 464.)

IV. Oesterreich.

a. Anwendung des durch Patent vom 10. Juni 1854 veröffentlichten Beschlusses der Deutschen Bundes-Versammlung vom 26. Juni 1854, wegen gegenseitiger Auslieferung gemeiner Verbrecher auf die zum Deutschen Bunde nicht gehörigen Bundestheile des Königreichs Preußen und Kaiserthums Oesterreich. Bekanntmachung vom 27. Okt. 1854. (Gesetz-Samml. 1854 S. 555.)

Die Königl. Preußische und Kaiserl. Oesterreichische Regierung sind dahin übereingekommen, die Bestimmungen des in der dritten Sitzung der Deutschen Bundes-Versammlung vom 26. Januar 1854 gefaßten Beschlusses wegen gegenseitiger Auslieferung gemeiner Verbrecher auf dem Deutschen Bundesgebiete auch auf die nicht Deutschen Theile ihrer beiderseitigen Staaten auszudehnen, so daß also die Bestimmung dieses Bundesbeschlusses auch auf diejenigen Fälle volle Anwendung findet, in welchen das gemeine Verbrechen oder Vergehen, wegen dessen durch eine Kaiserl. Oesterreichische Behörde die Auslieferung eines Individuums begehrt wird, in einem nicht zum Deutschen Lande gehörenden Kronlande des Oesterreichischen Kaiserthums oder von den Angehörigen eines solchen Kronlandes gegen den Kaiserstaat begangen würde, so wie umgekehrt auch auf den Fall, wenn die Königl. Preußische Regierung nach Maßgabe des erwähnten Bundesbeschlusses von der Kaiserl. Oesterreichischen Regierung die Auslieferung eines Individuums in Anspruch nimmt, welches ein gemeines Verbrechen oder Vergehen in einem nicht zum Deutschen Lande gehörigen Landestheile des Preußischen Staates begangen hat, oder welches einem solchen Landestheile angehört.

Vorstehende Bestimmungen finden ferner auch dann Anwendung, wenn sich die Individuen, deren Auslieferung verlangt wird, in Landestheilen des requirirten Staates aufhalten, welche nicht zum Deutschen Bunde gehören.

b. Uebereinkunft v. 21. März 1842 und 4. Februar 1848 wegen Verhütung der Jagd-, Forst-, Feld- und Fischerei-Frevel. (Gesetz-Samml. 1848 S. 29.) vide sub III.

c. Uebereinkunft v. 12. Mai und 16. Juni 1844 zur Beförderung der Rechtspflege. (Gesetz-Samml. 1844 S. 165.) vide sub II. 2.

d. Kartell-Konvention v. 8. August 1818. (Gesetz-Samml. 1819 S. 61.)

e. Stipulation mit Preußen und Rußland wegen gegenseitiger Auslieferung politischer Verbrecher v. 15. März 1834. (Gesetz-Samml. 1834 S. 21.)

f. Uebereinkunft vom 11. Juli 1851 wegen gegenseitiger Unterdrückung und Bestrafung des Schleichhandels (Gesetz-Samml. 1852 S. 177) und vom 19. Februar 1853 Art. X. (Gesetz-Samml. 1853 S. 361. 390.)

V. Rußland.

Kartell-Konvention vom 27. Juli u. 8. August 1857. (Gesetz-Samml. 1857. S. 765.)

Art. I.

Die gegenwärtige Konvention, welche vier Wochen nach Auswechselung der Ratifikationen zur Ausführung gebracht werden soll, erstreckt sich:

a. auf alle aus dem aktiven Dienste der beiderseitigen Armeen desertirten Individuen und die von ihnen mitgenommenen Militäreffekten als: Pferde, Reitzeug, Armatur und Montirungsstücke, desgleichen auf die aus dem aktiven Dienste unter Vorbehalt ihrer Verpflichtung zu demselben beurlaubten, mithin zur Kriegsreserve gehörenden Individuen.

b. auf alle, nach dem Gesetze des Staates, welchen sie mit oder ohne Absicht der Rückkehr verlassen haben, wenn auch erst für die Folge zum Militärdienst verpflichteten Individuen.

c. auf diejenigen Individuen, welche, nachdem sie in einem Staate ein Verbrechen oder Vergehen begangen, sich der Untersuchung und Bestrafung desselben durch die Flucht auf das Gebiet des anderen Staates zu entziehen gewußt haben.

Art. II.

Die im vorstehenden Artikel unter a. bezeichneten Individuen sind, wenn sie in militärischer Bekleidung oder mit anderen Gegenständen der militärischen Ausrüstung betroffen werden, oder wenn überhaupt darüber, daß sie aus dem Militärdienste des anderen Staates entwichen sind, kein Zweifel obwaltet, sofort, ohne daß es dazu einer vorgängigen Requisition Seitens dieses Staates bedarf, zu verhaften und mit den bei ihnen gefundenen Militäreffekten zur Grenze, welche beide Staaten trennt, zu transportiren, um daselbst an die zu ihrer Empfangnahme beauftragten jenseitigen Behörden abgeliefert zu werden. Bei denjenigen Individuen, deren Desertion nicht offenbar, sondern in Folge besonderer Umstände oder ihrer eigenen Aussage nur wahrscheinlich ist, muß von den Militär- oder Civilbehörden, welche von ihrem Aufenthalt Kenntniß erhalten haben, sofort für ihre Sicherstellung gesorgt werden. Demnächst haben sie darüber ein Protokoll aufnehmen zu lassen, und solches der jenseitigen Provinzial-Militärbehörde mitzutheilen, welche sodann zu erklären hat, ob das bezeichnete Individuum wirklich desertirt ist oder nicht, welchemnächst im Beziehungsfalle der Deserteur ihr auf die oben erwähnte Weise auszuliefern ist. Was die im vorigen Artikel unter b. bezeichneten Individuen betrifft, so findet deren Verhaftung und Auslieferung nicht anders statt, als auf jedesmalige ausdrückliche Requisition von Seiten der kompetenten Behörde desjenigen Staates, welchem die Individuen angehören.

Art. III.

1) Die Auslieferung der zu den Klassen a. und b. des Art. I. gehörigen Individuen wird jedoch nicht stattfinden, wenn dieselben, ehe sie sich in den zuletzt von ihnen verlassenen Staat begeben oder daselbst Dienste genommen hatten, Unterthanen desjenigen Staates waren, wohin sie sich bei ihrer Entweichung geflüchtet haben, und diejenigen Verhältnisse, welche für sie aus dieser Eigenschaft entspringen, nicht nach den in diesem Staate geltenden gesetzlichen Vorschriften aufgelöst worden sind. Doch werden selbst in diesem Falle die von solchen Individuen bei ihrer Entweichung mitgenommenen Pferde und Militäreffekten zurückgegeben.

2) Ebenso kann die Auslieferung eines der einen oder der anderen dieser beiden Klassen angehörigen Individuums, wenn dasselbe sich in dem Staate, wohin es entwichen ist, ein Verbrechen oder Vergehen hat zu Schulden kommen lassen, bis zur Abbüßung der den Gesetzen dieses Staates dafür verwirkten Strafe geweigert werden.

3) In den Fällen, wo die Verhaftung und Auslieferung eines Individuums nur in Folge vorheriger Requisition stattfinden soll, wie dies in Art. II. namentlich wegen der Deserteurs verabredet ist, welche nicht als solche kenntlich sind, wenn seit der Desertion oder dem Austritte eines Individuums dieser Kategorie bereits ein Zeitraum von zwei Jahren verstrichen ist, der requirirte Staat nicht verpflichtet, der an ihn ergehenden Auslieferungs-Requisition Folge zu leisten. Wenn jedoch ein Militärpflichtiger oder ein Deserteur vor seiner Flucht ein Verbrechen oder Vergehen begangen hat, oder wenn er eines solchen bezüchtigt gewesen ist, so soll seine Auslieferung nach den weiter unten in dem Art. 15. und 16. getroffenen Bestimmungen erfolgen, selbst wenn ein Zeitraum von zwei Jahren seit seinem Austritt oder seiner Desertion verflossen ist.

Art. IV.

Die im Art. II. vorgeschriebenen Mittheilungen wegen der Desertion aus dem Dienst der jenseitigen Macht Verdächtigen werden Königl. Preußischer Seits an den Kommandirenden en chef und an die der Auslieferung der Deserteure vorgesetzten Offiziere, Kaiserl. Russischer oder Königl. Polnischer Seits aber an das General-Kommando der nächsten Preußischen Provinz gerichtet, wogegen die Requisitionen, welche sich auf Individuen im Art. I. unter b. erwähnter Klasse beziehen, Königl. Preußischer Seits an die nächsten Russischen oder Polnischen Militär- oder Civilbehörden und Kaiserl. Russischer Seits an die nächste Preußische Provinzial-Regierung gerichtet werden.

Im Kaiserthum Rußland wird der Spezial-Kommissarius, dessen Bestimmung ist, über die Aufrechterhaltung der freundnachbarlichen Verhältnisse an der Grenze zu sorgen, ebenso wie früher ermächtigt sein, die Mittheilungen und Requisitionen, welche in gegenwärtigem Artikel vorgesehen sind, zu machen und entgegenzunehmen.

Art. V.

Wenn der Fall eintritt, daß ein Individuum, bevor es aus dem Dienste des einen oder des anderen der beiden hohen kontrahirenden Theile entwichen ist, schon von den Truppen eines anderen Souverains oder eines anderen Staates, mit welchem einer der hohen kontrahirenden Theile eine Konvention geschlossen hat, desertirt wäre, so soll gleichwohl ein solcher Ueberläufer derjenigen Armee eingeliefert werden, welcher er zuletzt desertirt ist.

Art. VI.

Den beiderseitigen Militär- und Civilbehörden ist ausdrücklich untersagt, ein Individuum, dessen Desertion aus dem jenseitigen Militärdienst als gewiß oder selbst nur als wahrscheinlich anzunehmen ist, in den Militär- oder Civildienst ihres Souverains aufzunehmen; auch dürfen sie keine Unteroffiziere oder Soldaten der jenseitigen Armee auf der Grenze durchgehen lassen, wenn sie nicht mit einem Paß oder Abschiede von dem Chef oder Kommandeur des Truppentheils, dem sie angehören, versehen sind. Jedes ohne einen solchen Paß oder Abschied von ihnen betroffene oder von ihren Untergebenen angezeigte Individuum, welches in Folge äußerer Merkmale oder sonstiger Umstände den Truppen des anderen Staates anzugehören verdächtig ist, haben sie mit sämmtlichen bei ihm befindlichen Effekten sofort zu verhaften und zu Protokoll vernehmen zu lassen, welchemnächst nach den im Art. II. enthaltenen Bestimmungen zu verfahren ist.

Art. VII.

Die hohen kontrahirenden Theile werden darauf halten, daß den an ihre Behörden zu richtenden Auslieferungs-Requisitionen schnell und ohne Rückhalt genügt werde. Selbst in dem Falle, wo die reklamirten Individuen in den Dienst des Staates aufgenommen worden sein sollten, auf dessen Gebiete sie sich befinden, soll dieser Umstand auf die aus dem gegenwärtigen Artikel entspringenden gegenseitigen Verpflichtungen von keinem Einfluß sein.

Art. VIII.

Sollte über die Richtigkeit irgend eines in dem Requisitionsschreiben angeführten Umstandes Zweifel entstehen, so können diese, die im Art. III. erwähnten Fälle ausgenommen, eine Verweigerung der Auslieferung nicht begründen.

Art. IX.

Bei der Auslieferung eines Deserteurs oder Militärpflichtigen ist jederzeit und ohne Ausnahme nicht nur das bei seiner Verhaftung über die Veranlassung und Umstände derselben aufgenommene Protokoll, sondern es sind auch, wenn derselbe zur Klässe der nach Art. II. von Amtswegen Auszuliefernden gehört, die Militäreffekten, durch welche seine Desertion sich ergeben hat, sofort mit zu überliefern. Gehöre er dagegen zu den erst nach vorheriger Kommunikation mit den resp. Militärbehörden oder in Folge einer besonderen Requisition auszuliefernden Individuen, so ist, um jeden Zweifel darüber zu beseitigen, daß seine Auslieferung den im gegenwärtigen Vertrage bestimmten Grundsätzen gemäß sei, allemal das Original oder eine beglaubigte Abschrift des ihn betreffenden Requisitionsschreibens bei seiner Auslieferung vorzuzeigen.

Art. X.

Die Grenzorte, wo früher die ordnungsmäßige Auslieferung der Deserteure und anderer Individuen stattgefunden hat, werden auch ferner und zwar so lange zu diesem Zweck beibehalten, als die beiderseitigen Behörden nicht etwa über eine Aenderung in dieser Beziehung sich vereinbaren. Die an diesen Orten mit dem Auslieferungsgeschäft beauftragten Beamten sind, je nachdem sie zum Militär- oder Civilstande gehören, von Seiten der betreffenden Militär- oder Civilbehörden den jenseitigen namhaft zu machen.

Art. XI.

1) An Unterhaltungskosten werden für jeden Deserteur oder Militärpflichtigen von dem Tage an, wo er zum Zwecke seiner von Amtswegen oder auf Requisition zu bewirkenden Auslieferung verhaftet worden ist, vier (4) Silbergroschen Preußisch Courant oder zwölf (12) Kopeken Silber täglich vergütet. Hat der Deserteur ein Dienstpferd mit sich genommen, so werden von dem eben gedachten Zeitpunkt ab, täglich auf dasselbe zwei Metzen Hafer und acht Pfund Heu nebst dem nöthigen Stroh gut gethan, und diese Fourage wird nach dem jedesmaligen Marktpreise der nächsten Stadt bezahlt.
2) Die Auslieferung des Deserteurs wird spätestens acht Tage nach seiner bei dessen Entdeckung sofort stattfindenden Verhaftung erfolgen, und die Kosten für seinen Unterhalt sollen auch gegenseitig nur für den Zeitraum von acht Tagen erstattet werden, es sei denn, daß seine Auslieferung an die betreffende Behörde wegen der Entfernung des Ortes, wo er ergriffen worden, oder wegen anderer hinreichend nachgewiesener Umstände, über jenen Zeitpunkt hinaus verzögert werden müßte. Ist der Ueberläufer Krankheits halber in ein Hospital aufgenommen worden, so

werden die desfallsigen Kosten von dem reklamirenden Gouvernement mit fünf (5) Silbergroschen Preußisch Courant oder fünfzehn (15) Kopeken Silber täglich für die ganze Zeit seines Aufenthalts erstattet.

Art. XII.

Wird außer dem Deserteur zugleich das von ihm mitgenommene Dienstpferd entdeckt und dem Staate, welchem es gehört, zurückgegeben, so erhält derjenige, durch dessen Anzeige die Beschlagnahme des Pferdes erwirkt worden ist, von dem Staate, an den die Auslieferung erfolgt, eine Belohnung von sieben und einem halben (7½) Thaler Preuß. Courant oder sechs (6) Rubel 75 Kopeken Silber.

Art. XIII.

Zur Berichtigung dieser Belohnung sowie der im Art. II. bemerkten Unterhaltungskosten, welche in keinem Falle erhöht werden dürfen, werden die hohen kontrahirenden Theile bei dem mit dem Auslieferungsgeschäft in den dazu bestimmten Grenzorten beauftragten Beamten eine gewisse Summe Geldes niederlegen lassen, von welcher diese Beamten sofort bei Auslieferung des Deserteurs oder Militärpflichtigen und des Dienstpferdes sowohl die Unterhaltungskosten auf Grund einer Berechnung, welche bei der Auslieferung von der dazu beauftragten jenseitigen Behörde mit zu übergeben ist, als auch die Belohnung für die Beschlagnahme des Dienstpferdes zu berichtigen haben. Sollte diese Berechnung für unrichtig gehalten werden, was jedoch bei der genauen Feststellung des Satzes der Belohnung und der Unterhaltungskosten nicht leicht wird stattfinden können, so soll dennoch die Zahlung der aufgerechneten Summe erfolgen und erst später ist eine desfallsige Reklamation zu untersuchen, mit alleiniger Ausnahme des Falles, wo der im Art. IX. enthaltenen Bestimmung wegen gleichzeitiger Ueberlieferung der bei einem Deserteur gefundenen Militär-Effekten oder Vorzeigung des Original-Requisitionsschreibens oder einer beglaubigten Abschrift desselben nicht genügt wäre, indem alsdann weder die Unterhaltungskosten noch die Belohnung gezahlt werden.

Art. XIV.

Da weder von Deserteuren, noch von ausgetretenen Militärpflichtigen Schulden kontrahirt werden können, die den auf ihre Person Anspruch habenden Staat zu deren Erstattung rechtlich verpflichten, so kann auch die Bezahlung solcher Schulden bei der Auslieferung nie ein Gegenstand der Erörterung zwischen den Behörden sein. Hat ein solches Individuum während seines Aufenthalts in dem Staate, von welchem er auszuliefern ist, Verbindlichkeiten gegen Privatpersonen übernommen, an deren Erfüllung es durch die Auslieferung verhindert wird, so bleibt dem dadurch verletzten Theile nur übrig, seinen Schuldner bei dessen kompetenter Behörde zur Geltendmachung seiner Rechte in Anspruch zu nehmen.

Ebenso befreit die persönliche Haft, in welcher ein Deserteur oder ausgetretener Militärpflichtiger sich im Augenblick seiner Reklamation wegen eingegangener Privatverbindlichkeiten befinden sollte, den Staat, an welchen die

Reklamation gerichtet ist, keineswegs von der Verpflichtung zur sofortigen Auslieferung des reklamirten Individuums.

Art. XV.

1) Diejenigen, welche in den Staaten eines der beiden kontrahirenden Souveraine ein Verbrechen oder Vergehen vollbringen, oder eines solchen angeschuldigt und bezüchtigt sind, und darauf entfliehen und in das Gebiet des anderen Staates sich begeben, werden gegenseitig auf eine Requisition, welche auf die unten im Art. XVI. bezeichnete Art erfolgen muß, ausgeliefert.

2) Der Stand oder die bürgerlichen Verhältnisse des Verbrechers, Angeschuldigten oder Bezüchtigten, machen hierin keinen Unterschied, und selbiger wird ausgeliefert, weß Standes er auch sei, Edelman, Stadt- oder Landbewohner, Freier oder Leibeigener, ein Soldat oder vom Civilstande.

3) Ist aber der erwähnte Verbrecher oder Angeschuldigte ein Unterthan desjenigen Souverains, in dessen Land er geflüchtet ist, nachdem er in dem Lande des anderen Souverains ein Verbrechen oder Vergehen begangen hat, so findet die Auslieferung nicht statt, sondern der Souverain, dessen Unterthan er ist, wird denselben sofort nach seinen Landesgesetzen zur Untersuchung und Strafe ziehen lassen. Es ist insbesondere verabredet, daß, wenn ein Individuum sich von dem Gebiete des einen Staates auf dasjenige des anderen begiebt, dort ein Verbrechen oder Vergehen begeht, und hierauf in den Staat zurückkehrt, aus dem es gekommen, die Behörden dieses Staates (obwohl die Auslieferung eines solchen Individuums unstatthaft ist) nichts desto weniger, wenn sie darum angegangen werden, den kompetenten Behörden des Staates, auf dessen Gebiet das Verbrechen oder Vergehen begangen worden, alle Hülfe und Beistand leisten sollen, welche ihnen die Landesgesetze gestatten, um den Thatbestand festzustellen und die Schuldigen, die dem anderen Staate angehören, zu entdecken, vorausgesetzt, die begangene That sei von der Art, daß sie auch nach der Gesetzgebung des requirirten Staates strafbar ist. Sobald jedoch ein Individuum in dem Lande, wo es sich ein Verbrechen oder Vergehen oder irgend eine Uebertretung hat zu Schulden kommen lassen, deshalb verhaftet worden ist, so kann der Souverain des Landes, in welchem die Verhaftung erfolgt ist, dasselbe zur Untersuchung ziehen und die verwirkte Strafe vollstrecken lassen, wenn auch das Individuum ein Unterthan des anderen Landes wäre. In keinem Falle wird ein Individuum, welches in dem Lande selbst, wo es sich eines Verbrechens, Vergehens oder einer Uebertretung schuldig gemacht hat, verhaftet würde, ausgeliefert oder in dem anderen Lande übernommen werden, bevor es durch ordentliches Erkenntniß verurtheilt worden ist.

Art. XVI.

1) Die Bestrafung eines Verbrechers Behufs dessen Auslieferung soll erfolgen auf die Requisition einer Polizei- oder Gerichtsbehörde des Staates, in welchem der Angeschuldigte das ihm schuldgegebene Verbrechen begangen hat. Diese Requisition wird an eine Polizei- oder Gerichtsbehörde des anderen Staates gerichtet. Es sollen zu einer solchen Requisition außerdem berechtigt sein:

in den Staaten Sr. Majestät des Königs von Preußen, der Königl. Staats-Anwalt;

in dem Kaiserthum Rußland der Spezial-Kommissarius, welcher beauftragt ist, längs der Grenze über die Aufrechterhaltung der freundnachbarlichen Beziehungen zu wachen;

in dem Königreich Polen die Vorsteher der Grenzkreise, welche für die Aufrechthaltung dieser Beziehungen dieselben Rechte und Befugnisse haben wie der Russische Spezial-Kommissarius.

Die betreffenden Behörden sind verpflichtet, selbst dann, wenn sie zur Erfüllung der ihnen zustehenden Requisition nicht kompetent sind, dieselben anzunehmen und sie unverzüglich an die kompetente Behörde zu befördern.

2) Die wirkliche Auslieferung geschieht jedoch von Seiten Preußens nur auf Requisition des General-Gouverneurs oder Civil-Gouverneurs desjenigen Gouvernements des Kaiserthums Rußland, oder auf die Requisition des Obergerichts desjenigen Gouvernements des Königreichs Polen, wo gegen den Verbrecher oder Angeschuldigten eine gerichtliche Untersuchung bereits stattgefunden hat oder stattfinden soll. In den durch gegenwärtigen Artikel vorgesehenen Fällen wird die Requisition an das Obergericht derjenigen Provinz der Preußischen Monarchie gerichtet, wo der Verbrecher oder Angeschuldigte, sei er öffentlicher Beamter oder nicht, dem Vermuthen nach Zuflucht gesucht hat. Die Behörden des Kaiserthums Rußland werden ihre Requisitionen durch den Russischen Spezial-Kommissarius übermitteln lassen.

3) Von Seiten Rußlands oder des Königreichs Polen wird die Auslieferung nur auf Requisition des Obergerichts derjenigen Provinz erfolgen, wo gegen den Verbrecher oder Angeschuldigten eine gerichtliche Untersuchung bereits stattgefunden hat, oder stattfinden soll. Diese Requisition wird an den General-Gouverneur desjenigen Gouvernements des Kaiserthums Rußland oder des Königreichs Polen gerichtet, wo der Verbrecher dem Vernehmen nach Zuflucht gesucht hat.

4) Beide Regierungen werden sich gegenseitig das Verzeichniß der Obergerichte und öffentlichen Behörden mittheilen, welchen die Erlassung dieser Requisitionen in den betreffenden Staaten anvertraut ist.

5) In allen vorgedachten Fällen, der Antrag der Auslieferung möge von einem Obergerichte Preußens gemacht sein, oder von einem der General-Gouverneure oder Civil-Gouverneure des Kaiserthums Rußland, oder

einem Obergerichte oder Civil-Gouverneur des Königreichs Polen ausgehen, soll die Requisition von einer Ausfertigung entweder des Erkenntnisses, wenn ein solches hier ergangen ist, oder des Beschlusses über die Eröffnung der Kriminal-Untersuchung oder einem Haftbefehl des kompetenten Gerichts begleitet sein, in welchem die näheren Umstände des Verbrechens oder Vergehens, sowie die Verdachtsgründe auseinandergesetzt sind.

Bei Unterschlagung von öffentlichen Geldern oder von Gegenständen, welche der Krone angehören, soll die Requisition des Civil-Gouverneurs außerdem von einem authentischen Verzeichniß der Summen oder der Gegenstände begleitet sein, welche entfremdet oder unterschlagen sind. Dieselben Förmlichkeiten werden bei Requisitionen eines Obergerichts der Preußischen Monarchie beobachtet werden.

6) Der Antrag auf Auslieferung und die zur Begründung desselben dienenden Dokumente sollen binnen sechs Monaten von dem Tage an, wo die Anzeige über die Verhaftung des Verbrechers oder des Angeschuldigten an den requirirenden Beamten oder das requirirende Gericht abgesandt wird, vorgelegt werden. Im Verzögerungsfalle erlischt die Verbindlichkeit zur Auslieferung des Verbrechers oder Angeschuldigten.

7. Die Auslieferung selbst soll erfolgen, nachdem durch Vernehmung des Angeschuldigten die Identität seiner Person festgestellt worden und wenn die ihm schuldgegebene Handlung eine solche ist, daß auch nach den Gesetzen des requirirten Staates der Schuldige gleichfalls zur Kriminal-Untersuchung gezogen werden müßte.

Ist das Individuum, dessen Auslieferung verlangt wird, mehrerer Verbrechen und Vergehen angeschuldigt, so soll die Auslieferung auch dann stattfinden, wenn nur eine der ihm schuldgegebenen Handlungen nach der Gesetzgebung des requirirten Staates eine Kriminal-Untersuchung zur Folge hatte.

8. Behufs der Auslieferung soll der Verbrecher bis an den Ort transportirt werden, wo sich die mit seiner Uebernahme beauftragte Behörde des requirirenden Staates befindet. Er wird derselben gegen Erstattung der Kosten übergeben werden.

Art. XVII.

An Kosten werden:

a. Für den Unterhalt des Verbrechers vom Tage seiner Verhaftung an täglich vier (4) Silbergroschen Pr. Cour. (zwölf [12] Kopeken Silber),

b. an Kosten der Haft, so lange diese dauert, täglich fünf (5) Silbergroschen Pr. Cour. (fünfzehn [15] Kopeken),

c. die in jedem einzelnen Falle zu liquidirenden Auslagen für den Transport des Verbrechers und für Anschaffung der zu seiner Bekleidung erforderlichen Gegenstände bezahlt.

Art. XVIII.

Weder Deserteure noch Militärpflichtige, noch Verbrecher, können von Seiten des reklamirenden Staates auf gewaltsame, eigenmächtige Weise auf das Gebiet des anderen Staates verfolgt werden. Es ist daher untersagt, daß zu diesem Zwecke irgend ein Militär- oder Civil-Kommando oder geheimer Abgeordneter die Grenze beider Staaten überschreite. Ist von Seiten der reklamirenden Macht die Verfolgung eines oder mehrerer Deserteure oder Militärpflichtiger oder Verbrecher mittelst eines Militär- oder Civil-Kommandos oder auf andere Art verfügt worden, so darf sich diese Verfolgung nicht weiter als bis zur Grenze, welche beide Staaten von einander trennt, erstrecken. Hier muß das Kommando Halt machen, und nur ein Mann darf die Grenze überschreiten. Dieser muß sich bei Enthaltung jeder Ausübung von Gewalt oder Eigenmacht, unter Vorzeigung des Requisitionsschreibens seiner Vorgesetzten, an die kompetente Militär- und Civilbehörde wenden und auf die Auslieferung antragen. Ein solcher Abgeordneter wird mit denjenigen Rücksichten, welche beide Gouvernements sich gegenseitig schuldig sind, empfangen werden, und das weitere Verfahren erfolgt sodann nach Vorschrift des gegenwärtigen Vertrages.

Art. XIX.

1. Jede amtliche Handlung, welche ein Civil- oder Militärbeamter des einen der beiden Staaten auf dem Gebiete des anderen Staates ausübt, ohne von der kompetenten Militär- oder Civilbehörde dieses letzteren ausdrücklich dazu ermächtigt zu sein, soll als eine Gebietsverletzung angesehen und demnächst bestraft werden.
2. Wenn sich Zweifel erheben über die Thatsache der Gebietsverletzung oder über die besonderen Umstände derselben, welche sie begleitet haben, so soll eine gemischte Kommission unter Vorsitz des Kommissarius des verletzten Theiles niedergesetzt werden. Beständige, hierzu im Voraus bestimmte Kommissarien sollen für Preußen der Landrath desjenigen Kreises, an dessen Grenze die Gebietsverletzung vorgekommen sein soll, für das Kaiserthum Rußland der Spezial-Kommissarius, welcher beauftragt ist, über die Aufrechterhaltung der freundnachbarlichen Beziehungen zu wachen, und für das Königreich Polen der Vorsteher des nächsten Grenzkreises sein.
3. Preußischer Seits soll der Ober-Staatsanwalt des Obergerichtsbezirkes oder der Staatsanwalt des Bezirkes, auf dessen Grenze die Gebietsverletzung stattgefunden haben soll, berechtigt sein, den Verhandlungen der gemischten Kommissionen beizuwohnen, und in diesem Falle wird an denselben ein zu diesem Ende von der Kaiserlich Russischen Regierung oder von der Regierung des Königreichs Polen abgesandter Justizbeamter ebenfalls theilnehmen. In allen Fällen sollen die Mitglieder der gemischten Kommissionen jeder der hohen kontrahirenden Mächte gleich an Zahl sein. In besonderen Fällen bleibt es den beiden Regie-

rungen vorbehalten, diese Untersuchung besonderen, zu dem Zwecke abgeordneten, Beamten anzuvertrauen.

4. Die Kommissarien sollen das Recht haben, in besonderen Fällen sich einen Justiz-Kommissarius zuzuordnen, um die Zeugen zu vernehmen und zu vereidigen. Wenn Militärs geringeren Grades oder solche, welche der Grenzwache angehören, in die Angelegenheit verwickelt sind, um die es sich handelt, so soll ihr Verhör nur in Gegenwart von Kommissarien stattfinden, die von der kompetenten Militärbehörde ad hoc abgeordnet sind.

5. Die gemischte Kommission soll Sorge tragen, die Thatsachen vollständig aufzuklären, um festzustellen, ob wirklich eine Gebietsverletzung stattgefunden hat, und wer sie begangen. Wenn die Kommission hierüber einig ist, werden die verhandelten Akten dem kompetenten Gerichte des Staates, welchem der Angeschuldigte angehört, übersandt, um die Strafe festzusetzen, von welcher unverzüglich dem Staate, dessen Gebiet verletzt worden, Kenntniß gegeben werden soll.

Jedes Individuum, welches in dem Staate selbst, wo dasselbe eine Gebietsverletzung begangen hat, verhaftet worden ist, soll vor das nächste Militär- oder Civilgericht dieses Staates, je nachdem der Schuldige dem Militär- oder Civilstande angehört, gebracht werden. Dieses Gericht soll die Thatsache untersuchen, die Zeugen vernehmen und die Sache soweit instruiren, daß die Abfassung des Erkenntnisses erfolgen kann. Die verhandelten Akten werden alsdann entweder dem kommandirenden General der Truppen, zu denen der Schuldige gehört, oder, wenn letzterer ein Civilbeamter ist, seiner vorgesetzten Behörde übersandt, um das Urtheil nach den Gesetzen des Landes fällen zu lassen.

Die Untersuchung soll ohne Unterbrechung geführt und möglichst beschleunigt werden. Begehrt das Gericht, welches das Urtheil zu sprechen hat, zuvor noch anderweite Aufklärung, so soll diese auf Requisition des gedachten Gerichtes durch die mit der Untersuchung beauftragten Kommissarien beschafft werden.

Art. XX.

Beide hohen kontrahirenden Theile verbieten ihren Behörden und Unterthanen, einen Deserteur, bereits reklamirten Militärpflichtigen oder zur Auslieferung geeigneten Verbrecher zu verbergen oder demselben nach entfernten Gegenden fortzuhelfen, um ihn auf diese Weise der Auslieferung zu entziehen.

Wider diejenigen, welche sich eines Vergehens dieser Art schuldig machen, werden die beiderseitigen Gouvernements nach Maßgabe ihrer resp. Landesgesetze verfahren, und die Behörden beider Staaten werden zu ihrer Genugthuung einander Kenntniß davon geben, daß und auf welche Weise die Kontravenienten zur Verantwortung und Strafe gezogen worden sind.

Art. XXI.

Die hohen kontrahirenden Theile werden ihren resp. Eingesessenen auf das Strengste untersagen, von irgend einem Individuum, auch wenn dasselbe als Deserteur noch nicht erkannt und reklamirt sein sollte, Effekten anzukaufen, welche den Charakter von Staatseigenthum unverkennbar an sich tragen. Dieselben sollen ganz besonders vor dem Ankaufe des von einem Deserteur mitgebrachten Dienstpferdes und vor der Erwerbung der von einem flüchtig gewordenen Verbrecher mitgebrachten, widerrechtlich von ihm besessenen Sachen gewarnt werden. Jede der beiden Regierungen wird alle ihr zu Gebote stehenden Mittel anwenden, um sich gegenseitig zur unentgeltlichen Widererlangung dieser Gegenstände sowie der obgedachten Militäreffekten behilflich zu sein.

Art. XXII.

Wenn die Auslieferung eines Deserteurs, Militärpflichtigen oder Verbrechers der oben bezeichneten Art in einem solchen Falle nicht erfolgt ist, wo sie nach dieser Konvention hätte erfolgen sollen, und ein dergleichen Individuum durch die Flucht wieder in das Land zurückkehrt, dem dasselbe hätte ausgeliefert werden sollen, so ist der Souverain dieses Landes nicht verpflichtet, ein solches Individuum wieder herauszugeben.

Art. XXIII.

(betreffend die Uebernahme Ausgewiesener siehe im Abschn. I. dieses Theiles Kap. III. sub lit. d.)

Art. XXIV.

Die Dauer der gegenwärtigen Konvention, deren sämmtliche Bestimmungen gleichmäßig auf das Königreich Polen Anwendung finden, ist auf zwölf Jahre festgesetzt.

VI. Dänemark.

Kartell-Konvention v. 25. December 1820. (Gesetz-Samml. 1821 S. 33.)

Art. I.

Alle in Zukunft, und zwar vom Tage der Bekanntmachung der Konvention an gerechnet, von den Armeen Ihrer Majestäten des Königs von Preußen und des Königs von Dänemark desertirenden Militärpersonen sollen gegenseitig ausgeliefert werden.

Art. II.

Als Deserteur werden, ohne Unterschied des Grades oder der Waffe, alle diejenigen angesehen, welche zu irgend einer Abtheilung des stehenden Heeres oder der bewaffneten Landesmacht nach den gesetzlichen Bestimmungen eines jeden der beiden Staaten, gehören, und denselben mit Eid und Pflicht verwandt sind, mit Inbegriff der bei der Artillerie oder sonstigem Fuhrwesen angestellten Knechte.

Art. III.

Sollte der Fall vorkommen, daß ein Deserteur der kontrahirenden Theile früher schon aus einem anderen Staate desertirt wäre, so wird dennoch, selbst wenn mit dem letzteren ebenfalls Auslieferungs-Verträge beständen, die Auslieferung stets an denjenigen kontrahirenden Theil erfolgen, dessen Dienste er zuletzt verlassen hat. Wenn ferner ein Soldat von den Truppen eines der paſciscirenden Staaten zu denen eines dritten, und von dieſem wiederum in die Lande des anderen paſcisrenden Staates oder ſonſt zu deſſen Truppen deſertirt, ſo kommt es darauf an, ob letzterer Staat mit jenem dritten ein Kartell hat. Iſt dies der Fall, ſo wird der Deſerteur dahin abgeliefert, woher er zuletzt entwichen iſt; im entgegengeſetzten Falle aber wird er dem paſciscirenden Staate, deſſen Dienſte er zuerſt verlaſſen hat, ausgeliefert.

Art. IV.

Nur folgende Fälle werden als Gründe, die Auslieferung eines Deſerteurs zu verweigern, anerkannt:

a) Wenn der Deſerteur aus den Staaten Sr. Majeſtät des Königs von Preußen oder von Dänemark, ſowie ſie durch die neueſten Verträge begrenzt ſind, gebürtig iſt, und alſo vermittelſt der Deſertion nur in ſeine Heimath zurückkehrt.

b) Wenn ein Deſerteur in dem Staate, in welchem er entwichen iſt, ein Verbrechen begangen hat, deſſen Beſtrafung vor ſeiner Auslieferung die Landesgeſetze erfordern. Wenn nach überſtandener Strafe der Deſerteur ausgeliefert wird, ſollen die denſelben betreffenden Unterſuchungsakten entweder im Original, oder auszugsweiſe und in beglaubten Abſchriften übergeben werden, damit ermeſſen werden kann, ob ein dergleichen Deſerteur noch zum Militärdienſte geeignet ſei oder nicht.

Schulden oder andere von einem Deſerteur eingegangene Verbindlichkeiten geben dagegen dem Staate, in dem er ſich aufhält, kein Recht, deſſen Auslieferung zu verſagen.

Art. V.

Die Verbindlichkeit zur Auslieferung erſtreckt ſich auch auf die Pferde, Sättel, Reitzeug, Armatur- und Montirungsſtücke, welche von den Deſerteurs etwa mitgenommen worden ſind, und tritt auch dann ein, wenn der Deſerteur ſelbſt, nach den Beſtimmungen des vorhergehenden Artikels, nicht ausgeliefert wird.

Art. VI.

Die Auslieferung geſchieht in der Regel freiwillig, und ohne erſt eine Requiſition abzuwarten. Sobald daher eine Militair- oder Civil-Behörde einen jenſeitigen Deſerteur entdeckt, wird ſofort die Auslieferung deſſelben, ſowie der bei ihm etwa vorgefundenen Effekten, Pferde, Waffen ꝛc. veranlaßt.

Art. VII.

Sollte aber ein Deſerteur der Aufmerkſamkeit der Behörde desjenigen Staates, in welchen er übergetreten iſt, entgangen ſein, ſo wird deſſen Auslieferung ſogleich auf die desfallſige Requiſition erfolgen, ſelbſt dann, wenn er Gelegenheit gefunden hätte, in dem Militärdienſt des gedachten Staates angeſtellt zu werden. Nur wenn über die Richtigkeit weſentlicher, in der Requiſition angegebener Thatſachen, welche die Auslieferung überhaupt bedingen, ſolche Zweifel obwalten, daß zuvor eine nähere Aufklärung derſelben zwiſchen der requirirenden und der requirirten Behörde nöthig wird, iſt der Auslieferung Anſtand zu geben.

Art. VIII.

Ein Deserteur, dessen Auslieferung requirirt wird, soll an der Grenze des resp. Preußischen oder Dänischen Staates ausgeliefert werden, und die requirirende Behörde soll den Deserteur von da abholen lassen.

Art. IX.

An Unterhaltungskosten werden für jeden auszuliefernden Deserteur, von dem Tage der Verhaftung bis zum Tage seiner Auslieferung inkl. Preußischer Seits für den Tag 3 Sgr. Preuß. Court., für ein Pferd aber täglich 6 Pfd. Hafer, 8 Pfd. Heu und 3 Pfd. Stroh, den Centner zu 110 Pfd., gutgethan; und Dänischer Seits für den Tag 16 Reichsbank-Schilling Silber oder 5 Lübische Schilling, für ein Kürassierpferd 9 Pfd. Heu, 7/16 Scheffel Hafer, und 6 Pfd. Stroh, für ein Lanzenier-, Dragoner- oder Husarenpferd aber täglich 7/16 Scheffel Hafer, 7 Pfd. Heu und 6 Pfd. Stroh, Dänisch Maaß und Gewicht, gut gethan. Die Berechnung der Futterkosten geschieht nach dem Marktpreise des Ortes oder der nächsten Stadt, wo die Arretirung geschehen ist, und die Bezahlung erfolgt, ohne die geringste Schwierigkeit, gleich bei der Auslieferung.

Wenn auf die auszuliefernden Deserteurs nach ihrer zum Zweck der Auslieferung erfolgten Verhaftung, wegen Krankheit höhere Verpflegungskosten haben verwendet werden müssen, so werden diese ebenfalls bei der Auslieferung, jedoch auf Grund einer mitzutheilenden, besonderen Berechnung, erstattet.

Art. X.

Außer diesen Kosten und der im nachfolgenden Art. XI. bemerkten Belohnung, kann ein Mehreres unter irgend einem Vorwande, wenn auch gleich der auszuliefernde Mann unter den Truppen des Staates, der ihn auszuliefern hat, angeworben sein sollte, etwa wegen des Handgeldes, gemessener Löhnung, Bewachung und Fortschaffung, oder wie es sonst Namen haben möchte, nicht gefordert werden.

Art. XI.

Dem Unterthanen, welcher einen Deserteur einliefert, soll eine Gratifikation von 5 Thlrn. Preuß. Courant (Dänischer Seits 6 Reichsbankthaler 4 Mark Silber) für einen Mann ohne Pferd, und von 10 Thlrn. Preuß. Cour. (13 Reichsbankthaler 2 Mark Silber) für einen Mann und ein Pferd verabreicht, von dem ausliefernden Theile vorgeschossen, und sofort bei der Auslieferung wieder erstattet werden.

In Rücksicht anderer ausgetretener Militärpflichtiger, die nach Art. II. in die Klasse der eigentlichen Deserteurs nicht gehören, fällt dies Kartellgeld weg.

Art. XII.

Ueber den Empfang der in Art. IX. und XI. gedachten Kosten- und Gratifikations-Erstattung hat die ausliefernde Behörde zu quittiren. Des etwa nicht sofort auszumittelnden Betrages der zu erstattenden Unkosten halber ist aber die Ueberlieferung des Deserteurs, wenn derselben sonst kein Bedenken entgegensteht, nicht aufzuhalten.

Art. XIII.

Allen Behörden, besonders den Grenz-Behörden, wird es streng zur Pflicht gemacht werden; auf die jenseitigen Deserteurs ein wachsames Auge zu haben und daher einen Jeden, aus dessen Aussagen, Kleidung, Waffen oder anderen Anzeigen sich ergiebt, daß er ein solcher Deserteur sei, sogleich, ohne erst eine Requisition deshalb abzuwarten, unter Aufsicht zu stellen oder nach Umständen zu verhaften.

Art. XIV.

Alle nach der Verfassung der beiderseitigen Staaten Reserve-, Landwehr- oder überhaupt Militärpflichtigen, welche sich von Zeit der Publikation dieser Konvention an in die Lande Sr. Majestät des Königs von Preußen und Sr. Majestät des Königs von Dänemark oder zu den Truppen eines der pascisirenden Staaten begeben, sind auf vorgängige Reklamation der Auslieferung ebenfalls unterworfen, und es soll mit dieser Auslieferung im Uebrigen, sowohl in Hinsicht der dabei zu beobachtenden Form, als auch wegen der zu erstattenden Verpflegungskosten, ebenso gehalten werden, wie es wegen der Auslieferung militärischer Deserteurs in dieser Konvention bestimmt ist.

VII. Frankreich.

a. Vertrag vom 21. Juli 1845 wegen gegenseitiger Auslieferung flüchtiger Verbrecher. (Gesetz-Samml. 1845 S. 579.)

Art. I.

Das Preußische und Französische Gouvernement verpflichten sich durch gegenwärtige Konvention gegenseitig, mit Ausnahme ihrer Nationalen, die von Preußen nach Frankreich und umgekehrt, flüchtig gewordenen, durch die kompetenten Gerichtshöfe als Urheber oder Theilnehmer der unten (Art. II.) aufgeführten Verbrechen zur Untersuchung gezogenen oder verurtheilten Individuen auszuliefern. Diese Auslieferung soll in Folge des von der einen der beiden Regierungen an die andere im diplomatischen Wege zu stellenden Antrages stattfinden.

Art. II.

Die Verbrechen, deretwegen gegenseitig die Auslieferung stattfindet, sind folgende:

1) Meuchelmord, Giftmischerei, Vatermord, Kindermord, Todtschlag, Nothzucht, vollendete oder versuchte Verletzung der Schamhaftigkeit.
2) Brandstiftung.
3) Verfälschung von authentischen Schriften, Handelspapieren und Privatschriften mit Inbegriff der Nachahmung von Bankbillets und öffentlichen Papieren, wenn die angeschuldigte That von Umständen begleitet ist, die, falls dieselben in Frankreich begangen wären, die Anwendung einer peinlichen und entehrenden Strafe zur Folge haben würden;
4) Nachahmung oder Ausgabe falscher Münzen mit Inbegriff der Nachahmung, Ausgebung oder Verfälschung von Papiergeld.
5) Falsches Zeugniß, Verleitung von Zeugen zu einer falschen Aussage.

6) Diebstahl, wenn derselbe von Umständen begleitet ist, die ihm nach der Gesetzgebung beider Staaten den Charakter eines Verbrechens geben.
7) Unterschlagung Seitens öffentlicher Kassenbeamten, für den Fall, daß dieselben nach den französischen Gesetzen mit einer peinlichen oder entehrenden Strafe belegt werden;
8) Betrüglicher Bankerott.

Art. III.

Alle Sachen, welche sich im Besitz eines Angeschuldigten zur Zeit seiner Verhaftung befinden, sollen in dem Moment mit überliefert werden, wo die Auslieferung bewirkt wird, und es wird sich diese Aushändigung nicht bloß auf die entwendeten Sachen beschränken, sondern alle diejenigen Gegenstände mit umfassen, welche zum Beweise des Verbrechens dienen können.

Art. IV.

Die Urkunden, welche zur Unterstützung des Antrags auf Auslieferung beigebracht werden müssen, sind der Verhaftsbefehl, welcher gegen den Angeschuldigten erlassen, und in den durch die Gesetzgebung des die Auslieferung begehrenden Gouvernements vorgeschriebenen Formen ausgefertigt ist, oder alle anderen Urkunden, die wenigstens dieselbe Kraft als der gedachte Befehl haben und sowohl die Natur und Schwere des in Rede stehenden Verbrechens als auch das darauf anwendbare Strafgesetz näher bezeichnen.

Art. V.

Wenn das Individuum, dessen Ablieferung verlangt wird, in dem Lande, wohin es sich geflüchtet, bereits wegen eines eben daselbst begangenen Verbrechens oder Vergehens zur Untersuchung gezogen oder verurtheilt ist, so braucht dasselbe erst nach Abbüßung der gegen dasselbe erkannten Strafe ausgeliefert werden.

Art. VI.

Die Auslieferung kann nicht stattfinden, wenn seit den angeschuldigten Thatsachen, seit der eingeleiteten Untersuchung oder der Verurtheilung, die Anklage oder Strafe nach den Gesetzen des Landes, wohin der Angeschuldigte oder Verurtheilte sich geflüchtet hat, verjährt ist.

Art. VII.

Die durch die Haft, den Unterhalt und den Transport der Ausgelieferten bis zu dem Orte, wo die Auslieferung geschieht, erwachsenden Kosten trägt derjenige Staat, in dessen Gebiete die Ausgelieferten ergriffen worden sind.[1])

---

1) Bescheid des Minist d. Innern v. 31. August 1858. (Min.-Bl. 1858 Seite 193.)

Der ꝛc. erwidere ich auf den Bericht v. 19 d. M., daß die Kosten des Transportes von Individuen, welche auf Grund des mit Frankreich bestehenden Vertrages v. 21. Juni und 20. Aug. 1815 von hier aus dorthin ausgeliefert werden, nach Art. VIII. dieses Vertrages bis zur Französischen Grenze von der diesseitigen Staatskasse allein zu tragen sind, ohne daß, wenn bei dem Transporte ein anderer, und zwar bei dem Gothaer Vertrage betheiligter Staat berührt wird, diesem gegenüber auf die Bestimmung des §. 11 des zuletzt gedachten Vertrages zurückgegangen werden könnte, wonach die Kosten des Durchtransportes

Art. VIII.

Die Bestimmungen der gegenwärtigen Konvention können nicht auf Individuen Anwendung finden, die sich irgend ein politisches Vergehen haben zu Schulden kommen lassen; die Auslieferung kann nur Behufs Untersuchung und Bestrafung gemeiner Verbrecher erfolgen.

Art. IX.

Wenn ein reklamirtes Individuum Verbindlichkeiten gegen Privatpersonen eingegangen ist, an deren Erfüllung es durch seine Auslieferung verhindert wird, so soll dasselbe dennoch ausgeliefert werden, und bleibt dem dadurch beeinträchtigten Theile überlassen, seine Rechte vor der kompetenten Behörde geltend zu machen.

Art. X.

Die gegenwärtige Konvention wird erst zehn Tage nach ihrer in Gemäßheit der durch die Gesetzgebung beider Länder vorgeschriebenen Publikation zur Ausführung gebracht.

Art. XI.

Die gegenwärtige Konvention bleibt bis zum Ablaufe von sechs Monaten nach der Seitens des einen der beiden Staaten erfolgten Aufkündigung in Kraft.

b. Kartell-Konvention v. 25. Juli 1828. (Gesetz-Samml. 1828 S. 111.)

c. Cirkular-Erlaß des Min. des Inn. v. 29. September 1858, betreffend das Verfahren bei gegenseitiger Auslieferung von Deserteurs. (Min.-Bl. 1858 S. 217.)

Die Königl. Regierung erhält hierbei Abschrift einer Vereinbarung (Anl. a.) der diesseitigen mit der Kaiserl. Französischen Regierung wegen Auslieferung der Waffen und Pferde sowie aller übrigen im Besitze gegenseitiger Deserteurs befindlichen Staats-Effekten zur Kenntnißnahme, Nachachtung und weiteren Veranlassung.

Behufs Ausführung des §. 4 der Vereinbarung wird bestimmt, daß die Anzeige von der erfolgten Ergreifung eines Französischen Deserteurs in den diesseitigen Landen von der Orts-Polizeibehörde, in deren Bezirk derselbe betroffen worden, und zum polizeilichen Gewahrsam abgeliefert worden, durch Vermittelung des Landrathsamtes der betreffenden Bezirksregierung und von dieser dem Minist. des Innern zu erstatten ist, von welchem letzteren demnächst das Königl. Minist. der auswärtigen Angelenheiten die erforderliche Mittheilung erhält.

Da es für die Kaiserl. Französische Regierung wünschenswerth sein muß, von der Verhaftung Französischer Deserteurs möglichst bald Kenntniß zu erlangen, so wird der Königl. Regierung sowie den Landräthen und Ortspolizei-

---

nur zur Hälfte zu erstatten sind. Diese letztere Bestimmung bezieht sich vielmehr nur auf den Transport von ausgewiesenen Individuen, nicht aber auf die Auslieferung von Verbrechern, welche auf Grund besonderer vertragsmäßiger Bestimmungen erfolgt.

Behörden Ihres Verwaltungs-Bezirkes die besondere Beschleunigung der Anzeige in vorkommenden Fällen hierdurch zur Pflicht gemacht.

Der Herr Kriegsminister hat mit meinem Einverständnisse in seinem Ressort angeordnet, daß im Falle der Verhaftung eines Französischen Deserteurs durch militärische Wachen oder Patrouillen oder auf Veranlassung einer Militärbehörde derselbe mit sämmtlichen bei ihm vorgefundenen Effekten sofort an die Ortspolizeibehörde abgeliefert und dieser die weiteren Anordnungen und Meldungen überlassen werden.

Anl. a.

Die beiden Regierungen haben sich über folgende Punkte verständigt:

1) Sobald Preußische oder Französische Militärpersonen aus ihrem Geburtslande desertiren, um die Grenze zu überschreiten, nehmen die beiden Regierungen die Militär-Effekten — welche der Deserteur mit sich genommen — in Beschlag, und stellen sie demjenigen Staate zurück, welchem der Deserteur angehört.

2) Zu den mit Beschlag zu belegenden und zurückzuerstattenden Militär-Effekten gehören:

die Dienstwaffen und Armaturstücke jeder Art,
die Pferde und ihre Ausrüstung,
die Trommeln und Musikinstrumente,
die Ausrüstungsgegenstände.

3) Ausgeschlossen sind von der Beschlagnahme und Zurückerstattung die kleinen Montirungsstücke, welche dem Deserteur zur ferneren Benutzung überlassen werden.

4) Diejenige Regierung, welche auf ihrem Territorium einen Deserteur des benachbarten Staates ergreift, giebt davon unverzüglich der anderen Regierung auf diplomatischem Wege Kenntniß. Diese Mittheilung muß enthalten:

1. Namen und Signalement des Deserteurs, sowie Angabe des Armeekorps resp. Truppentheils, von welchem er desertirt ist;
2. Nachweisung der Militär-Effekten, welche sich in seinem Besitz gefunden haben, nebst Bezeichnung derjenigen, welche noch benutzt werden können und derjenigen, welche verbraucht oder verdorben sind;
3. Verzeichniß der großen und kleinen Montirungsstücke, welche dem Deserteur zu seinem eigenen Gebrauch überlassen werden können;
4. Notizen über die Waffenstücke, welche der Deserteur etwa verkauft hat, über den Preis, welchen er erhalten und die Person des Käufers.

5) Sobald der Staat, welchem der Deserteur angehört, in Folge der vorerwähnten Mittheilung die Auslieferung der mit Beschlag belegten Gegenstände oder einiger derselben verlangt, werden die reklamirten Gegenstände zur Disposition der betreffenden Regierung gestellt, und von Seiten der Französischen Behörden für die Preußischen Deserteure in Saarbrück, Seitens der Preußischen Behörden für die Französischen Deserteure in Forbach abgeliefert; diese Ablieferung geschieht bei dem Kommandanten des Ortes, oder, falls ein

solcher nicht vorhanden ist, bei dem Kammandanten der Gensdarmerie. Ueber die abgelieferten Gegenstände wird ein detaillirter Empfangsschein ausgestellt.

6) Die Kosten, welche durch den Transport der Gegenstände nach dem Ablieferungsorte entstehen, fallen demjenigen Staate zur Last, auf dessen Territorium der Deserteur ergriffen worden ist. Die Regierung, deren Unterthan der Deserteur ist, muß jene Gegenstände von dem Ablieferungsort auf ihre eigenen Kosten abholen lassen.

7) Solche Ausgaben, welche durch die Ernährung der in Beschlag genommenen Pferde erwachsen sind, werden von der Regierung desjenigen Staates erstattet, welchem der Deserteur angehört.

VIII. Niederlande.

a. Konvention vom 17. November 1850 wegen Auslieferung flüchtiger Verbrecher. (Gesetz-Samml. 1850 S. 509.)

Art. I.

Das Preußische und das Niederländische Gouvernement verpflichten sich gegenseitig, auf Antrag des anderen Theiles sich diejenigen Individuen, mit Ausnahme ihrer Nationalen, auszuliefern, welche verurtheilt, oder in Anklagestand versetzt sind, oder gegen welche eine Verfolgung mit Verhaftsbefehl vom Richter oder den Gerichten desjenigen der beiden Staaten angeordnet worden ist, in welchem oder gegen welchen die Verbrechen oder Vergehen begangen worden sind.

Es werden in Bezug auf die Anwendung dieses Vertrages unter der Bezeichnung „Nationalen" diejenigen Fremden mit einbegriffen, welche nach den Gesetzen des Landes, bei dem die Auslieferung in Antrag gebracht wird, den Einzelnen gleichgestellt sind, ebenso diejenigen Ausländer, welche sich im Lande niedergelassen und nach ihrer Verheirathung mit einer Inländerin ein oder mehrere Kinder aus dieser Ehe besitzen, welche im Lande geboren sind.

Art. II.

Die Auslieferung soll nur im Falle der Verurtheilung, Anklage und Verfolgung wegen folgender Verbrechen und Vergehen stattfinden, und zwar, wenn diese außerhalb des Gebietes desjenigen Staates begangen sind, bei welchem die Auslieferung in Antrag gebracht wird:

1) Meuchelmord, Giftmischerei, Vatermord, Kindermord, Todtschlag und Nothzucht;
2) Brandstiftung.
3) Fälschung von Schriften mit Inbegriff der Nachahmung von Bankbillets, Papiergeld und öffentlichen Papieren;
4) Anfertigung falscher Münzen, Verfälschung der gesetzmäßigen Münzen und wissentliche Verausgabung falschen Geldes;
5) Falsches Zeugniß;
6) Diebstahl unter erschwerenden Umständen, Unterschlagung Seitens öffentlicher Kassenbeamten und Steuererheber, Erpressung;
7) Bestechung öffentlicher Beamter;
8) Betrüglicher Bankerott.

Art. III.

Die Auslieferung soll nicht stattfinden, wenn sie auf Grund desselben Verbrechens oder Vergehens beantragt wird, wegen dessen das Individuum in dem Lande, in welchem es sich befindet, verfolgt worden ist oder verfolgt wird.

Wenn das reklamirte Individuum wegen eines anderen Verbrechens oder Vergehens gegen den Staat, bei dem die Auslieferung in Antrag gebracht wird, verfolgt wird oder verhaftet ist, so soll seine Auslieferung bis zur erfolgten Abbüßung der Strafe aufgeschoben werden; dies findet auch statt, wenn das reklamirte Individuum, in Folge einer dem Auslieferungsantrage vorangegangenen Verurtheilung, Schulden halber verhaftet ist.

Art. IV.

Die Bestimmungen des gegenwärtigen Vertrages können nicht auf Individuen Anwendung finden, die sich irgend ein politisches Vergehen haben zu Schulden kommen lassen; die Auslieferung kann nur Behufs der Untersuchung und Bestrafung der gemeinen Verbrechen und Vergehen erfolgen, welche im Art. II. dieses Vertrages aufgeführt sind.

Art. V.

Die Auslieferung kann nicht stattfinden, wenn die Anklage oder Strafe nach den Gesetzen desjenigen Landes verjährt ist, bei welchem die Auslieferung in Antrag gebracht wird.

Art VI.

Die Auslieferung soll auf diplomatischem Wege in Antrag gebracht und nur dann bewilligt werden, wenn ein verurtheilendes Erkenntniß oder ein Steckbrief mit Verhaftsbefehl, oder ein Anklageakt im Original oder in authentischer Ausfertigung der kompetenten Gerichte oder Einzelnrichter, in den durch die Gesetzgebung des die Auslieferung begehrenden Gouvernements vorgeschriebenen Formen beigebracht wird, welches Schriftstück das in Rede stehende Verbrechen oder Vergehen und das darauf anwendbare Strafgesetz bezeichnet.

Art. VII.

Die beiderseitigen Regierungen verzichten darauf, die Erstattung der Unterhaltungs-, Transport- und anderen Kosten, welche aus der Auslieferung erwachsen, in Anspruch zu nehmen.

Sie willigen gegenseitig darin, diese Kosten selbst zu tragen.[1]).

---

1) Erlaß des Minist. des Innern v. 31. Oktober 1854; — betr. die Auslegung des Art. VII. des zwischen Preußen und den Niederlanden geschlossenen Vertrages v. 17. November 1850. (Minist.-Bl. 1854 S. 247.)

Bei Gelegenheit der Auslieferung eines in Preußen verhafteten Verbrechers nach den Niederlanden hat die diesseitige Behörde die Kosten der Haft und des Transportes aus denjenigen Geldern bestritten, welche bei dem Verhafteten vorgefunden waren. Die Königl. Niederländische Regierung hielt dies Verfahren nicht für gerechtfertigt, glaubte vielmehr nach Art. VII. des Auslieferungs-Vertrages v. 17. November 1850 (Gesetz-Sammlung 509) die unverkürzte Verabfolgung der ganzen bei dem Verhafteten in Beschlag genommenen Summe verlangen zu können.

Art. VIII.

Wenn im Verfolg eines strafrechtlichen Verfahrens eine der Regierungen die Vernehmung von Zeugen für nothwendig erachtet, die in dem anderen Staat wohnhaft sind, so soll auf diplomatischem Wege zu diesem Behuf eine Requisition um Vernehmung übersandt, und derselben unter Beobachtung der Gesetze des Landes, wo die Zeugen vorzuladen sind, Folge gegeben werden.

Die resp. Regierungen verzichten beiderseits auf jeden Anspruch wegen Zurückerstattung der daraus entstehenden Kosten.

Jede Requisition, welche eine Zeugenvernehmung zum Zwecke hat, muß von einer Französischen Uebersetzung begleitet sein.

Art. IX.

Wenn in einem strafrechtlichen Falle das persönliche Erscheinen eines Zeugen in dem anderen Staate nothwendig ist, oder gewünscht wird, so wird die Regierung desselben ihn auffordern, der Vorladung Folge zu leisten, welche an ihn gerichtet wird, und im Zustimmungsfalle sollen ihm Reise- und Aufenthalts-Kosten nach den bestehendeu Taxen und Reglements desjenigen Landes bewilligt werden, in welchem die Vernehmung stattfinden soll.

Art. X.

Wenn in einem strafrechtlichen Falle die Konfrontation von Verbrechern, welche in dem andern Königreiche in Haft sind, oder die Mittheilung von Dokumenten und Beweisstücken, die sich im Besitz der Behörde des anderen

---

Dies hat Veranlassung gegeben, durch besondere, zwischen beiden Regierungen ausgewechselte Erklärungen für die Zukunft dem Art. VII. des Auslieferungs-Vertrages die von der Königl. Niederländischen Regierung gewünschte Auslegung zu sichern, und ihn dadurch mit der bezüglichen Bestimmung des Art. III. des Preußisch-Französischen Auslieferungs-Vertrages v. 21. Juni 1845 in Uebereinstimmung zu bringen.

Nachdem nunmehr diese Erklärungen ausgewechselt worden, wird der Königl Regierung in der Anlage (a.) Abschrift der betreffenden Preußischen Erklärung v. 25. September c. zur Kenntnißnahme zugefertigt.

Anl. a.

Déclaration.

L'Article VII. de la Convention conclue le 17. Novembre 1850 entre la Prusse et les Pays-Bas, relativement à l'extraction réciproque des malfaiteurs, article dont la teneur suit:

„Les Gouvernements réspectifs rénoncent à réclamer la restitution des fraits d'entretien, de transports, et autres, qui résulteront de l'extradition."

„Ils consentent réciproquement à prendre ces frais à leur charge" ayant donné lieu à differentes interprétations de la part des Gouvernements réspectifs, le Sousigné, Ministre d'Etat et des affaires étrangères de sa Majesté le Roi de Prusse, déclare par la présente, que la commune intention des Parties contraitantes en signant la Convention du 17. Novembre 1850, a été, que tous les objets sans exception, l'argent comptant y compris, dont un individu arrêté en vertu de la dite Convention est porteur, fussent livrés au moment même, où s'effectera l'extradition de cet individu. La présente déclaration est destinée à être échargée contre une déclaration semblable de Mr. le Ministre des affaires étrangères de sa Majesté le Roi des Pays-Bas.

En foi de quoi le Soussigné l'a signée et y a fait apposer le sceau du Ministère des affaires etrangères.

Berlin, le 25. Septembre 1854.

v. Manteuffel.

Staates befinden, nützlich oder nothwendig befunden wird, so soll das Ersuchen darum auf diplomatischem Wege ergehen, und demselben unter Verpflichtung zur Zurücklieferung der Verbrecher und Beweisstücke Folge gegeben werden, soweit nicht besondere Rücksichten vorhanden sind, welche dem entgegenstehen. Die betreffenden Regierungen entsagen beiderseits jedem Anspruch auf Erstattung der Kosten, die aus dem Hin- und Zurückbefördern der zu konfrontirenden Verbrecher, sowie der Zusendung und Rücksendung von Beweisstücken und Dokumenten entstehn.

Art. XI.

Bei Ausführung der vorstehenden Bestimmungen wird nach denjenigen Gesetzen der beiden Staaten verfahren, welche die Leitung des regelmäßigen Ganges der Auslieferung zum Gegenstand haben oder künftig deshalb erlassen werden.

Art. XII.

Der gegenwärtige Vertrag soll erst zwanzig Tage nach seiner in Gemäßheit der durch die Gesetzgebung beider Länder vorgeschriebenen Formen erfolgter Veröffentlichung zur Ausführung gebracht werden. Er verbleibt bis auf sechs Monate nach der Seitens der einen der beiden kontrahirenden Regierungen erfolgten Aufkündigung in Kraft.

b. Kartell-Konvention vom 11. Juni 1818, verlängert durch die Konvention vom 10. Juni 1828. (Gesetz-Samml. 1819 S. 13 und 1828 S. 88.)

c. Uebereinkunft wegen Verhütung und Bestrafung der Forstfrevel in den Grenzwaldungen vom 16. August 1828. (Gesetz-Samml. 1829 S. 101.)

d. Uebereinkunft wegen gegenseitiger Unterdrückung des Schleichhandels v. 17. Juli 1851. (Gesetz-Samml. 1852 S. 177.) [1]).

IX. Belgien.

a. Konvention wegen Auslieferung und Verfolgung flüchtiger Verbrecher vom 29. Juli 1836. (Gesetz-Samml. 1836 S. 222.) [2]).

b. Reskript vom 13. Juni 1834, betreffend die Auslieferung von Verbrechern nach und von dem Königreich Belgien. (v. Kamptz Jahrb. Bd. 43 S. 640; Gräff 9 S. 15. 16.)

Es ist von Seiten einer Königl. Belgischen Behörde die Verhaftung und Auslieferung eines von dort entwichenen Verbrechers bei der diesseitigen Behörde in Antrag gebracht worden. Um sich auch ohne vorher erfolgten Vertragsabschluß der jenseitigen Berücksichtigung hiesiger Auslieferungsanträge im Allgemeinen zu versichern, muß darauf gehalten werden, daß von den jenseitigen Behörden Reversalien ausgestellt und dahin gefaßt werden:

---

1) Vergl. ferner: die Reskripte v. 14. Janar 1820, (v. Kamptz Jahrb. XV. S. 57, Gräff IV. S. 26) v. 7. April 1827, (v. Kamptz Jahrb. 29 S. 215, Gräff IV. S. 27) v. 25. Mai 1834, (v. Kamptz Jahrb. 43 S. 630, Gräff IX. S. 15, v. 11. Mai 1834) (v. Kamptz Jahrb. 43 S. 664, Gräff IX. S. 323 und v. 9. November 1836 (v. Kamptz Jahrb. 48 S. 105, Gräff 9 S. 20.)

2) Siehe die Konvention mit den Niederlanden.

„daß man Belgischer Seits bei Verbrechen, welche im Art. I. des Gesetzes vom 1. Oktober 1833 von 1—7 aufgeführt sind, der Auslieferung diesseitiger, nach Belgien hin flüchtig gewordener Angeschuldigten, gegenseitig zu genügen, sich bereit erkläre." (a.)

Nach dieser Bestimmung haben sich sämmtliche Königl. Gerichtsbehörden in vorkommenden Fällen zu achten. [1])

(Anl. a.)

Auszug aus dem Gesetz vom 1. Oktober 1833.

Nous avons, de commun accord avec les chambres, décrété et nous ordonnons ce qui dit:

Art. I. Le gouvernement pourra livrer aux gouvernements des pays étrangers, à chargé de réciprocité, tout étranger, mis en accusation ou condamné par les tribunaux des dits pays pour l'un des faits ci-après enumérés qui auraient été commis sur leur territoire:

1. Pour assassinat, empoisonement, parricide, infanticide, meurtre vive;
2. pour incendie;
3. pour faux en écriture, y compris la contre-façon des billets de banque et effêts publics;
4. pour fausse monnaie;
5. pour faux témoignage;
6. pour vol, escroquerie, concussion, soustraction commise par des dépositaires publics;
7. pour banqueroute frauduleuse etc. etc.

Donné à Bruxelles, le 1. Octobre 1833.

Leopold.

c. Handels- und Schifffahrts-Vertrag vom 1. September 1844. (Gesetz-Samml. 1844 S. 585.)

d. Konvention zur Unterdrückung des Schleichhandels v. 26. Juni 1846. (Gesetz-Samml. 1847 S. 5.)

X. Spanien.

Uebereinkunft wegen Auslieferung flüchtiger Verbrecher vom 5. Januar 1860. (Gesetz-Samml. 1860 S. 129.)

Art. I.

Die Preußische und Spanische Regierung verpflichten sich durch gegenwärtige Uebereinkunft, gegenseitig auf Antrag des anderen Theiles sich alle diejenigen Individuen, mit Ausnahme ihrer Nationalen, auszuliefern, welche aus Preußen nach Spanien, oder ineine der Spanischen Besitzungen, oder umgekehrt, sich geflüchtet haben, und durch die Gerichtshöfe des Landes, wo sie,

---

[1]) Vergl. auch die Reskripte vom 26. Oktober 1836 und 27. April 1837, betreffend das Verfahren bei Auslieferungen nach Belgien (v. Kamptz Jahrb. 48 S. 498 und 45 S. 524), sowie v. 15. November 1844, betreffend den Transport von Verbrechern durch Belgien. (Min.-Bl. S. 242.)

sei es als Urheber, oder als Mitschuldige irgend eines der Verbrechen, welche im Art. II. aufgeführt sind, begangen haben, angeklagt oder verurtheilt sind.

Das Gesuch um Auslieferung darf nur im diplomatischen Wege geschehen.

Art. II.

Die Verbrechen und Vergehen, derentwegen gegenseitig die Auslieferung bewilligt werden soll, sind folgende:

1. Vatermord, Meuchelmord, Giftmischerei, Todtschlag, Kindermord, vollendete oder versuchte gewaltsame Verletzung der Schamhaftigkeit, insoweit die Gesetze des Staates, welcher die Auslieferung in Antrag bringt, dies Verbrechen der gegen Volljährige vollendeten oder versuchten gewaltsamen Verletzung der Schamhaftigkeit gleichstellen;
2. Brandstiftung;
3. Theilnahme an einer Bande zur Verübung von Raub und Diebstahl, Entwendung, wenn sie auf öffentlicher Straße oder bei Nacht in einem bewohnten Hause oder mit Anwendung von Gewalt, Einsteigung, Einbruch im Inneren oder von Außen verübt ist, endlich, wenn deren ein Dienstbote oder ein in Lohn stehendes Individuum beschuldigt ist;
4. Betrug und jede Art von Schwindelei;
5. Anfertigung, Einführung und Verbreitung falscher Münzen mit Einschluß der Anfertigung, Einführung, Fälschung und Verbreitung von Papiergeld, Nachahmung der zur Kenntlichmachung der Gold- und Silberwaaren dienenden Marken, Nachahmung des Staatssiegels und der Landesstempel;
6. Falsches Zeugniß, wenn es in einem Strafverfahren abgegeben ist, Verleitung von Zeugen zu einer falschen Aussage, wenn es sich um amtliche oder kaufmännische Verhandlungen oder Schriftstücke handelt, Verfälschung von authentischen oder Privat- oder Handelsschriften, mit Ausnahme derjenigen Fälschungen, die nicht mit peinlicher oder entehrender Strafe belegt sind;
7. Unterschlagung Seitens öffentlicher Kassenbeamten, welche Gegenstände abhanden bringen, die sich vermöge ihrer amtlichen Stellung in ihrem Besitze befinden;
8. Betrüglicher Bankerott.

Art. III.

Die Auslieferung soll weder im Falle eines politischen Verbrechens oder Vergehens, noch wegen irgend eines anderen, im vorhergehenden Artikel nicht aufgeführten, Verbrechens stattfinden.

Art. IV.

Die entwendeten Gegenstände, die sich im Besitz des reklamirten Individuums befinden, oder deren man sich bemächtigen kann, wenn der Entwender sie in dem Staate, wohin er sich geflüchtet hat, niedergelegt hat, sowie alle diejenigen, welche zum Beweise des Verbrechens dienen können, sollen im Augenblicke der Auslieferung mit übergeben, oder, wenn man sich zu der Zeit ihrer noch nicht hatte bemächtigen können, nach der Auslieferung übergeben werden.

Art. V.

Die Urkunden, welche zur Unterstützung des Antrags auf Auslieferung beigebracht werden müssen, sind das verurtheilende Erkenntniß, oder der in den Formen, welche die Gesetzgebung der die Auslieferung begehrenden Regierung vorschreibt, ausgefertigte Haftbefehl oder jede andere Urkunde, welche wenigstens dieselbe Kraft, als der gedachte Befehl hat, und sowohl die Natur und Schwere des in Rede stehenden Verbrechens, als auch das darauf anwendbare Strafgesetz, bezeichnet.

Art. VI.

Wenn das reklamirte Individuum nicht Unterthan des die Auslieferung begehrenden Staates ist, kann die Auslieferung bis dahin ausgesetzt werden, daß die Regierung, welcher der Angeschuldigte angehört, ersucht worden ist, die Gründe anzugeben, die sie würde geltend machen können, um der Auslieferung zu widersprechen.

In jedem Falle soll die Regierung, an welche der Auslieferungs-Antrag gerichtet ist, volle Freiheit haben, der Sache diejenige Wendung zu geben, die ihr die angemessenste erscheint, indem sie den Verbrecher entweder in seine Heimath, oder in denjenigen Staat, wo er das Verbrechen begangen hat, Behufs des weiteren richterlichen Verfahrens ausliefert.

Art. VII.

Wenn das reklamirte Individuum durch die Gerichte des Landes, wohin es sich geflüchtet hat, wegen anderer in diesem Lande begangener Verbrechen oder Vergehen zur Untersuchung gezogen oder verurtheilt ist, so soll seine Auslieferung nicht eher geschehen, bis dasselbe freigesprochen worden ist, oder die gegen dasselbe verhängte Strafe verbüßt hat.

Art. VIII.

Die Auslieferung soll nicht stattfinden, wenn nach der Gesetzgebung des Landes, wohin sich der Verbrecher geflüchtet hat, die Verjährung der Strafe oder die strafrechtliche Anklage eingetreten ist.

Art. IX.

Die Auslieferung darf nicht aus dem Grunde ausgesetzt werden, weil sie das reklamirte Individuum verhindere, die Verbindlichkeiten zu erfüllen, welche dasselbe gegen Privatpersonen übernommen hätte. Letzteren soll es freistehen, ihre Rechte vor der zuständigen Behörde zu verfolgen.

Art. X.

Die Verbrecher, deren Auslieferung bewilligt worden ist, sollen nach demjenigen Hafen gebracht werden, der von dem diplomatischen Agenten, der den Auslieferungs-Antrag gestellt hat, bezeichnet worden ist.

Die Kosten, welche durch die Verhaftung, Inhafthaltung, Bewachung, den Unterhalt und den Transport derjenigen Individuen, deren Auslieferung bewilligt worden ist, innerhalb des Landesgebietes verursacht worden sind, in welches sie sich geflüchtet hatten, sowie die bis zum Zeitpunkte der Uebergabe in dem gedachten Hafen entstehenden Unterhaltungs- und Beaufsichtigungskosten sollen derjenigen Regierung zur Last fallen, in deren Gebiet der Verbrecher sich geflüchtet hatte. Die Kosten des Unterhalts und des Transportes von dem Zeitpunkte der Einschiffung an, werden von demjenigen Staate getragen, welcher die Auslieferung beantragt hat.

Art. XI.

Falls die die Auslieferung begehrende Regierung nicht binnen vier Monaten von der an die zuständige Gesandtschaft ergehenden Mittheilung an, daß das reklamirte Individuum zu ihrer Verfügung stehe, über dasselbe verfügen sollte, kann die Auslieferung verweigert und der Schuldige in Freiheit gesetzt werden.

Art. XII.

Wenn im Verfolge eines strafrechtlichen Verfahrens eine der Regierungen die Vernehmung von Zeugen für nothwendig erachtet, die in dem Gebiete der anderen wohnhaft sind, so soll an diese auf diplomatischem Wege eine Requisition um Vernehmung gerichtet und derselben in Gemäßheit der Gesetze des Landes, wo die Zeugen vorgeladen sind, Folge gegeben werden.

Art. XIII.

Wenn in einem strafrechtlichen Falle das persönliche Erscheinen eines Zeugen in dem anderen Staate für nothwendig erachtet wird, so soll die Regierung desjenigen Landes, welchem dieser Zeuge angehört, ihn auffordern, der an ihn ergehenden Vorladung zu folgen, und es sollen demselben im Falle seiner Einwilligung die Kosten der Reise und des Aufenthaltes, nach den bestehenden Taxen und Reglements desjenigen Landes erstattet werden, in welchem die Vernehmung stattfinden soll.

Art. XIV.

Die hohen kontrahirenden Theile haben zugleich erklärt, daß die Anwendung der Französischen Sprache, deren sie sich nach gemeinsamen Uebereinkommen in der gegenwärtigen Uebereinkunft bedient haben, in keinem Falle dem ihnen beiderseitig zustehenden Rechte Eintrag thun kann, oder soll, sich ihrer eigenen Landessprache in dem Wortlaute völkerrechtlicher Verabredungen zu bedienen.

Art. XV.

Die gegenwärtige Uebereinkunft soll zehn Tage nach ihrer, in Gemäßheit der durch die Gesetzgebung beider Länder vorgeschriebenen Formen erfolgten Veröffentlichung zur Ausführung gebracht werden und während fünf Jahre in Kraft bleiben.

Wenn sechs Monate vor Ablauf dieses Zeitpunktes weder die eine noch die andere Regierung die Absicht erklärt hat, von der Uebereinkunft zurückzutreten, so soll die letztere wegen anderweiter fünf Jahre in Kraft bleiben, und ebenso ferner von fünf zu fünf Jahren.

XI. Nord-Amerika.

Vertrag vom 16. Juni 1852 zwischen Preußen und anderen Deutschen Bundesstaaten einerseits und den Vereinigten Staaten von Nordamerika andererseits wegen der Auslieferung vor der Justiz flüchtiger Verbrecher. (Gesetz-Samml. 1853 S. 645.)

Art. I.

Man ist dahin übereingekommen, daß Preußen nebst den anderen Staaten des deutschen Bundes, die in diese Uebereinkunft mit eingeschlossen sind, oder derselben später beitreten mögen, und die Vereinigten Staaten, auf Requisitionen, welche resp. sie selbst oder ihre Gesandten, Beamten oder Behörden erlassen, alle Individuen der Justiz ausliefern sollen, welche beschuldigt, das Verbrechen des Mordes, oder eines Angriffs in mörderischer Absicht, oder des Seeraubes, der Brandstiftung, des Raubes, der Fälschung, des Ausgebens falscher Dokumente, der Verfertigung und Verbreitung falschen Geldes, sei es gemünztes oder Papiergeld, des Defektes, der Unterschlagung öffentlicher Gelder, innerhalb der Gerichtsbarkeit eines der beiden Theile begangen zu haben, in dem Gebiete des anderen Theiles eine Zuflucht suchen oder dort aufgefunden werden: mit der Beschränkung jedoch, daß dies nur auf solche Beweise der Strafbarkeit geschehen soll, die nach den Gesetzen des Ortes, wo der Flüchtling oder das angeschuldigte Individuum aufgefunden wird, dessen Verhaftung und Stellung vor Gericht rechtfertigen würden, wenn das Vergehen dort begangen wäre; und die resp. Richter und andere Behörden der beiden Regierungen sollen Macht, Befugniß und Autorität haben, auf eidlich erhärtete Angabe einen Befehl zur Verhaftung des Flüchtlings oder so beschuldigten Individuums zu erlassen, damit er vor die gedachten Behörden oder Richter zu dem Zwecke gestellt werde, daß der Beweis für die Strafbarkeit gehört und in Erwägung gezogen werde, und wenn bei dieser Vernehmung der Beweis für ausreichend zur Aufrechthaltung der Beschuldigung erkannt wird, so soll es die Pflicht des prüfenden Richters oder Behörde sein, selbigen für die betreffende exekutive Behörde festzustellen, damit ein Befehl zur Auslieferung eines solchen Flüchtlings erlassen werden könne.

Die Kosten einer solchen Auslieferung sollen von dem Theile getragen werden, welcher die Requisition erläßt und den Flüchtling in Empfang nimmt. [1])

---

[1]) Verfügung des Justiz-Ministers vom 26. November 1860, betreffend die Ausführung des Vertrages mit den vereinigten Staaten von Nordamerika wegen Auslieferung flüchtiger Verbrecher. (Staats-Anzeiger Nr. 218.)

Nach Art. I. des zwischen Preußen und anderen Staaten des Deutschen Bundes einerseits und den Vereinigten Staaten von Nordamerika andererseits wegen der in gewissen Fällen zu gewährenden Auslieferung der vor der Justiz flüchtigen Verbrecher abgeschlossenen Vertrages vom 16. Juni und 16. November 1852 ist den Richtern und anderen Behörden die Befugniß ertheilt, das beschuldigte Individuum, dessen Auslieferung beantragt wird, vor die Richter oder andere Behörden zu stellen, damit der Beweis für die Strafbarkeit gehört und in Erwägung gezogen werde, und wenn bei dieser Vernehmung der Beweis für ausreichend zur Aufrechthaltung der Beschuldigung anerkannt wird, soll es die Pflicht des prüfenden Richters oder der Behöde sein, selbigen für die betreffende exekutive Behörde festzustellen, damit ein Befehl zur Auslieferung eines solchen Flüchtlings erlassen werden könne.

Art. II.

Die Bestimmungen dieser Uebereinkunft sollen auf jeden anderen Staat des deutschen Bundes Anwendung finden, der später seinen Beitritt zu derselben erklärt.

Art. III.

Keiner der kontrahirenden Theile soll gehalten sein, in Gemäßheit der Bestimmungen dieser Uebereinkunft seine eigenen Bürger oder Unterthanen auszuliefern.

Art. IV.

Wenn ein Individuum eines der in dieser Uebereinkunft aufgezählten Verbrechen angeklagt ist, ein neues Verbrechen in dem Gebiete des Staates begangen haben sollte, wo es eine Zuflucht gesucht hat oder aufgefunden wird, so soll ein solches Individuum nicht eher in Gemäßheit der Bestimmungen dieser Uebereinkunft ausgeliefert werden, als bis dasselbe vor Gericht gestellt worden, und die auf ein solches neues Verbrechen gesetzte Strafe erlitten haben oder freigesprochen sein wird.

Art. V.

Die gegenwärtige Uebereinkunft soll bis zum 1. Januar 1858 in Kraft bleiben, und wenn kein Theil sechs Monate vorher Mittheilung von seiner Absicht macht, dieselbe dann aufzuheben, so soll sie ferner in Kraft bleiben bis zum Ablauf von zwölf Monaten, nachdem einer der hohen kontrahirenden

---

In Betreff der Beweiskraft der den Nordamerikanischen Behörden in Auslieferungsfällen bei dergleichen zur Prüfung der Strafbarkeit des Flüchtlings stattfindenden Vernehmungen vorgelegten Verhandlungen und Dokumente hatten sich bei jenen Behörden Zweifel erhoben, welche Veranlassung zu Weiterungen geworden, ja der Ausführung der Auslieferung entgegengetreten sind.

Zur Beseitigung dieser Schwierigkeiten ist nunmehr von der Regierung der Vereinigten Staaten von Nordamerika durch Gesetz vom 22. Juni d. J. bestimmt worden:

daß die zur Begründung eines vertragsmäßigen Auslieferungs-Antrages beizubringenden Dokumente und Verhandlungen künftig als formell gültige Beweisstücke anerkannt werden sollen, sobald ihnen:

1) von den kompetenten Behörden des die Auslieferung nachsuchenden Staates die Beglaubigung beigefügt ist, daß sie nach den gesetzlichen Erfordernissen des letzteren Staates gültige Beweisstücke sind, und

2) wenn außerdem diese Beglaubigung von dem in dem betreffenden Staate residirenden diplomatischen oder konsularischen (Agenten) Hauptvertreter der Vereinigten Staaten legalisirt ist.

Den Gerichtsbehörden wird dies mit der Anweisung bekannt gemacht, in den Fällen, wo die Auslieferung eines nach den Vereinigten Staaten entflohenen Verbrechers auf Grund des Eingangs gedachten Vertrages vom 16 Juni und 16. November 1852 beantragt wird, die zur Begründung des Antrages erforderlichen Dokumente und Verhandlungen neben der vorschriftsmäßigen Legalisation mit der zu 1. gedachten Beglaubigung zu versehen, dahin:

„daß die Schriftstücke hinsichtlich der Form nach den in Preußen bestehenden gesetzlichen Bestimmungen gültige Beweisstücke sind."

Diese Beglaubigung ist von den Justizbehörden erster Instanz den Urkunden und Verhandlungen, sowie den beglaubigten Abschriften beizufügen und von den vorgesetzten Behörden in den Legalisations-Vermerken zu bestätigen.

Demnächst sind die in dieser Weise beglaubigten Schriften mit den, die Auslieferung beantragenden Berichten dem Justiz-Ministerio, in besonders eiligen Fällen unmittelbar dem Ministerium der Auswärtigen Angelegenheiten, zur weiteren Veranlassung einzureichen.

Theile dem anderen von einer solchen Absicht Kenntniß gegeben, wobei jeder der hohen kontrahirenden Theile sich das Recht vorbehält, dem anderen eine solche Mittheilung jederzeit nach Ablauf des gedachten 1. Januar 1858 zugehen zu lassen.

b. Handels- u. Schifffahrts-Vertrag vom 1. Mai 1828. (Gesetz-Samml. 1829 S. 25.)

XII. Portugall.

Handels- und Schifffahrts-Vertrag vom 20. Februar 1844. (Gesetz-Samml. 1844 S. 161.)

Art. 17. Die gedachten General-Konsuln, Konsuln, Vice-Konsuln oder Handelsagenten sollen befugt sein, zum Zwecke der Ergreifung, Festnahme und Verhaftung der Deserteurs von den Kriegs- und Handelsschiffen ihres Landes den Beistand der Ortsbehörden anzurufen; sie werden sich in dieser Hinsicht an die kompetenten Gerichtshöfe, Richter und Beamten wenden, und die in Rede stehenden Deserteurs schriftlich reklamiren, wobei sie durch Mittheilung der Schiffs-Register und Muster-Rollen oder durch andere amtliche Dokumente den Beweis zu führen haben, daß diese Individuen zur Mannschaft des betreffenden Schiffes gehört haben; auf die in solcher Weise gerechtfertigte Reklamation soll die Auslieferung bewilligt werden.

Wenn dergleichen Deserteure ergriffen sind, sollen sie zur Disposition der gedachten General-Konsuln, Konsuln, Vice-Konsuln und Handels-Agenten gestellt, auch können sie auf Requisition und Kosten des reklamirenden Theiles in den Gefängnissen des Landes festgehalten werden, um demnächst den Schiffen, denen sie angehören, oder anderen Schiffen derselben Nation zugesendet zu werden. Würde aber diese Zurücksendung nicht innerhalb zweier Monate vom Tage ihrer Verhaftung an, erfolgen, so sollen sie in Freiheit gesetzt, und wegen derselben Ursache nicht wieder verhaftet werden.

Es versteht sich jedoch, daß wenn der Deserteur irgend ein Vergehen oder Verbrechen begangen haben sollte, seine Auslieferung ausgesetzt werden darf, bis der Gerichtshof, bei welchem die Sache anhängig ist, sein Urtheil ausgesprochen haben, und dies Urtheil vollstreckt sein wird. —

Gleiche Bestimmungen sind enthalten in den übrigen Handels- und Schifffahrts-Verträgen, welche, außer den bereits erwähnten, noch abgeschlossen sind mit:

1. Sardinien vom 23. Juni 1845 (G.-S. 1845 S. 667).
2. Brasilien vom 9. Juli 1827 nebst Additional-Artikeln vom 18. April 1828 (G.-S. 1828 S. 75).
3. Groß-Britannien vom 2. März 1841 (G.-S. 1841 S. 69).
4. Griechenland vom 31. Juli/12. August 1839 (G.-S. 1840 S. 65).
5. Mexiko vom 18. Februar 1831 (G.-S. 1835 S. 21).
6. Türkei vom 10./22. Oktober 1840 (G.-S. 1841 S. 157).
7. Schweden und Norwegen vom 14. März 1827 (G.-S. 1827 S. 39).

Anlage A.

Nachweisung

der Entfernungen zwischen den Stationsorten auf den in Deutschland außerhalb des Preußischen Staates vorhandenen Eisenbahnen.

Inhalts-Verzeichniß.

Stationen	Entfernung in Meilen	
	einzeln	im Ganzen
1. Kaiser = Ferdinand=Nordbahn.		
a. Wien=Oderberg.		
Wien	—	—
Florisdorf	1	1
Wagram	1½	2½
Gänserndorf	1½	4
Angern	1	5
Dürnkeut	2	7
Drösing	1	8
Hohenau	1	9
Lundenburg	2	11
Neudorf	1½	12½
Göding	1½	14
Bisenz	3	17
Hradisch	2	19
Napagedel	2	21
Hullein	2	23
Prerau	2	25
Leipnick	2	27
Weißkirchen	1½	28½
Pohl	1½	30
Zauchtel	1½	31½
Staiding	1½	33
Schönbrunn	2½	35½
Ostrau	½	36
Oderberg	1¾	37¼
b. Zweigb. Florisdorf=Stockerau.		
Florisdorf	—	—
Jedlersee	¼	¼
Enzersdorf	¼	½
Kornenburg	½	1
Spillern	1	—
Stockerau	—	2
c. Zweigbahn Gänserndorf=Preßburg.		
Gänserndorf	—	—
Ober=Weiden	1	1
Marchegg	1½	2½
Neudorff	½	3
Preßburg	1	4
d. Zweigb. Lundenburg=Brünn.		
Lundenburg	—	—
Satz	2	2
Branowitz	3	5
Raigern	2	7
Brünn	2	9
e. Zweigbahn Perau=Olmütz.		
Perau	—	—
Brodeck	1½	1½
Olmütz	1½	3
2. Nördliche Staatsbahn.		
a. Olmütz=Prag.		
Olmütz	—	—
Stefanau	1	1
Littau	1½	2½
Müglitz	1½	4
Lukawetz	½	4½
Hohenstadt	1	5½
Budigsdorf	2	7½
Landskron	½	8
Triebitz	2	10
Böhm. Trübau	1	11
Wildenschwert	1	12
Brandeis	1½	13½
Chotzen	½	14
Hohenmauth	1	15
Uhersko	1	16
Morawan	1	17
Pardubitz	2	19
Przelautsch	2	21
Elbe=Teinitz	2½	23½
Kolin	1	24½
Podiebrad	2	26½
Böhm. Brod	2	28½
Auwall	1½	30
Biechowitz	1	31
Prag	2	33
b. Brünn=Böhmisch Trübau.		
Brünn	—	—
Adamsthal	2	2
Blansko	1	3
Raitz	1	4
Skalitz	1	5
Lettowitz	1	6
Brüsau	1	7
Greisendorf	1½	8½
Zwittau	1	9½
Lotschnau	½	10
Böhmisch Trübau	2	12
3. Fürstl. Fürstenberg'sche Bahn. (Prag=Lahna.)		
Prag	—	—
Rössel	2	2
Pritokna	1	3

Stationen	Entfernung in Meilen einzeln	Entfernung in Meilen im Ganzen
Karik	2	5
Lahna	3½	8½
4. Budweis-Linz-Gmündner-Bahn.		
Budweis	—	—
Holkau	2½	2½
Angern	3	5½
Kirschbaum	3	8½
Lest	3	11½
Oberndorf	2¾	14¼
Urfahr (Linz)	2¾	17
5. Wien-Gloggnitzer-Bahn.		
a. Wien-Gloggnitz.		
Wien	—	—
Matzleindorf	¼	¼
Meidling	¼	½
Hetzendorf	¼	¾
Atzgersdorf	¼	1
Liesing	¼	1¼
Pechtolsdorf	¼	1½
Brunn	¼	1¾
Mödling	1¼	2
Guntramsdorf	½	2½
Gumpoldskirchen	¼	2¾
Pfaffsstetten	¼	3
Baden	¼	3¼
Vöslau	¾	4
Kottingbrunn	¼	4¼
Leobersdorf	¾	4½
Solenau	½	5
Felixdorf	¼	5¼
Theresienfeldt	½	5¾
Neustadt	¾	6½
St. Egidien	1	7½
Neunkirchen	¾	8¼
Ternitz	½	8¾
Pottschach	½	9¼
Gloggnitz	¾	10
b. Zweigbahn Mödling-Laxenburg.		
Mödling	—	—
Laxenburg	½	½
c. Zweigbahn Wien-Bruck a. d. L.		
Wien	—	—
Simmering	¼	¼
Schwechat	¾	1
Lanzendorf	¼	1¼
Himberg	½	1¾
Grumat-Neuside	1¾	2½
Götzendorf	1	3½
Trautmannsdorf	1¾	4¼
Wilfleinsdörf	1¾	5
Bruck a. d. L.	½	5½
6. Neustadt-Oedenburger Bahn.		
Neustadt	—	—
Katzelsdorf	½	½
Neudörfel	¼	¾
Zötsching	½	1¼
Wiesen-Siegleß	½	1¾
Mattersdorf	½	2½
Marz	¼	2½
Loipersbach	¾	3¼
Agendorf	½	3¾
Oedenburg	½	4¼
7. Südliche Staatsbahn.		
Mürzzuschlag	—	—
Langenwang	1	1
Krieglach	¾	1¾
Kindberg	1½	3¼
Marein	1	4¼
Kapfenberg	¾	5
Bruck a. d. Mur	½	5½
Pernegg	1¼	6¾
Mirnitz	½	7¼
Frohnleiten	1½	8¾
Peggau	1	9¾
Kl. Stübing	½	10¼
Gratwein	½	10¾
Judendorf	½	11¼
Gratz	1¼	12½
Kalsdorf	1½	14
Wildon	1¾	15¾
Lebring	½	16¼
Leibnitz	1¼	17½
Ehrenhausen	1¼	18¾
Spielfeld	¾	19½
Pößnitz	2	21½
Marburg	1	22½
Kranichsfeld	1½	24
Pragerhof	¾	24¾
Pöltschag	2	26¾
Ponigl	2¼	29
St. Georgen	1¼	30¼
Cilli	1¼	31½
8. Leipzig-Dresdener B.		
Leipzig	—	—
Wurzen	3¼	3¼

Stationen	Entfernung in Meilen einzeln	Entfernung in Meilen im Ganzen
Luppa=Dahlen	2½	5¾
Oschatz	1¼	7
Riesa	1¾	8¾
Priestewitz	2½	11¼
Niederau	1½	12¾
Dresden	2½	15¼
9. Riesa=Chemnitzer B.		
Riesa	—	—
Ostrau	2	2
Döbeln	1¼	3¼
Limmritz	¾	4
10. Sächsisch=Schlesische Bahn.		
Dresden	—	—
Langebrück	1½	1½
Radeberg	¾	2¼
Fischbach	1	3¼
Hartnau	1	4¼
Bischofswerda	¾	5
Feitschen	1½	6½
Bautzen	1	7½
Pommritz	1½	9
Löbau	1¼	10¼
Zoblitz	1	11¼
Reichenbach	½	11¾
Markendorf=Landskrone	1	12¾
Görlitz	¾	13½
11. Löbau=Zittauer B		
Löbau	—	—
Zittau	4½	4½
12. Dresden=Prager B.		
Dresden	—	—
Pirna	2½	2½
13. Sächsisch=Bairische Bahn.		
a. Leipzig=Hof.		
Leipzig	—	—
Kieritsch	2½	2½
Altenburg	2¾	5¼
Gößnitz	2¼	7½
Crimmitschau	1¼	8¾
Werdau	1¼	10
Reichenbach	1	11
b. Zweigb. Werdau=Zwickau.		
Werdau	—	—
Zwickau	1¼	1¼

Stationen	Entfernung in Meilen einzeln	Entfernung in Meilen im Ganzen
14. Bayerische Ludwigs=Süd= und Nordbahn.		
a. Hof=Nürnberg.		
Hof	—	—
Ober=Kotzau	1¼	1¼
Schwarzenbach	½	1¾
Münchberg	1¾	3½
Slambach	1¼	4¾
Marktschorgast	1½	6¼
Neuenmarkt	1	7¼
Untersteinach	¾	8
Culmbach	¾	8¾
Mainleus	¾	9½
Mainroth	¾	10¼
Burghundstadt	1¾	11
Hochstadt	¾	11¾
Lichtenfels	1	12¾
Staffelstein	1	13¾
Ebensfeld	¾	14½
Zapfendorf	¾	15¼
Breslingüßbach	¾	16
Bamberg	1	17
Hirschaid	1½	18½
Eggolsheim	¾	19¼
Forchheim	1	20¼
Beiersdorf	1	21¼
Erlangen	1	22¼
Eitersdorf	¾	23
Poppenroth	1	24
Fürth=Kreuzung	¼	24¼
Nürnberg	¾	25
b. Donauwörth=Augsburg=Kaufbeuern.		
Donauwörth	—	—
Nerdendorf	2	2
Meilingen	¾	2¾
Gershofen	1¾	4½
Augsburg	1	5½
Inningen	¾	6¼
Bobingen	¾	7
Großaitingen	¾	7¾
Schwabmünchen	¾	8½
Westeferringen	¾	9¼
Buchlö	1½	10¾
Pforzen	1½	12¼
Kaufbeuern	1	13¼
15. Nürnberg=Fürther B.		
Nürnberg	—	—
Fürth	1	1

Stationen	Entfernung in Meilen einzeln	Entfernung in Meilen im Ganzen
16. Bayrische Ostbahn. (München-Augsburg.)		
München	—	—
Pasing	1	1
Lochhausen	¾	1¾
Olching	¾	2½
Maisach	¾	3
Nannhofen	¾	3¾
Althegnenburg	1¼	5¼
Meering	1	6¼
Stierhof	1¼	7½
Augsburg	¾	8¼
17. Pfälzische Ludwigsbahn.		
a. Ludwigshafen. (Mannheim-Neustadt.)		
Ludwigshafen	—	—
Mutterstadt	1	1
Schifferstadt	½	1½
Böhl	¾	2¾
Haßloch	1¼	4
Neustadt		
b. Kaiserslautern-Homburg.		
Kaiserslautern	—	—
Landstuhl	2	2
Bruchmühlbach	1¼	3¼
Homburg	1½	4¾
c. Zweigbahn Speier-Schifferstadt.		
Speier	—	—
Schifferstadt	1¼	1¼
18. Stuttgart-Ulm-Friedrichshafen.		
Stuttgart	—	—
Cannstadt	½	½
Unter-Türkheim	½	1
Ober-Türkheim	¼	1¼
Eßlingen	½	1¾
Altbach	¾	2½
Plochingen	½	3
Reichenbach	½	3½
Ebersbach	¾	4¼
Uechingen	¾	5
Göppingen	½	5½
Gr. Eislingen	½	6
Süßen	½	6½
Geislingen	1½	8
Amstetten	¾	8¾
Lonsee	¾	9½
Beimerstetten	1¼	10¾
Ulm	1½	12¼
Erbach	1½	13¾
Laupheim	2½	16¼
Langenschemern	1	17¼
Bieberach	¾	18
Ummendorf	½	18½
Unter-Essendorf	1¼	19¾
Schussenried	1	20¾
Aulendorf	¾	21½
Waldsee (Durlesbach)	1	22½
Mochenwangen	¾	23¼
Niederbingen	½	23¾
Ravensburg	1¾	25½
Oberzell	1½	27
Unter-Meckenbeuern	¾	27¾
Friedrichshafen (Bodensee)	1¼	29
19. Stuttgart-Heilbronner Bahn.		
Stuttgart	—	—
Feuerbach	½	½
Zuffenhausen	½	1
Kormöstheim	½	1½
Ludwigsburg	½	2
Asperg	½	2½
Bieligheim	¾	3¼
Besigheim	¾	4
Kirchheim	¾	4¾
Lauffen	¾	5½
Nordheim	¾	6¼
Heilbronn	1	7¼
20. Friedrich-Wilhelms-Nordbahn.		
a. Cassel-Gerstungen.		
Cassel	—	—
Wahlershausen	½	½
Guntershausen	1¼	1¾
Gurhagen	½	2¼
Melsungen	1½	3¾
Altmorschen	1½	5¼
Rotenburg	1¾	7
Bebra	¾	7¾
Hönebach	1½	9¼
Gerstungen	1¼	10½
b. Cassel-Haueda.		
Cassel	—	—
Mönchhof	1½	1½
Grebenstein	1½	3
Hofgeismar	½	3½

Stationen	Entfernung in Meilen einzeln	Entfernung in Meilen im Ganzen
Hümme	¾	4¼
Liebenau	1¼	5¾
Haueda	½	6¼
c. Carls-Bahn.		
Hümme	—	—
Trendelenburg	½	½
Helmarshausen	1¼	1¾
Carlshafen	½	2¼
21. Taunus-Bahn.		
a. Frankfurt-Wiesbaden.		
Frankfurt	—	—
Höchst	1¼	1¼
Hattersheim	¾	2
Flörsheim	1	3
Hochheim	1	4
Kastel (Mainz)	½	4½
Wiesbaden	1¼	5¾
b. Zweigbahn Höchst-Soden.		
Höchst	—	—
Soden	¾	¾
c. Zweigbahn Kastel-Bieberich.		
Kastel	—	—
Bieberich	¾	¾
23. Main-Neckar-Bahn. (Frankfurt a. M.-Heidelberg.)		
Frankfurt	—	—
Station Forsthaus	½	½
Langen	1¼	1¾
Wirhausen	1	2¾
Darmstadt	¾	3½
Eberstadt	¾	4¼
Birkenbugh	1	5¼
Zwingenberg	½	5¾
Bensheim	¾	6½
Heppenheim	½	7
Hemsbach	¾	7¾
Weinheim	½	8¼
Großsachsen	¾	9
Ladenburg	¾	9¾
Friedrichsfeld	½	10¼
Heidelberg	1¼	11½

Stationen	Entfernung in Meilen einzeln	Entfernung in Meilen im Ganzen
24. Badische Bahn.		
a. Mannheim-Carlsruhe-Basel.		
Mannheim	—	—
Friedrichsfeld	1¼	1¼
Heidelberg	1¼	2½
St. Ilgen	1	3½
Wiesloch	¾	4¼
Langenbrücken	1¼	5½
Bruchsal	1¼	6¾
Grombach (Unter)	¾	7½
Weingarten	½	8
Durlach	1	9
Carlsruhe	½	9½
Ettlingen	1	10½
Malsch	1¼	11¾
Muggensturm	½	12¼
Rastatt	½	12¾
Oos	1¼	14
Sinzheim	½	14½
Steinbach	½	15
Bühl	½	15½
Achern	1	16½
Renchen	1	17½
Appenweiler	¾	18¼
Offenburg	1	19¼
Niederschopfheim	1¼	20½
Dinglingen	1¼	21¾
Oschweiler	1	22¾
Kenzingen	1¼	24
Riegel	¾	24¾
Emmendingen	¾	25½
Denzlingen	1	26½
Freiburg	1	27½
Wolfenweiler	1¼	28¾
Krotzingen	¾	29½
Heitersheim	¾	30¼
Müllheim	1¼	31½
Schliengen	¾	32¼
Rheinweiler	1	33¼
Efringen	1	34¼
Leopoldshöhe	1	35¼
b. Zweigb. Oos-Baden.		
Oos	—	—
Baden	½	½
c. Zweigb. Appenweiler-Kehl.		
Appenweiler	—	—
Kork	1¼	1¼
Kehl	½	1¾

Stationen	Entfernung in Meilen einzeln	im Ganzen
25. Braunschweig-Lüneburgsche Bahn.		
a. Oschersleben-Braunschweig-Peina.		
Oschersleben	—	—
Neu-Wegersleben . . .	1¼	1¼
Jersheim	2	3¼
Schöppenstädt	1½	4¾
Wolfenbüttel	2½	7¼
Braunschweig	1½	8¾
Vechelde	1¾	10½
Peina	1½	12
b. Wolfenbüttel-Harzburg.		
Wolfenbüttel	—	—
Börsum	1½	1½
Schladen	¾	2¼
Vienenburg	1¼	3½
Harzburg	1	4½
26. Peina-Hannover-Minden.		
Peina	—	—
Hämeler Wald	1¼	1¼
Lehrte	1¼	2½
Misburg	1	3½
Hannover	1¼	4¾
Seelze	1½	6¼
Weinstorf	1¼	7½
Hast	1	8½
Lindhorst	1	9½
Stadthagen	1	10½
Kirchhorsten	¾	11¼
Bückeburg	¾	12
Minden	1¼	13¼
27. Hannover-Hildesheim.		
Hannover	—	—
Misburg	1¼	1¼
Lehrte	1	2¼
Sehnde	¾	3
Algermissen	1	4
Harsum	¾	4¾
Hildesheim	¾	5½
28. Hannover-Harburg.		
Hannover	—	—
Misburg	1¼	1¼
Lehrte	1	2¼
Burgdorf	1	3¼

Stationen	Entfernung in Meilen einzeln	im Ganzen
Ebershausen	1¼	4½
Celle	1½	6
Eschede	2¼	8¼
Unterlüß	1½	9¾
Suderburg	1½	11¼
Uelzen	1½	12¾
Emmendorf	1	13¾
Revensen	¾	14½
Bienenbüttel	1¼	15¾
Lüneburg	1¾	17½
Bardowitz	½	18
Winsen	2	20
Stelle	1	21
Harburg	1¾	22¾
29. Hannover-Bremen.		
Hannover	—	—
Seelze	1½	1½
Wunstorff	1¼	2¾
Neustadt	1¼	4
Limburg	2	6
Nienburg	1¼	7¼
Eystrup	2	9¼
Döverden	1	10¼
Verden	1¼	11½
Langwedee	1	12½
Achim	1½	14
Sebaldsbrück	1½	15½
Bremen	¾	16¼
30. Meklenburg-Schwerinsche Bahn. (Hagenow-Schwerin-Wismar.)		
Hagenow	—	—
Schwerin	3¾	3¾
Kleinen	2	5¾
Wismar	2	7¾
31. Christian VIII. Ostseebahn.		
a. Altona-Kiel.		
Altona	—	—
Pinneberg	2¼	2¼
Tornech	¾	3
Elmshorn	1	4
Horst	1	5
Wrist	2	7
Neumünster	3	10
Bordesholm	1½	11½
Kiel	2½	14
b. Zweigb. Elmshorn-Glückstadt.		
Elmshorn	—	—
Glückstadt	2¼	2¼

Stationen	Entfernung in Meilen		Stationen	Entfernung in Meilen	
	einzeln	im Ganzen		einzeln	im Ganzen
c. Zweigb. Neumünster-Rendsburg.			32. Köthen-Bernburger Bahn.		
Neumünster	—	—	Köthen	—	—
Nortorf	1¾	1¾	Biendorf	1½	1½
Rendsburg	2¾	4½	Bernburg	1¼	2¾

Druck von J. Dräger's Buchdruckerei (C. Feicht) in Berlin.

Kolibri 360 GmbH
Ferdinand-Jühlke-Straße 7
99095 Erfurt, Deutschland
produktsicherheit@kolibri360.de